HATIER CONCOURS
CONCOURS DE PROFESSEURS DES ÉCOLES

MATHÉMATIQUES

ÉPREUVE ÉCRITE D'APPLICATION

TOME 1

DIRECTEURS DE COLLECTION

Micheline Cellier

Roland Charnay

Michel Mante

AUTEURS

Roland Charnay

Michel Mante

Agrégés de Mathématiques

Avec la collaboration de **Bernard Anselmo**
Professeur certifié de Mathématiques (ESPÉ – Académie de Lyon)

www.concours-hatier.com

Ce texte est conforme à la nouvelle orthographe
www.orthographe-recommandee.info

Hatier

ISBN : 978-2-401-08243-4

SOMMAIRE

PARTIE 4 ESPACE ET GÉOMÉTRIE

MODE D'EMPLOI

Au début de chaque chapitre : les **objectifs** à atteindre par les candidats.

La liste des **fiches méthodes** du chapitre pour les savoir-faire à maitriser.

Un **test** pour faire le point sur ses acquis, ses difficultés, ses manques par rapport au sujet abordé. Sous forme de **QCM** pour s'entrainer à répondre à ce type de question.

L'**aide** indique l'endroit où les connaissances testées sont traitées dans le cours.

Les **réponses** au QCM.

La partie « **Le cours** » (sur fond bleu).

Des **exemples** aident à l'appropriation de ces notions importantes.

Au fur et à mesure du cours, le **corrigé** détaillé des QCM.

Les **notions importantes** qu'il faut retenir (sur fond jaune).

De nombreux **exercices d'entrainement** permettent au candidat de stabiliser la compréhension des notions abordées. La page de leur **corrigé** figure en marge.

Les **fiches méthode** présentent les principaux savoir-faire à maitriser sous forme d'un tableau :

la **colonne de gauche** : chaque étape du savoir-faire est détaillée ;

la **colonne de droite** : chacune de ces étapes est exemplifiée.

Objectifs

- Identifier et utiliser les caractéristiques d'un système de numération et, en particulier, celles du système de numération décimale (écriture des nombres naturels en base dix).
- Passer de l'écriture d'un nombre naturel dans un système à son écriture dans un autre système.
- Comparer deux nombres écrits en chiffres ou en lettres.

FICHES MÉTHODE

Tester ses connaissances

Indiquer la ou les bonnes réponses en les justifiant.

QCM 1 Dans le nombre 2 305,
A. le nombre de dizaines est 0.
B. le nombre de dizaines est 230.
C. le nombre de milliers est 2.
D. le chiffre des milliers est 2.

aide §2.3 p. 24

QCM 2 Je suis un nombre naturel. Mon nombre de centaines est 23 et mon chiffre des unités est 5. Qui suis-je ?
A. 235 B. 7 235 C. 2 305 D. 23 005 E. 72 305

aide §2.1 p. 22

QCM 3 Combien de mots sont nécessaires pour exprimer oralement tous les nombres de 0 jusqu'à 100 (0 et 100 compris) ?
A. 22 B. 17 C. 24 D. 20 E. 26

aide §4.1 p. 28

QCM 4 Combien y a-t-il de « 0 » dans l'écriture chiffrée du nombre « mille-milliards-vingt-millions-sept-cents » ?
A. 7 B. 8 C. 9 D. 10 E. 13

aide §4.2 p. 29

QCM 5 Le nombre X a 6 pour chiffre des milliers, le nombre Y est quatre-mille-quatre-vingt-dix, le nombre Z comporte 47 centaines. Quel est le rangement correct ?
A. X < Y < Z B. Y < Z < X C. Z < Y < Z D. Y < X < Z

aide §6 p. 31

1. A, C, D 2. C 3. C 4. D 5. B

LE COURS — AU CONCOURS

1 Les nombres entiers naturels – Les systèmes de numération

Exemples : Dans l'écriture de 213 ; 425 ; 672 ou 2 987, le chiffre « 2 » n'a pas la même valeur :
- le « 2 » de 213 vaut 2 centaines
- le « 2 » de 425 vaut 2 dizaines
- le « 2 » de 672 vaut 2 unités
- le « 2 » de 2 987 vaut 2 milliers.

B. La méthode de groupements est régulière.

Tout groupement contient toujours le même nombre d'éléments et peut être échangé contre l'unité supérieure.

La valeur de cet échange s'appelle la **base** : en base dix, on peut échanger une dizaine contre dix unités, une centaine contre dix dizaines, etc.

C. Le nombre de signes différents qui permet l'écriture des nombres est égal à la base.

Ainsi, chaque rang n'est occupé que par un seul signe et non par une composition de signes.

Exemples :
- en **base dix**, nous disposons ainsi de dix chiffres : 0, 1, 2, ..., 9
- en **base deux**, deux chiffres suffisent : 0 et 1
- en **base vingt**, il faudrait vingt signes différents, etc.

D. Un des signes a pour fonction de signaler l'absence de groupement à un certain rang : c'est le zéro.

Exemple : Dans 102, le « 0 » indique qu'il n'y a pas de dizaine restante après le groupement des dizaines en centaines. Il n'y a pas « zéro dizaine », comme le croient beaucoup d'élèves, mais dix dizaines qui ont été groupées pour faire une centaine. **Le chiffre des dizaines de 102 est bien « 0 », mais le nombre de dizaines est « dix ».**

C'est l'émergence des numérations de position qui est à l'origine de l'invention du zéro.

Corrigé QCM 2 : 2 305 est le seul nombre de la liste qui comporte 23 centaines et a 5 pour chiffre des unités. D'autres nombres que ceux de la liste auraient pu convenir comme 2 315 ; 2 325...

Qcm 2, p. 19

2. Décompositions associées à l'écriture d'un nombre

A. Décompositions dans le système décimal

À chaque écriture en chiffres peut être associée une décomposition qui utilise des puissances de 10.

Entrainement 11

Un nombre contient 2 453 dizaines de milliers. Son écriture comporte deux fois le chiffre « 0 ». Son chiffre des dizaines est 3 et son chiffre des centaines est le double de son chiffre des millions.
a. Quel est le nombre de millions de ce nombre ?
b. Quel est son nombre de milliers ?
c. Comment ce nombre se lit-il ?

Corrigé p. 34

6 Comparaison et rangement des nombres entiers naturels

L'écriture des nombres en chiffres facilite leur comparaison.

FICHE MÉTHODE 3 Comparer des nombres entiers naturels et les ranger.

→ Comparer et ranger les nombres suivants : 27 506 9 634 9 098 27 605 102 020.

1. Trouver le rang de plus grande valeur pour l'ensemble des nombres[1]. – Comparer les chiffres pour ce rang (en l'absence de chiffre pour l'un des nombres, considérer que le chiffre est 0). – Le plus grand nombre est celui qui a le chiffre de plus grande valeur pour le rang considéré. – Pour les nombres qui comportent des chiffres identiques au rang considéré, passer à l'étape 2.	Pour faciliter la tâche, imaginer que les nombres sont écrits les uns sous les autres, en alignant les chiffres de même rang dans la même colonne : 27 506 / 9 634 / 9 098 / 27 605 / 102 020 — 102 020 est le seul à comporter un chiffre autre que 0 au rang des centaines de milliers : c'est donc le plus grand de la série.
2. Faire le même travail au rang immédiatement inférieur.	27 506 et 27 605 comportent tous deux un chiffre autre que 0 au rang des dizaines de milliers. Ils sont donc supérieurs à 9 634 et à 9 098.

1. Cela revient à considérer que si un nombre est écrit avec plus de chiffres qu'un autre nombre, il est supérieur à cet autre nombre.

Durée de préparation : deux heures ; **durée de l'épreuve** : une heure (français : trente minutes, l'exposé de dix à quinze minutes est suivi d'un entretien avec le jury pour la durée restante impartie à cette première partie ; mathématiques : trente minutes, l'exposé de dix à quinze minutes est suivi d'un entretien avec le jury pour la durée restante impartie à cette seconde partie).

L'épreuve est notée sur 20. La note 0 est éliminatoire.

2. Conseils pour préparer l'épreuve de mathématiques

Comme l'indique le texte officiel, les connaissances mathématiques à acquérir sont de niveau collège. Il faut y ajouter notamment des connaissances sur les systèmes de numération dont l'apprentissage occupe une place importante à l'école primaire.

2.1. Organisation de l'ouvrage

Cet ouvrage comporte 23 chapitres répartis sur 5 thèmes : Nombres et calcul, Organisation et gestion de données, fonctions, Grandeurs et mesures, Espace et géométrie et Algorithmique et programmation.

Chaque chapitre est organisé de la façon suivante :

Tester ses connaissances

Les questions proposées sous forme de **QCM** permettent au candidat de situer ses acquis, ses difficultés et ses manques sur le sujet considéré. Les réponses sont données à la fin de la partie et sont corrigées de façon détaillée dans le cours.

LE COURS

Détaillé, il est émaillé d'exercices d'entrainement dont les corrigés sont fournis à la fin du cours. Cela permet au candidat de tester immédiatement sa compréhension des notions abordées. Les principaux savoir-faire à maitriser sont présentés sous forme de fiches méthode. Les étapes de ces savoir-faire sont clairement explicitées et exemplifiées.

AU CONCOURS

Les exercices du type de ceux donnés au concours sont accompagnés d'un corrigé détaillé et commenté. Des conseils méthodologiques sont fournis pour les questions classiques.

2.2. Comment utiliser cet ouvrage

Nous vous conseillons vivement de commencer l'étude d'un chapitre en répondant aux questions posées dans **Tester ses connaissances**. Même si, en général, les réponses peuvent être données rapidement, prenez un temps suffisant pour affronter ces questions et ne vous laissez pas tenter par la lecture du corrigé dès le premier blocage ! Même si vous n'arrivez pas à répondre aux questions proposées, le fait d'avoir cherché vous permettra de mieux assimiler le corrigé donné dans le Cours.

Prenez connaissance du **Cours** le crayon à la main et n'hésitez pas à revenir en arrière si nécessaire. Assurez-vous d'avoir bien compris ce qui est énoncé. N'oubliez pas que la compréhension est un facteur essentiel de la mémorisation et de l'utilisation des connaissances. Les exercices d'entrainement placés au fil du cours vous permettront de stabiliser vos connaissances.

La partie **Au concours** permettra un transfert de vos connaissances dans des situations plus complexes. Les nombreux conseils méthodologiques placés tout au long des corrigés vous aideront répondre aux questions.

3. Conseils pour le jour de l'épreuve

3.1. Bien gérer son temps

Il est essentiel de gérer convenablement son temps. Chaque année, après l'épreuve, des candidats se désolent de ne pas avoir eu assez de temps pour traiter des questions qu'ils savaient parfaitement résoudre parce qu'ils avaient consacré trop de temps à sécher sur certaines autres.

Pour éviter cette situation, généralement catastrophique, voici **quatre conseils** :

- **Toujours commencer par lire l'intégralité du sujet** de façon à identifier les questions auxquelles vous pensez pouvoir répondre. Ce sont les questions par lesquelles vous allez commencer.
- **Ne pas hésiter à sauter certaines questions** que vous n'arrivez pas à traiter immédiatement. Dans ce cas, vous laisserez de la place pour y revenir éventuellement plus tard. Par contre, ne disséminez pas les réponses aux différentes questions d'un même exercice au milieu d'autres exercices, elles risquent de ne jamais être corrigées. En effet, sachez que les correcteurs ne mettent aucune annotation ou appréciation sur la copie.
- **Ne pas tout écrire au brouillon**, mais mener en parallèle le travail au brouillon et la rédaction dès qu'une solution émerge de façon sure.
- **Gérer son temps** en tenant compte du nombre de points accordés à chaque question.

3.2. Conseils concernant les questions mathématiques

- **Avant de commencer à résoudre un exercice ou un problème de mathématiques, le relire à nouveau dans son intégralité.** C'est important car l'enchainement des questions peut vous aider à découvrir certaines solutions. Ne pas oublier non plus que, très souvent, les réponses aux questions précédentes servent à répondre aux questions suivantes et qu'il est possible de s'en servir même si vous n'avez pas su les traiter.
- **Il est essentiel de systématiquement justifier les réponses.** Ce sont souvent sur des critères de rigueur de rédaction que se font les différences entre les candidats. Ne pas oublier que plus une réponse est simple, plus les correcteurs sont exigeants sur les critères de rédaction.
- **Rédiger avec précision, notamment être attentif aux notations mathématiques.**

Voici quelques exemples d'erreurs d'écriture fréquemment rencontrées dans les copies :

Ne pas écrire...	mais écrire...	car...
[AB] = [CD]	AB = CD	AB et CD désignent les longueurs des segments, alors que [AB] et [CD] désignent les segments eux-mêmes.
I est le milieu de (AB)	I est le milieu de [AB]	(AB) désigne une droite... qui n'a donc pas de milieu.
(d) est la médiatrice de (CD)	(d) est la médiatrice de [CD]	On ne peut pas parler de médiatrice d'une droite, mais seulement de médiatrice d'un segment

De même, dans une rédaction, il vaut mieux éviter de mélanger le texte et les notations abrégées.

Ainsi « (AB) est // à (CD) » est à éviter et il faut lui préférer :
– soit « (AB) est parallèle à (CD) » ;
– soit « (AB) // (CD) ».

3.3. Comment répondre à un QCM ?

Deux stratégies peuvent être mobilisées pour répondre à un QCM :

- **1re stratégie** : faire l'exercice, sans tenir compte des réponses proposées, puis identifier la « bonne » réponse parmi celles-ci ;
- **2e stratégie** : partir des réponses proposées et éliminer celles qui ne conviennent pas.

Exemples :

L'égalité : $\overline{32} + \overline{14} = \overline{50}$ est vraie pour la base : **A.** 5 **B.** 4 **C.** 7 **E.** 6

- **1re stratégie** : On appelle x la base possible (donc $x > 5$) et on traduit l'égalité à l'aide de x :

$3x + 2 + x + 4 = 5x + 0$ et on trouve $\boldsymbol{x = 6}$.

- **2e stratégie** : On part des réponses : 5 et 4 ne peuvent pas être des bases car la base est toujours strictement supérieure à chacun des chiffres.

On essaie de voir si 7 convient : En base 7 : $\overline{32} + \overline{14} = 3 \times 7 + 2 + 1 \times 7 + 4 = 34$
$\overline{50} = 5 \times 7 = 35$.

Donc 7 ne convient pas, **la bonne réponse est 6**.

Ce qu'il faut vérifier par : $\overline{32} + \overline{14} = 3 \times 6 + 2 + 1 \times 6 + 4 = 30$
$\overline{50} = 5 \times 6 = 30$.

INTRODUCTION

Le programme de mathématiques du cycle 4 est structuré selon cinq thèmes :

- nombres et calcul
- organisation et gestion de données, fonctions
- grandeurs et mesures
- espace et géométrie
- algorithmique et programmation

Nous avons choisi de reprendre cette structuration pour l'organisation des chapitres de cet ouvrage. Les textes qui suivent présentent chacun de ces thèmes en cherchant à caractériser les concepts abordés, à leur donner du sens, parfois en faisant référence à des repères historiques. Chaque texte se termine par une rapide présentation des contenus traités dans les différents chapitres relatifs au thème.

Nombres et calculs (chapitres 1 à 8)

Les premiers nombres utilisés au cours de l'histoire humaine ont été **les nombres naturels**. Ils ont été d'abord été utilisés pour exprimer des quantités (nombre de bêtes dans un troupeau, par exemple), puis des grandeurs (comme des mesures de longueurs ou de masses, une longueur ou une masse étant choisie comme unité), ainsi que pour repérer un élément dans une liste rangée (4e jour après la pleine lune, par exemple).

Toute grandeur d'un objet (sa longueur, par exemple) ne s'obtient pas toujours en reportant un nombre entier de fois l'unité choisie. Ce constat a conduit à deux évolutions : l'une consiste à utiliser plusieurs unités (comme dans les expressions *3 pieds 6 pouces*, *4 m 25 cm* ou *2 h 34 min 20 s*), l'autre à fractionner l'unité choisie, par exemple en 2, puis en 4, puis en 8... pour obtenir des expressions comme *2 unités + 1/2 unité + 3/8 unité*. Cette dernière évolution, déjà utilisée dans l'Égypte ancienne, a conduit à l'émergence des **nombres rationnels positifs** (exprimables par des fractions de nombres entiers).

Les mathématiciens de l'Antiquité ont ensuite mis en évidence que les nombres rationnels ne suffisent pas, en théorie, à exprimer toute mesure, notamment celle de la diagonale du carré de côté 1, ce qui a conduit à la notion de **nombre irrationnel,** puis de **nombre réel**. La volonté de rendre la soustraction possible et de pouvoir graduer une droite de part et d'autre du repère 0 a amené à l'idée de **nombre relatif (positif ou négatif)** pour toutes les catégories de nombres évoquées.

L'intérêt des nombres réside également dans la possibilité qu'ils offrent d'anticiper des résultats sur des expériences avant même qu'elles ne soient réalisées, par exemple de pouvoir connaitre le périmètre ou l'aire d'un champ rectangulaire en mesurant uniquement sa longueur et sa largeur. C'est ce que permet le **calcul** sur les différents types de nombres : addition, soustraction, multiplication, division. **Des procédures de calcul, mental ou écrit,** ont été élaborées au cours des temps, rendues possibles en exploitant **les propriétés des différentes opérations.**

La difficulté à résoudre certains problèmes en utilisant des méthodes purement arithmétiques (calcul avec les nombres) a conduit à envisager de calculer sur des nombres « inconnus ». C'est l'objet du **calcul littéral** et des notions **d'équation** et **d'inéquation**. Ce calcul sur des nombres « inconnus » représentés par des lettres permet également **d'établir des formules** (aire du triangle, relation entre distance, durée et vitesse, etc.) ou encore de **prouver la validité de conjectures portant sur les nombres** (par exemple, si la somme des chiffres d'un nombre est un multiple de 9, le nombre est lui-même un multiple de 9).

Dans cette partie, sont développées les connaissances et les compétences relatives :
- aux différents types de nombres : nombres entiers naturels et nombres entiers relatifs, nombres rationnels (nombres décimaux en particulier) et nombres réels ;
- aux systèmes de numération permettant d'exprimer les nombres à l'aide de chiffres ou de mots ;
- aux calculs portant sur ces nombres : propriétés des opérations et procédures de calcul ;
- à des éléments d'arithmétique élémentaire : notions de multiple, de diviseur, de nombre premier… ;
- au calcul littéral et à la résolution d'équations ou d'inéquations ;
- à l'usage d'un tableur.

Organisation et gestion de données, fonctions
(chapitres 9 à 13)

Décrire des phénomènes, y repérer des paramètres et formuler les lois qui régissent leurs variations simultanées, **anticiper** leur évolution est inhérent à la pratique et à l'utilisation des mathématiques. Les mathématiciens ont créé de nombreux outils pour modéliser ces phénomènes. La proportionnalité et les fonctions, étudiées dans les chapitres 10 et 13, en sont des exemples. La proportionnalité permet, par exemple, de prévoir l'allongement d'un ressort en fonction de la masse qui lui est suspendue.

Une approche de certains phénomènes conduit à recueillir une masse de données numériques et à les organiser pour tenter de « les faire parler ». En effet, des données numériques brutes sont souvent difficiles à interpréter. Prenons un exemple avec les notes sur 10 obtenues par les élèves d'une classe à un devoir de maths (ce n'est qu'un exemple !) :

7 ; 2 ; 2 ; 6 ; 8 ; 2 ; 1 ; 2 ; 1 ; 9 ; 8 ; 7 ; 2 ; 1 ; 7 ; 8 ; 10 ; 3 ; 3 ; 5 ; 8 ; 9 ; 3 ; 4 ; 9 ; 10 ; 5 ; 2 ; 9 ; 7.

Présentées ainsi, ces données sont très peu « parlantes » : on voit seulement qu'il y a de bonnes notes, pas mal de notes faibles et des notes moyennes… Si on rassemble ces notes dans un tableau à double entrée ou qu'on les présente à l'aide d'un graphique, on commence à avoir une vision plus précise de la distribution des notes.

Notes	0	1	2	3	4	5	6	7	8	9	10
Effectifs	0	3	5	3	1	2	1	3	4	4	1

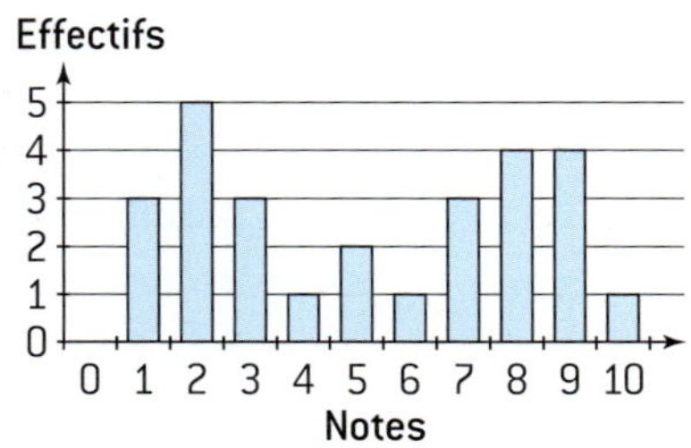

On constate, grâce à ces présentations, qu'il y a un lot de notes faibles, un lot de notes fortes et peu de notes moyennes. Il y a donc une forte hétérogénéité des élèves dans cette classe au niveau des résultats en mathématiques (au moins sur ce devoir !)

On peut aller plus loin dans l'analyse grâce à ce qu'on appelle les indicateurs statistiques (*cf.* chap. 9).

Ainsi, la **statistique** est « la discipline qui étudie des phénomènes à travers la collecte de données, leur traitement, leur analyse, l'interprétation des résultats et leur présentation afin de rendre ces données compréhensibles par tous » (d'après Wikipédia).

Depuis la plus haute antiquité, les humains ont cherché à collecter des données (nombres de bêtes, quantités de récolte, nombre de personnes d'une population, etc.), mais c'est seulement au début du XVIIe siècle que ces données servent d'appui pour des prévisions avec, entre autres, les tables de mortalité. Ces premières études statistiques commencent à entrer dans le champ des mathématiques en lien avec les premiers travaux de probabilité de Fermat (≈1602-1665), Pascal (1623-1662) et Bayes (1702-1761).

Les **probabilités** constituent la partie des mathématiques qui s'intéresse à ce qu'on appelle des expériences aléatoires, c'est-à-dire à des expériences pour lesquelles on connait l'ensemble des résultats possibles, sans pour autant savoir quel sera le résultat obtenu quand on mène une expérience particulière. Certes, on ne connait pas chaque résultat mais, pour certains d'entre eux, on peut mesurer « la chance » de l'obtenir. C'est l'enjeu du calcul des probabilités. Ce sont les jeux de hasard qui ont permis, au milieu du XVIIe siècle, le développement de cette branche des mathématiques.

Dans cette partie vous trouverez :

- des outils de présentation des données statistiques (diagramme et courbe) et un certain nombre de paramètres pour analyser ces données (chapitre 9) ;
- les notions de base des probabilités (chapitre 12) ;
- les connaissances essentielles sur la proportionnalité (chapitres 10 et 11) et sur les fonctions (chapitre 13).

Grandeurs et mesures (chapitre 14)

Pour agir dans leur environnement ou pour pratiquer des échanges, les humains ont été amenés à considérer certains caractères des objets qui permettent de les comparer : tel objet est plus long ou plus lourd que tel autre, telle surface est plus étendue que telle autre, tel récipient peut contenir plus d'eau que tel autre, tel athlète est plus rapide que tel autre, etc. Ils ont ainsi défini des **grandeurs** : la longueur, la masse, l'aire, la contenance, la vitesse, etc.

La pratique de la comparaison d'objets ou de phénomènes d'un certain point de vue est donc à la base du concept de grandeur. Mais cette pratique de comparaison ne suffit pas, par exemple lorsqu'il s'agit des longueurs de deux objets éloignés l'un de l'autre.

L'idée de quantifier les grandeurs, c'est-à-dire de leur attribuer une valeur numérique, est donc apparue très tôt, contribuant au développement des différents nombres. Pour cela, il faut choisir une unité et la reporter pour obtenir un objet de même grandeur. En dénombrant les reports de l'unité, on obtient **un nombre qui est la mesure** de cette grandeur.

Cette mesure dépend de l'unité choisie. Par exemple, avec le centimètre pour unité, la mesure de tel segment s'exprime par le nombre 215 (on dit que la longueur du segment est 215 cm), alors que si on choisit le mètre pour unité, la mesure du même segment s'exprime par le nombre 2,15 (on dit que la longueur du segment est 2,15 m). La longueur du segment n'a pas changé, ce qui se traduit par 215 cm = 2,15 m alors que $215 \neq 2{,}15$.

Le report de l'unité pour obtenir la mesure d'une grandeur s'est révélé vite fastidieux, voire impossible, ce qui a conduit à l'invention d'**instruments de mesure** (double-décimètre, chaine d'arpenteur, compteur kilométrique, balance Roberval, pèse-lettres, peson à ressort, balance électronique...) et à l'élaboration de **formules** qui, par le biais du calcul, permettent d'exprimer une grandeur en fonction d'autres grandeurs : le périmètre ou l'aire d'un cercle en fonction de son rayon, la vitesse d'un véhicule en fonction de la distance parcourue et de la durée du parcours, etc.

Dans cette partie sont développées les connaissances et les compétences relatives aux principales grandeurs géométriques (longueurs, aires, volumes, angles) et non géométriques (durées, masses) :

- relations entre unités pour une même grandeur et conversions liées à des changements d'unités ;
- formules donnant le périmètre, l'aire ou le volume de surfaces et de solides étudiés à l'école et au collège ;
- effets de l'agrandissement ou de la réduction d'une surface ou d'un solide sur son aire ou son volume.

Géométrie (chapitres 15 à 22)

Étymologiquement, « géométrie » vient de « géo », qui signifie « terre » et « métrie », qui renvoie à mesure. Ainsi, la géométrie serait la science de la mesure de la terre (des terrains).

Historiquement, cette science est née en Égypte et en Mésopotamie il y a 4 000 ans, pour effectivement résoudre des problèmes de mesures (retracer les limites des champs après les crues du Nil) ou répondre à des questions liées à l'astronomie. Il y a donc, à l'origine, un lien fort entre la géométrie et la mesure.

Mais la géométrie ne se limite pas à des problèmes de mesure. Elle est devenue une théorie plus large qui permet de **modéliser l'espace sensible** et, ainsi, de résoudre des problèmes pratiques qu'on ne peut pas résoudre de façon pragmatique (par exemple : comment déterminer la hauteur d'un arbre sachant que je ne peux pas l'abattre, ni monter à son sommet ?).

Elle pose également des **problèmes théoriques**. Pour les résoudre, la géométrie s'est dotée d'un certain nombre de concepts qu'on peut partager en deux catégories :

- des **objets géométriques,** dont les plus connus sont : point, droite, segment, demi-droite, droites particulières (*médiatrice d'un segment, bissectrice d'un angle, hauteur d'un triangle, médiane d'un triangle*), triangle, triangles particuliers (*rectangle, équilatéral, isocèle*), polygone, quadrilatère, quadrilatères particuliers (*trapèze, parallélogramme, rectangle, losange, carré*), cercle, disque, polyèdre, polyèdre particulier (*cube, pavé, prisme droit, pyramide, cône, sphère*), angle, angles particuliers (*droit, plat*)...
- des **relations** entre ces objets géométriques : l'appartenance, l'alignement et le repérage pour les points, le parallélisme et la perpendicularité pour les droites, l'égalité de longueurs pour les segments, les transformations géométriques pour notamment les polyèdres, cercles...

Les objets géométriques sont des objets idéaux qui sont caractérisés par **des propriétés,** qui permettent de les définir (par exemple : un parallélogramme est un quadrilatère qui a des côtés opposés parallèles 2 à 2) et d'établir des liens entre eux (par exemple : si deux droites sont perpendiculaires à une même 3e droite, alors elles sont parallèles entre elles).

Ces propriétés servent à valider, de façon théorique, des conjectures que l'on peut établir à partir d'observations faites sur des dessins géométriques. Ces validations théoriques, qui s'appuient sur des propriétés, sont appelées des **démonstrations**.

Les objets géométriques (figures, solides) sont représentés par des **dessins**. Suivant les exigences de la situation dans laquelle on doit utiliser ces objets géométriques, on peut réaliser ces dessins à main levée, à l'aide **d'instruments géométriques** (règle, équerre, compas...) ou d'un **logiciel de géométrie dynamique**.

À ces objets et relations sont associés un **vocabulaire** (droite, hauteur, segment...), des **expressions** (la droite perpendiculaire à ... qui passe par ...) et un **codage** particulier (codage des segments de même longueur, de la perpendicularité).

Dans cette partie :

- nous ferons le point sur les principaux objets et relations géométriques de la géométrie plane et de l'espace (chapitres 14, 15, 19 et 21) en donnant leur définition, le vocabulaire qui leur est associé, leurs représentations, leurs propriétés ;
- nous porterons une attention particulière à la démonstration en géométrie (chapitre 16) et sur les principaux théorèmes de la géométrie, comme ceux de Pythagore et de Thalès (chapitres 17, 18 et 20).

Algorithmique, programmation (chapitre 23)

Les ordinateurs sont capables d'exécuter extrêmement rapidement des multitudes de tâches calculatoires simultanément. Depuis quelques années, ils sont également capables de résoudre des tâches très complexes (reconnaissance d'images, reconnaissance faciale...) et même d'apprendre par eux-mêmes (apprentissage profond – *deep learning*). Mais tout cela n'est possible que si on leur communique des **programmes**. Ces programmes sont élaborés à partir d'**algorithmes**.

Un algorithme est une suite ordonnée d'instructions qui vise à atteindre une catégorie de buts, à partir de données. Voici des exemples de **catégories de buts** en mathématique : tracer une droite perpendiculaire à une droite donnée passant par un point donné, résoudre une équation du 1er degré à une inconnue, calculer la moyenne d'une série statistique...

Les **instructions** sont, en mathématique, des savoir-faire. Par exemple, pour le but « résoudre une équation du 1er degré à une inconnue », les savoir-faire sont : simplifier une expression littérale, identifier l'opposé de nombres et d'expressions littérales... À noter que ces savoir-faire peuvent eux-mêmes être « algorithmisés ». Les fiches méthodes présentées dans cet ouvrage sont des exemples d'algorithmes.

Mais on ne peut pas communiquer un algorithme à un ordinateur comme on le ferait à une personne : il faut en faire une traduction, afin que l'ordinateur puisse l'exécuter. Cette traduction se fait à partir d'un **langage**. Il y a de nombreux langages informatiques ; les plus connus sont le langage C, C++, Java, Python. Chaque langage a une syntaxe particulière, qu'il faut apprendre et mémoriser. C'est une source de difficulté pour les débutants.

La **programmation** est l'ensemble du processus qui consiste à concevoir et à transmettre à un ordinateur **dans le langage** choisi la liste des instructions **(appelée algorithme)** qu'il doit exécuter pour atteindre un but fixé.
Pour une initiation à la programmation, le logiciel SCRATCH (crée par une équipe du *Massachussetts Institute of Technology* (MIT) présente au moins trois intérêts :

- il n'y a pas de difficulté de syntaxe, car les instructions sont des blocs que l'on déplace les uns en dessous des autres ;
- il est libre de droit et utilisable en ligne ;
- il a un caractère ludique qui incite les élèves à se l'approprier.

Il est actuellement utilisé dans de très nombreuses écoles et au collège.

Dans cette partie, vous trouverez une initiation à la programmation par le biais du logiciel Scratch. Il s'agira en particulier d'apprendre à utiliser des boucles, des instructions conditionnelles et des variables informatiques.

CHAPITRE 1

Nombres et calcul

Les nombres entiers naturels – Les systèmes de numération

Objectifs

- Identifier et utiliser les caractéristiques d'un système de numération et, en particulier, celles du système de numération décimale (écriture des nombres naturels en base dix).
- Passer de l'écriture d'un nombre naturel dans un système à son écriture dans un autre système.
- Comparer deux nombres écrits en chiffres ou en lettres.

FICHES MÉTHODE

Tester ses connaissances

Indiquer la ou les bonnes réponses en les justifiant.

QCM 1 Dans le nombre 2 305,

aide §2.3 p. 24

A. le nombre de dizaines est 0.

B. le nombre de dizaines est 230.

C. le nombre de milliers est 2.

D. le chiffre des milliers est 2.

QCM 2 Je suis un nombre naturel. Mon nombre de centaines est 23 et mon chiffre des unités est 5. Qui suis-je ?

aide §2.1 p. 22

A. 235 **B.** 7 235 **C.** 2 305 **D.** 23 005 **E.** 72 305

QCM 3 Combien de mots sont nécessaires pour exprimer oralement tous les nombres de 0 jusqu'à 100 (0 et 100 compris) ?

aide §4.1 p. 28

A. 22 **B.** 17 **C.** 24 **D.** 20 **E.** 26

QCM 4 Combien y a-t-il de « 0 » dans l'écriture chiffrée du nombre « mille-milliards-vingt-millions-sept-cents » ?

aide §4.2 p. 29

A. 7 **B.** 8 **C.** 9 **D.** 10 **E.** 13

QCM 5 Le nombre X a 6 pour chiffre des milliers, le nombre Y est quatre-mille-quatre-vingt-dix, le nombre Z comporte 47 centaines. Quel est le rangement correct ?

aide §6 p. 31

A. X < Y < Z **B.** Y < Z < X **C.** Z < Y < Z **D.** Y < X < Z

1. B, C, D **2.** C **3.** C **4.** D **5.** B

LE COURS

Les nombres naturels sont principalement utilisés pour dénombrer des unités et en exprimer la quantité. L'ensemble des nombres naturels est noté $\mathbb{N}$.

$\mathbb{N} = \{0 ; 1 ; 2 ; 3 ; ...\}$.

La liste des nombres naturels est infinie. Chaque nombre, sauf évidemment 0, peut être obtenu en ajoutant 1 au nombre précédent.

Les nombres naturels permettent également de repérer des positions dans une liste rangée ou sur une demi-droite régulièrement graduée.

Sur les demi-droites ci-dessous préalablement graduées de 1 en 1 et de 10 en 10, on a placé les nombres 7 et 15 en face des points A et B (sur la première demi-droite) et en face des points C et D (sur la deuxième demi-droite). On dit que 7 est l'abscisse du point A sur la première droite et du point C sur la deuxième demi-droite.

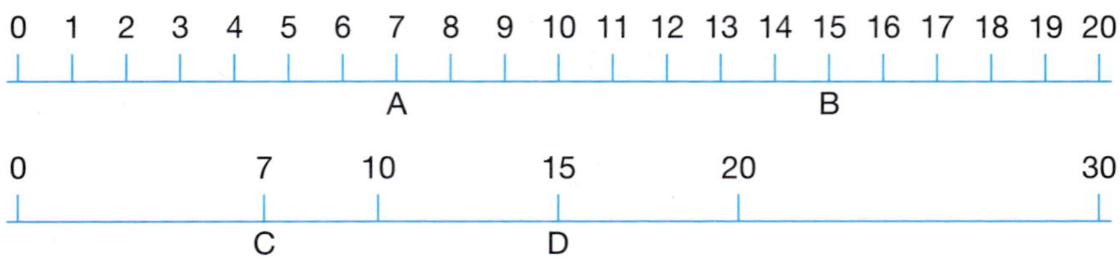

Tous les points d'une demi-droite graduée ne peuvent pas être repérés par un nombre entier naturel.

Un système de numération permet d'écrire les nombres naturels, en totalité ou en partie. L'intention générale est de pouvoir écrire le plus possible de nombres naturels en utilisant un nombre fini de chiffres.

Il est caractérisé par un ensemble de symboles (appelés chiffres) et de procédés d'assemblage de ces symboles.

Dans l'histoire, deux grands types de systèmes de numération ont été utilisés : **les systèmes de type additif et les systèmes de type positionnel.**

L'efficacité d'un système peut être jugée au travers de trois préoccupations :
– le système permet-il d'écrire tous les nombres entiers naturels ou seulement une partie d'entre eux ?
– permet-il de comparer facilement ou non les nombres entre eux ?
– permet-il de calculer facilement pour les 4 opérations principales ?

L'expression orale des nombres et leur écriture en lettres sont, elles, d'une plus grande complexité et varient aujourd'hui, dans leurs principes, suivant les langues et les pays.

> La question de la comparaison des nombres entiers naturels est abordée au §6 de ce chapitre (p. 30).
> La question du calcul sur les nombres entiers est traitée dans le chapitre suivant.

1 Systèmes de numération de type additif

Le principe des systèmes de numération de type additif peut être illustré par deux exemples : le système égyptien et le système romain.

1 1. Système égyptien

Les chiffres égyptiens (vers 3000 avant notre ère) ont la forme de hiéroglyphes.

 *Le bâton évoque l'unité*

 *L'anse de panier évoque la dizaine.*

 *Le rouleau de papyrus ou la corde enroulée évoque la centaine.*

 *La fleur de lotus évoque le millier.*

 *Le doigt levé évoque la dizaine de milliers.*

 *Le têtard évoque la centaine de milliers.*

 *Le dieu agenouillé évoque le million ou l'infini.*

La mise côte à côte de plusieurs symboles pour évoquer un nombre signifie que l'on additionne les valeurs de ces symboles.

Ainsi 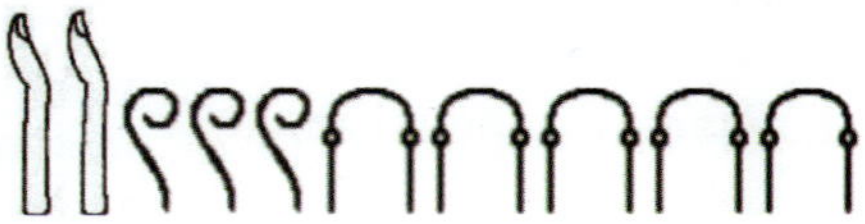 représente le nombre 20 350.

Entrainement 1

Traduire dans notre système 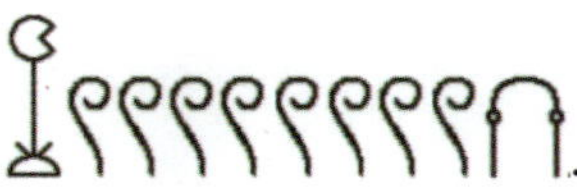.

Corrigé p. 32

Entrainement 2

Traduire les nombres **360** et **3 019** dans le système égyptien.

Corrigé p. 32

1 2. Système romain

Le système ancien qui nous est le plus familier est celui de la **numération romaine**, toujours utilisé pour les datations.

- **La numération romaine comporte, au départ, peu de signes :**

I = 1	C = 100
V = 5	D = 500
X = 10	M = 1 000
L = 50	

• **Les règles de construction des écritures des autres nombres** se limitent d'abord à de simples additions de signes juxtaposés. Elles ont été modifiées ensuite par quelques subtilités plus économiques.

Exemple : Le nombre **997** peut s'écrire **DCCCCLXXXXVII**, ce qui correspond à la décomposition : 500 + 100 + 100 + 100 + 100 + 50 + 10 + 10 +10 + 10 + 5 + 1 + 1, avec répétition de plusieurs signes identiques.

Il peut aussi s'écrire **CMXCVII** à l'aide de la règle : « tout signe placé à gauche d'un signe de valeur supérieure s'en retranche ». La « règle de soustraction » permet une économie dans la répétition des signes identiques.

L'écriture correspond alors à la décomposition :

(1 000 – 100) + (100 – 10) + 5 + 1 + 1.

• **Avec des nombres plus grands, le système se complique** : 1 000 000 s'écrivant par exemple $\overline{\text{M}}$ (le surlignage indique une multiplication par 1 000) ; le système prend alors un aspect multiplicatif.

Entrainement 3

a. Traduire les nombres **360** et **3 019** dans le système romain.

b. Traduire le nombre **CMVI** (écrit dans le système romain) dans notre système.

Corrigé p. 32

1 3. Inconvénients des systèmes de type additif

Les systèmes de type additif présentent un certain nombre d'inconvénients :
– l'écriture d'un grand nombre nécessite l'utilisation d'un grand nombre de chiffres (il suffit de penser à l'écriture de 99 999 en numération égyptienne) ;
– pour écrire des nombres toujours plus grands, il faut inventer de nouveaux chiffres ;
– les calculs deviennent rapidement difficiles à exécuter, notamment pour la multiplication et la division.

Dans un système additif, la longueur de l'écriture d'un nombre n'est pas en relation avec sa taille. Par exemple, en numération romaine, M est supérieur à CCCXXVII.

2 Systèmes de numération de type positionnel

Plusieurs systèmes de numération ont été conçus en attribuant aux symboles utilisés une valeur différente non seulement selon leur forme, mais également selon le rang qu'ils occupent dans l'écriture d'un nombre.

Le **système maya**, le **système binaire**[1] et le **système de numération décimale que nous utilisons** aujourd'hui en sont des exemples.

Nous allons plus particulièrement étudier les caractéristiques de notre système de numération décimale.

2 1. Principes du système de numération décimale

Pour être efficace et sans ambigüité, notre système de numération positionnelle repose sur deux principes fondamentaux (A et B) et deux principes complémentaires (C et D).

A. La valeur d'un signe dépend de son rang dans l'écriture du nombre.

Dans notre système décimal, **cette valeur représente des groupements d'unités** : dizaines, centaines, milliers…

1. On peut trouver sur internet des informations sur le système maya et le système binaire, ainsi que sur d'autres systèmes de numération.

Exemples : Dans l'écriture de 213 ; 425 ; 672 ou 2 987, le chiffre « 2 » n'a pas la même valeur :
- le « **2** » de **2**13 vaut **2** centaines
- le « **2** » de 4**2**5 vaut **2** dizaines
- le « **2** » de 67**2** vaut **2** unités
- le « **2** » de **2** 987 vaut **2** milliers.

B. La méthode de groupements est régulière.

Tout groupement contient toujours le même nombre d'éléments et peut être échangé contre l'unité supérieure.

La valeur de cet échange s'appelle la **base** : en base dix, on peut échanger une dizaine contre dix unités, une centaine contre dix dizaines, etc.

C. Le nombre de signes différents qui permet l'écriture des nombres est égal à la base.

Ainsi, chaque rang n'est occupé que par un seul signe et non par une composition de signes.

Exemples :
- en **base dix**, nous disposons ainsi de dix chiffres : 0, 1, 2, ..., 9
- en **base deux**, deux chiffres suffisent : 0 et 1
- en **base vingt**, il faudrait vingt signes différents, etc.

D. Un des signes a pour fonction de signaler l'absence de groupement à un certain rang : c'est le zéro.

Exemple : Dans **102**, le « **0** » indique qu'il n'y a pas de dizaine restante après le groupement des dizaines en centaines. Il n'y a pas « zéro dizaine », comme le croient beaucoup d'élèves, mais dix dizaines qui ont été groupées pour faire une centaine. **Le chiffre des dizaines de 102 est bien « 0 », mais le nombre de dizaines est « dix ».**

C'est l'émergence des numérations de position qui est à l'origine de l'invention du zéro.

Corrigé QCM 2 : 2 305 est le seul nombre de la liste qui comporte 23 centaines et a 5 pour chiffre des unités. D'autres nombres que ceux de la liste auraient pu convenir comme 2 315 ; 2 325...

Qcm 2, p. 19

2 2. Décompositions associées à l'écriture d'un nombre

A. Décompositions dans le système décimal

À chaque écriture en chiffres peut être associée une décomposition qui utilise des **puissances de 10**.

Exemples :
- Dans l'écriture de **23**, « **2** » désigne 2 paquets de dix unités (ou dizaines) et « **3** » désigne 3 unités ; la décomposition associée est $\mathbf{2 \times 10 + 3}$.
- Une première décomposition associée à **235** est :
$2 \times 10 \times 10 + 3 \times 10 + 5 = 2 \times 100 + 3 \times 10 + 5 = \mathbf{2 \times 10^2 + 3 \times 10^1 + 5}$.
- Autre décomposition : 2 centaines 3 dizaines 5 unités. On dit qu'on a décomposé 235 en **unités de numération**.

Rappel : $10^0 = 1$

$10^n = \underbrace{10 \times 10 \times 10 \times ... \times 10}_{n \text{ facteurs égaux à } 10} = \underbrace{1000...0}_{n \text{ chiffres } 0}$

En numération décimale, on appelle **unités de numération** les termes unité, dizaine, centaine... et ce qu'ils représentent.

Un tableau de numération permet de retrouver ces décompositions :

Millions 10^6			Milliers 10^3			Unités 10^0		
Centaines 10^8	Dizaines 10^7	Unités 10^6	Centaines 10^5	Dizaines 10^4	Unités 10^3	Centaines 10^2	Dizaines 10^1	Unités 10^0
							2	3
						2	3	5
			2	1	8	5	4	7

1 millier = 1 000 unités = 10^3 unités.
1 million = 10^6 unités = 10^3 milliers.

1 est le chiffre des dizaines de millier de 218 547.
2 est son chiffre des centaines de milliers.

D'autres décompositions liées au système décimal sont possibles, par exemple pour 235 :
235 = 23 dizaines 5 unités
$235 = (23 \times 10) + 5$

B. Généralisation pour la base dix

Pour le nombre $\overline{hgfedcba}$ écrit en base dix, on a l'égalité fondamentale :
$\overline{hgfedcba} = h \times 10^7 + g \times 10^6 + f \times 10^5 + e \times 10^4 + d \times 10^3 + c \times 10^2 + b \times 10^1 + a \times 10^0$.

Exemple : $1\,027 = (1 \times 1\,000) + (2 \times 10) + 7 = \mathbf{1 \times 10^3 + 2 \times 10^1 + 7 \times 10^0}$.

La barre horizontale placée au-dessus de $\overline{hgfedcba}$ est souvent utilisée pour indiquer qu'on a affaire à l'écriture d'un nombre qui est à distinguer du produit des nombres (hgfedcba).
D'autres méthodes peuvent être utilisées pour distinguer l'écriture d'un nombre de l'écriture d'un produit, par exemple l'utilisation de parenthèses : (hgfedcba). Le cas échéant, la notation utilisée est précisée dans le sujet proposé aux candidats du CRPE.

2 3. Chiffre et nombre

L'écriture d'un nombre est composée à l'aide de « chiffres ».

• **Les chiffres sont les symboles graphiques utilisés pour écrire les nombres.**
Le mot « chiffre » vient de l'arabe *sifr*, utilisé pour « zéro » et signifiant « le vide ».

• **Le « nombre » est un concept permettant d'évoquer des quantités, d'exprimer la mesure de grandeurs…** alors que le « chiffre » est une écriture graphique.

Il ne faut donc pas confondre « chiffre » et « nombre ».

Exemples :

• **« 3 » est un chiffre et « 23 » un assemblage de chiffres,** si on ne considère que la trace graphique laissée sur le papier.

• **« 3 » et « 23 » sont des nombres,** si on les considère par exemple dans des expressions comme « 3 brebis » ou « 23 cm » ou encore, si on les envisage dans le cadre d'un calcul comme $3 + 23 = 26$.

2 4. Chiffre des... et nombre de...

Dans 235, 5 est le chiffre des unités, 3 celui des dizaines et 2 celui des centaines.

La décomposition 235 = 2 centaines + 3 dizaines + 5 unités permet de dire que, dans 235, il y a 2 centaines ou que le nombre de centaines de 235 est égal à 2.

La décomposition 235 = 23 dizaines + 5 unités permet de dire que dans 235 il y a 23 dizaines ou que le nombre de dizaines de 235 est égal à 23.

Il ne faut donc pas confondre **le chiffre des dizaines** (celui qui est écrit au rang des dizaines de 235) et **le nombre de dizaines** (qui répond à la question : « Combien de dizaines peut-on former avec 235 unités ? »)

Corrigé QCM 1 : Dans **2 305**, le chiffre des dizaines est **0** et **230** est le nombre de dizaines.
2 est le chiffre des milliers mais aussi le nombre de milliers parce que
$2\,305 = 2 \times 1\,000 + 3 \times 100 + 5$.

Qcm 1, p. 19

Entrainement 4

Écrire tous les nombres qui contiennent 20 centaines et qui ont 3 pour chiffre des dizaines.

Corrigé p. 32

3 Numération de position de base quelconque

L'étude des bases autres que dix permet de mieux comprendre notre propre système.

3 1. Principes d'une numération de position de base *b*

A. En base *b*, les groupements successifs se font par *b* éléments.

Chaque groupement « apporte » donc au nombre une puissance de *b* correspondant à son rang. *b* doit être supérieur à 1.

Le nombre qui s'écrit dans la base *b* $\overline{a_n a_{n-1} a_{n-2} \ldots a_2 a_1 a_0}$ est égal à :

$$a_n \times b^n + a_{n-1} \times b^{n-1} + a_{n-2} \times b^{n-2} + \ldots + a_2 \times b^2 + a_1 \times b^1 + a_0 \times b^0.$$

Comme en base dix, un tableau de numération permet de regrouper les informations :

b^5	b^4	b^3	b^2	b^1	b^0
a_5	a_4	a_3	a_2	a_1	a_0

Rappel :
$b^1 = b$
$b^0 = 1$
$b^n = b \times b \times b \times \ldots \times b$
(avec *n* facteurs égaux à *b*)
Voir chapitre 6 §3.1, p. 155.

Exemple : En base cinq, $\overline{342}^{\text{cinq}} = 3 \times 5^2 + 4 \times 5^1 + 2 \times 5^0$.

B. En base *b*, les chiffres ont tous une valeur inférieure à *b*.

Exemples :

• En **base cinq**, les chiffres utilisés sont 0, 1, 2, 3 et 4.

• En **base douze**, les chiffres utilisés sont, par exemple : 0, 1, 2, 3, 4, 5, 6, 7, 8, 9, α, β, les chiffres α, β évoquant respectivement les nombres dix et onze.

• En **base cinq**, la suite des nombres s'écrit : $\overline{0}$, $\overline{1}$, $\overline{2}$, $\overline{3}$, $\overline{4}$, $\overline{10}$, $\overline{11}$, $\overline{12}$, $\overline{13}$, $\overline{14}$, $\overline{20}$, $\overline{21}$, $\overline{22}$, $\overline{23}$, $\overline{24}$, $\overline{30}$ ...

③ 2. Écrire en base dix un nombre donné en base *b*, et inversement

FICHE MÉTHODE 1 Écrire en base dix un nombre donné en base *b*.

→ Écrire en base dix le nombre $\overline{20\alpha 4}^{\text{douze}}$ (donné en base douze).

1. Écrire la décomposition du nombre en base *b*, en s'aidant du tableau de numération.

12^5	12^4	12^3	12^2	12^1	12^0
		2	0	α	4

2. Effectuer les calculs en base dix.

$\overline{20\alpha 4}^{\text{douze}} = (2 \times 12^3) + (0 \times 12^2) + (10 \times 12^1) + (4 \times 12^0)$.

On obtient la réponse : **3 580.**

FICHE MÉTHODE 2 Écrire en base *b* un nombre donné en base dix.

→ Écrire en base cinq le nombre 442 (donné en base dix).

Méthode 1. **Par divisions**

1. Diviser le nombre donné par *b*, le reste obtenu donne le chiffre des unités.

$442 = \mathbf{88} \times 5 + \mathbf{2}$ donc $442 = \overline{...2}^{\text{cinq}}$

88 représente le nombre de groupements de 5 unités, et **2** le nombre d'unités restantes (donc le chiffre des unités).

2. Diviser le quotient obtenu par *b*, le nouveau reste obtenu donne le chiffre suivant.

$88 = \mathbf{17} \times 5 + \mathbf{3}$ donc $442 = \overline{...32}^{\text{cinq}}$

17 représente le nombre de groupements de 5 groupements d'unités, et **3** le nombre de groupements de 5 unités restantes, donc le chiffre des « cinquaines ».

Étapes suivantes. **Recommencer avec les nouveaux quotients** jusqu'à obtenir un quotient inférieur à *b*.

$17 = \mathbf{3} \times 5 + \mathbf{2}$ donc $442 = \overline{...232}^{\text{cinq}}$

$3 = \mathbf{0} \times 5 + \mathbf{3}$ donc $\mathbf{442 = \overline{3232}^{\text{cinq}}}$

Remarque : On peut présenter cette méthode en posant directement les divisions successives :

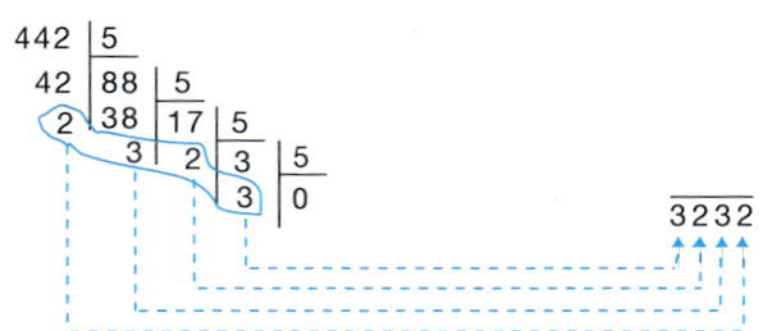

Dans la méthode 1 comme dans la méthode 2, si on utilise une calculatrice, il faut utiliser la touche « division euclidienne ».

Méthode 2. **Avec le tableau de numération**

1. Construire le support du tableau de numération qui est une aide utile pour conduire les calculs.

$5^4 = 625$	$5^3 = 125$	$5^2 = 25$	$5^1 = 5$	$5^0 = 1$

2. Chercher combien de fois la plus grande puissance possible de *b* est contenue dans le nombre donné. Cela détermine le « premier » chiffre du nombre.

$442 = \mathbf{3} \times 125 + 67$. ($5^3$ est contenu 3 fois dans 442).

On écrit 3 dans la colonne de $5^3 = 125$.

$5^4 = 625$	$5^3 = 125$	$5^2 = 25$	$5^1 = 5$	$5^0 = 1$
	3			

$67 = \mathbf{2} \times 25 + 17$. ($5^2$ est contenu 2 fois dans 17).

On écrit 2 dans la colonne de $5^2 = 25$.

$5^4 = 625$	$5^3 = 125$	$5^2 = 25$	$5^1 = 5$	$5^0 = 1$
	3	2		

Étapes suivantes.
Recommencer avec les restes successifs.

$17 = \mathbf{3} \times 5 + \mathbf{2}$. ($5^1$ est contenu 3 fois dans 17).

On écrit 3 dans la colonne de 5^1 et 2 dans la colonne de 5^0.

$5^4 = 625$	$5^3 = 125$	$5^2 = 25$	$5^1 = 5$	$5^0 = 1$
	3	2	3	2

On obtient la réponse : $\overline{3232}^{\text{cinq}}$.

Entrainement 5

Exprimer le nombre de ces points en base cinq et en base trois, en utilisant une méthode qui ne nécessite pas la détermination du nombre de points (en base dix) et une méthode qui le nécessite.

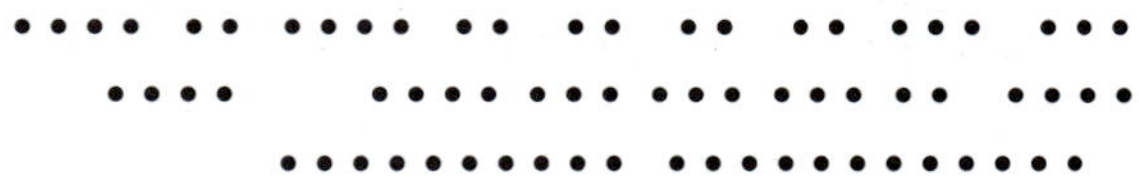

Corrigé p. 32

Entrainement 6

Écrire en base sept, les nombres suivants :

A $= 7^4 + 3 \times 7^3 + 2 \times 7^2 + 6 \times 7 + 5$

B $= 7^5 + 3 \times 7^3 + 2 \times 7^2 + 8$

C $= 7^4 + 7^3 \times 7 + 3 \times 7$.

Corrigé p. 33

Entrainement 7

Écrire en base dix le nombre qui s'écrit $\overline{324}$ en base cinq.

Corrigé p. 33

Entrainement 8

On dispose des signes ***a, e, i, o, u*** pour écrire tous les entiers naturels. Écrire la suite des vingt-cinq premiers nombres et préciser les règles employées.

a, e, i, o, u sont dans l'ordre croissant et ***a*** représente zéro.

Corrigé p. 33

Entrainement 9

Écrire en base cinq ces nombres donnés dans notre système décimal : 125 ; 500.

Corrigé p. 34

Entrainement 10

Est-il possible de comparer les nombres :

$A = \overline{10234}^{\text{cinq}}$ et $B = \overline{231}^{\text{douze}}$, sans convertir entièrement ces nombres en base dix ?

Corrigé p. 34

4 Numération orale

4 1. Désignation orale des nombres

Si notre numération écrite est parfaite, ce n'est pas le cas de notre système de désignation orale.

Notre système d'écriture en chiffres est construit à partir de règles ne souffrant aucune exception et, de ce fait, les écritures chiffrées sont sans ambigüité, ce qui permet d'affirmer qu'elle est « parfaite ». Il n'en est pas de même pour les numérations orales.

La plupart des langues ont laissé s'introduire une « oralisation » des écritures chiffrées pleine d'exceptions et reposant sur des règles de composition, souvent de type additif ou multiplicatif, qui sont différentes des règles d'écriture en chiffres.

A. À l'oral, nous avons besoin de plus de dix mots-nombres.

Notre numération orale française pourrait, dans l'idéal, ne comprendre que **dix mots-nombres** correspondants aux **dix signes ou chiffres utilisés à l'écrit** :

zéro, un, deux, trois, quatre, cinq, six, sept, huit et neuf

On dirait alors « deux trois » pour 23, ou « sept deux zéro cinq » pour 7 205 !

Pour formuler oralement la valeur de chaque chiffre, il faudrait y ajouter des mots comme « dix », « cent », « mille »... :

– 23 se lirait alors « deux <u>dix</u> trois » ;

– 7 205 se lirait « sept <u>mille</u> deux <u>cent</u> cinq » (ce qui est d'ailleurs sa lecture usuelle !).

Or, **pour dire les nombres de 0 à 100** (**QCM 3**), nous avons besoin de **23 mots-nombres** :

zéro, un, deux, trois, quatre, cinq, six, sept, huit, neuf, dix, onze, douze, treize, quatorze, quinze, seize, vingt, trente, quarante, cinquante, soixante, cent, auxquels il faut ajouter le mot « **et** ».

B. Des mots qui sont source de difficultés pour les élèves.

Dans notre langue, plusieurs mots-nombres ont été créés sans réelle nécessité. Ces mots, maintenus par l'usage, sont source de difficultés pour les élèves. Ainsi :

- **« onze », « douze », « treize »**... devraient être lus, en conformité avec la numération écrite « dix-un », « dix-deux », « dix-trois », etc.
- « **vingt** » n'est autre que « deux dix » ; « **trente** » que « trois dix » ; etc.
- « **soixante-dix** », « **quatre-vingts** » et « **quatre-vingt-dix** » défient les règles de composition des mots de base et certains pays francophones les ont avantageusement remplacés par « **septante** », « **octante** » et « **nonante** ».

4 2. Lecture des grands nombres

A. Les nombres jusqu'au sextillion

La lecture des grands nombres obéit à une règle légale en France depuis 1961. Elle utilise les mots suivants (donnés avec leurs valeurs en référence à l'unité et au million) :

1 million = 1 000 000 unités = 10^6 unités
1 billion = 10^{12} unités = 10^6 millions
1 trillion = 10^{18} unités = 10^{12} millions
1 quadrillion = 10^{24} unités = 10^{18} millions
1 quintillion = 10^{30} unités = 10^{24} millions
1 sextillion = 10^{36} unités = 10^{30} millions

À partir de là, on peut remarquer que, pour lire un nombre, il suffit de partir de son découpage en tranches de 3 chiffres à partir de la droite, en considérant chaque fois 2 tranches (donc 6 chiffres à partir de la droite) :

32 203 023 230 003 se lit :
↑ billion ↑ million

trente-deux-**billions**-deux-cent-trois-mille-vingt-trois-**millions**-deux-cent-trente-mille-trois

B. Le milliard (10^9)

Le milliard, qui vaut 1 000 millions, n'a pas d'« existence légale » en France, ce qui ne signifie pas qu'il ne doit pas être utilisé. Il l'est d'ailleurs fréquemment, notamment pour la lecture de nombres inférieurs au billion.

3 020 243 040 se lit :
milliard ↑ ↑ million

trois-mille-vingt-**millions**-deux-cent-quarante-trois-mille-quarante
ou trois-**milliards**-vingt-**millions**-deux-cent-quarante-trois-mille-quarante

Corrigé QCM 4 : Le nombre « mille-milliards-vingt-millions-sept-cents » s'écrit en chiffres : 1 000 020 000 700, écriture qui comporte 10 fois le chiffre 0.

Qcm 4, p. 19

5 Désignation des nombres en lettres

Les désignations littérales des nombres sont régies par des **règles orthographiques**.

• **En 1990, un rapport de l'Académie française a proposé de modifier la règle orthographique** en usage jusque-là, sans que ce soit obligatoire.

Les « nombres composés » peuvent désormais s'écrire avec des traits d'union entre chaque élément :

trente-et-un (plutôt que trente et un) ;
quatre-cents (plutôt que quatre cents) ;
quatre-cent-cinquante-et-un (plutôt que quatre cent cinquante et un) ;
cinq-cent-soixante-dix-huit (plutôt que cinq cent soixante-dix-huit).

C'est cette nouvelle règle d'orthographe que nous avons décidé d'utiliser dans cet ouvrage.

Cette nouvelle règle permet de distinguer par exemple :
« vingt et un tiers » (20 + 1/3) et « vingt-et-un tiers » (21/3).

• **Vingt et cent** : ces mots s'accordent quand ils sont multipliés par un nombre et ne sont pas suivis par un autre nombre :

quatre-vingts	quatre-vingt-sept	cent-quatre
quatre-cents	quatre-cent-cinquante-et-un.	

• **Mille** : ce mot est toujours invariable :

huit-mille vingt-mille-huit.

• **Millier, million et milliard** : ces mots s'accordent :

deux-cents-millions trois-cents-milliers (mais trois-cent mille).

Entrainement 11

Un nombre contient 2 453 dizaines de milliers. Son écriture comporte deux fois le chiffre « 0 ». Son chiffre des dizaines est 3 et son chiffre des centaines est le double de son chiffre des millions.

a. Quel est le nombre de millions de ce nombre ?

b. Quel est son nombre de milliers ?

c. Comment ce nombre se lit-il ?

Corrigé p. 34

6 Comparaison et rangement des nombres entiers naturels

L'écriture des nombres en chiffres facilite leur comparaison.

FICHE MÉTHODE 3 **Comparer des nombres entiers naturels et les ranger.**

→ Comparer et ranger les nombres suivants :

27 506 9 634 9 098 27 605 102 020.

1. Trouver le rang de plus grande valeur pour l'ensemble des nombres[1]. – Comparer les chiffres pour ce rang (en l'absence de chiffre pour l'un des nombres, considérer que le chiffre est 0). – Le plus grand nombre est celui qui a le chiffre de plus grande valeur pour le rang considéré. – Pour les nombres qui comportent des chiffres identiques au rang considéré, passer à l'étape 2.	Pour faciliter la tâche, imaginer que les nombres sont écrits les uns sous les autres, en alignant les chiffres de même rang dans la même colonne : 27 506 9 634 9 098 27 605 102 020 102 020 est le seul à comporter un chiffre autre que 0 au rang des centaines de milliers : c'est donc le plus grand de la série.
2. Faire le même travail au rang immédiatement inférieur.	**27 506 et 27 605 comportent tous deux un chiffre autre que 0 au rang des dizaines de milliers.** Ils sont donc supérieurs à 9 634 et à 9 098.

1. Cela revient à considérer que si un nombre est écrit avec plus de chiffres qu'un autre nombre, il est supérieur à cet autre nombre.

3. Étapes suivantes :
faire le même travail en passant chaque fois au rang immédiatement inférieur.

Pour 27 506 et 27 605, **au rang des dizaines de milliers et des milliers,** ils comportent les mêmes chiffres, il faut donc passer au rang des centaines.

Au rang des centaines, 27 506 comporte un chiffre plus petit que celui de 27 605, il est donc inférieur à 27 605.

Pour 9 634 et 9 098, **au rang des milliers,** ils comportent le même chiffre, il faut donc passer au rang des centaines.

Au rang des centaines, 9 634 comporte un chiffre plus grand que celui de 9 098, il est donc supérieur à 9 098.

D'où le rangement :

$9\,098 < 9\,634 < 27\,506 < 27\,605 < 102\,020$.

Corrigé QCM 5 : Les nombres X et Z ne peuvent pas être traduits complètement en chiffres, mais les indications fournies montrent qu'ils sont de la forme :

Qcm 5, p. 19

X : * * * 6 * * * (le nombre de chiffres non connus à gauche de 6 étant supérieur ou égal à 0)

Y : 4 0 9 0

Z : 4 7 * * (4 est son chiffre des milliers et 7 son chiffre des centaines)

La méthode précédente permet de conclure que $Y < Z < X$.

Entrainement 12

Corrigé p. 34

Ranger ces 4 nombres par ordre décroissant.

A : dix-millions-deux-cent-mille

B : 1 002 dizaines de milliers et 5 centaines

C : 10 200 050

D : $\overline{10\,000\,000}^{\text{douze}}$

Corrigés

Entrainement 1

Énoncé p. 21

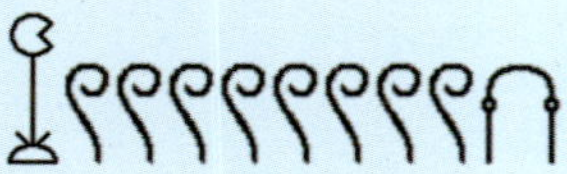 = 1 810

Entrainement 2

Énoncé p. 21

360 = 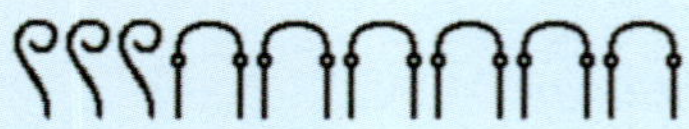 3 019 = 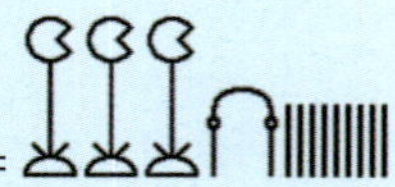

Entrainement 3

Énoncé p. 22

a. **360** = CCCLX et 3 019 = MMMXIX ou MMMXVIIII.
b. CMVI = **906**.

Entrainement 4

Énoncé p. 25

2 030 ; 2 031 ; 2 032 ; 2 033 ; 2 034 ; 2 035 ; 2 036 ; 2 037 ; 2 038 ; 2 039.

Entrainement 5

Énoncé p. 27

1. Expression du nombre de points en base cinq
Plusieurs méthodes sont possibles pour exprimer le nombre de points en base cinq.

MÉTHODE 1 : En faisant des groupements effectifs

- On commence par grouper les éléments par cinq :

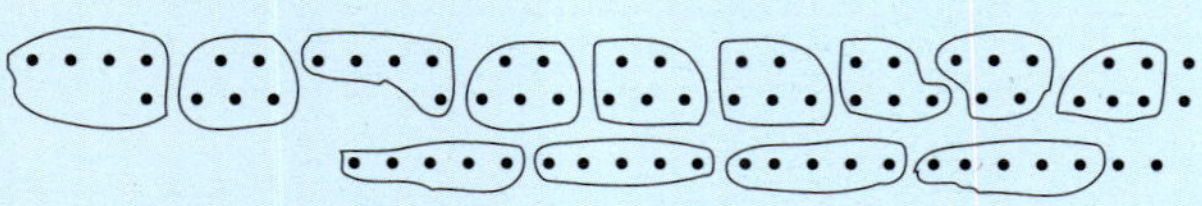

Il reste quatre éléments qui n'ont pas pu être groupés et qui donnent le chiffre des unités : 4.

- On groupe de nouveau les paquets de cinq par cinq :

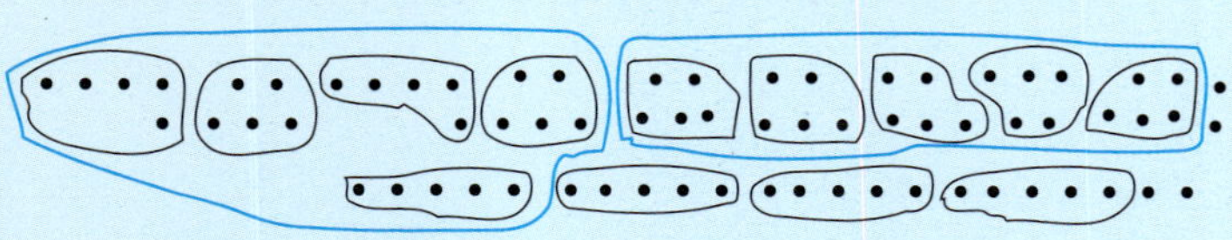

On obtient deux « grands paquets » du deuxième ordre, qui correspondent chacun à 25 unités. Il reste trois paquets de cinq qui n'ont pas été groupés ; ce sont trois « cinquaines » (mot qui n'existe pas mais qui permet de mieux comprendre l'analogie avec notre système à base dix).

• Finalement, on obtient :
– 2 « vingt-cinquaines » ou 2 groupements du deuxième ordre ;
– 3 « cinquaines » ou 3 groupements du premier ordre ;
– 4 points non regroupés ou 4 « unités ».
Le nombre *n* de points s'écrit alors : $\overline{234}^{\text{cinq}}$.

MÉTHODE 2 : En comptant les points et par décomposition en fonction des puissances de 5

Il faut d'abord compter les points (il y en a 69), puis décomposer 69 en fonction des puissances de 5, par exemple en s'aidant d'un tableau :

Puissances de 5	5^6 15 625	5^5 3 125	5^4 625	5^3 125	5^2 25	5^1 5	5^0 1
$\overline{234}^{\text{cinq}}$					2	3	4

Dans 69, il y a 2 fois 25 (50) et il reste 19.
Dans 19, il y a 3 fois 5 et il reste 4.
D'où la décomposition : $69 = (2 \times 25) + (3 \times 5) + (4 \times 1)$.
Le nombre de points s'écrit donc en base cinq : $\overline{\mathbf{234}}$.

MÉTHODE 3 : En comptant les points et par division par 5

$$\begin{array}{r|l} 69 & 5 \\ \hline 4 & \begin{array}{r|l} 13 & 5 \\ \hline 3 & 2 \end{array} \end{array}$$

En base cinq, le nombre 69 s'écrit $\overline{234}$.

Cet exemple montre que le 2 de $\overline{234}$ en base cinq ne désigne pas 2 « centaines » mais 2 « vingt-cinquaines », ce qui souligne l'absurdité qu'il y aurait à lire le nombre $\overline{234}$ en base cinq comme « deux-cent trente-quatre » !

2. Expression du nombre de points en base trois
En base trois, le nombre 69 s'écrit $\overline{2120}$
car $69 = (2 \times 3^3) + (1 \times 3^2) + (2 \times 3^1) + (0 \times 3^0)$.

Entrainement 6

Énoncé p. 27

$A = \overline{\mathbf{13265}}$

$B = \overline{\mathbf{103211}}$
(0 indique que 7^4 ne figure pas dans la décomposition ; 7^1 ne figure pas non plus, mais il faut décomposer 8 en $1 \times 7^1 + 1$).

$C = 2 \times 7^4 + 3 \times 7$ (car $7^3 \times 7 = 7^4$),
donc $C = \overline{\mathbf{20030}}$.

Pour A, la traduction en base sept est directe puisque les nombres sont déjà exprimés en fonction des puissances de 7 avec des facteurs tous inférieurs à 7.

Pour B, $\overline{103208}$ n'est pas acceptable car, en base sept, le chiffre « 8 » ne peut pas être utilisé.
Pour C, $\overline{17030}$ n'est pas acceptable car, en base sept, le chiffre « 7 » ne peut pas être utilisé.

Entrainement 7

Énoncé p. 27

$\overline{324}^{\text{cinq}} = 3 \times 5^2 + 2 \times 5^1 + 4 \times 5^0 = 3 \times 25 + 2 \times 5 + 4 \times 1 = \mathbf{89}$.

Entrainement 8

Énoncé p. 27

On obtient alors la suite :
a, e, i, o, u, ea, ee, ei, eo, eu, ia, ie, ii, io, iu, oa, oe, oi, oo, ou, ua, ue, ui, uo, uu, eaa, etc.

Entrainement 9

Énoncé p. 27

En utilisant l'une des méthodes exposées p. 26, on trouve :
$125 = \overline{1000}^{\text{cinq}}$ et $500 = \overline{4000}^{\text{cinq}}$.

Entrainement 10

Énoncé p. 27

Pour éviter une conversion des deux nombres dans la même base, il suffit d'en chercher l'ordre de grandeur en base dix, en s'intéressant uniquement à la valeur du chiffre de gauche de chacun.

Pour A, écrit en base cinq, le chiffre 1 de gauche vaut 625 en base dix, donc $A > 625$.

Pour B, écrit en base douze, le chiffre de gauche est 2, donc $B < 3 \times 144$, donc $B < 432$.

A est donc le plus grand des deux nombres.

Entrainement 11

Énoncé p. 30

a. Nombre de millions : 24 (dans 2 453 dizaines de milliers, il y a 24 mille milliers).

b. Nombres de milliers : 24 530 (car le chiffre des milliers est nécessairement un « 0 », sinon il n'y aurait pas deux « 0 » dans l'écriture du nombre).

c. Le nombre est 24 530 830 et se lit « vingt-quatre-millions-cinq-cent-trente-mille-huit-cent-trente ».

AUTRE MÉTHODE

Pour traiter cette question, on peut utiliser le **tableau de numération :**

1. Placer dans le tableau le nombre 2 453 dizaines de milliers.
2. Placer ensuite le chiffre des dizaines (3) et le chiffre des centaines (8).
3. Placer enfin les deux « 0 » aux deux seuls emplacements laissés libres.
4. Répondre aux questions.

Entrainement 12

Énoncé p. 31

La solution la plus simple consiste à exprimer chaque nombre en écriture décimale.

A : 10 200 000

B : 10 020 500

C : 10 200 050

D : 35 831 808 (car $\overline{10\,000\,000}^{\text{douze}} = 1 \times 12^7$)

D'où le rangement par ordre décroissant : $D > C > A > B$.

L'utilisation du tableau de numération facilite l'écriture décimale de B.
On place 1002 dizaines de milliers dans le tableau puis 5 centaines.

Millions 10^6			Millions 10^3			Millions 10^0		
Centaines	Dizaines	Unités	Centaines	Dizaines	Unités	Centaines	Dizaines	Unités
	1	0	0	2	0	5	0	0

AU CONCOURS Les nombres entiers naturels – Les systèmes de numération

Exercice 1

Corrigé p. 37

Existe-t-il une base a de numération de position dans laquelle : $\overline{82}^a = 3 \times \overline{28}^a$?

Exercice 2

Corrigé p. 37

Existe-t-il une base b de numération de position dans laquelle $\overline{23}^b + \overline{53}^b = \overline{80}^b$?

Exercice 3

Corrigé p. 37

On a utilisé 6 869 caractères d'imprimerie (chiffres) pour numéroter les pages d'un dictionnaire. Combien de pages ce dictionnaire contient-il ?

Toutes les pages sont numérotées une fois et une seule, la première portant le n° 1 ; cette numérotation se fait en base dix.

Exercice 4

Corrigé p. 37

a. Écrire en base douze le nombre qui s'écrit 144 en base dix.

b. Écrire en base dix le nombre qui s'écrit $\overline{1000}$ en base douze.

c. On désigne par 0, 1, 2, 3, 4, 5, 6, 7, 8, 9, a, b, les douze chiffres utilisés en base douze. Écrire en base dix :

– les trois nombres qui s'écrivent respectivement a, b, $\overline{ab}$ en base douze ;

– le produit de a par b.

Exercice 5

Corrigé p. 37

Combien de mots sont nécessaires pour écrire tous les nombres compris entre 2 340 105 et 17 002 058 ?

À cette question, un élève de CM2 a répondu « 25 mots ». A-t-il raison ?

Exercice 6

Corrigé p. 38

Combien de nombres peuvent être formés en utilisant un, deux ou trois des mots suivants : *deux, sept, dix, mille et millions* (des tirets peuvent être ajoutés, mais le même mot ne peut pas être utilisé deux fois dans l'écriture d'un nombre) ?

Exercice 7

Corrigé p. 39

Le nombre d'éléments d'une collection a été codé $\overline{1111}^{\text{cinq}}$ après qu'on a effectué des groupements par cinq.

a. Quelle est la valeur (dans notre système) de chacun des « 1 » utilisés en fonction de sa position dans le nombre ?

b. Comment s'écrivent dans notre système les nombres : $\overline{3214}^{\text{cinq}}$, $\overline{444}^{\text{cinq}}$, $\overline{4001}^{\text{cinq}}$?

c. Quel est, en base cinq, le nombre qui précède $\overline{1200}^{\text{cinq}}$?

d. Quel est le nombre, en base cinq, qui suit $\overline{4214}^{\text{cinq}}$?

e. Effectuer les calculs suivants sans repasser par la base dix (tous les nombres sont écrits en base cinq) :

$\overline{34} + \overline{23}$ $\overline{4312} - \overline{2323}$ $\overline{213} \times \overline{3}$

Puis convertir tous ces nombres en base dix pour vérifier les résultats.

Exercice 8

Corrigé p. 40

Tous les raisonnements et calculs devront être clairement explicités.

a. Trouver l'écriture chiffrée en base trois du nombre $1 + 3 + 3^2 + 3^4 + 3^6$.

b. Trouver l'écriture de ce même nombre en base neuf.

c. Trouver l'écriture chiffrée de $5 \times (5 \times (5 \times (5 + 4) + 3) + 2) + 1$ en base cinq.

d. Pour écrire un nombre en base seize, on utilise les chiffres :
0, 1, 2, 3, 4, 5, 6, 7, 8, 9, A, B, C, D, E et F.
Trouver l'écriture en base seize du nombre $(4^3 - 1) \times (4^3 + 1)$.

Exercice 9

Corrigé p. 41

L'écriture en base 3 d'un nombre n positif est de la forme $\overline{a_k a_{k-1} \ldots a_1 a_0}$ où
– k est un entier naturel ;
– les termes a_k, a_{k-1}, ..., a_1, a_0 sont des entiers compris entre 0 et 2 ;
– $a_k > 0$ sauf si $n = 0$ (auquel cas $k = 0$ et $a_0 = 0$) ;
– $n = a_k \times 3^k + a_{k-1} \times 3^{k-1} + \ldots + a_1 \times 3 + a_0$.

Les termes a_k, a_{k-1}, ..., a_1, a_0 sont alors appelés les chiffres de l'écriture en base trois de n.

Toutes les réponses devront être justifiées.

1. Écriture de nombres en base trois

a. Vérifier que l'écriture en base trois du nombre 11 est $\overline{102}$.

b. Quelle est l'écriture en base trois du nombre 74 ?

c. Que peut-on dire d'un nombre dont l'écriture en base trois se termine par le chiffre « 0 » ?

2. Étude des nombres 2-lacunaires

On s'intéresse aux nombres entiers n dont aucun chiffre de l'écriture en base trois ne prend la valeur 2. On appellera ces nombres des entiers 2-lacunaires.
Par exemple $12 = \overline{110}$ est 2-lacunaire alors que $19 = \overline{201}$ ne l'est pas.

a. Déterminer le nombre d'entiers 2-lacunaires compris entre 0 et 100.

b. À quelle condition nécessaire et suffisante un nombre 2-lacunaire possédant quatre chiffres en base trois est-il divisible par 2 ?

3. Étude des nombres 1-lacunaires

On appelle nombres 1-lacunaires les nombres entiers n dont aucun chiffre de l'écriture en base trois ne prend la valeur 1.

a. Montrer que tout entier 1-lacunaire est le double d'un entier 2-lacunaire.

b. Montrer que tout entier peut se décomposer comme la somme d'un entier 2-lacunaire et d'un entier 1-lacunaire.

c. Montrer que cette décomposition n'est pas toujours unique.

Corrigés

Exercice 1

Énoncé p. 35

Il faut traduire l'égalité : $\overline{82}^a = 3 \times \overline{28}^a$ en base dix.

Comme a est la base, $a > 8$.

L'égalité se traduit par : $8a + 2 = 3 \times (2a + 8)$, donc $8a + 2 = 6a + 24$.

Donc $2a = 22$, $a = 11$.

L'égalité $\overline{82}^a = 3 \times \overline{28}^a$ est vraie en base onze, les chiffres utilisés étant tous inférieurs à onze.

Exercice 2

Énoncé p. 35

L'égalité se traduit par $2b + 3 + 5b + 3 = 8b$, avec $b > 8$ (puisque le chiffre le plus élevé doit être inférieur à la valeur de la base).

On déduit : $7b + 6 = 8b$, d'où $b = 6$ (valeur qui n'est pas supérieure à 8).

Il n'existe donc pas de valeur de b répondant à la question.

Exercice 3

Énoncé p. 35

Il s'agit ici de bien distinguer les chiffres, les nombres et les nombres de chiffres d'un nombre !

– **Pages de 1 à 9** : il faut 9 nombres de 1 chiffre, soit **9 chiffres**.
– **Pages de 10 à 99** : il faut 90 nombres de 2 chiffres, soit **180 chiffres**.
– **Pages de 100 à 999** : il faut 900 nombres de 3 chiffres, soit **2 700 chiffres**.
– **Pages de 1 000 à 1 999** : il faut 1 000 nombres de 4 chiffres, soit **4 000 chiffres**.

Donc, jusqu'à la page 1 999, il faudrait **6 889 caractères**, soit 20 de trop.

Comme on se trouve dans des pages portant des nombres de 4 chiffres, les 20 caractères excédentaires correspondent à **5 pages**.

Le dictionnaire possède donc 1 994 pages.

Exercice 4

Énoncé p. 35

a. $144 = 12 \times 12 = 12^2$, donc 144 s'écrit **$\overline{100}$ en base douze.**

b. $\overline{1000}^{\text{douze}} = 12^3 =$ **1728 en base dix.**

c. En base douze, a et b valent respectivement 10 et 11, et donc correspondent à 10 et 11 en base dix.

$\overline{ab} = (a \times 12) + b = (10 \times 12) + 11 = 131$.

$a \times b$ correspond en base dix à $10 \times 11 = 110$.

base douze	a	b	$\overline{ab}$	$a \times b$
base dix	10	11	131	110

Exercice 5

Énoncé p. 35

Il faut d'abord pouvoir former tous les mots correspondants aux groupes de 1, 2 ou 3 chiffres (pour lire les nombres de chaque tranche) :

– de un à seize, soit **16 mots** ;
– les mots « dizaines », de vingt à soixante, soit **5 mots** ;

– le mot cent, soit **1 mot** ;
– il faut également utiliser les mots « mille » et « millions », ainsi que le mot « et », soit **3 mots.**
Soit, au total, 25 mots. L'élève a donc raison.

La réponse peut également être 27 si on considère que les mots vingts et cents sont différents de vingt et cent.

Exercice 6

Énoncé p. 35

On peut organiser la recherche en fonction du nombre de mots utilisés.

• **En utilisant un seul mot : 4 nombres sont possibles** (« millions » n'est pas le nom d'un nombre, même sans « s »).

On dit « mille » pour désigner 1 000, mais on dit « un million » pour désigner 1 000 000.

• **En utilisant 2 mots, il existe 11 possibilités :**
– chacun des mots « inférieur ou égal à dix » peut être suivi de mille ou millions, ce qui donne **6 nombres** ;
– le mot mille peut être suivi de l'un des mots « inférieur ou égal à dix » et du mot millions, ce qui donne **4 nombres** ;
– dix peut également être suivi de sept, ce qui donne **1 nombre**.
Les possibilités peuvent également être recensées à l'aide du tableau suivant (une croix correspond à un mot possible) :

	deux	**sept**	**dix**	**mille**	**millions**
deux				×	×
sept				×	×
dix		×		×	×
mille	×	×	×		×
millions					

• **En utilisant 3 mots, les solutions possibles peuvent être recensées en utilisant un arbre, soit 27 nombres** (millions ne peut pas être situé au début du nom d'un nombre).

deux
- mille ➡ peut être complété par les trois autres mots (sept, dix, millions) : **3 nombres**
- millions ➡ peut être complété par trois autres mots (sept, dix, mille) : **3 nombres**

sept
- mille ➡ peut être complété par les trois autres mots : **3 nombres**
- millions ➡ peut être complété par trois autres mots : **3 nombres**

dix
- sept ➡ peut être complété par mille ou millions : **2 nombres**
- mille ➡ peut être complété par les trois autres mots : **3 nombres**
- millions ➡ peut être complété par les trois autres mots : **3 nombres**

mille
- deux ➡ peut être complété par millions : **1 nombre**
- sept ➡ peut être complété par millions : **1 nombre**
- dix ➡ peut être complété par sept et millions : **2 nombres**
- millions ➡ peut être complété par les trois autres mots : **3 nombres**

Donc au total, 42 nombres (4 + 11 + 27) peuvent être écrits.

Énoncé p. 35

Exercice 7

a. En base cinq, les chiffres sont à multiplier par les puissances de 5 donc de droite à gauche par : 1, 5, 25, 125, 625, 3 125, 15 625…

La valeur de chaque 1 de $\overline{1111}^{\text{cinq}}$ en allant de la droite vers la gauche est donc : **1, 5, 25 et 125.**

b. $\overline{3214}^{\text{cinq}} = 3 \times 5^3 + 2 \times 5^2 + 1 \times 5^1 + 4 = 3 \times 125 + 2 \times 25 + 1 \times 5 + 4 = \mathbf{434}.$

$\overline{444}^{\text{cinq}} = 4 \times 25 + 4 \times 5 + 4 = \mathbf{124}.$

(En base cinq, $\overline{444}$ est le précédent de $\overline{1000}$ qui correspond à 125 en base dix.)

$\overline{4001}^{\text{cinq}} = 4 \times 125 + 1 = \mathbf{501}.$

c. Le nombre qui précède $\overline{1200}^{\text{cinq}}$ est : $\overline{1144}^{\text{cinq}}$.

d. Le nombre qui suit $\overline{4214}^{\text{cinq}}$ est : $\overline{4220}^{\text{cinq}}$.

e. Pour calculer une somme en base cinq, il faut tout d'abord construire le répertoire minimum : la « table de Pythagore de l'addition en base cinq ».

On voit de nouveau sur cette table que l'écriture $\overline{10}$ correspond à un groupement par cinq, comme elle correspond à un groupement par dix en base dix.

+	0	1	2	3	4
0	0	1	2	3	4
1	1	2	3	4	$\overline{10}$
2	2	3	4	$\overline{10}$	$\overline{11}$
3	3	4	$\overline{10}$	$\overline{11}$	$\overline{12}$
4	4	$\overline{10}$	$\overline{11}$	$\overline{12}$	$\overline{13}$

- **Calcul de l'addition**

Posons $\overline{34} + \overline{23}$ dans un tableau de numération en base cinq.
Chaque colonne ne peut contenir qu'un seul chiffre, puisque le 1 de $\overline{12}$ ou de $\overline{10}$ correspond à un groupement par cinq : c'est la « retenue », celle qui doit « passer » dans la colonne de gauche !

$5^6 = 15\,625$	$5^5 = 3\,125$	$5^4 = 625$	$5^3 = 125$	$5^2 = 25$	$5^1 = 5$	$5^0 = 1$
				1	1	
					3	4
			+		2	3
				1	1	2

La réponse est donc $\overline{34} + \overline{23} = \overline{112}$.

Ces calculs peuvent se faire hors tableau :

base cinq	*traduction en base dix*
1	1
34	19
+ 23	+ 13
112	32

On contrôle que $\overline{112}^{\text{cinq}}$ s'écrit 32 en base dix.

• **Calcul de la soustraction en base cinq**

$\overline{4312} - \overline{2323} = \overline{\mathbf{1434}}$

Si on effectue les calculs en base dix,
on obtient : 582 – 338 = **244**.

On contrôle enfin que
$\overline{\mathbf{1434}}^{\text{cinq}}$ s'écrit **244** en base dix.

$\begin{array}{r} 4\,3\,1\,{}^{1}2 \\ -\,2\,3\,2_{1}\,3 \\ \hline 4 \end{array}$	Soustraire 3 unités de 2 unités est impossible. On ajoute donc simultanément $\overline{10}$ unités au 1er terme (c'est-à-dire 5 unités) et 1 *cinquaine* au 2e terme.

On peut alors calculer $\overline{12} - \overline{3}$ (équivalent à 7 – 3 en base dix). Etc.

› **Techniques de calcul posé pour les soustractions**, chap. 2 p. 54

• **Calcul du produit en base cinq**

$$\begin{array}{r} \overline{213} \\ \times\ \overline{3} \\ \hline 1144 \end{array}$$

– **3 fois 3 unités**, c'est (3 + 3) + 3 = 11 + 3 = 14 (d'après les tables d'addition), donc **4 unités** et 1 *cinquaine* en retenue.

– **3 fois 1 *cinquaine***, c'est 3 *cinquaines*, plus 1 en retenue : **4 *cinquaines***

– **3 fois 2 *vingt-cinquaines***, c'est 6 *vingt-cinquaines*, soit $\overline{\mathbf{11}}^{\text{cinq}}$ ***vingt-cinquaines***.

Si on effectue les calculs en base dix, on obtient : 58 × 3 = **174**.

On contrôle enfin que $\overline{1144}^{\text{cinq}}$ s'écrit **174** en base dix.

Exercice 8

Énoncé p. 36

a. Le nombre $1 + 3 + 3^2 + 3^4 + 3^6$ étant donné comme somme de puissances de 3, s'écrit facilement en base trois (en inversant l'ordre des termes de la somme) : $\overline{\mathbf{1010111}}$, les 0 marquant l'absence de certaines puissances.

On aurait pu construire un tableau des puissances de trois analogue à celui des puissances de cinq, mais ici ce n'est pas nécessaire.

› **Calcul sur les puissances**, chap. 6 §3.1, p. 155

b. Sachant que $3^2 = 9$; $3^4 = 9^2$ et $3^6 = 9^3$,
le nombre donné peut être décomposé en $4 + 9 + 9^2 + 9^3$,
et s'écrit donc $\overline{\mathbf{1114}}$ **en base neuf**.

c. Le nombre 5 × (5 × (5 × (5 + 4) + 3) + 2) + 1 est écrit sous une forme qui met en évidence les groupements successifs par cinq. Cette écriture peut se traduire par :

$$\begin{aligned} 5 \times (5 \times (5 \times (5 + 4) + 3) + 2) + 1 &= 5 \times 5 \times (5 \times (5 + 4) + 3) + 2 \times 5 + 1 \\ &= 5 \times 5 \times 5 \times (5 + 4) + 3 \times 5 \times 5 + 2 \times 5 + 1 \\ &= 5 \times 5 \times 5 \times 5 + 4 \times 5 \times 5 \times 5 + 3 \times 5 \times 5 + 2 \times 5 + 1 \\ &= 5^4 + 4 \times 5^3 + 3 \times 5^2 + 2 \times 5 + 1. \end{aligned}$$

Ce qui donne l'écriture en base cinq : $\overline{\mathbf{14321}}$.

d. $(4^3 - 1) \times (4^3 + 1) = 4^6 - 1 = (4^2)^3 - 1 = 16^3 - 1$.
Ce nombre est donc le prédécesseur de 16^3
et il s'écrit : $\overline{\mathbf{FFF}}$.

Utilisation de l'identité remarquable :
$(a - b)(a + b) = a^2 - b^2$.

16^3 s'écrit $\overline{1000}$ en base seize. Le nombre qui précède s'écrit donc avec le plus grand chiffre (F) répété 3 fois. De la même manière que, en base dix, le nombre qui précède 1000 s'écrit 999.

AUTRE MÉTHODE

$4^3 = 64$, donc $(4^3 - 1) \times (4^3 + 1) = 63 \times 65 = \mathbf{4\,095}$.

En utilisant par exemple la méthode par divisions successives par 16, on obtient :

$$\begin{array}{r|l} 4095 & 16 \\ \hline 15 & \begin{array}{r|l} 255 & 16 \\ \hline 15 & 15 \end{array} \end{array}$$

Comme 15 s'écrit F en base seize, on retrouve la réponse $\overline{\mathbf{FFF}}$.

Exercice 9

Énoncé p. 36

1. Écriture de nombres en base trois

a. $\overline{102} = 1 \times 3^2 + 0 \times 3^1 + 2 = 9 + 2 = 11$.

b. Une méthode repose sur un algorithme par divisions successives et, de ce fait, est utilisable quelles que soient les données numériques.

› Algorithme par divisions successives, p. 26

$$\begin{array}{r|l} 74 & 3 \\ \hline 14 & \begin{array}{r|l} 24 & 3 \\ \hline 0 & \begin{array}{r|l} 8 & 3 \\ \hline 2 & 2 \end{array} \end{array} \\ 2 & \end{array}$$

2 est le chiffre des unités (le plus droite)
0 est le chiffre des « tierces » (groupe de 3)
2 est le chiffre des « neuvaines » (groupe de 3^2)
2 est le chiffre des groupes de $3^3 = 27$ unités
d'où : $2\,2\,0\,2 = 2 \times 3^3 + 2 \times 3^2 + 0 \times 3^1 + 2 \times 3^0$.

L'écriture en base trois de 74 est $\overline{2202}$.

AUTRE MÉTHODE

Il s'agit de décomposer 74 sous la forme d'une somme de multiples de puissances de 3.

On remarque d'abord que 74 est compris entre $27 = 3^3$ et $81 = 3^4$.

D'où $74 = 2 \times 27 + 2 \times 9 + 2 = \mathbf{2} \times 3^3 + \mathbf{2} \times 3^2 + \mathbf{0} \times 3^1 + \mathbf{2}$.

On retrouve bien l'écriture en base trois de 74 : $\overline{2202}$.

c. Lorsque le chiffre des unités de l'écriture en base trois d'un nombre entier positif n est zéro, cela signifie que ce nombre n est divisible par 3. En effet :

› Divisibilité, p. 84

$n = a_k 3^k + a_{k-1} 3^{k-1} + ... + a_1 \times 3 + 0$

$n = 3\underbrace{(a_k 3^{k-1} + a_{k-1} 3^{k-2} + ... + a_1)}_{\text{N}}$

d'où $n = 3 \times \text{N}$ avec N entier naturel positif ou nul.

2. Étude des nombres 2-lacunaires

a. Le nombre 100 s'écrit avec cinq chiffres en base trois puisque $81 < 100 < 243$ sachant que $81 = 3^4$ et $243 = 3^5$.

En utilisant la deuxième méthode du **1.b.** on a :

$100 = 81 + 19 = 81 + 18 + 1 = 1 \times 3^4 + 0 \times 3^3 + 2 \times 3^2 + 0 \times 3^1 + 1$.

100 s'écrit $\overline{10201}$ en base trois.

On en déduit que le plus grand nombre 2-lacunaire compris entre 0 et 100 s'écrit $\overline{10111}$ en base trois : **c'est le nombre 94.**

Faisons un inventaire systématique des nombres 2-lacunaires inférieurs ou égaux à $98 = \overline{10111}$:

– **avec un seul chiffre** il y a **2** nombres 2-lacunaires ($\overline{0}$ et $\overline{1}$) ;

– **avec deux chiffres** il y a **2** nombres 2-lacunaires ($\overline{10}$ et $\overline{11}$) ;

– **avec trois chiffres** il y a **4** nombres 2-lacunaires ($\overline{100}$, $\overline{101}$, $\overline{110}$ et $\overline{111}$) ;

– **avec quatre chiffres** il y a **8** nombres 2-lacunaires ($\overline{1000}$, $\overline{1001}$, $\overline{1010}$, $\overline{1011}$, $\overline{1100}$, $\overline{1101}$, $\overline{1110}$ et $\overline{1111}$) ;

– **avec cinq chiffres** il y a **8** nombres 2-lacunaires ($\overline{10000}$, $\overline{1001}$, $\overline{10010}$, $\overline{10011}$, $\overline{10100}$, $\overline{10101}$, $\overline{10110}$ et $\overline{10111}$).

Il existe donc 24 nombres entiers 2-lacunaires compris entre 0 et 100.

b. Les nombres de quatre chiffres qui sont 2-lacunaires s'écrivent en base trois :
$\overline{1000}$, $\overline{1001}$, $\overline{1010}$, $\overline{1011}$, $\overline{1100}$, $\overline{1110}$ et $\overline{1111}$

soit, en base dix : 27 ; 28 ; 30 ; 31 ; 36 ; 37 ; 39 ; 40.

Les seuls nombres de cette liste de nombres 2-lacunaires écrits avec quatre chiffres en base trois et qui sont divisibles par 2 sont : **28, 30, 36** et **40** (soit en base trois $\overline{1001}$, $\overline{1010}$, $\overline{1100}$ et $\overline{1111}$).

Ce sont donc tous les nombres qui s'écrivent en base trois avec une somme de leurs chiffres qui est soit 2, soit 4. C'est une propriété qui les *caractérise* (car les autres nombres de la liste ont une somme de chiffres qui est soit 1, soit 3).

Donc, la condition nécessaire et suffisante pour qu'un nombre 2-lacunaire possédant quatre chiffres en base trois soit divisible par 2 est que la somme de ses chiffres soit 2 ou 4.

Rappel :
La condition est dite nécessaire et suffisante si les deux implications suivantes sont vérifiées :
– si un nombre 2-lacunaire écrit avec 4 chiffres en base trois est divisible par 2, alors la somme de ses chiffres est 2 ou 4 ;
– si la somme des chiffres d'un nombre 2-lacunaire écrit avec 4 chiffres en base trois est égale soit à 2, soit à 4, alors ce nombre est un multiple de 2.
Dans ce cas, les deux implications sont bien vérifiées.

3. Étude des nombres 1-lacunaires

a. En base trois, un nombre 1-lacunaire n'est écrit qu'avec des 0 et des 2, et un nombre 2-lacunaire n'est écrit qu'avec des 0 et des 1. Les exemples suivants éclairent la propriété à démontrer dans le cas général : $\overline{2020} = 2 \times \overline{1010}$ ou $\overline{22200} = 2 \times \overline{111000}$.

DÉMONSTRATION GÉNÉRALE

Soit n un nombre 1-lacunaire, son écriture en base trois est de la forme $n = \overline{a_k a_{k-1} \dots a_1 a_0}$ où chacun des chiffres $a_0, a_1, \dots a_k$ est soit 0, soit 2.

Chaque chiffre peut donc s'écrire sous la forme $a_k = 2\ b_k$ où b_k est soit 0, soit 1.

On a donc $n = a_k 3^k + \dots + a_1 \times 3 + a_0$

$n = 2 \times b_k 3^k + 2 \times b_1 \times 3 + 2 \times b_0$

$n = 2(b_k 3^k + \dots + b_1 \times 3 + b_0)$

Donc $n = 2 \times p$ où p est un entier naturel, et p s'écrit en base trois $\overline{b_k \dots b_1 b_0}$ où chacun des b_i est un entier naturel qui est soit 0, soit 1 ; donc p est un entier 2-lacunaire.

Illustrons cette démonstration par un exemple :

Soit $n = \overline{200220}$ qui est un nombre 1-lacunaire.

On a $n = 2 \times 3^5 + 2 \times 3^2 + 2 \times 3^1$

Donc $n = 2 \times (3^5 + 3^2 + 3^1)$

Donc n est bien multiple de 2.

b. Pour répondre à cette question, une stratégie peut consister à faire des essais avec quelques nombres. Par exemple, si on choisit $\overline{221011}$, comment le décomposer en une somme d'un nombre 2-lacunaire et d'un nombre 1-lacunaire ? La résolution de cet exemple peut aider à trouver une méthode générale.

On peut écrire : $\overline{221011} = \overline{22000} + \overline{1011}$.

L'écriture d'un nombre n exprimé en base trois ne comporte que des 0, des 1 et des 2. La méthode générale consiste à le décomposer en une somme dont un terme ne comporte que des 0 et des 2 (ce terme est 1-lacunaire) et l'autre terme que des 0 et des 1 (ce terme est 2-lacunaire).

Ainsi, n est la somme du nombre écrit avec tous les a_i qui sont des 2, les autres chiffres étant remplacés par des zéros, et du nombre écrit avec tous les a_i différents de 2 (et donc soit 0, soit 1), les chiffres 2 étant remplacés par des 0.

Ce qui donne pour l'exemple :

$\overline{221011} = \overline{22000} + \overline{001011} = \overline{22000} + \overline{1011}$ (le premier terme est 2-lacunaire et le second est 1-lacunaire).

– Zéro est à la fois 1-lacunaire et 2-lacunaire.
– Il existe des entiers qui ne sont ni 1-lacunaire ni 2-lacunaire, par exemple : $\overline{12}$.

c. Pour répondre à cette question, il suffit d'exhiber un exemple de nombre dont la décomposition n'est pas unique. En voici un :

$\overline{210} = \overline{10} + \overline{200}$ et $\overline{210} = \overline{1} + \overline{202}$.

CHAPITRE 2

Nombres et calcul

Le calcul sur les nombres entiers naturels

Objectifs

- Connaitre les définitions des différentes opérations.
- Connaitre et utiliser les propriétés de ces opérations.
- Maitriser différents moyens de calculer avec ces opérations.

Certaines activités de ce chapitre nécessitent des connaissances en calcul littéral.
Si nécessaire, le chapitre 7 peut être étudié avant.

FICHES MÉTHODE

Tester ses connaissances

QCM 1 Le chiffre des dizaines de 4 568 + 385 + 1 008 est :

A. 4 **B.** 5 **C.** 6 **D.** 7 **E.** 2

QCM 2 Parmi ces nombres, un seul est le résultat de la multiplication de 87 par 536. Lequel ?

A. 40 632 **B.** 4 634 **C.** 48 634 **D.** 4 632 **E.** 46 632

QCM 3 Dans la multiplication posée ci-contre, il manque 4 chiffres : x, y, z, t. La somme $x + y + z + t$ est égale à :

A. 15 **B.** 16 **C.** 19 **D.** 32

$$\begin{array}{r} 424 \\ \times \quad x7 \\ \hline 296z \\ 1272y \\ \hline 1568t \end{array}$$

QCM 4 Dans la division de deux nombres naturels, le dividende est égal à 730 et le quotient à 16.
Que peuvent valoir le diviseur d et le reste r ?

A. $d = 45$ et $r = 10$ **B.** $d = 43$ et $r = 42$

C. $d = 44$ et $r = 36$ **D.** $d = 42$ et $r = 58$

1. C 2. E 3. C 4. A, C

LE COURS

1 Les quatre opérations

1 1. Somme et addition

A. Somme de deux nombres entiers naturels

On retient ici **deux définitions** possibles pour la somme de deux nombres entiers naturels a et b.

- **Définition 1**

La somme $a + b$ de deux nombres entiers naturels est définie à partir d'un point de vue ensembliste :

a et ***b*** sont respectivement les nombres d'éléments d'un ensemble A et d'un ensemble B, A et B étant disjoints, c'est-à-dire sans élément commun.

$\boldsymbol{a+b}$ est le nombre d'éléments de l'ensemble constitué par la **réunion de A et B.**

On parle d'**aspect cardinal** de l'addition.

Le schéma suivant rend compte de cette définition :

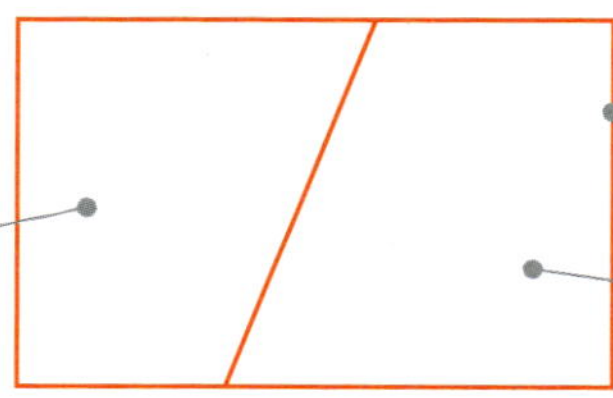

- **Définition 2**

On suppose connue la suite ordonnée des nombres naturels.

La somme $\boldsymbol{a+b}$ est égale au nombre atteint en comptant b nombres consécutifs après a dans la suite ordonnée des nombres naturels.

On parle d'**aspect ordinal** de l'addition.

Exemple : Pour trouver le résultat de $5 + 3$, on compte 3 nombres après 5, ce qui peut s'illustrer par : 0 1 2 3 4 **5** 6 7 **8** 9 10

1 2 3 donc $5+3=8$.

B. Addition dans $\mathbb{N}$

À partir des deux définitions précédentes, l'addition dans $\mathbb{N}$ se définit ainsi :

C'est l'opération qui, à deux nombres naturels quelconques, permet d'associer leur somme.

Ce qui s'écrit dans le langage des fonctions :

$$\begin{array}{ll} \mathbb{N}\times\mathbb{N} & \rightarrow \mathbb{N} \\ (a,b) & \mapsto a+b \end{array}$$

1 2. Différence et soustraction

A. Différence de deux nombres entiers naturels

On retient ici **trois définitions** possibles pour la différence de deux nombres entiers naturels a et b.

• **Définition 1**
La différence $a - b$ de deux nombres entiers naturels est définie à partir d'un point de vue ensembliste :

a et b sont respectivement les nombres d'éléments d'un ensemble A et d'un sous-ensemble B de l'ensemble A.

$a - b$ est le nombre d'éléments de l'**ensemble complémentaire de B par rapport à A** (c'est-à-dire de l'ensemble des éléments qui appartiennent à A sans appartenir à B).

On parle d'**aspect cardinal** de la soustraction.

Le schéma suivant rend compte de cette définition :

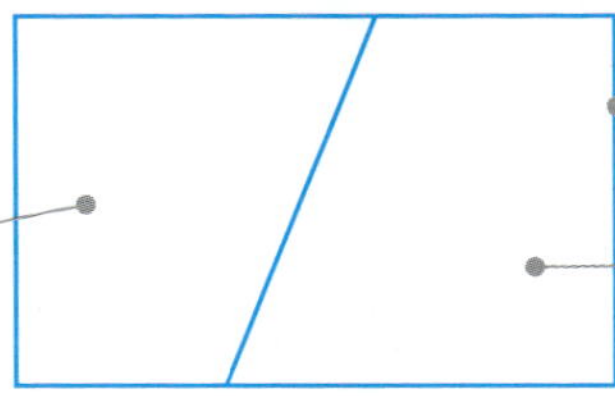

• **Définition 2**
On suppose connue la suite ordonnée des entiers naturels.

La différence $a - b$ est égale au nombre atteint en comptant b nombres avant a.

On parle d'**aspect ordinal** de la soustraction.

Exemple : Pour trouver **8 – 3**, on part de la suite : 0 1 2 3 4 **5** 6 7 **8** 9 10 11
3 2 1 donc $8 - 3 = 5$.

• **Définition 3**
$a - b$ est défini à partir de l'addition supposée connue :

a étant supérieur ou égal à b, $a - b$ est la solution de l'équation : $b + x = a$.

Il y a donc équivalence entre $x = a - b$ et $b + x = a$.

B. Soustraction dans $\mathbb{N}$

À partir des trois définitions précédentes, la soustraction dans $\mathbb{N}$ se définit ainsi :

C'est l'opération qui, à deux entiers naturels quelconques, permet d'associer leur différence, ce qui s'écrit dans le langage des fonctions :

$$\begin{array}{ll} \mathbb{N} \times \mathbb{N} & \rightarrow \mathbb{N} \\ (a, b) & \mapsto a - b \end{array}$$

Pour la soustraction, contrairement à l'addition, tout couple de $\mathbb{N} \times \mathbb{N}$ n'a pas une image : le couple (8,3) a pour image 5, mais le couple (3,8) n'a pas d'image.
Il faut que *a* soit supérieur ou égal à *b*.

Entrainement 1

André a compté les fleurs du bouquet. Il y a 20 fleurs dont 10 sont rouges, 3 des 7 roses du bouquet sont rouges. Combien y a-t-il de fleurs qui ne sont ni des roses, ni rouges ?

Corrigé p. 59

Entrainement 2

Voici des informations concernant les notes obtenues dans une classe de 25 élèves (toutes les notes obtenues sont entières) :

Notes strictement supérieures à	0	1	2	3	4	5	6	7	8	9
Nombre d'élèves	22	21	15	10	10	8	4	2	1	0

Combien d'élèves ont eu :

a. la note 2 ? **b.** la note 4 ? **c.** plus de 4 et moins de 8 ?

Corrigé p. 59

1 3. Produit et multiplication

A. Produit de deux nombres entiers naturels

On retient ici **deux définitions** du produit de deux entiers naturels *a* et *b*.

- **Définition 1**

Le produit de deux nombres entiers naturels est défini à partir d'une opération déjà connue : l'addition.

> *a* et *b* étant deux entiers naturels,
> le produit de *a* par *b* est égal à la somme de *b* naturels égaux à *a*.
> ou encore : $a \times b = a + a + a + ... + a$ **avec *b* fois le terme *a*.**

- **Définition 2**

Le produit de deux entiers naturels est défini à partir de la notion d'ensemble.

> *a* et *b* étant deux entiers naturels,
> le produit de *a* par *b* est le nombre de couples $(x\,;y)$ qui peuvent être réalisés en choisissant x dans un ensemble ayant *a* éléments et y dans un ensemble ayant *b* éléments.

Exemple : Avec les ensembles E = {p , q , r} et F = {e , i , o , u}, on peut former 3×4 (soit 12) couples différents :
{(p , e), (p , i), (p , o), (p , u), (q , e), (q , i), (q , o), (q , u), (r , e), (r , i), (r , o), (r , u)}.
L'ensemble des couples peut être représenté dans un tableau à double entrée :

› Tableau à double entrée, chap. 3 p. 74

1er élément / 2e élément	p	q	r
e	(p, e)	(q, e)	
i	(p, i)		
o			
u			

B. Multiplication dans $\mathbb{N}$

À partir des deux définitions précédentes, la multiplication dans $\mathbb{N}$ se définit ainsi :

C'est l'opération qui, à deux entiers naturels quelconques, permet d'associer leur produit, ce qui s'écrit dans le langage des fonctions :

$$\begin{array}{ll} \mathbb{N} \times \mathbb{N} & \rightarrow \mathbb{N} \\ (a, b) & \mapsto a \times b \end{array}$$

1 4. Division euclidienne de deux nombres entiers naturels

a et b étant deux entiers naturels et $b \neq 0$,
la division euclidienne de a (appelé **dividende**) par b (appelé **diviseur**) est l'opération par laquelle on associe à a et b les entiers naturels q et r tels que :

$a = (b \times q) + r$ — q est le quotient entier ou euclidien,

$r < b$ — r est le reste.

Cela revient aussi à situer a entre deux multiples consécutifs de b :
$b \times q$ et $b \times (q + 1)$.

› **Multiples**, chap. 4 §1, p. 84

Exemple : Pour la division euclidienne de 431 par 38 :
$431 = (38 \times 11) + 13$ $\quad 38 \times 11 < 431 < 38 \times 12$.
Le quotient est 11 et le reste 13.

Le signe « : » est utilisé pour désigner le quotient de la division décimale (voir chapitre 5, p. 127). On l'utilise aussi pour désigner le quotient de la division euclidienne de deux entiers naturels lorsque le reste est nul car, comme on le verra dans le chapitre 5, dans ce cas, le quotient de la division euclidienne est identique au quotient décimal.

Exemples : $15 : 5 = 3$ ou $63 : 9 = 7$.

Entrainement 3

Diviser 903 par 37 (division euclidienne). Quel nombre minimal doit-on ajouter à 903 pour que le quotient augmente d'une unité ? Quel nombre minimal doit-on retrancher à 903 pour que le quotient diminue d'une unité ?

Corrigé p. 59

Entrainement 4

Peut-on déterminer le diviseur et le reste d'une division euclidienne sachant que le dividende est égal à 802 et le quotient à 14 ?

Corrigé p. 60

Entrainement 5

a. Peut-on déterminer le dividende et le diviseur d'une division euclidienne sachant que le dividende est plus petit que 3 000, le quotient est 82 et le reste 47 ? Justifier cette réponse.

b. Peut-on déterminer des naturels de deux chiffres qui, divisés par 37, donnent un quotient égal au reste ?
Justifier cette réponse.

Corrigé p. 60

Entrainement 6

Dans la division euclidienne d'un nombre non nul par 7, on trouve un quotient égal au double du reste. Trouver toutes les valeurs possibles du dividende, du quotient et du reste de cette division.

Corrigé p. 60

Entrainement 7

Sachant que $9\,531\,914 = (5\,326 \times 1\,789) + 3\,700$, donner :

a. le quotient euclidien de 9 531 914 par 5 326 ;

b. le quotient euclidien de 9 531 914 par 1 789.

Justifier ces réponses.

Corrigé p. 61

Entrainement 8

Dans le journal d'un bourgeois sous la Révolution, on découvre que le 1er janvier 1789 est un jeudi. Retrouver quel jour de la semaine a eu lieu la prise de la Bastille. Justifier cette réponse.

Corrigé p. 61

2 Propriétés des opérations

2 1. Parenthèses et règles de priorité

Dans le cas du calcul d'expressions complexes, on est amené à utiliser plusieurs conventions.

Dans un calcul avec des parenthèses, on commence toujours par calculer le contenu des parenthèses « les plus intérieures ».

› Calcul sur les puissances et les racines carrées, chap. 6 p. 147

Exemple : $6 \times [95 - ((10 + 2) \times (3 + 4))]$.

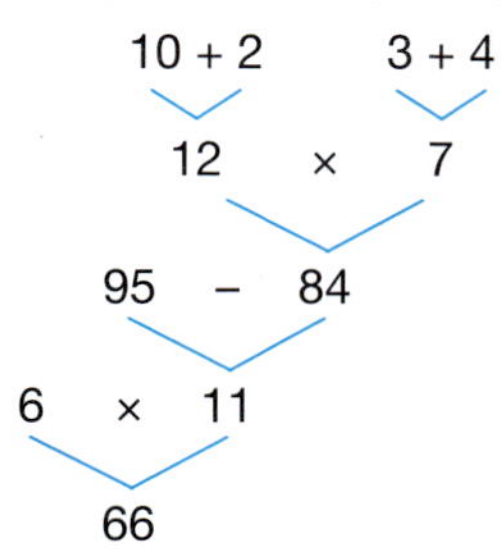

Dans un calcul sans parenthèses, on effectue dans l'ordre :
– les puissances et les racines carrées,
– puis les multiplications et les divisions,
– et enfin les additions et les soustractions.
Dans un calcul sans parenthèses avec seulement des additions et soustractions ou bien des multiplications et divisions, on effectue les calculs de gauche à droite.

Entrainement 9

Corrigé p. 61

a. Calculer les deux expressions suivantes sans utiliser de calculatrice :
$A = 15 \times 14 + 10 \times 13 - 12 \times 11$ $\qquad B = 15 \times (14 + 10 \times (13 - 12)) \times 11.$

b. Placer le moins possible de parenthèses dans l'expression A pour que le résultat soit égal à 4 548.

2. Propriétés de l'addition et de la multiplication

Dans ce qui suit, a, b, c... désignent des nombres entiers naturels.

Propriétés	Pour l'addition Quels que soient les nombres a, b et c...	Pour la multiplication Quels que soient les nombres a, b et c...
Associativité C'est la propriété qui permet de « déplacer » des parenthèses dans certains calculs et finalement de les supprimer.	$a + (b + c) = (a + b) + c$ ce qui justifie qu'on puisse utiliser une écriture du type $a + b + c$ qui est égale aux écritures précédentes.	$a \times (b \times c) = (a \times b) \times c$ ou $a(bc) = (ab)c$ ce qui justifie qu'on puisse utiliser une écriture du type $a \times b \times c$ ou abc qui sont égales aux écritures précédentes.
Commutativité C'est la propriété qui permet de « permuter » deux termes dans une somme ou deux facteurs dans un produit.	$a + b = b + a$	$a \times b = b \times a$
Élément neutre	C'est le nombre 0. $a + 0 = 0 + a = a$	C'est le nombre 1. $a \times 1 = 1 \times a = a$
Élément absorbant		C'est le nombre 0. $a \times 0 = 0 \times a = 0$
Distributivité de la multiplication sur l'addition	$a \times (b + c) = (a \times b) + (a \times c)$ ou $a \times (b + c) = ab + ac$	

› **Pour les règles d'écriture des produits,** chap. 7 §1.2, p. 170

• **La multiplication est également distributive sur la soustraction.**
En effet, on a aussi : $a\,(b - c) = ab - ac$ **avec** $b \geq c$.

Entrainement 10

Corrigé p. 61

Quelles propriétés sont utilisées implicitement dans les calculs suivants effectués par un élève ?

a. Pour calculer 75 + 49, il ajoute 40, puis ajoute encore 9.

b. Pour calculer 67 + 145, il calcule 60 + 140, puis 7 + 5 et fait la somme des deux résultats intermédiaires.

c. Pour calculer 24 × 12, il calcule 24 × 10, puis 24 × 2 et ajoute les deux résultats intermédiaires.

d. Pour calculer 25 × 12, il calcule 25 × 4, puis il triple le résultat obtenu.

Entrainement 11

Corrigé p. 61

Trouver différentes procédures pour effectuer mentalement les calculs suivants :

a. 14 + 19 + 16 + 11 **b.** 85 + 39 **c.** 11 × 19 **d.** 17 × 8.

Préciser quelles connaissances sur l'addition et la multiplication sont sous-jacentes à la mise en œuvre de ces diverses procédures.

❷ 3. Propriétés de la soustraction

La soustraction n'est ni associative, ni commutative :

$a-(b-c)\neq(a-b)-c$ et $a-b\neq b-a$

De plus, dans l'ensemble des nombres naturels, une seule des deux écritures $a-b$ et $b-a$ a du sens.

Propriétés	Pour la soustraction Quels que soient les nombres a, b et c...	
Conservation de la différence La valeur d'une différence n'est pas modifiée si on ajoute ou on soustrait le même nombre à chacun de ses termes.	Avec $a \geqslant b$	$a-b=(a+c)-(b+c)$
	Avec $a \geqslant b \geqslant c$	$a-b=(a-c)-(b-c)$
Ajout d'une différence	Avec $b \geqslant c$	$a+(b-c)=(a+b)-c$
Soustraction d'une somme	Avec $a \geqslant b+c$	$a-(b+c)=(a-b)-c$
Soustraction d'une différence	Avec $a \geqslant b \geqslant c$	$a-(b-c)=(a-b)+c$

Ces propriétés sont mobilisées dans le cadre du calcul, notamment du calcul mental.

Entrainement 12

Corrigé p. 62

Quelles propriétés sont utilisées implicitement dans les calculs de cet élève ?

a. Pour calculer 75 – 49, il retranche 50, puis ajoute 1.

b. Pour calculer 173 – 68, il calcule 175 – 70.

Entrainement 13

Corrigé p. 62

Trouver différentes procédures pour effectuer mentalement les calculs suivants :

a. 85 – 39 **b.** 94 – 46 **c.** 745 + 955 **d.** 600 – 275.

Préciser quelles connaissances sur la soustraction sont sous-jacentes à la mise en œuvre de ces diverses procédures.

2 4. Propriétés de la division

Ces propriétés sont mobilisées dans le cadre du calcul, notamment du calcul mental.

Propriétés	Pour la division Quels que soient les nombres a, b et k...
Conservation du quotient Dans une division euclidienne, le quotient n'est pas modifié si on multiplie ou divise les deux termes de la division par un même nombre k.	**Pour la division euclidienne** $a = bq + r$ avec $0 \leqslant r < b$, cela se traduit par : $\boldsymbol{ak = (bk)q + rk}$ avec $\boldsymbol{rk < bk}$ Le quotient q n'a pas été modifié, mais le reste r a été multiplié par k.

Entrainement 14

Corrigé p. 63

Quelles propriétés sont utilisées implicitement dans les calculs de cet élève ?

a. Pour calculer **75 : 5**, il calcule 50 : 5, puis 25 : 5 et ajoute les deux résultats intermédiaires.

b. Pour calculer **126 : 14**, il calcule 126 : 2, puis 14 : 2, puis le quotient du 1er résultat par le 2e.

Entrainement 15

Corrigé p. 63

Calculer mentalement le quotient euclidien de :

a. 715 par 5 **b.** 840 par 25.

3 Algorithmes usuels de calcul des opérations (appelés aussi techniques opératoires)

Nous présentons de façon détaillée (sous forme de fiches méthode) les techniques de calcul faisant intervenir des nombres entiers naturels.

3 1. Addition posée en colonnes

FICHE MÉTHODE 1 **Calculer une addition posée.**

→ Calculer 4 549 + 764 + 507.

1. Poser l'opération en alignant verticalement les chiffres des unités, des dizaines...	4549 + 764 + 507

2. Calculer la somme des unités : – si cette somme est inférieure à 10, écrire le nombre obtenu au rang des unités ; – si cette somme est égale ou supérieure à 10, écrire le chiffre des unités du nombre obtenu au rang des unités et reporter son chiffre des dizaines en retenue au rang des dizaines.	2 4549 + 764 + 507 ——— 0
3. Procéder de même au rang des dizaines, puis des centaines…	12 4549 + 764 + 507 ——— 20 112 4549 + 764 + 507 ——— 5820

• **Connaissances sous-jacentes :**
– repérage des chiffres (unités, dizaines, centaines…) de chaque nombre ;
– décomposition de chaque somme partielle en dizaines-unités, centaines-dizaines, etc. (donc équivalence entre 10 unités et 1 dizaine…) ;
– connaissance des résultats de la table d'addition.

Entrainement 16

Théo additionne deux nombres entiers naturels avec la méthode traditionnelle, et trouve 499 sans faire d'erreur. Combien de retenues a-t-il posées ?

Corrigé p. 64

3 2. Soustraction posée en colonnes

Trois techniques peuvent être rencontrées dans les écoles françaises.
Pour chacune, commencer par poser l'opération en alignant verticalement les chiffres des unités, des dizaines…

FICHE MÉTHODE 2 **Calculer une soustraction posée.**

→ Calculer 6 493 – 2 876.

Méthode 1. **Dite « par emprunt »**

1. Soustraire au rang des unités : – si la soustraction est possible, écrire le nombre obtenu au rang des unités ; – si la soustraction n'est pas possible, enlever une dizaine au 1er terme et ajouter 10 unités au 1er terme.	8 6 4 ~~9~~13 – 2 8 7 6 ——— 7
2. Procéder de même au rang des dizaines, puis des centaines…	8 6 4 ~~9~~13 – 2 8 7 6 ——— 1 7 5 8 ~~6~~14 ~~9~~13 – 2 8 7 6 ——— 3 6 1 7

• **Connaissances sous-jacentes :**
– repérage des chiffres (unités, dizaines, centaines…) de chaque nombre ;
– équivalence entre 1 millier et 10 centaines, 1 centaine et 10 dizaines… ;
– connaissance des différences entre nombres inférieurs à 20 et nombres inférieurs à 10.

Méthode 2. **Dite « par complément »**

1. Considérer que soustraire le 2e terme du 1er revient à chercher combien il faut ajouter au 2e terme pour obtenir le 1er.	6 4 9 3 – 2 8 7 6] +
2. Chercher combien il faut ajouter au chiffre des unités du 2e terme pour obtenir le chiffre des unités du 1er terme : – si c'est possible, écrire le résultat au rang des unités ; – si ce n'est pas possible, chercher combien il faut ajouter au chiffre des unités du 2e terme pour obtenir le chiffre des unités du 1er terme augmenté de 10 : l'addition des chiffres des dizaines génère alors une retenue au rang des dizaines.	6 4 9 13 – 2 8 7 6 1 7] +
3. Procéder de même au rang des dizaines, puis des centaines…	6 4 9 13 – 2 8 7 6 1 1 7] + 6 14 9 13 – 2 8 7 6 1 1 3 6 1 7] +

• **Connaissances sous-jacentes :**
– repérage des chiffres (unités, dizaines, centaines…) de chaque nombre ;
– équivalence entre $a-b=x$ et $b+x=a$;
– connaissance des compléments des nombres inférieurs à 10 aux nombres inférieurs à 20.

Méthode 3. **Dite « traditionnelle »**

1. Soustraire au rang des unités : – si la soustraction est possible, écrire le nombre obtenu au rang des unités ; – si la soustraction n'est pas possible, ajouter 10 unités au 1er terme et 1 dizaine au 2e terme (ce qui revient à ajouter la même quantité « dix » à chacun des termes de la différence).	6 4 9 13 – 2 8 7 6 1 7
2. Procéder de même au rang des dizaines, puis des centaines…	6 4 9 13 – 2 8 7 6 1 1 7 6 14 9 13 – 2 8 7 6 1 1 3 6 1 7

• **Connaissances sous-jacentes** :
– repérage des chiffres (unités, dizaines, centaines…) de chaque nombre ;
– propriété de la soustraction selon laquelle on ne change pas la valeur d'une différence en ajoutant un même nombre à ses deux termes[1] ;
– connaissance des différences entre nombres < 20 et nombres < 10.

1. Propriété de conservation de la différence, p. 52

③ 3. Multiplication posée en colonnes

Nous proposons deux exemples avec multiplicateur inférieur et supérieur à 10 :
calculer 368×7 et calculer 368×207.
Pour chacun, il faut commencer par poser l'opération en alignant verticalement les chiffres des unités, des dizaines…

FICHE MÉTHODE 3 **Calculer une multiplication posée.**

→ Calculer 368 × 7. (exemple 1 avec multiplicateur inférieur à 10)

1. Multiplier d'abord les unités du multiplicande : – si le résultat est inférieur à 10, l'écrire au rang des unités ; – si le résultat est supérieur à 10, écrire son chiffre des unités au rang des unités et conserver son chiffre des dizaines en mémoire (on dit aussi « en retenue »).	368 × 7 ——— 6 retenue de 5 dizaines	
2. Procéder de même au rang des dizaines, puis des centaines…, en ajoutant chaque fois les retenues de l'étape précédente au résultat obtenu.	368 × 7 ——— 76 retenue de 4 centaines	368 × 7 ——— 2576

• **Connaissances sous-jacentes** :
– repérage des chiffres (unités, dizaines, centaines…) de chaque nombre ;
– propriété de distributivité de la multiplication sur l'addition (*voir ci-dessous*) ;
– connaissance des produits de nombres inférieurs à 10 (tables de multiplication).

Distributivité de la multiplication sur l'addition :
elle intervient dans le calcul de 368×7 sous la forme suivante :
$368 \times 7 = (8 + 60 + 300) \times 7 = (8 \times 7) + (60 \times 7) + (300 \times 7)$
De plus, interviennent aussi l'associativité et la commutativité de la multiplication : pour les calculs comme $60 \times 7 = (6 \times 10) \times 7 = (6 \times 7) \times 10$

→ Calculer 368 × 207. (exemple 2 avec multiplicateur supérieur à 10)

1. Multiplier d'abord le multiplicande par le chiffre des unités du multiplicateur (méthode précédente).	368 × 207 ——— 2576 calcul de 368 × 7 73600 calcul de 368 × 200 ——— 76176
2. Multiplier ensuite le multiplicande par le chiffre des dizaines du multiplicateur, s'il est différent de 0 (méthode précédente) en écrivant un 0 à droite du résultat.	
3. Poursuivre ainsi avec le chiffre des centaines, puis des milliers… du multiplicateur.	

• **Connaissances sous-jacentes :**
– repérage des chiffres (unités, dizaines, centaines…) de chaque nombre ;
– propriété de distributivité de la multiplication sur l'addition et associativité de la multiplication (*voir ci-dessous*) ;
– connaissance des produits de nombres inférieurs à 10 (tables de multiplication) ;
– multiplication par 10, par 100…

• **Distributivité de la multiplication sur l'addition :**
elle intervient dans chaque calcul intermédiaire et pour l'obtention du résultat final :
$368 \times 207 = 368 \times (7 + 200) = (368 \times 7) + (368 \times 200)$.

• **Associativité de la multiplication :**
elle intervient dans le calcul au rang des dizaines, centaines…, par exemple pour :
$368 \times 200 = 368 \times (2 \times 100) = (368 \times 2) \times 100$.

Entrainement 17

Sans poser de multiplication, utiliser les éléments de l'opération ci-contre pour calculer les produits de **a.** à **d.** Justifier vos réponses.

a. 247×353 **b.** 247×305
c. 247×610 **d.** 358×247

```
      2 4 7
×     5 0 3
-----------
        7 4 1
  1 2 3 5 0 0
-------------
  1 2 4 2 4 1
```

Corrigé p. 64

3 4. Division euclidienne avec la potence

FICHE MÉTHODE 4 Calculer une division posée.

→ Calculer la division euclidienne de 9 163 par 38.

1. Commencer par poser l'opération en potence.	9 1 6 3 | 3 8	
2. Chercher le plus grand nombre d'unités d'ordre le plus élevé qu'il est possible de diviser par le diviseur (et qui donne un quotient différent de 0).	9 1 6 3 | 3 8 1 5 | 2	9 milliers divisé par 38 donne un quotient nul.
3. Effectuer la division : écrire le quotient obtenu dans la partie quotient au rang considéré et le reste sous le dividende aux rangs considérés.		91 centaines divisées par 38 donne comme quotient 2 centaines et comme reste 15 centaines.
4. Poursuivre ainsi successivement avec les rangs inférieurs du dividende, en tenant compte des restes successifs.	9 1 6 3 | 3 8 1 5 6 | 2 4 0 4	156 dizaines divisées par 38 donne comme quotient 4 dizaines et comme reste 4 dizaines.
	9 1 6 3 | 3 8 1 5 6 | 2 4 1 0 4 3 5	43 unités divisées par 38 donne comme quotient 1 unité et comme reste 5 unités.

- **Connaissances sous-jacentes** :
– repérage des chiffres ou des groupes de chiffres (unités, dizaines, centaines...) du dividende ;
– propriété de la division d'une somme (*voir ci-dessous*) ;
– connaissance des produits de nombres inférieurs à 10 (tables de multiplication).

- **La division de 9 163 par 38 revient à celle de la somme** 9 000 + 100 + 60 + 3 (ou 9 milliers + 1 centaine + 6 dizaines + 3 unités) **par 38**.

- **Une présentation « détaillée »** fait apparaitre plus clairement les produits partiels et les soustractions successives que dans la présentation de la page précédente.

```
  9163 | 38
– 76   |-----
  156  | 241
– 152  |
    43 |
  – 38 |
     5 |
```

Entrainement 18

Compléter la division euclidienne :

```
6 . 6 | . 6
      |-----
  6 . | 6
```

Corrigé p. 64

Entrainement 19

Trouver le nombre de chiffres du quotient de la division euclidienne de 21 517 par 412, sans effectuer le calcul.

Corrigé p. 64

Corrigés

Entrainement 1

Énoncé p. 48

Il peut être utile de représenter les informations fournies par un schéma.
Voici trois exemples de représentation :

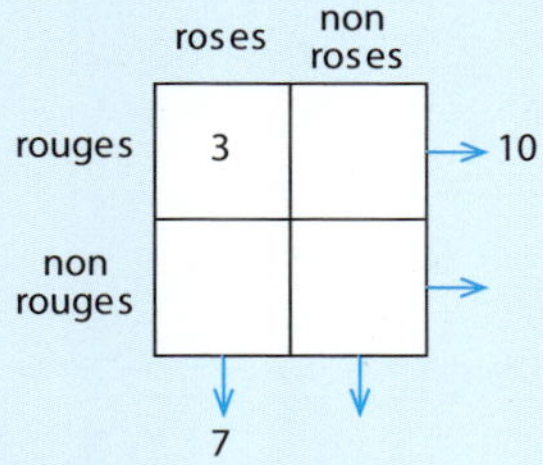

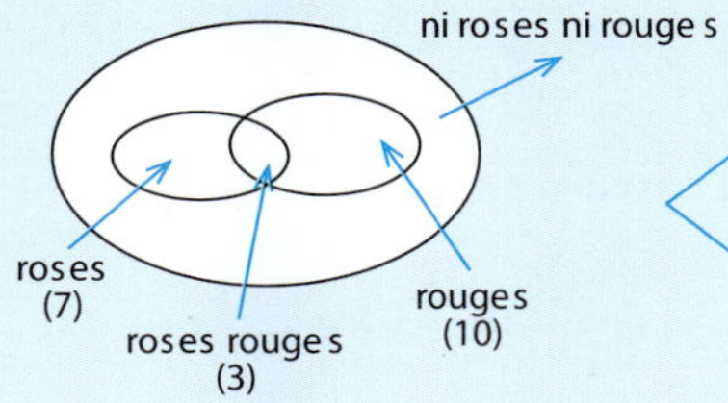

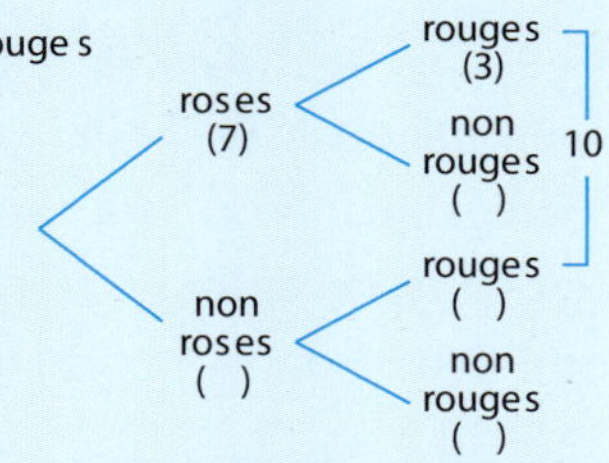

On en déduit facilement **qu'il y a 6 fleurs qui ne sont ni des roses, ni des fleurs rouges.**

Entrainement 2

Énoncé p. 48

a. Les élèves qui ont eu la note 2 ont eu une note supérieure à 1, mais pas une note supérieure à 2. Représentons sur un même schéma ces 3 ensembles d'élèves :

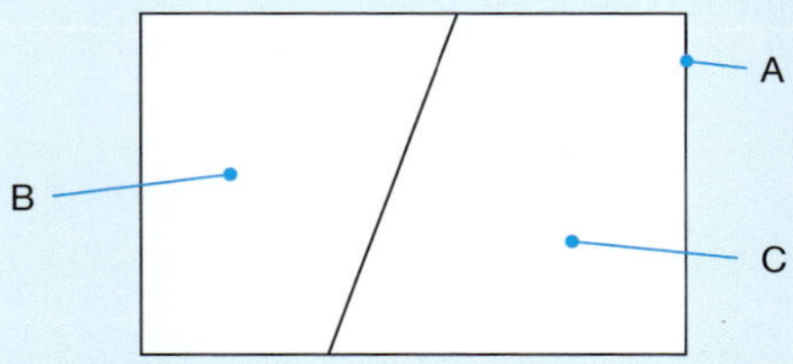

A : ensemble des élèves qui ont eu une note supérieure à 1.
B : ensemble des élèves qui ont eu une note supérieure à 2.
C : ensemble des élèves qui ont eu une note égale à 2.

A est la réunion des ensembles disjoints B et C, donc
nb (A) = nb (B) + nb (C) et nb (C) = 21 − 15 = 6.
Donc 6 élèves ont eu la note 2.

b. Ceux qui ont eu la note 4 ont eu une note supérieure à 3, mais pas une note supérieure à 4. Le même raisonnement montre que **leur nombre est égal à 0.**

c. Pour dénombrer ceux qui ont eu une note comprise strictement entre 4 et 8, on peut utiliser l'une des deux méthodes suivantes :

– Les élèves qui ont eu 5, 6 ou 7 : on peut, pour chaque note, utiliser le même raisonnement qu'en **a.** ; **on trouve un total de 8 élèves** (2 pour la note 5, 4 pour la note 6 et 2 pour la note 7).

– Ce sont ceux qui ont eu plus de 4 (soit 10 élèves), mais pas plus de 7 (or 2 élèves ont eu plus de 7) : **ils sont donc 8 élèves dans ce cas** (10 − 2 = 8).

Entrainement 3

Énoncé p. 49

• L'égalité fondamentale de la division euclidienne permet de répondre.
903 = 37 × 24 + 15 donc le quotient est 24 et le reste est 15.

• Le plus petit nombre qui donne comme quotient 25 dans la division par 37 est 925 (car 37 × 25 = 925).

Le nombre minimal à ajouter est donc 22 (car $925 - 903 = 22$).

• Le plus grand nombre qui donne comme quotient 23 dans la division par 37 est 925 (car $37 \times 23 + 36 = 887$).

Le nombre minimal à soustraire est donc 16 (car $903 - 887 = 16$).

Entrainement 4

Énoncé p. 50

L'égalité fondamentale de la division euclidienne permet aussi de répondre.

On peut écrire : $802 = b \times 14 + r$, avec $0 \leqslant r < b$, donc : $r = 802 - b \times 14$.

D'après la double inégalité on a : $0 \leqslant 802 - b \times 14 < b$, donc $14 \times b \leqslant 802 < 15 \times b$.

Donc d'après la 1re inégalité $b \leqslant 57$ et d'après la seconde $b > 53{,}4$.

Donc b est un entier compris entre 54 et 57.

$b = 54$ et $r = 46$ ou $b = 55$ et $r = 46 - 14 = 32$ ou $b = 56$ et $r = 32 - 14 = 18$ ou $b = 57$ et $r = 18 - 14 = 4$.

Entrainement 5

Énoncé p. 50

a. Si on appelle a le dividende et b le diviseur, on peut traduire les données par :

(1) $a < 3\,000$

(2) $a = b \times 82 + 47$

(3) $47 < b$ (le reste doit être strictement inférieur au diviseur).

D'après (2) et (3), on doit avoir $a > 47 \times 82 + 47$.

Donc $a > 3\,901$, ce qui est contradictoire avec (1). **Il n'y a donc pas de solution.**

b. On peut écrire :

(1) $9 < a < 100$

(2) $a = 37q + q$

(3) $q < 37$

L'égalité (2) entraine que $a = 38q$,

et d'après (1) on a : **q = 1 et a = 38** ou **q = 2 et a = 76.**

On peut aussi déduire d'après (1), $9 < 38q < 100$ donc $\frac{9}{38} < q < \frac{100}{38}$ donc $0{,}3 < q < 26$.

Entrainement 6

Énoncé p. 50

Soit a le dividende et r le reste de la division euclidienne.

On a, d'après l'énoncé :

(1) a et r naturels avec $a \neq 0$

(2) $a = 7 \times 2r + r$ avec $r \geqslant 0$

(3) $r < 7$

D'après (2) : $a = 15r$, et avec d'après (3) : $a < 105$.

Donc : a est un multiple de 15 strictement inférieur à 105.

D'où les réponses :

a	15	30	45	60	75	90
r	1	2	3	4	5	6
q	2	4	6	8	10	12

AUTRE MÉTHODE

On peut aussi partir de l'inégalité (3) et donner à r les valeurs 0 ; 1 ; … ; 6 et ainsi trouver a et q.

Entrainement 7

Énoncé p. 50

a. $q = \mathbf{1\ 789}$ (car $3\ 700 < 5\ 326$) et $r = \mathbf{3\ 700}$.

b. $3\ 700 > 1\ 789$, donc 3 700 n'est pas le reste dans la division euclidienne de 9 531 914 par 1 789.

$9\ 531\ 914 = (5\ 326 \times 1\ 789) + 3\ 700 = (5\ 326 \times 1\ 789) + (2 \times 1\ 789) + 122$
$= (5\ 328 \times 1\ 789) + 122$

$122 < 1\ 789$ donc $q = \mathbf{5\ 328}$ et $r = \mathbf{122}$.

Entrainement 8

Énoncé p. 50

Si on numérote les jours de l'année de 1 à 365, le 1 correspondant à un jeudi, tout nombre de jours de l'année qui est de la forme $1 + 7k$ (k nombre naturel) est un jeudi et donc tout nombre de jours de la forme $7k$ est un mercredi.

Le 14/07/1789 est le 195e jour de l'année 1789 (qui n'est pas bissextile).

En divisant 195 par 7, on trouve que : $195 = 7 \times 27 + 6 = 189 + 6$.

Le 189e jour est donc un mercredi (il est de la forme $7k$) et **le 195e jour (6 jours plus tard) est donc un mardi.**

Entrainement 9

Énoncé p. 51

a. $A = 208 \quad B = 3\ 960$.

b. $15 \times (14 + 10) \times 13 - 12 \times 11 = 4\ 548$.

Entrainement 10

Énoncé p. 52

a. $75 + 49 = 75 + (40 + 9) = (75 + 40) + 9$.

C'est l'associativité de l'addition qui est mobilisée.

b. $67 + 145 = (60 + 7) + (140 + 5)$

$= [(60 + 7) + 140] + 5$ associativité de l'addition

$= [(60 + (7 + 140)] + 5$ associativité de l'addition

$= [(60 + (140 + 7)] + 5$ commutativité de l'addition

$= [(60 + 140) + 7] + 5$ associativité de l'addition

$= (60 + 140) + (7 + 5)$ associativité de l'addition

c. $\mathbf{24 \times 12} = 24 \times (10 + 2) = (24 \times 10) + (24 \times 2)$.

C'est la distributivité de la multiplication sur l'addition qui est mobilisée.

d. $\mathbf{25 \times 12} = 25 \times (4 \times 3) = (25 \times 4) \times 3$.

C'est l'associativité de la multiplication qui est mobilisée.

Entrainement 11

Énoncé p. 52

a. Une méthode efficace consiste à d'abord réorganiser le calcul proposé :

$\mathbf{14 + 19 + 16 + 11} = 14 + 16 + 19 + 11$.

On a permuté 19 et 16 de manière à rapprocher des nombres dont la somme est « ronde » (commutativité de l'addition), puis regroupé 14 et 16 d'une part et 19 et 11 d'autre part (associativité de l'addition).

14 + 16 est soit connu, soit calculé comme 10 + 4 + 6 + 10, soit comme 14 + 6 + 10 (associativité de l'addition et utilisation de décompositions des nombres liées à la numération décimale : 14 = 10 + 4). Idem pour 19 + 11.

Il reste à calculer 30 + 30, connu ou calculé comme 3 dizaines + 3 dizaines (utilisation de connaissances relatives à la numération).

b. MÉTHODE 1

85 + 39 = (80 + 5) + (30 + 9) = 80 + 5 + 30 + 9 = 80 + 30 + 5 + 9 = 110 + 14 = 124.

On a utilisé des propriétés de l'addition relatives aux regroupements possibles des termes, des propriétés liées à la mobilité des parenthèses (associativité de l'addition), la possibilité de permuter des termes (commutativité de l'addition) et des connaissances relatives à la numération.

MÉTHODE 2

85 + 39 = 85 + (40 – 1) = (85 + 40) – 1 = 124.

> voir § 2. 3, p. 52

On a utilisé la propriété relative à l'ajout d'une différence.

c. MÉTHODE 1

11 × 19 = (10 + 1) × 19 = (10 × 19) + (1 × 19) = 190 + 19 = 209.

On a utilisé la propriété de distributivité de la multiplication sur l'addition et le fait que 1 soit élément neutre pour la multiplication ainsi que la multiplication par 10.

MÉTHODE 2

11 × 19 = 11 × (20 – 1) = (11 × 20) – (11 × 1) = 11 × (2 × 10) – 11
= (11 × 2) × 10 – 11 = 220 – 11 = 209.

On a utilisé la propriété de distributivité de la multiplication sur la soustraction, celle d'associativité de la multiplication ainsi que la multiplication par 10 et le fait que 1 est élément neutre de la multiplication.

d. 17 × 8 = 17 × [2 × (2 × 2)] = (17 × 2) × (2 × 2) = [(17 × 2) × 2)] × 2 = 136.

On a utilisé à plusieurs reprises la propriété d'associativité de la multiplication.

On aurait aussi pu aussi calculer : 17 × (10 – 2) ou (20 – 3) × 8 ou (10 + 7) × 8 et utiliser la propriété de distributivité de la multiplication sur la soustraction ou sur l'addition.

Entrainement 12

Énoncé p. 52

a. 75 – 49 = 75 – (50 – 1) = (75 – 50) + 1

propriété relative à la soustraction d'une différence.

b. 173 – 68 = (173 + 2) – (68 + 2)

propriété de conservation de la différence par ajout d'un même nombre à ses deux termes.

Entrainement 13

Énoncé p. 53

a. MÉTHODE 1

85 – 39 = 85 – (30 + 9) = (85 – 30) – 9 = 46

propriété relative à la soustraction d'une somme.

MÉTHODE 2

85 – 39 = (85 + 1) – (39 + 1) = 86 – 40 = 46
propriété de conservation de la différence par ajout d'un même nombre à ses deux termes.

b. MÉTHODE 1

94 – 46 = 94 – (50 – 4) = (94 – 50) + 4 = 48
propriété relative à la soustraction d'une différence.

MÉTHODE 2

94 – 46 = (94 + 4) – (46 + 4) = 98 – 50 = 48
propriété de conservation de la différence par ajout d'un même nombre à ses deux termes.

c. MÉTHODE 1

On peut utiliser le fait que 45 + 55 = 100, puis que 700 + 900 = 1 600, et calculer 1 600 + 100 = 1 700 en utilisant la propriété de mobilité des parenthèses (associativité de l'addition).

MÉTHODE 2

745 + 955 = 745 + (1 000 – 45) = (745 + 1 000) – 45 = 1 745 – 45 = 1 700
propriété relative à l'addition d'une différence.

d. MÉTHODE 1

600 – 275 = 600 – (200 + 75) = (600 – 200) – 75 = 400 – 55 = 325
propriété relative à la soustraction d'une somme.

MÉTHODE 2

600 – 275 = (600 + 25) – (275 + 25) = 625 = 300 = 325
propriété de conservation de la différence par ajout d'un même nombre à ses deux termes.

Entrainement 14

Énoncé p. 53

a. Le calcul revient à **75 : 5** = (50 + 25) : 5 = (50 : 5) + (25 : 5) = 15
propriété relative à la division d'une somme.
b. Le calcul revient à **126 : 14** = (126 : 2) : (14 : 2) = 9
propriété relative à la conservation du quotient.

Entrainement 15

Énoncé p. 53

a. Le quotient de 715 par 5 est égal au quotient de 1 430 (égal à 715 × 2) par 10 (égal à 5 × 2), donc à **143**.
On a utilisé la propriété de conservation du quotient.
b. Le quotient de 840 par 25 est égal au quotient de (500 + 250 + 75 + 15) par 25.
La décomposition additive utilisée a été choisie de façon à avoir des multiples de 25, ce qui autorise à ajouter les quotients partiels (20 + 10 + 3 = 33).
Le quotient euclidien est donc 33 et le reste 15.
Il est aussi égal au quotient euclidien de (840 × 4) par (25 × 4), donc de 3 360 par 100, en utilisant la propriété de conservation du quotient euclidien.
Attention ! Le reste de 3 360 divisé par 110 est égale à 60. Il faut le diviser par 4 pour avoir le reste de la division de 840 par 25.

Entrainement 16

Énoncé p. 54

Soit $cdu + c'd'u'$ le calcul à effectuer.
On a donc : $cdu + c'd'u' = 499$.
$u + u'$ ne peut être égal qu'à 9 (car $u \leqslant 9$ et $u' \leqslant 9$ entraine $u + u' \leqslant 18$), donc il n'y a pas de retenue reportée sur les dizaines.
Le même raisonnement avec $d + d'$ conduit à conclure qu'il n'y a pas non plus de retenue reportée sur les centaines.
Comme le résultat est strictement inférieur à 1 000, il n'y a pas de retenue reportée sur les milliers.
Théo n'a donc effectué aucune retenue.

Mentalement, on n'a pas de peine à trouver un exemple de deux entiers donnant cette somme ; par exemple : 233 + 266. On constate qu'il n'y a pas de retenue.
L'enjeu de cette question est de démontrer que quels que soient les deux termes de la somme, il ne peut pas y avoir de retenue.

Entrainement 17

Énoncé p. 57

Du calcul fourni, on peut déduire :
$247 \times 3 = 741$ (1re ligne du résultat) et $247 \times 5 = 1\ 235$ (2e ligne du résultat).
On peut utiliser :

a. $\mathbf{247 \times 353} = 247 \times (300 + 50 + 3) = 247 \times 300 + 247 \times 50 + 247 \times 3$
$= 247 \times (3 \times 100) + 247 \times (5 \times 10) + 247 \times 3$
$= (247 \times 3) \times 100 + (247 \times 5) \times 10 + 247 \times 3$
$= 74\ 100 + 12\ 350 + 741 = 87\ 191$.

b. $\mathbf{247 \times 305} = 247 \times (300 + 5) = (247 \times 300) + (247 \times 5) = 75\ 335$.

c. $\mathbf{247 \times 610} = 247 \times (305 \times 2) = (247 \times 305) \times 2 = 150\ 670$.

d. $\mathbf{358 \times 247} = (300 + 50 + 3 + 5) \times 247 = (300 \times 247) + (50 \times 247) + (3 \times 247) + (5 \times 247) = 88\ 426$.

Entrainement 18

Énoncé p. 58

Il s'agit de la **division de 636 par 96** qui a pour **quotient 6** et pour **reste 60**.

- Le « 0 » du reste 60 peut être trouvé facilement puisque 6×6 donne un résultat dont le chiffre des unités est 6.
- Le reste étant égal à 60, le diviseur (qui lui est supérieur) ne peut être que 66 ou 76 ou 86 ou 96. Le fait que le dividende soit supérieur à 600 n'autorise que 96 comme diviseur, car 6×96 est déjà inférieur à 600 ($6 \times 96 < 6 \times 100$).
- Le calcul de $(6 \times 96) + 60$ fournit alors le dividende (636).

Entrainement 19

Énoncé p. 58

Il y a deux méthodes :

MÉTHODE 1

Encadrer 21 517 par deux produits de 412 par des puissances consécutives de 10 : $412 \times 10 < 21\ 517 < 412 \times 100$.
Donc le quotient euclidien de 21 517 par 412 est compris entre 10 et 100, et **donc il comporte deux chiffres.**

MÉTHODE 2

Considérer que la division ne peut commencer qu'en divisant 2 151 dizaines par 412 (la division de 2 dizaines de milliers ou de 21 milliers ou encore de 215 centaines par 412 donnant un quotient nul) et que le quotient euclidien ne comportera donc que des dizaines et des unités, et qu'**il s'écrira donc avec deux chiffres.**

AU CONCOURS Le calcul sur les nombres entiers naturels

Exercice 1

Corrigé p. 67

En insérant de différentes manières exactement deux parenthèses (une ouvrante et une fermante) dans l'écriture $8 \times 7 + 3 \times 5$, peut-on obtenir tous les nombres de la liste suivante : 71 ; 176 ; 283 ; 295 ; 400 ?

Exercice 2

Corrigé p. 67

Voici un procédé proche de celui utilisé par les Égyptiens pour calculer le produit de 76 par 53 (le procédé est traduit ici dans notre système de numération).

1	76
~~2~~	~~152~~
4	304
~~8~~	~~608~~
16	1 216
32	2 432
53	**4 028**

Utiliser le même procédé pour calculer 154×22 et 245×67.

Décrire ce procédé et indiquer quelles propriétés de la multiplication sont mises en œuvre.

Exercice 3

Corrigé p. 68

Un enseignant veut faire écrire à ses élèves des suites régulières de nombres, comme par exemple :

Suite 1 : 3 015 ; 4 515 ; … (suite croissante de pas 1 500).

Suite 2 : 1 020 ; 1 011 ; … (suite décroissante de pas 9).

a. Il se propose de faire écrire une première suite régulière croissante telle que la différence entre le 99e terme (égal à 1 548) et le 17e terme soit égale à 123. Quel sera le 1er terme de cette suite ?

b. Il veut ensuite faire écrire une deuxième suite régulière décroissante telle que le pas soit égal à 25 et que la somme des 16 premiers termes soit égale à 5 000. Quel sera le 1er terme de cette suite ?

Exercice 4

Corrigé p. 68

Une enseignante a demandé à ses élèves de calculer le quotient et le reste de la division euclidienne : 40 626 par 12.

Voici quatre réponses d'élèves, toutes erronées.

élèves	quotient	reste
1	348	8
2	3 384	18
3	3 382	6
4	3 383	0

Sans s'appuyer sur le calcul effectif du quotient et du reste, comment des élèves peuvent-ils expliquer que ces résultats ne sont pas corrects ?
Pour cela, on utilisera un argument pour chacun des résultats ; ces quatre arguments doivent être de nature différente.

Exercice 5

Corrigé p. 69

Choisir des nombres impairs. Diviser leur carré par 8. Quel est le reste ?
Cette propriété est-elle vraie pour tout nombre impair ?

Exercice 6

Corrigé p. 69

On se propose de calculer A = 50 000 006 × 70 000 008.

a. En tapant ce produit sur une calculatrice scientifique, on peut voir apparaitre à l'écran : $3{,}50000082 \times 10^{15}$

Justifier, sans calculer A, que cette valeur n'est pas la valeur exacte de A.

b. Toujours sans calculer A, démontrer que : $35 \times 10^{14} < A < 48 \times 10^{14}$.
En déduire le nombre de chiffres de A.

c. Le nombre A peut aussi s'écrire : $(5 \times 10^7 + 6) \times (7 \times 10^7 + 8)$.
En utilisant les produits 5×7, 5×8, 6×7 et 6×8, déterminer la valeur exacte de A.

d. Soit B = 48 506 557 × 505 149. Calculer en utilisant une calculatrice :
48 506 × 505 ; 557 × 505 ; 48 506 × 149 ; 557 × 149.
En déduire, sans nouvelle utilisation de la calculatrice et en écrivant les calculs, la valeur exacte de B.

Exercice 7

Corrigé p. 70

1. *Dans cette question, aucune division n'est à poser. Les réponses doivent être justifiées.*

a. Sachant que 57 148 468 = 3 361 674 × 17 + 10, donner le quotient et le reste de la division euclidienne de 57 148 468 par 17.

b. Sachant que 84 279 733 = 4 957 630 × 17 + 23, donner le quotient et le reste de la division euclidienne de 84 279 733 par 17.

c. En déduire le quotient et le reste de la division euclidienne de 57 148 468 + 84 279 733 par 17, puis le quotient et le reste de la division euclidienne de 57 148 468 × 2 par 17.

2. Dans la division euclidienne d'un nombre a par 17, on note q le quotient et r le reste.
Dans la division euclidienne d'un nombre a' par 17, on note q' le quotient et r' le reste.
Déterminer, en justifiant votre réponse, le quotient et le reste :

a. dans la division euclidienne de $a + a'$ par 17.

b. dans la division euclidienne de $2a$ par 17.

Corrigés

Exercice 1

Énoncé p. 65

Une méthode consiste à faire l'inventaire de tous les calculs possibles en plaçant deux parenthèses, la 1re pouvant être placée avant 8, avant 7 ou avant 3. On calcule ensuite en tenant compte des parenthèses et des priorités opératoires.

$(8 \times 7) + 3 \times 5 = 71$

$(8 \times 7 + 3) \times 5 = 295$

$8 \times (7 + 3) \times 5 = 400$

$8 \times (7 + 3 \times 5) = 176$

$8 \times 7 + (3 \times 5) = 71$

Le nombre 283 ne peut donc pas être obtenu.

Remarque : Les parenthèses ne sont pas toujours nécessaires, mais le fait de les utiliser n'est évidemment pas faux.

Exercice 2

Énoncé p. 65

Voici les calculs correspondants :

pour 154×22

~~1~~	~~154~~
2	308
4	616
~~8~~	~~1 232~~
16	2 464
22	**3 388**

pour 245×67

1	245
2	490
~~4~~	~~980~~
~~8~~	~~1 960~~
~~16~~	~~3 920~~
~~32~~	~~7 840~~
64	15 680
67	**16 415**

Explication : Pour un produit donné $a \times b$, le procédé consiste d'abord à établir deux listes de nombres :

- la 1re colonne de nombres commence avec 1 et se poursuit en doublant à chaque fois le nombre précédent, le dernier double écrit étant celui qui est égal ou immédiatement inférieur à l'un des facteurs du produit (en général le plus petit, b) : cela revient à écrire une liste de puissances de 2 ;
- la 2e colonne de nombres commence avec le 2e facteur du produit (écrit en face de 1) et se poursuit en doublant à chaque fois le nombre précédent, le dernier double écrit étant celui qui vient en face de la dernière puissance de 2 qui a été écrite dans la 1re colonne.

Ensuite, on cherche à décomposer le nombre b sous forme de somme de puissances de 2. On barre ensuite tous les nombres des deux listes pour lesquelles la puissance de 2 considérée n'intervient pas dans la décomposition de b.

Enfin, on ajoute les nombres non barrés de la 2e liste, la somme obtenue étant égale au produit $a \times b$.

Ce procédé s'appuie sur **deux éléments principaux** :

- Tout naturel peut être décomposé en fonction des puissances de 2, c'est-à-dire écrit comme somme de nombres choisis parmi 1 ; 2 ; 4 ; 8 ; 16… Dans l'exemple donné $53 = 32 + 16 + 4 + 1$, il s'agit de décomposer l'un des facteurs en base 2, c'est donc toujours possible.

- La propriété de distributivité de la multiplication par rapport à l'addition permet de justifier les égalités suivantes pour le produit donné en exemple : $53 \times 76 = (32 + 16 + 4 + 1) \times 76 = (32 \times 76) + (16 \times 76) + (4 \times 76) + (1 \times 76)$.

Exercice 3

Énoncé p. 65

a. Pour passer du 17e terme au 99e terme, le pas a été utilisé 82 fois ($99 - 17 = 82$), ce qui a entrainé une augmentation de 1 230.

Le pas de la suite est donc égal à 0,15 (1 230 : 82 = 15).

Entre le 1er terme et le 99e terme, le pas est utilisé 98 fois, d'où le calcul du 1er terme : $1\,548 - (98 \times 15) = 78$.

Le 1er terme est 78.

b. Appelons x le 1er terme.

Le terme suivant est $x - 25$, puis $x - 2 \times 25$... jusqu'à $x - 15 \times 25$.

La somme de ces termes est égale à :

$x + x - 25 + x - 2 \times 25 + ... + x - 15 \times 25$.

Elle est donc égale à $16x - 25 \times (1 + 2 + ... + 15)$, en utilisant la propriété de distributivité de la multiplication sur l'addition.

La somme $1 + 2 + ... + 15$ peut se calculer de plusieurs manières. La plus simple est celle qui consiste à écrire deux fois cette somme, puis à en ajouter les termes membre à membre :

$S = 1 + 2 + ... + 14 + 15$

$S = 15 + 14 + ... + 2 + 1$

$2S = 16 + 16 + ... + 16 + 16$ (15 fois),

donc $2S = 16 \times 15$ et $S = \dfrac{16 \times 15}{2} = 120$.

On a donc $16x - 25 \times (1 + 2 + ... + 15) = 16x - 25 \times 120 = 16x - 3\,000$.

Donc $16x - 3\,000 = 5\,000$, soit $x = \dfrac{5\,000 + 3\,000}{16} = 5\,000$.

Le 1er terme est donc 5 000.

Exercice 4

Énoncé p. 65

- **Élève 1 :** Le quotient euclidien de 40 626 par 12 est plus proche de celui de 40 000 par 10 (donc de 4 000) que de celui 4 000 par 10 (donc de 400). 348 ne peut donc pas être le quotient cherché. La recherche de l'ordre de grandeur du résultat permet souvent de détecter des réponses erronées.
- **Élève 2 :** Le reste doit être inférieur au diviseur. Or $18 > 12$.
- **Élève 3 :** L'égalité caractéristique de la division euclidienne est-elle vérifiée ? $(3\,382 \times 12) + 6$ donne un résultat qui a 0 pour chiffre des unités (provenant de $2 \times 2 + 6$) et ne peut donc pas être égal à 40 626. Il suffit, dans ce cas, de vérifier si le chiffre des unités est correct ou non.

> **Division euclidienne,** p. 49

- **Élève 4 :** Un reste nul indique que le dividende est un multiple du diviseur. Or 40 626 n'est pas multiple de 12, car il n'est pas multiple de 4 (26 n'étant pas multiple de 4).

> **Multiples,** chap.4, p 88

Exercice 5

Énoncé p. 66

Démontrons la conjecture en utilisant le calcul littéral (voir chap. 7).
Si n est impair, alors il existe un naturel k tel que $n = 2k + 1$.[2]
Donc $n^2 = (2k+1)^2 = 4k^2 + 4k + 1 = 4(k^2 + k) + 1 = 4k(k+1) + 1$.
Or $k(k+1)$, produit de deux nombres consécutifs, est pair, donc de la forme $2q$.
Donc $n^2 = 4 \times 2q + 1 = 8q + 1$, or $1 < 8$,
donc 1 est bien le reste dans la division euclidienne de n^2 par 8.
Ce qui démontre la conjecture.

2. Cette caractérisation des nombres impairs est souvent utilisée, donc à connaitre.

Le travail proposé consiste donc à faire des essais pour conjecturer un résultat, puis à le démontrer en utilisant le calcul littéral.
Les essais effectués avec différents nombres impairs conduisent à conjecturer que ce reste est toujours égal à 1.

Exercice 6

Énoncé p. 66

a. Le chiffre des unités du produit de deux nombres est le chiffre des unités du produit des chiffres des unités de ces deux nombres. Donc le chiffre des unités de A est 8 car $6 \times 8 = 48$. Or le chiffre des unités de $3{,}50000082 \times 10^{15}$ est 0 car $3{,}50000082 \times 10^{15} = 3\,500\,000\,820\,000\,000$.
Donc la valeur affichée n'est pas la valeur exacte.

b. $50\,000\,000 < 50\,000\,006 < 60\,000\,000$ ou $5 \times 10^7 < 50\,000\,006 < 6 \times 10^7$
$70\,000\,000 < 70\,000\,008 < 80\,000\,000$ ou $7 \times 10^7 < 70\,000\,008 < 8 \times 10^7$
Les nombres étant positifs, les inégalités sont conservées si on les multiplie membre à membre, donc :
$5 \times 10^7 \times 7 \times 10^7 < 50\,000\,006 \times 70\,000\,008 < 6 \times 10^7 \times 8 \times 10^7$
$35 \times 10^{14} < 50\,000\,006 \times 70\,000\,008 < 48 \times 10^{14}$.
35×10^{14} et 48×10^{14} peuvent s'écrire respectivement sous la forme 35 suivi de 14 « 0 » et 48 suivi de 14 « 0 », donc avec 16 chiffres.
Donc A s'écrit aussi avec 16 chiffres.

> **Calcul sur les puissances,** chap. 6 §3.2, p. 156

c. $50\,000\,006 = 5 \times 10^7 + 6$ et $70\,000\,008 = 7 \times 10^7 + 8$.
Donc $A = (5 \times 10^7 + 6) \times (7 \times 10^7 + 8)$.
En utilisant la distributivité de la multiplication sur l'addition, on obtient :
$A = 5 \times 10^7 \times 7 \times 10^7 + 5 \times 10^7 \times 8 + 6 \times 7 \times 10^7 + 6 \times 8$
donc $A = 35 \times 10^{14} + 40 \times 10^7 + 42 \times 10^7 + 48$
donc $A = 35 \times 10^{14} + 82 \times 10^7 + 48$.
D'où le calcul posé :

$$\begin{array}{rr} & 3\,500\,000\,000\,000\,000 \\ + & 820\,000\,000 \\ + & 48 \\ \hline & 3\,500\,000\,820\,000\,048 \end{array}$$

Donc A = 3 500 000 820 000 048.

d. $48\,506\,557 = 48\,506 \times 1\,000 + 557$ et $505\,149 = 505 \times 1\,000 + 149$.
Donc $B = (48\,506 \times 1\,000 + 557) \times (505 \times 1\,000 + 149)$.
En utilisant la distributivité de la multiplication sur l'addition, on obtient :
$B = 48\,506 \times 1\,000 \times 505 \times 1\,000 + 48\,506 \times 1\,000 \times 149 + 557 \times 505 \times 1\,000 + 557 \times 149$
$B = 48\,506 \times 505 \times 1\,000 \times 1\,000 + 48\,506 \times 149 \times 1\,000 + 557 \times 505 \times 1\,000 + 557 \times 149$
$B = 48\,506 \times 505 \times 1\,000\,000 + 48\,506 \times 149 \times 1\,000 + 557 \times 505 \times 1\,000 + 557 \times 149$

Avec la calculatrice, on trouve :

$48\,506 \times 505 = 24\,495\,530$ $\quad$ $48\,506 \times 149 = 7\,227\,394$

$557 \times 505 = 281\,285$ $\quad$ $557 \times 149 = 82\,993$

D'où le calcul posé :

$$\begin{array}{lr} & 24\,495\,530\,000\,000 \\ + & 7\,227\,394\,000 \\ + & 281\,285\,000 \\ + & 82\,993 \\ \hline & 24\,503\,038\,761\,993 \end{array}$$

Donc B = 24 503 038 761 993.

Exercice 7

Énoncé p. 66

1. a. $10 < 17$, donc l'égalité donnée dans cette question est l'égalité caractéristique de la division euclidienne de 57 148 468 par 17.

Le quotient de cette division euclidienne est donc 3 361 674 et son reste est 10.

b. $23 = 17 \times 1 + 6$

Donc, d'après l'égalité donnée dans cette question, on a :

$84\,279\,733 = 4\,957\,630 \times 17 + (17 \times 1 + 6)$

$84\,279\,733 = (4\,957\,630 + 1) \times 17 + 6$

$84\,279\,733 = 4\,957\,631 \times 17 + 6$.

Or $6 < 17$, donc **le quotient de la division euclidienne de 84 279 733 par 17 est 4 957 631 et son reste est 6.**

Attention ! 23 ne peut pas être le reste de la division de 84 279 733 par 17 car 23 > 17.

c. • Si on ajoute membre à membre l'égalité donnée dans la question **a** et l'égalité ci-dessus, on obtient :

$57\,148\,468 + 84\,279\,733 = 3\,361\,674 \times 17 + 10 + 4\,957\,631 \times 17 + 6$

$= (3\,361\,674 + 4\,957\,631) \times 17 + 16$

$= 8\,319\,305 \times 17 + 16$.

Or $16 < 17$, donc **le quotient de la division euclidienne de 57 148 468 + 84 279 733 par 17 est 8 319 305 et son reste 16.**

• En multipliant par 2 les deux membres de l'égalité donnée dans la question **a**, on obtient :

$57\,148\,468 \times 2 = 3\,361\,674 \times 2 \times 17 + 20$.

Or $20 > 17$, on écrit $20 = 17 \times 1 + 3$.

Donc $57\,148\,468 \times 2 = 3\,361\,674 \times 2 \times 17 + 17 \times 1 + 3$

$= 17 \times (3\,361\,674 \times 2 + 1) + 3$

$= 17 \times 6\,723\,349 + 3$.

Or $3 < 17$, donc **le quotient de la division euclidienne de 57 148 468 × 2 par 17 est 6 723 349 et le reste est 3.**

2. a. D'après les données on a :

$a = 17q + r$ $\quad$ avec $0 \leqslant r < 17$

et $a' = 17q' + r'$ avec $0 \leqslant r' < 17$.

En additionnant membre à membre ces deux égalités et ces deux inégalités, on obtient :

$a + a' = 17\,(q + q') + r + r'$ $\quad$ égalité (1)

et $0 \leqslant r + r' < 34$ $\quad$ inégalité (1)

On constate que $r + r'$ n'est pas toujours inférieur à 17. On ne peut donc pas conclure que le quotient de la division euclidienne de $a + a'$ par 17 est toujours $q + q'$.
Il faut distinguer deux cas.

• **1er cas : $0 \leqslant r + r' < 17$**

L'égalité (1) et l'inégalité (1) prouvent que **le quotient de la division euclidienne de $a + a'$ par 17 est $q + q'$ et le reste $r + r'$.**

• **2e cas : $17 \leqslant r + r r' < 34$**

En enlevant 17 aux membres de cette inégalité on obtient :
$0 \leqslant r + r' - 17 < 17$.
D'après l'égalité (1), on obtient : $a + a' = 17\,(q + q') + 17 + r + r' - 17$.
Donc $a + a' = 17\,(q + q' + 1) + r + r' - 17$ avec $0 \leqslant r + r' - 17 < 17$.
Donc, dans ce cas, **le quotient de la division euclidienne de $a + a'$ par 17 est $(q + q' + 1)$ et le reste $r + r' - 17$.**

Dans le premier exemple traité de la question 1c, on était dans le 1er cas.

b. On sait que $a = 17q + r$ avec $0 \leqslant r < 17$.
En multipliant les deux membres de l'égalité et de l'inégalité par 2, on obtient :
$2a = 17 \times 2q + 2r$ égalité (2)
et $0 \leqslant 2r < 34$ inégalité (2)

• **1er cas : $0 \leqslant 2r < 17$**

L'égalité (2) et l'inégalité (2) prouvent que **le quotient de la division euclidienne de $2a$ par 17 est $2q$ et le reste $2r$.**

• **2e cas : $17 \leqslant 2r < 34$**

En enlevant 17 aux membres de cette double inégalité, on obtient : $0 \leqslant 2r - 17 < 17$.
D'après l'égalité (2), on obtient : $2a = 17 \times 2q + 17 + 2r - 17$.
Donc $2a = (2q + 1) \times 17 + 2r - 17$ avec $0 \leqslant 2r - 17 < 17$.
Cela prouve que **le quotient de $2a$ par 17 est $2q + 1$ et le reste $2r - 17$.**

Dans le deuxième exemple traité de la question 1c, on était dans le 2e cas.

CHAPITRE 3

Nombres et calcul

Les méthodes de dénombrement

Objectif

- Connaitre et savoir utiliser différentes stratégies de dénombrement.

FICHES MÉTHODE

Tester ses connaissances

QCM Un restaurant propose les choix suivants :

– Entrée : potage, pâté ou salade
– Plat : poisson, viande rouge, lasagnes ou omelette
– Dessert : salade de fruits, glace ou pâtisserie.

Combien de menus différents peuvent être composés en prenant une entrée, un plat et un dessert ?

A. 10 **B.** 20 **C.** 18 **D.** 36 **E.** 35

1. D

aide §2.2 p. 75

LE COURS

1 Qu'est-ce que dénombrer ?

Dénombrer consiste à utiliser un moyen approprié pour exprimer une quantité d'unités par un nombre.

Cela peut parfois se faire en comptant les unités une par une, mais cette méthode peut se révéler fastidieuse et il est alors nécessaire de mettre au point une autre méthode de dénombrement qui, le plus souvent, débouche sur un calcul permettant d'obtenir la réponse.

Dans ce chapitre, nous indiquons un certain nombre de méthodes qui permettent d'organiser le dénombrement, éventuellement en s'aidant d'un schéma, de façon à être sûr que l'inventaire des éléments est exhaustif et que leur nombre peut être calculé.

Ces méthodes pourront être mobilisées dans la plupart des chapitres de cet ouvrage et dans de nombreux exercices du concours où il est demandé un inventaire des réponses possibles à une question.

2 Comment dénombrer ?

Trois méthodes de dénombrement sont proposées :
– le tableau à double entrée
– l'arbre de choix
– le raisonnement sans support.

Le choix d'une méthode dépend de la nature du problème à résoudre.

2 1. Tableau à double entrée

FICHE MÉTHODE 1 **Dénombrer à l'aide d'un tableau à double entrée.**

→ On dispose d'un grand nombre d'objets découpés qui ont la forme de carrés, de triangles ou de ronds. Tous les objets de même forme sont de mêmes dimensions.

On décide de peindre ces objets en jaune, en bleu, en rouge ou en vert.

Combien peut-on obtenir de sortes différentes d'objets colorés ?

1. **Identifier les paramètres** indépendants en jeu, ce qui permet de recourir à un tableau à double entrée.

Deux paramètres interviennent : les **formes** et les **couleurs**.

2. **Construire le tableau** (ou schéma du tableau si chaque paramètre comporte beaucoup de valeurs).

3. **Compléter le tableau** (en totalité ou en partie seulement).

	carré	triangle	rond
jaune	carré jaune		
bleu			rond bleu
rouge		triangle rouge	
vert			rond vert

4. **Dénombrer les solutions** qui correspondent aux cases qui peuvent être complétées en fonction du problème posé.

Remarque : Si on demande seulement le nombre d'éléments, il n'est pas nécessaire de remplir totalement le tableau.

Ici, toutes les cases peuvent être complétées.

Elles sont au nombre de $4 \times 3 = 12$.

Il y a donc **12 sortes d'objets**.

Le dénombrement à l'aide d'un tableau à double entrée ne fonctionne que si on est en présence de deux paramètres. Sinon, il faut utiliser les méthodes envisagées ci-dessous.

Entrainement 1

Combien de nombres différents de 2 chiffres peut-on écrire en utilisant les chiffres 1 ; 2 et 3 :

a. dans le cas où les chiffres peuvent être répétés.

b. dans le cas où les chiffres ne peuvent pas être répétés.

Corrigé p. 77

2 2. Arbre des choix possibles

FICHE MÉTHODE 2 Dénombrer avec un arbre de choix.

Qcm, p. 73

→ Un restaurant propose les choix suivants :
– Entrée : potage, pâté ou salade
– Plat : poisson, viande rouge, lasagnes ou omelette
– Dessert : salade de fruits, glace ou pâtisserie.

Combien de menus différents peuvent être composés en prenant une entrée, un plat et un dessert ?

1. **Identifier les paramètres** qui interviennent.	Trois paramètres interviennent : les **entrées**, les **plats**, les **desserts**.
2. **Établir l'arbre** en totalité ou en partie. 3. **Compléter l'arbre** en totalité ou en partie.	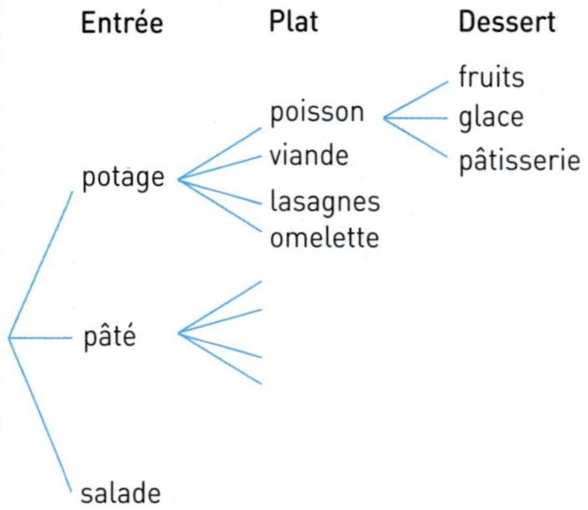
4. **Dénombrer les solutions.** Remarque : Si on demande seulement le nombre d'éléments, il n'est pas nécessaire de compléter totalement l'arbre. Ce n'est pas le cas si on demande l'ensemble des solutions.	Ici, il y a $3 \times 4 \times 3 = 36$ **repas possibles**.

Cette méthode peut être utilisée avec n'importe quel nombre de paramètres.

Entrainement 2

Corrigé p. 77

Combien de nombres différents de 3 chiffres peut-on écrire en utilisant les chiffres 1 ; 2 et 3 :

a. dans le cas où les chiffres peuvent être répétés.

b. dans le cas où les chiffres ne peuvent pas être répétés.

2 3. Organisation et raisonnement

Dans certains cas, le recours à un schéma n'est pas utile. Il suffit de faire preuve de méthode et d'organisation.

FICHE MÉTHODE 3 Faire preuve de méthode et d'organisation.

→ Combien peut-on distinguer de parallélogrammes sur cette figure ?

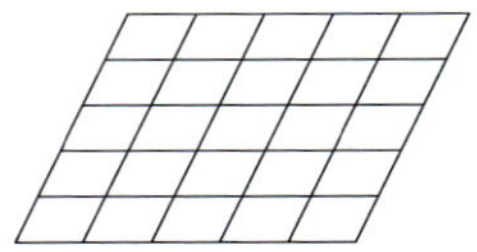

Méthode 1. De manière systématique

Elle consiste à procéder de manière systématique en cherchant :
– le nombre de parallélogrammes de « côtés 1 » (il y en a 25, nombre donné par le calcul 5×5) ;
– puis le nombre de parallélogrammes de « côtés 1 et 2 » (40), de « côtés 1 et 3 » (30), etc. ;
– puis le nombre de parallélogrammes de « côtés 2 » (16), etc.

L'inventaire des types de parallélogrammes, selon la longueur des côtés, est à lui seul un problème d'organisation.

Méthode 2. Par raisonnement

Elle consiste à considérer qu'un parallélogramme est déterminé par le choix d'un couple de droites « horizontales » non confondues et d'un couple de droites « obliques » non confondues. En voici deux exemples.

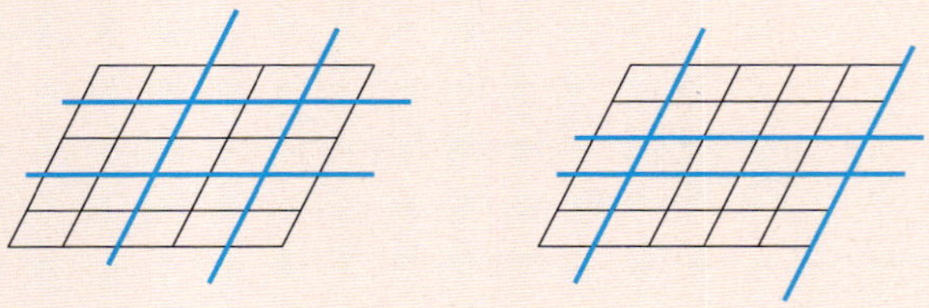

Le problème se ramène maintenant à celui de la recherche du nombre de couples de droites « horizontales » (non confondues) et du nombre de couples de droites « obliques » (non confondues) possibles.
Pour déterminer un couple de droites « horizontales », il y a 6 possibilités pour le choix de la première droite ; puis la première étant choisie, 5 possibilités pour le choix de la seconde droite ; soit en combinant les deux choix, 30 possibilités.
Mais chaque couple est alors considéré deux fois (la deuxième droite pouvant être au-dessous ou au-dessus de la première). En définitive, il n'existe que **15 possibilités**.

Ce nombre aurait pu être déterminé par un autre raisonnement :
Si la 1re droite correspond à la 1re ligne, il reste « en dessous » 5 possibilités.
Si elle correspond à la 2e ligne, il reste « en dessous » 4 possibilités.
Si elle correspond à la 3e ligne, il reste « en dessous » 3 possibilités.
Si elle correspond à la 4e ligne, il reste « en dessous » 2 possibilités.
Si elle correspond à la 5e ligne, il reste « en dessous » 1 possibilité.
Soit, au total, 15 couples de « droites horizontales » puisque $5 + 4 + 3 + 2 + 1 = 15$.
De la même manière, il existe **15 couples de droites « obliques »** possibles.

Comme chaque couple de droites « horizontales » peut être combiné avec tous les couples de droites « obliques », le nombre de parallélogrammes est donné par le calcul $\mathbf{15 \times 15}$.

Il y a donc 225 parallélogrammes possibles.

Entrainement 3

Lucas a écrit les nombres de 0 à 999.
Combien de fois a-t-il écrit le chiffre 7 ?

Corrigé p. 78

Corrigés

Entrainement 1

Énoncé p. 74

Ce tableau à double entrée permet de répondre aux deux questions. La case avec une croix correspond au nombre 13.

dizaines / unités	1	2	3
1			
2			
3	×		

a. La réponse est donnée par le nombre total de cases : **9 nombres** (3 × 3) peuvent être écrits si on accepte que le chiffre des dizaines soit le même que celui des unités.

b. Il ne faut pas prendre en compte les cases de la diagonale bleues ; **6 nombres** seulement sont possibles (9 – 3).

Entrainement 2

Énoncé p. 75

Comme il y a 3 paramètres (chiffres des centaines, des dizaines et des unités), l'utilisation d'un tableau à double entrée n'est pas la meilleure méthode.

a. On peut utiliser un arbre.

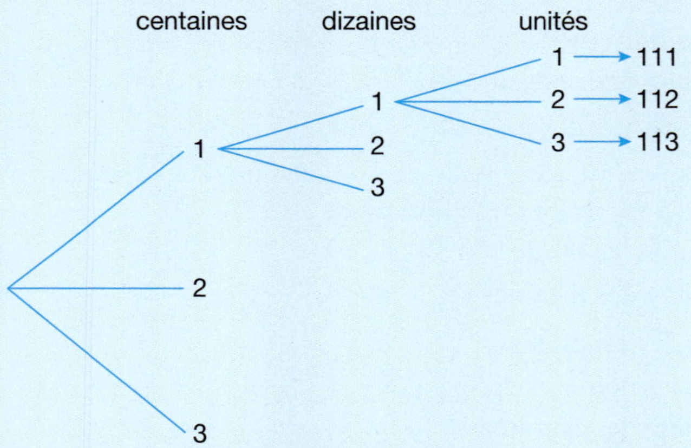

Soit au total : 3 × 3 × 3 = **27 nombres possibles.**

AUTRE MÉTHODE

On peut également raisonner de la façon suivante avec un **nombre de trois chiffres écrit *cdu***, le raisonnement étant voisin de ce que montre l'arbre qui a été utilisé :

- **On commence par choisir le chiffre *c* des centaines** : il y a 3 possibilités (1 ou 2 ou 3).
- **Pour chaque chiffre des centaines**, il y a aussi 3 choix possibles pour le chiffre *d* des dizaines. Pour le couple (*c*, *d*), il y a donc 9 choix possibles (3 × 3 = 9).
- **Pour chaque couple (*c*, *d*)**, il y a également 3 choix pour le chiffre *u* des unités.

Au total, on obtiendra donc 27 nombres possibles (3 × 3 × 3 = 27).
La description des choix par un arbre (seulement amorcé ci-dessus) permet de mieux comprendre le raisonnement précédent et le calcul auquel il aboutit.

b. La répétition de chiffres est interdite.

– En reprenant le raisonnement précédent, il existe toujours au départ 3 possibilités pour le **chiffre** c.

– Pour chacune de ces possibilités, il n'existe que 2 choix possibles pour le **chiffre** d (pour $c = 2$, d ne peut être égal qu'à 1 ou 3).

– Pour chaque couple (c, d) choisi, il n'existe qu'une seule possibilité pour le **chiffre** u (le chiffre qui n'a pas encore été choisi).

Au total, il y a donc **6 possibilités** correspondant au calcul $3 \times 2 \times 1 = 6$.
Dans ce cas, il est aussi simple d'écrire méthodiquement les nombres cherchés : 312, 321, 213, 231, 123, 132.

Entrainement 3

Énoncé p. 76

Une méthode fastidieuse : écrire effectivement tous les nombres de 0 à 999 et compter les chiffres 7.
D'autres méthodes de dénombrement sont possibles en **établissant un inventaire raisonné des nombres écrits avec le chiffre 7.**

MÉTHODE 1

- **Nombre de 7 écrits au rang des unités**

Il y a 1 chiffre 7 écrit au rang des unités pour chaque dizaine.
Or il y a 100 dizaines (dizaine de 0 à 9, de 10 à 19, de 20 à 29… de 90 à 99 ; de 100 à 109, de 110 à 119... de 990 à 999).
Il y a donc **100 chiffres 7 au rang des unités.**

- **Nombre de 7 écrits au rang des dizaines**

Il y a 10 chiffres 7 écrits au rang des dizaines pour chaque centaine. Par exemple, pour la première centaine de 0 à 99, ce sont les nombres de 70 à 79.
Or il y a 10 centaines (centaine de 0 à 99, de 100 à 199...).
Il y a donc **100 chiffres 7 au rang des dizaines** (10×10).

- **Nombre de 7 écrits au rang des centaines**

Le chiffre 7 est écrit pour tous les nombres de 700 à 799.
Il y a donc **100 chiffres 7 au rang des centaines.**
Au total pour les nombres de 0 à 999, le chiffre 7 est écrit 300 fois.

MÉTHODE 2

- **de 0 à 99 :** Il y a **20 chiffres 7** (10 chiffres 7 au rang des unités et 10 chiffres 7 au rang des dizaines pour la série de 70 à 79).
- **de 100 à 999 :** Le chiffre des centaines change 9 fois devant le couple (dizaine, unité) dont on vient de calculer le nombre de chiffres 7 ; on peut donc dire qu'il y a **180 chiffres** 7 (20×9). Mais il faut y ajouter tous les nombres de 700 à 799 qui ont 7 pour chiffre des centaines, soit **100 chiffres** 7. D'où au total entre 100 et 999, **280 chiffres.**

Finalement, pour les nombres de 0 à 999, le chiffre 7 est écrit 300 fois.

AU CONCOURS Les méthodes de dénombrement

Exercice 1

Corrigé p. 80

Combien de nombres de 4 chiffres comportent le chiffre 0 dans leur écriture ?

Exercice 2

Corrigé p. 80

50 personnes se rencontrent et se saluent en se serrant la main. Chacune des personnes serre la main de toutes les autres.

Combien de poignées de main sont ainsi échangées ?

Exercice 3

Corrigé p. 81

On dispose 4 jetons sur ce quadrillage de façon à ce que, sur chaque ligne et chaque colonne, on n'ait qu'un seul jeton.

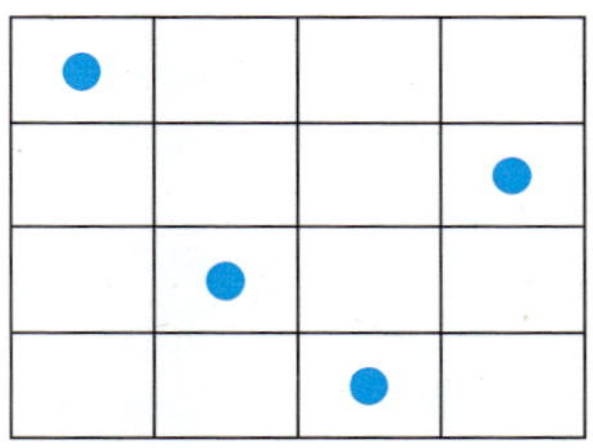

Combien existe-t-il de dispositions différentes ?

Exercice 4

Corrigé p. 82

Un enseignant montre 10 cartes aux 24 élèves de sa classe. Il invite chaque élève à réaliser à son tour, deux suites de cartes portant des nombres qui se suivent de 1 en 1 dans l'ordre croissant et à les écrire au tableau. Chaque suite doit comporter au moins 2 cartes et toutes les suites doivent être différentes.

Exemples de suites : 2 - 3 ou 4 - 5 - 6 - 7.

a. Est-il possible que tous les élèves puissent réaliser deux suites différentes de celles qui ont déjà été réalisées ?

b. Quel serait le nombre de suites possibles d'au moins 2 cartes avec 100 cartes numérotées de 1 à 100 ?

Corrigés

Exercice 1

Énoncé p. 79

Cherchons d'abord combien de nombres s'écrivent avec 4 chiffres : il y en a 9 000.

En effet, de 1 à 9 999, il y a 9 999 nombres parmi lesquels 999 s'écrivent avec moins de 4 chiffres (ceux de 1 à 999).

Puis, parmi les nombres de 4 chiffres, cherchons combien s'écrivent sans utiliser le chiffre 0.

Pour répondre à cette question, on peut imaginer un arbre de choix.

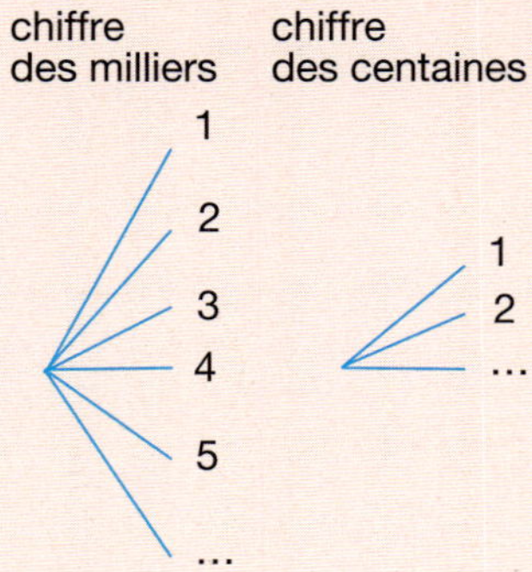

Pour chaque ordre d'unités (milliers, centaines, dizaines, unités), il y a 9 possibilités (chiffres de 1 à 9) indépendantes les unes des autres. Le nombre total de nombres qui s'écrivent avec 4 chiffres, sans 0, est donné par le calcul : $9 \times 9 \times 9 \times 9 = 9^4 = 6\,561$.

Comme $9\,000 - 6\,561 = 2\,439$, il y a **2 439 nombres de 4 chiffres qui s'écrivent avec le chiffre 0.**

Dans ce type de problème, il faut se demander s'il n'est pas plus simple de répondre à la question « contraire », à savoir ici, chercher combien de nombres de 4 chiffres s'écrivent sans utiliser le chiffre 0.

Exercice 2

Énoncé p. 79

Dans le cas de 5 personnes (A, B, C, D, E), on peut représenter les personnes par des croix et les poignées de main par des traits entre les croix. Ce schéma peut aider à mener deux raisonnements qui conduisent à la réponse :

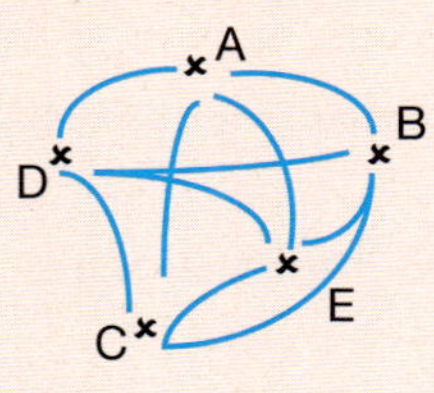

MÉTHODE 1

Si on prend la croix de la personne A, on constate que 4 traits en partent.

En prenant une deuxième croix (personne B), on constate que 3 nouveaux traits en partent (en dehors de celui déjà considéré pour la première croix)…

- Dans le cas du problème posé, cela revient à considérer une **première personne (A)** : elle serre la main à 49 autres.
- La **deuxième personne (B)** serre la main à 48 autres personnes (la poignée de main avec la personne (A) ayant déjà été considérée).

– La **troisième personne (C)** serre la main à 47 autres personnes (les poignées de main avec les deux premières personnes (A) et (B) ayant déjà été considérées). Et ainsi de suite…

Le nombre total de poignées de mains est donc donné par la somme S :
$S = 49 + 48 + 47 + \ldots + 3 + 2 + 1$
Pour calculer facilement cette somme, il est commode de l'écrire « à l'envers ».
On l'obtient ainsi sous deux formes :
$S = 49 + 48 + 47 + \ldots + 3 + 2 + 1$
$S = 1 + 2 + 3 + \ldots + 47 + 48 + 49$
Si on ajoute terme à terme ces 2 sommes, on obtient :
$2S = 50 + 50 + 50 + \ldots + 50 + 50 + 50$ *(49 fois)*
Donc $2S = 49 \times 50$ et $S = 49 \times 25 = 1\,225$.

Le nombre de poignées de main est donc égal à 1 225.

MÉTHODE 2

On aurait pu établir ce résultat plus rapidement, à partir du raisonnement suivant :

– sur le schéma, on observe que 4 traits partent de chaque croix ;

– dans le cas de 50 personnes, cela revient à considérer que chaque personne serre la main à 49 autres personnes. On pourrait donc penser que le nombre total de poignées est égal à 49 × 50, mais ce serait oublier que chaque poignée de main est ainsi comptée deux fois (de la personne (A) vers la personne (B) et de la personne (B) vers la personne (A)). Il faut donc diviser ce résultat par 2, ce qui ramène au calcul : $\frac{49 \times 50}{2} = 1\,225$.

Il peut être utile, pour « se faire une idée », de chercher la réponse dans un cas plus simple, par exemple en faisant un schéma.

Exercice 3

Énoncé p. 79

On peut par exemple raisonner de la façon suivante :

– on commence par placer le jeton de la 1re colonne : on a alors le choix entre 4 cases ;

– une case étant choisie dans la 1re colonne, on place le jeton de la 2e colonne : on n'a alors plus que le choix entre 3 cases ;

– pour placer le jeton dans la 3e colonne, on aura ensuite seulement le choix entre 2 cases ;

– pour placer le jeton de la 4e colonne, il ne restera qu'une possibilité.

Soit au total 24 dispositions possibles ($4 \times 3 \times 2 \times 1 = 24$).

Remarque : La description des choix par un **arbre** (amorcé page suivante) permet peut-être de mieux comprendre le raisonnement précédent et le calcul auquel il aboutit.

Il s'agit de dénombrer toutes les possibilités et donc de trouver une méthode de comptage qui permet de n'en oublier aucune.

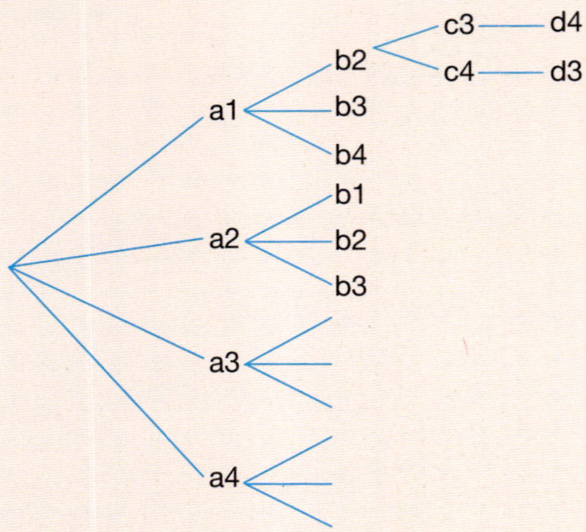

	a	b	c	d
1				
2				
3				
4				

Exercice 4

Énoncé p. 79

a. Pour répondre à la question, on peut dénombrer les suites possibles selon leur longueur :

- suites de longueur 2 : elles peuvent commencer par chacun des nombres de 1 à 9 (donc 9 suites) ;
- suites de longueur 3 : elles peuvent commencer par chacun des nombres de 1 à 8 (donc 8 suites)…

Le nombre de suites va ainsi diminuer de 1 au fur et à mesure que la longueur augmente, la dernière suite ayant pour longueur 10.

D'où le nombre total de suites : $9 + 8 + 7 + \ldots + 3 + 2 + 1 = 45$. Comme les 24 élèves doivent produire au total 48 suites, il n'est pas possible que toutes soient différentes.

b. Avec le même raisonnement, sur des suites de longueur 2 à 100, on arrive au nombre total de suites de :

$99 + 98 + \ldots + 2 + 1$.

La méthode la plus simple pour calculer cette somme consiste à l'écrire deux fois (voir méthode générale ci-dessous) :

$S = 99 + 98 + \ldots + 2 + 1$

$S = 1 + 2 + \ldots + 98 + 99$

En ajoutant terme à terme, on obtient :

$2S = 100 + 100 + \ldots + 100 + 100$ *(99 fois)*

$2S = 99 \times 100 = 9\,900$ et $S = 4\,950$.

Le nombre de suites possibles est donc égal à 4 950.

MÉTHODE GÉNÉRALE

Dans les exercices 2 et 4, on a été amené à calculer la somme de n premiers nombres entiers naturels. Ce calcul intervient assez fréquemment. Il est donc utile de se souvenir soit de la méthode qui permet de la calculer (écrire la somme « dans les deux sens » et ajouter terme à terme), soit de la formule correspondante :

$S = n + (n-1) + (n-2) + \ldots + 3 + 2 + 1$

$S = 1 + 2 + 3 + \ldots + (n-2) + (n-1) + n$

Si on ajoute terme à terme ces 2 sommes, on obtient :

$2S = (n+1) + (n+1) + (n+1) + \ldots + (n+1) + (n+1) + (n+1)$ avec $n+1$ ajouté n fois.

D'où $S = \dfrac{n(n+1)}{2}$.

CHAPITRE 4 Nombres et calcul

Multiples, diviseurs, nombres premiers

Objectifs

- Connaitre et utiliser les notions de multiple et de diviseur, en particulier de multiple commun et de diviseur commun à des nombres naturels.
- Connaitre et utiliser la notion de nombre premier.
- Savoir décomposer un nombre en produit de facteurs premiers.
- Utiliser des décompositions en produit de facteurs premiers pour déterminer des diviseurs et des multiples communs à deux nombres naturels, en particulier leur plus grand commun diviseur (pgcd) et leur plus petit commun multiple (ppcm).

> Les nombres envisagés dans ce chapitre sont toujours des **nombres entiers naturels**.

Les notions de ppcm et de pgcd ne figurent plus dans le programme de mathématiques du cycle 4. Elles sont cependant traitées dans cet ouvrage car elles peuvent simplifier la résolution de certains problèmes.

FICHES MÉTHODE

Tester ses connaissances

QCM 1 Quelles affirmations sont vraies ?

A. 26 est un multiple de 6.
B. 24 est un multiple de 8.
C. 7 est un diviseur de 28.
D. 5 est divisible par 2.
E. 28 est un diviseur de 7.
F. 18 est divisible par 6.

aide §1 p. 84

QCM 2 Quelles affirmations sont vraies ?

A. Si un nombre est multiple de 2, alors il est multiple de 4.
B. Si un nombre est multiple de 4, alors il est multiple de 2.
C. Si un nombre se termine par 4, alors il est multiple de 4.
D. Si un nombre se termine par 5, alors il est multiple de 5.
E. Si un nombre est multiple de 5, alors il se termine par 5.

aide phrases A et B, §1.2 p. 86 phrases C à E, §2 p. 88

QCM 3 Un nombre est divisible à la fois par 3, 4 et 5.
Par quel autre nombre est-il aussi divisible ?

A. 12 **B.** 60 **C.** 8 **D.** 9

aide §4.4 p. 95

QCM 4 Combien 80 a-t-il de diviseurs ?

A. 6 **B.** 7 **C.** 8 **D.** 9 **E.** 10

aide §3.3 p. 92

QCM 5 Quels nombres naturels sont des nombres premiers ?

A. 1 **B.** 2 **C.** 10 **D.** 11 **E.** 27 **F.** 49

aide §3.1 p. 90

QCM 6 À une heure du matin, trois phares émettent au même moment un signal lumineux. Les signaux sont espacés de 12 minutes pour le premier phare, de 15 minutes pour le deuxième et de 18 minutes pour le troisième.

Les signaux seront à nouveaux simultanés :

A. à 2 h 30 **B.** à 3 h **C.** à 3 h 30 **D.** à 4 h **E.** jamais.

aide
§4.1 p. 93

1. B, C et F **2.** B et D **3.** A et B **4.** E **5.** B et D **6.** D

LE COURS

1 Multiples et diviseurs d'un nombre naturel

1 1. Définitions de multiple et diviseur

Qcm 1, p. 83

Les nombres **12, 48, 54, 312** peuvent être respectivement écrits sous la forme :

6×2 ; 6×8 ; 6×9 ; 6×52.

Dans la division euclidienne de chacun de ces nombres par 6, le quotient est un nombre naturel et le reste est égal à 0.

On dit que :

12, 48, 54, 312 sont des multiples de 6.

Chacun de ces nombres est divisible par 6.

6 est un diviseur de chacun de ces nombres.

ATTENTION

- **Tous les nombres doivent être des naturels.** Par exemple dans **QCM 1**, on a $5 = 2 \times 2{,}5$, mais « 5 n'est pas divisible par 2 » car 2,5 n'est pas un nombre naturel.
- **Le mot « diviseur »** a ici un sens différent de celui qu'il a lorsqu'on est dans le cadre de l'opération division.

a et *b* étant deux nombres naturels, **a est multiple de b** ou **b est diviseur de a** ou **a est divisible par b** signifie qu'il existe un nombre naturel k tel que $a = b \times k$.

> Cela signifie aussi que le reste de la division euclidienne de *a* par *b* est égal à 0.

Les phrases { *a* est un multiple de *b* ; *b* est un diviseur de *a* ; *a* est divisible par *b* } sont donc synonymes.

Exemples :

- L'ensemble des multiples de **6** est l'ensemble : $\{0, 6, 12, 18, 24, 30, ...\}$. La liste est infinie.
- L'ensemble des diviseurs de **36** est : $\{1, 2, 3, 4, 6, 9, 12, 18, 36\}$. La liste est finie.

Propriétés :

Tout naturel n est multiple de 1 et 1 est diviseur de tout naturel.

Pour le prouver, il suffit d'écrire : $n = 1 \times n$.

Tout naturel est à la fois multiple et diviseur de lui-même.

La même égalité le prouve : $n = 1 \times n$.

0 est multiple de tout naturel et tout naturel est diviseur de 0.

En effet, pour tout naturel n, on peut écrire : $0 = n \times 0$.

0 n'a qu'un multiple : lui-même.
Tous les autres nombres naturels ont une infinité de multiples.

1 n'a qu'un diviseur : lui-même.

Si un nombre est diviseur de n, alors le quotient q obtenu en divisant n par ce nombre est aussi un diviseur de n.

En effet, si un nombre a est un diviseur de n, n s'écrit sous la forme $n = aq$, ce qui prouve que q est aussi un diviseur de n.

Une seconde méthode s'appuie sur la décomposition du nombre en facteurs premiers (voir p. 92).

FICHE MÉTHODE 1 Chercher tous les diviseurs d'un nombre n.

→ Trouver les diviseurs de 40.

1. Inventorier les décompositions du nombre en un produit de deux diviseurs en examinant successivement tous les facteurs possibles à partir de 1 et en utilisant les propriétés suivantes : **propriété 1 :** 1 et n sont des diviseurs de n. **propriété 2 :** Si un nombre est diviseur de n, le quotient de n par ce nombre est aussi un diviseur de n.	$1 \times 40 = 40$ d'où deux diviseurs 1 et 40 $2 \times 20 = 40$ d'où deux diviseurs 2 et 20 $4 \times 10 = 40$ d'où deux diviseurs 4 et 10 $5 \times 8 = 40$ d'où deux diviseurs 5 et 8 Remarque : 40 n'est pas égal à $3 \times k$, donc 3 n'est pas diviseur de 40.
2. S'arrêter dès qu'on trouve un diviseur déjà répertorié et conclure.	Le nombre suivant est 8 (déjà trouvé), donc arrêt de la recherche. Les diviseurs de 40 sont 1 ; 2 ; 4 ; 5 ; 8 ; 10 ; 20 et 40.

La **propriété 2** énoncée ci-avant ne fournit pas de « deuxième diviseur » si le nombre n est un carré et que le nombre essayé est la racine carrée de n, ce qui prouve qu'un carré parfait a un nombre impair de diviseurs.

Exemple : Trouver les diviseurs de 25.
$25 = 1 \times 25$ donc 1 et 25 sont diviseurs de 25.
2 n'est pas diviseur de 25 ; de même 3 et 4 ne sont pas diviseurs de 25.
$5 \times 5 = 25$ donc 5 est diviseur de 25.
25 a donc 3 diviseurs : 1, 5 et 25.

Entrainement 1

Corrigé p. 97

0	1	2	4	6	12
18	24	36	48	90	126

Parmi les nombres ci-dessus, quels sont :

a. les multiples de 18. **b.** les diviseurs de 18.

Entrainement 2

Corrigé p. 97

Trouver tous les naturels qui ont 56 pour multiple.

Entrainement 3

Corrigé p. 97

Écrire tous les diviseurs de 72.

Entrainement 4

Corrigé p. 97

Le nombre naturel n est un multiple de 7.

Écrire n sous forme de produit de deux entiers naturels.

1 2. Propriétés importantes relatives à la notion de multiple

Propriété 1 Somme de deux multiples

Cette propriété peut s'énoncer de deux façons :

Si les nombres naturels a et b sont multiples de c, **alors** $a+b$ est aussi multiple de c.

Si le nombre naturel c est un diviseur des nombres naturels a et b, **alors** c est aussi un diviseur de $a+b$.

Démonstration : « a est multiple de c » se traduit par le fait qu'il existe un naturel k tel que $a=c\times k$.

De même, « b est multiple de c » se traduit par l'existence d'un naturel k' tel que $b=c\times k'$.

Donc $a+b=c\times(k+k')$; comme $k+k'$ est un entier naturel, ceci prouve que $a+b$ est multiple de c.

Propriété 2 Différence de deux multiples

Cette propriété peut s'énoncer de deux façons :

Si $a\geqslant b$ et si les nombres naturels a et b sont multiples de c, **alors** $a-b$ est aussi multiple de c.

Si $a\geqslant b$ et **si** le nombre naturel c $(c\neq 0)$ est un diviseur des nombres naturels a et b, **alors** c est aussi un diviseur de $a-b$.

Propriété 3 Produit de multiples

Cette propriété peut s'énoncer de deux façons :

Si les nombres naturels a et b sont multiples de c, **alors** ab est aussi multiple de c.

Si le nombre naturel c ($c \neq 0$) est un diviseur des nombres naturels a et b, **alors** c est aussi un diviseur de ab.

Propriété 4 Multiple d'un multiple

Cette propriété peut s'énoncer de deux façons :

Si le nombre naturel a est multiple du nombre naturel b et **si** b est multiple du nombre naturel c, **alors** a est multiple de c.

Si le nombre naturel c ($c \neq 0$) est diviseur du nombre naturel b et **si** b est diviseur du nombre naturel a, **alors** c est diviseur de a.

Corrigé QCM 2 : Cette propriété permet de justifier la **proposition B**. En effet si un nombre est multiple de 4, comme 4 est multiple de 2, ce nombre est aussi multiple de 2.

Par contre la **proposition A** est fausse ; un contre-exemple suffit à le prouver : 6 est multiple de 2 mais pas multiple de 4.

Qcm 2, p. 83

Entrainement 5

Proposer une démonstration des propriétés 3 et 4.

Corrigé p. 97

Entrainement 6

a. Existe-t-il un naturel qui soit multiple de 5 sans être multiple de 10 ?

b. Existe-t-il un naturel qui soit multiple de 10 sans être multiple de 5 ?

Corrigé p. 97

Entrainement 7

a. Existe-t-il un naturel qui soit diviseur de 48 sans être diviseur de 12 ?

b. Existe-t-il un naturel qui soit diviseur de 12 sans être diviseur de 48 ?

Corrigé p. 98

Entrainement 8

Pourquoi peut-on être sûr que, sans poser d'opération, 282 828 est multiple de 7 ?

Corrigé p. 98

Entrainement 9

Répondre aux questions suivantes, en justifiant votre réponse :

a. La somme et le produit de deux nombres naturels pairs sont-ils pairs ou impairs ?

b. La somme et le produit d'un nombre naturel pair et d'un nombre naturel impair sont-ils pairs ou impairs ?

c. La somme et le produit de deux nombres naturels impairs sont-ils pairs ou impairs ?

Corrigé p. 98

2 Critères de divisibilité

Ces critères concernent des nombres naturels écrits en base dix. Les plus courants ont trait à la divisibilité par **2**, par **4**, par **10**, par **5**, par **9** et par **3**.

D'autres critères sont étudiés dans les exercices et problèmes de concours.

Les critères énoncés permettent à la fois de reconnaitre si un nombre est divisible par un des nombres cités ci-avant, mais aussi de déterminer rapidement le reste de la division euclidienne d'un nombre quelconque par l'un de ces nombres.

Critères de divisibilité	Détermination du reste dans la division euclidienne	Exemples
Divisibilité par 2		
Un nombre naturel est divisible par 2 (ou est pair) si et seulement si[1] **son chiffre des unités est « pair »** (c'est-à-dire 0, 2, 4, 6, 8).	Le reste d'un nombre naturel dans la division par 2 est le même que le reste de la division par 2 du nombre formé par son chiffre des unités.	• 30 ; 54 ; 126 sont divisibles par 2. • Le reste de 165 dans la division par 2 est le même que celui de 5, donc 1.
Divisibilité par 4		
Un nombre naturel est divisible par 4 si et seulement si **le nombre formé par ses deux derniers chiffres (à droite) est divisible par 4.**	Le reste d'un nombre naturel dans la division par 4 est le même que le reste de la division par 4 du nombre formé par ses deux chiffres de droite.	• 108 ; 324 ; 560 sont divisibles par 4. • Le reste de 127 dans la division par 4 est le même que celui de 27, donc 3.
Divisibilité par 10		
Un nombre naturel est divisible par 10 si et seulement si **son chiffre des unités est 0.**	Le reste d'un nombre naturel dans la division par 10 est le même que le reste de la division par 10 du nombre formé par son chiffre des unités. Ce reste est donc son chiffre des unités.	• 30 et 120 sont divisibles par 10. • Le reste de 258 dans la division par 10 est son chiffre des unités, donc 8.
Divisibilité par 5		
Un nombre naturel est divisible par 5 si et seulement si **son chiffre des unités est 0 ou 5.**	Le reste d'un nombre naturel dans la division par 5 est le même que le reste de la division par 5 du nombre formé par son chiffre des unités.	• 30 ; 35 ; 120 sont divisibles par 5. • Le reste de 258 dans la division par 5 est le même que celui de 8, donc 3.
Divisibilité par 3		
Un nombre naturel est divisible par 3 si et seulement si **la somme de ses chiffres est divisible par 3.**	Le reste d'un nombre naturel dans la division par 3 est le même que le reste de la division par 3 du nombre obtenu en ajoutant tous ses chiffres.	• 108 ; 324 ; 1 803 sont divisibles par 3. • Le reste de 410 dans la division par 3 est le même que celui de 5, donc 2.
Divisibilité par 9		
Un nombre naturel est divisible par 9 si et seulement si **la somme de ses chiffres est divisible par 9.**	Le reste d'un nombre naturel dans la division par 9 est le même que le reste de la division par 9 du nombre obtenu en ajoutant tous ses chiffres.	• 108 ; 324 ; 1 863 sont divisibles par 9. • Le reste de 227 dans la division par 9 est le même que celui de 11, donc 2.

1. L'expression « si et seulement si » est utilisée pour exprimer une équivalence logique (on parle aussi de condition nécessaire et suffisante).
Dans cet exemple, elle exprime que les deux propositions suivantes sont vraies :
– si un nombre naturel est divisible par 2, alors son chiffre des unités est 0, 2, 4, 6 ou 8 ;
– si le chiffre des unités d'un nombre est 0, 2, 4, 6 ou 8, alors il est divisible par 2.

Le chiffre des unités n'est suffisant pour décider de la divisibilité d'un nombre que dans les cas de la divisibilité par 2, par 5 et par 10.

Démonstration : Pour les cas de la divisibilité par 4 et de la divisibilité par 9, prenons un nombre n écrit avec quatre chiffres, soit $n = \overline{mcdu}$.

> On met un trait au dessus de $\overline{mcdu}$ pour éviter la confusion entre l'écriture d'un nombre et celle d'un produit.

Divisibilité par 4

$n = \overline{mcdu} = m \times 10^3 + c \times 10^2 + d \times 10 + u$

$n = 10^2(10m + c) + d \times 10 + u$

$n = 10^2(10m + c) + \overline{du}$

Or 10^2 (égal à 100) est un multiple de 4, donc n est multiple de 4 si et seulement si $\overline{du}$ l'est aussi (**propriétés 1** et **2** p. 86).

Divisibilité par 9

$n = \overline{mcdu} = m \times 10^3 + c \times 10^2 + d \times 10 + u$

$n = 1\,000m + 100c + 10d + u$

$n = (999 + 1)m + (99 + 1)c + (9 + 1)d + u$

$n = 999m + 99c + 9d + m + c + d + u$

$n = 9(111m + 11c + d) + m + c + d + u$

Or $9(111m + 11c + d)$ est multiple de 9, donc n est multiple de 9 si et seulement si $m + c + d + u$ l'est aussi (**propriétés 1** et **2** p. 86).

Corrigé QCM 2 :

Qcm 2, p. 83

- Si le chiffre des unités est 5, le nombre est multiple de 5 (**affirmation D vraie**). Mais la réciproque n'est pas vraie : le fait qu'un nombre soit multiple de 5 n'implique pas que son chiffre des unités est 5. Cela implique seulement que ce chiffre des unités est 0 ou 5 (**affirmation E fausse**).
- Un nombre peut se terminer par 4 et ne pas être multiple de 4 : c'est le cas de 14, de 34, de 54... (**affirmation C fausse**).

Entrainement 10

Démontrer les propriétés de divisibilité par 5 et par 3 pour les nombres écrits avec quatre chiffres.

Corrigé p. 98

Entrainement 11

Énoncer, pour les nombres qui s'écrivent avec quatre chiffres, un critère de divisibilité par 25 et le démontrer.

Corrigé p. 99

3 Nombres premiers

Un nombre entier naturel est dit premier s'il a exactement deux diviseurs distincts : 1 et lui-même.

Exemples : 7 ; 97 ; 103 sont des nombres premiers.

1 et 0 ne sont pas premiers. En effet, 1 n'a qu'un diviseur (lui-même) et 0 en a une infinité (tout nombre naturel).

3 1. Liste des nombres premiers inférieurs à 100

1	(2)	(3)	4	(5)	6	(7)	8	9	10
(11)	12	(13)	14	15	16	(17)	18	(19)	20
21	22	(23)	24	25	26	27	28	(29)	30
(31)	32	33	34	35	36	(37)	38	39	40
(41)	42	(43)	44	45	46	(47)	48	49	50
51	52	(53)	54	55	56	57	58	(59)	60
(61)	62	63	64	65	66	(67)	68	69	70
(71)	72	(73)	74	75	76	77	78	(79)	80
81	82	(83)	84	85	86	87	88	(89)	90
91	92	93	94	95	96	(97)	98	99	100

Cette liste peut être établie en utilisant une méthode appelée « crible d'Ératosthène » qui consiste à entourer tous les naturels premiers, c'est-à-dire ceux qui ont pour seuls diviseurs 1 et eux-mêmes, et à barrer les autres.

Pour cela, on commence par entourer 2 (qui est premier), puis on barre tous les multiples de 2 (qui eux forcément ne sont pas premiers).

On continue en procédant de même : dès qu'on trouve un nombre non barré, on l'entoure car il est premier, puis on barre tous ses multiples…

On s'arrête à 10.

Tous les nombres non barrés de la liste sont des nombres premiers.

En effet, s'il existait un nombre n non barré qui n'est pas premier, il existerait p et q tels que $n = pq$ avec $p > 10$ et $q > 10$ (car sinon il aurait été barré à la suite de l'examen de p ou de q), donc $pq > 100$. Ce qui est contradictoire car $n < 100$.

Dans cette liste, on trouve les nombres premiers demandés dans le **QCM 5**.

Qcm 5, p. 83

FICHE MÉTHODE 2 **Chercher si un nombre naturel n est premier.**

→ 167 est-il un nombre premier ?

1. n est-il divisible par 2 ? Si ce n'est pas le cas, passer à l'étape suivante.	167 n'est pas divisible par 2.
2. n est-il divisible par 3 ? Si ce n'est pas le cas, passer à l'étape suivante.	Ni par 3.
3. n est-il divisible par 5 ? Si ce n'est pas le cas, passer à l'étape suivante.	Ni par 5.
4. Poursuivre ainsi avec les nombres premiers consécutifs en s'arrêtant au plus grand nombre premier inférieur à $\sqrt{n}$.	Ni par 7, ni par 11. On peut s'arrêter à 11, car 11 est le plus grand nombre premier inférieur à $\sqrt{167}$. **167 est donc un nombre premier.**

› **Racine carrée,** chap. 6 §4.1, p. 157

Justification de la méthode :

• Il suffit d'examiner si le nombre n est divisible par des nombres premiers : en effet, s'il n'est pas divisible, par exemple par 2, il n'est pas divisible par les multiples de 2 qu'il est donc inutile d'examiner (voir **propriété 4**, p. 87).

• On peut s'arrêter au plus grand nombre premier inférieur à $\sqrt{n}$. En effet, si n était divisible par un nombre premier p supérieur à $\sqrt{n}$, il serait de la forme $p \times k$, avec k nombre naturel nécessairement inférieur à $\sqrt{n}$… et ce nombre k serait un diviseur de n, ce qui est en contradiction avec le fait qu'on n'ait pas trouvé de diviseur de n inférieur à $\sqrt{n}$.

Entrainement 12

Les nombres suivants sont-ils premiers ? 1 515 1 789 2 013

Corrigé p. 99

3 2. Décomposition d'un nombre en produit de facteurs premiers

Décomposer un nombre naturel n en produit de facteurs premiers, c'est écrire n sous la forme d'un **produit de facteurs qui sont tous des nombres naturels premiers** (le nombre 1 ne figure donc pas dans la décomposition).

Cette décomposition est unique.

Exemple : $120 = 2 \times 60 = 2 \times 6 \times 10 = 2 \times 2 \times 3 \times 2 \times 5 = \mathbf{2^3 \times 3 \times 5}$.

FICHE MÉTHODE 3 **Décomposer un nombre naturel n en produit de facteurs premiers.**

→ Décomposer 882 en produit de facteurs premiers.

1. Diviser le nombre n par le plus petit nombre premier par lequel il est divisible. Calculer le quotient.	882 | 2 441 | 3 147 | 3 49 | 7 7 | 7 1 |
2. Diviser le quotient obtenu par le premier nombre premier par lequel il est divisible. Calculer le nouveau quotient.	
Étapes suivantes. Continuer ainsi jusqu'à obtenir un quotient égal à 1. La décomposition cherchée est le produit de tous les nombres trouvés comme diviseurs successifs.	On utilise successivement le fait que : 882 est divisible par 2 (quotient 441), 441 n'est pas divisible par 2, donc on essaie 3, etc. $\mathbf{882 = 2 \times 3 \times 3 \times 7 \times 7 = 2 \times 3^2 \times 7^2}$

3 3. Multiples et diviseurs d'un nombre naturel n en relation avec sa décomposition en produit de facteurs premiers

La décomposition en facteurs premiers de **tout multiple de n** doit contenir au minimum tous les facteurs premiers figurant dans celle de n avec des **exposants au moins égaux à ceux qui figurent dans la décomposition de n.**

Exemple : $2 \times 3^3 \times 7^5 \times 11$ est un multiple de 882 mais $2^3 \times 3 \times 7^4 \times 17^2$ n'en est pas un car l'exposant du nombre 3 dans cette décomposition est inférieur à l'exposant de 3 dans la décomposition de 882.

La décomposition en facteurs premiers de **tout diviseur de n** ne peut contenir que des nombres premiers figurant dans celle de n avec des **exposants au plus égaux à ceux qui figurent dans la décomposition de n.**

Exemple : Les diviseurs de **882** possèdent une décomposition de la forme :
$2^a \times 3^b \times 7^c$ avec $a \leqslant 1$, $b \leqslant 2$, $c \leqslant 2$ et a, b et c des entiers naturels.
147 (égal à $3^1 \times 7^2$) est par exemple un diviseur de 882.

Entrainement 13

Corrigé p. 99

a. Trouver les décompositions en produit de facteurs premiers de : 164 ; 600 ; 1 080.
b. 2^3 est-il un diviseur de chacun de ces nombres ?
c. De quel nombre $2^2 \times 3^2 \times 5$ est-il un diviseur ?
d. Trouver cinq diviseurs de 1 080.

À partir de cette propriété, on peut obtenir tous les diviseurs d'un nombre naturel en utilisant sa décomposition en produit de facteurs premiers.

FICHE MÉTHODE 4 Chercher tous les diviseurs d'un nombre naturel *n*.

→ Trouver tous les diviseurs de 60.

1. Décomposer le nombre *n* en produit de facteurs premiers.	$60 = 2^2 \times 3^1 \times 5^1$
2. Utiliser un arbre permettant d'obtenir toutes les décompositions en produit de facteurs premiers de ces diviseurs.	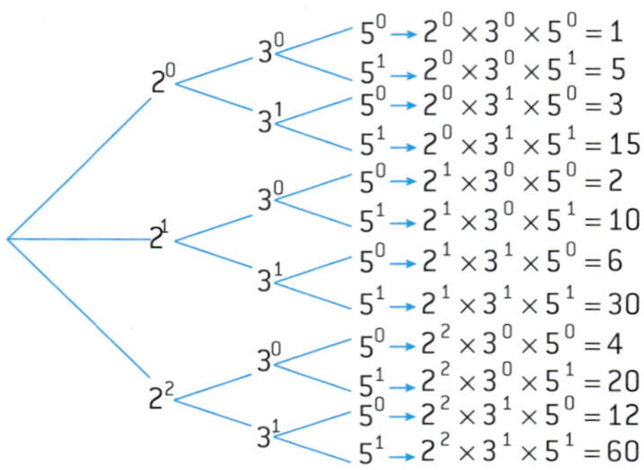 Les diviseurs de 60 sont : 60 ; 30 ; 20 ; 15 ; 12 ; 10 ; 6 ; 5 ; 4 ; 3 ; 2 et 1.

> La justification de cette méthode provient de la propriété relative à la décomposition de tout diviseur d'un nombre, énoncée page 91.

On peut également avoir à chercher le nombre de diviseurs d'un nombre *n*. Une formule permet de le calculer.

FICHE MÉTHODE 5 Chercher le nombre de diviseurs d'un nombre naturel *n*.

→ Trouver le nombre de diviseurs de 60.

1. Décomposer le nombre *n* en produit de facteurs premiers.	$60 = 2^2 \times 3^1 \times 5^1$
2. Utiliser la formule suivante : Si la décomposition de *n* en facteurs premiers est : $a^p \times b^q \times c^r$, le nombre de diviseurs de *n* est égal à : $(p+1) \times (q+1) \times (r+1)$.	Appliquons la formule : • le premier facteur est $2 + 1$ soit 1 de plus que l'exposant de 2 dans la décomposition ; • le deuxième facteur est $1 + 1$ soit 1 de plus que l'exposant de 3 dans la décomposition ; • le troisième facteur est $1 + 1$ soit 1 de plus que l'exposant de 5 dans la décomposition. **Le nombre de diviseurs de 60 est :** $(2+1) \times (1+1) \times (1+1) = 3 \times 2 \times 2 = \mathbf{12}$.

> La formule peut être comprise en examinant l'arbre utilisé pour obtenir tous les diviseurs de 60 : chacune des 3 premières branches se subdivisent en 2 branches qui, à leur tour, de subdivisent chacune en 2 branches.

La formule s'applique quel que soit le nombre de facteurs intervenant dans la décomposition du nombre considéré.

Corrigé QCM 4 : On peut :
- soit faire l'inventaire des diviseurs de 80 (ce qui n'est pas très long),
- soit décomposer 80 en produit de facteurs premiers ($80 = 2^4 \times 5^1$) et appliquer la formule ci-dessus : $(4+1)\times(1+1) = 10$; donc 80 admet dix diviseurs.

Qcm 4, p. 83

Entrainement 14

a. Combien chacun de ces nombres a-t-il de diviseurs : 144 ; 256 ; 720.

b. Donner la liste de tous les diviseurs de 144.

Corrigé p. 99

4 Multiples et diviseurs communs à deux nombres

4 1. Plus petit commun multiple (ppcm)

La liste des multiples communs à deux nombres (ou plus de deux nombres) est **infinie**. Cette liste comporte un **plus petit élément non nul appelé « ppcm » des deux nombres** (ou des nombres choisis), abréviation de « plus petit commun multiple ».

› Certaines calculatrices permettent d'obtenir le ppcm et pgcd de nombres naturels.

Pour trouver le ppcm de deux nombres, il existe deux méthodes. La méthode 2 est plus simple dès lors que les deux nombres sont plus grands.

FICHE MÉTHODE 6 Trouver le ppcm de deux nombres.

→ Trouver le ppcm de 72 et 90.

Méthode 1. **Avec les listes des multiples**

1. **Écrire le début de la liste des multiples** de chacun des deux nombres.	**Multiples de 72** : 0 ; 72 ; 144 ; 216 ; 288 ; 360... **Multiples de 90** : 0 ; 90 ; 180 ; 270 ; 360 ; 450...
2. **Repérer le plus petit nombre commun aux deux listes.**	Le nombre cherché est 360. **Le ppcm (72 ; 90) = 360.**

Méthode 2. **Avec décomposition en produit de facteurs premiers**

1. **Écrire la décomposition de chaque nombre** en produit de facteurs premiers.	$72 = 2^3 \times 3^2$ $90 = 2 \times 3^2 \times 5$
2. **Calculer le nombre** dont la décomposition en produit de facteurs premiers comporte tous les facteurs, qui figurent dans l'une **ou** l'autre des décompositions précédentes, affectés de **l'exposant le plus grand** avec lequel il figure dans l'une des décompositions.	**Le ppcm (72 ; 90)** $= 2^3 \times 3^2 \times 5 = 360$.

Cette méthode découle directement de la propriété de la décomposition en facteurs premiers des multiples d'un entier naturel (voir p. 91).

Une méthode voisine de la méthode 1 consiste à écrire le début de la liste des multiples du plus grand des deux nombres et, pour chacun d'eux, à chercher s'il est aussi multiple de l'autre nombre.

Corrigé QCM 6 : Chercher le ppcm des nombres 12, 15 et 18 qui est 180. Il faut donc attendre 180 min ou 3 h pour que les phares émettent des signaux simultanés : il sera alors 4 h (**affirmation D**).

Qcm 6, p. 84

Entrainement 15

Calculer le ppcm de : **a.** 375 et 60 **b.** 25 et 8 **c.** 48 ; 90 et 120.

Corrigé p. 100

4 2. Multiples communs à deux nombres et ppcm

Les multiples communs de deux (ou plus de deux) nombres sont les multiples du ppcm de ces nombres.

Exemple : Les multiples communs à **72** et **90** sont les multiples de **360** : {0 ; 360 ; 720 ; 1 080...}.

4 3. Plus grand commun diviseur (pgcd)

La liste des diviseurs communs à deux nombres (ou plus de deux nombres) est **finie**.

Cette liste comporte un **plus grand élément appelé « pgcd » des deux nombres** (ou des nombres choisis), abréviation de « plus grand commun diviseur ».

Pour trouver le pgcd de deux nombres, il existe deux méthodes. La méthode 2 est plus simple dès lors que les deux nombres sont plus grands.

FICHE MÉTHODE 7 Trouver le pgcd de deux nombres.

→ Trouver le pgcd de 42 et 98.

Méthode 1. **Avec les listes des diviseurs**

1. **Écrire la liste des diviseurs** de chacun des deux nombres.	**Diviseurs de 42** : 1 ; 2 ; 3 ; 6 ; 7 ; 14 ; 21 ; 42. **Diviseurs de 98** : 1 ; 2 ; 7 ; 14 ; 49 ; 98.
2. **Repérer le plus grand nombre commun aux deux listes.**	Le nombre cherché est 14. **Le pgcd (42 ; 98) = 14.**

Méthode 2. **Avec décomposition en produit de facteurs premiers**

1. **Écrire la décomposition de chaque nombre en produit de facteurs premiers.**	$42 = 2 \times 3 \times 7$ $98 = 2 \times 7^2$
2. **Calculer le nombre** dont la décomposition en produit de facteurs premiers comporte les facteurs, qui figurent dans l'une **et** l'autre des décompositions précédentes, affectés de **l'exposant le plus petit** avec lequel il figure dans l'une des décompositions. Si les décompositions des deux nombres ne comportent pas de facteur commun, alors leur pgcd est 1 (les deux nombres sont premiers entre eux ; voir p. 95).	**Le pgcd (42 ; 98) = $2 \times 7 = 14$.**

Une méthode voisine de la méthode 1 consiste à écrire la liste des diviseurs du plus petit des deux nombres et, pour chacun d'eux (en commençant par le plus grand), à chercher s'il est aussi diviseur de l'autre nombre.

Entrainement 16

Calculer le pgcd de : **a.** 375 et 60 **b.** 25 et 8 **c.** 48 ; 90 et 120.

Corrigé p. 100

4. Diviseurs communs à deux nombres et pgcd

Les diviseurs communs à deux (ou plus de deux) nombres sont les diviseurs du pgcd de ces nombres.

Exemple : Les diviseurs communs à **42** et **98** sont les diviseurs de 14 : {1 ; 2 ; 7 ; 14}.

5 Nombres naturels premiers entre eux

La définition peut s'énoncer de deux façons :

Deux nombres naturels dont le pgcd est 1 sont dits premiers entre eux.
Deux nombres sont premiers entre eux quand ils ont comme seul diviseur commun 1.

Exemple : **8** et **15** sont premiers entre eux, car leur seul diviseur commun est 1.

ATTENTION
Deux nombres premiers entre eux ne sont pas forcément des nombres premiers. En effet, 8 et 15 ne sont pas des nombres premiers.

Entrainement 17

Ces nombres sont-ils premiers entre eux ? **a.** 45 et 54 **b.** 58 et 75 **c.** 125 et 522

Corrigé p. 100

Propriété des nombres premiers entre eux

Les décompositions en produit de facteurs premiers de deux nombres premiers entre eux ne comportent aucun facteur commun.

Entrainement 18

a. Vérifier la propriété ci-dessus à l'aide d'un exemple.
b. Démontrer cette propriété dans le cas général.

Corrigé p. 100

Propriété « Nombres premiers entre eux et divisibilité »

Si un nombre entier naturel est divisible par deux nombres premiers entre eux a et b alors il est divisible par leur produit.

Attention ! Si a et b ne sont pas premiers entre eux, cette propriété est fausse.

Exemple : 58 est divisible par 28 et 4 et pourtant il n'est pas divisible par $28 \times 4 = 112$.

Corrigé QCM 3 : 3, 4 et 5 sont premiers entre eux, donc le nombre est divisible par 12 (car $3 \times 4 = 12$) et par 60 (car $3 \times 4 \times 5 = 60$).

Qcm 3, p. 83

6 Synthèse

Il s'agit ici de recenser les méthodes déjà évoquées ou qui découlent directement des connaissances de ce chapitre.

FICHE MÉTHODE 8 Déterminer si un nombre *a* est un diviseur d'un nombre *b* (ou si *b* est un multiple de *a*, ou si *b* est divisible par *a*).

→ 624 est-il multiple de 3, de 4, de 5, de 13, de 52 ?

Méthode 1 **Utiliser un critère de divisibilité,** dans les cas où c'est possible.	• 624 est **divisible par 3** car $6+2+4=12$ est divisible par 3. • 624 est **divisible par 4** car 24 est divisible par 4. • 624 n'est **pas divisible par 5** car son chiffre des unités n'est ni 0 ni 5.
Méthode 2 **Chercher** si le reste dans la division euclidienne de *b* par *a* est égal à 0 ou si *b* est égal au produit de *a* par un nombre naturel.	Si on divise 624 par 3, par 4, par 13 ou par 52, on trouve un reste nul. 624 est donc **divisible par 3, par 4, par 13 et par 52**.
Méthode 3 **Chercher** si *b* est la somme, la différence ou le produit de nombres tous divisibles par *a*.	$624 = 520 + 104$. Or 520 et 104 sont tous deux divisibles par 52, car $520 = 52 \times 10$ et $104 = 52 \times 2$. Donc 624 est **divisible par 52**.
Méthode 4 **Décomposer *a* et *b*** en produit de facteurs premiers. Si la décomposition de *a* ne comporte que des facteurs qui figurent dans celle de *b*, avec pour chaque facteur des exposants inférieurs ou égaux, alors *a* est un diviseur de *b*.	$624 = 2^4 \times 3 \times 13$. • Cette décomposition fait apparaitre directement que 2, 3 et 13 sont des diviseurs de 624. • $4 = 2^2$ et $52 = 2^2 \times 13$, 4 et 52 sont aussi des diviseurs de 624. • 5 ne figure pas dans la décomposition de 624 et n'est donc pas un de ses diviseurs. • $96 = 2^5 \times 3$. Les facteurs 2 et 3 figurent bien dans la décomposition de 624 mais l'exposant de 2 est supérieur à 4, donc **96 n'est pas un diviseur** de 624.
Méthode 5 **Utiliser** le fait que si *m* est un diviseur de *n* et *n* un diviseur de *p*, alors *m* est un diviseur de *p*.	Une fois qu'on a établi que : • 3 (ou 4 ou 13) est diviseur de 52, • 52 est diviseur de 624, On peut déduire que **3 (ou 4 ou 13) est aussi un diviseur** de 624.

Ces méthodes peuvent être mixées.

Par exemple :
– la **méthode 1** permet de repérer des diviseurs simples et peut aider à trouver la décomposition en produit de facteurs premiers ;
– la **méthode 4** permet alors de systématiser la recherche de tous les diviseurs.

Corrigés

Entrainement 1

Énoncé p. 86

a. Les **multiples de 18** sont : **0** (car $0 = 0 \times 18$) ; **18** (car $18 = 1 \times 18$) ; **36** (car $36 = 2 \times 18$) ; **90** (car $90 = 18 \times 5$) et **126** (car $126 = 18 \times 7$).

b. Les **diviseurs de 18** sont :
1 et **18** (car $18 = 1 \times 18$) ; **2** (car $18 = 2 \times 9$) ; **3** (car $18 = 3 \times 6$).

Entrainement 2

Énoncé p. 86

56 est multiple de :
1, 2, 4, 7, 8, 14, 28, 56.

Ces nombres sont les diviseurs de 56.
Lorsqu'on a trouvé un nombre dont 56 est un multiple (par exemple 4), on en a trouvé un second (ici 14) car $4 \times 14 = 56$ (voir p. 85).

Entrainement 3

Énoncé p. 86

Les **diviseurs de 72** sont : 1, 2, 3, 4, 6, 8, 9, 12, 18, 24, 36, 72.

Entrainement 4

Énoncé p. 86

$n = 7 \times k$, k étant un nombre naturel.

Entrainement 5

Énoncé p. 87

• **Rappel de la propriété 3 :** Si les nombres naturels a et b sont multiples de c, alors ab est aussi multiple de c.

Démonstration
a multiple de c implique qu'il existe un nombre naturel k tel que $a = c \times k$.
b multiple de c implique qu'il existe un nombre naturel k' tel que $b = c \times k'$.
Donc $ab = c \times k \times c \times k' = c \times (k \times c \times k')$. Comme le produit $k \times c \times k'$ est un entier naturel, ceci prouve que ab est multiple de c.

• **Rappel de la propriété 4 :** Si le nombre naturel a est multiple du nombre naturel b et si b est multiple du nombre naturel c, alors a est multiple de c.

Démonstration	Exemple avec $a = 56$; $b = 28$; $c = 7$
a multiple de b se traduit par : il existe un nombre naturel k tel que : $\mathbf{a = bk}$.	56 est multiple de 28 car $56 = 28 \times 2$ (ici $k = 2$)
b multiple de c se traduit par : il existe un entier naturel k' tel que : $\mathbf{b = ck'}$.	28 est multiple de 7 car $28 = 7 \times 4$ (ici $k' = 4$)
Donc, on a : $\mathbf{a = bk = (ck')k = c(k'k)}$, ce qui prouve que a est multiple de c.	Donc $56 = 28 \times 2 = (7 \times 4) \times 2 = 7 \times (4 \times 2)$. On a utilisé l'associativité de la multiplication. Donc $56 = 7 \times 8$, ce qui prouve que 56 est multiple de 7.

Entrainement 6

Énoncé p. 87

a. Tous les nombres qui se terminent par 5 sont multiples de 5 et non multiples de 10 (5, 15…).

b. Un multiple de 10 est toujours aussi multiple de 5 car 10 est un multiple de 5 (**propriété 4**, p. 87).

Entrainement 7

Énoncé p. 87

a. Exemples de diviseurs de 48, non diviseurs de 12 : 8, 16, 24, 48.

b. Tout diviseur de 12 est aussi diviseur de 48, car 12 est diviseur de 48 (**propriété 4**, p. 87).

Entrainement 8

Énoncé p. 87

- **Preuve 1 :** 282 828 = 280 000 + 2 800 + 28

282 828 est la somme de trois nombres qui sont multiples de 28, c'est donc un multiple de 28.

Or 28 est multiple de 7.

Donc 282 828, qui est multiple de 28, est aussi un multiple de 7 (**propriété 4**, p. 87).

- **Preuve 2 :** $282\,828 = 280\,000 + 2\,800 + 28 = 7 \times (40\,000 + 400 + 4) = 7 \times 40\,404$.

Cette expression montre que 282 828 est multiple de 7.

Entrainement 9

Énoncé p. 87

a. Soit a et b deux nombres pairs, donc multiples de 2.

D'après les **propriétés 1** et **3**, $a + b$ et ab sont des multiples de 2.

Donc $\boldsymbol{a + b}$ **et** $\boldsymbol{ab}$ **sont des nombres pairs.**

- Un nombre n pair est un multiple de 2 ; il peut donc s'écrire sous la forme $2k$ (avec k nombre naturel).
- Un nombre n impair est le suivant d'un nombre pair ; il peut donc s'écrire sous la forme $2k + 1$ (avec k nombre naturel).

b. Soit a un nombre pair et b un nombre impair.

Il existe un nombre naturel k et un nombre naturel k' tels que $a = 2k$ et $b = 2k' + 1$.

Donc $a + b = 2k + 2k' + 1 = 2(k + k') + 1$. Comme $k + k'$ est un entier naturel, $a + b$ peut s'écrire sous la forme $2n + 1$. C'est donc un nombre impair.

Et $ab = 2k \times (2k' + 1) = 4kk' + 2k = 2(2kk' + k)$,

ce qui prouve que $\boldsymbol{ab}$ **est un nombre pair.**

c. Soit a et b deux nombres impairs.

Il existe un nombre naturel k et un nombre naturel k' tels que $a = 2k + 1$ et $b = 2k' + 1$.

Donc $a + b = 2k + 1 + 2k' + 1 = 2(k + k' + 1)$,

ce qui prouve que $\boldsymbol{a + b}$ **est un nombre pair.**

Et $ab = (2k + 1) \times (2k' + 1) = 4kk' + 2k + 2k' + 1 = 2(2kk' + k + k') + 1$,

ce qui prouve que $\boldsymbol{ab}$ **est un nombre impair.**

Une démonstration par une étude exhaustive de tous les cas est possible dans la mesure où les nombres pairs et impairs peuvent être caractérisés à partir de leurs seuls chiffres des unités.

Entrainement 10

Énoncé p. 89

- **Divisibilité par 5**

$n = \overline{mcdu} = m \times 10^3 + c \times 10^2 + d \times 10 + u$

$n = 10(10^2m + 10c + d) + u$

Or $10(10^2m + 10c + d)$ est un multiple de 10, donc de 5.

Donc n est multiple de 5 si et seulement si u l'est aussi, donc si $u = 0$ ou si $u = 5$.

- **Divisibilité par 3**

$n = \overline{mcdu} = m \times 10^3 + c \times 10^2 + d \times 10 + u$

$n = 1\,000m + 100c + 10d + u$

$n = (999 + 1)m + (99 + 1)c + (9 + 1)\,d + u$

$n = 999m + 99c + 9d + m + c + d + u$

$n = 3(333m + 33c + 3d) + m + c + d + u$

Or $3(333m + 33c + 3d)$ est multiple de 9, donc de 3.
Donc n est multiple de 3 si et seulement si $m + c + d + u$ l'est aussi.

Entrainement 11

Énoncé p. 89

Il faut s'intéresser au nombre formé par les deux derniers chiffres, car :

$n = \overline{mcdu} = m \times 10^3 + c \times 10^2 + d \times 10 + u$

$n = 10^2(10m + c) + 10d + u$

$n = 100(10m + c) + \overline{du}$

100 est multiple de 25, donc $100(10m + c)$ l'est également ;
et $n = 100(10m + c) + \overline{du}$ est multiple de 25 si et seulement si $\overline{du}$ l'est aussi, d'après les **propriétés 1** et **2** p. 86.

Entrainement 12

Énoncé p. 91

1 515 et 2 013 sont divisibles par 3 (critère de divisibilité), donc ce ne sont pas des nombres premiers.
Il faut savoir si 1 789 a un diviseur premier inférieur à $\sqrt{1\,789}$, donc inférieur à 43. Il n'en existe pas, donc **1 789 est un nombre premier.**

Entrainement 13

Énoncé p. 92

a. $164 = 2^2 \times 41$ $\quad 600 = 2^3 \times 3 \times 5^2$ $\quad 1\,080 = 2^3 \times 3^3 \times 5$

b. 2^3 n'est pas un diviseur de 164 car 3 (l'exposant de 2^3) est supérieur à 2 (l'exposant du facteur 2^2 de la décomposition de 164 en facteurs premiers), mais c'est un diviseur de 600 et de 1 080.

c. $2^2 \times 3^2 \times 5$ n'est diviseur que de 1 080.
$2^2 \times 3^2 \times 5$ n'est pas diviseur de 164 car il comporte un facteur (le 5) qui ne figure pas dans la décomposition de 164.
Il n'est pas non plus diviseur de 600 car il comporte un facteur (3^2) d'exposant supérieur à l'exposant du facteur (3^1) présent dans décomposition de 600.

d. Exemples : $2^3 = \mathbf{8}$; $2^2 \times 3^2 = \mathbf{36}$; $2 \times 3^3 \times 5 = \mathbf{270}$; $3^2 \times 5 = \mathbf{45}$; $2^3 \times 3^3 = \mathbf{216}$.

Entrainement 14

Énoncé p. 93

a. **$144 = 2^4 \times 3^2$** donc 144 possède **15 diviseurs**, car $(4 + 1) \times (2 + 1) = 15$.
$256 = 2^8$ donc 256 possède **9 diviseurs**, car $8 + 1 = 9$.
$720 = 2^4 \times 3^2 \times 5^1$ donc 720 possède **30 diviseurs**,
car $(4 + 1) \times (2 + 1) \times (1 + 1) = 30$.

b. Diviseurs de 144 :
1 ; 2 ; 3 ; 4 ; 6 ; 8 ; 9 ; 12 ; 16 ;
18 ; 24 ; 36 ; 48 ; 72 ; 144.

Les diviseurs de 144 sont donnés par ordre croissant.
Ils auraient aussi pu être donnés par paires, par exemple 3 avec 48 car $3 \times 48 = 144$.

Entrainement 15

Énoncé p. 94

a. $\mathbf{375 = 3 \times 5^3}$ et $\mathbf{60 = 2^2 \times 3 \times 5}$.
Le **ppcm** de 375 et 60 est : $2^2 \times 3 \times 5^3 = \mathbf{1\,500}$.
b. $\mathbf{25 = 5^2}$ et $\mathbf{8 = 2^3}$.
Le **ppcm** de 25 et 8 est : $5^2 \times 2^3 = \mathbf{200}$.
C'est le produit des deux nombres.
c. $\mathbf{48 = 2^4 \times 3}$; $\mathbf{90 = 2 \times 3^2 \times 5}$ et $\mathbf{120 = 2^3 \times 3 \times 5}$.
Le **ppcm** de 48 ; 90 et 120 est : $2^4 \times 3^2 \times 5 = \mathbf{720}$.

Entrainement 16

Énoncé p. 95

a. $\mathbf{375 = 3 \times 5^3}$ et $\mathbf{60 = 2^2 \times 3 \times 5}$.
Le **pgcd** de 375 et 60 est : $3 \times 5 = \mathbf{15}$.
b. $\mathbf{25 = 5^2}$ et $\mathbf{8 = 2^3}$
Le **pgcd** de 25 et 8 est **1**.
c. $\mathbf{48 = 2^4 \times 3}$; $\mathbf{90 = 2 \times 3^2 \times 5}$ et $\mathbf{120 = 2^3 \times 3 \times 5}$.
Le **pgcd** de 48 ; 90 et 120 est : $2 \times 3 = \mathbf{6}$.

25 et 8 sont donc premiers entre eux, (voir p. 90).

Entrainement 17

Énoncé p. 95

a. 45 et **54** sont divisibles par 9 et ne sont donc pas premiers entre eux.
b. $\mathbf{58 = 2 \times 29}$ et $\mathbf{75 = 5^2 \times 3}$.
Ils n'ont pas de diviseur commun autre que 1 et sont donc premiers entre eux.
c. $\mathbf{125 = 5^3}$ et $\mathbf{522 = 2 \times 3^2 \times 29}$.
Ils n'ont pas de diviseur commun autre que 1 et sont donc premiers entre eux.

Entrainement 18

Énoncé p. 95

a. Rappel de la propriété à prouver :
Les décompositions en produit de facteurs premiers de deux nombres premiers entre eux ne comportent aucun facteur commun.
Exemple : 52 et 75 sont premiers entre eux (pour le vérifier, il suffit d'établir la liste de leurs diviseurs).
$52 = 2^2 \times 13$ et $75 = 5^2 \times 3$
On constate que leurs décompositions n'ont aucun facteur premier commun.
b. Démonstration de la propriété à vérifier :
On peut utiliser une démonstration par l'absurde en supposant que les décompositions en produit de facteurs premiers de deux nombres a et b comportent un facteur commun c (différent de 1, puisque 1 n'est pas pris en compte dans ce type de décomposition).
c serait alors un diviseur commun à a et b, ce qui est en contradiction avec le fait qu'ils sont premiers entre eux.

AU CONCOURS Multiples, diviseurs, nombres premiers

Exercice 1

Corrigé p. 103

Les affirmations suivantes sont-elles vraies ou fausses ? Les réponses doivent être justifiées.

A. 10 107 est un nombre premier.

B. Pour n'importe quel nombre entier naturel n, le nombre $(n+2)^2 - (n-2)^2$ est un multiple de 8.

C. Pour n'importe quel nombre entier naturel n, le nombre $(n+2)^2 - (n-2)^2$ est un multiple de 32.

D. Il existe au moins un nombre entier naturel pair supérieur à 7, qui est divisible par 3, mais qui n'est divisible ni par 9 ni par 4.

Exercice 2

Corrigé p. 103

Les affirmations suivantes sont-elles vraies ou fausses. Les réponses doivent être justifiées.

A. Tout nombre naturel de trois chiffres dont les chiffres des centaines, dizaines et unités sont les mêmes est divisible par 37.

B. Deux nombres naturels impairs sont premiers entre eux.

C. Si un nombre est multiple de 6 et de 9, alors il est aussi multiple de 54.

D. Pour tout nombre entier naturel n, le nombre $2^n + 2^{n+1} + 2^{n+2}$ est divisible par 7.

E. Le produit de deux nombres pairs consécutifs est divisible par 8.

Exercice 3

Corrigé p. 104

Existe-t-il des nombres entiers compris entre 11 000 et 12 000 dont le plus grand diviseur commun avec 2 180 est 545. Si oui, combien en existe-t-il ?

Exercice 4

Corrigé p. 104

Trouver d et u pour que le nombre qui s'écrit $\overline{12du}$ soit divisible par 15.

Exercice 5

Corrigé p. 105

a. Voici un morceau d'un rectangle recouvert d'un quadrillage :

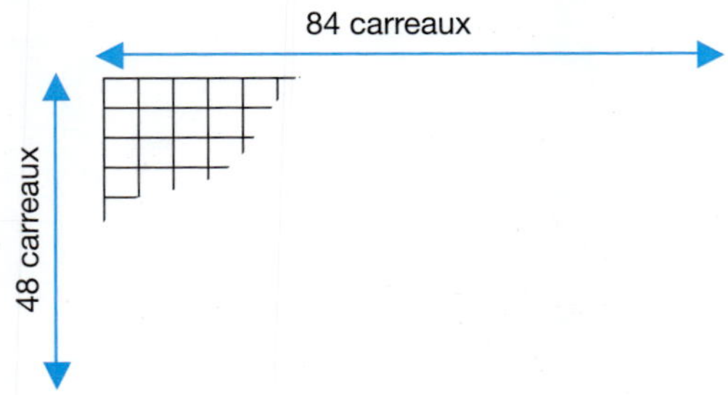

On veut le recouvrir avec des carrés identiques dont les côtés ont pour longueur un nombre entier de carreaux.

Quelles sont toutes les solutions possibles ?

b. Un rectangle mesure 1,44 m sur 0,96 m. On veut le recouvrir entièrement avec des carrés identiques les plus grands possibles, leur côté mesurant un nombre entier de cm.

Quelle doit être la longueur des côtés de ces carrés ?

Combien faut-il utiliser de carrés ?

c. On veut maintenant recouvrir entièrement un autre rectangle de 1,14 m sur 0,96 m avec des rectangles tous identiques dont la longueur est double de la largeur (la largeur étant mesurée, en cm, par un nombre entier), en respectant le schéma ci-contre.

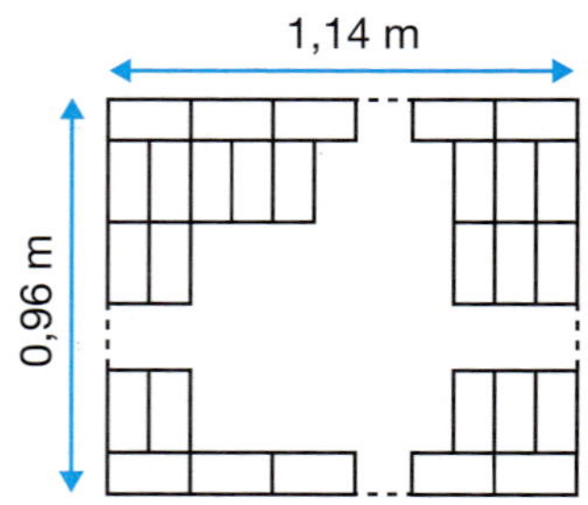

Quelles sont les dimensions possibles pour ces rectangles.

Combien en faut-il ?

Exercice 6

Corrigé p. 106

1. Écrire « l'égalité caractéristique » traduisant la division euclidienne de 1 001 par 11.

2. Soit $\overline{mcdu}$ un nombre à quatre chiffres écrit en base dix.

Vérifier que $\overline{mcdu} = 1\,001 \times m + 99 \times c + 11 \times d - m + c - d + u$.

3. a. À partir de la question précédente, énoncer et démontrer un critère de divisibilité par 11 pour les nombres inférieurs à 9 999 (condition nécessaire et suffisante).

b. Utiliser ce critère pour trouver au moins trois nombres de quatre chiffres multiples de 11 ayant 38 centaines.

4. a. Montrer que le critère de la question précédente s'applique aussi aux nombres à six chiffres qu'on notera $\overline{abmcdu}$.

b. Utiliser alors ce critère pour déterminer si le nombre $1{,}2452 \times 10^{11}$ est divisible par 11. Justifier la réponse.

Corrigés

Exercice 1

Énoncé p. 101

Pour toutes ces questions qui portent sur des énoncés numériques, il est pertinent de commencer par tester l'affirmation avec des exemples.
Deux cas peuvent alors se produire :
– on trouve un contre-exemple : cela permet de prouver que l'énoncé est faux ;
– on ne trouve pas de contre-exemple : dans ce cas, il faut utiliser le calcul littéral, car on ne peut pas conclure à partir de quelques exemples (même nombreux).

• **Affirmation A**

La somme des chiffres de 10 107 est égale à 9. Ce nombre est donc divisible par 3 et par 9. Ce n'est donc pas un nombre premier. **L'affirmation A est donc fausse.**

› Se reporter au chapitre 7 pour les calculs qui relèvent du calcul littéral.

• **Affirmation B**

$(n + 2)^2 - (n - 2)^2 = (n^2 + 4\,n + 4) - (n^2 - 4\,n + 4) = 8n$.

Ce nombre est donc multiple de 8. **L'affirmation B est donc vraie.**

• **Affirmation C**

En prenant $n = 2$, on trouve que $(n + 2)^2 - (n - 2)^2 = 16$ qui n'est pas un multiple de 32. **L'affirmation C est donc fausse.**

• **Affirmation D**

Il suffit de trouver un exemple.

30 est supérieur à 7. Il est divisible par 3.

Il n'est divisible ni par 9 ni par 4. **L'affirmation D est donc vraie.**

Exercice 2

Énoncé p. 101

• **Affirmation A**

Les nombres considérés sont de la forme :

$\overline{aaa} = 100a + 10a + a$ avec a est un entier naturel tel que $0 < a \leqslant 9$

donc $\overline{aaa} = 111a = (37 \times 3) \times a = 37 \times (3 \times a)$.

Comme $3 \times a$ est un entier naturel, la dernière égalité prouve que tous les nombres de cette forme sont divisibles par 37.

L'affirmation A est donc vraie.

On peut aussi conclure à partir de l'égalité $\overline{aaa} = 111a$. En effet : 37 est un diviseur de 111 et 111 est un diviseur de $\overline{aaa}$, donc 37 est un diviseur de $\overline{aaa}$ (voir p. 87).

• **Affirmation B**

Pour prouver que l'affirmation est fausse, il suffit de trouver un contre-exemple.

9 et 15 sont impairs et tous deux divisibles par 3, donc ils ne sont pas premiers entre eux.

L'affirmation B est donc fausse.

• **Affirmation C**

Pour que cette affirmation soit vraie, il faudrait que 6 et 9 soient premiers entre eux (voir **propriété**, p. 95). Ce n'est pas le cas.

L'affirmation C est donc fausse.

Un contre-exemple le prouve : 18 est multiple de 6 et de 9, mais pas de 54.

• **Affirmation D**

$2^n + 2^{n+1} + 2^{n+2} = 2^n(1 + 2 + 2^2) = 2^n \times 7$.

Ce qui prouve que la somme donnée est bien multiple de 7.

L'affirmation D est donc vraie.

Des essais avec quelques valeurs de n ne contredisent pas l'affirmation, ce qui ne la valide pas pour autant. Il faut la démontrer.

• **Affirmation E**

Deux nombres pairs consécutifs sont de la forme :

$2k$ et $2(k+1)$, k étant un nombre naturel.

Leur produit est égal à :

$2k \times 2(k+1) = 4k(k+1)$.

Des essais avec quelques nombres pairs consécutifs ne contredisent pas l'affirmation, ce qui ne la valide pas pour autant. Il faut la démontrer.

k et $k+1$ sont deux nombres consécutifs, l'un des deux est donc pair (de la forme $2p$) et l'autre impair.

Si k est pair alors $k = 2p$ et le produit $4k(k+1)$ est égal à $4 \times 2p \times (k+1) = 8p(k+1)$.
Il est donc multiple de 8.

Si $k+1$ est pair alors $k+1 = 2p$ et le produit $4k(k+1)$ est égal à $4k \times 2p = 4 \times 2 \times kp = 8pk$. Il est donc multiple de 8.

Dans tous les cas, le produit est multiple de 8.

L'affirmation E est donc vraie.

Exercice 3

Énoncé p. 101

2 180 est bien divisible par 545 puisque 2 180 = 545 × 4.

S'il existe, le nombre n cherché est un multiple de 545 et il s'écrit donc :

$n = 545k$ avec k nombre naturel.

On a $11\,000 < 545k < 12\,000$, soit $\frac{11\,000}{545} < k < \frac{12\,000}{545}$ ou encore $20 < k < 23$.

Donc $k = 21$ ou $k = 22$.

• **Si $k = 21$, $n = 545 \times 21 = 11\,445$.**

545 est le plus grand diviseur commun à 545 × 4 et 545 × 21.

Pour le démontrer, il suffit de décomposer 545 × 4 et 545 × 21 en produits de facteurs premiers.

545 est donc bien le pgcd de 2 180 et 11 445.

• **Si $k = 22$, $n = 545 \times 22 = 11\,990$.**

Dans ce cas, 545 n'est pas le pgcd de 2 180 et de 11 990. En effet, on a :

$2\,180 = 545 \times 4$ et $11\,990 = 545 \times 22$,

mais 4 et 22 ont 2 comme diviseur commun et on peut écrire :

$2\,180 = 1\,090 \times 2$ et $11\,990 = 1\,090 \times 11$.

2 180 et 11 990 admettent un diviseur commun plus grand que 545 (le nombre 1 090). 545 n'est donc pas leur pgcd.

11 445 est donc le seul nombre qui réponde à la question posée.

Exercice 4

Énoncé p. 101

Comme 3 et 5 sont premiers entre eux, $\overline{12du}$ est divisible par 15 si et seulement si $\overline{12du}$ est divisible par 3 et par 5.

Il est divisible par 5 si $u = 0$ ou $u = 5$.

Il est divisible par 3 si la somme de ses chiffres est divisible par 3.

- **1er cas :** $u = 0$

$1 + 2 + d + 0 = 3 + d$ avec $0 \leqslant d \leqslant 9$.

$3 + d$ est multiple de 3 si $d = 0$, $d = 3$, $d = 6$, $d = 9$.

- **2e cas :** $u = 5$

$1 + 2 + d + 5 = 8 + d$

$8 + d$ est multiple de 3 si $d = 1$, $d = 4$, $d = 7$.

D'où les solutions : 1 200, 1 230, 1 260, 1 290, 1 215, 1 245, 1 275.

Exercice 5

Énoncé p. 101

a. La longueur du côté du carré cherché doit être un diviseur commun à 48 et 84. Pour trouver ces diviseurs communs, on peut d'abord chercher le plus grand d'entre eux en utilisant les décompositions en facteurs premiers de 48 et 84 :

$48 = 2^4 \times 3$ et $84 = 2^2 \times 3 \times 7$.

Leur pgcd est : $2^2 \times 3 = 12$.

Tous les diviseurs de 12 conviennent.

La longueur du carré cherché peut donc comporter un nombre de carreaux égal à 1 ou 2 ou 3 ou 4 ou 6 ou 12.

b. 1,44 m = 144 cm et 0,96 m = 96 cm.

Le problème revient à chercher le pgcd des nombres 144 et 96.

$144 = 2^4 \times 3^2$ et $96 = 2^5 \times 3$.

Leur pgcd est donc : $2^4 \times 3 = 48$.

La plus grande longueur possible pour les carrés cherchés est donc **48 cm.**

On peut placer 3 carrés sur la longueur et 2 carrés sur la largeur, **soit 6 carrés au total** (3×2).

c. Chaque rectangle utilisé pour le recouvrement mesure x cm sur $2x$ cm (x étant la mesure de la largeur).

Appelons :

– n le nombre de rectangles nécessaires sur la longueur (premières et dernières « lignes » du rectangle à paver) ;

– p le nombre de rectangles nécessaires sur la largeur (en dehors de ceux déjà comptés sur la longueur).

On peut écrire :

$n \times 2x = 114$ donc $\boldsymbol{nx = 57}$ et

$p \times 2x = 96 - 2x$ donc $(p+1) \times 2x = 96$ donc $\boldsymbol{(p+1)x = 48}$. x est donc un diviseur commun à 48 et 57.

Or $57 = 19 \times 3$ et $48 = 2^4 \times 3$.

Leur pgcd est 3 et ils n'ont donc que deux diviseurs communs : 1 et 3 (voir **propriété** p. 95).

Les deux solutions possibles sont donc des rectangles de 1 cm sur 2 cm ou des rectangles de 3 cm sur 6 cm.

La première et la dernière « lignes » sont pavées par des rectangles « horizontaux », le reste du rectangle est pavé par des rectangles « verticaux ».

• Dans le cas de rectangles de 1 cm sur 2 cm ($x = 1$)

$n = 57$ et $p = 47$. Il faut donc :

– 57 rectangles sur la 1re ligne et autant sur la dernière : soit 114 rectangles.

– sur le reste du rectangle, il en faut 47 sur la largeur et 114 sur la longueur, soit 5 358 rectangles (car $47 \times 114 = 5\,358$).

– au total, il faut donc **5 472 rectangles.**

Cette solution peut être obtenue plus facilement en divisant l'aire du rectangle à paver (10 944 cm²) par l'aire d'un rectangle utilisé (2 cm²), soit 5 472 rectangles nécessaires.

• Dans le cas de rectangles de 3 cm sur 6 cm ($x = 3$)

En divisant l'aire du rectangle à paver (10 944 cm²) par l'aire d'un rectangle utilisé (18 cm² = 3 cm × 6 cm), on trouve **608 rectangles** nécessaires.

On aurait également pu utiliser une méthode comparable à celle utilisée dans le cas de rectangles de 1 cm sur 2 cm.

Exercice 6

Énoncé p. 102

1. $1\,001 = 11 \times 91 + 0$.

Le 0 dans cette égalité est utile pour montrer qu'il s'agit d'une division euclidienne, et que le quotient est 91 et le reste 0.

2.

Pour démontrer une égalité, il y a trois méthodes générales :
1. On part du premier membre pour arriver au deuxième.
2. On part du deuxième membre pour arriver au premier.
3. On part du premier membre pour arriver à une expression dont on démontre qu'elle est égale au deuxième membre.

Ici, on a fait le choix de partir du premier membre pour arriver au deuxième bien qu'il soit beaucoup plus simple de partir du deuxième membre pour arriver au premier.
En revanche la méthode utilisée dans ce corrigé prépare la réponse à la question 4.

$\overline{mcdu} = 1\,000m + 100c + 10d + u = (1\,001 - 1)m + (99 + 1)c + (11 - 1)d + u$.

Donc $\overline{mcdu} = 1\,001m - m + 99c + c + 11d - d + u$

et $\overline{mcdu} = 1\,001m + 99c + 11d - m + c - d + u$.

3. a.

On parle de condition nécessaire et suffisante, il faut donc que la propriété et sa réciproque soient vraies.

D'après l'égalité précédente et le fait que : $1\,001 = 91 \times 11$ et $99 = 9 \times 11$,

on a : $\overline{mcdu} = 91 \times 11m + 9 \times 11c + 11d - m + c - d + u$

$\overline{mcdu} = 11 \times (91m + 9c + d) - m + c - d + u = 11 \times (91m + 9c + d) + (c + u) - (m + d)$.

Or $11 \times (91m + 9c + 9d)$ est multiple de 11.

Donc un nombre inférieur à 9 999 est un multiple de 11 si et seulement si la différence de la somme de ses chiffres de rang impair et de la somme de ses chiffres de rang pair est un multiple de 11.

b. Si un nombre de quatre chiffres a 38 centaines, alors il s'écrit : $\overline{38du}$.
Il doit être divisible par 11,
donc $-3+8-d+u=5+u-d$ doit être divisible par 11.
Pour répondre à la question, il suffit de trouver trois solutions, par tâtonnement, à cette équation d'inconnues u et d, par exemple :

(1) $u=6$ et $d=0 \rightarrow$ **3 806** (2) $u=7$ et $d=1 \rightarrow$ **3 817**
(3) $u=8$ et $d=2 \rightarrow$ **3 828** (4) $u=9$ et $d=3 \rightarrow$ **3 839**.

Quand on a déterminé une des solutions, il suffit d'ajouter ou soustraire 11 pour en trouver d'autres.

4. a.

$\overline{abmcdu} = 100\,000a + 10\,000b + 1\,000m + 100c + 10d + u$

$\overline{abmcdu} = (100\,001-1)a + (9\,999+1)b + (1\,001-1)m + (99+1)c + (11-1)d + u$

$\overline{abmcdu} = (9\,091 \times 11 - 1)a + (909 \times 11 + 1)b + (91 \times 11 - 1)m + (9 \times 11 + 1)c + (11-1)d + u$

$\overline{abmcdu} = 11 \times (9\,091a + 909b + 91m + 9c + d) - a + b - m + c - d + u$
$= 11 \times (9\,091a + 909b + 91m + 9c + d) + (b + c + u) - (a + m + d)$.

En utilisant un raisonnement analogue à celui de la question **3.a.**, on démontre que $\overline{abmcdu}$ est divisible par 11 si et seulement si la différence de la somme de ses chiffres de rang pair et de la somme de ses chiffres de rang impair est un multiple de 11.

b. $1{,}2452 \times 10^{11} = 1{,}2452 \times 10^5 \times 10^6 = 124\,520 \times 10^6$
Appliquons le critère de divisibilité par 11 à 124 520 (nombre de six chiffres) :
$-1+2-4+5-2+0 = 1{,}2452 \times 10^5 \times 10^6 = 0$ qui est divisible par 11.
On en déduit que 124 520 est divisible par 11 et donc que $124\,520 \times 10^6$ est aussi divisible par 11.

CHAPITRE 5

Nombres et calcul

Les nombres rationnels et les nombres décimaux positifs

Objectifs

- Reconnaitre un nombre rationnel ou un nombre décimal à partir de diverses écritures, notamment son écriture décimale.
- Savoir comparer, ranger par ordre croissant ou décroissant des rationnels ou des décimaux.
- Savoir simplifier une fraction et savoir trouver une fraction irréductible.
- Effectuer des calculs avec les fractions et les nombres décimaux positifs.
- Savoir produire une approximation décimale d'un nombre rationnel.
- Calculer des expressions comportant des fractions

> L'étude des nombres négatifs est envisagée au chapitre 6.

FICHES MÉTHODE

Tester ses connaissances

QCM 1 Quelles affirmations sont vraies ?

aide
§1.1 p. 111
et §2.1 p. 121

A. $\frac{4}{5}$ est un nombre décimal.

B. $\frac{14}{7}$ est un nombre entier naturel.

C. $\frac{8}{15}$ est un nombre décimal.

D. 2,5 est un nombre rationnel

QCM 2 Quelles affirmations sont vraies ?

aide
§1.1 p. 111
et §2.1 p. 121

A. Tout nombre naturel est aussi un nombre rationnel.

B. Tout nombre rationnel est aussi un nombre décimal.

C. Tout nombre décimal est aussi un nombre rationnel.

QCM 3 Quelles affirmations sont vraies ?

aide
§2.7 p. 126-127
E. §1.6 p. 117
C. §2.6 p. 126
D. §2.7 p. 127

A. Entre 1,27 et 1,28 il n'y a pas de nombre décimal.

B. Entre 1,27 et 1,28 il y a une infinité de nombres décimaux.

C. 0,27 est inférieur à 0,206.

D. Entre $\frac{87}{93}$ et $\frac{88}{93}$ on peut intercaler au moins un nombre décimal.

E. Entre $\frac{87}{93}$ et $\frac{88}{93}$ on peut intercaler au moins un nombre rationnel.

QCM 4 Qui suis-je ?

aide §2.5 p. 125

Je suis un nombre décimal écrit avec deux chiffres à droite de la virgule. Mon chiffre des centièmes est 5 et mon nombre de dixièmes est 12.

A. 1,25 **B.** 120,05 **C.** 12,05 **D.** 0,125 **E.** 1,125

QCM 5 Voici cinq nombres :

aide §2.6 p. 125-126

a. 3,6 **b.** 3,583 **c.** −3,3 **d.** −2,3 **e.** 3,57 **f.** 10,01

Quel rangement est le bon ?

A. c < d < a < e < b < f

B. f < d < c < e < b < a

C. d < c < a < e < b < f

D. c < d < e < b < a < f

E. c < d < b < e < a < f

QCM 6 Voici six nombres : 1 $\frac{1}{3}$ $\frac{2}{3}$ $\frac{2}{9}$ $\frac{4}{9}$ $\frac{7}{9}$

aide §1.5 p. 116

Quelles affirmations sont vraies ?

A. Le plus grand de la liste est $\frac{7}{9}$.

B. Le plus petit de la liste est $\frac{1}{3}$.

C. Il y a dans cette liste autant de nombres supérieurs à $\frac{5}{9}$ que de nombres inférieurs à $\frac{5}{9}$.

D. Tous ces nombres sont supérieurs à 0,2.

E. Tous ces nombres sont inférieurs à $\frac{9}{7}$.

QCM 7 L'expression $\frac{2}{7}+\frac{3}{7}\times\frac{5}{7}$ est égale à :

aide §1.8 p. 118-119

A. $\frac{25}{7}$ **B.** $\frac{25}{49}$ **C.** $\frac{17}{7}$ **D.** $\frac{29}{49}$ **E.** $\frac{25}{98}$

QCM 8 On donne les calculs suivants :

aide §2.8 et suivants p. 127

P = 0,1 × (0,3 + 1 995) **Q** = 0,1 × (0,3 × 1 995) **R** = 0,03 + (0,1 × 1 995)

S = 0,3 × 1 995 **T** = 199,5 × 0,3 **U** = 199 + 0,8

Quelles affirmations sont vraies ?

A. T = U **B.** Q = S **C.** Q = T **D.** P = T **E.** P = R

1. A, B, D **2.** A, C **3.** B, D, E **4.** A **5.** D **6.** C, D, E **7.** D **8.** C, E

LE COURS

1 L'ensemble $\mathbb{Q}^+$ des nombres rationnels positifs

Les équations d'inconnue x du type $b \times x = a$, où a et b sont des nombres entiers naturels ($b \neq 0$) ne possèdent pas toujours une solution dans l'ensemble des nombres entiers naturels.

Exemples : L'équation $4 \times x = 12$ possède comme solution le nombre 3, qui est le quotient de 12 par 4. On peut écrire $12 : 4 = 3$, qui est équivalent à $4 \times 3 = 12$.
Par contre, aucun nombre entier naturel n'est solution de l'équation $12 \times x = 4$.

La notion de nombre rationnel permet d'envisager une solution pour toutes les équations d'inconnue x du type $b \times x = a$, où a et b sont des nombres entiers naturels ($b \neq 0$). Ces solutions peuvent être exprimées sous forme fractionnaire : $\frac{a}{b}$.

1. 1. Définition d'un nombre rationnel

Un nombre rationnel[1] positif est un nombre qui est solution d'inconnue x d'une équation du type $b \times x = a$, où a et b sont des nombres entiers naturels ($b \neq 0$).
Ce nombre peut être noté $\frac{a}{b}$[2].

L'ensemble des solutions des équations du type $b \times x = a$ (avec a et b, nombres naturels, b non nul) forme donc **l'ensemble $\mathbb{Q}^+$ des nombres rationnels positifs**.

En élargissant la notion de quotient vue pour les nombres entiers naturels, en considérant la division comme opération inverse de la multiplication, on peut considérer $\frac{a}{b}$ comme le quotient de a par b et donc aussi écrire $a : b = \frac{a}{b}$.

La notation $\frac{a}{b}$ est appelée fraction de numérateur a et de dénominateur b (a et b étant des entiers naturels, avec b non nul).

Les fractions sont fréquemment utilisées pour exprimer des mesures (notamment dans des systèmes de mesures non décimalisés comme $\frac{3}{4}$ h pour les durées ou $\frac{2}{3}$ oz pour les masses exprimées en onces), des proportions ($\frac{7}{10}$ des élèves mangent à la cantine), une portion d'un partage (j'ai mangé les $\frac{2}{3}$ de la pizza)...

1. « Rationnel » vient du latin *rationalis*. En mathématiques, il s'agit d'un nombre qui peut être exprimé par une raison entre deux nombres entiers (« raison » ayant le sens de « proportion »).

2. Dans le §3.1, nous envisagerons la question de la désignation décimale des nombres rationnels.

❶ 2. Fractions égales

En multipliant ou en divisant le numérateur et le dénominateur d'une fraction par un même nombre non nul, on obtient une fraction égale à la fraction de départ.

Soit a, b et k trois nombres entiers naturels (avec $b \neq 0$ et $k \neq 0$),

alors : $\frac{a}{b} = \frac{a \times k}{b \times k}$ et $\frac{a}{b} = \frac{a : k}{b : k}$.

Exemples :

$\frac{3}{4} = \frac{3 \times 5}{4 \times 5} = \frac{3 \times 14}{4 \times 14} = \ldots$

$\frac{12}{18} = \frac{12 : 2}{18 : 2} = \frac{6}{9} = \frac{6 : 3}{9 : 3} = \frac{2}{3}$

Il existe une infinité de fractions égales à une fraction donnée.

FICHE MÉTHODE 1 **Reconnaitre si deux fractions $\frac{a}{b}$ et $\frac{c}{d}$ sont égales.**

→ Les égalités $\frac{12}{15} = \frac{8}{10}$ et $\frac{12}{5} = \frac{18}{8}$ sont-elles vraies ?

Utiliser la propriété du produit en croix
Deux fractions $\frac{a}{b}$ et $\frac{c}{d}$ sont égales si et seulement si $a \times d = b \times c$.

- $12 \times 10 = 8 \times 15 = 120$.
- $12 \times 8 = 96 \quad 18 \times 5 = 90$
  donc $12 \times 8 \neq 18 \times 5$.
- $\frac{12}{15} = \frac{8}{10}$ est une égalité vraie.
- $\frac{12}{5} = \frac{18}{8}$ est une égalité fausse.

Dans la suite du paragraphe 1, on considère toujours des fractions dont le numérateur et le dénominateur sont des entiers naturels.

FICHE MÉTHODE 2 **Trouver une fraction égale à une fraction $\frac{a}{b}$.**

→ Trouver des fractions égales à $\frac{12}{15}$.

Multiplier ou diviser son numérateur et son dénominateur par un même nombre entier relatif non nul k :

$\frac{a}{b} = \frac{a \times k}{b \times k}$ ou $\frac{a}{b} = \frac{a : k}{b : k}$

- En multipliant numérateur et dénominateur par 3 :
  $\frac{12}{15} = \frac{12 \times 3}{15 \times 3} = \frac{36}{45}$
- En divisant numérateur et dénominateur par 3 :
  $\frac{12}{15} = \frac{12 : 3}{15 : 3} = \frac{4}{5}$. On dit qu'on a simplifié la fraction $\frac{12}{15}$.

Un nombre rationnel peut être représenté par une infinité de fractions égales.

FICHE MÉTHODE 3 Réduire deux fractions au même dénominateur

→ Réduire $\frac{9}{48}$ et à $\frac{7}{36}$ au même dénominateur.

Méthode 1. **Utiliser les multiples successifs de chaque dénominateur**

1. Pour les fractions $\frac{a}{b}$ et $\frac{c}{d}$: On écrit la liste des multiples de b et de d, supérieurs à b et d, en s'arrêtant dès qu'on trouve un multiple commun m.	Multiples de 48 : 96 ; **144** ; 192 Multiples de 36 : 72 ; 108 ; **144**
2. On écrit ce multiple commun sous la forme $m = b \times k$ et $m = d \times k'$.	$144 = 48 \times 3$ $144 = 36 \times 4$
3. On écrit les fractions égales aux fractions de départ : $\frac{a}{b} = \frac{a \times x}{b \times x} = \frac{a \times x}{m}$ $\frac{c}{d} = \frac{c \times k'}{d \times k'} = \frac{c \times k'}{m}$	$\frac{9}{48} = \frac{9 \times 3}{48 \times 3} = \frac{27}{144}$ $\frac{7}{36} = \frac{7 \times 4}{36 \times 4} = \frac{28}{144}$

Méthode 2. **Utiliser les décompositions en produits de facteurs premiers de chaque dénominateur**

1. Pour les fractions $\frac{a}{b}$ et $\frac{c}{d}$: On écrit des décompositions de b et d en produits de facteurs premiers.	$48 = 2^4 \times 3$ $36 = 2^2 \times 3^2$
2. On trouve un multiple commun m des nombres b et d (voir chap. 4, p. 93). En général, on choisit le plus petit.	Multiple commun (le plus petit) : $2^4 \times 3^2 = 144$
3. On écrit m sous la forme $m = b \times k$ et $m = d \times k'$	$144 = 2^4 \times 3 \times 3 = 48 \times 3$ $144 = 2^2 \times 3^2 \times 2^2 = 36 \times 4$
4. On écrit les fractions égales aux fractions de départ : $\frac{a}{b} = \frac{a \times k}{b \times k} = \frac{a \times k}{m}$ $\frac{c}{d} = \frac{c \times k'}{d \times k'} = \frac{c \times k'}{m}$	$\frac{9}{48} = \frac{9 \times 6}{48 \times 6} = \frac{54}{288}$ $\frac{7}{36} = \frac{7 \times 8}{36 \times 8} = \frac{56}{288}$

1 3. Fraction irréductible

Une fraction irréductible est une fraction qu'on ne peut plus simplifier. Par conséquent, une fraction est dite irréductible si le numérateur et le dénominateur n'ont pas de diviseur commun autre que 1.

On dit aussi que le numérateur et **le dénominateur sont premiers entre eux.**

> **Nombres premiers entre eux**, chap. 4 p. 95

FICHE MÉTHODE 4 **Obtenir la fraction irréductible égale à une fraction $\frac{a}{b}$ (simplifier une fraction).**

→ Trouver la fraction irréductible égale à $\frac{440}{336}$.

1. Décomposer *a* et *b* en produit de facteurs premiers.	Décomposition de 440 et 336 en produits de facteurs premiers : $440 = 2^3 \times 5 \times 11$ et $336 = 2^4 \times 3 \times 7$.
2. Diviser *a* et *b* par les facteurs communs à *a* et *b*.	$\frac{440}{336} = \frac{2^3 \times 5 \times 11}{2^4 \times 3 \times 7} = \frac{5 \times 11}{2 \times 3 \times 7} = \frac{55}{42}$.

La fraction irréductible est utilisée de façon privilégiée pour représenter un nombre rationnel ou l'employer dans un calcul.

> Décomposition en produit de facteurs premiers, chap. 4 p. 91

Si $\frac{a}{b}$ **est une fraction irréductible**, les fractions qui lui sont égales sont de la forme $\frac{a \times k}{b \times k}$ avec k nombre entier relatif différent de 0.

Exemple : La fraction irréductible égale à $\frac{12}{15}$ est $\frac{4}{5}$.

Les fractions égales à $\frac{12}{15}$ sont toutes de la forme $\frac{4 \times k}{5 \times k}$ avec k nombre entier naturel différent de 0.

Entrainement 1

Simplifier les fractions suivantes, sans utiliser la calculatrice :

a. $\frac{352}{44}$ **b.** $\frac{4\,242}{2\,828}$ **c.** $\frac{242\,424}{323\,232}$ **d.** $\frac{32\,032}{77}$.

Corrigé p. 134

> Les calculatrices actuelles pour le collège proposent une touche pour simplifier les fractions. Vous pouvez vérifier vos réponses en utilisant cette touche sur votre calculatrice.

1 4. Fraction inverse

Deux nombres sont dits inverses l'un de l'autre si leur produit est égal à 1.

a et b étant deux nombres entiers relatifs non nuls, l'inverse de la fraction $\frac{a}{b}$ est la fraction $\frac{b}{a}$.

> Calcul sur les fractions, chap. 5 p. 118-119

En effet : $\frac{a}{b} \times \frac{b}{a} = \frac{a \times b}{b \times a} = 1$. Ce qui se traduit aussi par : $\frac{1}{\frac{a}{b}} = \frac{b}{a}$.

Méthode. **Pour trouver l'inverse d'une fraction**

Il suffit de remplacer son numérateur par son dénominateur et son dénominateur par son numérateur.

Attention ! 0 n'a pas d'inverse.

Exemple : L'inverse de $\frac{5}{3}$ est $\frac{3}{5}$.

1 5. Comparaison de fractions

FICHE MÉTHODE 5 **Comparer deux fractions.**

Quatre exemples sont donnés selon que les dénominateurs et numérateurs sont égaux ou différents.

Cas où les fractions ont le même dénominateur

→ Comparer $\frac{27}{7}$ et $\frac{20}{7}$

Comparer les numérateurs : la fraction la plus grande est celle qui a le plus grand numérateur.	$27 > 20$ donc : $\frac{27}{7} > \frac{20}{7}$. En effet, le numérateur de $\frac{27}{7}$ est plus grand que celui de $\frac{20}{7}$

Cas où les fractions ont le même numérateur

→ Comparer $\frac{2}{5}$ et $\frac{2}{9}$

Comparer les dénominateurs : la fraction la plus grande est celle qui a le plus petit dénominateur.	$5 < 9$ donc : $\frac{2}{5} > \frac{2}{9}$. En effet, le dénominateur de $\frac{2}{5}$ est plus petit que celui de $\frac{2}{9}$.

Cas où les fractions n'ont ni le même dénominateur ni le même numérateur

→ Comparer $\frac{17}{27}$ et $\frac{11}{18}$ (Les numérateurs et dénominateurs des deux fractions sont différents.)

Méthode 1. **Réduire les fractions au même dénominateur**

1. Remplacer chaque fraction par une fraction égale, de telle façon que les deux fractions obtenues aient des dénominateurs égaux.	On remarque que 54 est un multiple commun de 27 et de 18. Donc : $\frac{17}{27} = \frac{34}{54}$ et $\frac{11}{18} = \frac{33}{54}$.
2. Comparer les numérateurs des fractions obtenues : la fraction la plus grande est celle qui a le plus grand numérateur.	$33 < 34$ donc : $\frac{11}{18} < \frac{17}{27}$.

› Fiche méthode *Réduire deux fractions au même dénominateur*, p. 113

Méthode 2. **Trouver une valeur décimale exacte ou approchée de chaque fraction**

1. Calculer des valeurs décimales approchées des deux fractions.	$\frac{17}{27} \approx 0{,}63$ et $\frac{11}{18} \approx 0{,}61$.
2. Comparer les nombres décimaux obtenus. Remarque : Cette méthode n'est utilisable que si les deux valeurs approchées n'ont pas trop de chiffres identiques.	$0{,}61 < 0{,}63$ donc : $\frac{11}{18} < \frac{17}{27}$.

› §3.1 p. 130

→ Comparer $\frac{7}{15}$ et $\frac{17}{32}$ (Les numérateurs et dénominateurs des deux fractions sont différents.)

Méthode 3. **Comparer les fractions à des nombres simples**

Situer chaque fraction par rapport à des nombres simples que l'on sait comparer facilement.	$\frac{7}{15}<\frac{1}{2}$ et $\frac{17}{32}>\frac{1}{2}$ donc : $\frac{17}{32}>\frac{7}{15}$.

Corrigé QCM 6 : affirmations A à E : (portant sur les nombres : 1 $\frac{1}{3}$ $\frac{2}{3}$ $\frac{2}{9}$ $\frac{4}{9}$ $\frac{7}{9}$).

Qcm 6, p. 110

A. Le plus grand nombre de la liste est 1.

La méthode 1 permet de répondre rapidement à cette question.

En effet : $1=\frac{9}{9}$; $\frac{1}{3}=\frac{3}{9}$; $\frac{2}{3}=\frac{6}{9}$.

B. Le plus petit nombre de la liste est $\frac{2}{9}$.

C. Il y a bien autant de nombres supérieurs à $\frac{5}{9}$ que de nombres inférieurs à $\frac{5}{9}$.

D. Tous ces nombres sont supérieurs à 0,2 car $0,2=\frac{2}{10}$ est plus petit que $\frac{2}{9}$ (méthode 2).

E. Tous ces nombres sont inférieurs à 1, donc tous ces nombres sont inférieurs à $\frac{9}{7}$ puisque $\frac{9}{7}>1$.

Entrainement 2

Ranger par ordre croissant les nombres suivants : 1 $\frac{3}{7}$ $\frac{2}{9}$ $\frac{1}{2}$ $\frac{7}{9}$.

Corrigé p. 134

1 6. Intercalation de fractions entre deux fractions

Entre deux nombres rationnels, on peut intercaler une infinité de nombres rationnels.

Pour générer des nombreux rationnels compris entre deux nombres a et b (avec $a<b$), on peut s'appuyer sur le fait que le rationnel $\frac{a+b}{2}$, demi-somme de a et de b, est plus grand que a et plus petit que b.

On peut réitérer le procédé pour trouver un rationnel entre a et $\frac{a+b}{2}$ et un autre entre $\frac{a+b}{2}$ et b et ainsi de suite...

Qcm 3, p. 109

Corrigé QCM 3 : affirmation E : Entre $\frac{87}{93}$ et $\frac{88}{93}$ on peut intercaler au moins un nombre rationnel.

La fraction $\frac{175}{186}$ obtenue en utilisant la méthode précédente (calcul de la demi-somme de $\frac{87}{93}$ et $\frac{88}{93}$) est une réponse possible. D'autres réponses peuvent être fournies par d'autres méthodes.

On peut par exemple écrire que $\frac{87}{93}=\frac{870}{930}$ et que $\frac{88}{93}=\frac{880}{930}$, ce qui permet d'intercaler plusieurs fractions entre les deux fractions données, par exemple $\frac{871}{930}$, $\frac{872}{930}$ ...

Comme le procédé peut être réalisé avec une infinité de nombres en multipliant les dénominateurs et les numérateurs des deux fractions données, on peut même affirmer qu'il existe une infinité de nombres rationnels qui peuvent être intercalés entre $\frac{87}{93}$ et $\frac{88}{93}$.

Entrainement 3

Écrire une fraction qui se situe entre $\frac{15}{21}$ et $\frac{16}{21}$.

Corrigé p. 134

Entrainement 4

Écrire une fraction qui se situe entre $\frac{9}{7}$ et $\frac{19}{13}$.

Corrigé p. 134

Entrainement 5

Comparer $\frac{212\,547}{208\,125}$ et $\frac{5\,451\,247}{6\,251\,342}$ sans calculer de division.

Corrigé p. 135

1 7. Partie entière d'une fraction

La partie entière d'une fraction est le plus grand nombre entier inférieur à cette fraction.

Une fraction peut être décomposée en somme de sa partie entière et d'une fraction comprise entre 0 et 1.

FICHE MÉTHODE 6 **Trouver la partie entière d'une fraction $\frac{a}{b}$.**

Deux exemples sont donnés selon que la fraction est positive ou négative.

→ Trouver la partie entière de $\frac{178}{15}$ et la décomposition additive associée.

Méthode **Pour une fraction positive**

1. Calculer le quotient *q* et le reste *r* entiers de la division euclidienne de *a* par *b*.	Division euclidienne : $178 = (15 \times 11) + 13$
2. Le quotient obtenu est la partie entière de $\frac{a}{b}$.	La partie entière de $\frac{178}{15}$ est 11.
3. Le reste obtenu est le numérateur de la fraction complémentaire de la partie entière : $\frac{a}{b} = q + \frac{r}{b}$ Remarque : La fraction $\frac{r}{b}$ est nécessairement inférieure à 1 car, dans la division euclidienne, le reste *r* est inférieur au diviseur *b*.	$\frac{178}{15} = 11 + \frac{13}{15}$

→ Trouver la partie entière de $-\frac{178}{15}$ et la décomposition additive associée.

Méthode **Pour une fraction négative**

C'est la même méthode que pour une fraction positive, mais en faisant attention à la partie entière qui est un peu plus délicate à trouver.	La partie entière de $-\frac{178}{15}$ est -12 (et non pas -11). $-\frac{178}{15} = -12 + \frac{2}{15}$.

> **Division euclidienne,** chap. 2 §1.4, p. 49

> Nous envisageons ici le cas des fractions négatives bien que les nombres négatifs ne soient traités qu'au chapitre suivant, auquel on peut se reporter.

Entrainement 6

Décomposer $\frac{1515}{12}$ en somme de sa partie entière et d'une fraction inférieure à 1.

Corrigé p. 135

1 8. Calcul avec les fractions

Dans la suite, on considère des fractions dont les numérateurs et dénominateurs sont des nombres entiers naturels, les dénominateurs étant toujours différents de 0[1].

A. Additionner et soustraire des fractions

Pour additionner ou soustraire deux fractions, il faut les traduire en fractions égales ayant le même dénominateur[2], puis utiliser les égalités suivantes :

$$\frac{a}{c} + \frac{b}{c} = \frac{a+b}{c} \text{ et } \frac{a}{c} - \frac{b}{c} = \frac{a-b}{c}$$

1. Dans le chapitre 6, ces calculs sont généralisés aux cas d'expressions fractionnaires portant sur des nombres réels.

2. Si les deux fractions à additionner n'ont pas le même dénominateur, on les réduit dans un 1er temps au même dénominateur (voir §1.2).

B. Multiplier des fractions

On utilise l'égalité suivante :

$$\frac{a}{c}\times\frac{b}{d}=\frac{a\times b}{c\times d}$$

Attention : Avant d'effectuer les produits des numérateurs et dénominateurs, on a intérêt à effectuer des simplifications, comme dans l'exemple ci-dessous.

Exemple :

Effectuer $A=\frac{10}{21}\times\frac{35}{6}\times\frac{33}{35}=\frac{10\times35\times33}{21\times6\times35}=\frac{\cancel{2}\times\cancel{5}\times\cancel{7}\times5\times\cancel{3}\times11}{\cancel{3}\times\cancel{7}\times\cancel{2}\times3\times7\times\cancel{5}}=\frac{5\times11}{3\times7}=\frac{55}{21}$

C. Multiplier une fraction par un nombre entier naturel

En utilisant l'égalité précédente, on a :

$$a\times\frac{b}{c}=\frac{a}{1}\times\frac{b}{c}=\frac{a\times b}{1\times c}=\frac{a}{c}\times\frac{b}{1}=\frac{a}{c}\times b$$

On a donc les égalités suivantes :

$$a\times\frac{b}{c}=\frac{a\times b}{c}=\frac{a}{c}\times b$$

D. Diviser une fraction par une autre

On multiplie la première par l'inverse de la seconde :

$\frac{a}{c}:\frac{b}{d}=\frac{a}{c}\times\frac{d}{b}=\frac{a\times d}{c\times b}$ ou encore $\frac{\frac{a}{c}}{\frac{b}{d}}=\frac{a}{c}\times\frac{d}{b}=\frac{a\times d}{c\times b}$

$$\frac{\frac{a}{c}}{b}=\frac{a}{c}\times\frac{1}{b}=\frac{a}{c\times b}$$

› Nombres inverses, §1.4, p. 114

E. Calculs avec les fractions et les règles de priorité

Les règles de priorité vues dans le chapitre 2 §2.1 sont valables également pour les calculs avec les fractions.

Corrigé QCM 7 : L'expression $\frac{2}{7}+\frac{3}{7}\times\frac{5}{7}$ est égale à $\frac{2}{7}+\frac{15}{49}=\frac{2}{7}+\frac{15}{49}=\frac{14}{49}+\frac{15}{49}=\frac{29}{49}$

Entrainement 7

Calculer : $A=\frac{5}{6}+\frac{7}{2}-\frac{5}{3}$ $B=\frac{5}{6}\times\frac{7}{2}-\frac{5}{3}$ $C=\frac{5}{6}+\frac{7}{2}\times\frac{5}{3}$ $D=\frac{7}{75}:\frac{14}{10}\times\frac{3}{2}$

Corrigé p. 135

Entrainement 8

Calculer : $A = \dfrac{a - \dfrac{b}{c}}{d \times e}$

Corrigé p. 135

a. Pour $a = 2$ $b = 7$ $c = 8$ $d = 6$ $e = 4.$

b. Pour $a = \dfrac{3}{2}$ $b = 2$ $c = \dfrac{8}{3}$ $d = \dfrac{5}{8}$ $e = \dfrac{1}{6}$

1 9. Fractions décimales

Une fraction décimale est une fraction dont le dénominateur est une puissance de 10.

> **Pour le calcul sur les puissances,** voir chap. 6, p. 156

Exemples : $\dfrac{2}{10}$; $\dfrac{12}{1\,000}$... sont des fractions décimales.

Propriété

Toute fraction décimale peut se décomposer de façon unique :

– sous la forme de la somme d'un entier (qui peut être nul) et de fractions décimales dont le numérateur est inférieur à 10 ;

– sous la forme de la somme d'un entier et d'une fraction décimale inférieure à 1.

Dans cette décomposition, **l'entier est appelé « partie entière »** et **la fraction inférieure à 1 est appelée « partie décimale »** de la fraction décimale.

Justification : Cette propriété est liée à la décomposition d'un entier naturel dans le système décimal (chapitre 1, §2.2), aux égalités entre fractions et à la règle de l'addition des fractions (voir §1.8).

Exemple : Décompositions de $\dfrac{125}{100}$

$125 = 1 \times 100 + 2 \times 10 + 5$ (décomposition de 125 dans le système décimal)

donc $\dfrac{125}{100} = \dfrac{1 \times 100 + 2 \times 10 + 5}{100} = \dfrac{1 \times 100}{100} + \dfrac{2 \times 10}{100} + \dfrac{5}{100}$ (propriété de l'addition des fractions : voir §1.8)

Donc $\dfrac{125}{100} = 1 + \dfrac{2}{10} + \dfrac{5}{100}$ (propriété de l'égalité des fractions : voir §1.2)

On a donc aussi $\dfrac{125}{100} = \dfrac{100 + 25}{100} = \dfrac{100}{100} + \dfrac{25}{100} = 1 + \dfrac{25}{100}$

1 est la partie entière et $\dfrac{25}{100}$ la partie décimale de $\dfrac{125}{100}$.

De même $\dfrac{1\,078}{100} = 10 + \dfrac{7}{10} + \dfrac{8}{100} = 10 + \dfrac{78}{100}$

Entrainement 9

Corrigé p. 135

a. Écrire sous la forme de la somme d'un entier et de fractions décimales dont le numérateur est inférieur à 10 puis sous la forme d'un entier et d'une fraction décimale inférieure à 1 les fractions suivantes :

$$\frac{3\,745}{10}\,;\frac{789}{1\,000}\,;\frac{12}{100}\,;\frac{305}{100}\,;\frac{2\,340}{1\,000}$$

b. Écrire sous forme d'une fraction décimale :

$$5+\frac{3}{10}+\frac{6}{100}\,;32+\frac{5}{100}\,;5+\frac{3}{10}+\frac{5}{1\,000}\,;27+\frac{61}{1\,000}$$

2 L'ensemble D^+ des nombres décimaux positifs

2 1. Définition d'un nombre décimal positif

Un nombre décimal positif est un nombre qui peut s'écrire sous forme de fraction décimale $\frac{a}{10^n}$ (c'est-à-dire d'une fraction dont le dénominateur est une puissance 10), a et n étant des nombres entiers naturels.

D'après la propriété du §1.9 :

Tout nombre décimal peut donc s'écrire sous la forme de la **somme d'un nombre entier et de fractions décimales dont le numérateur est inférieur à 10.**

2 2. Écriture décimale à virgule des nombres décimaux

Au Moyen-Âge, pour simplifier les calculs avec les nombres décimaux exprimés par des fractions décimales, une nouvelle écriture des nombres décimaux a été inventée prenant la forme d'une **écriture décimale à virgule**, comme dans les égalités suivantes :

$$1+\frac{2}{10}+\frac{5}{100}=1{,}25$$

$$15+\frac{3}{10}+\frac{6}{100}+\frac{8}{1\,000}=15{,}368$$

$$\frac{5}{10}+\frac{3}{100}=0{,}53$$

Attention ! $2+\frac{5}{100}=2{,}05$ (et non 2,5).

Inversement : $5{,}305=5+\frac{3}{10}+\frac{5}{1000}$

Conséquence :

Un nombre décimal peut être écrit avec une virgule et un nombre fini de chiffres à droite de la virgule.

Un nombre décimal positif peut être écrit comme produit d'un nombre entier naturel et d'une puissance de 10.

Exemple : $12,23 = 1\,223 \times 10^{-2}$

Entrainement 10

Corrigé p. 136

a. Écrire sous forme de nombre à virgule :

$$58+\frac{3}{10}+\frac{6}{100} \qquad 5+\frac{6}{100} \qquad \frac{4}{10}+\frac{6}{1\,000} \qquad 15+\frac{45}{100}$$

b. Écrire chaque nombre décimal ci-dessous sous la forme d'une somme d'un nombre entier et de fractions décimales dont le numérateur est inférieur à 9, puis sous la forme d'une somme d'un entier et d'une fraction décimale inférieure à 1.

47,385 5,056 19,501 0,56

c. Écrire les nombres décimaux suivants sous la forme d'une fraction décimale :

3,51 0,04 3,071

2 3. Partie entière, partie décimale d'un nombre décimal

La partie entière d'un nombre décimal est le plus grand entier inférieur à ce nombre décimal.

Un nombre décimal est la **somme de sa partie entière et de sa partie décimale.**

Exemple : $12,23 = 12 + \frac{23}{100} = 12 + 0,23$

(12 : partie entière ; 0,23 : partie décimale)

Attention : La partie décimale de 12,23 est 0,23 non pas 23.

Remarque : Tout nombre décimal est un nombre rationnel, puisqu'il peut être exprimé par une fraction (en particulier une fraction décimale).

Mais la réciproque est fausse. Exemple : $\frac{5}{3}$ n'est pas un nombre décimal.

Entrainement 11

Corrigé p. 136

Compléter : $3,43 = 343 \times 10^{?}$ $\qquad 0,00017 = 17 \times 10^{?}$

$0,051 = \ldots\ldots \times 10^{-3}$ $\qquad 3,075 \times 10^{2} = \ldots\ldots \times 10^{5}$

$10^{-n} = \frac{1}{10^{n}} = 0,00\ \ 01$

n chiffres à droite de la virgule

2 4. Fractions et nombres décimaux

Une fraction représente un nombre décimal si la fraction irréductible qui lui est égale a un dénominateur qui peut être décomposé sous forme d'un produit de puissances de 2 et/ou de puissances de 5.

Cette fraction irréductible doit être de la forme : $\frac{a}{2^p \times 5^q}$, a étant un nombre entier relatif, et p et q des nombres naturels.

Démonstration : Si $\frac{a}{b}$ est un nombre décimal, cela signifie qu'il existe c et n entiers naturels tel que $\frac{a}{b} = \frac{c}{10^n}$ donc que $\frac{a}{b} \times 10^n = c$. $\frac{a}{b}$ est donc un nombre entier.

Or $10^n = 2^n \times 5^n$, donc $\frac{a}{b} \times 2^n \times 5^n$ est un nombre entier, donc $\frac{a \times 2^n \times 5^n}{b}$ est un nombre entier. Comme a et b n'ont pas de diviseur commun (car $\frac{a}{b}$ est irréductible), la décomposition en produits de facteurs premiers de a ne comporte aucun facteur commun avec celle de b, donc il faut que b divise $2^n \times 5^n$, b est donc de la forme $2^p \times 5^q$ avec $0 \leqslant p \leqslant n$ et $0 \leqslant q \leqslant n$.

FICHE MÉTHODE 7 **Reconnaitre si une fraction $\frac{a}{b}$ représente un nombre décimal.**

→ Ces fractions $\frac{45}{600}$ et $\frac{45}{10500}$ représentent-elles des nombres décimaux ?

Cette méthode permet de reconnaitre si une fraction représente un nombre décimal sans écrire son dénominateur sous forme d'une puissance de 10.

1. **Décomposer le numérateur et le dénominateur** sous forme de produit de facteurs premiers.	$45 = 3^2 \times 5^1$ $600 = 2^3 \times 5^2 \times 3^1$ $10\,500 = 2^2 \times 5^3 \times 3^1 \times 7^1$
2. **Chercher la fraction irréductible** égale à la fraction donnée.	$\frac{45}{600} = \frac{3^2 \times 5^1}{2^2 \times 5^2 \times 3^1} = \frac{3}{2^2 \times 5^1}$ $\frac{45}{10500} = \frac{3^2 \times 5^1}{2^2 \times 5^3 \times 3^1 \times 7^1} = \frac{3}{2^2 \times 5^2 \times 7}$
3. **Vérifier** si la décomposition du dénominateur de cette fraction irréductible ne comporte que des puissances de 2 et de 5.	$\frac{45}{600}$ représente donc un nombre décimal.[3] $\frac{45}{10500}$ ne représente donc pas un nombre décimal.

3. Pour l'affirmer, il n'est donc pas nécessaire de chercher son écriture décimale (0,075).

Corrigé QCM 1, affirmations A et C : $\frac{4}{5}$ représente un nombre décimal alors que $\frac{8}{15} = \frac{8}{3 \times 5}$ ne représente pas un nombre décimal.

Qcm 1, p. 109

Entrainement 12

$A = \frac{364}{1001}$ $\quad B = \frac{384}{275}$

a. Les nombres A et B sont-ils des nombres décimaux ?
b. Leur somme A + B est-elle un nombre décimal ?

Corrigé p. 136

❷ 5. Valeur d'un chiffre ou d'un groupe de chiffres de l'écriture à virgule d'un nombre décimal

L'écriture à virgule des nombres décimaux, appelée aussi écriture décimale, obéit aux règles de la numération positionnelle de base dix, étudiée pour les nombres naturels.

La valeur d'un chiffre dans l'écriture à virgule d'un nombre décimal d'un nombre décimal est donc déterminée par son **rang par rapport à la virgule** :

> **Numération positionnelle,** chap. 1, p. 23-24

– la valeur des chiffres de la **partie entière** est liée, en allant vers la gauche, aux **puissances positives successives de 10** : 10^0, 10^1, 10^2...

– la valeur des chiffres **à droite de la virgule** est liée, en allant vers la droite, aux **puissances négatives successives de 10** : 10^{-1}, 10^{-2}...

Exemple : $205{,}502 = 2 \times 100 + 5 + 5 \times 0{,}1 + 2 \times 0{,}001 = 200 + 5 + \frac{5}{10} + \frac{2}{1\,000}$
$= 2 \times 10^2 + 5 \times 10^0 + 5 \times 10^{-1} + 2 \times 10^{-3}$

Cette décomposition peut être trouvée à l'aide du tableau de numération :

milliers	centaines	dizaines		,		dixièmes	centièmes	millièmes	dix-millièmes
1 000	100	10	1	,	1	$\frac{1}{10}$	$\frac{1}{100}$	$\frac{1}{1\,000}$	$\frac{1}{10\,000}$
10^3	10^2	10^1	10^0	,		10^{-1}	10^{-2}	10^{-3}	10^{-4}
	2	0	5	,		5	0	2	

Ce « 2 » vaut 2×100 (2 centaines)

Ce « 2 » vaut $2 \times \frac{1}{1000}$ (2 millièmes)

Dans l'écriture 205,502 :

- Ce 2 est le chiffre des centaines
- Ce 5 est le chiffre des unités
- Ce 5 est le chiffre des dixièmes
- Ce 2 est le chiffre des millièmes

Attention : ne pas confondre « chiffre des dixièmes » et « nombre de dixièmes » (par exemple).

Combien y a-t-il de dizaines dans 205,502 ?

Il y en a 20 (voir chapitre 1 §2.3) car $205{,}502 = 20 \times 10 + 5{,}502$

20 est le nombre de dizaines de 205,502.

Combien y a-t-il de dixièmes dans 205,502 ?

Il y en a 2 055 car $205{,}502 = 205 + \frac{5}{10} + \frac{0}{100} + \frac{2}{1\,000}$ (voir ci-dessus)

donc $205{,}502 = \frac{2050}{10} + \frac{5}{10} + \frac{0}{100} + \frac{2}{1\,000}$ (voir §1.2)

donc $205{,}502 = \frac{2055}{10} + \frac{0}{100} + \frac{2}{1\,000}$ (voir §1.8 A)

2 055 est le nombre de dixièmes de 205,502.

Entrainement 13

Trouver le chiffre des centièmes, le chiffre des centaines, le nombre de centaines et le nombre de centièmes de 1 257,345.

Corrigé p. 137

Corrigé QCM 4 : Je suis un nombre décimal écrit avec deux chiffres à droite de la virgule. Mon chiffre des centièmes est 5 et mon nombre de dixièmes est 12.

Qcm 4, p. 110

A. La réponse est 1,25. En effet : $1{,}25 = 12 \times \frac{1}{10} + \frac{5}{100}$.

B. Dans 120,05, il y a 1 200 dixièmes et le chiffre des centièmes est 5.

C. Dans 12,05, il y a 120 dixièmes et le chiffre des centièmes est 5.

D. Dans 0,125, il y a 1 dixième et le chiffre des centièmes est 2 (5 est le chiffre des millièmes).

E. Dans 1,125, il y a 11 dixièmes et le chiffre des centièmes est 2 (5 est le chiffre des millièmes).

Entrainement 14

Trouver le nombre décimal dont :
– l'écriture décimale comporte trois chiffres à droite de la virgule ;
– le nombre de dizaines est égal à 25 ;
– le chiffre des unités est le même que son chiffre des centaines et que son chiffre des millièmes ;
– la partie décimale est inférieure à 0,71 et supérieure à 0,7.

Corrigé p. 137

2 6. Comparaison de deux nombres décimaux positifs

FICHE MÉTHODE 8 **Comparer des nombres décimaux et les ranger.**

Corrigé QCM 5 : Ranger ces nombres par ordre croissant :

3,6 3,583 3,57 10,01

Qcm 5, p. 110

1. Trouver le rang de plus grande valeur pour l'ensemble des nombres.

– Comparer les chiffres pour ce rang (en l'absence de chiffre pour l'un des nombres, considérer que le chiffre est 0).

– Le plus grand nombre est celui qui a le chiffre de plus grande valeur pour le rang considéré.

– Pour les nombres qui comportent des chiffres identiques au rang considéré, passer à l'étape 2.

Pour faciliter la tâche, imaginer que les nombres sont écrits les uns sous les autres, en alignant les chiffres de même rang dans la même colonne :

3,6 3,583 3,57 10,01	**10,01** est le seul à comporter un chiffre autre que 0 au rang des dizaines : c'est le plus grand de la série.

2. **Faire le même travail au rang immédiatement inférieur.**	**Au rang des unités :** tous les autres nombres comportent le même chiffre ; il faut donc passer au rang des dixièmes. **Au rang des dixièmes : 3,6** comporte un chiffre de plus grande valeur que les deux autres nombres restants (3,583 et 3,57). C'est donc le plus grand des 3 nombres.
3. **Étapes suivantes** **Faire le même travail en passant chaque fois au rang immédiatement inférieur.**	**Au rang des centièmes : 3,583** comporte un chiffre de plus grande valeur que l'autre nombre restant (3,57). C'est donc le plus grand des deux nombres. D'où le rangement par ordre croissant : $3{,}57 < 3{,}583 < 3{,}6 < 10{,}01$.

Autre méthode

La méthode de comparaison que nous venons de voir diffère de celle qui est souvent enseignée et formulée ainsi :

– on compare d'abord les parties entières : si elles sont différentes, le plus grand nombre est celui qui a la plus grande partie entière ;

– si les parties entières sont égales, on compare respectivement chaque chiffre des parties à droite de la virgule, à partir des dixièmes, en s'arrêtant dès qu'un chiffre diffère à un rang donné : le plus grand nombre décimal est celui qui a le « plus grand chiffre » à ce rang.

Les deux méthodes sont évidemment équivalentes. Celle que nous proposons présente l'avantage de fonctionner aussi bien avec les nombres naturels qu'avec les nombres décimaux écrits avec une virgule.

Corrigé QCM 3, affirmation C : L'assertion « 0,27 est inférieur à 0,206 » est fausse puisque les chiffres des unités et des dixièmes sont égaux et que le chiffre des centièmes de 0,27 a une valeur plus grande que le chiffre des centièmes de 0,206 (on a donc $0{,}27 > 0{,}206$). On peut aussi revenir à l'écriture sous forme de fraction décimale :

Qcm 3, p. 109

$0{,}27 = \frac{27}{100} = \frac{270}{1\,000}$ et $0{,}206 = \frac{206}{1\,000}$.

On remarque que $\frac{270}{1\,000} > \frac{206}{1\,000}$.

Entrainement 15

Ranger par ordre croissant les nombres :

2,02 20,002 2,22 2,0222 2,0002 2,202.

Corrigé p. 137

❷ 7. Intercalation de nombres décimaux positifs entre deux nombres décimaux positifs

Entre deux nombres décimaux, on peut intercaler une infinité de nombres décimaux.

Exemple : Entre 0,429 et 0,43, on peut placer une infinité de nombres décimaux : 0,4291 ; 0,42901 ; etc. Le fait d'ajouter des chiffres à droite de l'écriture 0,429 ne permet pas d'obtenir un nombre supérieur à 0,429.

Conséquence :

Entre deux nombres rationnels différents, on peut intercaler une infinité de nombres décimaux.

Corrigé QCM 3, affirmation D : La réponse à l'affirmation « Entre $\frac{87}{93}$ et $\frac{88}{93}$ on peut intercaler au moins un nombre décimal » est liée à cette propriété.

Qcm 3, p. 109

En effet, comme $\frac{87}{93} \approx 0{,}9354$ et $\frac{88}{93} \approx 0{,}9462$, on a : $\frac{87}{93} < 0{,}936 < 0{,}946 < \frac{88}{93}$.

En particulier, tout nombre décimal compris entre 0,936 et 0,946 (il y en a une infinité) est aussi compris entre $\frac{87}{93}$ et $\frac{88}{93}$, comme 0,9365 ou 0,94 ou 0,9452, etc.

Entrainement 16

Corrigé p. 137

a. Déterminer les chiffres a et b qui satisfont à l'encadrement :
$3{,}8276 < 3{,}8ab4 \leqslant 3{,}834$.

b. Dénombrer les solutions de la double inégalité :
$43{,}8276 < a3{,}5cd4 \leqslant 53{,}834$ où trois chiffres sont à déterminer.

2 8. Calcul avec les nombres décimaux positifs

Un nombre décimal pouvant être exprimé sous forme de fraction décimale, les calculs sur les nombres décimaux peuvent se ramener à des calculs sur les fractions.

Exemple : $2{,}35 \times 13{,}026 = \frac{235}{100} \times \frac{13026}{1\,000} = \frac{235 \times 13026}{100000}$

On envisage donc ci-dessous seulement les particularités liées aux calculs posés (techniques opératoires) pour les nombres décimaux exprimés par leurs écritures décimales (avec une virgule).

A. Addition et soustraction de deux nombres décimaux

Le mode de calcul est le même que pour les nombres entiers naturels[3], en alignant verticalement les chiffres de même rang (à l'aide de la virgule) et en considérant que l'absence de chiffre à un rang donné équivaut à la présence du chiffre 0.

3. Chapitre 2, p. 45

Exemples :

Addition : 48,75 + 9,693	Soustraction : 405,6 – 87,956
On considère que le 1er terme peut aussi s'écrire 48,750. $\begin{array}{r} 48{,}75 \\ +\ \ 9{,}693 \\ \hline 58{,}443 \end{array}$	On considère que le 1er terme peut aussi s'écrire 405,600. $\begin{array}{r} 405{,}6 \\ -\ \ 87{,}956 \\ \hline 317{,}644 \end{array}$

B. Multiplication de deux nombres décimaux

Le mode de calcul est le même que pour les nombres entiers naturels. Pour placer la virgule dans le résultat, il faut procéder comme dans l'exemple suivant :

$$\begin{array}{rr} & 36{,}8 \\ \times & 2{,}07 \\ \hline & 2576 \\ & 73600 \\ \hline & 76{,}176 \end{array}$$

$$36{,}8 \times 2{,}07 = \frac{368}{10} \times \frac{207}{100} = \frac{76176}{1\,000} = 76{,}176$$

ce qui revient à multiplier les nombres entiers 368 et 207, à diviser le résultat par 1 000 (donc en laissant 3 chiffres à droite de la virgule).

C. Division d'un nombre décimal par un nombre décimal

• La division posée de deux nombres décimaux (non naturels), appelée division décimale, peut se ramener à celle d'un nombre décimal par un nombre entier naturel, en utilisant la propriété de conservation du quotient par multiplication ou division des deux termes d'une division par un même nombre :

> a, b et k étant des nombres décimaux non nuls :
> $a : b = (a \times k) : (b \times k)$ et $a : b = (a : k) : (b : k)$

Justification : On utilise la règle d'égalité des fractions vue au §1.2.

Ainsi, le calcul de 91,63 : 3,8 peut être remplacé par celui de 916,3 : 38.

En effet : 91,63 : 3,8 = (91,63 × 10) : (3,8 x 10) = 916,3 : 38.

$$\begin{array}{r|l} 916{,}3 & 38 \\ \cline{2-2} -76\phantom{6{,}3} & 24{,}11 \\ \cline{1-1} 156\phantom{{,}3} & \\ -152\phantom{{,}3} & \\ \cline{1-1} 4\,3 & \\ -\,3\,8 & \\ \cline{1-1} 5\,0 & \\ -\,3\,8 & \\ \cline{1-1} 1\,2 & \end{array}$$

Il faut ensuite bien repérer la quantité divisée à chaque étape.
Pour les deux premières étapes (chiffres 2 et 4 du quotient), la division se déroule sur des nombres entiers naturels.
Pour la 3e étape, on divise 43 dixièmes par 38 et on obtient 1 dixième au quotient.
Pour la 4e étape, on divise 50 centièmes par 38 et on obtient 1 centième au quotient.

24,11 est le quotient approché par défaut de 916,3 : 38 et également celui de 91,63 : 3,8. › §3.3 p. 132

L'interprétation du reste est plus délicate :

– Dans 916,3 : 38, le reste est 0,12. On peut vérifier que 38 × 24,11 + 0,12 = 916,3.

– Dans 91,63 : 3,8, le reste est 0,012 (reste précédent divisé par 10).

On peut vérifier que 3,8 × 24,11 + 0,012 = 91,63.

• **À propos de la division décimale de deux nombres entiers naturels** :

Les entiers naturels sont des nombres décimaux. Il est donc possible d'effectuer la division décimale de deux nombres entiers naturels en utilisant la technique présentée ci-dessous.

Ainsi 5 : 2 = 2,5 17 : 8 = 2,125 5 : 7 ≈ 0,714 (quotient approché au millième par défaut).

Pour la division de 2 nombres entiers naturels, il faut donc considérer 3 types de quotients :

	Exemples :
1. Le quotient dans la division euclidienne (le quotient est un nombre entier naturel)	Division de 45 par 5 $\rightarrow q = 9$ (avec $r = 0$, r étant le reste entier). On peut écrire $45 : 5 = 9$. Division de 17 par 8 $\rightarrow q = 2$ (avec $r = 1$) Division de 5 par 7 $\rightarrow q = 2$ (avec $r = 5$)
2. Le quotient dans la division décimale (le quotient est un nombre décimal qui peut dans certains cas être un nombre entier)	Division de 45 par 5 $\rightarrow q = 9$. On peut écrire $45 : 5 = 9$. Division de 17 par 8 $\rightarrow q = 2{,}125$. On peut écrire $17 : 8 = 2{,}125$. Division de 5 par 7 $\rightarrow q \approx 0{,}714$ (quotient approché au millième par défaut). On peut écrire $5 : 7 \approx 0{,}714$
3. Le quotient dans Q (le quotient est un nombre rationnel qui peut dans certains cas être un nombre décimal)	Division de 45 par 5 $\rightarrow q = \frac{45}{5}$. On peut écrire $45 : 5 = \frac{45}{5} = 9$. Division de 17 par 8 $\rightarrow q = \frac{17}{8}$. On peut écrire $17 : 8 = \frac{17}{8} = 2{,}125$. Division de 5 par 7 $\rightarrow q = \frac{5}{7}$. On peut écrire $5 : 7 = \frac{5}{7} \approx 0{,}714$ (0,714 est une valeur approchée de $\frac{5}{7}$).

Entrainement 17

Corrigé p. 137

a. Calculer $204{,}56 \times 45{,}75$.

b. En déduire le résultat de $93\,586{,}2 : 457{,}5$.

c. En déduire également celui de $93{,}5862 : 0{,}4575$.

Entrainement 18

Corrigé p. 137

Calculer (en posant l'opération) le quotient au centième par défaut de la division de 468,65 par 72,6.

3 Écritures fractionnaires et écritures décimales

Un nombre décimal peut toujours être exprimé sous forme fractionnaire, en particulier sous forme de fraction décimale (voir §2.1).

$\frac{7}{25}$ est un nombre rationnel décimal car $\frac{7}{25} = \frac{28}{100}$. Il peut aussi, par conséquent, être exprimé par une écriture décimale (écriture à l'aide d'une suite de chiffres et éventuellement d'une virgule) avec un nombre fini de chiffres à droite de la virgule : $\frac{7}{25} = \frac{28}{100} = 0{,}28$.

La question abordée ici est celle de l'écriture décimale (donc avec une suite de chiffres et une virgule) des nombres rationnels positifs non décimaux.

❸ 1. Passage d'une écriture fractionnaire à une écriture décimale et inversement

FICHE MÉTHODE 9 **Écrire sous forme décimale un nombre rationnel non décimal.**

→ Trouver l'écriture décimale de la fraction $\frac{43}{7}$.

Pour trouver l'écriture décimale, divisons 43 par 7.

43	7
10	6,1428571...
30	
20	
60	
40	
50	
10	
30	

Les calculs successifs des chiffres de l'écriture décimale du quotient obtenu dans la division de 43 par 7 donnent :

43 par 7 quotient 6 et reste 1
10 par 7 quotient 1 et reste 3
30 par 7 quotient 4 et reste 2
20 par 7 quotient 2 et reste 6, etc.

Les restes successifs sont donc 1, 3, 2, 6, 4, 5, 1, 3...

Le septième reste, 1, a déjà été obtenu dans le calcul précédent ; les calculs ultérieurs reproduiront donc la même suite, et les valeurs successives des chiffres du quotient de 43 par 7 se répèteront donc cycliquement : 14285714285714...

La suite décimale est donc illimitée et périodique, la période étant ici constituée par le nombre de six chiffres 142857.

On écrit : $\frac{43}{7} = 6,\overline{145857}$

Méthode générale

Pour un rationnel $\frac{p}{q}$ (p appartenant à N et q à N – {0}), les restes dans les divisions successives par q peuvent prendre au plus q valeurs {0, 1, ..., q – 1} car, dans une division, les restes successifs sont des nombres entiers strictement inférieurs au diviseur.

• **Si l'un des restes est égal à 0**, alors « la division s'arrête », le nombre de chiffres après la virgule est fini, $\frac{p}{q}$ est alors un **décimal**.

• **Si les restes successifs sont tous différents de 0**, ils peuvent prendre les valeurs {1, ..., q – 1} : la suite de ces restes successifs est illimitée, mais prend au plus q – 1 valeurs différentes. La suite étant illimitée, on retrouvera un reste déjà produit, et donc la même suite de chiffres (la période) pour le quotient.

Dans ce cas, une écriture finie ne donne donc qu'une valeur approchée de ce nombre.

Conséquence : Tout nombre rationnel positif non décimal peut être exprimé par une écriture décimale (suite de chiffres avec une virgule) comportant une suite périodique de chiffres.

FICHE MÉTHODE 10 **Écrire sous forme fractionnaire un nombre rationnel positif donné sous forme décimale comportant une suite périodique.**

→ Trouver la forme fractionnaire de $15,0\overline{32}$ (15,03232... avec un nombre illimité de 32).

1. **Appeler x le nombre donné.**	$x = 15,03232...$ La période est la suite 32.
2. **Multiplier x par une puissance de 10** de façon à obtenir un nombre dont la partie entière englobe la première apparition de la période.	$1\,000\,x = 15\,032,3232...$
3. **Multiplier x par une puissance de 10** de façon à obtenir un nombre dont la partie entière ne comporte pas la période et dont la partie à droite de la virgule commence avec cette période.	$10\,x = 150,323232...$
4. **Soustraire le deuxième nombre du premier.** Le résultat est un nombre entier car les parties à droite de la virgule sont identiques.	$1\,000\,x - 10\,x = 15\,032 - 150 = 14\,882$. Donc $990\,x = 14\,882$.
5. **Résoudre l'équation**, puis simplifier la fraction obtenue.	$x = \frac{14882}{990} = \frac{7441}{495}$. Donc $15,0\overline{32} = \frac{7\,441}{495}$.

Entrainement 19

Établir que $0,\overline{9} = 1$ et que $1,\overline{9} = 2$.

Corrigé p. 138

Entrainement 20

Déterminer une écriture fractionnaire de $19,23\overline{45}$.

Corrigé p. 138

3 2. Notation scientifique

L'écriture des nombres comportant un grand nombre de chiffres en notation habituelle rend souvent leur manipulation malaisée et permet difficilement d'en apprécier l'ordre de grandeur. Le recours à la notation scientifique constitue alors une aide.

> **Pour le calcul sur les puissances,** se reporter au chapitre 6, §3.2 p. 156

Un nombre positif est écrit en notation scientifique s'il est écrit sous la forme :
$a \times 10^p$ avec a nombre décimal tel que $1 \leqslant a < 10$; p nombre entier relatif.

Exemples :

- La notation scientifique de 4 508 est : $\mathbf{4,508 \times 10^3}$.
- La notation scientifique de 7,9 est : $\mathbf{7,9 \times 10^0}$.
- La notation scientifique de 0,00578 est : $\mathbf{5,78 \times 10^{-3}}$.
- La notation scientifique de 4 815 236,502 est : $\mathbf{4,815\,236\,502 \times 10^6}$.

Attention !
$0,17 \times 10^3$ n'est pas l'écriture scientifique de 170.
Son écriture scientifique est $1,7 \times 10^2$.

Entrainement 21

Écrire en notation scientifique :
47 000 0,00000000047 47 $371{,}5 \times 10^7$.

Corrigé p. 138

Entrainement 22

Le son se propage dans l'air à environ $3{,}43 \times 10^2$ m/s (à 20 °C).
Entre la vision d'un éclair et le coup de tonnerre, 3,5 s se sont écoulées.
À quelle distance l'orage se trouve-t-il (en supposant que la température est d'environ 20 °C) ?

Corrigé p. 138

3. Approximation décimale d'un nombre rationnel

Un nombre rationnel non nombre décimal ne peut pas être écrit exactement à l'aide d'une écriture décimale (celle-ci étant alors illimitée).

On travaille donc souvent avec une partie seulement de son écriture, en négligeant, d'une certaine manière, l'autre partie, et en considérant que tout nombre rationnel est « approchable » par un nombre décimal avec une précision aussi grande que l'on veut.

Propriété

Tout nombre rationnel non décimal peut être approché par un nombre décimal.

> Cette propriété est également valable pour les nombres réels étudiés au chapitre suivant.

Cette propriété permet de réaliser des calculs avec des approximations de nombres rationnels non décimaux. Les approximations décimales sont choisies en fonction de la précision des résultats que l'on souhaite obtenir.

Cette approximation peut être :
– une valeur approchée à p près ;
– une troncature ;
– un arrondi.

A. Valeur approchée

Une valeur approchée **par défaut**, à p près, d'un nombre x, est un nombre a tel que :

$$a \leqslant x \leqslant a + p.$$

Une valeur approchée **par excès**, à p près, d'un nombre x, est un nombre a tel que :

$$a - p \leqslant x \leqslant a.$$

Exemple : $\frac{22}{7} = 3{,}1428571429...$

- On peut donc écrire : $3{,}1 \leqslant \frac{22}{7} \leqslant 3{,}1 + 0{,}1$ et $3{,}2 - 0{,}1 \leqslant \frac{22}{7} \leqslant 3{,}2$.

– Une valeur approchée par défaut à $\frac{1}{10}$ près de $\frac{22}{7}$ est : **3,1**.

– Une valeur approchée par excès à $\frac{1}{10}$ près de $\frac{22}{7}$ est : **3,2**.

- On peut également écrire : $3{,}142 \leqslant \frac{22}{7} \leqslant 3{,}143$.

– Une valeur approchée par défaut à $\frac{1}{1000}$ près (ou à 10^{-3} près) de $\frac{22}{7}$ est **3,142**.

– Une valeur approchée par excès à $\frac{1}{1000}$ près (ou à 10^{-3} près) de $\frac{22}{7}$ est **3,143**.

B. Arrondi

Exemple : $\frac{22}{7} = 3{,}1428571429...$

- L'arrondi à l'unité de $\frac{22}{7}$ est **3**. C'est l'entier le plus proche de $\frac{22}{7}$.
- L'arrondi au dix-millièmes près de $\frac{22}{7}$ est **3,1429**.

C'est le décimal comportant quatre chiffres à droite de la virgule et qui est le plus proche de $\frac{22}{7}$.

C. Troncature

Exemple : $\frac{22}{7} = 3{,}1428571429...$

- La troncature à l'unité de $\frac{22}{7}$ est **3**.

C'est l'entier obtenu en « coupant au niveau des unités ».

- La troncature au dix-millièmes de $\frac{22}{7}$ est **3,1428**.

C'est le décimal obtenu en « coupant au niveau des dix-millièmes ».

Synthèse

Nombre	Troncature à l'unité	Troncature au dixième	Arrondi à l'unité	Arrondi au dixième
12,24	12	12,2	12	12,2
12,46	12	12,4	12	12,5
12,64	12	12,6	13	12,6
12,45	12	12,4	12	12,5

Entrainement 23

Donner :

– une valeur approchée par défaut à 10^{-6} près du nombre $\frac{31}{17}$;

– une valeur approchée par défaut à 10^{-6} près du nombre $\frac{3\,100}{17}$;

– une troncature au dixième et un arrondi au millième de chacun de ces nombres.

Corrigé p. 138

Corrigés

Entrainement 1

Énoncé p. 114

a. $352 = 32 \times 11 = 2^5 \times 11$ et $44 = 2^2 \times 11$

$\frac{352}{44} = \frac{2^5 \times 11}{2^2 \times 11} = 2^3 = 8$

b. $4\,242 = 42 \times 101 = 2 \times 3 \times 7 \times 101$ et $2\,828 = 28 \times 101 = 2^2 \times 7 \times 101$

$\frac{4\,242}{2\,828} = \frac{2 \times 3 \times 7 \times 101}{2^2 \times 7 \times 101} = \frac{3}{2}$

c. $242\,424 = 24 \times 10\,101 = 2^3 \times 3 \times 10\,101$ et $323\,232 = 32 \times 10\,101 = 2^5 \times 10\,101$

$\frac{242\,424}{323\,232} = \frac{2^3 \times 3 \times 10\,101}{2^5 \times 10\,101} = \frac{3}{2^2} = \frac{3}{4}$

d. $32\,032 = 32 \times 1\,001 = 2^5 \times 7 \times 11 \times 13$ et $77 = 7 \times 11$

$\frac{32\,032}{77} = \frac{2^5 \times 7 \times 11 \times 13}{7 \times 11} = 2^5 \times 13 = 416$

Entrainement 2

Énoncé p. 116

On peut choisir 126 comme dénominateur commun.

$1 = \frac{126}{126}$; $\frac{3}{7} = \frac{54}{126}$; $\frac{2}{9} = \frac{28}{126}$; $\frac{1}{2} = \frac{63}{126}$; $\frac{7}{9} = \frac{98}{126}$.

D'où : $\frac{2}{9} < \frac{3}{7} < \frac{1}{2} < \frac{7}{9} < 1$.

On aurait pu aussi chercher la valeur décimale ou une valeur décimale approchée de chaque fraction.

Entrainement 3

Énoncé p. 117

Plusieurs solutions sont possibles, par exemple :

– Calculer la demi-somme de $\frac{15}{21}$ et $\frac{16}{21}$: $\frac{1}{2} \times \left(\frac{15}{21} + \frac{16}{21}\right) = \frac{1}{2} \times \frac{31}{21} = \frac{31}{42}$.

– Trouver des fractions entre deux fractions égales à $\frac{15}{21}$ et $\frac{16}{21}$, par exemple entre $\frac{150}{210}$ et $\frac{160}{210}$, comme $\frac{153}{210}$.

– Trouver des fractions décimales comprises entre des valeurs approchées des deux fractions : $\frac{15}{21} \approx 0{,}71$ et $\frac{16}{21} \approx 0{,}76$.

La fraction $\frac{74}{100}$ est une réponse possible.

Entrainement 4

Énoncé p. 117

On peut choisir deux fractions égales à ces fractions, de dénominateur 91 (car $7 \times 13 = 91$) : $\frac{9}{7} = \frac{117}{91}$; $\frac{19}{13} = \frac{133}{91}$.

Une réponse possible, parmi beaucoup d'autres, est $\frac{126}{91}$.

Entrainement 5

Énoncé p. 117

$\frac{212\,547}{208\,125} > 1$ et $\frac{5\,451\,247}{6\,251\,342} < 1$ donc $\frac{5\,451\,247}{6\,251\,342} < \frac{212\,547}{208\,125}$.

Entrainement 6

Énoncé p. 118

Effectuons la division euclidienne de 1 515 par 12 : $1\,515 = (12 \times 126) + 3$.

Donc : $\frac{1\,515}{12} = 126 + \frac{3}{12} = 126 + \frac{1}{4}$.

Entrainement 7

Énoncé p. 119

$A = \frac{5}{6} + \frac{7}{2} - \frac{5}{3} = \frac{5}{6} + \frac{21}{6} - \frac{10}{6} = \frac{16}{6} = \frac{5}{3}$

$B = \frac{5}{6} \times \frac{7}{2} - \frac{5}{3} = \frac{5 \times 7}{6 \times 2} - \frac{5}{3} = \frac{35}{12} - \frac{5}{3} = \frac{35}{12} - \frac{20}{12} = \frac{15}{12} = \frac{5}{4}$

$C = \frac{5}{6} + \frac{7}{2} \times \frac{5}{3} = \frac{5}{6} + \frac{7 \times 5}{2 \times 3} = \frac{5}{6} + \frac{35}{6} = \frac{40}{6} = \frac{20}{3}$

$D = \frac{7}{75} : \frac{14}{10} \times \frac{3}{2} = \frac{7}{75} \times \frac{10}{14} \times \frac{3}{2} = \frac{\cancel{7} \times \cancel{5} \times \cancel{2} \times \cancel{3}}{\cancel{5} \times 5 \times \cancel{3} \times \cancel{7} \times \cancel{2} \times 2} = \frac{1}{10}$

Entrainement 8

Énoncé p. 120

a. $A = \frac{2 - \frac{7}{8}}{6 \times 4} = \frac{\frac{16}{8} - \frac{7}{8}}{24} = \frac{\frac{9}{8}}{24} = \frac{9}{8} \times \frac{1}{24} = \frac{3 \times 3}{8 \times 8 \times 3} = \frac{3}{8 \times 8} = \frac{3}{64}$

b. $B = \frac{\frac{3}{2} - \frac{2}{\frac{8}{3}}}{\frac{5}{8} \times \frac{1}{6}} = \frac{\frac{3}{2} - 2 \times \frac{3}{8}}{\frac{5}{48}} = \frac{\frac{3}{2} - \frac{6}{8}}{\frac{5}{48}} = \frac{\frac{3}{2} - \frac{3}{4}}{\frac{5}{48}} = \frac{\frac{6}{4} - \frac{3}{4}}{\frac{5}{48}}$

$= \frac{\frac{3}{4}}{\frac{5}{48}} = \frac{3}{4} \times \frac{48}{5} = \frac{3 \times 4 \times 12}{4 \times 5} = \frac{3 \times 12}{5} = \frac{36}{5}$

Entrainement 9

Énoncé p. 121

a. $\frac{3\,745}{10} = 374 + \frac{5}{10}$ Cette décomposition répond aux 2 questions.

$\frac{789}{1\,000} = 0 + \frac{7}{10} + \frac{8}{100} + \frac{9}{1\,000} = 0 + \frac{789}{1\,000}$

$\frac{12}{100} = 0 + \frac{1}{10} + \frac{2}{100} = 0 + \frac{12}{100}$

$\frac{305}{100} = 3 + \frac{5}{100}$ Cette décomposition répond aux 2 questions.

$\frac{2\,340}{1\,000} = 2 + \frac{3}{10} + \frac{4}{100} = 2 + \frac{34}{100}$

b. $5+\frac{3}{10}+\frac{6}{100}=\frac{536}{100}$

$32+\frac{5}{100}=\frac{3\ 205}{100}$

$5+\frac{3}{10}+\frac{5}{1\ 000}=\frac{5\ 305}{1\ 000}$

$27+\frac{61}{1\ 000}=\frac{27\ 061}{1\ 000}$

Entrainement 10

Énoncé p. 122

a. $58+\frac{3}{10}+\frac{6}{100}=58{,}36$ $\quad 5+\frac{6}{100}=5{,}06$

$\frac{4}{10}+\frac{6}{1\ 000}=0{,}406$ $\quad 15+\frac{45}{100}=15{,}45$

b. $47{,}385=47+\frac{3}{10}+\frac{8}{100}+\frac{5}{1\ 000}=47+\frac{385}{1\ 000}$

$5{,}056=5+\frac{5}{100}+\frac{6}{1\ 000}=5+\frac{56}{1\ 000}$

$19{,}501=19+\frac{5}{10}+\frac{1}{1\ 000}=19+\frac{501}{1\ 000}$

$0{,}56=0+\frac{5}{10}+\frac{6}{100}=0+\frac{56}{100}$

c. $3{,}51=\frac{351}{100}$ $\quad 0{,}04=\frac{4}{100}$ $\quad 3{,}071=\frac{3\ 071}{1\ 000}$

› Pour **c.**, d'autres réponses sont possibles, par exemple : $3{,}51=\frac{3510}{1\ 000}$

Entrainement 11

Énoncé p. 122

$3{,}43 = 343 \times 10^{-2}$

$0{,}051 = 51 \times 10^{-3}$

$0{,}00017 = 17 \times 10^{-5}$

$3{,}075 \times 10^{2} = 307{,}5 = 0{,}003075 \times 10^{5}$.

Entrainement 12

Énoncé p. 123

a. $A=\frac{364}{1001}=\frac{4\times7\times13}{7\times11\times13}=\frac{4}{11}$

A n'est donc pas un décimal (le dénominateur de la fraction réduite ne se décompose pas en produit de facteurs ne comportant que des 2 ou des 5).

$B=\frac{384}{275}=\frac{2^7\times3}{5^2\times11}$ ce qui montre également que B n'est pas un nombre décimal.

b. $A+B=\frac{4}{11}+\frac{2^7\times3}{5^2\times11}=\frac{4\times5^2}{5^2\times11}+\frac{2^7\times3}{5^2\times11}=\frac{100}{275}+\frac{384}{275}=\frac{484}{275}=\frac{44}{25}=\frac{44}{5^2}$

ce qui prouve que A + B est un nombre décimal (la décomposition en facteurs premiers du dénominateur de la fraction réduite irréductible ne comporte que des 5).

On aurait pu également vérifier que A + B =1,76 (écriture décimale finie).

Cet exemple montre que la somme de deux nombres non décimaux peut être un nombre décimal.

Entrainement 13

Énoncé p. 125

Dans 1 257,345 :
- le chiffre des centièmes est 4 ;
- le chiffre des centaines est 2 ;
- le nombre de centaines est 12 ;
- le nombre de centièmes est 125 734.

Entrainement 14

Énoncé p. 125

C'est le nombre 252,702.

Entrainement 15

Énoncé p. 126

2,0002 < 2,02 < 2,0222 < 2,202 < 2,22 < 20,002.

Entrainement 16

Énoncé p. 127

a. Le chiffre des centièmes a peut être :
- soit 2 (et le chiffre des millièmes b est alors 8 ou 9) ;
- soit 3 (et le chiffre des millièmes est alors 0 ou 1 ou 2 ou 3).

D'où **les six réponses possibles** : 3,8284 ; 3,8294 ; 3,8304 ; 3,8314 ; 3,8324 ; 3,8334.

b. Le chiffre des dizaines ne peut être que 5, donc $\boldsymbol{a} = \mathbf{5}$.

Le problème à résoudre peut donc s'écrire : $43{,}8276 < 53{,}5cd4 \leqslant 53{,}834$.

À la place de c et d, on peut donc placer n'importe quel chiffre de 0 à 9. Il y a donc dix valeurs possibles pour le chiffre c des centièmes et, pour chacune de ces valeurs, il y a dix valeurs possibles pour le chiffre d des millièmes.

Il y a donc, au total, **100 valeurs possibles** (10×10).

AUTRE MÉTHODE

À la place des chiffres c et d, on peut écrire tous les nombres de deux chiffres allant de 00, 01, … à 99 (soit 100 nombres possibles).

Entrainement 17

Énoncé p. 129

a. $204{,}56 \times 45{,}75 = 9\,358{,}62$

b. De **a.**, on tire : 9 358,62 : 45,75 = 204,56.

En multipliant les 2 termes de la division par 10, on obtient :
93 586,2 : 457,5 = 204,56 (conservation du quotient par multiplication)

c. En divisant les 2 termes de la division par 100, on obtient :
93,5862 : 0,4575 = 204,56 (conservation du quotient par division).

Entrainement 18

Énoncé p. 129

Le quotient approché au centième par défaut est égal à : 6,45.

Entrainement 19

Énoncé p. 131

- Pour $0,\overline{9}=1$

Soit $x=0,\overline{9}=0,9999\ldots$

$10x = 9,9999\ldots$

$10x - x = 9$ donc $9x = 9$ donc $x = 1$

AUTRE MÉTHODE

On peut aussi remarquer que $0,9999\ldots = 3 \times 0,3333\ldots$

Sachant que $0,3333\ldots=\frac{1}{3}$, on en déduit que $0,9999\ldots=3\times\frac{1}{3}=1$

- Pour $1,\overline{9}=2$

Soit $x=1,\overline{9}=1,9999\ldots$

$10x = 19,9999\ldots$

$10x - x = 18$, donc $9x = 18$, donc $x = 2$.

AUTRE MÉTHODE

On aurait pu directement trouver la deuxième réponse en écrivant que :

$1,\overline{9}=1+0,\overline{9}=1+1=2$.

Entrainement 20

Énoncé p. 131

Soit $x=19,23\overline{45}=19,23454545\ldots$

$10\,000x = 192\,345,4545\ldots$

$100x = 1\,923,454545\ldots$

$10\,000x - 100\,x = 190\,422$, donc $9\,900x = 190\,422$, donc $x=\frac{190\,422}{9\,900}=\frac{10\,579}{550}$.

Entrainement 21

Énoncé p. 132

$47\,000 = 4,7 \times 10^4$

$0,00000000047 = 4,7 \times 10^{-10}$

$47 = 4,7 \times 10^1$

$371,5 \times 10^7 = 3,715 \times 10^2 \times 10^7 = 3,715 \times 10^9$.

Entrainement 22

Énoncé p. 132

La distance s'obtient en calculant : $3,43 \times 10^2$ m/s $\times 3,5$ s $= 12,005 \times 10^2$ m, soit 1 200,5 m, soit environ 1,2 km.

Entrainement 23

Énoncé p. 133

- **1,823529** est une valeur approchée par défaut à 10^{-6} près du nombre $\frac{31}{17}$.

Sa troncature au dixième est **1,8** et l'arrondi au millième est **1,824**.

- **182,352941** est une valeur approchée par défaut à 10^{-6} près du nombre $\frac{3100}{17}$.

Sa troncature au dixième est **182,3** et l'arrondi au millième est **182,353**.

AU CONCOURS Les nombres rationnels et les nombres décimaux positifs

Exercice 1

Corrigé p. 142

Écrire un entier à la place du point pour que l'écriture fractionnaire désigne :

un entier naturel	un décimal non entier naturel	un rationnel non décimal
$A=\frac{\bullet}{85}$	$C=\frac{\bullet}{85}$	$E=\frac{\bullet}{85}$
$B=\frac{85}{\bullet}$	$D=\frac{85}{\bullet}$	$F=\frac{85}{\bullet}$

Exercice 2

Corrigé p. 142

1. Convertir les durées suivantes en secondes :

a. deux tiers d'heure **b.** 1,2 heure

2. Convertir les durées suivantes en heures, minutes et secondes :

a. 5 532 secondes **b.** 1,87 heure

Exercice 3

Corrigé p. 142

Remplacer les symboles & et @ par des signes opératoires (+, – ou ×) pour que cette égalité soit vraie :

$$\frac{3}{4} \ \& \left(\frac{5}{2} @ \frac{3}{4}\right) = \frac{21}{8}$$

Exercice 4

Corrigé p. 143

Simplifier :

$$A = \cfrac{1}{2+\cfrac{1}{2+\cfrac{1}{2+\cfrac{1}{2+\cfrac{1}{2}}}}}$$

Exercice 5

Corrigé p. 143

On considère une demi-droite graduée et prolongée ainsi jusqu'à 999 :

On écrit tous les nombres associés aux graduations indiquées sur cette demi-droite (sans écrire de 0 inutiles).

1. Combien de fois le chiffre 0 est-il écrit ?

2. Combien de nombres sont écrits avec deux fois le chiffre 0 ?

Exercice 6

Corrigé p. 144

On justifiera toutes les réponses.

On appelle « fraction égyptienne » toute fraction de la forme $\frac{1}{n}$, n désignant un nombre entier naturel non nul. Dans l'Égypte ancienne, on n'écrivait les nombres rationnels positifs inférieurs à 1 que sous la forme de sommes de « fractions égyptiennes » toutes différentes.

Par exemple, $\frac{25}{28}$ peut s'écrire $\frac{1}{2}+\frac{1}{4}+\frac{1}{7}$.

Le but du problème est de présenter quelques méthodes de décomposition de nombres rationnels en somme de « fractions égyptiennes » toutes différentes.

Partie A Exemples

1. Calculer la somme de ces six « fractions égyptiennes » : $\frac{1}{2}, \frac{1}{4}, \frac{1}{8}, \frac{1}{16}, \frac{1}{32}$ et $\frac{1}{64}$.

2. Décomposer $\frac{5}{8}$ en somme de « fractions égyptiennes » toutes différentes, dont les dénominateurs sont tous des puissances de 2.

Partie B Méthode de décomposition dans un cas particulier

On s'intéresse au cas où la fraction à décomposer a un numérateur égal à 2 et un dénominateur égal au produit de deux nombres entiers naturels impairs p et q.

1. Démontrer la formule : $\frac{2}{pq}=\frac{1}{p\left(\frac{p+q}{2}\right)}+\frac{1}{q\left(\frac{p+q}{2}\right)}$

2. Justifier que les dénominateurs des trois fractions de cette égalité sont des nombres entiers naturels.

3. En utilisant la formule établie à la question 1, trouver deux décompositions différentes de $\frac{2}{15}$ en somme de « fractions égyptiennes » différentes.

4. Soit n un nombre entier naturel non nul. Donner une décomposition de la fraction $\frac{2}{2n+1}$ en somme de deux « fractions égyptiennes » différentes.

Partie C « Algorithme glouton » de Fibonacci

En 1201, Léonard de Pise (1175-1250), dit « Fibonacci », prouve que tout nombre rationnel compris entre 0 et 1 peut s'écrire sous la forme d'une somme de « fractions égyptiennes » toutes différentes et propose la méthode suivante pour obtenir une telle décomposition : « Soustraire à la fraction donnée la plus grande fraction égyptienne possible qui lui est inférieure, répéter l'opération avec la nouvelle fraction, et ainsi de suite jusqu'à ce que l'on obtienne 0. »

1. Appliquer cet algorithme à $\frac{13}{81}$ et donner une décomposition de la fraction $\frac{13}{81}$ en somme de trois « fractions égyptiennes » toutes différentes.

2. Dans le papyrus Rhind (1650 av. J.-C.), exposé au *British Museum*, figure une des plus anciennes approximations du nombre π égale à $\frac{256}{81}$ (écriture moderne).

a. Écrire $\frac{256}{81}$ sous la forme d'une somme d'un entier naturel et d'une fraction comprise entre 0 et 1.

b. Proposer une écriture de l'approximation de π donnée dans le papyrus Rhind sous forme d'une somme d'un nombre entier naturel et de « fractions égyptiennes » toutes différentes.

Corrigés

Exercice 1

Énoncé p. 139

La **décomposition de 85** en produit de facteurs premiers est : **5 × 17**.

> Telle que la question est libellée, il suffit de trouver chaque fois un nombre qui convient.
> On peut trouver ces nombres par tâtonnement. Ici, nous présentons les caractéristiques de toutes les solutions.

- **Pour A,** le point doit être remplacé par un multiple de 85. Par exemple : 0 ; 85 ; 170 ; 255…
- **Pour B,** le point doit être remplacé par un diviseur de 85, donc 1, ou 5, ou 17, ou 85.
- **Pour C,** le point doit être remplacé par un multiple de 17 non multiple de 5, pour que, après simplification, il ne reste que 5 au dénominateur. Par exemple : 17 ; 34 ; 51 ; 68 ; 102…
- **Pour D,** le point doit être remplacé par un nombre qui ne soit pas diviseur de 85, et dont la décomposition en produit de facteurs premiers ne comporte que des nombres choisis parmi 17, 2 et 5 (l'exposant de 17 n'étant pas supérieur à 1). Par exemple : 34 ; 50…
- **Pour E,** le point doit être remplacé par un nombre qui n'est pas multiple de 17 (pour interdire la simplification par 17). Par exemple : 5 ; 8 ; 21…
- **Pour F,** le point peut être remplacé par tout nombre dont la décomposition en produit de facteurs premiers ne soit pas de la forme $2^m \times 5^n$ ou de la forme $17 \times 2^m \times 5^n$. Par exemple : 7 ; 12 ; 51… (avec m et n entiers naturels).

Exercice 2

Énoncé p. 139

1. a. Un tiers d'heure = 20 min, donc deux tiers d'heure = 40 min = **2 400 s.**

AUTRE MÉTHODE

On peut aussi utiliser le fait que « prendre deux tiers d'une quantité » revient à la multiplier par $\frac{2}{3}$. Comme 1 h = 3 600 s, $\frac{2}{3}$ h = $\frac{2}{3} \times 3\,600$ s = 2 400 s.

> Attention !
> 1,2 h ≠ 1 h 20 min.

b. 1,2 h = 1,2 × 3 600 s = 4 320 s.

2. a. En effectuant la division euclidienne de 5 532 par 60, on obtient 92 pour quotient et 12 pour reste. Donc 5 532 s = 92 min 12 s.

92 min = 1 h 32 min   donc 5 532 s = 1 h 32 min 12 s.

b. 1,87 h = 1 h + $\frac{87}{100}$ h   or $\frac{87}{100}$ h = $\frac{87}{100} \times 60$ min = 52,2 min.

52,2 min = 52 min + $\frac{2}{10}$ min   or $\frac{2}{10}$ min = $\frac{2}{10} \times 60$ s = 12 s.

Donc 1,87 h = 1 h 52 min 12 s.

AUTRE MÉTHODE

Elle consiste à d'abord convertir 1,87 h en secondes, puis à raisonner comme au **2.a.** : 1 h = 3 600 s   donc 1,87 h = 1,87 × 3 600 s = 6 732 s, etc.

Exercice 3

Énoncé p. 139

$\frac{21}{8}$ est une fraction irréductible.

On ne peut pas avoir que des signes + ou –, car le résultat réduit aurait 4 au plus comme dénominateur.

On ne peut pas avoir non plus que des signes ×, car le dénominateur serait égal à 32, aucune réduction n'étant possible (pas de facteur commun entre le numérateur et le dénominateur du résultat).

Il y a donc un seul signe × et un autre signe qui est + ou −.

• **Si & est le signe ×, @ est un signe + ou −**

On a $\frac{3}{4}\times\left(\frac{5}{2}@\frac{3}{4}\right)=\frac{21}{8}$ donc $\frac{5}{2}@\frac{3}{4}=\frac{21}{8}:\frac{3}{4}=\frac{21}{8}\times\frac{4}{3}=\frac{7}{2}$

Or $\frac{5}{2}+\frac{3}{4}=\frac{13}{4}$ et $\frac{5}{2}-\frac{3}{4}=\frac{7}{4}$

Donc cette solution ne convient pas.

• **Si @ est le signe ×, & est un signe + ou −**

On a $\frac{3}{4}\&\left(\frac{5}{2}\times\frac{3}{4}\right)=\frac{21}{8}$ donc $\frac{3}{4}\&\frac{15}{8}=\frac{21}{8}$

ce qui est vérifié seulement si & est le signe +.

Donc la seule égalité possible est : $\mathbf{\frac{3}{4}+\left(\frac{5}{2}\times\frac{3}{4}\right)=\frac{21}{8}}$

On peut aussi procéder par essais systématiques en remplaçant respectivement et successivement @ et & par chacun des signes +, − et ×, ce qui fait 9 cas à examiner.

Exercice 4

Énoncé p. 139

$$A=\cfrac{1}{2+\cfrac{1}{2+\cfrac{1}{2+\cfrac{1}{2+\cfrac{1}{2}}}}}=\cfrac{1}{2+\cfrac{1}{2+\cfrac{1}{2+\cfrac{1}{\frac{5}{2}}}}}=\cfrac{1}{2+\cfrac{1}{2+\cfrac{1}{2+\frac{2}{5}}}}$$

$$=\cfrac{1}{2+\cfrac{1}{2+\cfrac{1}{\frac{12}{5}}}}=\cfrac{1}{2+\cfrac{1}{2+\frac{5}{12}}}=\cfrac{1}{2+\cfrac{1}{\frac{29}{12}}}=\cfrac{1}{2+\frac{12}{29}}=\cfrac{1}{\frac{70}{29}}=\mathbf{\frac{29}{70}}$$

Exercice 5

Énoncé p. 139

1. Sur cette demi-droite, les repères correspondent tous à des dixièmes :

– on ne peut placer que des nombres décimaux qui s'écrivent avec un chiffre après la virgule (12,01 ou 12,102 ne peuvent pas être placés par exemple) ;

– on ne peut pas placer des nombres décimaux avec un chiffre 0 à droite de la virgule (12,0 par exemple), puisque les 0 inutiles ne sont pas permis.

Donc, quand un nombre de cette graduation contient un « 0 », ce chiffre est forcément placé dans la partie entière du nombre.

De plus, les parties entières des nombres considérés ne peuvent comporter que un ou deux « 0 » puisque tous les nombres sont inférieurs à 1 000.

• **À chaque partie entière dont l'écriture décimale contient un « 0 »**, il correspond 10 nombres de la graduation (donc 10 fois le chiffre 0).

Par exemple :

– à 0, il correspond : 0,1 ; 0,2 ; … ; 0,9 ;

– à 20, il correspond : 20 ; 20,1 ; 20,2 ; … ; 20,9.

• **À chaque partie entière dont l'écriture décimale contient deux « 0 »**, il correspond 10 nombres de la graduation (donc 20 fois le chiffre 0).
Par exemple : à 200, il correspond : 200 ; 200,1 ; 200,2 ; … ; 200,9.
Les différents cas peuvent alors être regroupés dans le tableau suivant :

Nombre compris entre ...	Nombre de parties entières contenant un 0	Nombre de parties entières contenant deux 0	Nombre total de 0
0 et 9	**1** seule (c'est 0)	**0**	1 × 10 = **10**
10 et 99	**9** (ce sont 10, 20, 30, ..., 90)	**0**	9 × 10 = **90**
100 et 199	**18** (ce sont 101, 102, ..., 109, puis 110, 120, ... 190)	1 seule (c'est 100)	18 × 10 + 1 × 20 = **200**
200 et 999	Le scénario pour les nombres de 100 à 199 se reproduit 8 fois.		200 × 8 = **1 600**
Total			**1 900**

Ce tableau permet de répondre directement à la seconde question.

2. Le chiffre 0 ne pouvant pas figurer à droite de la virgule, il n'est écrit deux fois que pour les nombres du type :
– 100 à 100,9 (soit 10 nombres) ;
– puis 200 à 200,9… (cela pour chaque centaine).
Donc au total 90 fois (10 × 9).

Exercice 6

Énoncé p. 140

Partie A

1. $\frac{1}{2}+\frac{1}{4}+\frac{1}{8}+\frac{1}{16}+\frac{1}{32}+\frac{1}{64}=\frac{32+16+8+4+2+1}{64}=\mathbf{\frac{63}{64}}$

2. $\frac{5}{8}=\frac{1}{8}+\frac{4}{8}=\frac{1}{8}+\frac{1}{2}=\mathbf{\frac{1}{2^3}+\frac{1}{2}}$

Pour démontrer l'égalité A = B, on peut partir de l'un des membres pour obtenir l'autre, mais on n'est pas tenu de partir du premier membre… Il est généralement intéressant de partir du membre que l'on sait le plus facile à transformer.

Partie B

1. Calculons le second membre. Il s'écrit après réduction au même dénominateur :

$$\frac{1}{p\left(\frac{p+q}{2}\right)}+\frac{1}{q\left(\frac{p+q}{2}\right)}=\frac{q+p}{pq\left(\frac{p+q}{2}\right)}=\frac{q+p}{pq}\times\frac{1}{\frac{p+q}{2}}=\frac{q+p}{pq}\times\frac{2}{p+q}=\frac{2}{pq}$$

D'où la formule demandée.

2. Si p et q sont des nombres entiers naturels impairs, c'est qu'il existe deux entiers naturels k et r tels que : $p = 2k + 1$ et $q = 2r + 1$.
Alors : $p + q = 2k + 1 + 2r + 1 = 2k + 2r + 2 = 2(k + r + 1)$.
Donc $\frac{p+q}{2}=k+r+1$, c'est-à-dire que $\frac{p+q}{2}$ est une somme d'entiers naturels donc un entier naturel (supérieur à 1, donc non nul).

Il est important de connaitre l'écriture littérale d'un nombre impair : c'est un nombre pair auquel on ajoute 1. Il s'écrit donc sous la forme 2n + 1 ; les nombres pairs s'écrivant sous la forme 2n, n étant un nombre naturel.

pq, $p\left(\frac{p+q}{2}\right)$ et $q\left(\frac{p+q}{2}\right)$ sont des produits d'entiers, donc ce sont des entiers.

3. On peut écrire 15 sous la forme d'un produit de deux entiers naturels impairs de deux manières différentes et deux seules : $15 = 3 \times 5$ et $15 = 1 \times 15$.

- En appliquant la formule établie à la question 1 avec $p = 3$ et $q = 5$, on obtient :

$$\frac{2}{15} = \frac{2}{3\times 5} = \frac{1}{3\times\frac{8}{2}} + \frac{1}{5\times\frac{8}{2}} = \frac{1}{12} + \frac{1}{20}.$$

- En appliquant la formule établie à la question 1 **avec** $p = 1$ et $q = 15$, on obtient :

$$\frac{2}{15} = \frac{2}{1\times 15} = \frac{1}{1\times\frac{16}{2}} + \frac{1}{15\times\frac{16}{2}} = \frac{1}{8} + \frac{1}{120}.$$

Ce sont les deux seules décompositions possibles de $\frac{2}{15}$ en somme de deux « fractions égyptiennes » avec la formule de la question 1.

- La fraction $\frac{2}{2n+1}$ est de la forme étudiée : le numérateur est 2 et le dénominateur peut s'écrire sous la forme $1 \times (2n + 1)$ avec 1 et $2n + 1$ qui sont des entiers naturels impairs.

On peut donc appliquer la formule établie à la **question 1** qui donne une décomposition en somme de deux « fractions égyptiennes » différentes :

$$\frac{2}{2n+1} = \frac{1}{\frac{2n+2}{2}} + \frac{1}{(2n+1)\times\frac{2n+2}{2}} = \frac{1}{n+1} + \frac{1}{(2n+1)(n+1)}$$

Partie C

1. La plus grande « fraction égyptienne » possible est celle qui a le plus petit dénominateur puisque toutes ont comme numérateur 1.

On a : $\frac{13}{81} \approx 0{,}16049...$

En utilisant les valeurs approchées obtenues à la calculatrice des « fractions égyptiennes » les plus grandes (c'est-à-dire de $\frac{1}{2}, \frac{1}{3}, \frac{1}{4}$ ...), on obtient :

$$\frac{1}{7} < \frac{13}{81} < \frac{1}{6}$$

$$\frac{13}{81} - \frac{1}{7} = \frac{13\times 7 - 81}{81\times 7} = \frac{10}{567}$$

Par tâtonnement, on trouve : $\frac{1}{57} < \frac{10}{567} < \frac{1}{56}$

$$\frac{10}{567} - \frac{1}{7} = \frac{570 - 567}{567\times 57} = \frac{3}{32\,319} = \frac{1}{10\,773}$$

D'où : $\frac{13}{81} = \frac{1}{10\,773} + \frac{1}{57} + \frac{1}{7}$

AUTRE MÉTHODE

Pour avoir l'encadrement $\frac{1}{7} < \frac{13}{81} < \frac{1}{6}$, on aurait pu aussi envisager les inverses, c'est-à-dire encadrer $\frac{81}{13}$ par deux entiers consécutifs.

On rappelle que si des nombres positifs non nuls sont classés dans un certain ordre, leurs inverses sont classés dans l'ordre inverse.

$\frac{81}{13} \approx 6{,}2$ donc $6 < \frac{81}{13} < 7$ d'où $\frac{1}{7} < \frac{13}{81} < \frac{1}{6}$

La même méthode aurait pu être utilisée pour l'encadrement de $\frac{10}{567}$

2. a. Par division, on obtient $256 = (81 \times 3) + 13$

donc : $\frac{256}{81} = \frac{3 \times 81}{81} + \frac{13}{81} = 3 + \frac{13}{81}$

b. D'après la question 1, on peut déduire que :

$\pi \approx \frac{256}{81} = 3 + \frac{13}{81} = 3 + \frac{1}{7} + \frac{1}{57} + \frac{1}{10\,773}$

Ce qui constitue une approximation de π sous forme d'une somme d'un nombre entier naturel et de « fractions égyptiennes » toutes différentes.

> **Pour la comparaison des nombres inverses,** voir chapitre 6, p. 151.

CHAPITRE 6

Nombres et calcul

Nombres réels – Puissances et racines carrées

Objectifs

- Connaitre les différents ensembles de nombres et leurs relations.
- Reconnaitre un type de nombre à partir d'une de ses écritures.
- Produire une approximation décimale d'un nombre réel.
- Calculer des expressions comportant des puissances ou des racines carrées.
- Calculer des expressions comportant des nombres relatifs (positifs et négatifs).

Tester ses connaissances

QCM 1 Quelles affirmations sont vraies ?

aide
§1.2 p. 149
§1.1 p. 148 pour D

A. π est un nombre décimal

B. $-\dfrac{15}{3}$ est un nombre entier relatif

C. 3,14 est à la fois un nombre décimal et un nombre réel

D. $\sqrt{2}$ est un nombre décimal

E. $\sqrt{144}$ est un nombre entier naturel

F. -7 est un nombre rationnel

QCM 2 Quelles affirmations sont vraies ?

aide
§1.2 p. 149

A. Tout nombre naturel est aussi un nombre réel.

B. Tout nombre réel est aussi un nombre décimal.

C. Tout nombre décimal est aussi un nombre réel.

QCM 3 Le triple de 3^5 est égal à :

aide
§3.1 p. 155
et §3.2 p. 156

A. 3^6 **B.** 9^5 **C.** 3^{15} **D.** 3^8 **E.** 9^{15}

QCM 4 Le carré de 5^{10} est égal à :

aide
§3.1 p. 155
et §3.2 p. 156

A. 5^{100} **B.** 25^{10} **C.** 25^{100} **D.** 5^{20}

QCM 5 Est-ce vrai ?

aide
§4.1 et 4.2 p. 157

A. Tout nombre est supérieur à sa racine carrée.

B. Tout nombre est inférieur à son carré.

C. Quels que soient les nombres réels positifs a et b, on a : $\sqrt{a^2+b^2}=a+b$.

D. Quels que soient les nombres réels positifs a et b, on a : $\sqrt{a \times b} = \sqrt{a} \times \sqrt{b}$.

E. Si $a^2 = b^2$, alors $a = b$.

QCM 6 On donne les calculs suivants, à effectuer sans l'aide d'une calculatrice :

$P = 145 - 8 + 2$ $\quad Q = 19 + 12 \times 10$ $\quad R = 5 \times 3^3$

$S = -8^2 + 8$ $\quad T = 4 \times (-20 + 3 \times 2)$ $\quad U = (-3)^2 \times 15$

Quelles affirmations sont vraies ?

A. $P = Q$ **B.** $P = R$ **C.** $R = T$ **D.** $S = T$ **E.** $R = U$

1. B, C, E, F **2.** A, C **3.** A **4.** B, D **5.** *D est la seule affirmation vraie.* **6.** A, D, C, E

aide
§5 p. 159

LE COURS

1 L'ensemble ℝ des nombres réels

Deux problématiques ont conduit aux notions de nombre réel et de nombre négatif.

La première, dans l'histoire, est connue sous le nom de « crise des irrationnels ». Il y a 2 500 ans environ, les pythagoriciens ont découvert que la diagonale d'un carré de côté 1 ne peut pas être exprimée comme fraction de deux nombres entiers naturels (voir ci-dessous).

La seconde a été plus tardive, avec par exemple l'idée, chez les Chinois, au cours du 1er siècle, d'utiliser des nombres négatifs pour différencier gains et pertes.

1 1. Caractérisation des nombres réels

L'idée de **nombre irrationnel** est donc venue du fait que toutes les équations n'ont pas comme solution un nombre rationnel. C'est le cas de certaines équations du second degré.

Ainsi l'équation $x^2 = 2$ n'a pas de solution exprimable par une fraction de deux nombres entiers naturels. Elle correspond, par exemple, à la recherche de la longueur d'une diagonale d'un carré de côté 1 (voir chapitre 18, p. 445).

Démonstration :

On peut démontrer que **$x^2 = 2$ n'a pas de solution rationnelle** en prouvant qu'il est impossible de trouver une fraction $\frac{p}{q}$ (p et q étant des entiers naturels, $q \neq 0$) telle que $\left(\frac{p}{q}\right)^2 = 2$.

Cette impossibilité se démontre en utilisant un raisonnement par l'absurde[1].

On peut se placer dans le cas où la fraction $\frac{p}{q}$ est irréductible (ce qui entraine que p et q ne peuvent être tous les deux pairs).

Supposons donc que $\left(\frac{p}{q}\right)^2 = 2$ (p et q n'étant pas tous deux des nombres pairs).

On en déduit l'égalité : $p^2 = 2q^2$.

Cette égalité montre que p^2 est pair (puisque p^2 est multiple de 2). Ce qui entraine que p est également pair (car le carré d'un nombre impair est lui aussi impair).

Comme p est pair, on peut écrire $p = 2n$, alors $p^2 = 4n^2$.

De $p^2 = 2q^2$, on peut déduire $4n^2 = 2q^2$. D'où : $2n^2 = q^2$.

Cela indique que q^2 est pair, ce qui entraine que q est également pair.

p et q sont donc tous deux pairs, ce qui est en contradiction avec l'hypothèse de départ.

1. **Le raisonnement par l'absurde** consiste soit à démontrer la vérité d'une proposition en prouvant l'absurdité de la proposition contraire, soit à en montrer la fausseté en en déduisant des conséquences absurdes.

Qcm 1, p. 147

Corrigé QCM 1, affirmation D : $\sqrt{2}$ n'est donc pas un nombre rationnel et, *a fortiori*, pas un nombre décimal.

L'ensemble $\mathbb{R}$ des nombres réels est l'ensemble des nombres qui peuvent être mis en bijection parfaite avec les points d'une droite graduée, c'est-à-dire qu'à chaque nombre réel, on peut associer un point de cette droite et inversement.

Ils permettent donc de graduer parfaitement la droite, sans « trou ».

Les nombres réels sont :
– soit rationnels ;
– soit irrationnels comme $\sqrt{2}$ (nombre solution de $x^2 = 2$), π...

Les nombres irrationnels sont ceux qui ne peuvent pas être écrits sous la forme de quotient de deux nombres entiers relatifs a et b, donc sous forme $\frac{a}{b}$ avec $b \neq 0$.

Les nombres réels peuvent être soit positifs comme 3 ; $\sqrt{2}$; $\frac{4}{3}$... soit négatifs comme -3 ; $-\sqrt{2}$; $-\frac{4}{3}$...

1 2. Les différents ensembles de nombres

• L'ensemble des nombres entiers naturels est noté $\mathbb{N}$: $\mathbb{N} = \{0 ; 1 ; 2 ; 3 ; ...\}$.

L'ensemble des nombres entiers relatifs est noté $\mathbb{Z}$: $\mathbb{Z} = \{... ; -3 ; -2 ; -1 ; 0 ; 1 ; 2 ; 3 ; ...\}$.

L'ensemble des nombres rationnels est noté $\mathbb{Q}$. C'est l'ensemble des nombres qui peuvent être exprimés par une fraction $\frac{a}{b}$ avec a et b nombres entiers relatifs et $b \neq 0$.

> Pour les ensembles $\mathbb{Q}$ et $\mathbb{D}$, chap. 5, §1 et 2, dans lesquels ne sont envisagés que des rationnels et des décimaux positifs.

Exemples : -3 ; $-\frac{5}{4}$; 0 ; $\frac{7}{10}$ sont des nombres rationnels.

• L'ensemble des nombres décimaux est noté $\mathbb{D}$. C'est l'ensemble des nombres rationnels qui peuvent être écrits sous forme de fraction décimale, c'est-à-dire d'une fraction dont le dénominateur est une puissance de 10.

• L'ensemble des nombres réels est noté $\mathbb{R}$. C'est l'ensemble des nombres rationnels et des nombres irrationnels.

Donc tout nombre entier naturel est un nombre décimal et tout nombre décimal est aussi un nombre réel.

Certains nombres réels ne sont pas des nombres décimaux, comme $\sqrt{2}$ ou π ou encore $\frac{1}{3}$. Ces nombres peuvent être approchés d'aussi près qu'on veut par des nombres décimaux, mais sans être « atteints » (voir §1.3).

Certains nombres rationnels ne sont pas des nombres décimaux, comme $\frac{22}{7}$ ou $\frac{1}{3}$.

Ils peuvent également être approchés d'aussi près qu'on veut par des nombres décimaux, mais sans être « atteints » (voir chap. 5, p. 130).

On a donc des inclusions entre ces ensembles : $\mathbb{N} \subset \mathbb{Z} \subset \mathbb{D} \subset \mathbb{Q} \subset \mathbb{R}$.

Le schéma ci-après illustre ces inclusions.

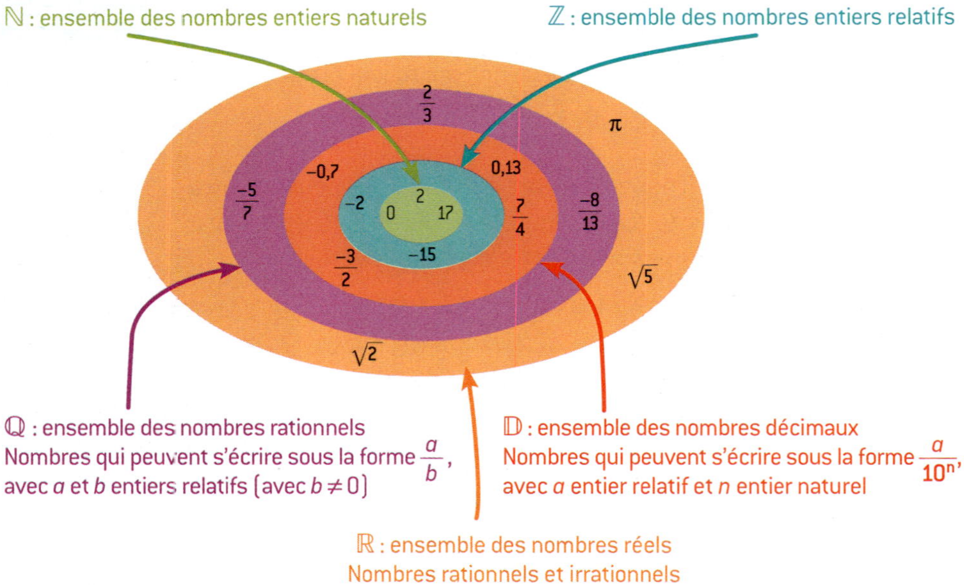

Un nombre peut donc appartenir à plusieurs ensembles de nombres.

Exemples :

- 47 est à la fois un nombre entier naturel, entier relatif, décimal, rationnel et réel.
- $-\frac{3}{4}$ est à la fois un nombre décimal, rationnel et réel.

Corrigé QCM 1 : Cette question teste vos connaissances sur les relations entre les ensembles de nombres et permet de souligner qu'**il ne faut pas se fier trop rapidement à l'écriture sous laquelle un nombre est donné**.

Qcm 1, p. 147

A. π n'est pas un nombre décimal, c'est un nombre irrationnel.

B. $-\frac{15}{3}$ est un nombre entier relatif, il peut aussi s'écrire −5.

C. 3,14 est à la fois un nombre réel, rationnel et décimal, au contraire de π qui lui n'est ni un nombre rationnel ni un nombre décimal.

D. $\sqrt{2}$ est un nombre réel, mais pas un nombre rationnel.

E. $\sqrt{144}$ est à la fois un nombre réel, rationnel, décimal, entier relatif et entier naturel, il peut aussi s'écrire 12.

F. −7 est un nombre rationnel, décimal et entier relatif.

Corrigé QCM 2 : Cette question concerne les inclusions entre ensembles de nombres.

Qcm 2, p. 147

A. Tout nombre naturel est aussi un nombre réel, mais l'inverse n'est pas vrai.

B. et C. Tout nombre décimal est aussi un nombre réel, mais l'inverse n'est pas vrai.

1 3. Comparaison des nombres réels

Les propriétés ci-dessous énoncées dans ℝ sont également vérifiées dans les autres ensembles de nombres.

A. Ordre et opposé

Deux nombres réels sont opposés si leur somme est égale à 0.

Exemple : 6 et −6 sont opposés l'un de l'autre.

Attention !
Un nombre désigné par une lettre peut être positif ou négatif.
a peut être positif, par exemple si $a = 3$ ou négatif, par exemple si $a = -3$. Dans ce dernier cas, $-a$ est positif ; en effet : $-a = 3$.

Le passage aux opposés s'accompagne du changement de sens de l'inégalité.

a et b étant deux nombres réels, $a \leqslant b$ équivaut à $-a \geqslant -b$.

Exemple : $-6 < 4$ équivaut à $6 > -4$.

B. Ordre et inverse

Deux nombres réels sont inverses si leur produit est égal à 1.

Exemple : 6 et $\frac{1}{6}$ sont inverses l'un de l'autre, comme -6 et $-\frac{1}{6}$.

Le passage aux inverses pour des nombres de même signe s'accompagne du changement de sens de l'inégalité.

Si a et b sont de signe contraire et non nuls, $a < b$ équivaut à $\frac{1}{a} < \frac{1}{b}$.
En effet, dans ce cas a et $\frac{1}{a}$ sont négatifs et b et $\frac{1}{b}$ sont positifs.

a et b étant deux nombres réels de même signe, $a \leqslant b$ équivaut à $\frac{1}{a} \geqslant \frac{1}{b}$

Exemple : $6 < 8$ équivaut à $\frac{1}{6} > \frac{1}{8}$ et $-8 < -6$ équivaut à $-\frac{1}{8} > -\frac{1}{6}$.

C. Ordre et addition

En ajoutant un même nombre réel aux deux membres d'une inégalité, on obtient une nouvelle inégalité de même sens que la première.

a, b et c étant trois nombres réels, $a \leqslant b$ équivaut à $a + c \leqslant b + c$.

Si deux inégalités sont de même sens, l'addition membre à membre donne une nouvelle inégalité de même sens.

a, b, c et d étant des nombres réels, $a \leqslant b$ et $c \leqslant d$ entraine $a + c \leqslant b + d$.

D. Ordre et multiplication

En multipliant les deux membres d'une inégalité par un même nombre réel positif, on obtient une nouvelle inégalité de même sens que la première.

a et b étant deux nombres réels et c un nombre réel **positif** non nul,
$a \leqslant b$ entraine $a \times c \leqslant b \times c$.

En multipliant les deux membres d'une inégalité par un même nombre réel négatif, on obtient une nouvelle inégalité de sens contraire à la première.

a et b étant deux nombres réels et c un nombre réel **négatif** non nul,
$a \leqslant b$ entraine $a \times c \geqslant b \times c$.

Entrainement 1

Corrigé p. 160

Pour **a** à **h** on sait que $a < b$. Compléter (si possible) :

a. $a+5 \ldots b+5$ **c.** $a-2 \ldots b-3$ **e.** $-2a \ldots -2b$ **g.** $\frac{3}{a} \cdots \frac{3}{b}$

b. $a-7 \ldots b-7$ **d.** $3a \ldots 3b$ **f.** $\frac{a}{7} \cdots \frac{b}{7}$ **h.** $-2a+5 \ldots -2b+3$

Pour **i**, on sait que a et b sont maintenant choisis tous deux strictement positifs :

i. $\frac{7}{a}-a \ldots \frac{7}{b}-b$.

1 4. Écriture décimale d'un nombre réel

Une écriture décimale (écriture formée avec un ou plusieurs chiffres et éventuellement une virgule) peut représenter plusieurs types de nombres réels, comme le montre le schéma ci-dessous :

1er cas
Le nombre peut être exprimé par une écriture décimale comportant un nombre limité de chiffres.

- L'écriture ne comporte pas de virgule. → Le nombre est un nombre entier naturel ou relatif.
- L'écriture comporte une virgule (et d'autres chiffres que 0 à droite de la virgule). → Le nombre est un nombre décimal, non entier.

2e cas
Le nombre ne peut pas être exprimé par une écriture décimale comportant un nombre limité de chiffres.

- L'écriture comporte une suite périodique (non nulle). → Le nombre est un nombre rationnel, non décimal.
- L'écriture comporte une suite non périodique. → Le nombre est un nombre irrationnel.

> Chap. 1, §2.2 p. 23
> Chap. 5, §2.5 p. 124 et 3 p. 129

Si l'écriture décimale comporte **une suite illimitée (non nulle) et non périodique**, le nombre est **irrationnel.**

Il ne peut donc pas être écrit sous forme de fraction.

Exemple : 0,0100110001110000111100000011111...

Remarque :
La manière dont un nombre est écrit ne détermine pas toujours sa nature.
Ainsi, le nombre entier naturel « deux » peut être écrit :
– sous forme fractionnaire : $\frac{6}{3}$; $\frac{-30}{-15}$; $\frac{8\pi}{4\pi}$, etc. ;
– à l'aide d'un radical : $\sqrt{4}$;
– sous la forme : $-(-2)$;
– sous une forme décimale limitée : 2,000.
– sous une forme décimale illimitée : 1,999... (avec un nombre illimité de 9), etc.

Comme pour les nombres rationnels non décimaux, **tout nombre réel peut être approché par un nombre décimal**.

Cette propriété permet d'approcher le résultat d'un calcul sur des nombres réels par un nombre décimal. Les nombres décimaux sur lesquels on calcule sont alors choisis en fonction de la précision du résultat que l'on souhaite obtenir. C'est ce que l'on fait lorsque, pour calculer le périmètre d'un cercle, on remplace π par 3 ou 3,14 ou 3,14159...

Une approximation décimale d'un nombre réel est ainsi un nombre décimal que l'on accepte comme suffisamment voisin du nombre réel considéré.

Cette approximation peut être :
– une valeur approchée à p près ;
– une troncature ;
– un arrondi.

Ces notions ont été développées pour les nombres rationnels (voir chap. 5 §3, p. 129).

Entrainement 2

Soit a un rationnel et b un irrationnel. Existe-t-il des entiers n non nuls :

a. pour lesquels $n \times a$ soit un entier ?

b. pour lesquels $n \times b$ soit un entier ?

Corrigé p. 160

2 Calcul sur les nombres réels

On rappelle ici les propriétés et les règles de calcul sur les nombres réels positifs et négatifs.

La distance à 0 d'un nombre est égale :
– au nombre lui-même si le nombre est positif : distance de 5 à 0 = 5 ;
– à son opposé si le nombre est négatif : distance de –5 à 0 = 5.

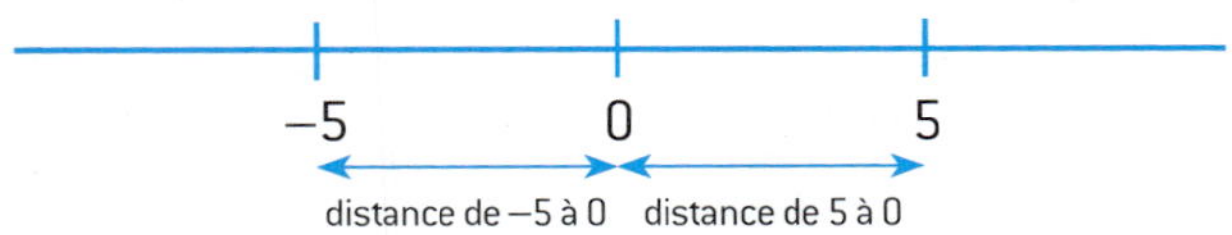

Remarques :

- **Un nombre positif s'écrit le plus souvent sans le signe +.**

Exemple : $(+3) = 3$ $\qquad \left(+\frac{2}{3}\right) = \frac{2}{3}$

- **Un nombre négatif s'écrit avec le signe – soit sous la forme (–3), soit sous la forme –3.**

Attention : Ne pas confondre le signe – qui sert à désigner un nombre négatif et le signe – qui désigne la soustraction.

Dans le cas des fractions, un nombre négatif peut s'écrire, avec ou sans parenthèses : $-\frac{2}{3}$ ou $\frac{-2}{3}$ ou $\frac{2}{-3}$ (mais cette dernière écriture n'est pas recommandée).

Rappel :
Un nombre désigné par une lettre peut être positif ou négatif.
a peut être positif, par exemple si $a = 3$ ou négatif, par exemple, si $a = -3$. Dans ce dernier cas, $-a$ est positif, en effet $-a = 3$.

2 1. Addition et soustraction

A. Somme de deux nombres réels

› Calcul sur les fractions, chap. 5 §1.8, p. 118

Si deux nombres **réels** sont **de même signe**, leur somme :
– a le même signe que les deux nombres ;
– a pour distance à 0 la somme des distances à 0 de chacun des nombres.

Exemples : $(-3) + (-5) = (-8)$ qui s'écrit aussi : $-3 + (-5) = -8$.

$$\left(-\frac{2}{3}\right) + \left(-\frac{7}{6}\right) = \left(-\frac{4}{6}\right) + \left(-\frac{7}{6}\right) = \frac{(-4)+(-7)}{6} = \frac{-11}{6} = -\frac{11}{6}$$

Si deux nombres **réels** sont **de signes contraires**, leur somme :
– a le même signe que le nombre qui a la plus grande distance à 0 ;
– a pour distance à 0 l'écart entre les distances à 0 de chacun des nombres.

Exemples : $(-7)+(+2)=(-5)$ qui s'écrit aussi : $-7+2=-5$.
$(-7)+(+9)=(+2)$ qui s'écrit aussi : $-7+9=2$.
$$\left(\frac{2}{3}\right)+\left(-\frac{7}{6}\right)=\left(\frac{4}{6}\right)+\left(-\frac{7}{6}\right)=\frac{4+(-7)}{6}=\frac{-3}{6}=-\frac{3}{6}=-\frac{1}{2}$$

B. Différence de deux nombres réels

Pour soustraire un nombre b à un nombre a, on ajoute a à l'opposé de b.

Rappel :
Deux nombres sont dits opposés si leur somme est nulle :
- l'opposé de -7 est 7 ;
- l'opposé de 3 est -3.

Exemples : $(-3)-(-7)=(-3)+(+7)=(+4)$ qui s'écrit aussi : $-3-(-7)=4$.
$$\left(\frac{2}{3}\right)-\left(-\frac{7}{6}\right)=\left(\frac{4}{6}\right)+\left(\frac{7}{6}\right)=\frac{4+7}{6}=\frac{11}{6}$$

C. Propriétés de l'addition de deux nombres réels

Quels que soient les nombres réels a, b et c :
– L'addition est commutative : $a+b=b+a$
– L'addition est associative : $(a+b)+c=a+(b+c)=a+b+c$
– 0 est élément neutre pour l'addition : $a+0=0+a=a$

1. Ces propriétés sont identiques à celles qui ont été énoncées pour les nombres entiers naturels (voir chapitre 2 §2.2, p. 51).
2. La soustraction de deux nombres réels se ramenant à une addition, il n'est pas nécessaire de parler de propriétés de la soustraction.

Entrainement 3

Calculer :

a. $3+(-8)$ **b.** $-8-(-12)$ **c.** $-8+(-6)$ **d.** $\frac{3}{4}-\frac{-5}{8}+\frac{-7}{2}$

Corrigé p. 161

2. Multiplication et division

A. Produit de deux nombres réels

Le produit de deux nombres réels a pour distance à 0 le produit de leurs distances à 0.

Si les deux nombres sont de même signe (tous deux positifs ou tous deux négatifs), leur produit est positif.

Exemple : $(-3)\times(-4)=(+12)$ qui s'écrit aussi : $(-3)\times(-4)=12$ ou $-3\times(-4)=12$.

Si les deux nombres sont de signes contraires (l'un est positif et l'autre est négatif), leur produit est négatif.

Exemple : $(-3)\times(+4)=(-12)$ qui s'écrit aussi : $-3\times(+4)=12$.

B. Quotient de deux nombres réels

Pour diviser un nombre a par un nombre b non nul, on multiplie a par l'inverse de b.

Deux nombres sont dits inverses si leur produit est égal à 1.
L'inverse de -7 est $-\frac{1}{7}$.

Exemple : $(-3):(-7)=(-3)\times\left(-\frac{1}{7}\right)=\left(+\frac{3}{7}\right)$
qui s'écrit aussi :
$(-3):(-7)=\frac{3}{7}$ ou $-3:(-7)=\frac{3}{7}$

C. Propriétés de la multiplication de deux nombres réels

Quels que soient les nombres réels a, b et c :
– La multiplication est commutative : $a \times b = b \times a$ ou $ab = ba$
– La multiplication est associative : $(a \times b) \times c = a \times (b \times c) = a \times b \times c$ ou $(ab)c = a(bc) = abc$
– 1 est élément neutre pour la multiplication : $a \times 1 = 1 \times a = a$ ou $1a = a$
– 0 est élément absorbant pour la multiplication : $a \times 0 = 0 \times a = 0$ ou $0a = 0$
– La multiplication est distributive sur l'addition : $a \times (b + c) = (a \times b) + (a \times c)$ ou $a(bc) = (ab)c = abc$

› Suppression du signe « × » entre deux lettres et un nombre et une lettre, chap. 7 §1.2.

La division de deux nombres réels se ramenant à une multiplication, il n'est pas nécessaire de parler de propriétés de la division.

Entrainement 4

Calculer :
a. $3 \times (-8)$ **b.** $-8 \times (-12)$ **c.** $-8 : (-2)$ **d.** $-12 : 3$ **e.** $-\frac{3}{4} : \left(-\frac{9}{2}\right)$.

Corrigé p. 161

3 Les puissances

3 1. Puissance d'exposant entier relatif

Elle est définie à partir de la multiplication :

Si n est un nombre entier naturel non nul et a un nombre réel,
$a^n = \underbrace{a \times a \times \ldots \times a}_{n \text{ fois}}$ (avec $n \geqslant 2$) $a^0 = 1$ (avec $a \neq 0$) $a^1 = a$.

On définit également :

$$a^{-n} = \frac{1}{a^n} \quad (\text{avec } n \geqslant 1).$$

Exemples : $5^3 = 5 \times 5 \times 5 = 125$ $5^{-3} = \frac{1}{5^3} = \frac{1}{125} = 0{,}008$.

› Les règles de priorité, chap. 2 §1

Entrainement 5

Calculer : $A = 2 \times 3^2 + 5^2$ $B = (-2)^3 + 3^4 : 6^2$ $C = 3^{-2} \times 4^2 \times 2^{-3}$.

Corrigé p. 161

Cas particulier des puissances de 10

Les puissances de 10 sont particulièrement utiles en raison du caractère décimal de notre système de numération.

10^n	s'écrit	10000…000	(avec 0 écrit n fois)
10^{-n}	s'écrit	0,000…01	(avec 0 écrit $n - 1$ fois après la virgule)

③ 2. Formules de calcul sur les puissances

Le calcul sur les puissances s'effectue en utilisant les formules suivantes, qui découlent directement de la définition d'une puissance.

$a^n \times a^p = a^{n+p}$
$(a \times b)^n = a^n \times b^n$ avec n et p appartenant à $\mathbb{Z}$
$(a^n)^p = a^{n \times p}$

Exemples :

- $3^5 \times 3 = 3^5 \times 3^1 = 3^{5+1} = 3^6$ (ce qui correspond à la **proposition A** du **QCM 3**).
- $(-3 \times 4)^2 = (-12)^2 = 144$ et $(-3)^2 \times 4^2 = 9 \times 16 = 144$.

On a donc bien : $(-3 \times 4)^2 = (-3)^2 \times 4^2$.

- $(5^{10})^2 = 5^{10} \times 5^{10} = 5^{20} = 5^{10 \times 2} = 5^{2 \times 10} = (5^2)^{10} = 25^{10}$

(ce qui correspond aux **propositions B** et **D** du **QCM 4**).

Qcm 3 et 4, p. 147

Attention !

• **Pour $n \geqslant 2$,** on a (sauf si a ou b sont nuls) :
$(a+b)^n \neq a^n + b^n$ et $(a-b)^n \neq a^n - b^n$

Pour $n = 0$, on a : $(a+b)^0 \neq a^0 + b^0$ car $(a+b)^0 = 1$ et $a^0 + b^0 = 2$.

Mais **pour $n = 1$,** on a : $(a+b)^1 = a^1 + b^1$.

• **Un nombre peut être supérieur à son carré.**
C'est le cas pour tous les nombres compris entre 0 et 1.
Exemples : $0{,}3^2 = 0{,}09$ donc $0{,}3 > 0{,}3^2$
$0{,}25^2 = 0{,}0625$ donc $0{,}25 > 0{,}25^2$.
(La **proposition B** du **QCM 5** est donc fausse.)

• **$a^2 = b^2$ n'implique pas $a = b$,**
mais : **$a^2 = b^2$ implique $a = b$ ou $a = -b$.**
Exemple : $a^2 = 9$ implique $a = 3$ ou $a = -3$.
(La **proposition E** du **QCM 5** est donc fausse.)

Entrainement 6

Le quart de 16^{16} est-il égal à : 4^{16} 4^4 4^{31} 8^8 16^4 ?

Corrigé p. 161

Entrainement 7

Simplifier les expressions suivantes :

$A = 2^3 \times 3^2 \times (2^5)^2 \times 3^5 \times (3^2)^3$ $B = \dfrac{2^2 \times 3^4 \times 5^2}{2^4 \times 3^2 \times 7^2 \times 5}$

$C = (9 \times 10^4) \times (4 \times 10^{-2})$ $D = \dfrac{5^6 \times 5^{-2}}{5^4}$

Corrigé p. 161

Entrainement 8

Trouver x pour que les égalités suivantes soient vérifiées :

a. $10^{-5} \times x = 10^3$ **b.** $(-3)^{2^x} = 3^8$ **c.** $\left((-3)^2\right)^x = 3^8$

Corrigé p. 161

4 Les racines carrées

4 1. Racine carrée d'un nombre réel positif

a étant un nombre réel positif,

$\sqrt{a}$ est le nombre positif dont le carré est égal à a : $\left(\sqrt{a}\right)^2 = a$

$\sqrt{a}$ se dit « racine carrée de a ».

Exemples : $\sqrt{9} = 3$ $\sqrt{2{,}25} = 1{,}5$

Attention ! Le nombre sous la racine carrée ne peut jamais être négatif : $\sqrt{-9}$ n'existe pas.
La racine carrée d'un nombre est toujours positive.
Ainsi $\sqrt{9} \neq -3$ et pourtant $(-3)^2 = 9$ mais $-3 < 0$.

Entrainement 9

Calculer, si c'est possible : **a.** $\sqrt{64}$ **b.** $\sqrt{81}$ **c.** $\sqrt{-1}$ **d.** $\sqrt{\dfrac{16}{25}}$ **e.** $\sqrt{1{,}21}$

Corrigé p. 161

Entrainement 10

Calculer, si c'est possible : **a.** $\sqrt{17^2}$ **b.** $\sqrt{(-3)^2}$ **c.** $\left(\sqrt{7}\right)^2$

Corrigé p. 161

Entrainement 11

Encadrer entre deux entiers consécutifs : **a.** $\sqrt{15}$ **b.** $\sqrt{105}$ **c.** $\sqrt{1\,000}$

Corrigé p. 161

4 2. Formules de calcul sur les racines carrées

Le calcul sur les racines carrées s'effectue en utilisant les formules suivantes, qui découlent directement de la définition d'une racine carrée.

$\sqrt{a \times b} = \sqrt{a} \times \sqrt{b}$ a et b nombres réels positifs

$\sqrt{\dfrac{a}{b}} = \dfrac{\sqrt{a}}{\sqrt{b}}$ a et b nombres réels positifs (avec $b \neq 0$)

Corrigé QCM 5 : La **proposition D** est donc vraie.

Comme toute égalité, celles-ci fonctionnent « dans les deux sens » et peuvent être utilisées pour des calculs dans l'autre sens :

$\sqrt{a} \times \sqrt{b} = \sqrt{ab}$ $\dfrac{\sqrt{a}}{\sqrt{b}} = \sqrt{\dfrac{a}{b}}$

<u>Remarque :</u>

Si p est un nombre entier naturel et ***a* positif** alors $\sqrt{a^{2p}} = a^p$

Justification : a est positif donc a^p est positif et $(a^p)^2 = a^{2p}$

Exemples :

- $\sqrt{2^6} = 2^3$
- $\sqrt{6} = \sqrt{2} \times \sqrt{3}$
- $\sqrt{2700} = \sqrt{2^2 \times 3^3 \times 5^2} = (2 \times 3 \times 5)\sqrt{3} = 30\sqrt{3}$.
- $\sqrt{98} \times \sqrt{8} = \sqrt{98 \times 8} = \sqrt{2 \times 7^2 \times 2^3} = \sqrt{2^4 \times 7^2} = 2^2 \times 7 = 28$.
- $\sqrt{32} \times \sqrt{2} = 4\sqrt{2} \times \sqrt{2} = 4 \times 2$ ou encore $\sqrt{32} \times \sqrt{2} = \sqrt{32 \times 2} = \sqrt{64} = 8$.
- $\dfrac{\sqrt{27}}{\sqrt{48}} = \sqrt{\dfrac{3^3}{3 \times 2^4}} = \sqrt{\dfrac{3^2}{2^4}} = \sqrt{\dfrac{3^2}{(2^2)^2}} = \dfrac{3}{4}$.

Attention !

- **Pour a et b strictement positifs**, on a (sauf si a ou b sont nuls) : $\sqrt{a+b} \neq \sqrt{a} + \sqrt{b}$.
- **Pour a et b quelconques**, on a (sauf si a ou b sont nuls) : $\sqrt{a^2 + b^2} \neq a + b$.

(La **proposition C** du **QCM 5** est donc fausse.)

Exemples :

$\sqrt{9+16} = \sqrt{25} = 5$ alors que $\sqrt{9} + \sqrt{16} = 3 + 4 = 7$

$\sqrt{6^2 + (-2)^2} = \sqrt{40}$ alors que $6 + (-2) = 4$.

Entrainement 12

Corrigé p. 161

Dans cet exercice, il s'agit d'extraire du radical le plus grand entier possible.

Exemple : $\sqrt{12} = \sqrt{4 \times 3} = 2\sqrt{3}$.

Faire de même avec : **a.** $\sqrt{18}$ **b.** $\sqrt{45}$ **c.** $\sqrt{75}$ **d.** $\sqrt{300}$.

Entrainement 13

Corrigé p. 162

Simplifier, si possible : $A = 3\sqrt{7} + \sqrt{7}$ $B = \sqrt{5} + \sqrt{3}$.

Entrainement 14

Corrigé p. 162

Est-il vrai que $\dfrac{\sqrt{5}-1}{2}$ et $\dfrac{\sqrt{5}+1}{2}$ sont inverses l'un de l'autre ?

Entrainement 15

Corrigé p. 162

Simplifier : $A = \sqrt{8} + 2\sqrt{50}$ $B = \sqrt{50} + \sqrt{75} - \sqrt{100}$ $C = \dfrac{\sqrt{72}}{\sqrt{18} \times \sqrt{2}}$.

Entrainement 16

Corrigé p. 162

On donne $x = \dfrac{9 + 3\sqrt{5}}{2}$ et $y = \dfrac{9 - 3\sqrt{5}}{2}$.

Mettre sous la forme la plus simple possible les expressions suivantes :

$S = x + y$ $D = x - y$ $P = xy$ $Q = \dfrac{x}{y}$ $R = x^2 y$.

5 Règles de priorité et opérations sur les nombres réels

Dans un calcul avec des parenthèses, on commence toujours par calculer le contenu des parenthèses « les plus intérieures ».

Exemple : $16 \times (5 - ((10 - (-2)) \times (7 - 9)))$.

Ce calcul peut être présenté au moyen d'un arbre qui rend compte de l'ordre des calculs :

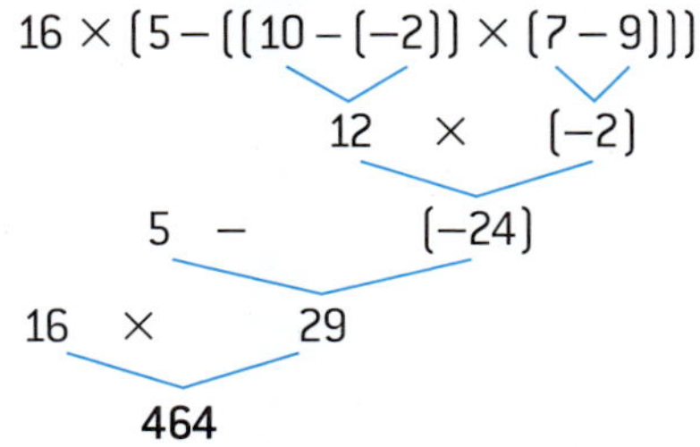

Dans un calcul sans parenthèses, on effectue dans l'ordre :
– les puissances et les racines carrées,
– puis les multiplications et les divisions,
– et enfin les additions et les soustractions.

Dans un calcul sans parenthèses avec seulement des additions et soustractions ou bien **seulement des multiplications et divisions**, on effectue des calculs de gauche à droite. En utilisant les propriétés de ces opérations on peut aussi effectuer des regroupements qui peuvent faciliter les calculs.

Exemple : $45 - 7 \times 6 + 5^2 \times 2$.

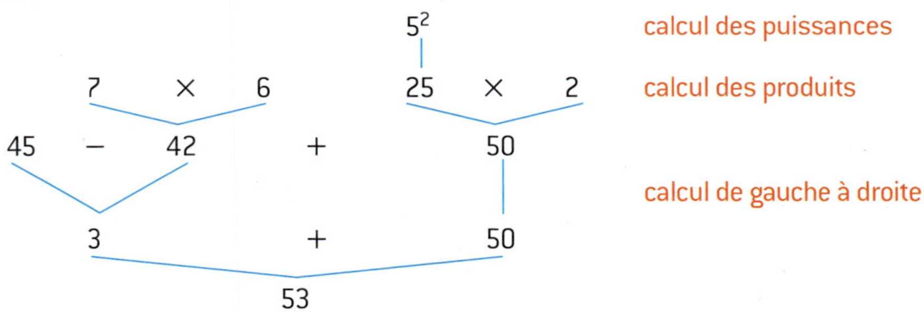

Entrainement 17

Calculer $A = 3 + 7 \times (-5)^4 - 6^2$ et $B = \frac{11}{7} - \frac{4}{7} \times \left(-\frac{3}{2}\right)^2 - \frac{3}{10} : \left(-\frac{7}{12}\right)$.

Corrigé p. 162

Corrigés

Entrainement 1

Énoncé p. 152

On sait que $a < b$.

a. $a + 5 < b + 5$

b. $a - 7 < b - 7$

c. $a - 2 \ldots b - 3$ ne peut pas être complété.

Trois exemples montrent que, selon les valeurs de a et b, tous les ordres sont possibles entre les deux membres de cette inégalité :
– avec $1 < 2$ on obtient $1 - 2 = 2 - 3$;
– avec $1 < 1{,}5$ on obtient $1 - 2 > 1{,}5 - 3$;
– avec $1 < 3$ on obtient $1 - 2 < 3 - 3$.

d. $3a < 3b$.

e. $-2a > -2b$.

f. $\frac{a}{7} < \frac{b}{7}$ (on a multiplié a et b par $\frac{1}{7}$).

Pour les comparaisons des expressions g, h et i, des étapes sont nécessaires :

g. $\frac{3}{a} > \frac{3}{b}$ si a et b sont de même signe (et non nuls) et $\frac{3}{a} < \frac{3}{b}$ si a et b sont de signes contraires.

En effet :
– si a et b sont de même signe, $a < b$ entraine $\frac{1}{a} > \frac{1}{b}$, donc $\frac{3}{a} > \frac{3}{b}$
– si a et b sont de signe contraire (et non nuls), $a < b$ entraine $a < 0$ et $b > 0$, donc $\frac{1}{a} < 0$ et $\frac{1}{b} > 0$, donc $\frac{1}{a} < \frac{1}{b}$, donc $\frac{3}{a} < \frac{3}{b}$.

h. Pour $-2a + 5 \ldots -2b + 3$: $a < b$ entraine $-2a > -2b$,
$-2a > -2b$ et $5 > 3$ entraine $-2a + 5 > -2b + 3$.

i. Pour $\frac{7}{a} - a \ldots \frac{7}{b} - b$ (a et b étant tous deux strictement positifs).

Comme $a < b$, et a et b sont de même signe, on a : $\frac{1}{a} > \frac{1}{b}$, donc $\frac{7}{a} > \frac{7}{b}$.

De plus $a < b$ entraine $-a > -b$.

On a donc $\frac{7}{a} > \frac{7}{b}$ et $-a > -b$, donc $\frac{7}{a} - a > \frac{7}{b} - b$.

Entrainement 2

Énoncé p. 153

a. Le nombre *a* étant un rationnel, il peut s'écrire sous la forme $\frac{p}{q}$ avec p et q entiers et $q \neq 0$.

Il suffit de prendre $n = q$; on a alors $n \times a = q \times \frac{p}{q} = p$, qui est entier.

b. Le nombre *b* étant irrationnel, il ne peut pas s'écrire sous la forme précédente ($\frac{p}{q}$ avec p et q entiers et $q \neq 0$).

S'il existe un réel n tel que $n \times b$ soit un entier c, alors $n \times b = c$, et donc $b = \frac{c}{n}$.

b serait alors un rationnel, ce qui est en contradiction avec les données.

La démonstration s'appuie sur un raisonnement par l'absurde (voir note 1 p. 148).

Entrainement 3

Énoncé p. 154

a. -5 b. 4 c. -14 d. $\frac{3}{4}-\frac{-5}{8}+\frac{-7}{2}=\frac{6+5-28}{8}=\frac{-17}{8}$

Entrainement 4

Énoncé p. 155

a. -24 b. 96 c. 4 d. -4 e. $-\frac{3}{4}:\left(-\frac{9}{2}\right)=-\frac{3}{4}\times\left(-\frac{2}{9}\right)=\frac{3}{4}\times\frac{2}{9}=\frac{3\times2}{4\times9}=\frac{1}{6}$

Entrainement 5

Énoncé p. 155

$A=2\times3^2+5^2=2\times9+25=18+25=\mathbf{43}$.

$B=(-2)^3+3^4:6^2=-8+81:36=-8+\frac{9}{4}=-\mathbf{\frac{23}{4}}$.

$C=3^{-2}\times4^2\times2^{-3}=\frac{1}{3^2}\times4^2\times\frac{1}{2^3}=\frac{1}{9}\times16\times\frac{1}{8}=\mathbf{\frac{2}{9}}$.

Entrainement 6

Énoncé p. 156

$\frac{16^{16}}{4}=\frac{16\times16^{15}}{4}=4\times16^{15}=4\times(4^2)^{15}=4\times4^{30}=\mathbf{4^{31}}$.

Entrainement 7

Énoncé p. 156

$A=2^3\times3^2\times(2^5)^2\times3^5\times(3^2)^3=2^3\times3^2\times2^{10}\times3^5\times3^6$

$=2^3\times2^{10}\times3^2\times3^5\times3^6=2^{13}\times3^{13}=\mathbf{6^{13}}$.

$B=\frac{2^2\times3^4\times5^2}{2^4\times3^2\times7^2\times5}=\frac{3^2\times5}{2^2\times7^2}=\mathbf{\frac{45}{196}}$.

$C=(9\times10^4)\times(4\times10^{-2})=36\times10^4\times10^{-2}=36\times10^2=\mathbf{3\,600}$.

$D=\frac{5^6\times5^{-2}}{5^4}=\frac{5^4}{5^4}=\mathbf{1}$.

Entrainement 8

Énoncé p. 156

a. $x=\mathbf{10^8}$ b. $x=\mathbf{3}$ c. $x=\mathbf{4}$.

Entrainement 9

Énoncé p. 157

a. $\sqrt{64}=\mathbf{8}$ b. $\sqrt{81}=\mathbf{9}$ c. $\sqrt{-1}$ impossible d. $\sqrt{\frac{16}{25}}=\mathbf{\frac{4}{5}}$ e. $\sqrt{1{,}21}=\mathbf{1{,}1}$.

Entrainement 10

Énoncé p. 157

a. $\sqrt{17^2}=\mathbf{17}$ b. $\sqrt{(-3)^2}=\mathbf{3}$ c. $\left(\sqrt{7}\right)^2=\mathbf{7}$.

Entrainement 11

Énoncé p. 157

a. $3<\sqrt{15}<4$ b. $10<\sqrt{105}<11$ c. $31<\sqrt{1\,000}<32$.

Entrainement 12

Énoncé p. 158

a. $\sqrt{18}=\mathbf{3\sqrt{2}}$ b. $\sqrt{45}=\mathbf{3\sqrt{5}}$ c. $\sqrt{75}=\mathbf{5\sqrt{3}}$ d. $\sqrt{300}=\mathbf{10\sqrt{3}}$.

Entrainement 13

Énoncé p. 158

$A = 4\sqrt{7}$

B ne peut pas être simplifié.

Entrainement 14

Énoncé p. 158

Vérifions si le produit $\frac{\sqrt{5}-1}{2} \times \frac{\sqrt{5}+1}{2}$ est égal à 1 :

$$\frac{\sqrt{5}-1}{2} \times \frac{\sqrt{5}+1}{2} = \frac{(\sqrt{5}-1)(\sqrt{5}+1)}{2 \times 2} = \frac{(\sqrt{5})^2 - 1^2}{4} = \frac{5-1}{4} = 1.$$

Donc $\frac{\sqrt{5}-1}{2}$ et $\frac{\sqrt{5}+1}{2}$ sont inverses l'un de l'autre.

On a appliqué ici l'égalité remarquable : $(a+b)(a-b) = a^2 - b^2$.
Voir chap. 7 p. 171

Entrainement 15

Énoncé p. 158

$\mathbf{A} = \sqrt{8} + 2\sqrt{50} = \sqrt{4 \times 2} + 2\sqrt{25 \times 2} = \sqrt{4} \times \sqrt{2} + 2\sqrt{25} \times \sqrt{2} = 2\sqrt{2} + 10\sqrt{2} = 12\sqrt{2}.$

$\mathbf{B} = \sqrt{50} + \sqrt{75} - \sqrt{100} = 5\sqrt{2} + 5\sqrt{3} - 10.$

$$\mathbf{C} = \frac{\sqrt{72}}{\sqrt{18} \times \sqrt{2}} = \frac{6\sqrt{2}}{3\sqrt{2} \times \sqrt{2}} = \frac{6\sqrt{2}}{6} = \sqrt{2} \text{ ou } \frac{\sqrt{72}}{\sqrt{18} \times \sqrt{2}} = \frac{\sqrt{2} \times \sqrt{36}}{\sqrt{36}} = \sqrt{2}.$$

Entrainement 16

Énoncé p. 158

$\mathbf{S} = 9$ $\quad$ $\mathbf{D} = 3\sqrt{5}$ $\quad$ $\mathbf{P} = 9$

Calcul détaillé de Q et R :

$$\mathbf{Q} = \frac{\frac{9+3\sqrt{5}}{2}}{\frac{9-3\sqrt{5}}{2}} = \frac{9+3\sqrt{5}}{9-3\sqrt{5}} = \frac{(9+3\sqrt{5})^2}{(9-3\sqrt{5}) \times (9+3\sqrt{5})}$$

$$= \frac{81+45+54\sqrt{5}}{81-45} = \frac{126+54\sqrt{5}}{36} = \frac{7+3\sqrt{5}}{2}$$

$$\mathbf{R} = x^2 y = x(xy) = x \times \mathrm{P} = 9 \times \frac{9+3\sqrt{5}}{2} = \frac{81+27\sqrt{5}}{2}.$$

Dans plusieurs calculs (P, Q et R), on peut utiliser des identités remarquables.
Voir chap. 7 p. 171

Pour calculer Q : On utilise une méthode qui permet de faire disparaitre les racines carrées au dénominateur en multipliant numérateur et dénominateur par l'expression conjuguée du dénominateur $9 + 3\sqrt{5}$ et l'expression conjuguée de $9 - 3\sqrt{5}$.
Le dénominateur est ainsi rendu rationnel (ce qui rend le nombre Q plus facile à utiliser dans les calculs).

Pour calculer R : On a utilisé le fait que $R = x \times x \times y$ donc $R = xP$.

Entrainement 17

Énoncé p. 159

$A = 3 + 7 \times (-5)^4 - 6^2$

$A = 3 + 4\,375 - 36$

$A = 4\,342$

$$B = \frac{11}{7} - \frac{4}{7} \times \left(-\frac{3}{2}\right)^2 - \frac{3}{10} : \left(-\frac{7}{12}\right)$$

$$B = \frac{11}{7} - \frac{4}{7} \times \frac{9}{4} + \frac{3}{10} \times \frac{12}{7}$$

$$B = \frac{11}{7} - \frac{9}{7} + \frac{18}{35}$$

$$B = \frac{2}{7} + \frac{18}{35}$$

$$B = \frac{10}{35} + \frac{18}{35} = \frac{28}{35} = \frac{4}{5}$$

Priorité aux calculs des puissances. Dans l'expression « -6^2 », le carré ne concerne que 6, pas le signe – placé devant le 6 car il n'y a pas de parenthèse.

AU CONCOURS Nombres réels – Puissances et racines carrées

Exercice 1

Corrigé p. 164

n est un nombre entier naturel strictement inférieur à 10.

$$m = \frac{\sqrt{n}}{2} - n^2$$

Si elles existent, quelles sont les valeurs de n pour lesquelles :

a. m est un nombre entier naturel

b. m est un nombre entier relatif strictement négatif

c. m est un nombre décimal non entier

d. m est un nombre réel non rationnel

Exercice 2

Corrigé p. 164

Quelles affirmations sont vraies ?

A. $\sqrt{4} - \sqrt{16}$ est un nombre décimal.

B. 7,12102100210002… écrit en insérant un 0 de plus entre les chiffres 1 et 2 à chaque étape) est un nombre irrationnel.

C. $\dfrac{2\sqrt{3}}{\dfrac{1}{\sqrt{3}}} - 6$ est un nombre entier naturel.

D. $\dfrac{\pi}{2}$ est un nombre rationnel.

Exercice 3

Corrigé p. 164

Quelles affirmations suivantes sont vraies ?

A. L'inverse de $6 - 2\sqrt{5}$ est $6 + 2\sqrt{5}$.

B. L'inverse de l'opposé de $\sqrt{2} - 1$ est $-\sqrt{2} - 1$.

C. La somme $\dfrac{7}{4} + \dfrac{7}{6}$ est égale à $\dfrac{35}{12}$.

D. Le carré de $3\sqrt{3\sqrt{3}}$ est égal à 81.

E. $\left(\sqrt{3} + 12\right)^2 - \left(2\sqrt{3}\right)^3$ est un nombre naturel.

Exercice 4

Corrigé p. 165

Exprimer cette expression sous une forme simplifiée.

$$A = \frac{\sqrt{128}}{2^6} + \frac{\left(-\dfrac{\sqrt{3}}{2}\pi\right)^2}{\dfrac{-\pi}{6}}$$

Exercice 5

Corrigé p. 165

Effectuer ce calcul, en donnant le résultat en notation scientifique :

$$A = \frac{5^2 \times \left(10^3\right)^2}{2 \times 10^{-3} \times 2^4}.$$

Corrigés

Exercice 1

Énoncé p. 163

Pour expérimenter les différentes valeurs possibles de n, on peut utiliser le tableau suivant, dans lequel une croix correspond à une réponse possible pour chaque question.

n	0	1	2	3	4	5	6	7	8	9
m entier naturel	×									
m entier relatif < 0					×					
m rationnel non entier		×								×
m réel non rationnel			×	×		×	×	×	×	

Exercice 2

Énoncé p. 163

A. Vrai. En effet $\sqrt{4}-\sqrt{16}=2-4=-2$ et -2 est un nombre entier relatif, donc un nombre décimal (négatif).

B. Vrai. En effet 7,12102100210002… écrit en insérant un zéro de plus entre les chiffres 1 et 2 à chaque étape) ne comporte pas de suite périodique de chiffres.

C. Vrai. En effet : $\dfrac{2\sqrt{3}}{\dfrac{1}{\sqrt{3}}}-6=\dfrac{2\sqrt{3}\times\sqrt{3}}{1}-6=(2\times 3)-6=0.$

D. Faux. En effet π est nombre irrationnel, donc $\dfrac{\pi}{2}$ également.

Exercice 3

Énoncé p. 163

› Identités remarquables chap. 7, p. 171

A. Il suffit de vérifier si $\left(6-2\sqrt{5}\right)\times\left(6+2\sqrt{5}\right)=1.$

En utilisant une identité remarquable, on peut écrire :

$\left(6-2\sqrt{5}\right)\times\left(6+2\sqrt{5}\right)=6^2-\left(2\sqrt{5}\right)^2=36-4\times 5=16.$

L'affirmation A est donc fausse.

B. L'opposé de $\sqrt{2}-1$ est $-\left(\sqrt{2}-1\right)=1-\sqrt{2}.$

Il suffit de vérifier si $\left(1-\sqrt{2}\right)\left(-\sqrt{2}-1\right)=1.$

$\left(1-\sqrt{2}\right)\left(-\sqrt{2}-1\right)=-\sqrt{2}-1+2+\sqrt{2}=1.$

L'affirmation B est donc vraie.

C. $\dfrac{7}{4}+\dfrac{7}{6}=\dfrac{21}{12}+\dfrac{14}{12}=\dfrac{35}{12}.$

L'affirmation C est donc vraie.

D. $\left[3\sqrt{3\sqrt{3}}\right]^2=3^2\times\left(\sqrt{3\sqrt{3}}\right)^2=9\times 3\sqrt{3}=27\sqrt{3}.$

L'affirmation D est donc fausse.

E. $\left(\sqrt{3}+12\right)^2-\left(2\sqrt{3}\right)^3=3+24\sqrt{3}+144-24\sqrt{3}=147.$

L'affirmation E est donc vraie.

Exercice 4

Énoncé p. 163

$$A=\frac{\sqrt{128}}{2^6}+\frac{\left(-\frac{\sqrt{3}}{2}\pi\right)^2}{\frac{-\pi}{6}}=\frac{8\sqrt{2}}{2^6}+\frac{\frac{3}{4}\pi^2}{-\frac{\pi}{6}}=\frac{2^3\sqrt{2}}{2^6}-\frac{3\pi^2}{4}\times\frac{6}{\pi}$$

$$=\frac{\sqrt{2}}{2^3}-\frac{3\pi^2\times 6}{4\times\pi}=\frac{\sqrt{2}}{2^3}-\frac{3\pi\times 3}{2}=\frac{\sqrt{2}-36\pi}{2^3}=\frac{\sqrt{2}-36\pi}{8}.$$

On peut s'arrêter à l'avant dernière expression.

Exercice 5

Énoncé p. 163

Pour répondre à cette question, il est souhaitable :
- de simplifier d'abord l'écriture fractionnaire, en gardant l'écriture avec des puissances ;
- puis de séparer les puissances de 10 des autres facteurs en appliquant la règle $\frac{a\times b}{c\times d}=\frac{a}{c}\times\frac{b}{d}$.

$$A=\frac{5^2\times\left(10^3\right)^2}{2\times 10^{-3}\times 2^4}=\frac{5^2\times 10^6}{2^5\times 10^{-3}}=\frac{5^2}{2^5}\times\frac{10^6}{10^{-3}}=0{,}78125\times 10^9$$

$$=0{,}78125\times 10\times 10^8=\mathbf{7{,}8125\times 10^8}.$$

CHAPITRE 7

Nombres et calcul

Généralités sur le calcul littéral Équations – inéquations

Objectifs

- Développer, réduire et factoriser des expressions littérales.
- Utiliser le calcul littéral pour établir des formules.
- Utiliser le calcul littéral pour prouver des propriétés avec les nombres.
- Utiliser les équations et inéquations pour résoudre des problèmes.

FICHES MÉTHODE

Tester ses connaissances

QCM 1 On considère les expressions : x^2+x-3 et $4x-5$.

aide §1.1 p. 169

Quelles affirmations sont vraies ?

A. Ces deux expressions donnent la même valeur pour $x=1$ et pour $x=2$, donc elles sont égales.

B. Ces deux expressions ne sont pas égales car elles n'ont pas la même forme.

C. Ces deux expressions ne sont pas égales car, pour $x=3$, elles ne donnent pas la même valeur.

D. Ces deux expressions sont parfois égales (par exemple pour $x=1$ et pour $x=2$) et parfois non égales (par exemple pour $x=3$).

E. On ne peut pas savoir si ces deux expressions sont égales ou non.

QCM 2 $\mathrm{P}=x^2-(3-x)(5-x)$.

aide §1.2 p. 170

Si on développe cette expression, on obtient :

A. -15 **B.** $2x^2-15$ **C.** $8x-15$ **D.** $2x^2-8x+15$ **E.** x^2+2

QCM 3 $\mathrm{Q}=(2x+1)^2-(x-2)(2x+1)$.

aide §1.3 p. 170

Si on factorise cette expression, on obtient :

A. $(2x+1)(x-1)$ **B.** $(2x+1)(x+3)$ **C.** $(2x+1)(3-x)$ **D.** $(2x+1)^2(-x+3)$

QCM 4 Quel que soit le nombre entier choisi, s'il est inférieur à 125, alors il est inférieur à 123.

aide §3 p. 181

A. Cette affirmation est vraie, j'ai essayé avec 100, 101, 120…

B. Cette affirmation est fausse, car elle n'est pas vérifiée par 124.

C. Cette affirmation est parfois vraie, parfois fausse. Elle est vraie avec 120, 121, 122 mais elle est fausse avec 124.

QCM 5 Choisir un nombre et effectuer les calculs suivants :
- Ajouter 2 à ce nombre.
- Élever le résultat obtenu au carré.
- Retrancher le quadruple du nombre choisi.
- Retrancher 4.

aide
§3 p. 181

Parmi les affirmations suivantes, lesquelles sont vraies ?

A. À la fin de ces calculs, on trouvera toujours le carré du nombre choisi au départ car avec tous les nombres que j'ai essayés ça marche : avec 4 on trouve 16 ; avec –2 on trouve 4 ; avec 1,2 on trouve 1,44…

B. On ne pourra jamais être sûr qu'on trouvera toujours le carré du nombre choisi au départ car on ne peut pas faire les calculs avec tous les nombres.

C. À la fin de ces calculs, on trouvera toujours le carré du nombre choisi au départ. En voici la preuve : appelons x le nombre choisi au départ. Après avoir effectué les calculs, on obtient :
$(x + 2)^2 - 4x - 4 = x^2 + 4x + 4 - 4x - 4 = x^2$.
Cela démontre qu'à la fin de ces calculs, on trouvera toujours le carré du nombre.

QCM 6 Quel(s) problème(s) peuvent être résolu(s) grâce à cette équation :
$3x + 3 = 8 + x$.

aide
§2.3, énoncé A p. 176
§2.3, énoncés B à D p. 177

A. André pense à un nombre, il lui ajoute 3 et il multiplie le résultat obtenu par 3. Alfred pense au même nombre qu'André et il l'ajoute à 8. Tous deux trouvent le même résultat.
À quel nombre ont-ils pensé ?

B. Ces deux figures ont le même périmètre.
Quelle est la valeur de x (en cm) ?

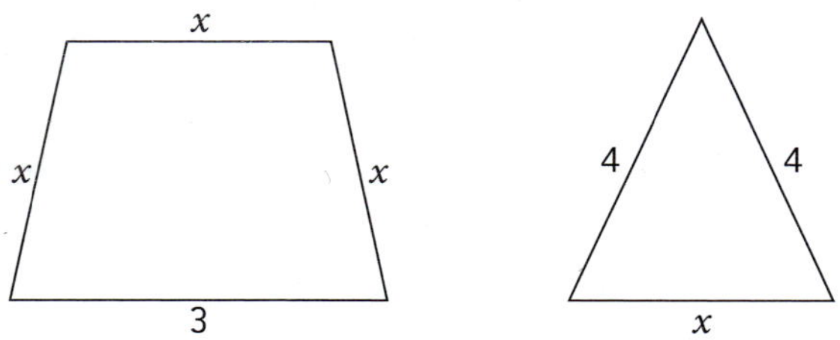

C. Pour l'achat de trois stylos identiques et d'un compas à 3 €, Cécile a payé le même prix que Charles, qui a acheté un livre à 8 € et un stylo identique à ceux achetés par Cécile.
Combien chacun a-t-il payé ?

D. Didier a fait une balade à vélo. Il a d'abord fait un circuit autour de son village, puis il est parti au village voisin distant de 8 km. Daniel, lui, a parcouru 3 fois le circuit autour du village. Il a ainsi fait 3 km de plus que Didier.
Quelle est la longueur du circuit autour du village ?

QCM 7 L'équation $5x - 2 = 10 - 3x$ admet pour solution :

aide
§2.1 p. 174

A. 6 **B.** $\frac{3}{2}$ **C.** 1 **D.** 4 **E.** $\frac{2}{5}$

1. C 2. C 3. B 4. B 5. C 6. B, C 7. B

LE COURS

1 Calcul littéral

Une expression littérale est une expression qui contient une ou plusieurs lettres (on parle aussi d'expression algébrique). Le calcul littéral est le calcul sur de telles expressions.

1. Égalité de deux expressions littérales

Deux expressions littérales sont égales si elles donnent le même résultat quelle que soit la valeur numérique attribuée à chacune des lettres qui figurent dans ces expressions.

Qcm 1, p. 167

Corrigé QCM1 : Les deux expressions x^2+x-3 et $4x-5$ donnent :
- pour $x=1$, le même résultat -1 ;
- pour $x=2$, le même résultat 3 ;
- pour $x=3$, des résultats différents, respectivement 9 et 7.

ATTENTION
Il suffit de trouver une seule valeur pour lesquelles deux expressions donnent des résultats différents pour affirmer qu'elles ne sont pas égales.

Si on considère maintenant, les deux expressions suivantes :
$A=x^3-x$ et $B=(x^2-x)(x-1)$

Elles donnent :
– pour $x=1$, le même résultat 0 ;
– pour $x=2$, le même résultat 6 ;
– pour $x=3$, le même résultat 24 ;
– pour $x=-1$, le même résultat 0.

En testant plusieurs valeurs, on n'en trouve pas qui donnent de résultats différents. Cela ne suffit pas pour affirmer qu'elles sont égales. On peut simplement en faire la conjecture, mais elle reste à démontrer.

La suite de ce chapitre fournit des moyens pour transformer des expressions en d'autres expressions qui leur sont égales, et pour démontrer que deux expressions sont égales.

Remarque :

- **Une expression littérale est appelée somme** si la dernière opération à effectuer (en respectant les règles de priorité) est une somme (ou une différence).

Exemple : $x^3-x\,(x-2)$

- **Une expression littérale est appelée produit** si la dernière opération à effectuer (en respectant les règles de priorité) est un produit.

Exemple : $(x^3-x)\,(x-2)$

Rappel :
Dans une suite de calculs, les règles de priorité sont :
1. les calculs entre parenthèses
2. en cas d'absence de parenthèses, on commence par les puissances, puis les multiplications et divisions, et enfin on effectue les additions et soustractions de gauche à droite.

1 2. Conventions et propriétés pour simplifier l'écriture d'expressions littérales

Par convention, on peut supprimer le signe « multiplier » entre :

– un nombre et une lettre lorsque le nombre est placé devant la lettre.

Exemple : $3 \times x = 3x$;

– un nombre et une parenthèse lorsque le nombre est placé devant la lettre.

Exemple : $3 \times (x+2) = 3\,(x+2)$;

– une lettre et une parenthèse lorsque la lettre est placée devant la parenthèse.

Exemple : $a \times (b+2) = a(b+2)$

Propriétés :

$1 \times a = a$ $\quad 0 \times a = 0$ $\quad (-1) \times a = -a$ $\quad a \times a = a^2$ $\quad a \times a \times a = a^3$

Entrainement 1

Corrigé p. 186

Écrire plus simplement en utilisant les conventions et propriétés ci-dessus :

$A = 5 \times a + 2 \times 0 + (-1) \times b$ $\qquad B = 6 \times (b + c) - d \times 3 + c \times c$

1 3. Développer et réduire des expressions littérales

Réduire (ou simplifier) une expression littérale revient à l'écrire avec **le moins de termes possibles.**

Développer une expression littérale revient à l'écrire sous la forme d'**une somme.**

A. Propriétés utilisées

Pour réduire et développer des expressions littérales, on utilise, quels que soient les nombres a, b et c :

• **La propriété de distributivité de la multiplication par rapport à l'addition et à la soustraction :**

$a(b+c) = ab + ac$ $\qquad a(b-c) = ab - ac$

Exemple : $3(x+5) = 3x + 15$

$5a + 3a = (5+3) \times a = 8a$

$5(2-b) = 10 - 5b$

$7c - 3c = (7-3) \times c) = 4c$

Entrainement 2

Corrigé p. 186

Simplifier, si possible, les expressions suivantes :

$A = 4x + 5x$ $\qquad B = 6 + 3a$ $\qquad D = 5x^2 + 3x^2$ $\qquad E = 5 + 4x^2$ $\qquad F = 4x + 3x^2$

- **Deux conséquences de cette propriété :**

$-(a+b) = -a-b$
$-(a-b) = -a+b$

Dans ces deux cas, on a distribué le signe « – » (en réalité le nombre –1).

Entrainement 3

Corrigé p. 186

Simplifier $A = 5(a+2) - (a+3)$ $B = (x-5) \times 3 - 2(4x-2)$

- **La propriété de double distributivité :**

$(a+b)(c+d) = ac + ad + bc + bd$

Qcm 2, p. 167

Corrigé QCM2 : Pour $P = x^2 - (3-x)(5-x)$, on utilise la distributivité de la multiplication sur l'addition :

$P = x^2 - (3-x)(5-x) = x^2 - [(3-x) \times 5 + (3-x)(-x)]$
$= x^2 - [3 \times 5 + (-x) \times 5 + 3 \times (-x) + (-x) \times (-x)] = x^2 - (15 - 5x - 3x + x^2)$
$= x^2 - 15 + 5x + 3x - x^2$

On dit qu'on a développé l'expression *P*.

On peut maintenant la **réduire** en regroupant les termes de même forme. Pour cela, on utilise la commutativité de l'addition :

$P = x^2 - 15 + 5x + 3x - x^2 = x^2 - x^2 + 5x + 3x - 15 = 8x - 15$

Ce qui justifie la **réponse C**.

Pour remplacer $5x + 3x$ par $8x$, on a également utilisé la distributivité de la multiplication sur l'addition car : $5x + 3x = (5+3)x = 8x$.

Au concours, sauf demande explicite, il n'est pas nécessaire de préciser toutes les étapes du calcul ni les propriétés utilisées.
Ainsi, on aurait pu écrire directement : $P = x^2 - (3-x)(5-x) = x^2 - 15 + 3x + 5x - x^2$.
Cependant, par sécurité, les candidats peuvent avoir intérêt à ne pas trop « court-circuiter » certains calculs.

Entrainement 4

Corrigé p. 186

Développer et simplifier les expressions :

$A = (4x-1)(6+3x)$.

$B = 3(5x^2 - 2x + 1) - (x-5)(2x-3)$.

B. Identités remarquables

Certaines expressions à développer sont souvent utilisées. C'est le cas des « identités remarquables » ci-dessous qu'il faut connaitre :

$(a+b)^2 = a^2 + 2ab + b^2$ (I)
$(a-b)^2 = a^2 - 2ab + b^2$ (II)
$(a-b)(a+b) = a^2 - b^2$ (III)

Exemples :

• $A = (2x-1)^2 = 4x^2 - 4x + 1$.

Dans ce cas, on a remplacé a par $2x$ et b par 1, et utilisé l'identité remarquable (II).

• $B = (2-3x)(2+3x) = 2^2 - (3x)^2 = 4 - 9x^2 = -9x^2 + 4$.

En général, on écrit une somme algébrique dans cet ordre : du terme qui comporte le plus grand exposant à celui qui comporte le plus petit.

Entrainement 5

Corrigé p. 186

Démontrer chacune des identités remarquables.

Entrainement 6

Corrigé p. 187

Développer et simplifier les expressions :

$A = (3x-1)(3x+1) - (4x-1)^2$.

$B = (2x+1)^2 - (x^2+3)^2 + (3-x^2)(3+x^2)$.

1 4. Factoriser des expressions littérales

Factoriser une expression littérale revient à l'**écrire sous la forme d'un produit**.

Pour cela, on utilise les mêmes propriétés des opérations et les mêmes identités remarquables que pour développer cette expression, mais dans « **l'autre sens** ».

• **Propriétés :**

$ab + ac = a(b+c)$

$ab - ac = a(b-c)$

• **Identités remarquables :**

$a^2 + 2ab + b^2 = (a+b)^2$ (I)

$a^2 - 2ab + b^2 = (a-b)^2$ (II)

$a^2 - b^2 = (a-b)(a+b)$ (III)

Pour factoriser, on cherche donc à mettre en évidence un facteur commun ou une identité remarquable.

Exemples : En reprenant les expressions du §1.3 ci-dessus,

• $A = 4x^2 - 4x + 1$.

Dans $4x^2 - 4x + 1$, on reconnait $(2x)^2 - 2(2x) + 1^2$, ce qui correspond à l'identité remarquable (II) en remplaçant a par $2x$ et b par 1. Donc $A = (2x-1)^2$.

• $B = -9x^2 + 4 = 4 - 9x^2$.

Dans $4 - 9x^2$, on reconnait $2^2 - (3x)^2$, ce qui correspond à identité remarquable (III) en remplaçant a par 2 et b par $3x$. Donc $B = (2-3x)(2+3x)$.

Corrigé QCM3 : Dans l'expression $Q = (2x+1)^2 - (x-2)(2x+1)$, on remarque que le facteur $(2x+1)$ figure dans les deux termes de la somme. D'où la factorisation possible :

Qcm 3, p. 167

$Q = (2x+1)^2 - (x-2)(2x+1)$

$Q = (2x+1)\,[(2x+1) - (x-2)]$

$Q = (2x+1)(2x+1-x+2)$

$Q = (2x+1)(x+3)$

Ce qui correspond à la **réponse B**.

Entrainement 7

Factoriser les expressions suivantes :

$A = 3x^2 - 2x$ $B = 5a^3 + a$ $C = 4x^2 + 4x + 1$ $D = (2x + 3)^2 - (2x + 3)$.

Corrigé p. 187

1 5. Calcul littéral et démonstration

En mathématiques, certaines règles permettent de gérer le « vrai » et le « faux ». On appelle souvent ces règles **les règles du débat mathématique**. Voici celles qu'il faut connaitre pour le concours :

– Un énoncé[1] mathématique ne peut-être à la fois vrai et faux.

– Des exemples même nombreux qui vérifient un énoncé ne permettent pas de prouver que cet énoncé est vrai.

– Un exemple qui ne vérifie pas un énoncé suffit pour prouver que cet énoncé est faux ; cet exemple est appelé **contre-exemple**.

1. On parle ici d'énoncé concernant une généralité : « Quel que soit ... ».

Pour les énoncés de géométrie, on peut ajouter :

– Une constatation ou une mesure sur un dessin ne permet pas de prouver qu'un énoncé est vrai.

Corrigé QCM4 : En application de ces règles, c'est l'assertion B qui est vraie. L'affirmation est fausse car on a trouvé un contre-exemple.

Qcm 4, p. 167

Pour prouver (en mathématique on dit « démontrer ») qu'un énoncé numérique est vrai, il faut utiliser le calcul littéral[2]. Pour un énoncé de géométrie, on s'appuie sur les propriétés de géométrie (*cf. chap. 17 et annexes*).

2. À travers le calcul littéral, on s'appuie sur les propriétés des nombres et des opérations.

Corrigé QCM5 : La vérification de la conjecture[3] avec quelques nombres ne prouve pas qu'elle soit vraie. Donc l'assertion A est fausse.

Qcm 5, p. 168

3. On appelle conjecture un énoncé mathématique qui semble vrai mais qu'on n'a pas encore démontré.

Pour démontrer qu'une conjecture avec les nombres est vraie, il faut généralement utiliser le calcul littéral.

Si on appelle x le nombre choisi au départ, l'expression $(x + 2)^2 - 4x - 4$ est l'application des étapes de calcul avec ce nombre.

On utilise les propriétés des opérations vues précédemment pour simplifier cette expression littérale et on obtient x^2.

On rappelle (*cf.* §*1.1*) que le fait que $(x + 2)^2 - 4 - 4 = x^2$ signifie que, quelle que soit la valeur qu'on donne à x, les deux membres de cette égalité donneront le même résultat. Cela démontre donc que, quel que soit le nombre choisi au départ, on obtiendra toujours le carré de ce nombre. Finalement l'assertion B est fausse et C est vraie.

Entrainement 8

Choisir un nombre, ajouter 5 à ce nombre. Multiplier le résultat obtenu par le nombre choisi au départ. Retrancher le carré du nombre choisi au départ.

Alicia dit : « On obtiendra toujours cinq fois le nombre choisi au départ ». Est-ce vrai ?

Corrigé p. 187

2 Équations

2 1. Résolution d'équations

Une équation est une égalité conditionnelle contenant **une inconnue** et qui ne peut être vérifiée que pour certaines valeurs de l'inconnue : ces valeurs sont appelées **solutions de l'équation**.

Résoudre une équation, c'est trouver l'ensemble de ces solutions (cet ensemble peut être vide).

Deux équations sont équivalentes si elles ont le même ensemble de solutions.

Il ne faut pas confondre l'égalité entre expressions algébriques, qui est vraie quelles que soient les valeurs données aux lettres (comme $a^2 - b^2 = (a + b)(a - b)$) et une équation qui est une égalité qui n'est pas nécessairement vraie pour toutes les valeurs possibles que peut prendre la variable (par exemple, $x + 2 = 3$ est uniquement vraie quand x vaut 1).

A. Propriétés pour rendre une équation équivalente à une équation donnée

La résolution d'une équation débute souvent par la recherche d'une équation qui lui est équivalente et qui est plus facile à résoudre.

Pour trouver une équation équivalente à une équation donnée, on utilise **trois règles** fondamentales.

Pour obtenir une équation équivalente à une équation donnée, on peut :

Règle 1 : Réduire chacun des membres, par développement ou factorisation.

Règle 2 : Ajouter ou retrancher aux deux membres une même expression algébrique.

Règle 3 : Multiplier ou diviser ses deux membres par un même nombre non nul.

> Illustration de ces règles dans la fiche méthode page suivante.

B. Équation du premier degré

Une équation du premier degré à une inconnue est une équation équivalente à une équation de la forme $ax = b$ où x est l'inconnue, et a et b deux nombres réels[4].

Souvent ces équations du 1er degré se présentent d'abord sous la forme suivante :
$cx + d = ex + f$, où c, d, e et f sont des nombres réels.

4. L'équation du 2e degré à une inconnue est une équation dont l'inconnue (x par exemple) est affectée d'un exposant égal à 2 et éventuellement égal à 1. Exemples : $3x^2 - 7 = 0$ et $5x^2 - 3x + 6 = 0$ sont des équations du second degré.

FICHE MÉTHODE 1 Résoudre une équation du 1er degré à une inconnue.

→ Résoudre l'équation $4(2+x)=7-2x$.

1. Trouver une équation équivalente de la forme $ax=b$.	$8+4x=7-2x$	On a développé le 1er membre en utilisant la distributivité de la multiplication sur l'addition (**règle 1**)
	$8+4x+2x=7-2x+2x$ $8+6x=7$	On a additionné $2x$ aux deux membres (**règle 2**)
	$6x=-1$	On a soustrait 8 (ou ajouté -8) aux deux membres (**règle 2**)
2. Résolution de l'équation obtenue.	Dans la dernière équation, le coefficient de x est différent de 0. On peut donc diviser les deux membres de l'équation par 6 (**règle 3**). D'où $x=-\frac{1}{6}$. L'équation a donc pour solution : $-\frac{1}{6}$.	

Attention à bien conclure la résolution d'une équation par « La (ou les) solution(s) sont ... ».
Par exemple, $x=-\frac{1}{6}$ est encore une équation.

Corrigé QCM 7 : Cet exercice peut être traité en utilisant ces connaissances, par une suite d'équations équivalentes :

$5x-2=10-3x$

$8x=12$

D'où $x=\frac{12}{8}=\frac{3}{2}$. La solution de l'équation est $\frac{3}{2}$.

Qcm 7, p. 168

Entrainement 9

Corrigé p. 187

Résoudre les équations suivantes :

a. $4(x-1)-(x+5)=x-7$

b. $5-(x+7)=-x-11$

c. $6x-7=5(x-1)+(x-2)$

d. $\frac{9x}{7}=\frac{11}{3}$

e. $\frac{3}{5}x-\frac{7}{15}=\frac{1}{3}-\frac{1}{2}x$

2 2. Équation produit

On appelle **équation produit** toute équation équivalente à une équation de la forme $(ax+b)(cx+d)=0$.

La propriété suivante permet de résoudre ce type d'équation :

Quels que soient les nombres a et b, $ab=0$ équivaut à $a=0$ ou $b=0$.

FICHE MÉTHODE 2 **Résoudre une équation-produit du second degré.**

→ Résoudre l'équation $(2x-1)(x+2)=2x-1$

C'est bien une équation du second degré car, quand on développe le 1er membre, on obtient un terme contenant l'inconnue au carré (x^2).

1. Supprimer « tous » les termes dans le 2e membre de l'équation en utilisant la règle 2 p. 174, de façon à obtenir un 2e membre nul.	$(2x-1)(x+2)=2x-1$ $(2x-1)(x+2)-(2x-1)=0$
2. Factoriser le 1er membre.	$(2x-1)[(x+2)-1]=0$ $(2x-1)(x+1)=0$
3. Appliquer la propriété ci-avant et résoudre les équations du 1er degré obtenues.	$2x-1=0$ ou $x+1=0$ $2x=1$ ou $x=-1$ $x=\frac{1}{2}$ ou $x=-1$
4. Conclure	Les solutions sont -1 et $\frac{1}{2}$.

Entrainement 10

Corrigé p. 188

Résoudre les équations suivantes :

a. $(x-3)(5-2x)(8-2x)=0$

b. $9x^2=12x-4$

c. $(3x-1)^2=9$

2 3. Résoudre un problème par une mise en équation

Pour mettre en équation un problème, on peut généralement utiliser la méthode suivante en quatre étapes.

FICHE MÉTHODE 3 **Mettre un problème en équation.**

→ **QCM 6, énoncé A :** André pense à un nombre, il lui ajoute 3 et il multiplie le résultat obtenu par 3. Alfred pense au même nombre qu'André et il l'ajoute à 8. Tous deux trouvent le même résultat. À quel nombre ont-ils pensé ?

Qcm 6, p. 168

1. Choisir l'inconnue. C'est souvent le nombre cherché. **Attention !** Il faut également déterminer le domaine numérique auquel doit appartenir l'inconnue (nombre entier, nombre positif…) en fonction du contexte du problème. **À noter !** Parfois, il peut être intéressant de choisir comme inconnue un nombre autre que le nombre cherché (voir corrigé QCM 6, ci-après).	Il semble naturel de prendre le nombre choisi par André comme inconnue. Appelons-le x. Sans précision sur sa nature, on suppose qu'il s'agit d'un nombre réel.

2. Traduire les informations fournies par des égalités ou des inégalités où figurent les inconnues (on obtient ainsi une équation ou une inéquation.	voir tableau ci-dessous

Énoncé	Traduction mathématique	Commentaires
« André ajoute 3 »	$x+3$	
« Il multiplie le résultat par 3 »	$(x+3)\times 3$	Attention à bien mettre les parenthèses
« Alfred ajoute 8 au nombre de départ »	$x+8$	
« Ils obtiennent le même résultat »	$(x+3)\times 3=x+8$	Cela se traduit par une égalité

3. Résoudre l'équation ou l'inéquation en utilisant les calculs et méthodes possibles.

Les équations suivantes sont équivalentes à celle à laquelle on est arrivé :

$3x+9=x+8$

$2x=-1$

Donc $x=-\frac{1}{2}$.

4. Conclure en interprétant les résultats obtenus dans le langage de la situation et éventuellement vérifier la pertinence des réponses obtenues (par un calcul exact ou approché, ou simplement par le bon sens).

Le nombre choisi est donc $-\frac{1}{2}$.

Vérification :

Si $x=-\frac{1}{2}$ alors $3x+9=\left(-\frac{1}{2}\right)\times 3+9=-\frac{3}{2}+9=\frac{15}{2}$

Si $x=-\frac{1}{2}$ alors $x+8=-\frac{1}{2}+8=\frac{15}{2}$

Corrigé QCM6 : En utilisant cette méthode, on arrive aux équations suivantes pour chacun des autres problèmes.

Qcm 6, p. 168

- **Énoncé B :** Il conduit à l'équation $3x+3=x+8$ qui traduit l'égalité des deux périmètres (équation proposée dans le QCM). On trouve $x=\frac{5}{2}=2{,}5$ (en cm).
- **Énoncé C :** On peut penser à choisir le prix payé par chacun comme inconnue, mais il apparait rapidement qu'il est plus simple pour les calculs de choisir le prix d'un stylo comme inconnue x. Cela conduit à l'équation $3x+3=8+x$ qui traduit l'égalité des deux sommes à payer (équation proposée dans le QCM). La solution est 2,5. On en déduit la somme payée par chacun : **10,50 €**.
- **Énoncé D :** Il conduit à choisir comme inconnue x la longueur du circuit autour du village, ce qui amène à l'équation $x+8=3x-3$ ou à l'équation équivalente $x+8+3=3x$, qui traduisent le fait que Didier a fait 3 km de moins que Daniel ou que Daniel a fait 3 km de plus que Didier. Ces équations ne sont pas équivalentes à celle qui est proposée dans le QCM. On trouve $\frac{11}{2}=5{,}5$ comme solution de l'équation. La longueur du circuit autour du village est de **5,5 km**.

Entrainement 11

Corrigé p. 189

Éric dit à Zoé : « Choisis un nombre, ajoute 1 au triple de ce nombre ; calcule alors le carré du nombre obtenu et retranche-lui le nombre 4. »

a. Quel résultat trouvera Zoé si elle choisit 5 ?

b. Zoé rejoue avec un nombre positif et trouve 0. Quel nombre a-t-elle choisi ?

Entrainement 12

Corrigé p. 189

Le prix d'une excursion en autocar était fixé à 25 € par personne.
Mais trois personnes n'ont pas pu y participer et chaque personne présente a dû verser un supplément de 1,5 €.

Combien y avait-il d'inscrits ?

Entrainement 13

Corrigé p. 189

On considère trois entiers naturels consécutifs rangés dans l'ordre croissant.
La somme du carré du premier et du deuxième est égale au carré du dernier.

Quels sont ces trois nombres ?

2 4. Systèmes de 2 équations du premier degré à 2 inconnues

Cette notion ne figure plus au programme de collège.
Nous la présentons toutefois car elle peut faciliter la résolution de certains problèmes et elle aide à comprendre la résolution de certains problèmes de recherche donnés aux élèves de l'école primaire.

Un système de 2 équations du premier degré à 2 inconnues est un système qui peut être mis sous la forme suivante :

$$\begin{cases} ax+by=c \\ a'x+b'y=c' \end{cases}$$ où a, b, c, a', b', c' sont des nombres réels.

Un couple de deux nombres qui vérifie simultanément les deux équations d'un système est **une solution de ce système**.

Exemple : Le couple (1 ; 2) est solution du système :

$$\begin{cases} 3x+2y=7 \\ -x+3y=5 \end{cases}$$

On le vérifie en remplaçant x par 1 et y par 2 et en calculant les valeurs prises par chaque expression figurant à gauche du signe =.

Par convention, le 1er terme du couple (ici 1) correspond à la valeur de x et le second (ici 2) à la valeur de y.

Quand on souhaite utiliser des équations pour résoudre un problème, il faut généralement autant d'équations qu'il y a d'inconnues.

Dans le cas de la recherche de nombres entiers, et en faisant référence à des conditions de divisibilité, on peut avoir moins d'équations que d'inconnues.

Pour résoudre un système de 2 équations, trois méthodes sont utilisables, illustrées ici à partir du même exemple :
– **les méthodes 1 et 2** utilisent le calcul littéral et visent à obtenir des systèmes équivalents au système initial et dont la résolution est plus facile ;
– **la méthode 3** est de nature graphique.

Rappel :
Deux systèmes sont équivalents s'ils possèdent exactement les mêmes solutions.

Ces méthodes sont généralisables à la résolution de systèmes de 3 équations à 3 inconnues, etc.

FICHE MÉTHODE 4 Résoudre un système de 2 équations du premier degré à 2 inconnues.

→ Résoudre ce système de deux équations : $\begin{cases} 2x+y=3 \\ 3x+2y=-5 \end{cases}$

Méthode 1. Par substitution

1. Exprimer y (par exemple) en utilisant une des deux équations.	$2x+y=3$, donc $y=3-2x$ D'où le système : $\begin{cases} y=3-2x \\ 3x+2y=-5 \end{cases}$
2. Remplacer y par son expression en fonction de x dans l'autre équation.	$\begin{cases} y=3-2x \\ 3x+2(3-2x)=-5 \end{cases}$ La 2nde équation est du 1er degré à une inconnue.
3. Chercher l'inconnue x.	**Résoudre la 2nde équation.** $3x+2(3-2x)=-5$ $-x+6=-5$ équivalente à $x=11$ D'où le système : $\begin{cases} y=3-2x \\ x=11 \end{cases}$
4. Chercher l'inconnue y.	Remplacer x par 11 dans l'équation $y=3-2x$. On obtient : $\begin{cases} y=3-22=-19 \\ x=11 \end{cases}$

5. Le système a donc pour solution le couple (11 ; –19).

Méthode 2. Par combinaison

1. Chercher par quel(s) nombre(s) multiplier les deux membres de l'une ou des deux équations, de façon à ce qu'en additionnant les deux équations membre à membre, l'une des inconnues disparaisse.	Multiplier par –2 les deux membres de la 1re équation. D'où le système : $\begin{cases} -4x-2y=-6 \\ 3x+2y=-5 \end{cases}$ <u>Remarque :</u> On aurait pu aussi supprimer les termes contenant x en multipliant les deux membres de la 1re équation par 3 et les deux membre de la 2de par –2.
2. Additionner membre à membre les deux équations.	En additionnant membre à membre, on obtient : $-x=-11$. On obtient le système (on garde une des deux équations) : $\begin{cases} -x=-11 \\ 3x+2y=-5 \end{cases}$ $\begin{cases} x=11 \\ 3x-2y=-5 \end{cases}$
3. Chercher l'inconnue y.	**Remplacer x par 11 dans la 2nde équation.** On obtient $3\times 11+2y=-5$. d'où $y=-19$.

4. Le système a donc pour solution le couple (11 ; –19).

Méthode 3. **Résolution avec le graphique**

1. Tracer, dans un repère, les deux droites qui ont pour équation chacune des deux équations données, en les ramenant à la forme $y = ax + b$.

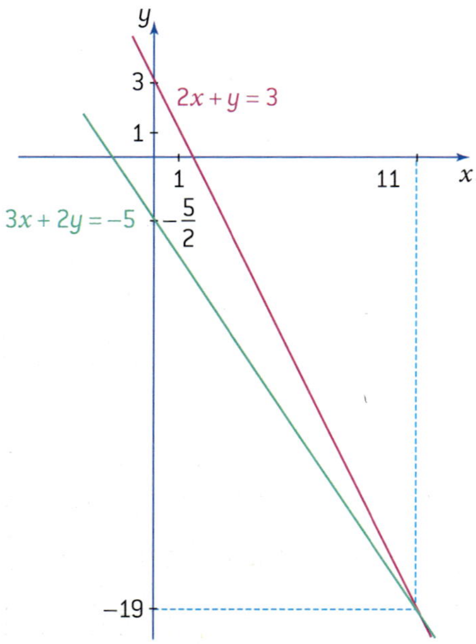

Les droites ont pour équations :

$y = -2x + 3$

$y = -\frac{3}{2}x - \frac{5}{2}$

Chaque droite est tracée en déterminant deux couples solutions, par exemple :

- pour la 1re équation $(0\,;3)$ et $(1\,;1)$;
- pour la 2nde équation $(1\,;-4)$ et $\left(0;-\frac{5}{2}\right)$

2. Lire les coordonnées du point d'intersection, s'il existe.

Le couple solution est formé de l'abscisse et de l'ordonnée de ce point.

Le point d'intersection semble avoir pour coordonnées 11 et −19.

Le système aurait donc pour solution le couple $(11\,;-19)$.

3. Vérifier que les coordonnées trouvées sont bien solutions du système.

Cette méthode graphique ne permet généralement d'obtenir qu'une valeur approchée des solutions.

Si on souhaite des valeurs exactes, il faut utiliser une méthode algébrique.

Entrainement 14

Corrigé p. 190

Résoudre en utilisant un graphique, puis par substitution ou par combinaison les systèmes suivants :

a. $\begin{cases} 3x - 2y = 6 \\ -5x + 6y = 10 \end{cases}$ **b.** $\begin{cases} 2x + 3y = -7 \\ -6x - 9y = 21 \end{cases}$ **c.** $\begin{cases} x - 2y = 0 \\ 3x - 6y = 3 \end{cases}$

Entrainement 15

Corrigé p. 190

Une part de flan de pâtissier est vendue 1,50 € et une part de tarte aux pommes est vendue 2 €. Dans l'après-midi, 72 parts de gâteaux de ces deux sortes ont été vendues pour une somme totale de 122 €.

Combien de parts de chaque sorte ont été vendues ?

3 Inéquations

Une inéquation est une inégalité conditionnelle contenant une ou plusieurs inconnues représentées par des lettres. **Résoudre une inéquation** revient à déterminer les valeurs que peut prendre l'inconnue pour que l'inégalité soit vraie. Les valeurs pour lesquelles l'inégalité est vraie sont les **solutions de l'inéquation**.

Nous allons étudier les **inéquations du premier degré à une inconnue**.

Deux inéquations sont équivalentes signifie qu'elles ont le même ensemble de solutions.

On appelle **inéquation du premier degré à une inconnue** toute inéquation qui est équivalente à une inéquation de la forme :

$ax < b$ ou $ax \leqslant b$ ou $ax > b$ ou $ax \geqslant b$.

Quatre règles fondamentales peuvent être utilisées pour ramener une inéquation à la forme précédente.

Pour obtenir une inéquation équivalente à une inéquation donnée, on peut :

Règle 1 : Simplifier chacun des membres.

Règle 2 : Ajouter ou retrancher aux deux membres une même expression.

Règle 3 : Multiplier ou diviser ses deux membres par un même **nombre positif**.

Règle 4 : Multiplier ou diviser ses deux membres par un même **nombre négatif**, à condition de changer le sens de l'inégalité.

Avec les règles 1, 2 et 3, on obtient une inégalité de même sens que l'inégalité de départ.

Exemple : $3x - 6 < 7x + 2$.

Résolvons cette inéquation en utilisant une suite d'inéquations équivalentes :

$3x - 6 - 7x < 2$	(1)	On enlève $7x$ aux deux membres. **(règle 2)**
$-4x - 6 < 2$	(2)	On simplifie le membre de gauche. **(règle 1)**
$-4x < 8$	(3)	On ajoute 6 aux deux membres. **(règle 2)**
$x > -2$	(4)	On divise les deux membres par -4, donc on change le sens de l'inégalité. **(règle 4)**

Tous les nombres réels supérieurs strictement à -2 sont solutions de l'inéquation initiale (une inéquation admet souvent une infinité de solutions).

Ces solutions appartiennent à l'intervalle $]-2\,;+\infty[$ et peuvent être représentées sur une droite numérique (partie hachurée) :

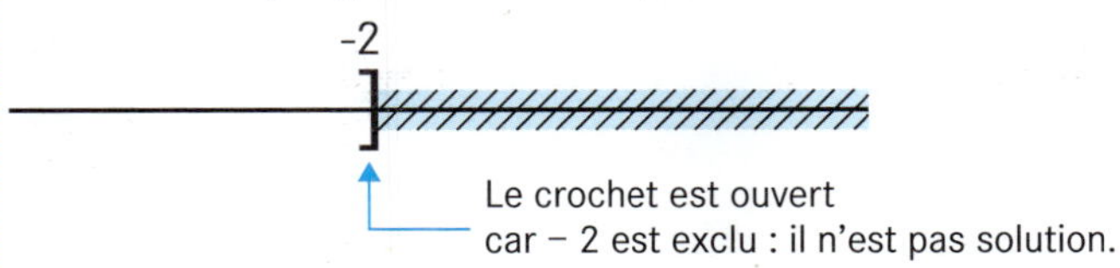

Entrainement 16

Corrigé p. 191

Résoudre, dans $\mathbb{R}$, les inéquations suivantes :

a. $-3x + 9 \leqslant 14 - 5x$

b. $4(2 - 0{,}5x) > -2x + 7$

Entrainement 17

Corrigé p. 191

Pour quels naturels a-t-on : $-3n + 4 \geqslant 2n - 23$?

Entrainement 18

Corrigé p. 191

Trouver, dans $\mathbb{R}$, les nombres x qui vérifient simultanément les deux inéquations données (on parle de système d'inéquations) :

$$\begin{cases} 2x - 5 \geqslant -x + 4 \\ 3x + 7 > 5x - 6 \end{cases}$$

4 Formules et équations

Dans les sciences, et entre autres en mathématiques, on utilise très souvent des formules.

Une formule étant donnée, il est possible de trouver la valeur de n'importe quelle variable si on connait les valeurs des autres variables.

Exemple : On sait que l'aire A d'un trapèze de grande base B, de petites base b et de hauteur h est donnée par la formule $A = \frac{B+b}{2} \times h$. B, b et h étant exprimées dans la même unité.

Quelle est la hauteur du trapèze schématisé ci-contre ?

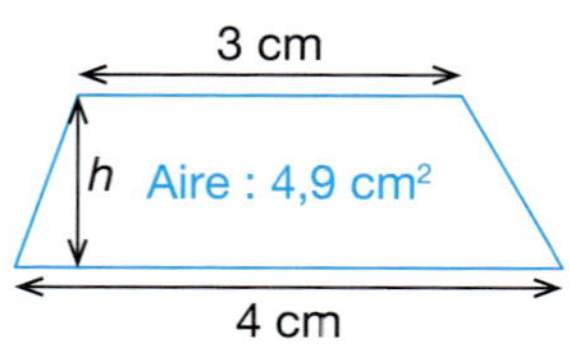

1. Écrire la formule à utiliser et remplacer les variables connues par leurs valeurs. **Attention !** Il faut s'assurer que les unités sont cohérentes.	$A = \frac{B+b}{2} \times h$ (h est la hauteur en cm) $4{,}9 = \frac{4+3}{2} \times h$
2. Résoudre l'équation obtenue	$4{,}9 = 3{,}5 \times h$ Donc $h = \frac{4{,}9}{3{,}5} = 1{,}4$
3. Conclure	La hauteur est égale à 1,4 cm.

Entrainement 19

Corrigé p. 191

Le volume V d'un pavé droit dont les dimensions des côtés sont a, b et c, est donné par la formule $V = a \times b \times c$ (a, b et c sont exprimés dans la même unité et V est exprimé dans l'unité de volume qui correspond à l'unité de a, b et c).

Déterminer la dimension manquante de ce pavé droit.

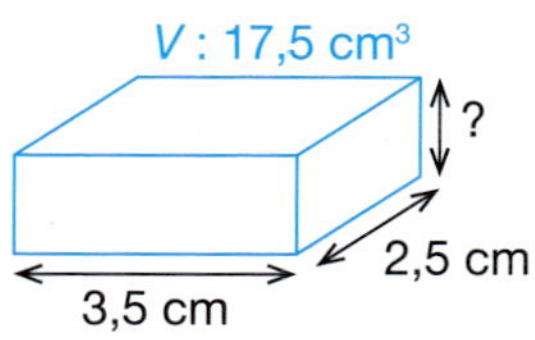

5 À propos de l'égalité

Dans cet ouvrage, on a l'occasion de rencontrer de très nombreuses fois le signe « = » :

$6 \times 8 = 48$ $25 + 17 = 25 + (10 + 7)$ $3(a + 5) = 3a + 15$ $f(x) = 3x - 5$
$5x + 2 = 2x - 2$ $a = 3$ « =B1*B2 + C3 »[5]...

Suivant le contexte, il a des sens différents. Nous allons passer en revue les différents sens du signe « = » en donnant des exemples, en identifiant son utilité et les propriétés qui permettent d'établir ces égalités.

- **Sens 1 : Résultat d'un calcul**

Exemples	$6 \times 8 = 48$ $12 + 5 \times 4 = 32$ $\frac{2}{5} + \frac{3}{10} = \frac{7}{10}$
Signification du signe « = »	Il indique un résultat. Par exemple, la 1re égalité ci-dessus signifie : « le produit de 6 et de 8 est égal à 48 ».
Utilité de cette égalité	Cette égalité permet d'indiquer le résultat d'un calcul. Cela correspond à la touche [=] des calculatrices ordinaires.
Comment établir ce type d'égalité ?	On fait appel, généralement, à des résultats mémorisés (exemple : $6 \times 8 = 48$), à des propriétés sur les opérations (par exemple, pour écrire $12 + 5 \times 4 = 32$, on a utilisé la priorité des opérations et les résultats mémorisés $5 \times 4 = 20$ et $12 + 20 = 32$) et à des techniques ou à des instruments de calcul.

- **Sens 2 : Égalité entre deux expressions numériques**

Exemples	(1) $25 + 17 = 25 + (10 + 7)$ (2) $122 + 39 + 28 = (122 + 28) + 39$ (3) $25 + 69 = 25 + 70 - 1$ (4) $\frac{34}{12} = \frac{17}{6}$
Signification du signe « = »	Il indique que les deux termes de l'égalité sont deux expressions d'un même nombre (car cela peut être étendu à d'autres objets mathématiques : longueurs de segments...).
Utilité de cette égalité	Cette égalité est très utile pour simplifier des calculs, entre autres dans le cadre des calculs réfléchis. *Cf. exemples (2) et (3) ci-dessus.*
Comment établir ce type d'égalité ?	Pour écrire ce type d'égalité, on remplace généralement un calcul partiel par un nombre ou inversement.

Remarque :
L'égalité envisagée au point précédent est compatible avec celle-ci puisque, par exemple, 6×8 et 48 sont bien deux manières d'exprimer le même nombre. Mais l'égalité envisagée ici permet d'écrire aussi bien $6 \times 8 = 48$ que $48 = 6 \times 8$.

5. Voir **Initiation au tableur**, chap. 8 p. 203

- **Sens 3 : Égalité entre deux expressions littérales**

Exemples	$3(a+5)=3a+15$ $\quad$ $(x+5)^2=x^2+10x+25$
Signification du signe « = »	Le signe « = » indique que, quelle que soit la valeur numérique qu'on donne à la (les) lettre(s), on obtient le même résultat. Ainsi une égalité littérale sous-entend une infinité d'égalités entre deux expressions numériques.
Utilité de cette égalité	Elle permet notamment de faire des calculs sur les expressions littérales, en particulier pour les simplifier ou les factoriser. Les simplifications et factorisations sont elles-mêmes très utiles pour résoudre des équations *(cf. § 2)* et démontrer des propriétés avec les nombres *(cf. § 1)*.
Comment établir ce type d'égalité ?	Pour établir ces égalités, on utilise les propriétés des opérations. Par exemple, pour établir que $3(a+5)=3a+15$, on s'appuie sur la propriété de la distributivité de la multiplication sur l'addition. Pour établir l'égalité $(x+5)^2=x^2+10x+25$ on utilise, entre autres, la propriété de la double distributivité $(a+b)(c+d)=ac+bc+ad+bd$ qui elle-même découle de la propriété de la distributivité de la multiplication sur l'addition. Certaines égalités qui découlent de propriétés sont de nouvelles propriétés qu'on peut directement utiliser. C'est par exemple le cas de la double distributivité vue ci-dessous et de la 1re identité remarquable $(a+b)^2=a^2+2ab+b^2$.

Remarque : Dans ce contexte, la lettre est appelée « indéterminée ».
Dans l'expression « identité remarquable », le mot « identité » a la même signification que le mot « égalité ». On peut aussi parler d'égalité remarquable.

- **Sens 4 : Égalité conditionnelle**

Exemples	Résous l'équation $3x+7=x+11$ Résous l'équation $4x^2-11=3x-11$
Signification du signe « = »	Contrairement au signe « = » précédent, il n'indique pas que quelle que soit la valeur numérique qu'on donne à la (les) variable(s), on obtient le même résultat. Il indique qu'on souhaite déterminer la (les) valeur(s) par la(les)quelle(s) il faut remplacer la lettre pour obtenir une égalité numérique, d'où le nom d'« égalité conditionnelle ». Cette (ces) valeur(s) est (sont) appelées « solution de l'équation » *(cf. § 2)*.
Utilité de cette égalité	Elle est utilisée pour mettre des problèmes en équation et les résoudre.
Comment établir ce type d'égalité ?	Ce type d'égalité est soit donné dans l'énoncé *(cf. l'exemple ci-dessus)*, soit établie en modélisant un énoncé.

Remarque : Dans ce contexte, la lettre est appelée « inconnue ».
C'est le contexte qui permet de savoir si le signe « = » indique une égalité entre deux expressions littérales (éventuellement fausse) et une équation.

• **Sens 5 : Égalité fonctionnelle**

Exemples	$f(x) = 4x - 7$ $A(y) = 4y^2 - 2y + 5$
Signification du signe « = »	Il exprime le lien entre deux grandeurs x (respectivement y) et $f(x)$ (respectivement $A(y)$). Il exprime que $f(x)$ et $4x + 7$ sont deux expressions de la même fonction.
Utilité de cette égalité	Elle permet d'exprimer une fonction sous deux formes qui n'offrent pas les mêmes possibilités de traitement. Dans l'exemple de la fonction linéaire $f(x) = ax$, la propriété de linéarité additive s'exprime par : $f(x+x') = f(x) + f(x')$ et $a(x+x') = ax + ax'$.
Comment établir ce type d'égalité ?	Ce type d'égalité est soit donnée dans l'énoncé (*cf. l'exemple ci-dessus*), soit établie en modélisant un énoncé.

Remarque : Dans ce contexte, la lettre est appelée « variable ».

• **Sens 6 : Affectation**

Exemple	$a = 3$
Signification du signe « = »	Il indique la valeur qu'on souhaite donner à une variable dans une expression littérale ou une expression fonctionnelle.
Utilité de cette égalité	Elle permet d'étudier des cas particuliers. On écrit par exemple, pour un essai : soit $a = 3$.
Comment établir ce type d'égalité ?	C'est une donnée ou un choix de l'utilisateur.

• **Sens 7 : Égalité pour le tableur**

Exemple	= A3*B3 + A5
Signification du signe « = »	Il indique au logiciel qu'il faut effectuer un calcul.
Utilité de cette égalité	Permet d'effectuer de très nombreux calculs. La formule peut être copiée et collée. L'absence du signe « = » devant un texte permet d'afficher le texte dans la cellule correspondante.
Comment établir ce type d'égalité ?	En fonction du problème ou de l'exercice qu'on souhaite résoudre.

Corrigés

Entrainement 1

Énoncé p. 170

$A = 5a - b$ $\qquad$ $B = 6\,(b + c) - 3d + c^2$

Entrainement 2

Énoncé p. 170

$A = 9x$ (on a factorisé x dans $4x + 5x = (4 + 5) \times x$).

B ne peut pas être simplifié. $B \neq 9a$: pour s'en persuader, il suffit de remplacer a par 0.

$D = 8x^2$ (on met x^2 en facteur)

E et F ne peuvent pas être simplifiées.

Entrainement 3

Énoncé p. 171

$A = 5(a + 2) - (a + 3)$

$A = 5a + 10 - a - 3$. On a distribué le facteur 5 et, pour simplifier $-(a + 3)$, on a remplacé mentalement cette expression par $(-1)(a - 3)$ et distribué le facteur -1.

$A = 5a - a + 10 - 3$. On a appliqué la propriété de commutativité de l'addition (on rappelle que $-a = + (-a)$ et $- 3 = + (-3)$).

$A = 4a + 7$

$B = (x - 5) \times 3 - 2(4x - 2)$

$B = 3x - 15 - (8x - 4)$

$B = 3x - 15 - 8x + 4$. On peut passer directement de la 1re ligne à la 3e ligne en distribuant le facteur (-2).

$B = 3x - 8x -15 + 4$

$B = -5x - 11$

Attention de bien respecter les règles de priorité ! On distribue les facteurs 3 et (-2). On n'effectue pas $3 - 2$.

> Pour l'expression B, toutes les étapes ne sont pas détaillées et les propriétés utilisées ne sont pas mentionnées. C'est cela qui est attendu au concours, sauf demande explicite.

Entrainement 4

Énoncé p. 171

$A = (4x - 1)(6 + 3x)$

$A = 24x + 12x^2 - 6 - 3x$

$\mathbf{A = 12x^2 + 21x - 6.}$

$B = 3(5x^2 - 2x + 1) - (x - 5)(2x - 3)$

$B = 15x^2 - 6x + 3 - (2x^2 - 13x + 15)$

$B = 15x^2 - 6x + 3 - 2x^2 + 13x - 15$

$\mathbf{B = 13x^2 + 7x - 12.}$

> Pour les expressions A et B, toutes les étapes ne sont pas détaillées et les propriétés utilisées ne sont pas mentionnées. C'est cela qui est attendu au concours, sauf demande explicite.

Entrainement 5

Énoncé p. 172

$(a + b)^2 = (a + b)(a + b) = a^2 + ab + ba + b^2 = \mathbf{a^2 + 2ab + b^2}$.

$(a - b)^2 = (a - b)(a - b) = a^2 - ab - ba + b^2 = \mathbf{a^2 - 2ab + b^2}$.

$(a + b)(a - b) = a^2 - ab + ba - b^2 = \mathbf{a^2 - b^2}$.

Entrainement 6

Énoncé p. 172

$A = (3x - 1)(3x + 1) - (4x - 1)^2$

$A = [(3x)^2 - 1^2] - [(4x)^2 - 8x + 1^2]$

$A = 9x^2 - 1 - 16x^2 + 8x - 1$

$\mathbf{A = -7x^2 + 8x - 2.}$

$B = (2x + 1)^2 - (x^2 + 3)^2 + (3 - x^2)(3 + x^2)$

$B = (4x^2 + 4x + 1) - (x^4 + 6x^2 + 9) + (9 - x^4)$

$B = 4x^2 + 4x + 1 - x^4 - 6x^2 - 9 + 9 - x^4$

$\mathbf{B = -2x^4 - 2x^2 + 4x + 1.}$

Entrainement 7

Énoncé p. 173

$A = x(3x - 2)$ x est reconnu comme facteur commun.

$B = a(5a + 1)$ (a est un facteur commun)

Attention de ne pas oublier le terme 1. Si on l'oublie en redéveloppant, on trouve uniquement $5a^2$.

$C = (2x + 1)^2$

$D = (2x + 3)^2 - (2x + 3)$ $(2x + 3)$ est un facteur commun.

$D = (2x + 3)\,[(2x + 3) - 1]$

$D = (2x + 3)(2x + 2)$

Entrainement 8

Énoncé p. 173

Il ne suffit pas de répondre « oui » ou « non » il faut prouver son affirmation !

Appelons x le nombre choisi au départ. Effectuons les étapes de calcul avec ce nombre, on obtient $(x + 5)x - x^2$. Simplifions cette expression, on obtient $5x$. C'est bien cinq fois le nombre choisi au départ. Cela démontre qu'Alicia a raison.

Dans beaucoup de problèmes nécessitant de passer par le calcul littéral pour démontrer un résultat, il faut savoir traduire avec les lettres certaines conditions de l'énoncé. Prenons quelques exemples :
- pour traduire « **prendre deux entiers consécutifs** », si x est le premier, le second n'est pas y (!) mais $x + 1$;
- pour traduire « **prendre un nombre pair quelconque** », on peut prendre $\mathbf{2x}$ où x est un nombre entier ;
- pour traduire « **prendre un nombre impair quelconque** », on peut prendre $\mathbf{2x + 1}$ où x est un nombre entier ;
- pour traduire « **prendre un multiple de 5 quelconque** », on peut prendre $\mathbf{5x}$ où x est un nombre entier.

Entrainement 9

Énoncé p. 175

Les calculs détaillés ne sont donnés que pour la 1re équation.

a. Les équations suivantes sont équivalentes :

$4(x - 1) - (x + 5) = x - 7$

$4x - 4 - x - 5 = x - 7$

$3x - 9 = x - 7$

$2x = 2$

$x = 1.$

1 est solution de l'équation.

b. L'équation est équivalente à l'équation $0x = -9$. Elle n'a **pas de solution**.

c. L'équation est équivalente à $0x = 0$. **Tous les nombres réels** sont solutions.

d. Les équations suivantes sont équivalentes :

$\frac{9x}{7} = \frac{11}{3}$

$9x \times 3 = 11 \times 7$. On a appliqué le produit en croix (voir chap. 10 p. 240).

$27x = 77$

$x = \frac{77}{27}$

La solution est $\frac{77}{27}$.

e. Pour résoudre cette équation, on peut procéder comme pour les autres équations du 1er degré : on supprime les termes contenant l'inconnue dans un membre et les termes ne contenant pas l'inconnue dans l'autre. Mais ensuite, il faut effectuer deux additions de fractions. Il est plus simple de chercher, dans un 1er temps, un dénominateur commun à toutes les fractions.

Ici, un dénominateur commun est 30, qu'on peut trouver soit en cherchant le pgcd de 5 ; 15 ; 3 et 2 soit en écrivant successivement les premiers multiples de 15 (le plus grand des nombres) et en vérifiant s'il est multiple des autres dénominateurs.

Les équations suivantes sont équivalentes :

$\frac{3}{5}x - \frac{7}{15} = \frac{1}{3} - \frac{1}{2}x$

$\frac{18}{30}x - \frac{14}{30} = \frac{10}{30} - \frac{15}{30}x$. On multiplie les deux membres de l'équation par 30 pour faire « disparaitre » les dénominateurs.

$18x - 14 = 10 - 15x$

$18x + 15x = 10 + 14$

$33x = 24$

$x = \frac{24}{33} = \frac{8}{11}$

La solution est $\frac{8}{11}$.

Entrainement 10

Énoncé p. 176

a. Les solutions sont obtenues directement en cherchant les valeurs qui annulent chacun des 3 facteurs du produit : 3 ; $\frac{5}{2}$ et 4.

b. Les équations suivantes sont équivalentes à l'équation initiale :

$9x^2 - 12x + 4 = 0$

On reconnait une identité remarquable :

$9x^2 - 12x + 4 = (3x)^2 - 2 \times (3x \times 2) + 2^2$

donc $(3x - 2)^2 = 0$.

Elle a donc une seule solution : $\frac{2}{3}$.

c. $(3x - 1)^2 - 3^2 = 0$

$(3x - 1 - 3)(3x - 1 + 3) = 0$

$(3x - 4)(3x + 2) = 0$.

Il y a donc deux solutions : $\frac{4}{3}$ et $-\frac{2}{3}$.

Entrainement 11

Énoncé p. 177

a. Si on choisit 5, on obtient 252.

b. Appelons x le nombre positif choisi.

En traduisant l'énoncé et le fait que Zoé obtienne « 0 », on trouve :

$(3x+1)^2-4=0$.

On reconnait ici l'identité $a^2-b^2=(a+b)(a-b)$,

avec $a=(3x+1)$ et $b=2$ (car $2^2=4$).

Donc l'équation $(3x+1)^2-4=0$ est équivalente à :

$[(3x+1)+2][(3x+1)-2]=0$, soit $(3x+3)(3x-1)=0$.

Il s'agit d'une équation produit.

$(3x+3)(3x-1)=0$

Donc $3x+3=0$ ou $3x-1=0$, donc $x=-1$ ou $x=\frac{1}{3}$.

Comme le nombre doit être positif, la solution est donc $x=\frac{1}{3}$.

Entrainement 12

Énoncé p. 178

Appelons x le nombre d'inscrits (x est donc un nombre naturel), puis traduisons les informations de l'énoncé à l'aide de cette inconnue :

Prix initial de l'excursion : $25x$

Nombre de participants : $x-3$

Prix effectif de l'excursion : $26{,}5(x-3)$.

On fait l'hypothèse que le prix total à payer n'a pas été modifié, ce qui se traduit par l'équation : $25x=26{,}5(x-3)$.

Cette équation est équivalente à :

$25x=26{,}5x-79{,}5$

$-1{,}5=-79{,}5$ donc $1{,}5x=79{,}5$

En résolvant cette équation, on trouve 53 comme solution.

Il y avait donc 53 inscrits pour l'excursion.

Vérification : $25\times53=26{,}5\times50=1\ 219$.

Entrainement 13

Énoncé p. 178

Appelons x le 1er nombre entier choisi ; les suivants sont donc : $x+1$ et $x+2$.

Traduisons l'énoncé par l'équation : $x^2+(x+1)^2=(x+2)^2$.

Cette équation est équivalente à : $x^2-2x-3=0$.

Avec les connaissances exigibles au concours, le premier membre ne peut pas être factorisé.

Essayons de changer d'inconnue.

Appelons x le 2e nombre à trouver, le 1er nombre est donc : $x-1$ et le 3e nombre est : $x+1$.

De plus, $x\geqslant 1$ car les nombres choisis sont des entiers naturels.

On arrive à l'équation :

$(x-1)^2+x^2=(x+1)^2$

$x^2-4x=0$

$x(x-4)=0$ qui est une équation produit.

Donc $x = 0$ ou $x = 4$.
Or $x \geqslant 1$, donc il y une seule solution : 4.
La suite des nombres choisis est donc 3, 4 et 5.

On peut contrôler facilement que ces nombres vérifient bien la condition donnée.

Entrainement 14

Énoncé p. 180

a. $\begin{cases} 3x - 2y = 6 \\ -5x + 6y = 10 \end{cases}$

Si on résout par combinaison, on peut passer, par exemple, par les systèmes suivants équivalents au système donné (on cherche à « éliminer » y en multipliant les deux membres de la 1re équation par 3).

$\begin{cases} 9x - 6y = 18 \\ -5x + 6y = 10 \end{cases}$

$\begin{cases} 4x = 28 \\ -5x + 6y = 10 \end{cases}$ On a ajouté membre à membre les deux équations pour trouver $4x = 28$ et on garde la 2e équation.

D'où le couple solution $\left(7\,;\dfrac{15}{2}\right)$.

Ce couple correspond aux coordonnées du point d'intersection des deux droites d'équations $3x - 2y = 6$ (ou $y = \dfrac{3}{2}x - 3$) et $-5x + 6y = 10$ (ou $y = \dfrac{5}{6}x + \dfrac{5}{3}$) tracées dans un repère.

b. $\begin{cases} 2x + 3y = -7 \\ -6x - 9y = 21 \end{cases}$

En divisant les deux membres de la 2nde équation par -3, on retrouve la 1re équation.

On n'a donc finalement qu'une équation : $2x + 3y = -7$ qui admet une infinité de couples solutions qui correspondent aux coordonnées de tous les points de la droite d'équation $2x + 3y + 7 = 0$.

Le fait qu'il y ait une infinité de solutions ne signifie pas que tout couple est solution ; par exemple le couple (1 ; 1) n'est pas solution.

Sur une représentation graphique, on constate que les droites d'équations $2x + 3y = -7$ (ou $y = -\dfrac{2}{3}x - \dfrac{7}{3}$) et $-6x - 9y = 21$ (ou $y = -\dfrac{2}{3}x - \dfrac{7}{3}$) sont confondues.

c. $\begin{cases} x - 2y = 0 \\ 3x - 6y = 3 \end{cases}$

En divisant les deux termes de la 2nde équation par 3, on obtient : $x - 2y = 1$ qui est une équation contradictoire avec la 1re équation.

Il n'y a donc pas de couple solution pour le système proposé.

Sur une représentation graphique, on constate que les droites d'équations $x - 2y = 0$ (ou $y = \dfrac{x}{2}$) et $3x - 6y = 3$ (ou $y = \dfrac{x}{2} - \dfrac{1}{2}$) sont parallèles (sans être confondues).

Entrainement 15

Énoncé p. 180

Appelons x le nombre de parts de flan de pâtissier et y le nombre de parts de tarte aux pommes.

Les données du problème conduisent au système :

$\begin{cases} x + y = 72 & \textit{nombre total de parts vendues} \\ 1{,}5x + 2y = 122 & \textit{somme totale} \end{cases}$

On peut résoudre le système **par substitution**, puisqu'au moins un des coefficients est égal à 1.
De la 1re équation, on tire : $y = 72 - x$
En reportant l'expression de y en fonction de x dans la 2nde équation, on obtient :
$1{,}5x + 2(72 - x) = 122$
$-0{,}5x = -22$
$x = 44$ et $y = 28$.
Le pâtissier a vendu 44 parts de flan et 28 parts de tarte aux pommes.

Entrainement 16

Énoncé p. 181

a. L'inéquation $-3x + 9 \leqslant 14 - 5x$ est équivalente à :
$2x \leqslant 5$, donc $x \leqslant \frac{5}{2}$.
Les solutions sont les nombres inférieurs ou égaux à $\frac{5}{2}$.

b. L'inéquation $4(2 - 0{,}5x) > -2x + 7$ est équivalente :
$8 - 2x > -2x + 7$, soit $8 > 7$.
L'inégalité est vérifiée pour toute valeur de x.
Tout nombre réel est solution de l'inéquation.

Entrainement 17

Énoncé p. 182

L'inéquation $-3n + 4 \geqslant 2n - 23$ est équivalente à :
$-5n \geqslant -27$ donc $5n \leqslant 27$
Donc $n \leqslant \frac{27}{5}$ ou encore $n \leqslant 5{,}4$.
n étant un nombre naturel, **n peut prendre les valeurs 0, 1, 2, 3, 4 ou 5.**
Ce sont les solutions de l'inéquation dans l'ensemble $\mathbb{N}$.

Entrainement 18

Énoncé p. 182

$\begin{cases} 2x - 5 \geqslant -x + 4 \\ 3x + 7 > 5x - 6 \end{cases}$ Le système est équivalent à : $\begin{cases} 3x \geqslant 9 \\ -2x > -13 \end{cases}$

$\begin{cases} x \geqslant 3 \\ x < \frac{13}{2} \end{cases}$ soit $3 \leqslant x < \frac{13}{2}$

Les solutions sont les nombres de l'intervalle $\left[3 ; \frac{13}{2}\right[$.

Elles peuvent être représentées par ce segment de la droite numérique : 

Les crochets indiquant les bornes des intervalles signalent que 3 est compris dans l'ensemble des solutions (crochet fermé), mais pas $\frac{13}{2}$ (crochet ouvert).

Entrainement 19

Énoncé p. 182

Soit a la dimension manquante en cm.
On sait que $V = a \times b \times c$
Donc $17{,}5 = a \times 3{,}5 \times 2{,}5$
Donc $17{,}5 = a \times 8{,}75$
Donc $a = 17{,}5 : 8{,}75 = 2$
Donc la dimension manquante est 2 cm.

AU CONCOURS Généralités sur le calcul littéral Équations – inéquations

Exercice 1

Corrigé p. 196

Quelles affirmations sont vraies ? Justifiez votre réponse.

A. La somme de cinq nombres entiers naturels consécutifs est un multiple de 5.

B. La somme de quatre nombres entiers naturels consécutifs est un multiple de 4.

C. La différence entre les carrés de deux nombres entiers naturels est égale à la somme de ces deux nombres entiers.

D. Le produit de deux nombres pairs consécutifs est divisible par 8.

Exercice 2

Corrigé p. 196

Étant donné trois nombres, en les additionnant deux à deux, on obtient trois sommes. Si les sommes obtenues sont 78, 59 et 43, retrouver les trois nombres choisis.

Exercice 3

Corrigé p. 197

Gabrielle s'intéresse au problème suivant :

« Deux nombres ont pour somme 100. Comment varie leur produit si on soustrait 5 à chacun d'eux ? »

Gabrielle a alors l'idée d'expérimenter à l'aide d'un tableur. Au cours de son expérimentation, elle est amenée à choisir des nombres dans la colonne A.

Émettre une conjecture relative au problème posé et la démontrer.

	A	B	C	D	E
1	1er nombre	2ème nombre	Produit	Nouveau produit	Variation
2	1	99	99	-376	-475
3	2	98	196	-279	-475
4	3	97	291	-184	-475
5	4	96	384	-91	-475
6	5	95	475	0	-475
7	6	94	564	89	-475
8	7	93	651	176	-475
9	8	92	736	261	-475
10	9	91	819	344	-475
11	10	90	900	425	-475
12	1,345	98,655	132,690975	-342,309025	-475
13	1,346	98,654	132,788284	-342,211716	-475
14	1,347	98,653	132,885591	-342,114409	-475
15	1,348	98,652	132,982896	-342,017104	-475
16	1,349	98,651	133,080199	-341,919801	-475
17	1,35	98,65	133,1775	-341,8225	-475
18	1,351	98,649	133,274799	-341,725201	-475
19	1,352	98,648	133,372096	-341,627904	-475
20	1,353	98,647	133,469391	-341,530609	-475
21	-4,55	104,55	-475,7025	-950,7025	-475
22	-4,56	104,56	-476,7936	-951,7936	-475
23	-4,57	104,57	-477,8849	-952,8849	-475
24	-4,58	104,58	-478,9764	-953,9764	-475
25	-4,59	104,59	-480,0681	-955,0681	-475
26	-4,6	104,6	-481,16	-956,16	-475
27	-4,61	104,61	-482,2521	-957,2521	-475
28	-4,62	104,62	-483,3444	-958,3444	-475
29	-4,63	104,63	-484,4369	-959,4369	-475
30					

Exercice 4

Corrigé p. 197

La division euclidienne d'un nombre entier A par 9 a pour reste 7.
La division euclidienne d'un nombre entier B par 6 a pour reste 5.
A est supérieur à B.
L'affirmation suivante est-elle vraie : « Le reste dans la division euclidienne de (A – B) par 3 est donc 2 » ?

Exercice 5

Corrigé p. 197

Pour calculer le débit D d'une perfusion en gouttes par minute, les infirmiers utilisent la formule $D = \frac{V}{3T}$, où V est le volume, en millilitre, de la perfusion et T le temps, en heure, que doit durer la perfusion.

1. À quel débit doit être réglée la perfusion si le volume à transfuser est de 1,5 litre en un jour ? Arrondir la réponse à l'unité.

2. Une perfusion est réglée sur un débit de 6 gouttes par minute. Quel volume de liquide sera perfusé en une heure et quart ?

3. Une perfusion a un volume de 250 mL et est réglée sur un débit de 8 gouttes par minute. Quelle devrait être la durée de la perfusion ? Donner la réponse sous la forme x heures y minutes.

Exercice 6

Corrigé p. 198

1. On appelle triplet pythagoricien, tout triplet (a ; b ; c) formé de trois entiers positifs non nuls tels que : $a^2 + b^2 = c^2$.

a. Vérifier que le triplet (3 ; 4 ; 5) est un triplet pythagoricien.

b. Vérifier que, quel que soit l'entier positif n non nul, on a : $(3n)^2 + (4n)^2 = (5n)^2$.

c. En déduire un autre triplet pythagoricien composé d'entiers tous supérieurs à 1 000.

2. On s'intéresse maintenant à des triplets (a ; b ; c) tels que :
$a = 2xy$; $b = y^2 - x^2$; $c = y^2 + x^2$
où x et y sont deux nombres entiers positifs non nuls, $x < y$.
À l'aide d'un tableur, on a obtenu la feuille de calcul reproduite ci-après.

	A	B	C	D	E	F	G
1	valeur de x	valeur de y	a	b	c	$a^2 + b^2$	c^2
2	1	2	4	3	5	25	25
3	1	3	6	8	10	100	100
4	3	6	36	27	45	2025	2025
5	4	15	120	209	241	58081	58081
6	8	12	192	80	208	43264	43264
7	12	15	360	81	369	136161	136161
8	7	8	112	15	113	12769	12769
9	2	3	12	5	13	169	169
10	11	13	286	48	290	84100	84100
11	7	8	112	15	113	12769	12769
12	4	5					

a. Donner une formule qui, entrée dans la cellule D2 puis recopiée vers le bas, permet de compléter la colonne D.

b. Recopier et compléter la ligne 12.

c. Au vu de cette feuille de calcul, quelle conjecture peut-on faire quant à la nature des triplets (a ; b ; c) ainsi définis ? Prouver cette conjecture.

3. Le triplet pythagoricien (3 ; 4 ; 5) a la particularité d'être constitué de trois nombres entiers consécutifs. Existe-t-il d'autres triplets pythagoriciens ayant cette particularité ? Justifier.

Exercice 7

Corrigé p. 199

Des élèves décident de planter des pieds de salade dans le potager de l'école. Dans le commerce, plusieurs tarifs sont proposés :

Tarif A : prix d'une barquette de 5 plants : 1,20 €.

Tarif B : prix d'un plant : 0,25 € et, à partir de 50 plants, une réduction de 5 % est faite sur l'ensemble de la commande.

Tarif C : achat de carte de fidélité : 3 €, puis 0,20 € le plant.

1. Quel tarif va être le plus avantageux pour l'achat de 40 plants ?

2. L'école dispose d'un budget de 30 €. Quel tarif permet d'acheter le plus de pieds de salade ?

3. À partir de l'achat de combien de plants le tarif C devient-il plus intéressant que le tarif B ?

Exercice 8

Corrigé p. 200

La figure ci-dessous, qui n'est pas à l'échelle, représente sept carrés dont les mesures des côtés, en centimètre, sont des nombres entiers consécutifs.

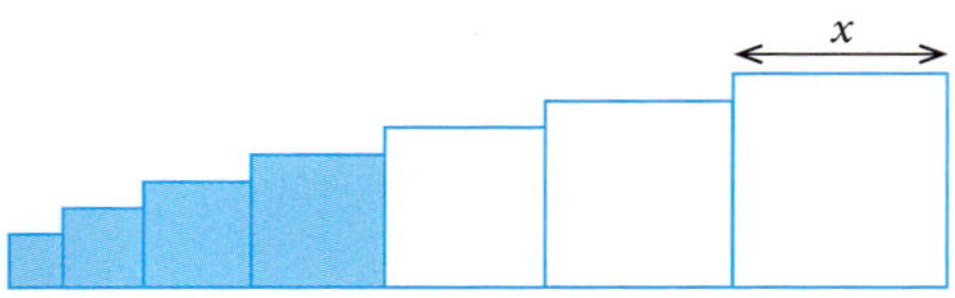

On cherche s'il est possible de trouver des longueurs pour les côtés des carrés telles que la somme des aires des quatre carrés bleus soit égale à celle des trois carrés blancs. On choisit comme variable x la longueur en cm du côté du plus grand carré blanc.

1. a. Démontrer que la somme des aires des carrés bleus est égale à $4x^2 - 36x + 86$

b. Démontrer que la somme des aires des carrés blancs est égale à $3x^2 - 6x + 5$.

2. a. Démontrer que : $(4x^2 - 36x + 86) - (3x^2 - 6x + 5) = (x - 15)^2 - 144$

b. Résoudre l'équation $4x^2 - 36x + 86 = 3x^2 - 6x + 5$.

c. Est-il possible de trouver des longueurs pour les côtés des carrés telles que la somme des aires des quatre carrés bleus soit égale à celle des trois carrés blancs ? Si oui, pour quelle(s) valeur(s) ?

Corrigé p. 201

Exercice 9

En empilant dix cubes identiques comme ci-contre, on construit un escalier de hauteur $h = 4$.

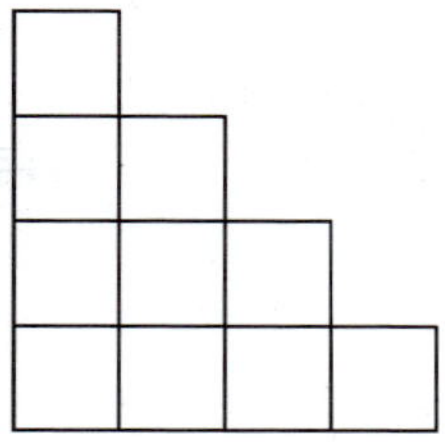

1. Indiquer le nombre de cubes nécessaires pour réaliser respectivement des escaliers de hauteur 5 et de hauteur 9.

2. Y a-t-il proportionnalité entre la hauteur des escaliers et le nombre de cubes nécessaires pour les construire ? Justifier votre réponse.

3. Avec deux escaliers identiques, on peut construire un « mur ».

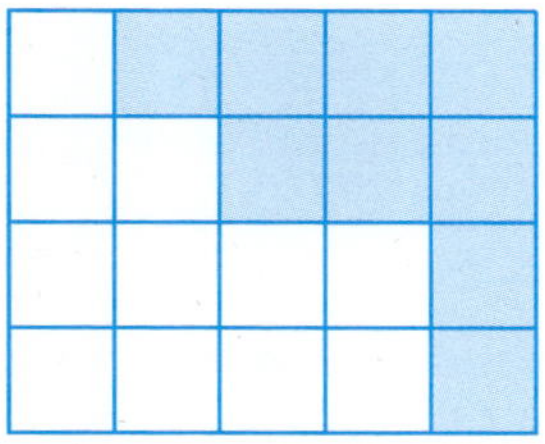

À partir de l'observation de cette construction, déduire la formule qui donne le nombre de cubes nécessaires à la réalisation d'un escalier de hauteur h.

4. Calculer la hauteur de l'escalier le plus haut que l'on puisse construire avec 3 523 cubes.
Combien de cubes seront inutilisés ? Justifier votre réponse.

Corrigés

Exercice 1

Énoncé p. 192

• **Affirmation A**

On a intérêt à choisir pour variable x un nombre médian.

Les cinq nombres qui se suivent sont alors : $x-2$; $x-1$; x ; $x+1$; $x+2$.

Leur somme est égale à $5x$. Elle est bien multiple de 5.

L'affirmation A est vraie.

• **Affirmation B**

Dans le cas de quatre nombres, il n'y a pas de nombre médian.

On peut donc appeler x le premier nombre,
les autres étant : $x+1$; $x+2$; $x+3$.

Leur somme est égale à $4x+6$ ou encore à $4(x+1)+2$,
ce qui indique qu'elle n'est pas un multiple de 4 (en effet, le reste dans la division euclidienne par 4 n'est pas nul).

L'affirmation B est fausse.

Un contre-exemple comme $0+1+2+3=6$ aurait suffit à établir que l'affirmation est fausse.

• **Affirmation C**

Appelons n et p ces deux nombres, avec $n \geqslant p$.

La différence de leurs carrés est égale à : $n^2-p^2=(n+p)(n-p)$.

Donc n^2-p^2 n'est égale à $n+p$ que si $n-p=1$, c'est–à–dire si les deux nombres sont consécutifs.

L'affirmation C est fausse.

Là encore, un contre-exemple comme $3^2-1^2=8$ (qui est différent de $3+1$) aurait suffi à établir que l'affirmation est fausse.

• **Affirmation D**

Appelons n et p ces deux nombres pairs consécutifs.

Ils peuvent s'écrire : $n=2k$ et $p=2k+2=2(k+1)$ k étant un nombre naturel.

Leur produit est égal à $np=4k\,(k+1)$. Les deux nombres k et $k+1$ étant consécutifs, l'un des deux obligatoirement pair.

On a donc : soit $k=2a$, soit $k+1=2a$ a étant un nombre naturel.

Dans le 1er cas : $np=8a\,(k+1)$.

Dans le 2e cas : $np=8ak$.

Dans tous les cas, np est un multiple de 8 car np peut s'écrire sous la forme du produit d'un entier naturel par 8.

L'affirmation D est vraie.

Exercice 2

Énoncé p. 192

Soit x, y, et z les trois nombres cherchés (s'ils existent).

Ils vérifient les trois conditions suivantes :

$$\begin{cases} x+y=78 \\ y+z=59 \\ z+x=43 \end{cases}$$

On a un système de 3 équations du premier degré à 3 inconnues.

Par substitution, on obtient le système :

$$\begin{cases} x = 78 - y \\ z = 59 - y \\ 59 - y + 78 - y = 43 \end{cases}$$

De la 3e équation, on tire : $y = 47$.

Les trois nombres cherchés sont : $x = 31$, $y = 47$ et $z = 12$.

Compte tenu des coefficients tous égaux à 1, on a intérêt à procéder par **substitution**.
On exprime par exemple x et z en fonction de y dans les deux premières équations et on les substitue dans la troisième qui devient une équation à une seule inconnue y.
Mais on peut également additionner les trois équations membre à membre, ce qui donne : $2(x + y + z) = 180$, donc $x + y + z = 90$, ce qui permet ensuite de facilement calculer x, y et z.

Exercice 3

Énoncé p. 192

Conjecture :

D'après la feuille de calcul de l'énoncé, on peut conjecturer que « Si deux nombres x et y ont pour somme 100, leur produit diminue de 475 lorsqu'on soustrait 5 à chacun d'eux ».

Démonstration :

Soit x l'un des nombres (réel quelconque), on a alors : $y = 100 - x$.

Le produit des deux nombres est $xy = x(100 - x) = 100x - x^2$.

Si on retranche 5 à chacun d'eux, le produit devient :

$(x - 5)(100 - x - 5) = (x - 5)(95 - x)$

$= 95x - x^2 - 5 \times 95 + 5x$

$= 100x - x^2 - 475$

$= xy - 475$ (puisqu'on a établi que $xy = 100x - x^2$).

Le produit des deux nombres a diminué de 475.

Exercice 4

Énoncé p. 193

Il existe un entier q tel que $A = 9q + 7$ (voir chap. 2 p. 57)

Il existe un entier q' tel que $B = 6q' + 5$.

$A - B = 9q + 7 - (6q' + 5)$

$A - B = 9q - 6q' + 2$

$A - B = 3(3q - 2q') + 2$ où $3q - 2q'$ est un entier positif (car $A > B$), donc le reste de la division euclidienne de $A - B$ par 3 est 2.

L'affirmation est donc vraie.

On peut se livrer à un ou deux essais qui permettent de constater que l'affirmation semble vraie (exemple : $A = 16$ et $B = 11$). Mais ces exemples ne prouvent évidemment pas que l'affirmation est vraie. Pour le prouver, il faut utiliser le calcul littéral.

Exercice 5

Énoncé p. 193

1. V = 1,5 L = 1 500 mL et T = 24

Donc le débit en goutte par minutes est égal à : $D = \dfrac{1\,500}{3 \times 24} \approx 20{,}83$

Débit : 21 gouttes par minutes.

Attention au respect des unités !

2. Il faut convertir 1 h et quart en heure : $1\text{ h} + \dfrac{1}{4\text{ h}} = 1{,}25\text{ h}$

On a donc $6 = \dfrac{V}{3 \times 1{,}25}$ donc en mL : $V = 6 \times 3 \times 1{,}25 = 7{,}5 = 22{,}5$

Volume : 22,5 mL.

3. Donc $8 = \frac{250}{3} \times T$ donc $8 \times 3 \times T = 250$ donc en heures :

$T = \frac{250}{3 \times 8} = \frac{250}{24} = \frac{125}{12}$

$\frac{125}{12} = 10 + \frac{5}{12}$ or $\frac{5}{12\text{ h}} = \frac{5}{12} \times 60$ min $= 25$ min

Durée : 10 h 25 min.

> À noter qu'on peut retrouver ce résultat en faisant la division décimale de 125 par 12 et en multipliant la partie décimale par 60, à condition de bien prendre la totalité des chiffres écrits sur la calculatrice. Par contre, si on prendre une valeur approchée au dixième de la partie décimale, on trouvera 24 min.

Exercice 6

Énoncé p. 193

1. a. $5^2 = 25$ et $3^2 + 4^2 = 9 + 16 = 25$,
donc (3 ; 4 ; 5) est un triplet pythagoricien.

b. n étant un entier positif non nul quelconque, on calcule :
$(3n)^2 + (4n)^2 = 9n^2 + 16n^2 = 25n^2 = (5n)^2$, ce qui prouve l'égalité demandée.

c. (3 000 ; 4 000 ; 5 000) est, par exemple, un triplet pythagoricien.
On a choisi $n = 1\,000$ dans la question précédente (**1. b.**).

2. a. Formule à entrer dans la cellule D2 :
« =B2^2–A2^2 »
qu'il suffit de « recopier vers le bas » pour compléter la colonne D.

> On peut aussi entrer la formule sous la forme « =(B2*B2)–(A2*A2) ».
> Les parenthèses dans cette formule ne sont pas indispensables.

b. Voici la ligne 12 complétée :

	A	B	C	D	E	F	G
1	Valeur de x	Valeur de y	a	b	c	$a^2 + b^2$	c^2
12	4	5	40	9	41	1 681	1 681

c. Conjecture :
« x et y étant des entiers positifs non nuls avec $x < y$,
les triplets $(a ; b ; c)$ avec $a = 2xy$, $b = y^2 - x^2$, $c = y^2 + x^2$
sont des triplets pythagoriciens ».

Démonstration :

Étape 1 : Les trois nombres du triplet $(a ; b ; c)$ sont des entiers positifs non nuls.
En effet, quels que soient les entiers positifs non nuls x et y avec $x < y$, alors :

- **$2xy$ est un entier positif non nul** (il est nul si et seulement si $x = 0$ et $y = 0$, ce qui n'est pas le cas).
- **$y^2 - x^2$ est un entier** (différence de deux entiers) **positif non nul** (car si $x < y$ alors $x^2 < y^2$, comme nombres positifs ils sont dans le même ordre que leurs carrés).
- **$y^2 + x^2$ est un entier** (somme de deux entiers) **positif** (somme de deux carrés) **non nul** (car $y^2 + x^2 = 0$ si et seulement si $x = y = 0$, ce qui n'est pas le cas).

Étape 2 : Ces trois nombres a, b et c vérifient l'égalité $a^2 + b^2 = c^2$.
Calculons :
$(2xy)^2 + (y^2 - x^2)^2 = 4\,x^2y^2 + [(y^2)^2 - 2x^2y^2 + (x^2)^2] = 2x^2y^2 + (y^2)^2 + (x^2)^2$.
Or $(y^2 + x^2)^2 = (y^2)^2 + 2y^2x^2 + (x^2)^2$.
Donc, quels que soient les entiers positifs non nuls x et y avec $x < y$, les triplets de la forme $(2xy ; y^2 - x^2 ; y^2 + x^2)$ sont pythagoriciens.

3. Soit $(a ; b ; c)$ un triplet pythagoricien formé de trois entiers positifs consécutifs, alors il existe un entier n positif au moins égal à 2 tel que $a = n - 1$, $b = n$ et $c = n + 1$, c'est-à-dire qu'il existe un entier $n \geqslant 2$ tel que :

$(n-1)^2 + n^2 = (n+1)^2$

$n^2 - 2n + 1 + n^2 = n^2 + 2n + 1$

$n^2 - 4n = 0$

$n(n-4) = 0$ donc $n = 0$ ou $n = 4$.

La solution $n = 0$ ne convient pas puisque $n \geqslant 2$ (hypothèse) ; la seule solution possible est $n = 4$, ce qui conduit au triplet $(a ; b ; c) = (3 ; 4 ; 5)$.

Donc le seul triplet pythagoricien formé de trois entiers consécutifs est le triplet (3 ; 4 ; 5). Il n'en existe pas d'autre.

On aurait pu aussi nommer les trois nombres consécutifs : $a = n$, $b = n + 1$, $c = n + 2$, et écrire la condition $a^2 + b^2 = c^2$. On effectue les calculs en fonction de n et on obtient l'équation : $n^2 - 2n - 3 = 0$.
Cette équation est du second degré, sa résolution nécessite : soit de connaitre la méthode générale (connaissance non exigible pour le concours) ; soit d'effectuer une factorisation de $n^2 - 2n - 3$ qui passe par la recherche d'une solution particulière en faisant des essais sur des entiers simples comme 1, 2, –1, –2...
Ici, on vérifie aisément que $n = -1$ est solution. Donc $n^2 - 2n - 3 = (n + 1)(n - 3)$.
$n = 3$ est la seule réponse possible (n positif), ce qui conduit au triplet (3 ; 4 ; 5).

Exercice 7

Énoncé p. 194

1. Avec le tarif A, il faut acheter 8 barquettes $(40 : 5 = 8)$ qui reviennent à $8 \times 1{,}20$ € $= 9{,}60$ €.

Avec le tarif B, on n'a pas de réduction puisqu'on achète moins de 50 plants. On paie donc $40 \times 0{,}25$ € $= 10$ €.

Coût avec le tarif C : 3 € $+ 0{,}20$ € $\times 40 = 11$ €.

Le tarif A est le plus avantageux pour l'achat de 40 plants.

2. $\dfrac{30}{1{,}20} = 25$. Donc, avec le tarif A, on peut acheter 25 barquettes, soit 100 plants $(25 \times 4 = 100)$.

Peut-on bénéficier d'une réduction avec le tarif B ? Si on ne bénéficie pas de réduction, on peut acheter 120 plants $(\dfrac{30}{0{,}25} = 120)$. On bénéficiera forcément de la réduction.

Soit x le nombre de plants que l'on peut acheter avec 30 € avec le tarif B (x est un nombre entier).

Donc $0{,}25x \times (1 - \dfrac{5}{100}) \leqslant 30$

$0{,}2375\,x \leqslant 30$

Donc $x \leqslant \dfrac{30}{0{,}2375}$

Donc $x \leqslant 126{,}3$. On peut donc acheter au maximum 126 plants (qui est bien supérieur à 50 plants).

Soit x le nombre de plants que l'on peut acheter avec 30 € avec le tarif C (x est un nombre entier).

$3 + 0{,}20x \leqslant 30$ donc $0{,}20x \leqslant 27$ donc $x \leqslant \dfrac{27}{0{,}20}$ donc $x \leqslant 135$.

On peut donc acheter 135 plants.

C'est le tarif C qui permet d'acheter le plus de pieds de salade.

3. Soit x le nombre de plants que l'on achète. x est un entier naturel.
Prix avec le tarif C : $3 + 0{,}20x$
Prix avec le tarif B : on a deux cas à étudier.

1er cas : $x < 50$. Coût avec le tarif B : $0{,}25x$.
Dans ce cas, le tarif C est plus avantageux que le tarif B si $3 + 0{,}20x < 0{,}25x$.
Les inéquations suivantes sont équivalentes :
$0{,}20x - 0{,}25x < -3$
$-0{,}05x < -3$
$x > \dfrac{-3}{-0{,}05}$
$x > 60$. Ce n'est pas possible car x doit être inférieur à 50.

2e cas : $x \geqslant 50$. Coût avec le tarif B : $0{,}25x \times 0{,}95 = 0{,}2375x$.
Dans ce cas, le tarif C est plus intéressant que le tarif B si $3 + 0{,}20x < 0{,}2375x$.
Les inéquations suivantes sont équivalentes :
$0{,}20x - 0{,}2375x < -3$
$-0{,}0375x < -3$
$x > \dfrac{-3}{-0{,}0375}$
$x > 80$ (x est bien supérieur à 50)
Donc le tarif C est plus avantageux à partir de 80 plants.

Attention de bien inverser le sens de l'inéquation quand on divise ses deux membres par un nombre négatif.

Exercice 8

Énoncé p. 194

1. Dimensions des carrés, du plus grand au plus petit :
x ; $x - 1$; $x - 2$; $x - 3$; $x - 4$; $x - 5$; $x - 6$

Attention ! $x > 6$, sinon le problème n'a pas de sens car le petit carré aurait une longueur négative.

a. Somme des aires des 4 carrés bleus :
$(x-3)^2 + (x-4)^2 + (x-5)^2 + (x-6)^2$
$= (x^2 - 6x + 9) + (x^2 - 8x + 16) + (x^2 - 10x + 25) + (x^2 - 12x + 36)$
$(x-3)^2 + (x-4)^2 + (x-5)^2 + (x-6)^2 = 4x^2 - 36x + 86$

b. Somme des aires des 3 carrés blancs :
$x^2 + (x-1)^2 + (x-2)^2 = x^2 + (x^2 - 2x + 1) + (x^2 - 4x + 4) = 3x^2 - 6x + 5$.

2. a. Pour démontrer l'égalité entre deux expressions littérales, on peut :
– partir d'un de ses membres et le transformer jusqu'à obtenir l'autre ;
– transformer ses membres pour obtenir une même expression ;
– démontrer que la différence entre les deux expressions est nulle.
On va utiliser la 2e méthode.
$(4x^2 - 36x + 86) - (3x^2 - 6x + 5) = 4x^2 - 36x + 86 - 3x^2 + 6x - 5 = x^2 - 30x + 81$
$(x - 15)^2 - 144 = x^2 - 30x + 225 - 144 = x^2 - 30x + 81$
Donc $(4x^2 - 36x + 86) - (3x^2 - 6x + 5) = (x - 15)^2 - 144$

b. Les équations suivantes sont équivalentes :
$4x^2 - 36x + 86 = 3x^2 - 6x + 5$.
$4x^2 - 36x + 86 - (3x^2 - 6x + 5) = 0$. On a ajouté l'opposé du 2e membre aux deux membres.
Donc $(x - 15)^2 - 144 = 0$, d'après la question précédente.

$[(x-15)+12]\ [(x-15)-12]=0$. On factorise le 1er membre en utilisant l'identité remarquable $a^2-b^2=(a+b)(a-b)$.

$(x-3)\ (x-27)=0$

$x=3$ ou $x=27$

On rappelle que $x>6$, donc le problème n'admet qu'une solution $x=27$.

Vérification : Dimension des 7 carrés en cm : 27 ; 26 ; 25 ; 24 ; 23 ; 22 ; 21.
Aire des quatre plus petits : $21^2+22^2+23^2+24^2=2\,030$.
Aire des trois plus grands : $27^2+26^2+25^2=2\,030$.

Exercice 9

Énoncé p. 195

1. c désignant le nombre de cubes et h le nombre d'étages, les réponses sont : pour $h=5$, $c=15$; pour $h=9$, $c=45$.

• **La réponse à la première question peut être obtenue de plusieurs façons :**
– en construisant effectivement chaque escalier (ce qui est assez long) ;
– en observant que le nombre de cubes peut être obtenu en additionnant les nombres naturels de 1 à 5 ou de 1 à 9 ;
– en observant que l'escalier de hauteur 4 nécessite 10 cubes, qu'il en faut 5 de plus si la hauteur est 5, puis qu'il faut encore en ajouter 6, 7, 8 et 9 pour arriver à une hauteur de 9.

• **Pour calculer la somme** $1+2+3+4+5+6+7+8+9$, on peut simplifier les calculs en associant les nombres deux par deux (1 avec 9, 2 avec 8…) ; on arrive ainsi à : $4\times10+5=45$.

Une autre méthode consiste à écrire cette somme deux fois : une fois comme elle est écrite dans le texte ci-contre et une fois en l'écrivant à « l'envers » et à additionner les deux expressions obtenues (voir méthode 1 p. 80).

2. Le choix des valeurs pour h (4, 5 et 9) incite à observer si la propriété additive de linéarité est vérifiée ou non ; autrement dit, f désignant la fonction qui à la hauteur associe le nombre de cubes, si $f(4+5)=f(4)+f(5)$.

Or $f(4+5)=f(9)=45$ et $f(4)+f(5)=10+15=25$.

Donc $f(4+5)\neq f(4)+f(5)$ et il n'y a pas proportionnalité entre la hauteur des escaliers et le nombre de cubes nécessaires.

AUTRE MÉTHODE

D'autres rédactions plus simples sont possibles, sans utiliser la notation fonctionnelle. Par exemple, on peut construire un tableau mettant en relation les hauteurs et les nombres de cubes. Son analyse permet de constater qu'il n'y a pas de proportionnalité entre ces deux grandeurs.

3. L'observation permet de constater que, avec deux escaliers de hauteur h, on réalise un mur de forme rectangulaire, de largeur h et de longueur $h+1$.
Ce rectangle est donc obtenu avec $h(h+1)$ cubes.
Comme il représente un double escalier, le nombre de cubes nécessaires à la réalisation d'un escalier de hauteur h est égal à $\dfrac{h(h+1)}{2}$.

4. Répondre à cette question revient à chercher la plus grande valeur de h, entier naturel vérifiant l'inégalité :

$\dfrac{h(h+1)}{2}<3\,523$ ce qui revient à écrire : $h\,(h+1)<7\,046$.

Cette valeur de h peut être trouvée :

- **par estimation :**

h est supérieur à 80 et inférieur à 100,
car $80 \times (80 + 1) < 7\,046$ et $100 \times (100 + 1) > 7\,046$,
et elle est plus proche de 80 que de 100 ;

- **puis par essais et ajustements :**

L'estimation peut être plus précise en calculant la racine carrée de 7 046 à l'aide de la calculatrice (on trouve environ 83,9…).
Ce qui amène à tester $83 \times 84 = 6\,972$ et $84 \times 85 = 7\,140$.
La hauteur de l'escalier le plus haut est donc égale à 83, ce qui nécessite :
$\frac{83 \times 84}{2} = \frac{6\,972}{2} = 3\,486$ cubes.

Il en reste donc 37 qui ne sont pas utilisés.

On peut également résoudre l'équation du second degré :
$h(h+1) = 7\,046$, soit $h^2 + h - 7046 = 0$.
La valeur cherchée est alors le plus grand entier inférieur à la plus grande des deux solutions de cette équation.

Initiation au tableur

Objectif

- Maitriser les bases du fonctionnement d'un tableur.

Les points abordés dans ce chapitre montrent comment écrire une formule pour effectuer un calcul dans une cellule donnée d'un tableur et comment coller cette formule dans d'autres cellules.

LE COURS

Un tableur est un logiciel qui permet d'**effectuer des calculs** qui peuvent être très complexes de façon automatisée et de **construire des graphiques** représentant des séries de données.

Pour suivre cette initiation de base centrée sur l'épreuve de mathématique du CRPE[1], il est vivement conseillé de **télécharger un tableur**. *Excel* est le tableur le plus connu, mais il est payant. Le tableur *Calc* est libre de droit et fait partie de la suite bureautique *Open Office*. Ce logiciel est très proche d'*Excel*.

1. Pour une initiation plus complète, nous vous renvoyons aux nombreux sites qui existent sur Internet.

1 Écrire une formule pour effectuer un calcul

1 1. Entrer des données numériques et non numériques

• Entrer des données numériques consiste à taper directement chaque donnée dans la case choisie.

Entrainement 1

Non corrigé

Réaliser les deux feuilles de calcul (ci-dessous et page suivante) :

Feuille de calcul 1

B7 | *fx*

	A	B	C
1	Dépense livres	120	
2	Dépense cahiers	65	
3	Dépense matériel géo	58	
4	Dépense logiciels	575	
5	Dépense jeux	257	
6			
7	Total		
8			

Cellule B3

Dans la suite, on dira que B3 est le « nom » de la cellule.

Feuille de calcul 2

A7

	A	B	C	D	E
1	Prix d'un livre	12		Nombre de livres	25
2	Prix d'une équerre	2,5		Nombre déquerres	18
3					
4		Dépense totale			
5					
6					

- Autres façons de rentrer des données numériques

Pour entrer une donnée dans plusieurs cellules, vous pouvez utiliser les fonctions « Copier » et « Coller ». Pour cela, vous pouvez :
– entrer une première fois cette donnée dans une cellule ;
– mettre votre curseur dessus, faire un clic droit et sélectionner la fonction « Copier » ;
– placer votre curseur sur la cellule dans laquelle vous devez copier cette donnée ;
– faire un clic droit et sélectionner « Coller ».

Entrainement 2

Non corrigé

Placer le nombre 12 578 569 dans A1 puis l'écrire dans B2, C3 et D2.

Pour entrer une donnée dans de nombreuses cellules contigües, vous pouvez :
– rentrer cette donnée dans la première cellule ;
– sélectionner cette cellule en cliquant une fois dessus ;
– pointer votre curseur sur la petite croix en bas à droite de la cellule sélectionnée (le curseur change de forme) ;
– maintenir le clic gauche et descendre votre curseur (ou l'emmener vers la droite) jusqu'à la cellule souhaitée.

On dit qu'on a tiré les cellules.

Entrainement 3

Non corrigé

Placer un « 1 » dans les cellules A1 à A24.

Pour introduire des séries de nombres qui varient (par exemple de 1 en 1 ou de 0,5 en 0,5), vous pouvez :
– entrer les deux premiers nombres de la série ;
– sélectionner les deux cellules en cliquant gauche sur la première et en maintenant ce clic pendant que vous faites glisser le curseur sur la seconde.
– tirer, comme précédemment, ces deux cellules vers le bas, jusqu'à la cellule souhaitée.

Entrainement 4

Non corrigé

a. Placer les nombres entiers de 1 en 1 à partir de 1 dans les cellules A1 à A25.

b. Placer les nombres de 0,5 à 0,5 à partir de 10 dans les cellules B1 à B25.

2. Entrer une formule

Pour entrer une formule de calcul, il faut :
– commencer par taper « = » ;
– introduire ensuite le(les) calcul(s) à effectuer en tapant soit directement les nombres, soit les noms de cellules où se trouvent les nombres sur lesquels vous souhaitez opérer, avec les signes opératoires souhaités ;
– taper enfin sur « Entrée » pour effectuer le calcul.

Si vous êtes amené à rentrer des nombres qui sont susceptibles d'être modifiés, il est plus intéressant de rentrer les noms de cellules dans lesquelles figurent ces nombres plutôt que les nombres eux-mêmes. En effet, en rentrant des noms de cellules, lorsque vous modifiez les valeurs de ces cellules, le résultat de ce calcul est automatiquement modifié.

Si vous voulez additionner le contenu des cellules B1 et B2, vous tapez « =B1+B2 ».

Si vous vous voulez additionner les nombres qui figurent dans les cellules B1 à B24, il est très long de taper les noms de toutes ces cellules. Il est alors possible d'utiliser la fonction « Somme » et de taper « =Somme(B1:B24) ».

Pour effectuer une multiplication, on utilise le **signe** * .

Pour effectuer une division décimale, on utilise le **signe** / .

Pour taper l'exposant d'un nombre, vous devez utiliser le symbole ^ entre le nombre et son exposant, par exemple : 5^2.

Pour taper la racine carrée d'un nombre, vous devez utiliser la fonction « RACINE () ».

Vous pouvez calculer des caractéristiques de séries statistiques, comme la **moyenne** avec « =MOYENNE() », la **médiane** avec «=MEDIANE() ».

Entrainement 5

Corrigé p. 209

Prendre la feuille de calcul 1 (voir **entrainement 1**, *p. 203*).

a. Quelle formule faut-il rentrer dans la cellule B7 pour obtenir le total des dépenses listées au dessus.

b. Taper effectivement ce calcul dans B7 et vérifier que vous obtenez bien la somme souhaitée.

c. Remplacer le 120 de la cellule B1 par 130 et vérifier que le résultat en B7 a bien été recalculé.

Entrainement 6

Corrigé p. 209

Prendre la feuille de calcul 2 (voir **entrainement 1**, *p. 204*).

a. Quelle formule faut-il rentrer dans la cellule C4 pour obtenir le total des dépenses listées.

b. Taper effectivement ce calcul dans C4 et vérifiez que vous l'obtenez bien.

c. Remplacer le 12 de la cellule B1 par 15 et vérifier que le résultat en C4 a bien été recalculé.

❶ 3. Copier/Coller des formules

Comme pour les données numériques, il est souvent intéressant de « copier/coller » des formules. Mais nous allons voir qu'il y a une différence importante entre « copier/coller » une donnée numérique et « copier/coller » une formule.

Exemple : Reproduire la feuille de calcul ci-dessous :

F6 | fx

	A	B	C	D	E	F
1		Septembre	Octobre	Novembre	Décembre	Total
2	Logement	875	920	875	850	
3	Habillement	250	175	185	589	
4	Nourriture	450	475	525	895	
5	Loisir	250	175	250	450	
6	Voiture	155	128	289	189	
7	Autres	287	345	254	358	
8	Total					
9						
10						

a. Taper en B8 la formule nécessaire pour calculer la somme des dépenses du mois de septembre. Vérifiez que vous obtenez 2267.

b. On souhaite calculer la somme des dépenses des mois d'octobre à décembre. Plutôt que de retaper trois fois la même formule, on copie la formule en B8 (comme on copie une donnée, *cf.* § *1.1*) et on la colle en C8, D8 et E8.

Effectuer ce copier/coller et vérifier que vous obtenez respectivement : 2218 ; 2378 ; 3331.

Vous pouvez aussi, une fois que vous avez sélectionné la cellule B8, étirer cette cellule sur les cellules C8 à E8 (*cf.* § *1.1*).

Lorsqu'on colle une donnée, la donnée collée est identique à la donnée copiée. Ce n'est pas le cas avec les formules ! En effet, si c'était le cas en C8, on obtiendrait le même résultat qu'en B8.

Sélectionner la cellule C8 et regarder dans le bandeau la formule collée : c'est « =SOMME(C2:C7) », alors que vous avez copié : « =SOMME(B2:B7) ». Le logiciel a pris en compte le fait que la cellule qui doit recevoir la formule copiée est une colonne plus loin, et a remplacé dans la formule copiée les « B » par des « C ».

Si on recopie une formule vers la droite, les nombres indiquant la ligne ne changent pas ; par contre, les lettres indiquant la colonne avancent dans l'ordre alphabétique.

Si on recopie une formule vers le bas, les nombres indiquant la ligne augmentent ; par contre, les lettres indiquant les colonnes ne changent pas.

Entrainement 7

Corrigé p. 209

Compléter cette feuille de calcul pour obtenir, pour les 4 mois, le total des dépenses par types de dépenses et le total des dépenses.

G8 | fx

	A	B	C	D	E	F	G
1		Septembre	Octobre	Novembre	Décembre	Total	
2	Logement	875	920	875	850		
3	Habillement	250	175	185	589		
4	Nourriture	450	475	525	895		
5	Loisir	250	175	250	450		
6	Voiture	155	128	289	189		
7	Autres	287	345	254	358		
8	Total	2267	2218	2378	3331		
9							

Entrainement 8

Faire un tableau de valeurs pour la fonction $f(x) = x^2 - 6\sqrt{x} + 1$ pour des valeurs de x comprises entre 4 et 9 et variant de 0,5 en 0,5.

Corrigé p. 209

❶ 4. Collages spéciaux

Pour coller des formules sans modifier les références à certaines cellules, il faut faire précéder la lettre et/ou le n° de la cellule correspondante du **symbole $**.

Exemple : Reproduire la feuille de calcul ci-dessous :

On a calculé en D3 le prix total des livres de CE1 en appliquant la formule : « =C3*C1 ».

D3 | fx =C3*C1

	A	B	C	D	E
1	Prix d'un livre		12,5		
2				Prix total	
3	Nombre de livres de CE 1		25	312,5	
4	Nombre de livres de CE 2		56		
5	Nombre de livres de CM 1		27		
6	Nombre de livres de CM 2		28		
7					

Si l'on copie et colle la formule en D3, on a une surprise en D4, on trouve 0 !

En D5 et D6, le résultat ne correspond pas non plus au bon résultat.

D4 | fx =C4*C2

	A	B	C	D	E
1	Prix d'un livre		12,5		
2				Prix total	
3	Nombre de livres de CE 1		25	312,5	
4	Nombre de livres de CE 2		56	0	
5	Nombre de livres de CM 1		27	675	
6	Nombre de livres de CM 2		28	1568	
7					

Cela provient du fait que, en collant la formule, elle s'est adaptée au changement de ligne et, du coup, en D4 la formule collée est « =C4*C2 » ; or en C2 il n'y pas de donnée, le logiciel prend 0, d'où le résultat trouvé en D4. Il faut donc indiquer au logiciel qu'on souhaite garder la référence à C1 fixe dans le calcul au cours du collage. Pour cela, dans la formule à copier, on place le symbole $ devant le 1.

D3 | fx =C3*C$1

	A	B	C	D	E
1	Prix d'un livre		12,5		
2				Prix total	
3	Nombre de livres de CE 1		25	312,5	
4	Nombre de livres de CE 2		56	700	
5	Nombre de livres de CM 1		27	337,5	
6	Nombre de livres de CM 2		28	350	
7					

Si, dans une formule, on place le symbole $ devant la lettre indiquant la colonne d'une cellule, on fige la référence à cette colonne lors du collage de cette formule.

Si, dans une formule, on place le symbole $ devant le nombre indiquant une ligne d'une cellule, on fige la référence à cette ligne lors du collage de cette formule.

Si, dans une formule, on place le symbole $ devant la lettre et le nombre indiquant une cellule, on fige la référence à la cellule lors du collage de cette formule.

Entrainement 9

Corrigé p. 210

Une enquêtrice contrôle le prix d'un produit dans dix grandes surfaces. Elle trouve les prix suivants en € : 8,50 ; 10,50 ; 11,50 ; 9 ; 10 ; 10,50 ; 11 ; 12 ; 8,50 ; 11.

Sur une feuille de calcul, entrer ces prix sur une ligne. À la suite de ces données, compléter la feuille pour obtenir le calcul de la moyenne de ces prix, puis en dessous de chaque prix pour afficher l'écart entre la moyenne et ce prix.

2 Construire une représentation graphique

Pour construire une représentation graphique avec un tableur, il faut :

– Écrire les données, c'est-à-dire les valeurs des deux variables dont on souhaite représenter les variations. On peut mettre ces valeurs en colonne (par exemple). Dans la 1re colonne, on peut placer les valeurs qu'on souhaite mettre en abscisse et, dans la seconde colonne, les valeurs qu'on souhaite mettre en ordonnée.

– Sélectionner l'ensemble des deux colonnes.

– Dans « insertion », sélectionner le graphique souhaité.

Attention, pour obtenir une courbe, choisir « nuages de points ».

Entrainement 10

Corrigé p. 210

Avec un tableur, faire un histogramme pour représenter les données suivantes :

Jours de la 1re semaine de janvier	Lundi	Mardi	Mercredi	Jeudi	Vendredi	Samedi	Dimanche
Températures	–2	–5	2	6	0	–1	3

Entrainement 11

Corrigé p. 210

On considère la fonction f définie par $f(x) = x^2 - 2x + 5$.

a. Sur une feuille de calcul, établir un tableau de valeurs de f pour des valeurs de x comprises entre 0 à 5 et variant de 0,5 en 0,5.

b. Tracer la courbe représentative de f pour ces valeurs de x.

Corrigés

Entrainement 5

Énoncé p. 205

a. « =B1+B2+B3+B4+B5 » ou « =SOMME(B1:B5) ».

b. On trouve 1075.

c. On trouve 1085.

Entrainement 6

Énoncé p. 205

a. « =B1*E1+B2*E2 ».

Le tableur respecte les règles de priorité, inutile de mettre des parenthèses.

b. On trouve 345.

c. On trouve 420.

Entrainement 7

Énoncé p. 206

Vous pouvez taper en F2 la formule « =Somme(B2:E2) » et l'étirer jusqu'à F8.

G8 | f_x

	A	B	C	D	E	F	G
1		Septembre	Octobre	Novembre	Décembre	Total	
2	Logement	875	920	875	850	3520	
3	Habillement	250	175	185	589	1199	
4	Nourriture	450	475	525	895	2345	
5	Loisir	250	175	250	450	1125	
6	Voiture	155	128	289	189	761	
7	Autres	287	345	254	358	1244	
8	Total	2267	2218	2378	3331	10194	
9							

Entrainement 8

Énoncé p. 207

Pour rentrer les valeurs de *x*, on applique la méthode vue dans § 1.2 et pour trouver les valeurs de *f(x)* on rentre en B2 la formule « =A2^2-6*Racine(A2)+1 » que l'on tire.

On obtient un tableau du type :

B1 | f_x | f(x)

	A	B	C	D
1	x	f(x)		
2	4	5		
3	4,5	8,52207794		
4	5	12,5835921		
5	5,5	17,1787527		
6	6	22,3030615		
7	6,5	27,9529415		
8	7	34,1254921		
9	7,5	40,8183233		
10	8	48,0294373		
11	8,5	55,7571443		
12	9	64		
13				
14				

Entrainement 9

Énoncé p. 208

Pour calculer la moyenne, on tape en M2 « =MOYENNE(B2:K2) ».
Pour calculer les écarts en B3, on tape « $M §2-B2 » puis on tire la cellule B3 jusqu'en K3.
On obtient un tableau du type :

B3 | =$M2-B2

	A	B	C	D	E	F	G	H	I	J	K	L	M
1													Moyenne
2	Prix	8,5	10,5	11,5	9	10	10,5	11	12	8,5	11		10,25
3	Ecart	1,75	-0,25	-1,25	1,25	0,25	-0,25	-0,75	-1,75	1,75	-0,75		
4													
5													

Entrainement 10

Énoncé p. 208

Une fois les données entrées, il faut sélectionner l'intégralité du tableau puis cliquer sur « Insertion » et sélectionner le graphique souhaité.

F4

	A	B	C	D	E	F	G	H
1								
2	Jour de la 1ère semaine de janvier	Lundi	Mardi	Mercredi	Jeudi	Vendredi	Samedi	Dimanche
3	Température	-2	-5	2	6	-2	-1	3

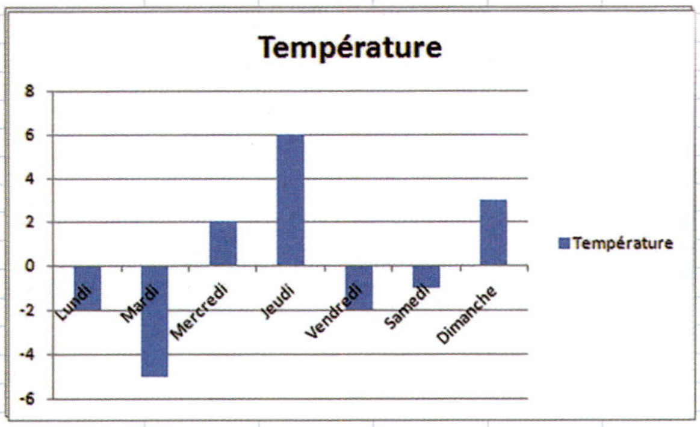

Entrainement 11

Énoncé p. 208

On procède comme pour l'entrainement 9.

F23

	A	B
1		
2	x	f(x)
3	0	5
4	0,5	4,25
5	1	4
6	1,5	4,25
7	2	5
8	2,5	6,25
9	3	8
10	3,5	10,25
11	4	13
12	4,5	16,25
13	5	20

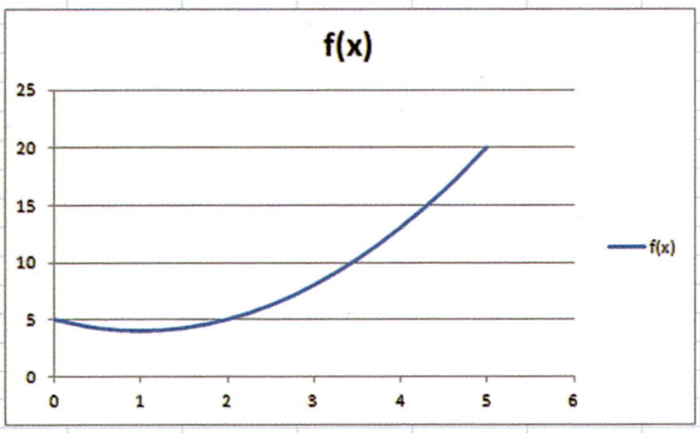

AU CONCOURS Initiation au tableur pour le concours

Vous trouverez des exercices et problèmes faisant appel au tableur dans les parties « Au concours » de nombreux chapitres. Nous vous proposons un exercice supplémentaire.

Exercice

Corrigé p. 212

Une enseignante décide d'organiser avec ses élèves un projet cinéma. Pour cela, elle se renseigne sur les tarifs que pratique le cinéma qui est juste à côté de l'école. Voici les tarifs proposés :

– **Tarif A** : un abonnement annuel de 80 € auquel il faut rajouter 4 € par séance ;

– **Tarif B** : sans abonnement et un prix par séance de 8 €.

On considère les fonctions f et g qui, au nombre de séances, associent respectivement le prix payé annuellement avec le tarif A et le prix payé avec le tarif B.

Elle souhaite savoir à partir de combien de séances le tarif A est plus avantageux que le tarif B. L'objet de cet exercice est de mettre en évidence deux méthodes pour répondre à cette question : une méthode graphique et une méthode algébrique.

1. Exprimer $f(x)$ et $g(x)$ en fonction de x, qui désigne le nombre de séances annuelles.

2. À l'aide d'un tableur, on veut construire un tableau de valeurs des fonctions f et g pour des valeurs entières de x comprises entre 0 et 30. Pour cela, on a commencé à construire le tableau ci-contre.

a. Comment a-t-on pu générer facilement les nombres de 0 à 30 dans la colonne A ?

b. Quelle formule rentrer dans les cellules B3 et C3 pour calculer les valeurs de f et g correspondant à 0 séance ?

c. Comment remplir facilement le reste du tableau ?

3. Comment, à l'aide du tableur, construire sur un même graphique, les courbes représentant les fonctions f et g sur l'intervalle [0 ; 30] ?

4. Vous trouverez page suivante les représentations graphiques de f et g.

a. Comment, à l'aide de cette représentation graphique, trouver à partir de combien de séances le tarif A est plus avantageux que le tarif B ?

F8 f_x

	A	B	C	D
1				
2	x	f(x)	g(x)	
3	0			
4	1			
5	2			
6	3			
7	4			
8	5			
9	6			
10	7			
11	8			
12	9			
13	10			
14	11			
15	12			
16	13			
17	14			
18	15			
19	16			
20	17			
21	18			
22	19			
23	20			
24	21			
25	22			
26	23			
27	24			
28	25			
29	26			
30	27			
31	28			
32	29			
33	30			
34				

b. Vérifier le résultat trouvé par le calcul.

E1 f_x

	A	B	C
1			
2	x	f(x)	g(x)
3	0	80	0
4	1	84	8
5	2	88	16
6	3	92	24
7	4	96	32
8	5	100	40
9	6	104	48
10	7	108	56
11	8	112	64
12	9	116	72
13	10	120	80
14	11	124	88
15	12	128	96
16	13	132	104
17	14	136	112
18	15	140	120
19	16	144	128
20	17	148	136
21	18	152	144
22	19	156	152
23	20	160	160
24	21	164	168
25	22	168	176
26	23	172	184
27	24	176	192
28	25	180	200
29	26	184	208
30	27	188	216
31	28	192	224
32	29	196	232
33	30	200	240

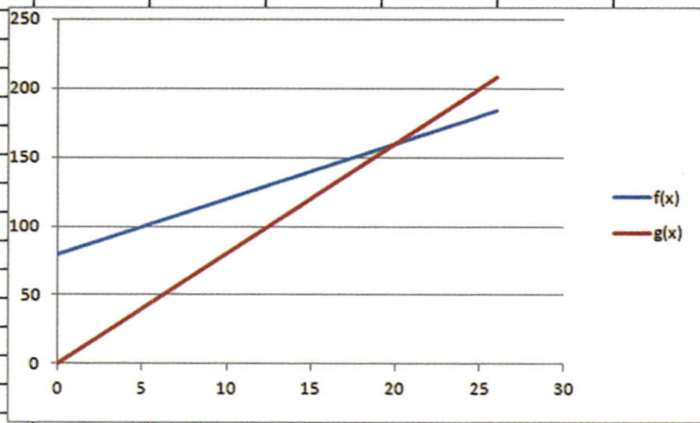

Corrigés

Exercice

Énoncé p. 211

1. $f(x) = 80 + 4x$ et $g(x) = 8x$.

2. a. Il suffit d'écrire 0 dans la cellule A3 et 1 dans la cellule A4, puis de sélectionner ces deux cellules et de les tirer jusqu'à A33.

b. Dans B3, il faut rentrer la formule « = 80 + A3*4 » et, dans C3, il faut rentrer la formule « = 8*A3 ».

c. Pour remplir le reste du tableau, il suffit de sélectionner les cellules B3 et C3 et de les tirer vers le bas jusqu'aux cellules B33 et C33.

3. Pour représenter les courbes f et g, il suffit de sélectionner l'intégralité du tableau de valeurs de f et g et d'aller dans « Insérer », de sélectionner « Nuage de points », puis de cliquer sur l'icône représentant une courbe sans les points.

4. a. À l'aide du graphique, on constate qu'à partir de 21 séances, la courbe représentative de g est au dessus de celle de f. Cela signifie que $g(x) > f(x)$), donc que le tarif A devient plus avantageux que le tarif B.

b. « Tarif A est plus avantageux que le tarif B » signifie $f(x) < g(x)$. Donc $80 + 4x < 8x$, donc $80 < 4x$, donc $x > 20$.
À partir de 21 séances, le tarif A devient plus avantageux que le tarif B.

> **ATTENTION**
> Le fait de résoudre l'équation $f(x) = g(x)$ permet de trouver pour quelle valeur de x les deux tarifs donnent le même résultat, mais cela ne permet pas de répondre à la question.

CHAPITRE 9

Organisation et gestion de données, fonctions

Représentation de données et statistiques

Objectifs

- Interpréter et réaliser différents modes de représentation de données numériques.
- Passer d'un mode de représentation à un autre.
- Calculer la moyenne, une valeur de la médiane et l'étendue d'une série statistique.
- Savoir interpréter ces différentes caractéristiques de position et de dispersion.

FICHES MÉTHODE

Tester ses connaissances

QCM 1 On considère la situation suivante : un promeneur marche pendant 3 heures, s'arrête pendant 1 heure, puis rentre chez lui en autocar ; avec t désignant le temps (axe des abscisses) et d la distance entre le promeneur et son point de départ (axe des ordonnées).

aide §1.2 p. 220

Indiquer quelles affirmations sont vraies :

A. Le graphique A correspond à cette situation.

B. Le graphique B correspond à cette situation

C. Le graphique C correspond à cette situation.

D. Si le promeneur marche à 4 km/h, la vitesse moyenne de l'autocar est de 48 km/h.

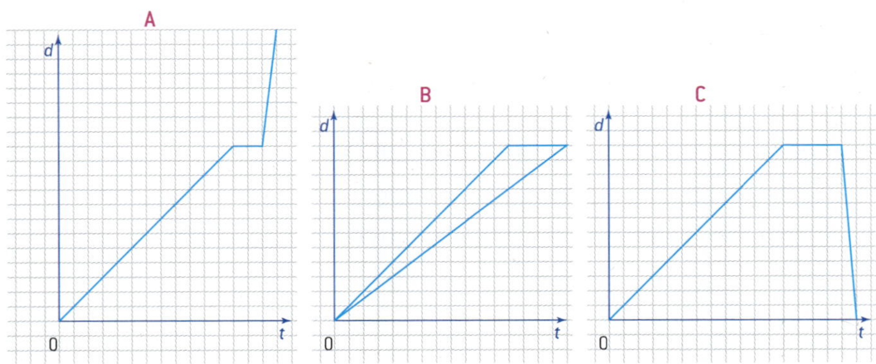

QCM 2 Siloé a eu les notes suivantes en mathématiques : 12 ; 11 ; 8 ; 7 ; 13.
Une seule de ces affirmations est vraie. Trouver laquelle sans faire de calcul :

aide §2.2 p. 222

Sa moyenne est de : **A.** 13,5 **B.** 6,5 **C.** 10,2.

QCM 3 Lucas a eu 8 notes en français au cours du 1er trimestre :
– 3 notes d'interrogation surprise : 14 ; 12 et 7 de coefficient 1 ;
– 2 notes de devoir maison : 15 et 13 de coefficient 2 ;
– 3 notes de contrôle : 12 ; 9 et 11 de coefficient 3.

Indiquer quelles affirmations sont vraies.

Sa moyenne est d'environ : **A.** 11,63 **B.** 11,56 **C.** 10,27.

aide
§2.2 p. 222

QCM 4 Voici deux séries statistiques :
S1 : 12 ; 2 ; 27 ; 15 ; 13 ; 16 ; 7.
S2 : 15 ; 12,5 ; 17 ; 5 ; 25 ; 36 ; 4,5 ; 12.

Indiquer quelles affirmations sont vraies.

A. La médiane de S1 est : 15.

B. La médiane de S1 est : 13.

C. La médiane de S1 est : environ 13,14.

D. La médiane de S2 est : 5.

E. La médiane de S2 est : 13,75.

F. L'étendue de S1 est 5.

G. L'étendue de S2 est : 31,5.

aide
§2.3 p. 226

1. C, D **2.** C **3.** B **4.** B, E, G

LE COURS

1 Représentation de données numériques

La représentation de données numériques peut prendre trois formes principales :

- les données sont fournies à l'**intérieur d'un texte** qui, souvent, les commente au fur et à mesure ;
- les données sont fournies dans un **tableau** qui peut être assez complexe ;
- les données sont représentées sous **forme graphique** : il existe différents types de représentations graphiques, certaines sont présentées dans ce chapitre.

1 1. Différentes formes de tableaux

Il existe principalement deux sortes de tableaux.

A. Tableau à simple entrée

Tableau 1 : Voici un tableau à simple entrée qui indique les dépenses moyennes des familles, par grandes catégories (en pourcentage du total des dépenses).

Alimentation	Habillement	Logement, équipement	Santé	Transports	Communication, loisirs, culture	Autres
20 %	7 %	30 %	5 %	16 %	12 %	10 %

B. **Tableau à double entrée**

Tableau 2 : Voici un tableau à double entrée, établi par un directeur d'école, présentant le nombre d'élèves inscrits à l'une des études du matin ou du soir ou aux deux en fonction des classes.

	CP	CE1	CE2	CM1	CM2	Total
Étude du matin uniquement	15	10	24	19	12	80
Étude du soir uniquement	12	15	22	15	15	79
Étude du matin et du soir	10	8	11	19	10	58
Aucune étude	15	15	15	25	15	85
Total	52	48	72	78	52	302

1 2. Différents types de représentations graphiques

Il existe une très grande variété d'outils utilisés pour représenter un ensemble de données numériques.

Nous nous intéresserons aux représentations graphiques qui respectent les proportions entre données, soulignant ainsi le lien étroit qui existe avec la proportionnalité étudiée au chapitre 10 (p. 235).

Un graphique ou une représentation graphique est un **dessin codifié** quant à sa forme, sa taille et sa couleur, et dont les coordonnées de points (par exemple leur ordonnée), les courbes, les surfaces, voire les volumes en perspective, **respectent les proportions des grandeurs** observées[1].

L'auteur de cette définition poursuit en énumérant trois qualités essentielles d'un graphique :
– **sa lisibilité :** il doit être appréhendé plus rapidement que les données chiffrées, en révélant l'essentiel ;
– **sa fidélité :** il ne doit pas déformer la réalité des faits ;
– **son « auto-suffisance » :** il doit pouvoir être compris indépendamment de la série de données représentées et donc comporter un titre, le libellé des axes, une indication des échelles choisies, ainsi que la source des données.

On peut distinguer deux types de représentations de données :

• **Les représentations dites de « partition »,** dans lesquelles le tout qui est représenté est décomposé en sous-parties deux à deux disjointes.

C'est par exemple le cas des données du tableau 1 à simple entrée ci-avant. Le « tout » (ce sont les dépenses) est entièrement décomposé en sous-parties deux à deux disjointes qui sont les dépenses d'alimentation, les dépenses d'habillement, les dépenses de logement... (ces parties sont disjointes dans la mesure où, par exemple, il n'y a pas de dépenses communes entre l'alimentation et l'habillement).

• **Les représentations de fonctions,** pour lesquelles on traduit l'évolution d'une grandeur par rapport à une autre.

Nous allons étudier quatre représentations graphiques.

1. J.F. Pichard, « Représentations graphiques en statistiques », in « Des chiffres et des lettres au collège », *Bulletin Inter-IREM*, premier cycle, 1992.

A. Diagramme en bâtons

Un diagramme en bâtons peut prendre plusieurs formes et représenter aussi bien une partition qu'une fonction. Dans tous les cas, la longueur des « bâtons » est proportionnelle à une des grandeurs représentées.

• Représentation d'une partition par un diagramme en bâtons

Graphiques 1 : Les ventes annuelles d'un marchand de cycles se répartissent ainsi : 50 % de vélos pour enfants, 30 % de vélos pour hommes et 20 % de vélos pour femmes. Cette situation (de type partition) peut être représentée par un diagramme en bâtons ; les bâtons étant des rectangles (on parle parfois de diagrammes en tuyaux d'orgue) de même base *(document 1)* ou des segments *(document 2)*.

Vente de vélos

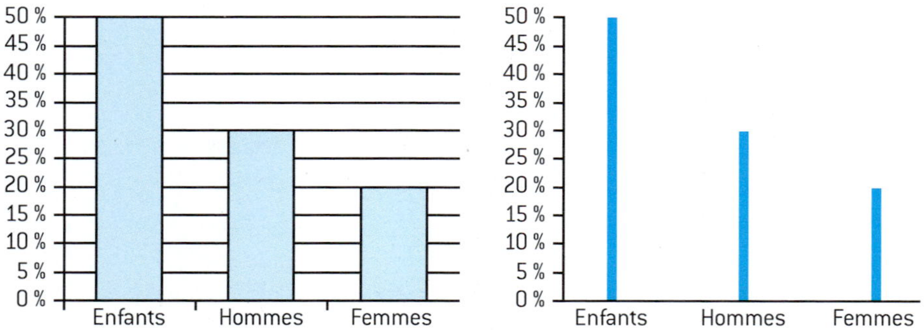

Document 1 **Document 2**

Entrainement 1

Construire un diagramme en bâtons représentant les données du tableau 1 p. 214.

Corrigé p. 227

• Représentation d'une fonction par un diagramme en bâtons.

Graphique 2 : Évolution du nombre de naissances dans une ville au cours des 5 dernières années.

2008	2009	2010	2011	2012
240	315	260	190	350

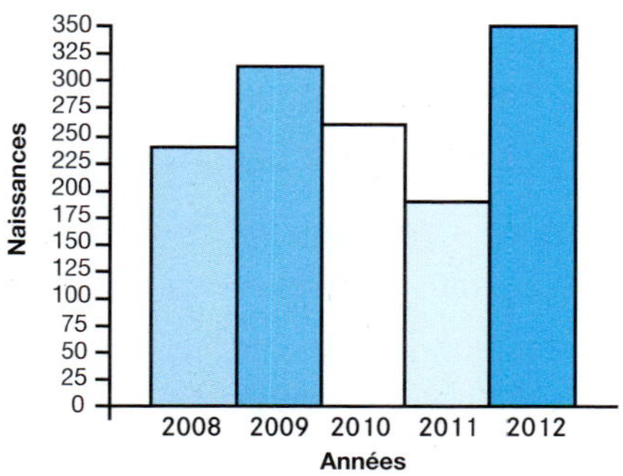

• Certains types de diagrammes en bâtons sont parfois difficiles à interpréter.

Graphique 3 : Dans le document qui suit, les bâtons sont horizontaux et représentent les effectifs (en milliers d'habitants) de sexe masculin sur la partie gauche et de sexe féminin sur la partie droite.

On parle de **pyramide des âges**.

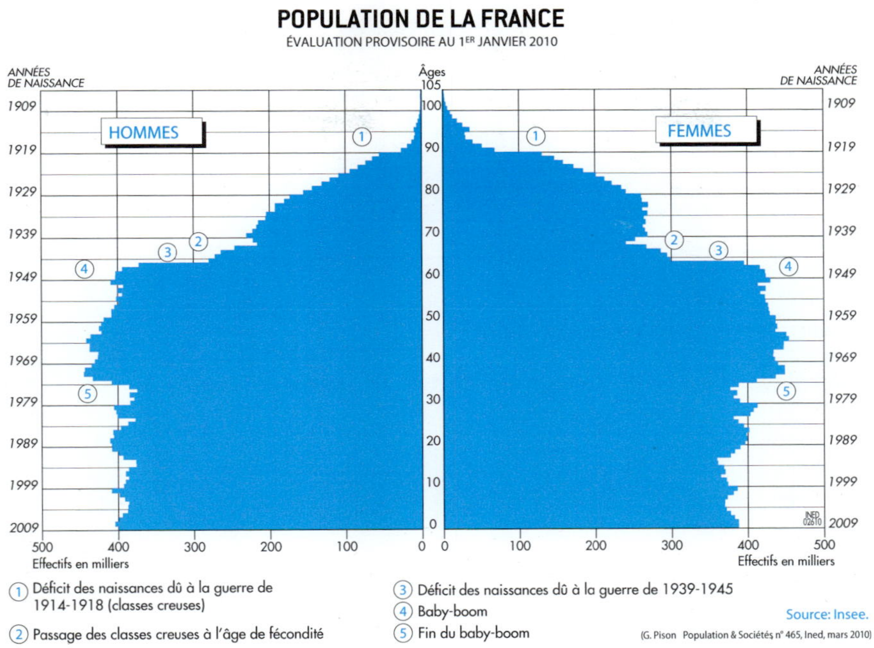

Source : http://www/ined.fr/population-en-chiffre/france

Entrainement 2

Utiliser cette pyramide pour répondre aux questions suivantes :

a. En 2009, quel est, approximativement, le nombre d'enfants âgés de 0 à 10 ans ?

b. Pour les plus de 80 ans, quelles sont les proportions de femmes et d'hommes ?

Corrigé p. 227

B. Diagrammes circulaires, semi-circulaires et rectangulaires

Les diagrammes circulaires, semi-circulaires et rectangulaires sont utilisés pour représenter une partition.

Le principe est que les sous-parties sont représentées par des surfaces dont les aires sont proportionnelles aux effectifs de ces sous-parties.

Dans le cas de diagrammes circulaires et semi-circulaires, les effectifs sont proportionnels aux angles et donc aux aires des secteurs circulaires.

Graphiques 4 : La situation des ventes de vélos des **graphiques 1** (p. 216) peut aussi être représentée par les diagrammes suivants :

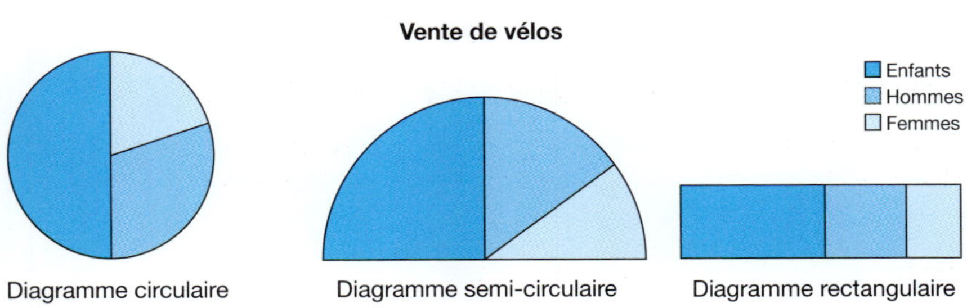

Entrainement 3

Voici un diagramme circulaire représentant la répartition des terres d'une commune de 420 ha en fonction de la destination des zones.

Déterminer, en ha, les effectifs des différentes zones et les présenter dans un tableau.

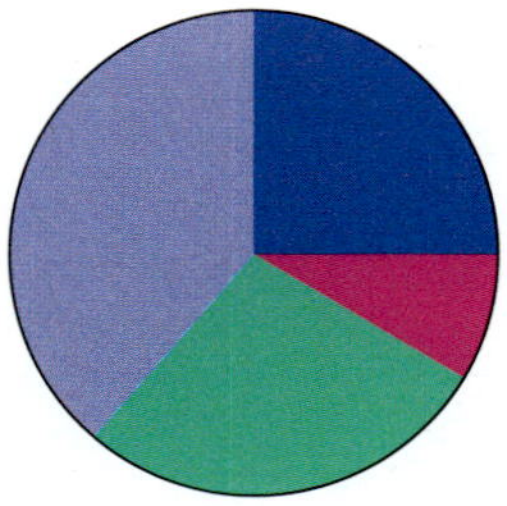

Corrigé p. 228

FICHE MÉTHODE 1 **Construire un diagramme circulaire.**

→ Voici la répartition des élèves de 4e d'un collège en fonction de la langue vivante 2 qu'ils étudient.

LV 2	Espagnol	Anglais	Allemand	Russe
Effectif	66	27	39	18

Construire un diagramme circulaire pour représenter ces données.

› Chap. 10 §1.2, p. 237

1. Reproduire le tableau des données en ajoutant :

– une ligne, pour la mesure des angles correspondants à chaque effectif ;

– une colonne, pour faire figurer les totaux.

LV 2	Espagnol	Anglais	Allemand	Russe	Total
Effectif	66	27	39	18	
Angle					

2. Additionner tous les effectifs.

Ce nombre correspond à 360°.

LV 2	Espagnol	Anglais	Allemand	Russe	Total
Effectif	66	27	39	18	150
Angle					360

3. Calculer la mesure de chaque angle en utilisant les propriétés de la proportionnalité.

LV 2	Espagnol	Anglais	Allemand	Russe	Total
Effectif	66	27	39	18	150
Angle	158°	65°	94°	43°	360

× 2,4

4. Construire le diagramme à l'aide du rapporteur. Ne pas oublier de faire figurer la légende.

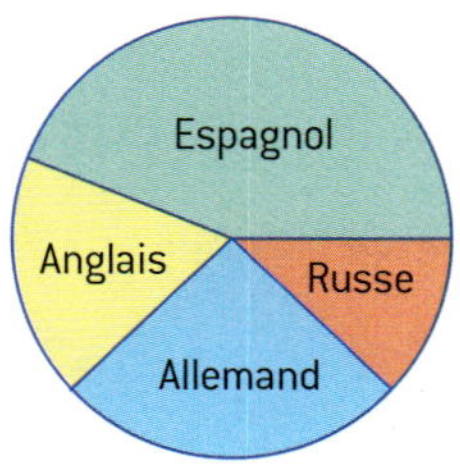

Langues vivantes 2 en 4e.

Entrainement 4

Construire un diagramme circulaire représentant les données du tableau 1 p. 214.

Corrigé p. 228

C. Histogramme

L'histogramme est un type de diagramme particulier dans lequel l'effectif est proportionnel à l'aire du rectangle qui le représente.

Cette représentation est notamment utilisée lorsque les effectifs correspondent à une variable continue qui n'est pas découpée en tranches « égales ».

Graphique 5 : Cet histogramme représente la répartition de 28 élèves d'une classe selon le temps mis pour venir à l'école, avec 3 tranches de temps d'inégale amplitude.

Temps	Moins de 5 min	De 5 min à 15 min	Plus de 15 min à 30 min
Effectif	4	8	16

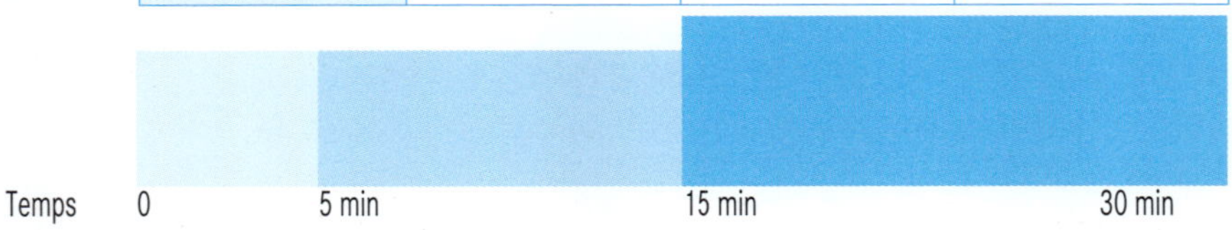

Entrainement 5

Vérifier que, aux approximations de mesure près, les aires des rectangles sont bien proportionnelles aux effectifs.

Non corrigé

D. Graphiques à points ou à lignes

Les graphiques à points ou à lignes sont souvent utilisés pour représenter des relations entre données.

Graphiques 6 : L'évolution des naissances du graphique 2 (p. 216) peut également être représentée de la façon suivante :

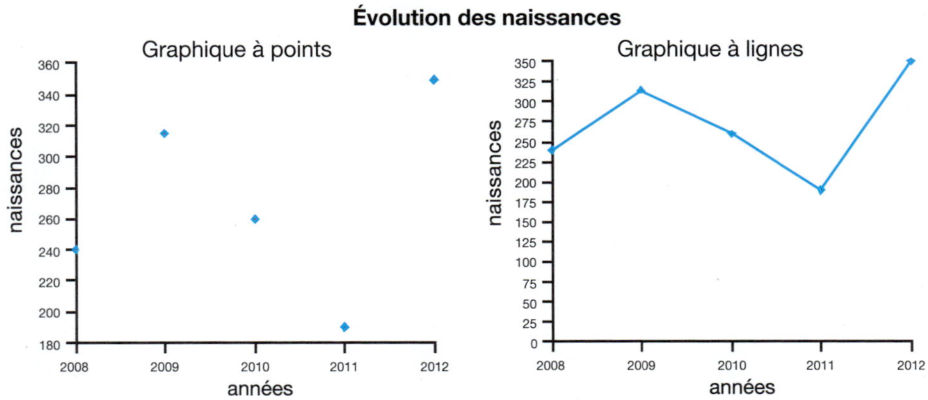

Deux remarques peuvent être faites à propos de ces deux graphiques :

- **Les segments qui joignent les points sur le 2e graphique** donnent une information sur le sens et l'intensité de l'évolution entre deux années, mais chaque point de ces segments n'a, en lui-même, pas de signification. Ainsi, le milieu du segment qui joint le 1er point au 2e point ne donne pas l'indication du nombre de naissances au moins de juin 2008, ni même celui du nombre de naissances enregistrées de janvier à juin 2008.

• **Le fait de choisir une origine et une échelle différentes pour les effectifs** sur ces deux graphiques permet d'amplifier ou de réduire la vision qui est donnée des évolutions du nombre de naissances. Cette remarque fait partie de ce dont toute personne doit avoir conscience lorsqu'elle lit (ou plutôt interprète) de telles représentations.

Dans certains cas, chaque point de la ligne représentée a une signification : c'est vrai lorsqu'on a affaire à un phénomène continu (c'est-à-dire représentable par une fonction de $\mathbb{R}$ dans $\mathbb{R}$ ou d'une partie de $\mathbb{R}$ dans $\mathbb{R}$).

> **Fonctions**, chap. 13 p. 319

Corrigé QCM 1 :

Qcm 1, p. 213

• **Affirmations A, B et C :** Chaque graphique représente les variations de la distance du promeneur à son point de départ (d) en fonction de la durée écoulée depuis le départ (t).

– À chaque instant ne peut correspondre qu'une seule distance par rapport au point de départ, ce qui permet d'**éliminer le graphique B**.

– De plus, le promeneur revient à son point de départ : au terme du temps écoulé, il se trouve donc à une distance nulle du point de départ, ce qui permet d'**éliminer le graphique A**. On peut aussi invalider ce graphique en remarquant que, comme le temps de pause de 1 h est représenté par 2 carreaux sur l'axe des abscisses, le temps de marche aurait dû l'être par 6 carreaux.

– **Il ne reste plus que le graphique C**. Comme le promeneur s'est arrêté pendant 1 h, il est resté à une distance fixe de son point de départ (d constant) pendant un certain temps. Ceci se traduit par un segment « horizontal ». Celui-ci correspond à une durée d'1 heure, représentée par 4 carreaux, ce qui est 3 fois moins que 12 carreaux, qui représentent 3 h. **Donc l'affirmation C est vraie.**

• **Affirmation D :**

– Les 3 h de la durée de la marche sont représentées par 12 carreaux : **1 h est donc représentée par 4 carreaux sur l'axe des abscisses**, ce qui peut être vérifié avec le temps d'arrêt.

– En marchant à 4 km/h pendant 3 h, le promeneur a parcouru 12 km, représentés par 12 carreaux : **1 km est donc représenté par 1 carreau sur l'axe des ordonnées**.

– Sur le graphique C, on peut lire que l'autocar met 1/4 d'heure (1 carreau sur l'axe des abscisses) pour parcourir les 12 km du retour. Il roule donc à **48 km**/h. Donc l'affirmation D est **vraie.** On peut aussi constater que l'autocar met 12 fois moins de temps que le piéton pour parcourir la même distance, il va donc 12 fois plus vite.

2 Statistiques

2 1. Vocabulaire

Le but de toute étude statistique est d'obtenir des informations qui mettent en évidence certains aspects d'un ensemble de données. Ces données peuvent être recueillies à partir d'observations, d'enquêtes, d'expériences... Elles peuvent être organisées dans des tableaux ou représentées à l'aide de diagrammes ou de graphiques.

A. Population, individus, caractère

Une étude statistique s'effectue sur ce qu'on appelle une « **population** » dont les éléments sont appelés « **individus** ».

Sur ces individus, on choisit d'étudier un aspect que l'on appelle « **caractère** ».

Exemple : Dans un groupe (**population**) d'étudiants (**individus**) qui prépare le CRPE on peut étudier par exemple les **caractères suivants** :
- le nombre de leurs frères et sœurs ;
- la nature de leur licence universitaire ;
- leur taille…

ATTENTION
Quand on parle de « population » et d'« individus », cela ne signifie pas que les études statistiques ne portent que sur des personnes. Par exemple, une population peut être constituée de pièces produites par une entreprise de métallurgie, de médicaments, de polygones tracés par des élèves, etc.

B. Caractères qualitatifs et quantitatifs

L'exemple précédent met en évidence **deux types de caractères** :

- **Les caractères qualitatifs**, comme la nature de la licence ;
- **Les caractères quantitatifs,** comme le nombre de frères et sœurs ou la taille (les valeurs possibles de ces caractères sont des nombres).

Parmi ces derniers caractères, on peut distinguer **deux sous-catégories** :
– les **caractères quantitatifs discrets,** comme le nombre de frères et sœurs (les valeurs possibles de ces caractères sont des nombres entiers) ;
– les **caractères quantitatifs continus,** comme la taille des étudiants (les valeurs possibles de ces caractères sont des nombres réels, le plus souvent approchés par des nombres décimaux).

C. Effectif et fréquence

L'effectif d'une valeur d'un caractère est le nombre d'individus de la population étudiée qui correspondent à cette valeur.

La fréquence d'une valeur d'un caractère est le quotient de l'effectif de cette valeur par l'effectif total. Elle est généralement exprimée en pourcentage.

Exemple :
Voici le nombre de frères et sœurs des étudiants d'un groupe :
1 ; 1 ; 2 ; 2 ; 0 ; 1 ; 3 ; 3 ; 2 ; 1 ; 1 ; 1 ; 0 ; 0 ; 0.

L'**effectif** de cette série est de 15 individus.

Dans cette population, **l'effectif** des individus qui ont exactement un frère ou une sœur est **6**.

La **fréquence** de la valeur « avoir exactement un frère ou une sœur » est $\frac{6}{15} = 0{,}40 = 40\ \%$.

Entrainement 6

On lance trente fois un dé et on note le numéro qui apparait.

Voici la liste des nombres obtenus : 1 ; 2 ; 3 ; 6 ; 1 ; 6 ; 5 ; 4 ; 4 ; 3 ; 5 ; 6 ; 5 ; 3 ; 4 ; 5 ; 1 ; 2 ; 3 ; 6 ; 5 ; 2 ; 3 ; 1 ; 6 ; 5 ; 4 ; 4 ; 4 ; 3.

Établir un tableau indiquant l'effectif de chaque nombre et sa fréquence.

Corrigé p. 228

Pour étudier les séries statistiques quantitatives, on fait appel à différents **paramètres.** On en distingue deux types :

- **Les paramètres de position,** qui caractérisent l'ordre de grandeur des données. Dans ce chapitre on étudiera : la ***moyenne***, la ***médiane***.

- **Les paramètres de dispersion,** qui caractérisent la façon dont les données se répartissent les unes par rapport aux autres.
On étudiera ici l'***étendue***.

2 2. Caractéristiques de position

A. Moyenne

La moyenne d'une série statistique s'obtient en additionnant les données de la série et en divisant ce total par le nombre de données.

Si x_1, x_2, … x_n sont les données d'une série statistique alors la moyenne est le nombre :

$$m = \frac{x_1 + x_2 + \ldots + x_n}{n}.$$

Conséquences :

- La moyenne est donc la **valeur unique** que devraient avoir tous les individus d'une population pour que le total des valeurs soit inchangé.

- La moyenne de données statistiques est **toujours comprise entre la valeur minimale** et **la valeur maximale** de cette série.

Corrigé QCM 2 :

Qcm 2, p. 213

Série étudiée : 12 ; 11 ; 8 ; 7 ; 13.

- 13,5 est supérieur à 13 qui est la plus grande valeur des données statistiques, ça ne peut donc pas être la moyenne.
- 6,5 ne convient pas non plus car ce nombre est inférieur à la plus petite valeur de la série.
- **La moyenne est donc 10,2.** On peut le vérifier en la calculant : $\frac{12+11+8+7+13}{5} = 10{,}2$.

Entrainement 7

Corrigé p. 228

Dans une station d'essence la caissière a noté la quantité en litre achetée par les cinq premiers clients du matin : 45,7 ; 56,8 ; 35,6 ; 37,6 ; 46.

a. Quelle est la quantité moyenne achetée par ces clients ?

b. Après avoir noté la quantité d'essence achetée par le sixième client, elle calcule la quantité moyenne achetée par les six premiers clients et trouve : 43,8 L.

Quelle quantité d'essence a pris le sixième client ?

Entrainement 8

Corrigé p. 229

Un bucheron a coupé six arbres qui en moyenne faisaient 35 cm de diamètre.
Il en coupe un septième et, après calcul, il constate que la moyenne des diamètres des arbres coupés est de 36 cm.

Est-il possible de calculer le diamètre du septième arbre ? Si oui, quel est ce diamètre ?

Entrainement 9

Corrigé p. 229

On connait la moyenne d'une série statistique. On multiplie tous les termes de cette série par un nombre k.

a. Y a-t-il une relation entre la moyenne de cette nouvelle série et la moyenne de la précédente ? Si oui, laquelle ? Démontrer votre conjecture avec une série de 3 termes.

b. Même question si on ajoute un même nombre à chaque terme de cette série.

Entrainement 10

Corrigé p. 229

Dans une classe de 27 élèves, un enseignant calcule la durée moyenne de travail quotidien à la maison de ses élèves. Pour les 10 filles de la classe, il trouve une moyenne de 25 minutes et il trouve une moyenne de 15 minutes pour les garçons.

Quelle est la durée moyenne de travail de l'ensemble des élèves de cette classe ?

Entrainement 11

Corrigé p. 229

Dans une classe de 25 élèves, il y a 15 filles. Les filles ont une taille moyenne de 1,62 m et les garçons de 1,75 m. Quelle est la taille moyenne des élèves de cette classe ?

B. Moyenne pondérée

On souhaite parfois donner plus d'importance à certaines valeurs d'une série statistique. Pour cela, on leur affecte un coefficient. On peut alors calculer la moyenne pondérée de cette série.

La moyenne pondérée d'une série statistique s'obtient en additionnant les produits de chaque valeur par leur coefficient et en divisant le résultat par la somme de tous ces coefficients.

Corrigé QCM 3 :

Qcm 3, p. 214

Lucas a eu 8 notes en français au cours du 1er trimestre :

- 3 notes d'interrogation surprise : 14 ; 12 et 7 de coefficient 1 ;
- 2 notes de devoir maison : 15 et 13 de coefficient 2 ;
- 3 notes de contrôle : 12 ; 9 et 11 de coefficient 3.

La somme des coefficients est : 1 + 1 + 1 + 2 + 2 + 3 + 3 + 3 = 16.

La moyenne pondérée des notes de Lucas est :

$$\frac{14+12+7+2\times15+2\times13+3\times12+3\times9+3\times11}{16}=\mathbf{11{,}5625}.$$

Entrainement 12

Corrigé p. 230

Un enseignant de mathématiques annonce à ses étudiants : les devoirs maison auront 1 pour coefficient et les contrôles en classe auront 3 pour coefficient.

Un étudiant obtient 15 ; 18 ; 12 pour les devoirs maison.

Il obtient 9,5 et 11 pour les contrôles en classe.

Quelle est la moyenne de cet étudiant ?

Entrainement 13

Un professeur des écoles a réalisé un diagramme en bâtons avec les notes obtenues par ses élèves, d'une classe de CE1, à la dernière évaluation de mathématiques.

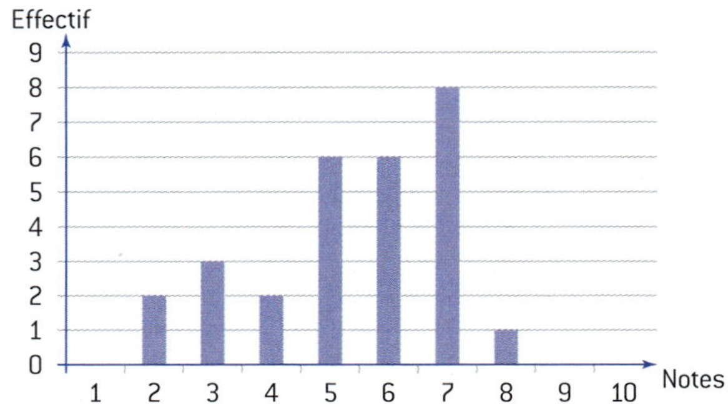

Trouver la moyenne obtenue par ses élèves. On donnera une valeur approchée à 0,1 près par excès.

Corrigé p. 230

Entrainement 14

Dans un examen, l'épreuve de français a pour coefficient 3, l'épreuve de mathématiques 4 et l'épreuve de langue 2.

Un étudiant a obtenu 12 en français et 8 en mathématiques. Quelle note minimale doit-il avoir en langue pour réussir l'examen, c'est-à-dire avoir au moins une moyenne de 10 ?

Corrigé p. 230

Entrainement 15

Un étudiant a obtenu 12 en mathématiques (coefficient 4), 8 en langue (coefficient 1) et 9 en français. Quel doit être le coefficient de la note de français pour qu'il obtienne une moyenne de 10 ?

Corrigé p. 230

C. Médiane

La médiane d'une série statistique est un nombre tel que, lorsque cette série est classée dans l'ordre croissant, il y a autant de données supérieures à ce nombre que de données inférieures.

FICHE MÉTHODE 2 **Calculer la médiane d'une série statistique.**

→ Calculer la médiane de ces deux séries :

S1 : 17 ; 8 ; 19 ; 11,5 ; 12 ; 13 ; 11 ; 18 ; 21 ; 11 ; 5,5.

S2 : 15 ; 7 ; 8 ; 9 ; 10 ; 14 ; 11 ; 8 ; 12; 5 ; 13 ; 15 ; 16 ; 5.

1. Ranger les nombres dans l'ordre croissant.	**S1** : 5,5 ; 8 ; 11 ; 11 ; 11,5 ; 12 ; 13 ; 17 ; 18 ; 19 ; 21. **S2** : 5 ; 5 ; 7 ; 8 ; 8 ; 9 ; 10 ; 11 ; 12 ; 13 ; 14 ; 15 ; 15 ; 16.
2. Déterminer l'effectif N total de la série.	S1 a **11** données. S2 a **14** données.

3. Si l'effectif N est impair, alors la médiane est la donnée de rang $\frac{N-1}{2}+1$ dans la série ordonnée, c'est-à-dire la donnée qui se situe exactement « au milieu » de la série ordonnée.

→ **S1 a un effectif total impair : 11.**

Donc la médiane est la donnée de rang :

$\frac{11-1}{2}+1=\frac{10}{2}+1=6$

La médiane est le 6e terme de la série, c'est-à-dire 12.

Si l'effectif N est pair, alors généralement la médiane est la demi-somme des données de rang $\frac{N}{2}$ et $\frac{N}{2}+1$ dans la série ordonnée, c'est-à-dire la moyenne des deux données qui se situent exactement « au milieu » de la série ordonnée.

Mais il est généralement possible de prendre d'autres valeurs.

→ **S2 a un effectif total pair : 14.**

La donnée de rang $\frac{14}{2}=7$ dans la série est : 10.

La donnée de rang $\frac{14}{2}+1=8$ dans la série est : 11.

On peut prendre pour médiane : $\frac{10+11}{2}=$ **10,5**.

Remarque : Si l'effectif n'est pas trop grand, on peut vérifier qu'il y a bien dans la série autant de données supérieures à la valeur qu'on a trouvée que de données inférieures.

Remarque : 10,1 ; 10,75 ; 10,8... sont d'autres médianes possibles de cette série. En effet, il y a dans cette série autant de données inférieures que de données supérieures à l'un de ces nombres.

• La médiane et la moyenne sont deux caractéristiques de position généralement différentes.

Exemple :

Série : 13 ; 5 ; 6 ; 7 ; 7 ; 8,5 ; 9 ; 9,5 ; 10 ; 12 ; 10 ; 6,5 ; 10,5 ; 11 ; 11,5 ; 12 ; 12 ; 12 ; 12 ; 12,5 ; 13 ; 14 ; 15 ; 8 ; 15.

La **médiane** de cette série est **11** et sa **moyenne** est d'environ **10,5**.

• S'il y a un nombre impair de données, la médiane est une de ces données. Si le nombre est pair, ce n'est pas le cas sauf si les deux valeurs « centrales » sont identiques.

Entrainement 16

Quelle est la médiane des séries suivantes ?

a. 12 ; 15 ; 5 ; 17 ; 25 ; 22 ; 16.

b. 5 ; 12 ; 17 ; 6 ; 1 ; 25.

Corrigé p. 230

Entrainement 17

Quelle est la médiane des séries suivantes ?

a. 127 ; 125 ; 35 ; 45 ; 26 ; 102 ; 49 ; 27 ; 128.

b. 12,5 ; 12,5 ; 16 ; 5,5 ; 21 ; 7 ; 6 ; 20.

Corrigé p. 230

Entrainement 18

Voici une série statistique correspondant aux nombres d'objectifs atteints par les élèves d'une classe suite à une évaluation :

Corrigé p. 230

Nombre d'objectifs atteints	0	1	2	3	4
Nombre d'élèves	1	3	10	9	5

Quelle est la médiane de cette série ?

2 3. Une caractéristique de dispersion : l'étendue

Exemple :

Voici les notes obtenues par deux sous-groupes d'étudiants à une épreuve de français notée sur 20 :

- **sous-groupe A** : 4 ; 7 ; 8 ; 8 ; 9 ; 9,5 ; 9,5 ; 10 ; 11 ; 11,5 ; 12 ; 12,5 ; 14 ; 14 ; 16.
- **sous-groupe B** : 8,5 ; 8,5 ; 9 ; 9 ; 9 ; 9 ; 10 ; 10 ; 10 ; 11 ; 12 ; 12 ; 12 ; 13 ; 13.

Ces deux sous-groupes ont la même moyenne (10,4) et la même médiane (10). On perçoit cependant que ces deux séries ne sont pas identiques car les notes ne sont pas réparties de la même manière.

On voit que, dans le groupe A, les notes vont de 4 à 16 et sont donc beaucoup plus étalées que dans le groupe B, où elles vont de 8,5 à 13. Cela évidemment a des conséquences au niveau de la gestion de ces groupes, en particulier en ce qui concerne leur hétérogénéité.

Cela met en évidence la nécessité, à côté des caractéristiques de position de données statistiques (moyenne, médiane), de définir des **caractéristiques de dispersion**.

Nous allons en étudier une : l'étendue

Il en existe d'autres étudiées au lycée comme les intervalles interquartiles, la variance et l'écart-type.

L'étendue de données statistiques est la différence entre la plus grande et la plus petite de ces données.

Exemple : Si on reprend les données de l'exemple ci-dessus.

L'étendue des notes du groupe A est de : 16 – 4 = **12**.

L'étendue du groupe B est de : 13 – 8,5 = **4,5**.

Corrigé QCM 4 : Pour déterminer la médiane d'une série, il faut ranger ses données dans l'ordre croissant :

Qcm 4, p. 214

- **S1** : 2 ; 7 ; 12 ; 13 ; 15 ; 16 ; 27.

Il y a 7 termes ; la médiane est le 4e terme, c'est **13** ; son étendue est : 27 – 2 = **25**.

- **S2** : 4,5 ; 5 ; 12 ; 12,5 ; 15 ; 17 ; 25 ; 36.

Il y a 8 termes ; une médiane peut-être : $\dfrac{12,5+15}{2} = \mathbf{13,75}$;
son étendue est 36 – 4,5 = **31,5**.

Entrainement 19

Calculer l'étendue des séries de l'entrainement 17 (p. 225).

Corrigé p. 230

Corrigés

Entrainement 1

Énoncé p. 216

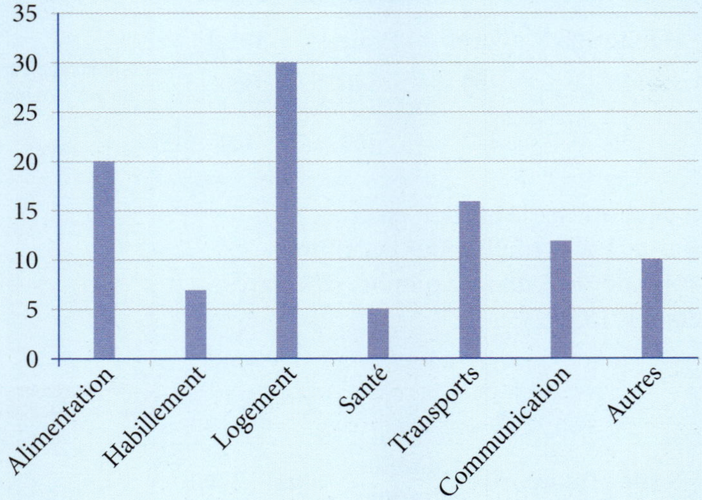

Entrainement 2

Énoncé p. 217

a. En 2009, les enfants âgés de 0 à 10 ans sont nés entre 1999 et 2009. Sur le graphique, 1 mm représente environ 10 000 enfants ; l'estimation peut donc être la suivante, en milliers, pour les années de 1999 à 2009 :

	2009	2008	2007	2006	2005	2004	2003	2002	2001	2000	1999	Total
Garçons	400	405	400	385	375	380	380	380	380	395	410	4 590
Filles	385	385	380	375	370	360	360	360	370	380	385	4 110

> Résolution de problèmes de proportionnalité, chap. 10, p. 244

On peut estimer à **environ 8 700 000 le nombre d'enfants de moins de 10 ans.**

b. La proportion d'hommes et de femmes de plus de 80 ans (nés avant 1929), est la suivante :

- **Pour les hommes**, on peut estimer que :

– nés entre 1909 et 1919, ils sont en moyenne environ 10 000 par an (soit un total de 100 000) ;
– entre 1919 et 1924, ils sont environ 70 000 par an (soit 350 000) ;
– entre 1924 et 1929, ils sont environ 120 000 par an (soit 600 000).

Ce qui fait un total de 1 050 000.

- **Pour les femmes**, on peut estimer que :

– nées entre 1909 et 1919, elles sont en moyenne environ 30 000 par an (soit un total de 300 000) ;
– entre 1919 et 1924, elles sont environ 150 000 par an (soit 750 000) ;
– entre 1924 et 1929, elles sont environ 210 000 par an (soit 1 050 000).

Ce qui fait un total de 2 100 000.

Ces données sont très approximatives, mais elles confirment ce que montre le graphique : pour les plus de 80 ans, les femmes représentent environ les deux tiers de la population (il y a donc à peu près deux fois plus de femmes que d'hommes).

Entrainement 3

Énoncé p. 218

Pour répondre à cette question, il faut mesurer les angles des différents secteurs et calculer l'aire en hectares des différentes zones en appliquant la proportionnalité entre la mesure de ces angles et l'aire de ces zones. Pour cela on s'appuie sur le fait que l'aire totale de la commune (420 ha) correspond à un angle de 360°.

Destination des zones	Culture	Habitation	Forêt	Prairie	Total
Angle en degré	90	30	100	140	360
Effectif en ha (arrondi à l'unité près)	105	35	117	163	420

› **Résolution de problèmes de proportionnalité,** chap. 10 p. 244 et suivantes.

Pour calculer les différents effectifs, on peut utiliser le produit en croix ou la propriété multiplicative de la linéarité. Par exemple, pour la culture, on obtient 105 en constatant que 90° = 1/4 de 360°, donc le nombre d'hectares réservé à la culture est égal à 1/4 de 420, soit 105.

Entrainement 4

Énoncé p. 218

	Alimentation	Habillement	Logement	Santé	Transports	Communication	Autres	Total
%	20	7	30	5	16	12	10	100
Angles	72	25	108	18	58	43	36	360

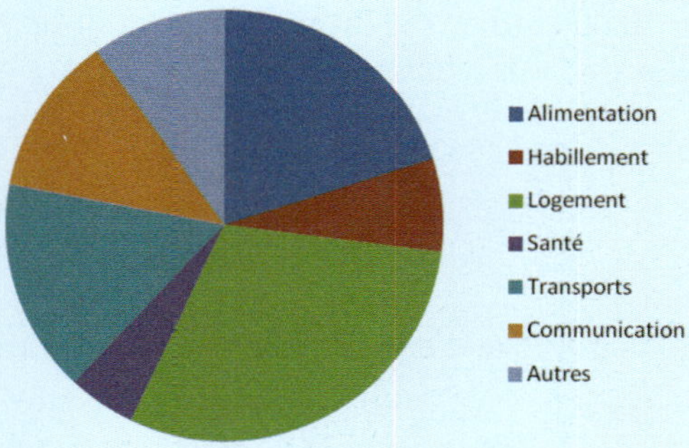

Répartition des dépenses des familles

Entrainement 6

Énoncé p. 221

Nombre	1	2	3	4	5	6	Total
Effectif	4	3	6	6	6	5	30
Fréquence en %	13,3	10	20	20	20	16,7	100

Entrainement 7

Énoncé p. 222

a. La quantité moyenne d'essence achetée par les clients est de 44,34 L.

b. Soit x la quantité d'essence achetée en litre par le sixième client.

Donc $\dfrac{45,7+56,8+35,6+37,6+46+x}{6}=43,8$.

Donc $221,7+x=43,8\times 6$ donc $x=41,1$.

Le sixième client a acheté 41,1 L.

Entrainement 8

Énoncé p. 222

Si la moyenne des diamètres des six premiers arbres est de 35 cm, alors la somme des diamètres en cm de ces six premiers arbres est de : $6 \times 35 = 210$.

Soit x le diamètre du dernier arbre, on a : $\frac{210+x}{7} = 36$.

Donc $210 + x = 7 \times 36$, donc $x = 42$.

42 cm est le diamètre du septième arbre.

Entrainement 9

Énoncé p. 223

a. Soit a, b et c les termes de la série.

La nouvelle série est donc égale à : $a \times k$; $b \times k$; $c \times k$.

Moyenne de cette nouvelle série :

$$\frac{a\times k+b\times k+c\times k}{3}=\frac{(a+b+c)\times k}{3}=\frac{a+b+c}{3}\times k$$

Or $\frac{a+b+c}{3}$ est la moyenne de la série de départ.

La nouvelle moyenne est donc égale à la moyenne de la série multipliée par k.

La conjecture peut d'abord être testée sur un (des) exemple(s), comme la moyenne de trois notes toutes égales à 5 qui sont multipliées par 2 ou auxquelles on ajoute 2. Mais évidemment, ces vérifications ne suffisent pas à démontrer que la conjecture est vérifiée dans tous les cas.

b. Soit a, b et c les termes de la série.

La nouvelle série est donc égale à : $a + k$; $b + k$; $c + k$.

Moyenne de cette nouvelle série :

$$\frac{a+k+b+k+c+k}{3}=\frac{a+b+c+3k}{3}=\frac{a+b+c}{3}+k$$

Or $\frac{a+b+c}{3}$ est la moyenne de la série de départ.

La nouvelle moyenne est donc égale à la moyenne de la série de départ augmentée de k.

Entrainement 10

Énoncé p. 223

Si les 10 filles travaillent en moyenne 25 minutes, cela signifie qu'au total l'ensemble des filles de la classe travaillent 25 min × 10 = 250 min.

Il y a 17 garçons (27 – 10).

Les garçons travaillent au total 15 min × 17 = 255 min.

Donc les 27 élèves de cette classe travaillent au total : 250 min + 255 min = 505 min.

$\frac{505}{27} \approx 18{,}70$ min **soit 18 min et 42 s.**

ATTENTION
Il ne faut pas faire la moyenne des moyennes car le nombre de filles n'est pas égal au nombre de garçons.
On constate qu'effectivement on ne trouve pas $\frac{25+15}{2} = 20$ min.

Entrainement 11

Énoncé p. 223

$\frac{15\times1{,}62+10\times1{,}75}{25}=1{,}672.$

La taille moyenne est d'environ 1,67 m.

Entrainement 12

Énoncé p. 223

$$\frac{15\times1+18\times1+12\times1+9{,}5\times3-11\times3}{1+1+1+3+3}\approx11{,}8$$

La moyenne de cet élève, arrondie au dixième près, est de 11,8.

Entrainement 13

Énoncé p. 224

$$\frac{2\times2+3\times3+4\times2+5\times6+6\times6+7\times8+8\times1}{28}\approx5{,}4$$

La moyenne de ses élèves, arrondie au dixième près par excès, est de 5,4.

Entrainement 14

Énoncé p. 224

Soit x sa note en langue.

$\frac{12\times3+8\times4+x\times2}{9}\geqslant10$ donc $68+2x\geqslant90$ donc $2x\geqslant22$ donc $x\geqslant11$.

Il doit avoir au minimum 11 en langue.

Entrainement 15

Énoncé p. 224

Soit x le coefficient de la note de français pour qu'il ait la moyenne :

$\frac{12\times4+8\times1+9\times x}{4+1+x}=10$ d'où $\frac{56+9x}{5+x}=10$ donc $56+9x=50+10x$.

Donc $x=6$.

Le coefficient doit être 6.

Entrainement 16

Énoncé p. 225

a. Rangeons ces données dans l'ordre croissant 5 ; 12 ; 15 ; 16 ; 17 ; 22 ; 25.
Il y a 7 termes.
La médiane est le 4e terme, c'est-à-dire **16**.

b. Rangeons ces données dans l'ordre croissant : 1 ; 5 ; 6 ; 12 ; 17 ; 25.
Il y a 6 termes.
Une médiane peut être la demi-somme des 3e et 4e termes, c'est-à-dire : $\frac{6+12}{2}=\mathbf{9}$.

Entrainement 17

Énoncé p. 225

a. Médiane de la série **a : 49.**

b. Médiane de la série **b : 12,5.**

Entrainement 18

Énoncé p. 226

Il y a 28 élèves et $\frac{28}{2}=14$.

Le 14e terme est 2 et le 15e est 3.

Une médiane possible est 2,5.

Entrainement 19

Énoncé p. 226

L'étendue est de la série **a** est : 128 – 26 = **102.**

L'étendue est de la série **b** est : 21 – 5,5 = **15,5.**

AU CONCOURS Représentation de données et statistiques

Exercice 1

Corrigé p. 232

On a demandé à 1 000 personnes, ayant un téléphone portable, quel opérateur ils utilisent parmi les sociétés A, B ou C. Les résultats sont consignés dans le tableau ci-contre.

	Société			Total
	A	B	C	
Effectif	400	....	....	1 000
Angle (en degré)	....	198	....	....

Construire le diagramme circulaire représentant les effectifs ci-dessus.

Exercice 2

Corrigé p. 232

Une classe de 24 élèves est composée de 14 filles et 10 garçons.
La taille moyenne des garçons est 174 cm et celle des filles 162 cm.
Vrai ou faux ? La taille moyenne des élèves de la classe est 167 cm.

Exercice 3

Corrigé p. 232

Pour un examen, il y a une épreuve de français de coefficient 2 et une épreuve de mathématiques de coefficient 3. Les notes sont des nombres entiers compris entre 0 et 20.
Quelles notes un élève peut-il avoir en mathématiques et en français pour que sa moyenne soit de 10 ?

Exercice 4

Corrigé p. 233

Dans une entreprise, les 360 employés sont soit des cadres, soit des ouvriers.
Les cadres gagnent en moyenne 2 000 € et les ouvriers 1 200 €. L'ensemble des employés gagnent en moyenne 1 400 €.
Quel est le nombre de cadres ?

Exercice 5

Corrigé p. 233

Un professeur a donné un contrôle commun à trois de ses classes. Avant de rendre les copies à ses élèves, il a fait quelques calculs statistiques à partir de leurs notes.

a. Pour la classe A, qui compte 24 élèves, il a relevé les informations ci-contre.
Dire si chacune des affirmations ci-dessous est vraie ou fausse, en justifiant les réponses.

Note minimale	Médiane	Moyenne	Étendue
5	11	12	14

A. La note maximale est 20.
B. Si on enlève une copie avec la note maximale et une copie avec la note minimale, la moyenne des notes restantes augmente.
C. Au moins la moitié des élèves ont une note de 12 ou plus.

b. La classe B compte 16 filles et 11 garçons. À ce contrôle, la moyenne des filles est de 11,7 et celle des garçons de 10,3. Quelle est la moyenne des notes des élèves de la classe B à ce contrôle ? Arrondir le résultat au dixième.

c. La classe C compte 32 élèves. Le professeur a calculé la moyenne des notes des élèves des deux classes A et C. Cette moyenne est de 11,2. Quelle est la moyenne des notes des élèves de la classe C à ce contrôle ?

Corrigés

Exercice 1

Énoncé p. 231

• Sachant qu'il y a proportionnalité entre les effectifs et la mesure des angles, et que la somme des angles est de 360°, on peut compléter le tableau.
Par exemple : pour la case « A - angle », si y désigne la valeur de l'angle en degré, on a :
$\frac{400}{y}=\frac{1\ 000}{360}=\frac{25}{9}$ **d'où** $\mathbf{25y = 400 \times 9}$, ce qui donne $\mathbf{y = 144}$.

• Les informations pour les sociétés B et C sont complétées en utilisant les propriétés de proportionnalité. Celles pour A se déduisent ensuite en calculant 1 000 – (400 + 550) pour l'effectif et en calculant 360 – (144 + 198) pour l'angle.

	Société			Total
	A	B	C	
Effectif	400	550	50	1 000
Angle (en degré)	144	198	18	360

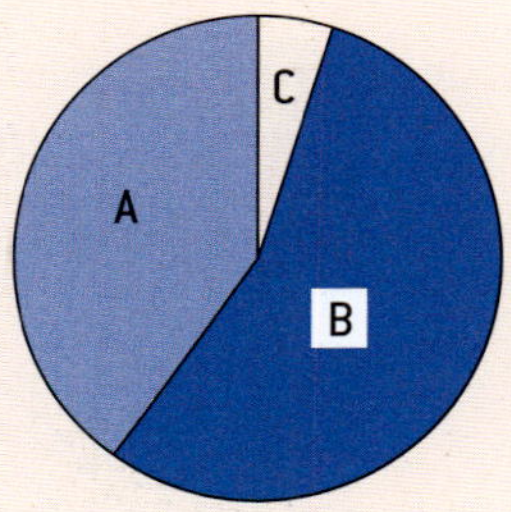

Répartition des appels par opérateur téléphonique

Exercice 2

Énoncé p. 231

La somme des tailles des garçons est 10 × 174 cm = 1 740 cm.
La somme des tailles des filles est 14 × 162 cm = 2 268 cm.
La taille moyenne des élèves de la classe est obtenue en divisant la somme des tailles par le nombre d'élèves. Elle est donc égale en cm à :
$\frac{2\ 268+1\ 740}{14+10}=167$. **L'affirmation est donc vraie.**

Exercice 3

Énoncé p. 231

Soit x la note en français et y la note en mathématiques.
Donc x et y sont deux entiers compris entre 0 et 20.

On a donc $\frac{2x+3y}{5}=10$ donc $2x+3y=50$ (1)

On obtient une seule équation à deux inconnues dont les solutions sont des nombres entiers.
On peut donc effectuer des essais systématiques pour trouver toutes les solutions possibles.
Le but est d'en faire le moins possible. Pour cela, il faut essayer de trouver des caractéristiques de x et/ou y.

D'après (1) $3y = 50 - 2x$, donc $3y = 2(25 - x)$.
Donc $3y$ est un nombre pair, **donc y est un nombre pair compris entre 0 et 20.**

Établissons un tableau pour tester les valeurs possibles de y.
Ce tableau donne les réponses possibles.

Valeur de y	(1) devient	Valeur de x
0	$2x + 3 \times 0 = 50$ donc $2x = 50$	25 → impossible
2	$2x = 50 - 2 \times 3 = 44$	22 → impossible
4	$2x = 38$	**19**
6	$2x = 32$	**16**
8	$2x = 26$	**13**
10	$2x = 20$	**10**
12	$2x = 14$	**7**
14	$2x = 8$	**4**
16	$2x = 2$	**1**
18	$2x = -4$	−2 → impossible
20	$2x = -10$	−5 → impossible

Exercice 4

Énoncé p. 231

Soit x le nombre de cadres (x est un nombre entier positif).
Il y a donc $360 - x$ ouvriers.

$$\frac{2000x + (360 - x)1200}{360} = 1400$$

donc $800x + 432\,000 = 504\,000$
donc $x = 90$.
Il y a 90 cadres.

Exercice 5

Énoncé p. 231

a. L'étendue est la différence entre la note minimale et la note maximale. La note minimale étant 5 et l'étendue étant 14, la note maximale est $5 + 14 = 19$.
L'affirmation A est donc fausse.

Pour A, on peut argumenter également en disant que, si la note maximale était 5, l'étendue serait égale à 15 (car $20 - 5 = 15$) et non à 14. Mais il faut alors calculer la note maximale pour répondre à B.

La moyenne des 24 notes étant 12, la somme des notes est égale à $24 \times 12 = 288$.
Si on enlève une copie notée 5 (note minimale) et une copie notée 19 (note maximale), on a 22 copies dont la somme des notes est égale à $288 - (5 + 19) = 264$.
La moyenne de ces 22 copies est donc égale à : $264 : 22 = 12$.
La moyenne n'a pas augmenté. **L'affirmation B est donc fausse.**
Remarque : on pouvait prévoir ce résultat, car la moyenne des 2 copies retirées est elle-même égale à 12. En effet $\frac{5+19}{2} = 12$.
La médiane est 11, ce qui indique que la moitié des élèves ont une note supérieure ou égale à 11.
On ne peut donc pas affirmer qu'au moins la moitié des élèves ont une note de 12 ou plus. **L'affirmation C est donc fausse.**

b. La moyenne des 16 filles est égale à 11,7, ce qui signifie que le total des notes des filles est égal à : $16 \times 11{,}7 = 187{,}2$.

La moyenne des 11 garçons est égale à 10,3, ce qui signifie que le total des notes des garçons est égal à : $11 \times 10{,}3 = 113{,}3$.

Le total des notes de la classe est donc égal à :
$187{,}2 + 113{,}3 = 300{,}5$.

Les élèves étant au nombre de 27, la moyenne des notes de la classe est égale à :
$300{,}5 : 27 \approx 11{,}1$.

La moyenne des notes, arrondie au dixième, de la classe B est donc 11,1.

Ce résultat montre que la moyenne des moyennes de deux séries n'est en général pas égale à la moyenne de la série qui réunit les deux séries initiales. En effet, la moyenne des moyennes de la série « filles » et de la série « garçons » est égale à 11 ($\frac{11{,}7 + 10{,}3}{2} = 11$) alors que la moyenne de la série « filles + garçons » est égale à 11,1. Cela provient du fait qu'il n'y a pas le même nombre d'élèves dans les deux classes.

c. La moyenne des 56 élèves des classes A et C est égale à 11,2, ce qui signifie que le total des notes des 2 classes réunies est égal à : $56 \times 11{,}2 = 627{,}2$.

La moyenne des 24 élèves des classes A est égale à 12, ce qui signifie que le total des notes de la classe A est égal à : $24 \times 12 = 288$.

Le total des notes de la classe C est donc égal à : $627{,}2 - 288 = 339{,}2$.

La moyenne des 32 élèves de la classe C est donc égal à : $339{,}2 : 32 = 10{,}6$.

Proportionnalité

Objectifs

- Reconnaitre la proportionnalité dans différents cadres (grandeurs, nombres, graphiques).
- Connaitre et utiliser les principales propriétés de la proportionnalité.
- Faire le lien entre proportionnalité et fonction linéaire.

FICHES MÉTHODE

Tester ses connaissances

QCM 1 Quelles phrases sont vraies ?

aide §1.1 p. 236

A. Le périmètre d'un cercle est proportionnel à son rayon.
B. L'aire d'un disque est proportionnelle à son rayon.
C. Le volume d'un cube est proportionnel à la longueur de son arête.
D. La taille d'un enfant est proportionnelle à son âge.
E. La longueur de la diagonale d'un carré est proportionnelle à celle de son côté.

QCM 2 Pour que ce tableau soit un tableau de proportionnalité :

aide §1.1 p. 236 et 1.2 p. 240

14	28	70	98
21	x	y	z

il faut remplacer (x, y, z) par :

A. $(35, 77, 105)$ **B.** $(42, 98, 168)$ **C.** $(42, 105, 147)$

QCM 3 Trois personnes s'associent pour créer une entreprise. La première apporte 45 000 €, la deuxième 57 000 €, la troisième 60 000 €. À la fin de l'année, elles doivent se partager un bénéfice net de 9 000 € proportionnellement à leur apport initial.

aide §2.1 p. 246

Quelle somme d'argent la première personne doit-elle recevoir ?

A. 2 000 € **B.** 3 000 € **C.** 1 500 € **D.** 3 461,50 € **E.** 2 500 €

QCM 4 Quelle(s) droite(s) représente(nt) une situation de proportionnalité ?

aide §1.3 p. 242

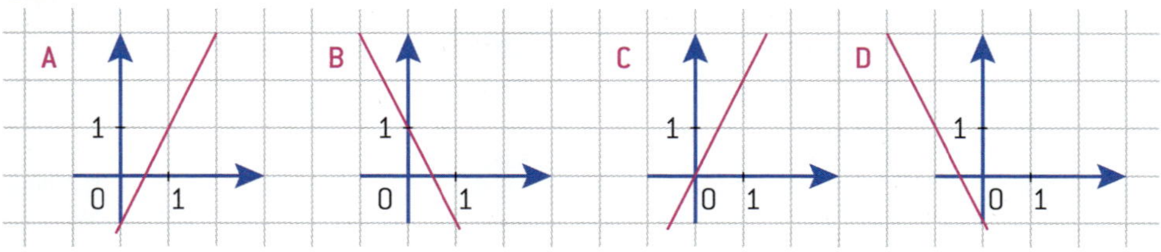

1. A, E 2. C 3. E 4. C

LE COURS

1 Suites de nombres proportionnelles

1. Définition

Deux suites de nombres réels, ayant le même nombre de termes, **sont proportionnelles** si on peut passer de chaque terme de la première suite au terme correspondant de la deuxième suite par un même opérateur multiplicatif.

Le nombre par lequel on multiplie chaque terme de la première suite pour obtenir chaque terme de la deuxième suite est aussi appelé **coefficient de proportionnalité entre la première suite et la deuxième.**

Cela inclut le cas où on divise par un même nombre, puisque diviser par a (avec $a \neq 0$) revient à multiplier par $\frac{1}{a}$.

On représente souvent la correspondance entre les deux suites par un tableau.

Exemple : Tableau A

$\times\frac{3}{4}$ ↓ ; ↑ $\times\frac{4}{3}$

6	10	14	20	26	34
4,5	7,5	10,5	15	19,5	25,5

$\frac{3}{4}$ est le coefficient de proportionnalité entre la 1re et la 2e suite.

Ce tableau A va servir d'exemple pour illustrer les propriétés numériques des suites proportionnelles.

Cas général : Tableau B

$\times a$ ↓ ; ↑ $\times\frac{1}{a}$

x_1	x_2	x_3	x_4	...	x_n
y_1	y_2	y_3	y_4	...	y_n

On a : $y_1 = ax_1$; $y_2 = ax_2$; $y_3 = ax_3$; $y_4 = ax_4$; $y_n = ax_n$ (I)

Le coefficient de proportionnalité entre la 2e suite et la 1re $\left(\frac{1}{a}\right)$ est l'inverse du coefficient de proportionnalité entre la 1re suite et la 2e (a).

Les égalités (I) traduisent le fait que si deux suites de nombres sont proportionnelles, il existe une fonction appelée **fonction linéaire** $f : \mathbb{R} \longrightarrow \mathbb{R}$, $x \longmapsto ax$

telle que la deuxième suite soit l'image de la première par cette fonction.

> Fonction linéaire, chap. 13 p. 319

Corrigé QCM 1 : Cette définition des suites proportionnelles permet de savoir si les affirmations sont vraies.

Qcm 1, p. 235

- **Affirmation A :** Si on considère les deux suites qui mettent en relation le périmètre $\mathcal{P}$ et le rayon r d'un cercle, on a $\mathcal{P} = 2\pi r$. Les suites sont proportionnelles et le coefficient de proportionnalité est égal à 2π.

> **Périmètre d'un cercle de rayon r :** $\mathcal{P} = 2\pi r$ (p. 573)

- **Affirmation E :** Si on considère les deux suites qui mettent en relation la longueur de la diagonale d'un carré D et la longueur de son côté C, on a $D = C\sqrt{2}$. Les suites sont proportionnelles et le coefficient de proportionnalité est égal à $\sqrt{2}$.

- **Pour les autres propositions,** un contre-exemple suffit à prouver que les suites qui leur sont associées ne sont pas proportionnelles, puisqu'on ne passe pas de chaque terme à son correspondant par le même opérateur multiplicatif :

> **Aire d'un disque de rayon r :** $\mathcal{A} = \pi r^2$ (p. 573)

<table>
<tr><th>Affirmation B
en utilisant la formule
$\mathcal{A} = \pi r^2$</th><th>Affirmation C
en utilisant la formule
$\mathcal{V} = a^3$</th><th>Affirmation D</th></tr>
<tr><td>

r	1	2
$\mathcal{A}$	π	4π

On passe de 1 à π en multipliant par π et de 2 à 4π en multipliant par 2π.</td><td>

a	1	2
$\mathcal{V}$	1	8

On passe de 1 à 1 en multipliant par 1 et de 2 à 8 en multipliant par 4.</td><td>Si l'affirmation était exacte, un enfant qui mesure 0,75 m à 1 an devrait mesurer 7,5 m à 10 ans !</td></tr>
</table>

> Volume d'un cube de côté a : $\mathcal{V} = a^3$ (p. 573)

Attention !
Il ne faut pas confondre croissance et proportionnalité ! La taille d'un enfant croît avec son âge, et pourtant la taille n'est pas proportionnelle à l'âge.

Corrigé QCM 2 : La définition permet également de savoir si les affirmations sont vraies.

On passe de 14 à 21 par l'opérateur multiplicatif $\times \frac{3}{2}$ (ou $\times$ 1,5) qui doit donc être appliqué dans tous les cas, ce qui donne : $x = 42$, $y = 105$ et $z = 147$ (**affirmation C**).

Qcm 2, p. 235

Plus loin, nous verrons d'autres méthodes pour reconnaitre ou compléter des suites proportionnelles.

Entrainement 1

Les suites de nombres suivantes sont-elles des suites proportionnelles ?

a. (10 ; 11 ; 12 ; 13) et (35 ; 38,5 ; 42 ; 45,5).
b. (0,5 ; 0,75 ; 0,9 ; 1,5 ; 2) et (2 ; 2,5 ; 2,8 ; 4 ; 5).

Corrigé p. 256

Entrainement 2

Compléter ces deux suites pour qu'elles soient proportionnelles :
suite n° 1 : 5 ; 7 ; **?** ; **?** ; 12 **suite n° 2 :** 6 ; **?** ; 10,2 ; 12 ; **?**.

Corrigé p. 256

1 2. Propriétés numériques des suites proportionnelles

Nous allons étudier six propriétés.

A. Propriétés relatives à l'ordre

Si le coefficient de proportionnalité est **positif**, la proportionnalité **respecte l'ordre**.
Si le coefficient de proportionnalité est **négatif**, la proportionnalité **inverse l'ordre**.

Ce que l'on peut traduire par :

- Si deux suites de nombres sont proportionnelles et si le coefficient de proportionnalité est **positif**, l'ordre selon lequel sont rangés les nombres de la deuxième suite est **le même** que celui selon lequel sont rangés les nombres de la première suite.

Exemples : Tableau A

6	10	14	20	26	34
4,5	7,5	10,5	15	19,5	25,5

On voit que les deux suites proportionnelles, dont le coefficient de proportionnalité entre la première et la deuxième suite est positif (3/4), ont leurs nombres rangés dans le même ordre.

• Si deux suites de nombres sont proportionnelles et si le coefficient de proportionnalité est **négatif,** l'ordre selon lequel sont rangés les nombres de la deuxième suite est **inverse** à celui selon lequel sont rangés les nombres de la première suite.

Tableau A' :

6	10	14	20	26	34
−3	−5	−7	−10	−13	−17

On voit que les deux suites proportionnelles, dont le coefficient de proportionnalité entre la première et la deuxième est négatif −0,5, ont leurs nombres rangés en ordre inverse.

Démonstration : Supposons que les deux suites suivantes ont un coefficient de proportionnalité négatif :

$\times a \downarrow$

x_1	x_2
y_1	y_2

Dans ce cas, on a : $a < 0$ et $y_1 = ax_1$ et $y_2 = ax_2$.

Supposons que $x_1 < x_2$.

On sait que la multiplication des deux membres d'une inégalité par un nombre négatif entraine un changement de sens de cette inégalité.

On a donc : $ax_1 > ax_2$, donc $y_1 > y_2$, ce qui démontre la propriété.

› **Calcul sur les inégalités,** chap. 6 p. 151

B. Propriété additive de linéarité

Si deux suites sont proportionnelles, **l'image d'une somme est la somme des images.**

Exemple : Tableau A

$\times \frac{3}{4} \downarrow$; $\uparrow \times \frac{4}{3}$; 6 + 14 → 20 ; 4,5 + 10,5 → 15

6	10	14	20	26	34
4,5	7,5	10,5	15	19,5	25,5

Cette propriété peut être traduite par :

Quels que soient les nombres $x_1 ; x_2$ et $y_1 ; y_2$

Cas général : Tableau B

$\times a \downarrow$; $\uparrow \times \frac{1}{a}$

x_1	x_2	$x_1 + x_2$
y_1	y_2	$y_1 + y_2$

ou dans le langage des fonctions : $f(x_1 + x_2) = f(x_1) + f(x_2)$ (II)

Démonstration : Si les deux suites sont proportionnelles, et si a est le coefficient de proportionnalité entre la première suite et la seconde, on a :

$y_1 = ax_1$; $y_2 = ax_2$ et donc : $y_1 + y_2 = ax_1 + ax_2 = a(x_1 + x_2)$.

On a utilisé la propriété de la distributivité de la multiplication par rapport à l'addition.

Donc $y_1 + y_2$ est bien l'image de $(x_1 + x_2)$ par la fonction linéaire f qui à x fait correspondre $y = ax$.

Cette propriété est aussi vérifiée avec la soustraction : $f(x_1 - x_2) = f(x_1) - f(x_2)$.

C. Propriété multiplicative de linéarité[1]

Si deux suites sont proportionnelles, **l'image du double, du triple... d'un nombre est le double, le triple... de l'image de ce nombre.**

Exemple : Tableau A

×2 (de 10 à 20, ligne du haut)

6	10	14	20	26	34
4,5	7,5	10,5	15	19,5	25,5

$\times \frac{3}{4}$ (de la première ligne vers la seconde) ; $\times \frac{4}{3}$ (de la seconde ligne vers la première)

×2 (de 7,5 à 15, ligne du bas)

Cette propriété peut être traduite par :

Quels que soient les nombres x, y et k :

Cas général : Tableau B

$\times k$ (de gauche à droite)

x	kx
y	ky

$\times a$ (vers le bas) ; $\times \frac{1}{a}$ (vers le haut)

$\times k$ (de gauche à droite)

ou dans le langage des fonctions : $f(kx) = kf(x)$ (III)

Démonstration : Si les deux suites sont proportionnelles, et si a est le coefficient de proportionnalité entre la première et la seconde, on a :

$y = ax$ et donc : $ky = k(ax) = a(kx)$.

On a utilisé la commutativité et l'associativité de la multiplication.

Donc ky est bien l'image de kx par la fonction linéaire f qui à x fait correspondre $y = ax$.

Cette propriété est aussi vérifiée avec la division : $f\left(\frac{x}{k}\right) = \frac{f(x)}{k}$.

À propos des deux propriétés de linéarité[2]

La propriété multiplicative est caractéristique de la proportionnalité et des fonctions linéaires.

1. Cette propriété est aussi appelée propriété d'homogénéité ou propriété scalaire.

2. Pour désigner ces propriétés de linéarité, on parle d'isomorphisme entre les grandeurs ou les suites de nombres en jeu.

Deux suites qui vérifient les propriétés additive et multiplicative pour tous les nombres sont des suites proportionnelles, et la fonction associée est une fonction linéaire.

Ces deux propriétés permettent donc de **compléter des suites proportionnelles**.

Qcm 2, p. 235

Corrigé QCM 2, affirmation C :

- Pour trouver x, on remarque que 28 est le double de 14, donc x doit être le double de 21 (soit 42).
- Pour trouver y, on remarque que 70 est égal à 14×5, donc y doit être égal à 21×5 (soit 105).
- Pour trouver z, on remarque que 98 est la somme de 28 et de 70, donc z doit être égal à la somme de x et de y (soit $42 + 105 = 147$).

Pour trouver x et y, on a utilisé la propriété multiplicative de la linéarité. Pour trouver z, on a utilisé la propriété additive de la linéarité.

En revanche, il suffit de trouver, parmi tous les nombres composant deux suites, un seul exemple où l'une des propriétés de linéarité n'est pas vérifiée pour que les deux suites ne soient pas proportionnelles.

Exemple :

Suite 1	7	3	10
Suite 2	9,1	3,9	12

Ces deux suites ne sont pas proportionnelles car $10 = 7 + 3$ alors que $12 \neq 9{,}1 + 3{,}9$.

Attention : la vérification de la propriété additive ne permet pas de s'assurer que deux suites sont proportionnelles, comme le montre ce contre-exemple :

Suite 1	5	3	8
Suite 2	10	5	15

D. Propriété des « rapports égaux »

À partir des égalités (I) :

$y_1 = ax_1$; $y_2 = ax_2$; ... ; $y_n = ax_n$

on déduit les égalités du type :

$$\frac{y_1}{x_1} = \frac{y_2}{x_2} = \frac{y_3}{x_3} = \frac{y_4}{x_4} = \frac{y_5}{x_5} = \dots = \frac{y_n}{x_n} = a \quad \text{(IV)}$$

à condition qu'aucun des nombres x_i ne soit nul.

La propriété additive de linéarité permet d'écrire que si les suites $(x_1 ; x_2 ; ... ; x_n)$ et $(y_1 ; y_2 ; ... ; y_n)$ sont proportionnelles, on a :

$$\frac{y_1}{x_1} = \frac{y_2}{x_2} = \dots = \frac{y_n}{x_n} = \frac{y_1 + y_2 + \dots + y_n}{x_1 + x_2 + \dots + x_n}$$

Exemple :

6	10	14	20	26	34
4,5	7,5	10,5	15	19,5	25,5

Tous les rapports obtenus en faisant le quotient d'un nombre de la deuxième suite par le nombre correspondant de la première sont égaux :

$$\frac{4{,}5}{6} = \frac{7{,}5}{10} = \frac{10{,}5}{14} = \frac{15}{20} = \frac{19{,}5}{26} = \frac{25{,}5}{34}.$$

Ils sont égaux au coefficient de proportionnalité entre la 1re et la 2e suite, soit $\frac{3}{4}$.

E. Propriété dite « du produit en croix »

› Fractions égales, chap. 5 p. 112

À partir de l'égalité des rapports (IV) :

$$\frac{y_1}{x_1} = \frac{y_2}{x_2} = \frac{y_3}{x_3} = \frac{y_4}{x_4} = \frac{y_5}{x_5} = \dots = \frac{y_n}{x_n}$$

En utilisant une propriété de l'égalité de deux fractions, on en déduit les égalités :

$x_1y_2 = x_2y_1$ ou $x_2y_5 = x_5y_2$ ou ...

Exemples : Tableau A

On peut illustrer cette propriété par l'identification des produits égaux à l'aide de croix :

6	10	14	20	26	34
4,5	7,5	10,5	15	19,5	25,5

$10 \times 10,5 = 7,5 \times 14 = 105 \quad 20 \times 25,5 = 15 \times 34 = 510$

Cette propriété dite « du produit en croix » permet de compléter des tableaux de proportionnalité, en particulier dans le cas où un couple de nombres associés est connu et où on cherche le nombre associé à un autre nombre.

Tableau B

Suite 1	12	18
Suite 2	7	x

Ces deux suites étant données comme proportionnelles, on peut calculer x d'après la propriété du produit en croix : $12x = 7 \times 18$, donc $x = \frac{7 \times 18}{12} = \frac{21}{2}$ ou 10,5.

F. Propriété des écarts

Pour deux suites proportionnelles, **à des écarts égaux entre les nombres de la première suite** correspondent **des écarts égaux entre les nombres correspondants de la deuxième suite.**

Exemple

6	10	14	20	26	34
4,5	7,5	10,5	15	19,5	25,5

Il y a le même écart (6) entre 14 et 20 d'une part, et 20 et 26 d'autre part, et donc le même écart (4,5) entre 10,5 et 15 d'une part, et 15 et 19,5 d'autre part.

Attention ! Cette propriété n'est pas vérifiée seulement dans le cas de la proportionnalité et des fonctions linéaires. C'est aussi une propriété des fonctions affines. Constater que cette propriété est vérifiée pour deux suites de nombres ne permet donc pas de conclure qu'elles sont proportionnelles.

Entrainement 3

Utiliser les propriétés précédentes pour compléter le tableau suivant de telle sorte que les suites de nombres en relation soient des suites proportionnelles.

12	60	4,5	52,5	?	?
26	?	?	?	78	139,75

Corrigé p. 256

3. Propriété graphique des suites proportionnelles

Soient deux suites proportionnelles :

$\times a$ ↓	x_1	x_2	x_3	x_4	…	x_n	↑ $\times \frac{1}{a}$
	y_1	y_2	y_3	y_4	…	y_n	

On considère les couples de nombres formés par un nombre de la première suite et son image dans la deuxième : (x_1, y_1) ; (x_2, y_2) ; (x_3, y_3) ; (x_4, y_4) ; ...

> Fonctions linéaires, chap. 13 p. 319

Dans un système d'axes gradués régulièrement à partir de 0 (repère du plan), **les points dont les coordonnées sont ces couples sont alignés sur une droite qui passe par l'origine des axes.**

Cette propriété est caractéristique des suites proportionnelles. Elle est liée au fait qu'à deux suites proportionnelles est associée une fonction linéaire dont la représentation graphique est une droite passant par l'origine du repère.

Corrigé QCM 4 : Seul le graphique C correspond à une situation de proportionnalité pour laquelle on peut, par exemple, établir ce tableau de proportionnalité (× 2 étant le coefficient de proportionnalité) :

Qcm 4, p. 235

Suite 1 (axe des abscisses)	0	0,5	1	1,5
Suite 2 (axe des ordonnées)	0	1	2	3

(↓ × 2)

La fonction linéaire associée est : $f : \mathbb{R} \longrightarrow \mathbb{R}$

$x \longmapsto 2x$

FICHE MÉTHODE 1 **Reconnaitre si deux suites de nombres sont proportionnelles.**

→ Ces deux suites de nombres sont-elles proportionnelles ?

5	15	20	22,5	25	45
2	6	8	9,5	10	18

Méthode 1. **Coefficient de proportionnalité**

1. **Calculer l'opérateur multiplicatif** qui permet d'associer le 1er terme de la 2e suite au 1er terme de la 1re suite.	C'est × 0,4.
2. **Vérifier** qu'il permet d'obtenir tous les couples formés d'un nombre de la 1re suite et de son correspondant de la 2e suite.	Il permet d'associer : 15 et 6 ; 20 et 8 ; 25 et 10 ; 45 et 18 ; mais pas 22,5 et 9,5. Les 2 suites ne sont donc pas proportionnelles.

La **méthode 1** est la plus efficace pour confirmer une hypothèse de proportionnalité, sauf dans le cas où le graphique associé aux deux suites est déjà établi.

Méthode 2. **Propriétés de linéarité**

Contrôler que les propriétés de linéarité (additive et multiplicative) sont toujours vérifiées.	La propriété multiplicative n'est pas vérifiée si on considère les couples (22,5 ; 9,5) et (45 ; 18) car 45 est le double de 22,5 alors que 18 n'est pas le double de 9,5.

La propriété additive (méthode 2) ne permet pas de prouver que deux suites sont proportionnelles. Par contre, elle permet de mettre en évidence un contre-exemple lorsque les suites ne sont pas proportionnelles.

Méthode 3. **Rapports égaux**

Contrôler que la propriété des « rapports égaux » est toujours vérifiée.	Elle ne l'est pas, par exemple, pour les couples (20 ; 8) et (22,5 ; 9,5) puisque : $\frac{20}{8} \neq \frac{22,5}{9,5}$.

Méthode 4. **Produit en croix**

Contrôler que la propriété du « produit en croix » est toujours vérifiée.	Elle ne l'est pas, par exemple, pour les couples (5 ; 2) et (22,5 ; 9,5) puisque $5 \times 9{,}5 \neq 2 \times 22{,}5$.

Méthode 5. **Écarts**

Contrôler que la propriété des écarts est toujours vérifiée.	Elle ne l'est pas toujours puisque, à des écarts égaux dans la 1re suite entre 20 et 22,5, et entre 22,5 et 25, ne correspondent pas des écarts égaux dans la 2e suite : il y a 1,5 d'écart entre 8 et 9,5, mais 0,5 d'écart entre 9,5 et 10.

Méthode 6. **Graphique**

1. Construire un graphique (avec des axes gradués régulièrement à partir de 0) représentant les couples associés de la 1re et de la 2e suite.

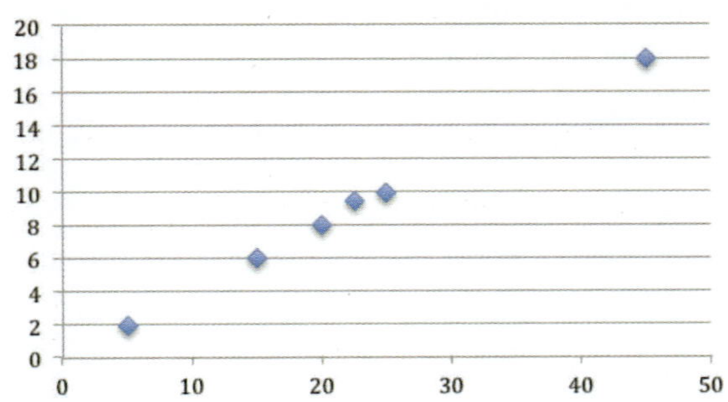

2. Vérifier si les points obtenus sont tous alignés avec l'origine.	Le point de coordonnées (22,5 ; 9,5) n'est pas aligné avec les autres.

Conclusion : Les deux suites ne sont pas proportionnelles.

Méthode 5 : ce n'est pas parce que la propriété des écarts est vérifiée avec tous les nombres des suites que celles-ci sont obligatoirement proportionnelles. Elle ne peut pas permettre d'affirmer que deux suites sont proportionnelles.

La **méthode 6** est très efficace lorsque le graphique est déjà établi ou facile à construire, et que les points associés aux couples de nombres sont placés avec précision. Elle pose cependant la question de la vérification expérimentale (avec la règle) de l'alignement des points.

Avec ces diverses méthodes, il est plus facile de montrer que deux suites ne sont pas proportionnelles que de montrer que deux suites sont proportionnelles. Dans le 1er cas, il suffit de trouver un seul contre-exemple alors que dans le 2e cas, il faut examiner tous les cas possibles.

Entrainement 4

Reconnaitre parmi les suites de nombres mises en relation dans les tableaux suivants celles qui ne sont pas proportionnelles.

a.

10	5	2	12	50	57
28	14	5,6	33,6	140	159,6

b.

16	48	64	80	6	86
30	90	120	136	20	156

Corrigé p. 256

❷ Problèmes de proportionnalité

En s'appuyant sur la définition et sur les propriétés précédentes, on peut énoncer plusieurs méthodes qui permettent de reconnaitre ou compléter des suites de nombres proportionnelles ou de résoudre des problèmes faisant intervenir la proportionnalité.

❷ 1. Problèmes de 4e proportionnelle

Dans ce type de problème, on a affaire à deux suites, composées chacune de deux nombres. Trois des quatre nombres sont connus. On doit chercher le quatrième pour que les deux suites soient proportionnelles. D'où l'appellation « problème de 4e proportionnelle ».

FICHE MÉTHODE 2 **Chercher une « 4e proportionnelle ».**

→ 6 mètres de tissu coutent 4 €. Quel est le prix de 9 mètres du même tissu ?

L'énoncé suppose implicitement qu'on a affaire à une situation de proportionnalité mettant en jeu deux grandeurs et qui peut être représentée par le tableau suivant :

Longueur de tissu acheté (en m)	6	9
Prix à payer (en €)	4	?

La résolution de ce problème permet de mettre en évidence différentes méthodes possibles.

Méthode 1. **Coefficient de proportionnalité**

1. Calculer l'opérateur multiplicatif qui permet d'associer le 1er terme de la 2e suite au 1er terme de la 1re suite. Il donne le coefficient de proportionnalité.

Longueur (en m)	6	9
Prix à payer (en €)	4	?

↓ $\times\frac{4}{6}$ ou $\times\frac{2}{3}$

Le coefficient de proportionnalité est 2/3.

2. Utiliser l'opérateur pour trouver le nombre associé au 2e terme de la 1re suite.

Calcul : $9\times\frac{2}{3}=6$.

Méthode 2. **Propriétés de linéarité**

Plusieurs procédures sont possibles.

1. Combiner les propriétés de linéarité (additive et multiplicative).

(6 → 3 : 2 ; 4 → 2 : 2)

Longueur (en m)	6	3	9 (= 6 + 3)
Prix à payer (en €)	4	2	**6** (= 4 + 2)

Ce qui correspond au raisonnement suivant :

6 m coutent 4 €

donc 3 m coutent 2 € (la moitié du prix)

et 9 m coutent **6** € (le prix de 6 m + le prix de 3 m).

2. Utiliser un rapport de « linéarité » appelé aussi « rapport scalaire ». Attention ! Il ne faut pas confondre le rapport scalaire (qui varie selon les couples de données considérés) et le coefficient de proportionnalité (ici 2/3) qui est un rapport constant entre le nombre exprimant un prix et le nombre exprimant la quantité correspondante.	×3/2 (de 6 à 9 ; de 4 à 6) Longueur (en m) : 6 ; 9 Prix à payer (en €) : 4 ; 6 On cherche à « passer directement de 6 à 9 » par un rapport scalaire (ici, en multipliant 6 par $\frac{9}{6}$ ou $\frac{3}{2}$).
3. Passer par l'unité ou « règle de trois ». On utilise seulement la propriété multiplicative, en passant par 1 dans la 1re liste. Cette procédure est également connue sous le nom de « **règle de trois** ».	:6 puis ×9 Longueur (en m) : 6 ; 1 ; 9 Prix à payer (en €) : 4 ; $\frac{4}{6}$; 6 Ce qui correspond au raisonnement suivant : 6 m de tissu coutent 4 € ⟶ on écrit le nombre 4 (prix en € des 6 m de tissu) 1 m coute 6 fois moins ⟶ on écrit la fraction $\frac{4}{6}$ (prix en € d'1 m de tissu) 9 m coutent 9 fois plus ⟶ on écrit le calcul $\frac{4}{6}\times 9=\frac{4\times 9}{6}$ (prix en € de 9 m de tissu).

Méthode 3. Rapports égaux

Utiliser la propriété des « rapports égaux ».	Si on appelle x le terme inconnu (jusque-là désigné par ?), on peut écrire : $\frac{4}{6}=\frac{x}{9}$. Il reste alors à résoudre cette équation : $6x=4\times 9$, donc $6x=36$, et $x=6$.

Méthode 4. Produit en croix

Utiliser la propriété du « produit en croix ».	$6x=4\times 9$, donc $x=\frac{4\times 9}{6}$, et $x=6$.

La **méthode 4** du « produit en croix » aboutit au même calcul final que les méthodes 2.3 et 3, mais en utilisant une propriété de la proportionnalité qui découle de l'égalité des rapports (méthode 3).

Méthode 5. **Graphique**

1. Placer le point, dont les coordonnées sont le couple connu, dans un graphique avec des axes gradués régulièrement à partir de 0.

2. Tracer la droite passant par ce point et l'origine du repère.

3. Repérer sur cette droite le point qui a pour abscisse le 2e nombre de la 1re liste.

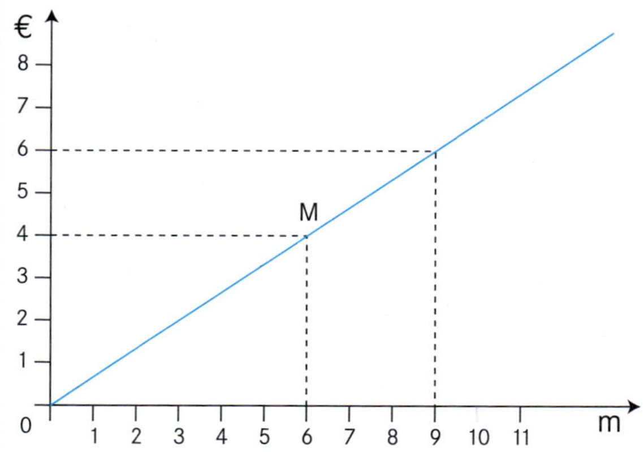

4. Lire l'ordonnée correspondante.

On place le point M associé au couple (6 ; 4).

On trace la droite (OM).

On cherche ensuite le point de la droite d'abscisse 9.

L'ordonnée de ce point fournit la solution du problème, soit 6.

Bien que ce soit peu pertinent ici, nous présentons tout de même cette méthode. Elle ne fournit souvent qu'une valeur approchée du résultat.

Corrigé QCM 3 : Cette question peut être considérée comme un problème de recherche de quatrième proportionnelle qui peut être modélisé ainsi :

Qcm 3, p. 235

Investissement en €	45 000	57 000	60 000	162 000
Bénéfice en €				9 000

Dans la dernière colonne figurent les données pour l'ensemble des personnes : l'investissement (45 000 + 57 000 + 60 000 = 162 000 €) et le bénéfice (9 000 €).

On peut, à partir de ce tableau de proportionnalité, déterminer les nombres manquants en utilisant une des méthodes présentées.

En utilisant par exemple le produit en croix, on a, pour la 1re personne :

$162\,000x = 45\,000 \times 9\,000$.

Donc : $x = \dfrac{45\,000 \times 9\,000}{162\,000} = 2\,500$. La 1re personne doit donc recevoir 2 500 €.

Entrainement 5

Corrigé p. 257

Il faut 325 kg de pommes pour obtenir 200 litres de cidre.

Quelle quantité de cidre obtiendra-t-on avec 1 tonne de pommes ?
Quelle quantité de pommes faut-il pour fabriquer 1 500 litres de cidre ?

Entrainement 6

Corrigé p. 257

Une plaque de bois rectangulaire, homogène et d'épaisseur constante de 30 cm sur 90 cm pèse 2,5 kg. Combien pèse une plaque rectangulaire de 15 cm sur 45 cm découpée dans la même planche ?

Entrainement 7

Corrigé p. 257

Un système d'engrenages relie une roue dite émettrice (E) à une roue dite réceptrice (R). On dresse un tableau indiquant, pour chaque nombre de tours de la roue E, le nombre de tours correspondant de la roue R.

Recopier et compléter ce tableau en indiquant la méthode ou le raisonnement utilisés pour le compléter :

Nombre de tours de la roue E	Nombre de tours de la roue R
14	4
21	6
	10
70	

Entrainement 8

Corrigé p. 257

Dans un immeuble, les charges sont réparties proportionnellement aux surfaces des logements. L'immeuble comporte trois studios de 35 m^2 chacun, deux F2 de 60 m^2 chacun, deux F3 de 75 m^2 chacun et trois F4 de 100 m^2 chacun.

Le montant annuel des charges pour tout l'immeuble est de 20 250 €.

Calculer le montant, arrondi au centième près, des charges pour chaque appartement.

2 2. Problèmes de comparaison de proportions

Le terme proportion désigne ici le rapport entre une partie et un tout, ou entre deux parties d'un tout. Dans certains problèmes, il s'agit de comparer ce type de proportions.

FICHE MÉTHODE 3 Comparer des proportions.

→ Quel mélange est le plus vert des deux ?

– Le mélange A est obtenu avec 5 litres de peinture blanche et 3 litres de peinture verte.

– Le mélange B est obtenu avec 7 litres de peinture blanche et 4 litres de peinture verte.

On examine ici les proportions respectives de peinture blanche et de peinture verte dans deux mélanges, en admettant que la couleur de chaque mélange ne change pas si les proportions sont conservées.

La difficulté vient du fait que ces proportions ne sont pas directement comparables. Pour réaliser cette comparaison, on peut mobiliser différentes méthodes.

Méthode 1. **Comparer les deux sous-quantités**

1. Calculer l'opérateur multiplicatif qui permet, dans chaque cas, de passer d'une sous-quantité à l'autre sous-quantité. Cet opérateur exprime le rapport sous-quantité 2 / sous-quantité 1.	Mélange **A** Quantité de peinture blanche (en L) : 5 Quantité de peinture verte (en L) : 3 $\times\frac{3}{5}$ Mélange **B** Quantité de peinture blanche (en L) : 7 Quantité de peinture verte (en L) : 4 $\times\frac{4}{7}$
2. Comparer les coefficients[1], ce qui revient à comparer les rapports sous-quantité 2 / sous-quantité 1, par exemple en réduisant au même dénominateur.	$\frac{3}{5}=\frac{21}{35}$ et $\frac{4}{7}=\frac{20}{35}$ $\frac{21}{35}>\frac{20}{35}$ donc $\frac{3}{5}>\frac{4}{7}$
3. Le plus grand coefficient correspond à la sous-quantité 2 qui représente une part proportionnellement plus grande par rapport à la sous-quantité 1.	Le plus grand coefficient correspond au mélange A. **Le mélange A est le plus vert.**

La fraction $\frac{3}{5}$ correspond à « 3 L de vert pour 5 L de blanc » et traduit la proportion entre les parties, verte et blanche, du mélange.
Idem pour $\frac{4}{7}$.
La méthode 1 revient à comparer les rapports entre deux parties d'un tout.

1. Pour la comparaison de fractions, voir chap. 5 §1.5 p. 115

Méthode 1 bis.

Pour compléter les 2e colonnes, on peut utiliser la propriété multiplicative de linéarité, le produit en croix ou les rapports égaux.

On choisit de passer par la même quantité de peinture blanche, soit $5\times7=35$.

Mélange **A**

Quantité de peinture blanche (en L)	5	35
Quantité de peinture verte (en L)	3	21

Mélange **B**

Quantité de peinture blanche (en L)	7	35
Quantité de peinture verte (en L)	4	20

Pour la même quantité de peinture blanche, on a plus de peinture verte dans le mélange A que dans le mélange B.

Le mélange A est le plus vert.

La **méthode 1 bis** peut être mise œuvre avec un raisonnement différent en se ramenant à un référent commun pour l'une des sous-quantités.

Méthode 2. **Comparer l'une des sous-quantités à la quantité totale**

1. Calculer l'opérateur multiplicatif qui permet, dans chaque cas, de passer de la quantité totale à l'une des sous-quantités.

Cet opérateur exprime le rapport sous-quantité choisie / quantité totale.

Mélange **A**

Quantité totale (en L)	8	$\times\frac{3}{8}$
Quantité de peinture verte (en L)	3	

Mélange **B**

Quantité totale (en L)	11	$\times\frac{4}{11}$
Quantité de peinture verte (en L)	4	

La **méthode 2** revient à comparer les rapports entre deux parties d'un tout.

2. Comparer les coefficients, ce qui revient à comparer les rapports sous-quantité / quantité totale par exemple en réduisant au même dénominateur.	$\frac{3}{8}=\frac{33}{88}$ et $\frac{4}{11}=\frac{32}{88}$ $\frac{33}{88}>\frac{32}{88}$ donc $\frac{3}{8}>\frac{4}{11}$
3. Le plus grand coefficient correspond à une proportion plus importante de la sous-quantité envisagée dans le mélange.	Le plus grand coefficient correspond au mélange A. Le mélange A est le plus vert.

Méthode 2 bis.

Pour compléter les 2e colonnes, on peut utiliser la propriété multiplicative de linéarité, le produit en croix ou les rapports égaux.

Remarque : Si on avait choisi 100 comme quantité totale commune, on obtiendrait le pourcentage de l'une des sous-quantités par rapport à la quantité totale.

On choisit de passer par la même quantité de peinture totale, soit $8 \times 11 = 88$.

Mélange **A**

Quantité totale (en L)	8	88
Quantité de peinture verte (en L)	3	33

Mélange **B**

Quantité de peinture blanche (en L)	11	88
Quantité de peinture verte (en L)	4	32

Pour la même quantité totale, on a plus de peinture verte dans le mélange A que dans le mélange B.

Le mélange A est le plus vert.

Entrainement 9

Corrigé p. 258

Dans un récipient, Jean a mis 2 litres d'eau et 25 g de sucre ;

Pierre a mis 4,5 litres d'eau et 55 g de sucre ;

Sophie a mis 0,75 litre d'eau et 10 g de sucre.

Choisir la procédure qui parait la plus pertinente pour répondre à cette question : quelle est l'eau la plus sucrée ?

Entrainement 10

Corrigé p. 258

Pour faire une boisson à la framboise, André met 4 volumes de sirop pour 7 volumes d'eau, alors que Béatrice met 5 volumes de sirop pour 9 volumes d'eau. Quelle est la boisson qui a le plus le gout de framboise ?

2 3. Problèmes de partage selon un ratio

A. Partager selon un ratio

La notion de **ratio** intervient dans des problèmes de partage.

On dit que deux nombres a et b sont, par exemple, dans le ratio 2 : 3 si $\frac{a}{2}=\frac{b}{3}$ ou encore que a, b et c sont dans le ratio 2 : 3 : 7 si $\frac{a}{2}=\frac{b}{3}=\frac{c}{7}$.

En considérant la propriété des rapports égaux relative à la proportionnalité, cela se traduit :
– dans le 1er cas, par le fait que la suite (a ; b) est proportionnelle à la suite (1 ; 2) ;
– dans le 2e cas, par le fait que la suite (a ; b ; c) est proportionnelle à la suite (2 ; 3 ; 7).

Le signe : utilisé ici a une autre signification que celui utilisé pour la division.

En s'appuyant sur la propriété additive de linéarité, on en déduit :
– dans le 1er cas, que la suite (a ; b ; a + b) est proportionnelle à la suite (1 ; 2 ; 1 + 2) et donc que : $\frac{a}{2}=\frac{b}{3}=\frac{a+b}{5}$;
– dans le 2e cas, que la suite (a ; b ; c ; a + b + c) est proportionnelle à la suite (2 ; 3 ; 7 ; 2 + 3 + 7) et donc que : $\frac{a}{2}=\frac{b}{3}=\frac{c}{7}=\frac{a+b+c}{12}$

FICHE MÉTHODE 4 Partager selon un ratio

→ Une vinaigrette à la moutarde de 75 cL a été réalisée avec de l'huile, du vinaigre et de la moutarde selon le ratio 5 : 3 : 1.

Quelle quantité de chaque ingrédient a-t-on utilisée ?

Méthode 1. **Utiliser les égalités entre fractions**

1. Traduire la situation sous forme d'égalités de fractions La suite (a ; b ; c) est proportionnelle à la suite (5 ; 3 ; 1), d'où les égalités de fractions.	a, b, c désignant les volumes d'huile, de vinaigre et de moutarde (en cL), on a : $\frac{a}{5}=\frac{b}{3}=\frac{c}{1}$
2. Utiliser la propriété de linéarité additive pour écrire une nouvelle égalité.	$\frac{a}{5}=\frac{b}{3}=\frac{c}{1}=\frac{a+b+c}{5+3+1}=\frac{75}{9}=\frac{25}{3}$ car $a+b+c$ représente le volume total de vinaigrette.
3. Résoudre les 3 équations. $\frac{a}{5}=\frac{25}{3}$; $\frac{b}{3}=\frac{25}{3}$; $\frac{c}{1}=\frac{25}{3}$.	On trouve : $a=\frac{25\times5}{3}=\frac{125}{3}\approx41{,}7$ $b=\frac{25\times3}{3}=25$ $c=\frac{25\times1}{3}=\frac{25}{3}\approx8{,}3$ La vinaigrette est donc composée de 41,7 cL d'huile, 25 cL de vinaigre et 8,3 cL de moutarde.

Méthode 2. **Calculer la part du total représentée par chaque ingrédient**

1. **Traduire le ratio** en proportion du volume total.	De $\frac{a}{5}=\frac{b}{3}=\frac{c}{1}=\frac{a+b+c}{5+3+1}=\frac{a+b+c}{9}$, on tire par exemple : $a=\frac{5}{9}\times(a+b+c)$. Donc a, b et c représentent respectivement $\frac{5}{9}$, $\frac{3}{9}$ *et* $\frac{1}{9}$ du volume total.
3. **Appliquer ces proportions** au volume total indiqué.	$\frac{5}{9}\times 75=\frac{5\times 75}{9}\approx 41{,}7$ $\frac{3}{9}\times 75=\frac{3\times 75}{9}=25$ $\frac{1}{9}\times 75=\frac{75}{9}\approx 8{,}3$ La vinaigrette est donc composée de 41,7 cL d'huile, 25 cL de vinaigre et 8,3 cL de moutarde.

Entrainement 11

Dans une petite entreprise, un patron souhaite distribuer une prime annuelle de 4 500 € à ses trois employés Mme X, Mr Y et Mlle Z dans le ratio 2 : 3 : 4. Combien chacun va-t-il toucher ?
Utiliser successivement les deux méthodes présentées ci-dessus.

Corrigé p. 258

B. Propriété

Soit a, b, c et k quatre nombres entiers non nuls.
Le ratio $a:b:c$ est le même que le ratio $a\times k : b\times k : c\times k$.

Justification : Soit x, y et z trois nombres qui sont dans le ratio $a:b:c$. Démontrons qu'ils sont également dans le ratio $a\times k : b\times k : c\times k$.

x, y et z : trois nombres qui sont dans le ratio $a:b:c$. Donc : $\frac{x}{a}=\frac{y}{b}=\frac{z}{c}$.

$k\neq 0$, donc en divisant les trois termes de ces égalités par k, on obtient :
$\frac{x}{a\times k}=\frac{y}{b\times k}=\frac{z}{c\times k}$, ce qui prouve que x, y et z sont dans le ratio $a\times k : b\times k : c\times k$.

Remarques :

Si on divise les nombres du ratio par un diviseur commun aux nombres figurant dans le ratio, on obtient un ratio simplifié équivalent au ratio de départ.

Le ratio s'exprime le plus souvent avec des nombres entiers, les plus petits possibles, donc avec des nombres qui n'ont comme seul diviseur commun que 1. Ils doivent donc être premiers entre eux (voir chapitre 4 p. 95).

Entrainement 12

Montrer que le ratio 12 : 15 : 18 est équivalent au ratio 16 : 20 : 24.

Corrigé p. 258

C. Trouver un ratio

Exemple

Trois personnes A, B et C se sont partagé 1 200 €. A a reçu 600 €, B a reçu 400 € et C a reçu 200 €.

Quel a été le ratio de ce partage ? Donner la réponse en utilisant les plus petits nombres entiers possibles.

Une réponse serait le ratio 1 200 : 600 : 400 !

Mais il faut trouver un ratio équivalent avec trois nombres premiers entre eux.

On cherche le pgcd de ces trois nombres. Il est égal à 200.

Donc le ratio 1 200 : 600 : 400 est le même que le ratio 1 200/200 ; 600/200 ; 400/200 soit 6 ; 3 ; 2.

Le ratio est donc 6 : 3 : 2. Les nombres 6, 3 et 2 n'ont en effet aucun diviseur commun autre que 1.

Entrainement 13

Pour réaliser du béton dans une bétonnière, on mélange 25 kg de ciment, 50 kg de sable et 75 kg de gravier. Quel est le ratio de ce mélange ?

Corrigé p. 258

2 4. Problèmes de proportionnalité multiple

Dans ces problèmes, une grandeur est fonction de plusieurs autres, dans une relation de proportionnalité avec chacune d'entre elles prises séparément.

FICHE MÉTHODE 5 Chercher une valeur d'une grandeur proportionnelle à plusieurs autres grandeurs.

→ 6 vaches produisent en moyenne 4 000 litres de lait en 30 jours.

Combien de jours faut-il à 18 vaches pour produire 72 000 litres de lait ?

Le volume de lait est considéré comme proportionnel au nombre de vaches (le nombre de jours étant fixé) et comme proportionnel au nombre de jours (le nombre de vaches étant fixé).

1. Faire varier proportionnellement deux grandeurs en gardant les autres fixes.

On s'intéresse d'abord à la variation du nombre de litres de lait en fonction du nombre de vaches, le nombre de jours étant fixe. On utilise ici la propriété multiplicative de la linéarité (on aurait pu utiliser d'autres propriétés de la proportionnalité).

×3 →

Nombre de vaches	**6**	**18**
Nombre de jours	30	30
Volume de lait (en L)	**4 000**	**12 000**

2. **Recommencer avec un autre couple de grandeurs,** autant de fois que nécessaire.

On s'intéresse ensuite à la variation du nombre de litres de lait en fonction du nombre de jours, le nombre de vaches étant fixe. On utilise à nouveau la propriété multiplicative de la linéarité.

×3 (de 6 à 18 vaches)

Nombre de vaches	6	18	18
Nombre de jours	30	**30**	**180**
Volume de lait (en L)	4 000	**12 000**	**72 000**

×6 (de 12 000 à 72 000)

Il faut donc 180 jours.

Entrainement 14

6 poules mangent 36 kg de grain en 9 jours.
18 poules pondent 12 œufs en 4 jours.
Quelle quantité de grain faut-il pour que ces 18 poules pondent 1 080 œufs ?

Corrigé p. 259

2 5. Problèmes de proportionnalité inverse

Deux grandeurs sont dites inversement proportionnelles lorsque, par exemple, l'une des deux grandeurs est multipliée par 2, 3, 4... alors que simultanément l'autre grandeur est divisée par 2, 3, 4...

Cela siginifie que la suite de nombres correspondant à la première grandeur est proportionnelle à la suite des nombres inverses de ceux de la deuxième suite.

Si deux suites de nombres x_i et y_i sont inversement proportionnelles, le produit $x_i \times y_i$ a une valeur constante quelle que soit la valeur de i.

Exemple : Voici 3 suites

Suite 1	3	6	12	30	36
Suite 2	24	12	6	2,4	2
Suite 3	$\frac{1}{24}$	$\frac{1}{12}$	$\frac{1}{6}$	$\frac{10}{24}$	$\frac{1}{2}$

Les suites 1 et 2 sont inversement proportionnelles.

On peut le prouver de deux façons différentes :
– on construit la suite 3 avec les nombres inverses de la suite 2 et on montre que les suites 1 et 3 sont proportionnelles ; coefficient de proportionnalité (1/72)
– on montre que les produits termes à termes des suites 1 et 2 sont constants. Ils sont égaux à 72. En effet : $3 \times 24 = 6 \times 12 = ... = 72$.

FICHE MÉTHODE 6 Chercher une valeur d'une grandeur inversement proportionnelle à une autre grandeur.

→ 3 peintres peignent une chambre en 6 heures.

Combien de temps faut-il à 4 peintres pour peindre la même pièce ?

Et à 5 peintres ? Et à 6 peintres ?

Dans cette situation, la durée du travail est inversement proportionnelle au nombre de peintres. On fait l'hypothèse que si le nombre de peintres double, la durée du travail est réduite de moitié (ce qui ne correspond pas tout à fait à la réalité...).

Méthode 1. Passage par l'unité

Utiliser un raisonnement en passant par l'unité pour l'une des grandeurs.

- **Si 3 peintres** mettent 6 heures, 1 peintre mettra 3 fois plus de temps, donc 18 heures.
- **4 peintres** mettront 4 fois moins de temps qu'un seul peintre, donc **4,5 h ou 4 h 30 min**.
- **5 peintres** mettront 5 fois moins de temps qu'un seul peintre, donc 3,6 h **ou 3 h 36 min**.
- **6 peintres** mettront 6 fois moins de temps qu'un seul peintre, donc **3 h**.

Remarque : Pour 6 peintres, on aurait pu dire directement qu'ils mettront deux fois moins de temps que 3 peintres.

$3{,}6\text{ h} = 3\text{ h} + \frac{6}{10}\text{ h}$
$= 3\text{ h} + \frac{36}{60}\text{ h} = 3\text{ h }36\text{ min}.$

Méthode 2. Suites proportionnelles des nombres x_i et $\frac{1}{y_1}$

Utiliser le fait que si deux suites de nombres x_i et y_i sont inversement proportionnelles, les suites de nombres x_i et $\frac{1}{y_i}$ sont proportionnelles.

Nombre de peintres	3	4	5	6
Inverse du nombre d'heures	$\frac{1}{6}$	$\frac{1}{a}$	$\frac{1}{b}$	$\frac{1}{c}$

La question revient à résoudre des problèmes de 4e proportionnelle.

Pour trouver a, on peut utiliser le produit en croix :

$3 \times \frac{1}{a} = 4 \times \frac{1}{6}$

donc $\frac{3}{a} = \frac{4}{6} = \frac{2}{3}$

donc $\frac{a}{3} = \frac{3}{2}$ et

$a = 3 \times \frac{3}{2} = \frac{9}{2} = 4{,}5.$

Méthode 3. Produit $x_i \times y_i$ constant

Utiliser le fait que si deux suites de nombres x_i et y_i sont inversement proportionnelles, le produit $x_i \times y_i$ a une valeur constante.

Nombre de peintres	3	4	5	6
Nombre d'heures	6	a	b	c

Les produits de nombres associés sont égaux à 18 car 3 x 6 = 18...

D'où $a = \frac{18}{4} = \frac{9}{2} = 4{,}5$; $b = \frac{18}{5} = 3{,}6$...

Entrainement 15

Corrigé p. 259

Lesquels de ces tableaux correspondent à des suites inversement proportionnelles ?

a.

3	4	6	10	12
20	15	10	6	5

b.

10	8	50	15	60
12	15	3	8	2

Entrainement 16

Corrigé p. 259

5 camions mettent 12 jours pour transporter les déblais d'un chantier. Combien de camions faut-il pour réaliser le même travail en 10 jours ?

Corrigés

Entrainement 1

Énoncé p. 237

a. Oui : coefficient de proportionnalité égal à 3,5.

b. Non : il n'y a pas d'opérateur multiplicatif constant pour passer des nombres de la 1re suite à ceux de la 2e suite (il faut multiplier 0,5 par 4 pour obtenir 2 ; alors qu'il faut multiplier 2 par 2,5 pour obtenir 5).

Entrainement 2

Énoncé p. 237

Le coefficient permettant de passer de la suite 1 à la suite 2 est : $\times \frac{6}{5}$ ou $\times$ 1,2, et celui qui permet de passer de la 2 à 1 est : $\times \frac{5}{6}$ (qui n'est pas un nombre décimal).

- **Suite n° 1 :** 5 ; 7 ; $\frac{51}{6}$ = **8,5** ; **10** ; 12.
- **Suite n° 2 :** 6 ; $\frac{42}{5}$ = **8,4** ; 10,2 ; 12 ; $\frac{72}{5}$ = **14,4**.

Entrainement 3

Énoncé p. 241

Les propriétés de linéarité permettent de compléter le tableau :

12	60	4,5	52,5	36	64,5
26	130	9,75	113,75	78	139,75

EXEMPLES DE PROCÉDURE

- **Le nombre associé à 60** peut être trouvé en utilisant la propriété multiplicative de linéarité, car 60 = 12 × 5. Son associé est donc égal à 26 × 5 = 130.
- **Le nombre associé à 4,5** peut être trouvé en utilisant le produit en croix : $60 \times x = 130 \times 4{,}5$. Donc $x = 130 \times \frac{4{,}5}{60} = 9{,}75$.
- **Le nombre associé à 52,5** peut être trouvé en utilisant la propriété des écarts : l'écart entre 4,5 et 52,5 est le même que l'écart entre 12 et 60 (c'est 48), donc l'écart entre 9,75 et l'image de 52,5 est le même que l'écart entre 26 et 130 (donc 104). L'image de 52,5 est donc 113,75 (9,75 + 104 = 113,75).
- **Le nombre associé à 139,75** peut être trouvé en utilisant la propriété additive de linéarité, car 139,75 = 130 + 9,75. Son associé est donc égal à 60 + 4,5 = 64,5.

Entrainement 4

Énoncé p. 243

- **Tableau a :** On peut mettre en évidence que tous les termes de la 2e suite sont obtenus à partir de ceux de la 1re suite en utilisant l'opérateur × 2,8 ou $\frac{28}{10}$.
Les deux suites sont donc proportionnelles.
- **Tableau b :** La propriété additive de linéarité permet de débusquer le couple (80 ; 136). L'image de 80 (16 + 64) devrait être 150 (30 + 120).
Ces deux suites ne sont donc pas proportionnelles.

Les propriétés additives et multiplicatives sont souvent utiles pour reconnaitre que deux suites de nombres ne sont pas proportionnelles.

Entrainement 5

Énoncé p. 246

Les données peuvent être placées dans un tableau de proportionnalité :

Quantité de pommes (en kg)	325	1 000	y
Quantité de cidre (en L)	200	x	1 500

• **Pour trouver x,** on peut, par exemple, utiliser la méthode du produit en croix : $325x = 200\,000$. D'où $x = \dfrac{200\,000}{325} \approx 615$.

Avec 1 tonne de pommes, on aura donc environ **615 litres de cidre**.

• **Pour trouver y,** on peut, par exemple, utiliser la propriété multiplicative de linéarité en considérant que $1\,500 = 200 \times 7{,}5$, d'où $y = 325 \times 7{,}5 = 2\,437{,}5$.
Il faudra donc **2 437,5 kg de pommes** pour fabriquer 1 500 litres de cidre.

Entrainement 6

Énoncé p. 246

La plaque étant homogène et d'épaisseur constante, sa masse est proportionnelle à son aire :
– la 1re plaque a une aire de 2 700 cm^2 ;
– la 2e plaque a une aire de 675 cm^2 donc une aire 4 fois plus petite que la 1re plaque (car $2\,700 = 675 \times 4$).
Elle pèse donc 625 g (car $2\,500 : 4 = 625$).

Attention ! Chaque dimension du rectangle initial a été divisé par 2, l'aire est donc divisée par 4 (et non par 2) voir chapitre 14, p. 350.

Entrainement 7

Énoncé p. 247

On admet ici que, dans un engrenage, le nombre de tours de la roue R est proportionnel au nombre de tours de la roue E. On peut utiliser les propriétés de linéarité (en remarquant que $4 + 6 = 10$, puis que $70 = 2 \times 35$) ou le coefficient de proportionnalité.

Nombre de tours de la roue E	Nombre de tours de la roue R
14	4
21	6
35	10
70	**20**

Entrainement 8

Énoncé p. 247

Le problème peut être schématisé par le tableau de proportionnalité suivant, sachant que la somme totale correspond à l'aire totale :

	Studio	F2	F3	F4	Total
Aire (en m^2)	35	60	75	100	$3 \times 35 + 2 \times 60 + 2 \times 75 + 3 \times 100 = 675$
Charges (en €)	a	b	c	d	$3a + 2b + 2c + 3d = 20\,250$

En utilisant les rapports égaux : $\dfrac{a}{35} = \dfrac{b}{60} = \dfrac{c}{75} = \dfrac{d}{100} = \dfrac{20\,250}{675} = 30$

On peut également utiliser le coefficient de proportionnalité entre aire et charges : × 30.

Donc : $a = 1\,050$ € $c = 2\,250$ €
$b = 1\,800$ € $d = 3\,000$ €.

AUTRE MÉTHODE :

Une solution équivalente consiste à calculer le prix au m^2 (qui est justement égal au quotient $\frac{20\,250}{675}$) puis, pour chaque appartement, à le multiplier par le nombre de m^2.

Entrainement 9

Énoncé p. 249

On peut comparer les quantités de sucre par litre d'eau en calculant le rapport sucre/eau avec, comme référent commun, le volume d'eau, à savoir 1 L (méthode 1bis).

Jean : 12,5 g/L ; Pierre : 12,22 g/L et Sophie : 13,33 g/L.

Sophie a donc le mélange le plus sucré.

Entrainement 10

Énoncé p. 249

On peut, par exemple, chercher la quantité de sirop que chacun mettrait pour un même volume d'eau (par exemple pour 63 volumes). La boisson d'André a plus le gout de framboise (36 volumes de sirop) que celle de Béatrice (35 volumes de sirop).

Entrainement 11

Énoncé p. 251

x, *y* et *z* désignent les parts touchées par chaque employé, en euros.

Solution en utilisant les égalités de fractions :

x, *y* et *z* étant dans le ratio 2 : 3 : 4, on a les égalités :

$$\frac{x}{2} = \frac{y}{3} = \frac{z}{4} = \frac{x+y+z}{2+3+4} = \frac{4\,500}{9} = 500$$

Donc : $x = 1\,000$, $y = 1\,500$, $z = 2\,000$.

Solution en utilisant la part du total représentée par chaque ingrédient :

x, *y* et *z* étant dans le ratio 2 : 3 : 4, on a les égalités :

$$\frac{x}{2} = \frac{y}{3} = \frac{z}{4} = \frac{x+y+z}{2+3+4} = \frac{x+y+z}{9}$$

D'où on tire que *x*, *y* et *z* représentent respectivement $\frac{2}{9}, \frac{3}{9}, \frac{4}{9}$ de la somme totale.

X, Y et Z reçoivent donc respectivement 1 000 €, 1 500 € et 2 000 €.

Remarque : Les deux résolutions sont très proches l'une de l'autre.

Entrainement 12

Énoncé p. 251

On passe du 12 : 15 : 18 au ratio 16 : 20 : 24 en multipliant chaque nombre du premier ratio par $\frac{4}{3}$. **Les deux ratios sont donc équivalents.**

Entrainement 13

Énoncé p. 252

Une réponse serait le ratio 25 : 50 : 75. On obtient un ratio équivalent en divisant chaque nombre par 25.

Le ratio du mélange peut donc exprimé par 1 : 2 : 3.

Entrainement 14

Énoncé p. 253

• Lorsque le nombre de poules ne varie pas (et reste égal à 18), on fait l'hypothèse que le nombre d'œufs est proportionnel au nombre de jours.
Ce qui, pour 18 poules, donne le tableau suivant :

Nombre de jours	4	x
Nombre d'œufs	12	1 080

On peut utiliser le fait que le nombre de jours est le tiers du nombre d'œufs.
Donc $x = 1\,080 : 3 = 360$.
Il faut donc nourrir les 18 poules pendant **360 jours** pour avoir 1 080 œufs.

• La question de la quantité de grain nécessaire pour nourrir les 18 poules pendant 360 jours se traduit par un problème de double proportionnalité qui peut être résumé par le tableau suivant :

		× 3 →	× 40 →
Nombre de poules	6	18	18
Nombre de jours	9	9	360
Quantité de grain (en kg)	36	108	4 320

Dans une 1re étape (passage de la 1re à la 2e colonne), le nombre de jours est constant (égal à 9) et on fait l'hypothèse que la quantité de grains mangés est proportionnelle au nombre de poules. Ensuite (passage de la 2e à la 3e colonne), le nombre de poules reste constant (égal à 18) et on fait l'hypothèse que la quantité de grains mangés est proportionnelle au nombre de jours, ce qui est résumé dans le tableau.
Il faudra donc 4 320 kg de grains.

Entrainement 15

Énoncé p. 255

a. Ces deux suites sont inversement proportionnelles.
Tous les produits de deux nombres associés sont égaux à 60.
b. Ces deux suites ne sont pas inversement proportionnelles.
Tous les produits de deux nombres associés sont égaux à 120, sauf le produit 50×3.

On pourrait aussi chercher à vérifier si la 1re suite est proportionnelle à une suite constituée des nombres inverses de ceux de la 2e suite, mais cette seconde méthode serait plus fastidieuse.

Entrainement 16

Énoncé p. 255

1 camion seul mettrait 5 fois plus de temps, soit 60 jours.
Pour faire le travail en 10 jours, il faudra 6 fois plus de camions, soit **6 camions.**
On vérifie que le nombre de camions est inversement proportionnel au nombre de jours nécessaires pour transporter les déblais, en contrôlant l'égalité $12 \times 5 = 6 \times 10$.

Exercice 1

Corrigé p. 262

Parmi les affirmations suivantes, lesquelles sont vraies et lesquelles sont fausses ? Les réponses doivent être justifiées.

a. En versant 8 volumes de sirop de fraise dans 15 volumes d'eau, on aura une boisson plus sucrée que si l'on verse 5 volumes du même sirop dans 9 volumes d'eau.

b. Une cuve a deux robinets de vidange A et B.

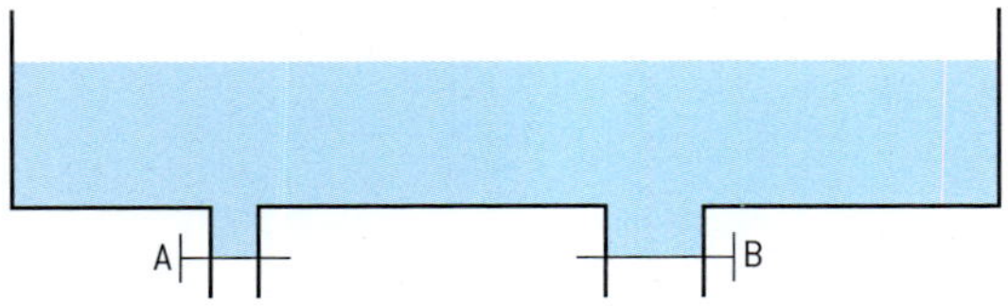

Si on ouvre seulement le robinet A, la cuve pleine se vide en 7 heures.
Si on ouvre seulement le robinet B, la cuve pleine se vide en 3 heures.
On ouvre les deux robinets en même temps. La cuve pleine se vide en 2 heures et 6 minutes.

c. On considère la carafe sphérique ci-dessous. On s'intéresse au volume de liquide $\mathcal{V}$ contenu dans la carafe pour une hauteur h de remplissage.
Le graphique représente $\mathcal{V}$ en fonction de h.

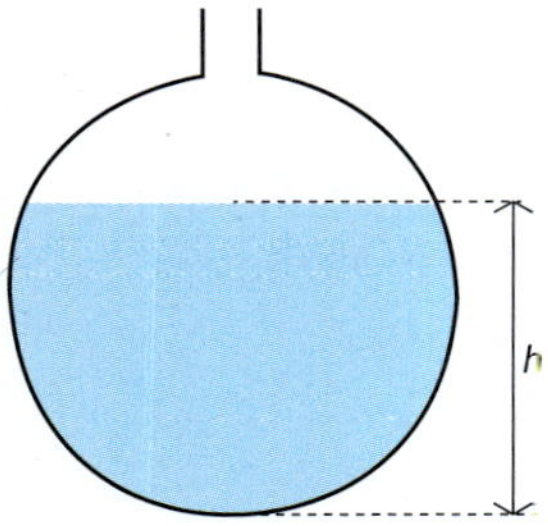

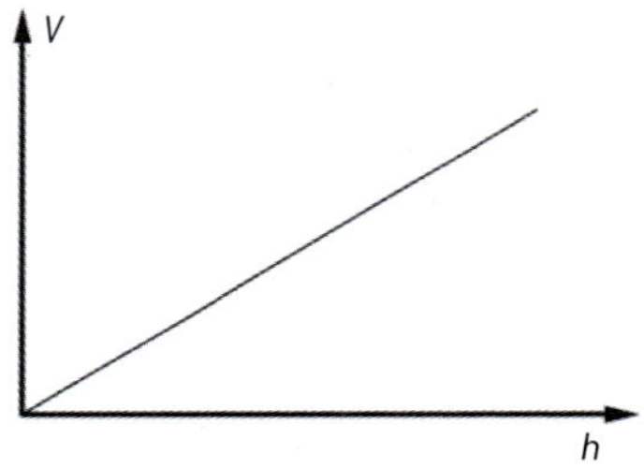

d. En période de sècheresse, un agriculteur a des réserves pour alimenter ses 8 vaches pendant 20 jours. Il accepte de prendre en charge 2 vaches de plus pour rendre service à son voisin.
Avec les mêmes réserves, il pourra nourrir toutes les vaches pendant 18 jours.

Exercice 2

Corrigé p. 263

Dans la cour de récréation, trois machines tournant à plein régime permettent de fabriquer 21 000 bouteilles en 5 jours. Combien de jours faudrait-il pour que 7 machines identiques travaillant dans les mêmes conditions fabriquent 88 200 bouteilles ?

Exercice 3

Corrigé p. 263

Trois enfants – Albert, Bernard et Charles – jouent une partie de billes. Au début de la partie, ils possèdent respectivement a billes, b billes, c billes.
qui sont dans le ratio 3 : 4 : 5.
Après la partie, les nombres de billes des enfants sont dans le ratio 15 : 16 : 17.

a. À la fin de la partie, l'un des enfants a gagné 9 billes. Qui est-ce ?
Justifier cette réponse.

b. Combien chacun avait-il de billes au début de la partie ?

Exercice 4

Corrigé p. 264

Un écran de téléviseur est au format 16 : 9 si sa largeur et sa hauteur sont dans le ratio 16 : 9.

Quelles sont les dimensions (largeur et hauteur) d'un écran au format 16 : 9 dont la diagonale mesure 120 cm ?

Exercice 5

Corrigé p. 264

Dans des élections, il y a 3 candidats A, B et C.

Avec 3 597 voix, le candidat A l'emporte : il obtient, en pourcentage des voix exprimées, un score supérieur de 14 à celui obtenu par le candidat B et de 18 à celui obtenu par le candidat C.

1. Quel est le pourcentage de voix obtenu par chacun des candidats ?

2. Combien y a-t-il de voix exprimées à l'élection ?

3. Si on représente les voix obtenues par le candidat A par un rectangle de hauteur 10 cm, quelle hauteur devrait avoir un rectangle de même largeur pour représenter proportionnellement les voix obtenues par le candidat B ?

Exercice 6

Corrigé p. 265

Deux échelles de repérage de la température sont principalement utilisées : l'échelle Celsius et l'échelle Fahrenheit.

La température de la glace fondante correspond à 0 degré Celsius (°C) et à 32 degrés Fahrenheit (°F). La température d'ébullition de l'eau correspond à 100 °C et à 212 °F.

Les deux échelles sont régulières.

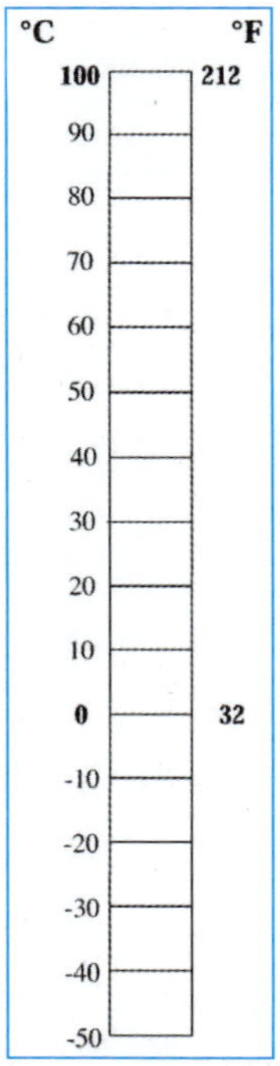

1. Reproduire sous forme d'un schéma, le tube de thermomètre figurant ci-contre. Sur la partie gauche sont indiquées les graduations de l'échelle Celsius de 10 en 10, entre – 50 °C et 100 °C.

a. Indiquer, à droite du tube, les valeurs correspondantes de l'échelle Fahrenheit. Expliciter votre démarche.

b. Existe-t-il une relation de proportionnalité entre les deux suites de nombres figurant sur votre dessin (échelle Fahrenheit et échelle Celsius) ? Justifier.

2. Soit t la valeur en °C d'une température, et T la valeur en °F de la même température.

On admet qu'il existe entre T et t une relation de la forme $T = at + b$. Montrer que : $T = 1{,}8\ t + 32$.

3. Le thermomètre indique 25 °C.

a. Calculer la valeur correspondante en °F.

b. Expliquez comment vous pouvez vérifier ce résultat sur votre dessin.

4. Calculer la température à laquelle les deux échelles donnent la même valeur. Vérifier ce résultat sur le dessin.

Corrigés

Exercice 1

Énoncé p. 260

a. L'impression de sucré est apportée par la concentration en sirop de fraise.

Mélange 1

Nombre total de volumes (eau + sirop)	23	$\downarrow \times \frac{8}{23}$
Nombre de volumes de sirop de fraise	8	

Mélange 2

Nombre total de volumes (eau + sirop)	14	$\downarrow \times \frac{5}{14}$
Nombre de volumes de sirop de fraise	5	

$\frac{8}{23} = \frac{112}{322}$ et $\frac{5}{14} = \frac{115}{322}$

$\frac{5}{14} > \frac{8}{23}$, donc le mélange 2 est le plus sucré.

L'affirmation a. est donc fausse.

AUTRE MÉTHODE :

On peut utiliser les rapports quantité de sirop de fraise/quantité d'eau :

Mélange 1 : le rapport est égal à $\frac{8}{15}$

Mélange 2 : le rapport est égal à $\frac{5}{9}$

Avec 45 comme dénominateur commun, on obtient : $\frac{8}{15} = \frac{24}{45}$ et $\frac{5}{9} = \frac{25}{45}$.

Donc $\frac{5}{9} > \frac{8}{15}$, ce qui montre que **le mélange 2 est le plus sucré.**

On peut se ramener à une même quantité d'eau pour chaque mélange (par exemple : 45 volumes d'eau, 45 étant le ppcm de 15 et de 9).
Pour obtenir des mélanges de même goût que les mélanges initiaux, il faudrait 24 volumes de sirop pour le 1er et 25 pour le 2e.

b. Pour chaque robinet, la quantité évacuée est proportionnelle au temps d'évacuation.

Soit V le volume contenu dans la cuve.

En 1 heure, le robinet A évacue un volume égal à $\frac{V}{7}$.

En 1 heure, le robinet B débite un volume égal à $\frac{V}{3}$.

En 1 heure, les deux robinets ouverts évacuent un volume égal à $\frac{V}{7} + \frac{V}{3} = \frac{10\,V}{21}$.

Pour les deux robinets ouverts, on peut donc reformuler le problème à l'aide du tableau suivant :

Temps d'écoulement (en h)	1	x
Volume d'écoulement	$\frac{10\,V}{21}$	V

En utilisant le produit en croix, on obtient : $\frac{10V}{21}x = V$, d'où : $\frac{10}{21}x = 1$.

Donc : $x = \frac{21}{10}$ (en h), soit $x = 2 + \frac{1}{10}$ (en h).

Or $\frac{1}{10}h = 6$ min. Donc $x = 2$ h 6 min.

L'affirmation b. est donc vraie.

c. Le graphique donné traduit la proportionnalité entre la hauteur h et le volume $\mathcal{V}$ (demi-droite passant par l'origine du repère).

On sait (par le « bon sens ») que le volume d'une calotte sphérique n'est pas proportionnel à la hauteur de remplissage : il faut « plus de liquide pour augmenter la hauteur h de 1 cm au voisinage du plan de section diamétral qu'au voisinage du « fond » de la carafe »…

L'affirmation c. est donc fausse.

Une formule « savante » (hors programme) donne le volume d'une calotte sphérique où r est le rayon de la sphère :
$\mathcal{V} = (\pi/3) \times h^2 \times (3r - h)$
Cette formule montre que $\mathcal{V}$ n'est pas une fonction linéaire de h ($\mathcal{V} \neq a \times h$ où a est une constante).

d. Le raisonnement suivant peut être utilisé :

– Si l'agriculteur n'a qu'une seule vache, il peut, en respectant les mêmes proportions de nourriture, la nourrir 8 fois plus longtemps que s'il en a 8 ; il peut donc la nourrir pendant **160 jours**.

– S'il a 10 vaches, il peut les nourrir pendant 10 fois moins de temps que s'il n'en a qu'une ; il peut donc les nourrir pendant **16 jours**.

L'affirmation d. est donc fausse.

Attention ! Le nombre de jours n'est pas proportionnel au nombre de vaches. Les deux données ne varient pas dans le même sens. Pour une même réserve d'aliments, quand le nombre de vaches augmente, le nombre de jours de nourriture diminue. En fait, le nombre de vaches est inversement proportionnel au nombre de jours, ce qui n'est pas vérifié par les données de l'énoncé puisque $8 \times 20 \neq 10 \times 18$.

Une autre méthode consiste donc à remarquer que le nombre de jours de nourriture est inversement proportionnel au nombre de vaches. Donc, d'après la méthode des produits constants (voir § 2.5 p. 254), si x est le nombre de jours pendant lesquels on peut nourrir 10 vaches, on a $8 \times 20 = x \times 10$ donc $x = 16$.

Exercice 2

Énoncé p. 260

La durée de fabrication n'est évidemment pas proportionnelle au nombre de machines qui effectuent le travail. Elle est, comme l'énoncé le sous-entend, inversement proportionnelle au nombre de machines, c'est-à-dire que le produit $n \times t$ est constant (où n désigne le nombre de machines et t la durée mise par chaque machine). On peut utiliser un raisonnement du type suivant :

- En 1 jour, 3 machines fabriquent 4 200 bouteilles (21 000 : 5 = 4 200).
- En 1 jour, 1 machine fabrique 1 400 bouteilles (4 200 : 3 = 1 400).
- En 1 jour, 7 machines fabriquent 9 800 bouteilles (1 400 × 7 = 9 800).

Il faut donc 9 jours pour que les 7 machines fabriquent les 88 200 bouteilles (88 200 : 9 800 = 9).

Exercice 3

Énoncé p. 260

a. Avant la partie, les nombres de billes a, b et c sont dans le ratio 3 : 4 : 5, donc :

$$\frac{a}{3} = \frac{b}{4} = \frac{c}{5} = \frac{a+b+c}{3+4+5} = \frac{a+b+c}{12}. \quad (1)$$

Si a', b' et c' représentent les nombres de billes de chacun à l'issue de la partie, ceux-ci étant dans le ratio 15 : 16 : 17, on a les égalités :

$$\frac{a'}{15} = \frac{b'}{16} = \frac{c'}{17} = \frac{a'+b'+c'}{15+16+17} = \frac{a'+b'+c'}{48}. \quad (2)$$

La quantité totale de billes possédées par les joueurs n'ayant pas été modifiée, on a : $a + b + c = a' + b' + c'$. Appelons s cette somme totale.

Les égalités (1) et (2) s'écrivent respectivement :
$\frac{a}{3}=\frac{b}{4}=\frac{c}{5}=\frac{s}{12}$ et $\frac{a'}{15}=\frac{b'}{16}=\frac{c'}{17}=\frac{s}{48}$.

De ces égalités, on tire :

$a=\frac{3s}{12}=\frac{s}{4}$ $\quad b=\frac{4s}{12}=\frac{s}{3}$ $\quad c=\frac{5s}{12}$ (3)

$a'=\frac{15s}{48}=\frac{5s}{16}$ $\quad b'=\frac{16s}{48}=\frac{s}{3}$ $\quad c'=\frac{17s}{48}$ (4)

De ces résultats, il résulte que : $a < a'$; $b = b'$; $c > c'$.

C'est donc Albert (qui possédait *a* billes) qui a gagné des billes.

b. Albert a gagné 9 billes, donc : $a' - a = 9$, donc $\frac{5s}{16}-\frac{s}{4}=\frac{s}{16}=9$, donc $s = 144$.
Des égalités (3), on tire $a = 36$, $b = 48$ et $c = 60$.

Au début de la partie, Albert, Bernard et Charles avaient donc respectivement 36 billes, 48 billes et 60 billes.

Exercice 4

Énoncé p. 261

Les données du problème peuvent être représentées ainsi, l et h désignant respectivement la largeur et la hauteur du téléviseur, en cm.

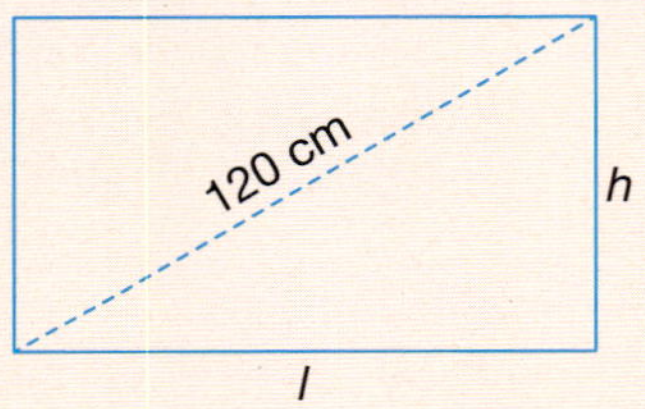

Les nombres réels positifs l et h sont liés par les relations (1) et (2) suivantes :

$\frac{l}{16}=\frac{h}{9}$ (1) car l et h sont dans le ratio 16 : 9.

$l^2+h^2=120^2$ (2) en utilisant le théorème de Pythagore dans le triangle rectangle déterminé par 2 côtés consécutifs de l'écran et sa diagonale.

› Théorème de Pythagore, chap. 18 p. 443

De la relation (1), on déduit : $l=\frac{16}{9}h$, donc $l^2=\frac{256}{81}h^2$.

De la relation (2), on déduit alors : $\frac{256}{81}h^2+h^2=\frac{337}{81}h^2=14\ 400$,

d'où $h^2=\frac{14\ 400\times 81}{337}=3461{,}1276$ et $h\approx 58{,}8$.

De $l=\frac{16}{9}h$, on déduit : $l=\frac{16\times 58{,}8}{9}\approx 104{,}5$.

Le téléviseur a donc une largeur de 104,5 cm et une hauteur de 58,8 cm.

Exercice 5

Énoncé p. 261

Soit a, b et c les scores obtenus, en pourcentage des voix exprimées, par chacun des candidats A, B et C.
Soit n le nombre de suffrages exprimés.

1. D'après l'énoncé :
$a + b + c = 100$ (total des scores en pourcentage),
$b = a - 14$, $\quad c = a - 18$.

En reportant les valeurs de b et c dans la première équation, on obtient :
$a + a - 14 + a - 18 = 100$ d'où $3a - 32 = 100$ et $a = 44$.
D'où les pourcentages obtenus par chaque candidat :
A : 44 % **B : 30 %** **C : 26 %.**

2. D'après l'énoncé :
$0{,}44 \times n = 3\ 597$, donc $n = \dfrac{359\ 700}{44} =$ **8 175 suffrages exprimés.**

3. La hauteur des rectangles est proportionnelle au nombre de voix, donc au pourcentage de voix.
Le problème peut être traduit par le tableau suivant :

	Voix (en %)	Hauteur du rectangle (en cm)
A	44	10
B	30	x

En utilisant la propriété du produit en croix, on obtient :
$44x = 30 \times 10$ d'où $x = \dfrac{300}{44} \approx 6{,}8$.

La hauteur devrait donc être d'environ 6,8 cm.

Exercice 6

Énoncé p. 261

1. a. Il y a proportionnalité entre, d'une part, la distance qui sépare deux repères (ou le nombre d'intervalles car la graduation est régulière) et, d'autre part, les écarts de température.
De plus, entre 32 °F et 212 °F, il y a 10 intervalles ; chaque intervalle correspond à 18 °F (obtenu par $\dfrac{212 - 32}{10}$), ce qui permet de compléter la graduation en °F comme sur le schéma ci-contre.

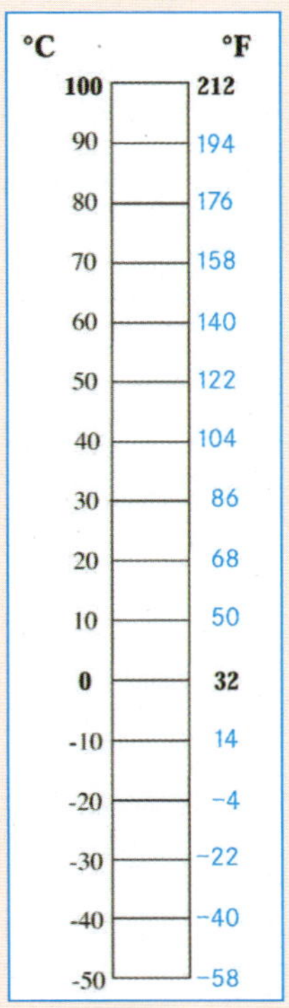

b. Plusieurs arguments permettent d'affirmer qu'il n'y a pas de relation de proportionnalité entre les deux suites de nombres (il suffit d'en citer un seul).

- 0 °C n'est pas associé à 0 °F.
- Il n'existe pas de coefficient de proportionnalité (on passe de 10 à 50 en multipliant par 5, alors qu'on passe de –10 à 14 en multipliant par –1,4), ce qui peut être formulé par : il n'existe pas de nombre a tel que $f(x) = ax$, où x désigne la température en °C et $f(x)$ la température en °F.
- La relation multiplicative de linéarité n'est pas vérifiée : 50 est la moitié de 100 alors que 122 n'est pas la moitié de 212, ce qui peut être formulé par :
$f(kx) \neq kf(x)$.
- La relation additive de linéarité n'est pas vérifiée : 70 est égal à 30 + 40 alors que 158 n'est pas égal à 86 + 104, ce qui peut être formulé par : $f(x+y) \neq f(x) + f(y)$.

2. Il faut déterminer deux valeurs (a et b), donc deux équations doivent suffire.
Il est commode de choisir l'image de 0. On peut choisir également l'image de 10, ce qui donne :

$$\begin{cases} 32 = a \times 0 + b & (1) \\ 50 = a \times 10 + b & (2) \end{cases}$$

L'équation (1) conduit à : $b = 32$.
En reportant dans (2), on obtient :
$50 = 10a + 32$, d'où on déduit : $a = 1{,}8$.
D'où la relation : $T = 1{,}8\,t + 32$.

On peut vérifier que la relation $T = 1{,}8\,t + 32$ est valide pour toutes les températures (mais ce n'est pas nécessaire, puisque la question postule l'existence de cette relation).

3. a. Il suffit d'utiliser la relation qui vient d'être établie.
$T = (1{,}8 \times 25) + 32 = 77$, donc 25 °C correspond à 77 °F.
b. 25 °C est « le milieu » de l'intervalle [20 °C ; 30 °C] sur l'échelle Celsius.
Il suffit de vérifier que 77 °F est également au milieu de l'intervalle [68 °F ; 86 °F], sur l'échelle Fahrenheit.
En effet : $77 - 68 = 86 - 77 = 9$ ou $68 + \dfrac{86-68}{2} = 77$ ou $\dfrac{86+68}{2} = 77$.

4. Il faut que $T = t$ (T désignant la température en °F et t la température en °C).
On a alors : $t = 1{,}8\,t + 32$, donc $0{,}8\,t = -32$ et $t = -40$.
Donc −40 °C correspond à −40 °F, ce qui est vérifiable sur le schéma avec les valeurs calculées à la question **1**.

CHAPITRE 11

Organisation et gestion de données, fonctions

Applications de la proportionnalité : vitesse moyenne, pourcentage, échelle

Objectif

- Résoudre des problèmes relatifs aux notions de vitesse moyenne, pourcentage et échelle.

FICHES MÉTHODE

Tester ses connaissances

QCM 1 Un athlète a couru le 100 m à la vitesse de 10 mètres par seconde.
Sa vitesse en km/h est :

A. 10 km/h **B.** 36 km/h **C.** 60 km/h **D.** 3,6 km/h

aide §1.2 p. 269

QCM 2 Pour rejoindre deux villes, un automobiliste met 2 h 30 min en roulant à la vitesse moyenne de 84 km/h.
La distance qui sépare les deux villes est de :

A. 33,6 km **B.** 210 km **C.** 193,2 km **D.** 126 km

aide §1.2 p. 269

QCM 3 Un automobiliste a roulé à la vitesse moyenne de 60 km/h sur un parcours de 210 km. Il a roulé pendant :

A. 2 h 10 min **B.** 1 h 30 min **C.** 3 h 30 min **D.** 3,5 h

aide §1.2 p. 269

QCM 4 Sur 750 personnes interrogées dans un sondage, 270 déclarent acheter un quotidien. Le pourcentage de ces personnes qui déclarent acheter un quotidien est :

A. 36 % **B.** 48 % **C.** 0,36 % **D.** 64 % **E.** 0,64 %

aide §2.1 p. 271

QCM 5 En début d'année, une personne place une somme de 2 310 € qui doit rapporter 20 % au terme d'une année de placement.
De quelle somme devrait-elle disposer à la fin de l'année ?

A. 2 330 € **B.** 2 772 € **C.** 462 € **D.** 2 310,20 €

aide §2.2 p. 274

QCM 6 Une somme de 2 310 € placée en bourse a subi une baisse de 20 %.
De quelle somme dispose-t-on en fin d'année ?

A. 2 290 € **B.** 2 110 € **C.** 462 € **D.** 1 848 €

aide §2.2 p. 274

QCM 7 Après une baisse de 20 %, le prix d'un article est affiché à 280 €.
Son prix initial était :

A. 336 € **B.** 350 € **C.** 300 € **D.** 480 €

aide §2.2 p. 274

QCM 8 Un commerçant augmente le prix d'un article de 20 %, puis quelques mois plus tard il le solde avec une réduction de 20 %.
Par rapport au prix initial, le prix soldé :

A. est resté inchangé
B. a augmenté de 5 %
C. a baissé de 2 %
D. a baissé de 4 %

aide §2.3 p. 277

QCM 9 Sur un plan à l'échelle 1/50 000, quelle est la distance, à vol d'oiseau, entre deux villes éloignées de 25 cm sur le plan ?

A. 5 km **B.** 12,5 km **C.** 125 km **D.** 50 km

aide §3 p. 279

QCM 10 À vol d'oiseau, deux villes sont éloignées de 50 km.
Quelle distance les sépare sur une carte au 1/200 000 ?

A. 2,5 cm **B.** 25 cm **C.** 40 cm **D.** 4 cm **E.** 10 cm

aide §3 p. 279

1. B **2.** B **3.** C, D **4.** A **5.** B **6.** D **7.** B **8.** D **9.** B **10.** B

LE COURS

1 Vitesse moyenne

1 1. Définition

La vitesse moyenne v d'un mobile sur une **distance** d et pendant une **durée** t est la **vitesse fictive** que le mobile mettrait pour parcourir la même distance dans le même temps en se déplaçant régulièrement, d'une façon telle que **la distance parcourue soit proportionnelle à la durée.**
La vitesse est alors représentée par le coefficient de proportionnalité $\frac{d}{t}$.

d représente la distance parcourue,
v la vitesse moyenne sur le parcours considéré,
t la durée du parcours,
on a donc les relations : $v = \frac{d}{t}$

ATTENTION
Il est nécessaire d'utiliser des unités cohérentes, par exemple :
– d en km, t en h, v en km/h
– d en m, t en s, v en m/s.

Remarque : On déduit de $v = \frac{d}{t}$ les égalités $d = vt$ et $t = \frac{d}{v}$ mais ces deux formules ne sont pas à connaitre (voir la fiche méthode p. 269).
La relation $d = vt$ exprime le fait que :
– à **vitesse constante**, la distance est proportionnelle à la durée ;
– à **durée constante**, la distance est proportionnelle à la vitesse ;

La notion de « vitesse moyenne » est une notion théorique. Elle correspond à la modélisation d'une situation de déplacement, dans laquelle on fait « comme si » le déplacement était effectué de manière régulière, avec une vitesse uniforme.

– à **distance constante**, la vitesse et la durée sont inversement proportionnelles.

› Proportionnalité inverse, chap. 10 p. 253

1 2. Problèmes liés à la notion de vitesse moyenne

On peut identifier trois types de questions relatives à la notion de vitesse moyenne :
– On demande la vitesse moyenne connaissant la distance et la durée du parcours.
– On demande la distance connaissant la vitesse moyenne et la durée du parcours.
– On demande la durée du parcours connaissant la vitesse moyenne et la distance.

On dispose de deux méthodes pour résoudre ces problèmes.

FICHE MÉTHODE 1 Trouver la vitesse moyenne, la distance ou la durée d'un parcours.

→ **QCM 1 :** Un athlète a couru le 100 m à la vitesse de 10 mètres par seconde. Quelle est sa vitesse en km/h ?

→ **QCM 2 :** Pour rejoindre deux villes, un automobiliste met 2 h 30 min en roulant à la vitesse moyenne de 84 km/h. Quelle distance sépare les deux villes ?

→ **QCM 3 :** Un automobiliste a roulé à la vitesse moyenne de 60 km/h sur un parcours de 210 km. Quelle a été la durée de son parcours ?

Qcm 1, 2 et 3, p. 267

Méthode 1. Utiliser la formule $v = \frac{d}{t}$

1. Dans la formule $v = \frac{d}{t}$, on remplace les variables connues par leurs valeurs
2. On effectue les calculs ou on résout l'équation obtenue.
3. On conclut (voir chap. 7 p. 182).

QCM 1

$$v = \frac{d}{t} = \frac{100\text{ m}}{10\text{ s}} = \frac{36000\text{ m}}{3600\text{ s}} = \frac{36\text{ km}}{1\text{ h}}$$
$= \mathbf{36\ km/h}$

Méthode 2. Utiliser un tableau de proportionnalité

1. **Mettre en évidence**, sous forme de tableau, les relations de proportionnalité entre les grandeurs concernées, ici distance et durée.
2. **Utiliser** les méthodes de résolution vues au chapitre 10 p. 244 et suivantes.

QCM 1

10 m = 0,01 km et $1\text{ s} = \frac{1}{3600}$ h.

On cherche la distance parcourue en 1 h.

Distance en km	0,01	d
Durée en h	$\frac{1}{3600}$	1

Donc $0{,}01 = \frac{d}{3600}$ d'où $d = 3\,600 \times 0{,}01 = 36$.

L'athlète parcourt donc 36 km par heure.

Sa vitesse moyenne est de 36 km/h.

Pour résoudre des problèmes de vitesse, on est souvent amené à exprimer en heures des durées données en heures et minutes et inversement (*voir entrainement 1*).

QCM 2	**QCM 2**
2 h 30 min = 2,5 h $v = \frac{d}{t}$ donc $84 = \frac{d}{2,5}$ donc en km $d = 84 \times 2,5 = \mathbf{210}$.	<table><tr><td>Distance en km</td><td>84</td><td>d</td></tr><tr><td>Durée en h</td><td>1</td><td>2 h 30 min = 2,5 h</td></tr></table>Donc $d = 84 \times 2,5 =$ **210 km**.
QCM 3	**QCM 3**
$v = \frac{d}{t}$ donc $60 = \frac{210}{t}$ donc $60t = 210$ donc en heures, $t = \frac{210}{60} = 3,5$ Donc $t =$ **3 h 30 min**.	<table><tr><td>Distance en km</td><td>60</td><td>210</td></tr><tr><td>Durée en h</td><td>1</td><td>t</td></tr></table>Donc $60t = 210$, donc $t = \frac{210}{60} = 3,5$ h. Or 0,5 h = 1/2 h = 30 min. Donc $t = 3,5$ h = **3 h 30 min.**

Entrainement 1

Corrigé p. 282

Convertir 2,3 h en heures et minutes.

Convertir 1 h 25 min en écriture décimale.

Entrainement 2

Corrigé p. 282

Voici les temps réalisés par trois coureurs au 100 m, au 200 m et au 400 m.

Calculer leur vitesse moyenne en m/s, en m/h et en km/h.

a. 100 m en 10,25 s **b.** 200 m en 21 s **c.** 400 m en 47,5 s

Entrainement 3

Corrigé p. 282

Une voiture roule à la vitesse moyenne de 85 km/h.

Combien de temps met-elle pour parcourir 136 km ?

Entrainement 4

Corrigé p. 282

André a couru 50 m en 8 secondes et Béatrice 60 m en 10 secondes.

a. Qui court le plus vite ?

b. En quel temps Corinne doit-elle parcourir 80 m pour être aussi rapide que Béatrice ?

Entrainement 5

Corrigé p. 283

Le TGV Paris-Lyon met 1 h 55 min pour relier les deux villes à la vitesse moyenne de 222 km/h.

a. Quelle est la distance ferroviaire entre Paris et Lyon ?

b. Lorsque deux TGV roulent à la vitesse de 275 km/h, quelle distance les sépare si on sait qu'ils se suivent à 4 minutes ?

Entrainement 6

Un automobiliste roule pendant 1,5 h à la vitesse de 80 km/h, puis pendant 2 h à la vitesse moyenne de 100 km/h.

Quelle est sa vitesse moyenne sur l'ensemble du parcours ?

Corrigé p. 283

2 Pourcentage

2 1. Définition

Un pourcentage est un rapport de proportionnalité entre une **partie** et un **tout**.
Il s'exprime sous la forme d'une fraction de dénominateur 100.

Cette fraction $\frac{a}{100}$ s'écrit aussi « *a* % » et se lit « *a* pour cent ».

Exemple :

Dire qu'il y a 15 % de sucre dans un aliment signifie :
– qu'il y a proportionnalité entre la masse de sucre (la partie) et la masse d'aliment (le tout) ;
– que le rapport de proportionnalité est $\frac{15}{100}$.

$15\ \% = \frac{15}{100} = 0{,}15$

On peut donc utiliser un tableau de proportionnalité pour exprimer cette relation :

Masse de sucre (en g)	15	*p*
Masse d'aliment (en g)	100	*t*

$\times \frac{15}{100}$

15 « pour cent »

On peut aussi dire qu'il y $\frac{15}{100}$ de sucre dans cet aliment.

Donc, si *p* désigne la partie, *t* le tout et *a* % le pourcentage, on a :

$$p = t \times \frac{a}{100}$$

Cette formule permet de résoudre trois types de problèmes :
– lorsqu'on connait le pourcentage et le tout, on peut trouver la partie ;
– lorsqu'on connait le tout et la partie, on peut trouver le pourcentage ;
– lorsqu'on connait la partie et le pourcentage, on peut trouver le tout.

Dans les trois cas, on peut utiliser la formule présentée (voir chap. 7 p. 182). On peut aussi utiliser les procédures de résolution des problèmes de proportionnalité (voir chap. 10 p. 244 et suivantes).

Nous présentons ci-après les deux méthodes.

A. Appliquer un pourcentage

Prendre a % d'un nombre t revient à calculer : $t \times \frac{a}{100}$.

FICHE MÉTHODE 2 Appliquer un pourcentage.

→ Si 48 % d'une population de 750 personnes lisent un quotidien, quel est le nombre de lecteurs ?

Méthode 1. **Utiliser la formule $p = t \times \frac{a}{100}$**	Méthode 2. **Utiliser un tableau de proportionnalité**
1. On écrit la formule $p = t \times \frac{a}{100}$ On remplace les variables connues par leur valeur. **2.** On effectue le calcul. **3.** On conclut.	**Utiliser** les méthodes de résolution vues au chapitre 10 p. 244 et suivantes, avec un tableau de proportionnalité :
1. $p = t \times \frac{a}{100}$ p est le nombre de lecteurs (partie) t est la population (le tout). $t = 750$; $\frac{a}{100} = \frac{48}{100}$ Donc $p = 750 \times \frac{a}{100}$. **2.** Donc $p = 360$. Dans cette population, il y a **360 personnes** qui lisent un quotidien. Remarque : Pour effectuer le calcul $750 \times \frac{48}{100}$, on peut appliquer les méthodes vues au chapitre 5 p. 119.	(tableau ci-dessous) Avec la méthode du produit en croix par exemple, on obtient : $100x = 750 \times 48$, soit $x = \frac{750 \times 48}{100}$, soit $x = \mathbf{360}$.

Population totale	100	750
Lecteurs	48	x

Entrainement 7

Corrigé p. 283

Calculer mentalement :

a. 10 % de 200 € **b.** 15 % de 60 kg **c.** 25 % de 160 g.

B. Calculer un pourcentage

Le pourcentage de p par rapport à t est donné par le quotient $\frac{p}{t}$ qu'on cherche à exprimer sous la forme $\frac{a}{100}$ (ou x %).

FICHE MÉTHODE 3 Calculer un pourcentage.

→ **QCM 4 :** Si 270 personnes sur 750 lisent un quotidien, quel est le pourcentage de lecteurs ?

Qcm 4, p. 267

Méthode 1. **Utiliser la formule $p = t \times \frac{a}{100}$**	Méthode 2. **Utiliser un tableau de proportionnalité**
1. On écrit la formule $p = t \times \frac{a}{100}$ et on remplace les variables connues par leur valeur. 2. On résout l'équation obtenue. 3. On conclut.	Utiliser les méthodes de résolution vues au chapitre 10 p. 244 et suivantes, avec un tableau de proportionnalité :
1. $p = t \times \frac{a}{100}$ $p = 220$; $t = 750$ Donc $220 = 750 \times \frac{a}{100}$ donc $\frac{220}{750} = \frac{a}{100}$ 2. Donc $0{,}36 = \frac{a}{100}$ donc $a = 36$. 3. Le pourcentage cherché est **36 %**.	(tableau ci-dessous) Avec la méthode du produit en croix par exemple, on obtient : $100 \times 270 = 750x$. Soit $x = \frac{100 \times 270}{750}$, soit $x =$ **36**.

Population totale	100	750
Lecteurs	x	270

Entrainement 8

Quel pourcentage de 45 € représentent 15 € ?

Corrigé p. 283

C. Calculer une quantité à laquelle a été appliqué un pourcentage

FICHE MÉTHODE 4 Retrouver une quantité à laquelle a été appliqué un pourcentage.

→ Les 150 lecteurs d'un quotidien représentent 20 % de la population interrogée. Combien de personnes ont été interrogées ?

Méthode 1. **Utiliser la formule $p = t \times \frac{a}{100}$**	Méthode 2. **Utiliser un tableau de proportionnalité**
1. On écrit la formule $p = t \times \frac{a}{100}$ et on remplace les variables connues par leur valeur. 2. On résout l'équation obtenue. 3. On conclut.	Utiliser les méthodes de résolution vues au chapitre 10 p. 244 et suivantes, avec un tableau de proportionnalité :
1. $p = t \times \frac{a}{100}$ $p = 150$; $\frac{a}{100} = \frac{20}{100}$ Donc $150 = t \times \frac{20}{100}$ 2. Donc $150 \times 100 = t \times 20$ donc $t = \frac{15\,000}{20} = 750$ 3. Il y a **750 personnes** interrogées.	(tableau ci-dessous) Avec la méthode du produit en croix par exemple, on obtient : $20x = 150 \times 100$. Soit $x = \frac{150 \times 100}{20}$, soit $x =$ **750**.

Population totale	100	x
Lecteurs	20	150

Entrainement 9

Dans un vêtement, il y a 28 % de laine qui correspondent à 126 g.
Quelle est la masse de ce vêtement ?

Corrigé p. 283

2. Problèmes d'augmentation et de diminution en pourcentage

Si x est une valeur qui subit une augmentation de $\frac{a}{100}$, alors la valeur après augmentation est égale à :

$$x + x \times \frac{a}{100} = x\left(1 + \frac{a}{100}\right)$$

Valeur avant augmentation (x) ; Augmentation ($x \times \frac{a}{100}$) ; On factorise.

Augmenter un nombre de a % revient à multiplier ce nombre par $1 + \frac{a}{100}$.

Si x est une valeur qui subit une diminution de $\frac{a}{100}$, alors la valeur après diminution est égale à :

$$x - x \times \frac{a}{100} = x\left(1 - \frac{a}{100}\right)$$

Valeur avant augmentation (x) ; Augmentation ($x \times \frac{a}{100}$) ; On factorise.

Diminuer un nombre de a % revient à multiplier ce nombre par $1 - \frac{a}{100}$.

Si x est la valeur avant **augmentation** ou **diminution**.
Si $\frac{a}{100}$ est le pourcentage d'augmentation ou de diminution.
Si y est la valeur après augmentation ou diminution, on a :

Dans le cas d'une augmentation $y = x\left(1 + \frac{a}{100}\right)$

Dans le cas d'une diminution $y = x\left(1 - \frac{a}{100}\right)$

Par conséquent, ces formules permettent de résoudre trois types de problèmes :
– lorsqu'on connait la valeur (x) avant augmentation ou diminution et le pourcentage d'augmentation ou de diminution ($\frac{a}{100}$), on peut trouver la valeur (y) après augmentation ou diminution ;
– lorsqu'on connait la valeur avant augmentation ou diminution et la valeur après augmentation ou diminution, on peut trouver le pourcentage d'augmentation ou de diminution ;

– lorsqu'on connait la valeur après augmentation ou diminution et le pourcentage d'augmentation ou de diminution, on peut trouver la valeur avant augmentation ou diminution.

Dans tous les cas, on peut utiliser la formule (voir chap. 7 p. 182).

A. Calculer le résultat d'une augmentation ou d'une diminution

FICHE MÉTHODE 5 **Calculer le résultat d'une augmentation ou d'une diminution donnée en pourcentage.**

→ **Corrigé QCM 5 :** en début d'année, une personne place une somme de 2 310 € qui doit rapporter 20 % au terme d'une année de placement. De quelle somme devrait-elle disposer à la fin de l'année ?

Qcm 5, p. 267

1. On écrit la formule et on remplace les variables connues par leur valeur.	$y=x\left(1+\frac{a}{100}\right)$ $x=2\ 310$ € $\frac{a}{100}=\frac{3}{100}$ donc $y=2\ 310\times\left(1+\frac{20}{100}\right)$
2. On effectue les calculs.	$y=2\ 310\times 1{,}2=2\ 772$
3. On conclut.	Son avoir à la fin de l'année sera de 2 772 €.

On procède de la même façon pour une diminution.

Remarque : On aurait pu procéder en deux temps.

1er temps : on calcule l'augmentation du capital :

$2\ 310\text{ €}\times\frac{20}{100}=2\ 310\text{ €}\times 0{,}2=462\text{ €}$.

2e temps : on calcule l'avoir : 2 310 € + 462 € = 2 772 €.

Entrainement 10

Corrigé p. 284

Pour obtenir le nouveau prix, par quel nombre décimal écrit avec une virgule faut-il multiplier un prix qui subit une augmentation de :

a. 15 % **b.** 8 % **c.** 100 % **d.** 200 % **e.** 0,3 %

Entrainement 11

Corrigé p. 284

Dans un village, on recense 2 580 habitants en 2010. Jusqu'en 2012, la population augmente de 12 %.

Combien ce village compte-t-il d'habitants à cette date ?

Entrainement 12

Corrigé p. 284

Pour obtenir le nouveau prix, par quel nombre décimal écrit avec une virgule faut-il multiplier un prix qui subit une baisse de :

a. 15 % **b.** 8 % **c.** 50 % **d.** 0,3 %

Entrainement 13

Corrigé p. 284

Dans un village, on recense 2 580 habitants en 2010. Jusqu'en 2012, la population diminue de 12 %.

Combien ce village compte-t-il d'habitants à cette date ?

B. Trouver un pourcentage d'augmentation ou de diminution

FICHE MÉTHODE 6 **Calculer un pourcentage d'augmentation ou de diminution.**

→ Une personne place 600 € en début d'année et récupère 618 € en fin d'année. Quel est le taux de ce placement ?

1. On écrit la formule et on remplace les variables connues par leur valeur.	$y = x\left(1+\frac{a}{100}\right)$ $x = 600$ $y = 618$ donc $618 = 600 \times \left(1+\frac{a}{100}\right)$
2. On résout l'équation.	$1+\frac{a}{100} = \frac{618}{600}$ $1+\frac{a}{100} = 1{,}03$ $\frac{a}{100} = 0{,}03 = 3\ \%$
3. On conclut.	Le taux de ce placement est de 3 %.

On procède de la même façon pour une diminution.

Remarque : On aurait pu procéder en deux temps.

1er temps : on calcule l'augmentation du capital : 618 € – 600 € = 18 € ;

2e temps : on calcule le pourcentage : $\frac{18}{600} = 0{,}03 = 3\ \%$.

Entrainement 14

Corrigé p. 284

Quelle augmentation, en pourcentage, a subi un article dont le prix est passé de 200 € à 260 € ?

Entrainement 15

Corrigé p. 284

Quelle baisse, en pourcentage, a subi un article dont le prix est passé de 200 € à 170 € ?

Entrainement 16

Corrigé p. 284

Un article coûtait 280 €. Il est soldé 238 €.

Quel est le pourcentage de solde ?

C. Trouver la valeur avant une augmentation ou une diminution en pourcentage

FICHE MÉTHODE 7 **Calculer la valeur avant une augmentation ou une diminution en pourcentage.**

→ **Corrigé QCM 7 :** Après une baisse de 20 %, le prix d'un article est affiché à 280 €. Quel était son prix initial ?

Qcm 7, p. 268

Attention ! Il s'agit d'une diminution.

1. On écrit la formule et on remplace les variables connues par leur valeur.	$y = x\left(1 - \frac{a}{100}\right)$ $\frac{a}{100} = \frac{20}{100}$ $y = 280$ donc $280 = x\left(1 - \frac{20}{100}\right)$
2. On résout l'équation.	$280 = x \times 0{,}8$ $x = \frac{280}{0{,}8} = 350$
3. On conclut.	Prix initial : 350 €.

Entrainement 17

Corrigé p. 284

Un article a augmenté de 5 %. Il coute maintenant 155,40 €.
Quel était son prix initial ?

2 3. Erreurs à éviter dans les calculs avec les pourcentages

Une hausse de a % ne compense pas une baisse de a %.
Une baisse de a % ne compense pas une hausse de a %.

Corrigé QCM 8 : Un commerçant augmente le prix d'un article de 20 %, puis quelques mois plus tard, il le solde avec une réduction de 20 %.

Qcm 8, p. 268

On peut vérifier la remarque ci-dessus en prenant comme valeur initiale 100 €.

Le prix après augmentation est de $100 \times 1{,}2 = 120$ €.

Lorsque ce dernier prix subit une diminution de 20 %, il devient $120 \times 0{,}8 = 96$ €.

Par rapport au prix initial, le prix soldé a donc baissé de 4 %.

On peut montrer que ce résultat est vrai quel que soit le prix initial :

prix initial	prix après hausse de 20 %	prix après baisse de 20 %
x	$x \times 1{,}2$	$(x \times 1{,}2) \times 0{,}8 = x \times 0{,}96 = x\left(1 - \frac{4}{100}\right)$

La baisse est donc bien de 4 %.

Deux augmentations successives, de *a* % puis de *b* %, ne correspondent pas à une augmentation de $(a+b)$ %.
Deux diminutions successives, de *a* % puis de *b* %, ne correspondent ni à une diminution de $(a+b)$ %, ni de $(a-b)$ %.

Une augmentation, suivie d'une diminution, ne correspond pas à une variation dont la valeur en % serait donnée par la différence entre les pourcentages utilisés.
Une diminution, suivie d'une augmentation, ne correspond pas à une variation dont la valeur en % serait donnée par la différence entre les pourcentages utilisés.

Entrainement 18

Corrigé p. 285

Quel poids de café Arabica doit-on ajouter à 200 kg de café Robusta pour obtenir un mélange contenant 75 % du poids total en café Arabica ?

Entrainement 19

Corrigé p. 285

En vendant un objet, un marchand a gagné 20 % sur son prix. Pour gagner 25 %, il aurait dû le vendre 400 € de plus.

a. À quel prix le marchand avait-il acheté l'objet ?

b. À quel prix l'a-t-il effectivement vendu ?

Entrainement 20

Corrigé p. 285

a. Un produit coute 2 000 € hors taxe. Le commerçant propose une réduction de 17 %.

Que préférez-vous : la réduction sur le prix HT ou sur le prix TTC ? Dans les deux cas, il faut payer la TVA[1] de 19,6 % appliquée au prix HT.

b. Généraliser cette comparaison à un prix HT de x €.

1. Les taux sont susceptibles de modifications.

Entrainement 21

Corrigé p. 286

a. « Depuis 5 ans, les prix augmentent de 2 % par an. En 5 ans, ils ont donc augmenté de 10 %. » Que pensez-vous de cette affirmation ?

b. Un article est vendu 300 € (TVA de 19,6 % incluse).

Quel est le prix de cet article hors taxe ?

Entrainement 22

Corrigé p. 287

À propos du traitement des fonctionnaires, un article annonce que :

« Cette longue réunion s'est conclue, peu avant minuit, par une annonce unilatérale du gouvernement de 0,8 % d'augmentation annuelle, avec 0,5 % au 1er juillet et 0,3 % au 1er novembre suivant. »

Les taux annoncés sont-ils exacts ?

3 Échelle

Très souvent, on représente une réalité physique (terrain, voiture...) par un dessin ou une maquette qui **respecte les proportions entre les longueurs et les distances**. Il y a donc proportionnalité entre **les longueurs et les distances** dans la réalité et **les longueurs et les distances** sur la représentation de cette réalité.
Le coefficient de proportionnalité est appelé **échelle**.

Exemples :

- **Avec une échelle de 1/250,** 250 cm dans la réalité sont représentés par 1 cm sur le papier.

Dans la réalité (en cm)	250	500	125	1 000
Sur le papier (en cm)	1	2	0,5	4

↓ ×1/250

- **Avec une échelle de 1/25 000,** 25 000 cm sont représentés par 1 cm.

1/25 000 représente le coefficient de proportionnalité entre les longueurs et les distances réelles et les longueurs et les distances représentées. Dans ce cas, les unités des longueurs et des distances doivent être les mêmes.

Conséquence : Si e est l'échelle d'un dessin (d'une carte ou d'une maquette), alors on a la formule suivante :

$$e = \frac{\text{Longueur mesurée sur un dessin } (\ell)}{\text{Longueur réelle } (L)}$$

Mais attention ! Les longueurs doivent être exprimées dans la même unité.
Si $e > 1$, le dessin a des dimensions plus grandes que la réalité représentée.
Si $e < 1$, le dessin a des dimensions plus petites que la réalité représentée. C'est le cas le plus fréquent. Quand $e < 1$, on présente souvent l'échelle sous la forme d'un quotient dont le numérateur est 1.

Cette formule permet de résoudre trois types de problèmes :
– si on connait l'échelle et la longueur réelle, on peut trouver la longueur sur le dessin ;
– si on connait la longueur réelle et la longueur sur le dessin, on peut trouver l'échelle ;
– si on connait l'échelle et la longueur sur le dessin, on peut trouver la longueur réelle.

Pour résoudre des problèmes d'échelle, on peut soit utiliser les procédures habituelles pour résoudre des problèmes de proportionnalité, soit utiliser la formule ci-dessus.

Exemple 1 (Corrigé QCM 9) : Sur un plan à l'échelle 1/50 000, quelle est la distance, à vol d'oiseau, entre deux villes éloignées de 25 cm sur le plan ?

Qcm 9, p. 268

FICHE MÉTHODE 8 Trouver une distance dans la réalité.

Méthode 1. **Utilisation de la formule**	Méthode 2. **Utiliser la proportionnalité**
1. On écrit la formule et on remplace les variables connues par leur valeur. **2.** On résout l'équation. **3.** On conclut.	On utilise les propriétés de la proportionnalité (voir chap. 10 p. 245).
1. $e = \frac{\ell}{L}$ On a $e = \frac{1}{50\,000}$ et $\ell = 25$ cm Donc $\frac{1}{50\,000} = \frac{25}{L}$ **2.** En appliquant le produit en croix (voir chap. 5 p. 112), on obtient, en cm : $L = 25 \times 50\,000 = 1\,250\,000$ **3.** Donc la distance réelle est de 1 250 000 cm = 12,5 km.	On utilise, par exemple, la propriété multiplicative de la linéarité : 1 cm sur le papier représente 50 000 cm (ou 500 m) dans la réalité ; 25 cm représentent donc $500 \text{ m} \times 25 = 12\,500 \text{ m} = 12{,}5$ km.

Exemple 2 (Corrigé QCM 10) : À vol d'oiseau, deux villes sont éloignées de 50 km. Quelle distance les sépare sur une carte au 1/200 000 ?

Qcm 10, p. 268

FICHE MÉTHODE 9 Trouver une distance sur une carte.

Méthode 1. **Utilisation de la formule**	Méthode 2. **Utiliser la proportionnalité**
1. On écrit la formule et on remplace les variables connues par leur valeur. **2.** On résout l'équation. **3.** On conclut.	On utilise les propriétés de la proportionnalité (voir chap. 10 p. 245).
1. $e = \frac{\ell}{L}$ On a $e = \frac{1}{200\,000}$ et $L = 50$ km $= 50\,000$ m Donc $\frac{1}{200\,000} = \frac{\ell}{50\,000}$ **2.** En appliquant le produit en croix (voir chap. 5 p. 112), on obtient : $\ell \times 200\,000 = 1 \times 50\,000$ Donc en mètre $\ell = \frac{50\,000}{200\,000} = 0{,}25$ $\ell = 25$ cm **3.** Donc la distance sur la carte est de 25 cm.	On utilise, par exemple, la propriété multiplicative de la linéarité : 200 000 cm = 20 000 m = 20 km dans la réalité sont représentés par 1 cm sur le papier. 50 km représentent donc 25 cm (puisque 50 km = 2 km × 25).

Exemple 3 : Une maquette de 6 cm de long représente une automobile de 5,40 m de long. Quelle est l'échelle de cette maquette ?

FICHE MÉTHODE 10 **Trouver une échelle.**

Méthode 1. Utilisation de la formule

1. On écrit la formule et on remplace les variables connues par leur valeur.
2. On effectue les calculs.
3. On conclut.

1. $e = \frac{\ell}{L}$

On a L = 5,40 m = 540 cm et ℓ = 6 cm

Donc $e = \frac{6}{540}$

2. $e = \frac{6}{540} = \frac{1}{x}$ donc $x = 90$.

L'échelle est de $\frac{1}{90}$.

Remarque : Attention, ℓ et L doivent être exprimées dans la même unité.

L'échelle est généralement représentée sous la forme d'une fraction de numérateur égale à 1.

Méthode 2. Utiliser la proportionnalité

On utilise les propriétés de la proportionnalité (voir chap. 10 p. 245).

On utilise un tableau de proportionnalité.

Longueur réduite	6	1
Longueur réelle	540	x

$x = \frac{540}{6} = 90$

Échelle : 1/90.

Entrainement 23

Corrigé p. 287

Une maquette de voiture au 1/45e mesure 9 cm de long et 3,2 cm de large. Quelles sont les dimensions réelles de cette voiture ?

Entrainement 24

Corrigé p. 288

L'aire de ce champ rectangulaire est de 2 400 m^2.
À quelle échelle est-il représenté ici ?

Corrigés

Entrainement 1

Énoncé p. 270

a. $2{,}3\text{ h} = 2\text{ h} + \frac{3}{10}\text{h} = 2\text{ h} + \frac{3}{10} \times 60\text{ min} = \mathbf{2\text{ h }18\text{ min}}.$

b. $1\text{ h }25\text{ min} = 1\text{ h} + \frac{25}{60}\text{ h} = 1\text{ h} + \frac{5}{12}\text{ h} \approx \mathbf{1{,}42\text{ h}}$ (résultat arrondi au centième).

ATTENTION
$2{,}3\text{ h} \neq 2\text{ h }30\text{ min}$
$1\text{ h }25\text{ min} \neq 1{,}25\text{ h}$.

Entrainement 2

Énoncé p. 270

a. $v = \frac{d}{t} = \frac{100\text{ m}}{10{,}25\text{ s}} \approx 9{,}76\text{ m/s}$

Or 1 h = 3 600 s donc en $\frac{m}{h}$ on a $v = 9{,}76 \times 3\,600 = 35\,136$ or 1 000 m = 1 km
Donc $v = 35{,}136$ km/h.

Pour obtenir la vitesse en km/h, il est aussi possible de partir directement du 1er résultat en m/s :

$$9{,}76\text{ m/s} = \frac{9{,}76\text{ m}}{1\text{ s}} = \frac{9{,}76\text{ m} \times 3\,600}{1\text{ h}} = \frac{35\,136\text{ m}}{1\text{ h}} = \mathbf{35{,}136\text{ km/h}}$$

b. Résultats pour 200 m en 21 s : 9,52 m/s ; 34 286 m/h ; 34,286 km/h.

c. Résultats pour 400 m en 47,5 s : 8,42 m/s ; 30 315 m/h ; 30,315 km/h.

Entrainement 3

Énoncé p. 270

MÉTHODE 1

En utilisant la proportionnalité entre distance et durée :

Distance en km	85	136
Durée en h	1	x

On résout ce problème de 4e proportionnelle, par exemple à l'aide du produit en croix : $85x = 136$ d'où $x = \frac{136}{85} = \mathbf{1{,}6\text{ h} = 1\text{ h }36\text{ min}}.$

MÉTHODE 2

En utilisant la formule reliant vitesse, distance et durée :
$v = \frac{d}{t}$ donc $85 = \frac{136}{t}$ donc $85t = 136$ Donc en heure on a $t = \frac{136}{85} = 1{,}6$.

Entrainement 4

Énoncé p. 270

On ne peut répondre à ces questions qu'en faisant l'hypothèse que les coureurs peuvent maintenir leur vitesse moyenne sur des distances différentes, ce qui n'est pas conforme à la réalité.
Avec cette hypothèse, on peut utiliser les formules reliant distance, durée et vitesse.

a. La vitesse d'André est donnée par : $\frac{50\text{ m}}{8\text{ s}} = \frac{6{,}25\text{ m}}{1\text{ s}} = 6{,}25\text{ m/s}.$

La vitesse de Béatrice est donnée par : $\frac{60\text{ m}}{10\text{ s}} = \frac{6\text{ m}}{1\text{ s}} = 6\text{ m/s}.$

C'est donc André qui court le plus vite.

On peut aussi traiter le problème en comparant directement 50/8 et 60/10 (*voir chap. 5, p. 115*).

b. Temps mis par Corinne : $v = \frac{d}{t}$ donc $6 = \frac{80}{t}$ donc $6t = 80$ donc en secondes on a $t = \frac{80}{6} \approx 13{,}3$.

Entrainement 5

Énoncé p. 270

a. $1 \text{ h } 55 \text{ min} = 1 \text{ h} + \frac{55}{60} \text{ h} = \frac{115}{60} \text{ h}$

$v = \frac{d}{t}$ donc $222 = \frac{d}{\frac{115}{60}}$ donc $222 = \frac{60d}{115}$ donc $60d = 222 \times 115$

donc $d = \frac{222 \times 115}{60} = 425{,}5$.

Donc la distance ferroviaire entre Paris et Lyon est de 425,5 km

b. $4 \text{ min} = \frac{4}{60} \text{ h} = \frac{1}{15} \text{ h}$

$v = \frac{d}{t}$ donc $275 = \frac{d}{\frac{1}{15}}$ donc $275 = 15d$ donc $d = \frac{275}{15} \approx 18{,}3$

La distance entre 2 TGV est de 18,3 km.

Entrainement 6

Énoncé p. 271

On connait la durée du parcours : 2 h + 1,5 h = 3,5 h.
Il faut calculer la distance parcourue pendant cette durée.
Pendant la première partie, l'automobiliste a parcouru 120 km (1,5 h × 80 km/h), et pendant la deuxième partie 200 km (2 h × 100 km/h) ; soit 320 km en 3,5 h.

v = 320 km/3,5 h soit environ **91,43 km/h**.

ATTENTION
La réponse n'est pas 90 km/h qui est la moyenne des deux vitesses données !

Entrainement 7

Énoncé p. 272

a. 20 € (le dixième de 200 €) **b.** 9 kg (le dixième de 60 kg ajouté de sa moitié) **c.** 40 g (le quart de 160 g).

Entrainement 8

Énoncé p. 273

$p = t \times \frac{a}{100}$ avec $t = 45$ et $p = 15$ donc $15 = 45 \times \frac{a}{100}$ donc $15 \times 100 = 45a$.

Donc $a = \frac{1\,500}{45} \approx 33{,}3$

Le pourcentage est d'environ 33 %.

Entrainement 9

Énoncé p. 274

Si p est la masse de laine et t la masse du vêtement, on a $p = t \times \frac{a}{100}$.

Ici $p = 126$ et $\frac{a}{100} = \frac{28}{100}$ donc $126 = t \times \frac{28}{100}$ donc $126 = t \times 0{,}28$ donc $t = \frac{126}{0{,}28} = 450$.

Donc le vêtement a une masse de 450 g.

Entrainement 10

Énoncé p. 275

a. 1,15 **b.** 1,08 **c.** $1+\frac{100}{100}=2$ **d.** $1+\frac{200}{100}=3$ **e.** $1+\frac{0,3}{100}=1+\frac{3}{1\,000}=1,003$.

Entrainement 11

Énoncé p. 275

2 890 habitants (le calcul donne $2\,580 \times 1,12 = 2\,889,6$).

Entrainement 12

Énoncé p. 275

a. 0,85 **b.** 0,92 **c.** 0,5 **d.** 0,997.

Entrainement 13

Énoncé p. 276

2 270 habitants (le calcul donne $2\,580 \times 0,88 = 2\,270,4$).

Entrainement 14

Énoncé p. 276

L'augmentation est de 60 € pour un prix initial de 200 €. Elle est donc de 30 € pour un prix initial de 100 €, soit une **augmentation de 30 %**. Ici il n'est pas nécessaire de mobiliser la formule.

ATTENTION
Un pourcentage d'augmentation ou de diminution se calcule toujours par rapport à la quantité initiale (calcul de 60 pour 200 et non de 60 pour 260).

Entrainement 15

Énoncé p. 276

La baisse est de 30 € pour un prix initial de 200 €. Elle est donc de 15 € pour un prix initial de 100 €, soit une **baisse de 15 %**.

Entrainement 16

Énoncé p. 276

Solution 1 : La baisse est de 42 €. Le pourcentage de baisse est donc donné par :
$\frac{42}{280}=0,15=\frac{15}{100}=15\ \%$.

Solution 2 : On sait que $y=x\left(1-\frac{a}{100}\right)$ avec $y=238$ et $x=280$.

Donc $238=280\times\left(1-\frac{a}{100}\right)$ donc $1-\frac{a}{100}=\frac{238}{280}=0,85$.

Donc $\frac{a}{100}=0,15$.

Le pourcentage de réduction est donc de 15 %.

Entrainement 17

Énoncé p. 277

Si P est le prix initial, le prix final est donné par $P \times 1,05$.

Donc $P \times 1,05 = 155,40$ donc $P=\frac{155,40}{1,05}=148$

Le prix initial était donc 148 €.

Entrainement 18

Énoncé p. 278

Soit x le poids total de café en kg.
Le poids de café Arabica est de $0{,}75x$ ou de $x - 200$.
Donc $0{,}75x = x - 200$,
soit $0{,}25x = 200$
et $x = 800$.
Soit 600 kg de café Arabica (800 – 200).

AUTRES RAISONNEMENTS

1. Soit a le poids de café Arabica (en kg). Le poids total est égal à : $a + 200$.
Le poids a de l'Arabica représente 75 % de ce poids total.
Donc $a = 0{,}75\,(a + 200)$,
soit $a = 0{,}75a + 150$,
soit $0{,}25a = 150$,
et $a = \dfrac{150}{0{,}25} = \mathbf{600}$.

2. On peut aussi utiliser le fait que le pourcentage peut se traduire par une relation de proportionnalité entre poids de Robusta et poids d'Arabica : 25 kg de Robusta pour 75 kg d'Arabica. D'où le tableau :

Poids de Robusta (en kg)	25	200
Poids d'Arabica (en kg)	75	x

On peut utiliser, par exemple, la propriété multiplicative de la linéarité : comme $200 = 25 \times 8$, on a $x = 75 \times 8 = \mathbf{600}$.

Entrainement 19

Énoncé p. 278

Soit x le prix d'achat.
Prix de vente effectif : $1{,}2x$.
Prix de vente en gagnant 400 € de plus : $1{,}25x$.
Donc $1{,}25x - 1{,}2x = 0{,}05x = 400$, d'où $x = 8\,000$.
a. Prix d'achat : **8 000 €.**
b. Prix de vente effectif : **9 600 €** (car $8\,000 \times 1{,}2 = 9\,600$).

Entrainement 20

Énoncé p. 278

Le cas particulier et le cas général sont traités simultanément.

- **Cas où la réduction est appliquée sur le prix TTC**

L'application du taux de TVA à 19,6 % se traduit par une multiplication par $1 + \dfrac{19{,}6}{100}$, donc par 1,196.

La réduction de 17 % se traduit par une multiplication par $1 - \dfrac{17}{100}$, donc par 0,83.

	Cas particulier	Cas général
Prix HT (en €)	2 000	x
Prix TTC (en €)	$2\,000 \times 1{,}196 = 2\,392$	$x \times 1{,}196$
Prix à payer après réduction (en €)	$2\,392 \times 0{,}83 = \mathbf{1\,985{,}36}$	$(x \times 1{,}196) \times 0{,}83 = x \times 0{,}99268$

Le prix à payer est donc le prix HT multiplié par 0,99268. Le prix payé a donc subi une réduction de 0,732 % par rapport au prix HT $\left(\text{car } 1 - 0{,}99268 = 0{,}00732 = \dfrac{0{,}732}{100}\right)$ et non pas une augmentation de 2,6 % (qui résulterait du calcul de 19,6 – 17) !

- **Cas où la réduction est appliquée sur le prix HT**

	Cas particulier	Cas général
Prix HT (en €)	2 000	x
Prix HT avec réduction (en €)	$2\,000 \times 0{,}83 = 1\,660$	$x \times 0{,}83$
Prix à payer (avec TVA) (en €)	$1\,660 \times 1{,}196 = \mathbf{1\,985{,}36}$	$(x \times 0{,}83) \times 1{,}196 = x \times 0{,}99268$

Dans les deux cas, on trouve le même résultat, ce qui n'est pas étonnant puisque la multiplication est associative et commutative.
Donc $(x \times 1{,}196) \times 0{,}83 = (x \times 0{,}83) \times 1{,}196$!

Entrainement 21

Énoncé p. 278

ATTENTION
Les pourcentages donnent souvent lieu à des raisonnements erronés du type « une baisse de 20 % annule une hausse de 20 % » ou encore « cinq augmentations de 10 % équivalent à une augmentation de 50 % ». Cet exercice devrait vous convaincre du contraire…

a. Attention, la hausse porte chaque fois sur le prix actualisé et non sur le prix initial. D'où le schéma :

$P \rightarrow P \times 1{,}02 \rightarrow (P \times 1{,}02) \times 1{,}02 \rightarrow [(P \times 1{,}02) \times 1{,}02] \times 1{,}02 \rightarrow \ldots$

prix au bout de 1 an — *prix au bout de 2 ans* — *prix au bout de 3 ans*

Au bout de 5 ans, le prix est devenu : $P \times (1{,}02)^5$, soit environ : $P \times 1{,}104$.
L'augmentation par rapport au prix initial est donc de **10,4 %**.

b. Appelons P le prix hors TVA.
En appliquant un taux de 19,6 %, le prix TTC est : $P \times 1{,}196$.
Donc $P \times 1{,}196 = 300$ d'où $P = \dfrac{300}{1{,}196}$ soit approximativement $P = \mathbf{250{,}84}$ **€.**

Entrainement 22

Énoncé p. 278

Deux hypothèses sont possibles avec des conclusions différentes.

- **Hypothèse 1 :**

Chaque augmentation est appliquée au traitement perçu avant la 1re des augmentations (donc sur la base du traitement de janvier).
Soit x le traitement de janvier.

En juillet, le traitement sera de $x \times 1{,}005$, correspondant à $x\times\left(1+\dfrac{0{,}5}{100}\right)$.

En novembre, il sera de $x \times 1{,}008$, correspondant à $x\times\left(1+\dfrac{0{,}5}{100}+\dfrac{0{,}3}{100}\right)$.

Donc, il est exact de dire que le traitement de novembre est supérieur de 0,8 % à celui de janvier.
Mais qu'en est-il sur l'année entière ?
Sans augmentation, le revenu annuel aurait été de $12x$.
Avec les deux augmentations, il est de :
$6x + 4(x \times 1{,}005) + 2(x \times 1{,}008)$.
Soit : $x \times (6 + 4{,}02 + 2{,}016) = 12{,}036x = 12x \times 1{,}003$.
En réalité, le revenu annuel n'a été augmenté que de 0,3 %.

Les facteurs 6, 4 et 2 correspondent au nombre de mois pour lesquels chaque traitement a été perçu.

- **Hypothèse 2 :**

Chaque augmentation est appliquée au traitement perçu précédemment.
Soit x le traitement de janvier.

En juillet, le traitement sera de $x \times 1{,}005$, correspondant à $x\times\left(1+\dfrac{0{,}5}{100}\right)$.

En novembre, il sera de $(x \times 1{,}005) \times 1{,}003$, soit $x \times 1{,}008015$.
Donc, le traitement de novembre est supérieur de 0,8015 % à celui de janvier.
Mais qu'en est-il sur l'année entière ?
Avec les deux augmentations, le revenu annuel est de :
$6x + 4(x \times 1{,}005) + 2(x \times 1{,}008015) = x \times (6 + 4{,}02 + 2{,}01603)$.
Soit $12{,}03603x = 12x \times 1{,}0030025$.
En réalité, le revenu annuel n'a, encore une fois, été augmenté que d'un peu plus de 0,3 %.
Quelle que soit l'hypothèse faite, l'affirmation d'une augmentation de 0,8 % est donc fausse.

Entrainement 23

Énoncé p. 281

Si e est l'échelle, L la longueur réelle de la voiture et ℓ la longueur de la maquette (L et ℓ sont exprimés dans la même unité.) On a $\dfrac{\ell}{\text{L}} = e$. Ici, $\ell = 9$ et $e = \dfrac{1}{45}$.

Donc $\dfrac{9}{\text{L}} = \dfrac{1}{45}$ en utilisant le produit en croix (voir chap. 5 p. 112).

L = 9 cm × 45 = 405 cm = 4,05 m
De même, on trouve la largeur réelle : 144 cm = 1,44 m.

Entrainement 24

Énoncé p. 281

Soit respectivement L et L' la longueur et la largeur du champ dans la réalité et l et l' sa longueur et sa largeur sur le plan.

On mesure sur le plan : $l = 3$ cm et $l' = 2$ cm.

Soit e l'échelle cherchée.

On a donc $e = \frac{l}{L} = \frac{3}{L}$. On en déduit : $L = \frac{3}{e}$.

De même : $L' = \frac{3}{e}$.

L'aire du champ est donnée par : $L \times L' = \frac{3}{e} \times \frac{2}{e} = \frac{6}{e^2}$.

L'aire donnée est $2\ 400\ \text{m}^2 = 24\ 000\ 00\ \text{cm}^2$.

Donc : $\frac{6}{e^2} = 24\ 000\ 000$. Donc $e^2 = \frac{6}{24\,000\,000} = \frac{1}{4\,000\,000}$.

Donc : $e = \sqrt{\frac{1}{4\ 000\ 000}} = \frac{1}{\sqrt{4\ 000\ 000}} = \frac{1}{2\ 000}$.

L'échelle est donc de 1/2000.

Les longueurs sur le dessin sont proportionnelles aux longueurs réelles (avec le coefficient *e*). Ce n'est pas le cas pour les aires.

AU CONCOURS Applications de la proportionnalité : vitesse moyenne, pourcentage, échelle

Exercice 1

Corrigé p. 294

Un cycliste monte un col à la vitesse moyenne de 15 km/h. Il descend par la même route à la vitesse de 30 km/h.
Quelle est sa vitesse moyenne sur la totalité du parcours ?

Exercice 2

Corrigé p. 294

Dans cet exercice, tous les résultats seront arrondis au centième.
Usain Bolt a battu à Berlin les records du monde du 100 m et du 200 m, les 16 et 20 août 2009. Il a couru le 100 m en 9,58 s et le 200 m en 19,19 s.

1. Quelle était, en km/h, la vitesse moyenne d'Usain Bolt, lors de ces courses, respectivement sur le 100 m et le 200 m ?
Dans la suite de cet exercice, on suppose qu'Usain Bolt court toujours le 100 m en 9,58 s.

2. a. Paul court à la vitesse moyenne de 30 km/h. Il fait une course avec Usain Bolt sur 100 m. Il part 2 secondes avant le champion. Franchira-t-il la ligne d'arrivée le premier ? Justifier.
b. À quelle vitesse moyenne doit courir Paul pour arriver en même temps que le champion dans le cas où il part 2 secondes avant lui ?

Exercice 3

Corrigé p. 294

Parmi les affirmations suivantes, lesquells sont vraies, lesquelles sont fausses ? Justifiez votre réponse.

A. Dans un laboratoire, on cultive des bactéries. La population de bactéries augmente de 20 % par heure.
Au bout de 5 h, la population de bactéries a été multipliée par 2.

B. Le 27 mars 2010, on pouvait lire dans un quotidien :
« Dans l'ensemble des aéroports du monde, en 2009, environ 25 millions de bagages ont été perdus, provisoirement ou définitivement. (…) L'étude note cependant une amélioration puisqu'en 2008, ce sont 32,8 millions de bagages qui avaient été égarés, soit 23,8 % de plus qu'en 2009. »
L'extrait souligné est exact.

C. La longueur du côté d'un carré augmente de 5 %.
Le périmètre du carré augmente de 20 %.

D. En position dite de « l'œuf », un skieur augmente de 50 % sa vitesse moyenne et descend ainsi la piste à 120 km/h.
Sans cette technique, la vitesse moyenne du skieur n'est que de 60 km/h.

E. On augmente l'arête d'un cube de 10 %.
Le pourcentage d'augmentation du volume de ce cube est de 30 %.

F. On diminue l'arête d'un cube de 50 %.
Le pourcentage de diminution du volume de ce cube est de 50 %.

Exercice 4

Corrigé p. 295

Le 1er juillet 2009, la TVA dans la restauration est passée de 19,6 % à 5,5 % en France métropolitaine.

Au 30 juin 2009, un restaurateur d'une ville française proposait un menu « dégustation » à ses clients pour un prix de 35 €.

a. Au 1er juillet 2009, ce même restaurateur indique qu'il passe le prix de son menu « dégustation » de 35 € à 33 € en raison de la baisse de la TVA. De quel pourcentage a-t-il baissé son prix ? *On arrondira le résultat à 0,01 %.*

b. Si le restaurateur avait répercuté intégralement la baisse de la TVA sur le prix du menu « dégustation » à 35 €, quel aurait été le prix de ce menu au 1er juillet 2009 ? *On arrondira le résultat au centième.*

Exercice 5

Corrigé p. 296

Un cycliste effectue une randonnée : il part de la localité A et arrive à la localité B.
La première partie de l'itinéraire est la montée de la localité A jusqu'à un col C.
La seconde partie de l'itinéraire est la descente du col C vers la localité B.
Il roule à vitesse constante sur chacune des deux parties du trajet :
– lors de la montée, la vitesse est de 18 km/h ;
– lors de la descente, la vitesse est de 48 km/h.
Le temps mis par le cycliste pour aller de A vers B est de 1 heure 40 minutes et sa vitesse moyenne est de 24 km/h.

1. Calculer la distance AB.

2. Calculer les distances respectives AC et CB.

3. Calculer le temps mis pour effectuer l'ascension et celui mis pour effectuer la descente.

Exercice 6

Corrigé p. 296

Un cycliste parcourt un même trajet à l'aller et au retour sans s'arrêter.
Sa vitesse est 20 km/h en montée et 40 km/h en descente.
L'aller se compose d'une montée et d'une descente dont la longueur est deux fois plus courte que celle de la montée.

1. Calculer sa vitesse moyenne sur le parcours aller.

2. Calculer sa vitesse moyenne sur le parcours retour.

3. Calculer sa vitesse moyenne sur le parcours aller-retour.

Exercice 7

Corrigé p. 297

Prendre connaissance des documents suivants avant de répondre aux quatre questions.

Document 1 :

Une portion d'autoroute est équipée d'un radar-tronçon sur une distance de 5,1 km. Sur ce tronçon d'autoroute, la vitesse est limitée à 70 km/h.

Document 2 : Principe de fonctionnement d'un radar-tronçon

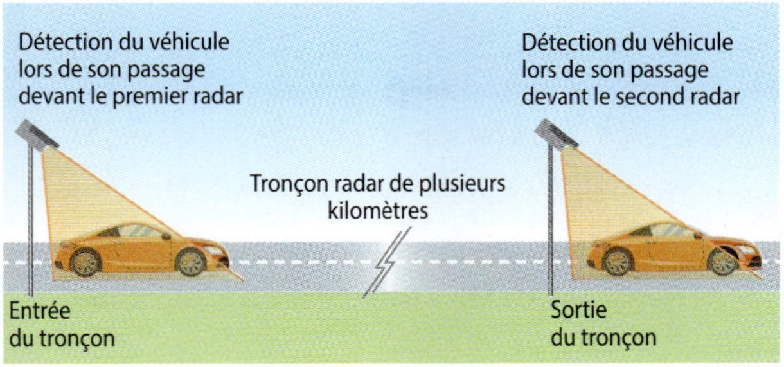

Document 3 : Calcul de la vitesse retenue pour la contravention

Un ordinateur calcule la vitesse moyenne de la voiture sur le tronçon puis détermine la vitesse retenue afin de prendre en compte les erreurs de précision du radar.

Si la vitesse retenue est au-dessus de la vitesse limite, l'automobiliste reçoit une contravention.

Vitesse moyenne calculée par l'ordinateur	$\leqslant$ 100 km/h	$\geqslant$ 100 km/h
Vitesse retenue	On enlève 5 km/h à la vitesse moyenne calculée.	On diminue la vitesse moyenne calculée de 5 %.

1. Un véhicule a parcouru ce tronçon d'autoroute et la vitesse moyenne calculée est de 123 km/h. Quelle sera la vitesse retenue ?

2. Un autre véhicule a parcouru la distance entre les deux points d'enregistrement en 4 minutes. Quelle sera la vitesse retenue ?

3. Sur une contravention reçue suite à un excès de vitesse sur ce tronçon, la vitesse retenue est 114 km/h. Quelle était la vitesse moyenne calculée par l'ordinateur pour ce véhicule ?

4. La plaque d'immatriculation d'un véhicule est enregistrée à 9 h 17 min 56 s devant le premier radar, puis à 9 h 22 min 7 s devant le second radar. Le conducteur de ce véhicule sera-t-il sanctionné par une contravention ?

Exercice 8

Corrigé p. 298

Les parties A, B et C de cet exercice sont indépendantes.

Partie A La sécurité

Le temps de réaction est le temps qui sépare le moment où le conducteur voit un obstacle de celui où il commence à appuyer sur la pédale de frein. Dans tout le problème, on considère que le temps de réaction est d'une seconde.

On note d_R la distance parcourue pendant le temps de réaction.

La distance de freinage d_F d'un véhicule est la distance parcourue durant le freinage du véhicule jusqu'à l'arrêt complet. Le graphique ci-après indique la distance de freinage en fonction de la vitesse du véhicule au moment du début du freinage.

La distance d'arrêt d_A d'un véhicule est la distance parcourue par le véhicule entre le moment où le conducteur voit un obstacle et commence à freiner et celui où le véhicule s'arrête.

On a l'égalité : $d_A = d_R + d_F$.

1. À l'aide du graphique, indiquer la distance de freinage, au mètre près, pour la vitesse $v_1 = 90$ km/h, puis pour la vitesse $v_2 = 130$ km/h.

2. Calculer la distance d'arrêt, au mètre près, lorsque le véhicule roule à la vitesse v_1, puis à la vitesse v_2.

3. À quelle vitesse en km/h roule l'automobiliste si la distance parcourue pendant le temps de réaction est 15 mètres ?

Déterminer alors la distance d'arrêt à un mètre près.

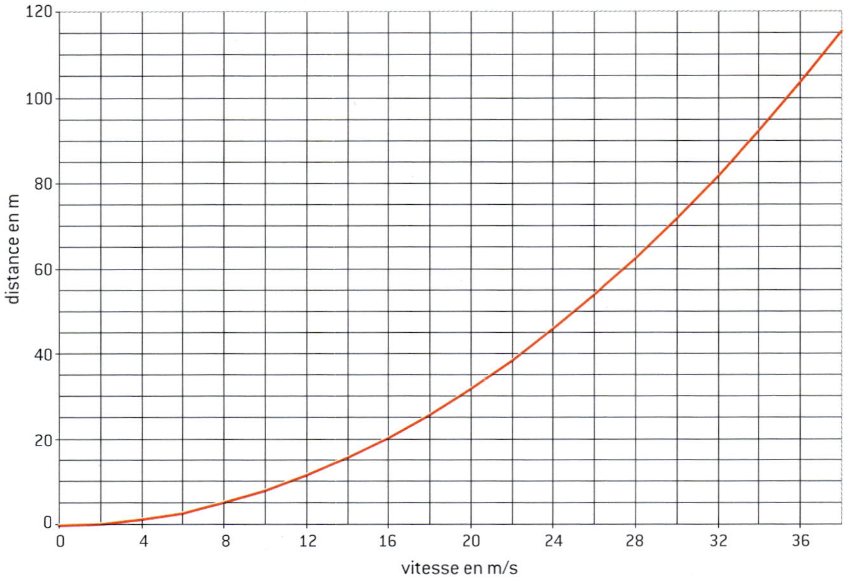

Partie B Les accidents

La sécurité routière a relevé les accidents survenus en France sur une année donnée et l'heure à laquelle ils se sont produits. Elle a édité la feuille de calcul suivante :

	A	B	C	D	E	F	G	H	I	J	K	L	M	N	O	P	Q	R	S	T	U	V	W	X	Y	Z
1	Heure	0	1	2	3	4	5	6	7	8	9	10	11	12	13	14	15	16	17	18	19	20	21	22	23	total
2	Nombre d'accidents	1458	1151	963	812	887	1277	1513	3449	4581	3841	3482	3980	474	4167	4566	4972	5682	7095	7013	5100	3595	2645	1908	1698	76309
3	Fréquences en %	2	2	1	1	1	2	2	5	6	5	5	5	1	5	6	7	7	9	9	7	5	3	3	2	100
4	Fréquences cumulées croissantes	2	4	5	6	7	9	11	15	21	26	31	36	37	42	48	55	62	71	81	87	92	95	98	100	

Lecture du tableau : 4 581 accidents se sont produits entre 8 h et 9 h.

1. Une personne affirme que 25 % des accidents se produisent entre 20 h et minuit.

Cette affirmation est-elle vraie ? Justifier la réponse.

2. Donner une formule qui, entrée dans la cellule C4, puis recopiée vers la droite, permet de compléter la ligne 4 à partir des autres lignes et de la cellule B4.

3. Comment expliquer le résultat obtenu dans la cellule T4, compte tenu des données en S4 et T3 ?

Partie C **Consommation de carburant**

Une automobile hybride utilise deux sources d'énergie : du carburant et de l'énergie électrique que la voiture produit elle-même en roulant.

La consommation en carburant d'un modèle donné de ce type d'automobile est la suivante : 5 L/100 km en ville, 4,2 L/100 km en zone mixte.

En une semaine, cette automobile a parcouru au total 350 kilomètres dont x kilomètres en ville et y kilomètres en zone mixte. Elle consomme pendant cette semaine 16,3 L de carburant.

1. Déterminer le nombre de kilomètres que cette automobile a effectués en ville et en zone mixte.

2. Un véhicule classique fait en une semaine le même trajet que l'automobile hybride. Ce véhicule classique parcourt 8 km par litre de carburant en ville et 10 km par litre de carburant en zone mixte.
Calculer l'économie réalisée par l'automobile hybride (en volume de carburant).

Corrigés

Exercice 1

Énoncé p. 289

Appelons d la distance en km de la montée (donc de la descente) du col, t_1 la durée de la montée et t_2 la durée de la descente en heure.

On a : $d = 15 \times t_1$ et $d = 30 \times t_2$.

Dont on déduit : $t_1 = \frac{d}{15}$ et $t_2 = \frac{d}{30}$.

La vitesse moyenne sur la totalité du parcours est donnée par la formule :

$$v = \frac{2d}{t_1 + t_2} = \frac{2d}{\frac{d}{15} + \frac{d}{30}} = \frac{2d}{\frac{3d}{30}} = \frac{2d \times 30}{3d} = 20.$$

La vitesse moyenne est donc de 20 km/h.

Pour calculer une vitesse moyenne, on peut utiliser la formule $v = \frac{d}{t}$. Pour cela, il faut connaitre la distance parcourue et la durée du parcours. Mais ici, ni l'une ni l'autre ne sont connues !

ATTENTION
La vitesse moyenne n'est pas égale à la moyenne des vitesses (22,5 km/h).

Exercice 2

Énoncé p. 289

1. • La vitesse d'Usain Bolt sur le 100 m, en km/h, est :

$$v = \frac{0{,}1 \text{ km}}{\frac{9{,}58}{3\,600} \text{ h}} = \frac{360 \text{ km}}{9{,}58 \text{ h}} \approx 37{,}58 \text{ km/h}.$$

• La vitesse de Usain Bolt sur le 200 m, en km/h, est :

$$v = \frac{0{,}2 \text{ km}}{\frac{19{,}19}{3\,600} \text{ h}} = \frac{720 \text{ km}}{19{,}19 \text{ h}} \approx 37{,}52 \text{ km/h}.$$

Usain Bolt court en moyenne le 100 m à 37,58 km/h et le 200 m à 37,52 km/h.

On pourrait aussi déterminer d'abord la vitesse en m/s, puis la transformer en km/s, et enfin en km/h.

2. a. Paul court à la vitesse moyenne de 30 km/h, donc il parcourt 30 km en 1 h.

Donc 30 km en 3 600 s, donc 1 km en 120 s, c'est-à-dire 100 m en 12 s.

La différence entre le temps de Paul et celui d'Usain Bolt est supérieure à 2 s, donc **Paul ne sera pas le premier sur la ligne d'arrivée.**

b. Pour arriver en même temps qu'Usain Bolt sur la ligne d'arrivée, il faut que Paul court le 100 m en 11,58 s (= 9,58 + 2) c'est-à-dire à une vitesse de :

$$v' = \frac{100 \text{ m}}{11{,}58 \text{ s}} = \frac{0{,}1 \text{ km}}{\frac{11{,}58}{3\,600} \text{ h}} = \frac{360 \text{ km}}{11{,}58 \text{ h}} = \mathbf{31{,}09 \text{ km/h}}.$$

Exercice 3

Énoncé p. 289

• **Affirmation A**

Soit x la population de bactéries au départ.

L'augmentation de la population de 20 % se traduit par sa multiplication par 1,2.

Si on suit la population de bactéries d'heure en heure, on obtient :

au départ	*au bout d'1 h*	*au bout de 2 h*	*au bout de 3 h*
x →	$x \times 1{,}2$ →	$(x \times 1{,}2) \times 1{,}2 = x \times 1{,}2^2$ →	$(x \times 1{,}2^2) \times 1{,}2 = x \times 1{,}2^3$

Au bout de 5 h, la population de bactéries est égale à $x \times 1{,}2^5$, soit environ $x \times 2{,}49$ donc différente $x \times 2$.

L'affirmation A est fausse.

• **Affirmation B**

Une augmentation de 23,8 % de 25 millions de bagages donne comme résultat en millions de bagages :

$25\times\left(1+\frac{23,8}{100}\right)=25\times1,238=30,95$

alors que le résultat annoncé est de 32,8 millions.

L'affirmation B est fausse.

C'est la baisse de 2008 à 2009 qui est d'environ 23,8 %. Elle est en effet, en millions de bagages, de 7,8 (résultat de 32,8 – 25) sur 32,8.

Comme $\frac{7,8}{32,8}\approx 0,238$, la baisse est bien de 23,8 %.

• **Affirmation C**

Dans cette question, on suppose que la longueur c du côté et le périmètre $\mathcal{P}$ sont exprimés avec la même unité. On sait que $\mathcal{P} = 4c$.

Si la longueur du côté augmente de 5 %, elle devient alors : $c \times (1 + 0,05) = 1,05c$.

Son périmètre est alors : $\mathcal{P}' = 4c \times 1,05 = 4c \times (1 + 0,05) = 1,05\,\mathcal{P}$.

Ce qui traduit le fait que le périmètre augmente aussi de 5 %.

L'affirmation C est fausse.

• **Affirmation D**

Calculons la vitesse, en km/h, du skieur en position de « l'œuf ».

Si elle était supérieure de 50 % par rapport à 60 km/h (vitesse sans cette technique), elle serait égale à : 60 km/h × (1 + 0,5) = 90 km/h.

L'affirmation D est fausse.

• **Affirmation E**

Appelons a la longueur de l'arête du cube.

Si on l'augmente de 10 %, la nouvelle longueur est égale à : $1,1 \times a$.

Volume initial : a^3

Volume du nouveau cube : $(1,1 \times a)^3 = 1,1^3 \times a^3 = 1,331 \times a^3$.

Le nouveau volume est donc supérieur au premier de 33,1 %.

L'affirmation E est fausse.

• **Affirmation F**

Après une diminution de 50 %, l'arête a du cube a pour longueur : $0,5 \times a$.

D'où le nouveau volume : $(0,5 \times a)^3 = 0,5^3 \times a^3 = 0,125 \times a^3 = \left(1-\frac{87,5}{100}\right)\times a^3$.

Soit une diminution par rapport au volume initial de 87,5 %.

L'affirmation F est fausse.

Exercice 4

Énoncé p. 290

a. La baisse effectuée par le restaurateur est de 2 € pour un prix de départ de 35 €, soit un rapport de $\frac{2}{35}\approx 0,0572$. Or $0,0572=\frac{5,72}{100}$.

Le menu « dégustation » a vu son prix baisser de **5,72 %.**

AUTRE MÉTHODE

Soit $\frac{t}{100}$ le pourcentage de baisse : $33=35\times\left(1-\frac{t}{100}\right)$.

Donc $\frac{t}{100}$ est voisin de $1 - 0,9429 = 0,0572$ d'où $t \approx 5,72$ %.

b. Appelons P le prix HT du menu dégustation.

Avec une TVA de 19,6 %, le prix TTC de 35 € est obtenu par le calcul suivant :

$35 = P \times \left(1 + \frac{19,6}{100}\right) = P \times 1,196.$ D'où $P = \frac{35}{1,196}.$

Si on applique à ce prix HT une TVA de 5,5 %, le prix TTC est alors donné par le calcul suivant : $P \times 1,055 = \frac{35}{1,196} \times 1,055 \approx 30,87$ (arrondi au centième).

Si le restaurateur avait répercuté intégralement la baisse de la TVA, le menu « dégustation » au 1er juillet 2009 aurait dû être proposé à **30,87 €**.

Exercice 5

Énoncé p. 290

1. Le temps mis à l'aller est : $1 \text{ h } 40 \text{ min} = \left(1 + \frac{40}{60}\right) \text{h} = \left(1 + \frac{2}{3}\right) \text{h} = \frac{5}{3} \text{h}.$

$v = \frac{AB}{t}$ d'où $AB = v \times t$

Or $v = 24 \text{km/h}$ et $t = \frac{5}{3}\text{h}$

Donc $AB = 24 \text{ km/h} \times \frac{5}{3} \text{ h} = \mathbf{40 \text{ km}}.$

2. Soit d la distance AC et d' la distance CB, t le temps (en h) mis pour aller de A à C et t' celui (en h) mis pour aller de C à B.

On a donc :

$$\begin{cases} d + d' = 40 \\ t + t' = \frac{5}{3} \end{cases}$$

On obtient un système de deux équations à quatre inconnues. Il faut se ramener à deux inconnues (ou trouver deux nouvelles équations). Il y a des données qu'on n'a pas exploitées.

Or $18 = \frac{d}{t}$ et $48 = \frac{d'}{t'}$ donc : $t = \frac{d}{18}$ et $t' = \frac{d'}{48}.$

Le système précédent revient donc à :

$$\begin{cases} d + d' = 40 \\ \frac{d}{18} + \frac{d'}{48} = \frac{5}{3} \end{cases}$$

› Résolution des systèmes d'équations, chap. 7 p. 178

Ce qui donne $d = 24$ et $d' = 16$, soit **AC = 24 km** et **CB = 16 km.**

3. En utilisant les résultats de la question précédente, on obtient :

$\mathbf{t = 1 \text{ h } 20 \text{ min}}$ car $\frac{24 \text{ km}}{18 \text{ km/h}} = \frac{24}{18} \text{h} = \frac{4}{3} \text{h} = 1 \text{ h} + \frac{1}{3} \text{h} = 1 \text{ h } 20 \text{ min}.$

$\mathbf{t' = 20 \text{ min}}$ car $\frac{16 \text{km}}{48 \text{ km/h}} = \frac{16}{48} \text{h} = \frac{1}{3} \text{h} = 20 \text{ min}.$

On aurait pu aussi travailler sur des données exprimées en minutes, à condition de veiller à la cohérence des unités pour les vitesses.

Exercice 6

Énoncé p. 290

On désigne par x la longueur de la descente. Celle de la montée est alors égale à $2x$ et la longueur totale du parcours à l'aller, comme au retour, à $3x$.

La longueur du trajet aller-retour est $6x$.

1. À l'aller, le temps mis pour la montée est $\frac{2x}{20}$ et celui mis pour la descente est $\frac{x}{40}.$

Donc, le temps total du trajet aller est : $\frac{x}{10} + \frac{x}{40} = \frac{5x}{40}.$

Calcul de la vitesse moyenne du trajet aller : $v_a = \frac{3x}{\frac{5x}{40}} = \frac{3 \times 40}{5} = 24.$

La vitesse moyenne à l'aller est donc de 24 km/h.

2. Au retour, le temps mis pour la montée (dont la longueur est celle de la descente de l'aller !) est $\frac{x}{20}$ et celui mis pour la descente (dont la longueur est celle de la montée de l'aller !) est $\frac{2x}{40} = \frac{x}{20}$.

Donc, le temps total du trajet retour est : $\frac{x}{20} + \frac{x}{20} = \frac{x}{10}$.

Calcul de la vitesse moyenne du trajet retour : $v_r = \frac{3x}{\frac{x}{10}} = 3 \times 10 = 30$.

La vitesse moyenne au retour est donc de 30 km/h.

3. Pour l'aller-retour, le temps total est la somme des temps mis pour effectuer les trajets aller puis retour, soit : $\frac{5x}{40} + \frac{x}{10} = \frac{9x}{40}$.

Calcul de la vitesse moyenne du trajet aller-retour :

$v_{ar} = \frac{6x}{\frac{9x}{40}} = \frac{6 \times 40}{9} = \frac{80}{3} \approx 26{,}67$.

La vitesse moyenne du trajet aller-retour est donc de 26,67 km/h.

Exercice 7

Énoncé p. 290

1. La vitesse moyenne du véhicule (123 km/h) est supérieure à 100 km/h. D'après le document 3, on diminue donc cette vitesse moyenne de 5 %, ce qui revient à la multiplier par 0,95.

$123 \times 0{,}95 = 116{,}85$.

La vitesse retenue sera : 116,85 km/h.

2. Les 5,1 km du tronçon concerné par le radar ont été parcourus en 4 minutes, soit $\frac{4}{60}$ h ou $\frac{1}{15}$ h. Sur cette distance, la vitesse moyenne du véhicule en km/h est donc donnée par l'utilisation de la formule $v = \frac{d}{t}$, donc en km/h,

$v = \frac{5{,}1}{\frac{1}{15}} = 5{,}1 \times 15 = 76{,}5$.

Cette vitesse est inférieure à 100 km/h.

La vitesse retenue sera donc : 76,5 km/h – 5 km/h = 71,5 km/h.

3. La vitesse retenue est supérieure à 100 km/h ; la vitesse calculée par le radar était donc supérieure à 100 km/h.

La vitesse retenue a donc été obtenue en réduisant de 5 % la vitesse calculée, donc en multipliant par 0,95 la vitesse calculée.

Si, en km/h, v_r désigne la vitesse retenue et v_c la vitesse calculée, on a donc :

$v_r = v_c \times 0{,}95$

ou $114 = v_c \times 0{,}95$, donc $v_c = \frac{114}{0{,}95} = 120$.

La vitesse calculée était de 120 km/h.

4. La durée du trajet entre les deux radars est :

9 h 22 min 7 s – 9 h 17 min 56 s = 4 min 11 s = 251 s = $\frac{251}{3\,600}$ h.

La vitesse moyenne du véhicule entre les deux radars en km/h est donc donnée par le calcul : $\dfrac{5{,}1}{\dfrac{251}{3\,600}} = \dfrac{5{,}1 \times 3\,600}{251} \approx 73{,}15$.

La vitesse moyenne du véhicule entre les deux radars est donc de 73,15 km/h.

La vitesse retenue, après retrait de 5 km/h, sera égale à 68,15 km/h et donc inférieure à 70 km/h.

Le conducteur ne sera donc pas sanctionné par une contravention.

Exercice 8

Énoncé p. 291

Partie A La sécurité

1. Pour v_1 : $90 \text{ km/h} = \dfrac{90\,000 \text{ m}}{3\,600 \text{ s}} = \dfrac{90 \text{ m}}{3{,}6 \text{ s}} = 25 \text{ m/s}$.

Sur le graphique, il suffit de lire l'ordonnée du point de la courbe d'abscisse 25. On lit $\boldsymbol{d_{F1} = 50}$ **m.**

Pour v_2 : $130 \text{ km/h} = \dfrac{130\,000 \text{ m}}{3\,600 \text{ s}} \approx 36 \text{ m/s}$.

Sur le graphique, il suffit de lire l'ordonnée du point de la courbe d'abscisse 36 environ. On lit $\boldsymbol{d_{F2} \approx 105}$ **m.**

2. À la vitesse v_1 : en 1 s le conducteur parcourt 25 m,
d'où $d_{A1} = d_{F1} + d_R = 50 + 25 = 75$, soit : $\boldsymbol{d_{A1} = 75}$ **m.**
À la vitesse v_2 : en 1 s le conducteur parcourt environ 36 m,
d'où $d_{A2} = d_{F2} + d_R \approx 105 + 36 = 141$, soit : $\boldsymbol{d_{A2} \approx 141}$ **m.**

3. Si l'automobiliste parcourt 15 m en 1 s, c'est qu'il parcourt $(15 \times 3\,600)$ m en 1 h, soit 54 000 m ou 54 km en 1 h.
Sa vitesse est donc de 54 km/h.
On a $d_R = 15$ m (temps de réaction supposé de 1 s).
Sur le graphique, on lit $d_F \approx 17{,}5$ m (à la précision de lecture sur le graphique, pour une vitesse de 15 m/s).
Donc $d_A = d_R + d_F \approx 15 + 17{,}5$.
$\boldsymbol{d_A \approx 33}$ **m (à un mètre près).**

Partie B Les accidents

› Chap. 9, p. 221

1. Les fréquences sont des pourcentages arrondis à l'unité près (ligne 3 du tableau).
On peut dire qu'entre 20 h et minuit, on a : 5 % + 3 % + 3 % + 2 %, soit 13 % environ des accidents qui se produisent (à 4 % près sachant que chaque fréquence est connue à 1 % près selon les nombres figurant sur la feuille de calcul).
L'affirmation est donc fausse (25 > 13 + 4).

AUTRE MÉTHODE :

Entre 20 h et minuit, il y a 9 846 accidents relevés (3 595 + 2 645 + 1 908 + 1 698 = 9 846) pour un total de 76 309.

Ce qui correspond à un pourcentage de : $\frac{9\,846}{76\,309} \approx 0{,}12903$.

Or $0{,}12903 = \frac{12{,}903}{100}$ est voisin de $\frac{13}{100}$ ou de 13 %.

2. Dans la cellule C4, on entrera la formule « =**B4** + **C3** » qu'on recopiera vers la droite pour compléter la ligne 4 (*voir chap. 8 p. 206*).

3. En T4, **l'ordinateur affiche 81** et non pas 80 (résultat de 71 + 9). Cela est dû au fait que les valeurs utilisées par le logiciel pour les calculs sont exactes, mais que les résultats affichés sont des valeurs approchées à l'unité près.

Cette réponse est sans doute celle attendue par les auteurs de ce sujet donné au concours. Une vérification nécessiterait de faire tous les calculs avec une meilleure précision, ce qui serait long et fastidieux.

Partie C Consommation de carburant

1. Traduction mathématique de « elle consomme pendant cette semaine 16,3 L de carburant » :

$5 \times \frac{x}{100} + 4{,}2 \times \frac{y}{100} = 16{,}3$ et on sait, de plus, que $x + y = 350$.

D'où (x, y) est solution du système.

$$\begin{cases} 0{,}05x + 0{,}042y = 16{,}3 \\ x + y = 350 \end{cases} \quad \text{ou} \quad \begin{cases} 5x + 4{,}2y = 1\,630 \\ x + y = 350 \end{cases}$$

› Résolution des systèmes d'équations, chap. 7 p. 178

en procédant par substitution $\begin{cases} y = 350 - x \\ 5x + 4{,}2(350 - x) = 1\,630 \end{cases}$

d'où x vérifie $0{,}8x = 1\,630 - 4{,}2 \times 350$

$0{,}8x = 160$

soit $x = 200$

et $y = 350 - 200 = 150$

Cette automobile a donc effectué 200 km en ville et 150 km en zone mixte.

2. Le véhicule classique parcourt 8 km avec 1 L de carburant en ville, soit $\frac{200}{8}$ L de carburant pour 200 km.

Ce véhicule consomme en zone mixte $\frac{1}{10}$ L pour 1 km, soit $\frac{1}{10} \times 150$ pour 150 km.

Au total, il a consommé $\frac{200}{8} + \frac{150}{10} = 25 + 15 = 40$ soit 40 L de carburant.

L'automobile hybride fait une économie de carburant de 23,7 L (40 – 16,3).

CHAPITRE 12 — Organisation et gestion de données, fonctions

Probabilités

Objectif

- Savoir calculer la probabilité d'évènements.

FICHES MÉTHODE

Tester ses connaissances

Indiquer la ou les bonnes réponses :

QCM 1 On dispose de 5 boules : 2 boules rouges et 3 boules noires.
On tire au hasard une boule et on note sa couleur.

aide
§2.2 p. 303

A. Il y a autant de chances d'avoir une boule rouge que d'avoir une boule noire.
B. Il est plus probable d'obtenir une boule rouge qu'une boule noire.
C. Il y a plus de chances d'avoir une boule noire qu'une boule rouge.
D. Il y a 2 chances sur 3 d'avoir une boule rouge.
E. Il y a 2 chances sur 5 d'avoir une boule rouge.

QCM 2 On lance un dé à 6 faces parfaitement équilibré, dont les faces sont numérotées de 1 à 6. On note le numéro obtenu.

aide
§2.2 p. 303
§2.3 p. 305

A. La probabilité d'obtenir un 5 est de $\frac{1}{5}$.
B. La probabilité d'obtenir un nombre pair est de $\frac{1}{2}$.
C. La probabilité d'obtenir un multiple de 3 est de $\frac{2}{6}$.
D. La probabilité d'obtenir un nombre qui n'est pas un multiple de 3 est de $\frac{5}{6}$.

QCM 3 On lance un dé à 6 faces, parfaitement équilibré, numérotées de 1 à 6. On note le numéro obtenu. On répète cette expérience 10 fois.
On a obtenu 10 fois le 6.
La onzième fois qu'on lance ce dé…

A. la probabilité d'obtenir le 6 est plus grande que celle d'obtenir un autre nombre.
B. la probabilité d'obtenir le 6 est moins grande que celle d'obtenir un autre nombre.
C. la probabilité d'obtenir le 6 est la même que celle d'obtenir un autre nombre.

1. C, E **2.** B, C **3.** C

LE COURS

1 Expérience aléatoire et évènement

A. Expérience aléatoire

Une expérience est dite « aléatoire » si elle vérifie deux conditions[1] :
– elle conduit à des résultats possibles qu'on est parfaitement capable de nommer ;
– on ne sait pas lequel de ces résultats va se produire quand on mène l'expérience.

1. Il y a une 3e condition, « L'expérience doit être reproductible dans les mêmes conditions », qu'il ne nous semb e pas nécessaire d'indiquer ici.

Exemples :

- **« Lancer une pièce de monnaie et regarder sur quelle face elle tombe »** est une expérience aléatoire. En effet, il y a deux résultats possibles parfaitement identifiés (pile ou face) et on ne peut pas prévoir *a priori* sur quelle face cette pièce va tomber.
- **« Lancer deux dés cubiques numérotés de 1 à 6 et calculer la somme des points obtenus dans cette expérience »** est également une expérience aléatoire. En effet, l'ensemble des résultats possibles est parfaitement identifié : les nombres entiers de 2 à 12. Par contre, on ne peut pas prévoir *a priori* la somme que l'on va obtenir.
- **« Tracer un carré dont on connait la longueur du côté et mesurer son périmètre »** n'est pas une expérience aléatoire car le périmètre est totalement prévisible.

B. Évènement

À partir d'une expérience aléatoire, on peut définir ce qu'on appelle des **évènements** qui sont des ensembles de résultats.

Exemples :

Expérience aléatoire : Tirer un jeton au hasard d'un sac qui contient des jetons numérotés 1 ; 2 ; 3 ; 4 ; 5 ; 6 ; 7 ou 8.

- **« Tirer un nombre pair »** est un **évènement** car c'est l'ensemble des résultats suivants : « Tirer un 2 » ou « Tirer un 4 » ou « Tirer un 6 » ou « Tirer un 8 ».
- **« Tirer un nombre inférieur à 3 »** est aussi un **évènement** car c'est l'ensemble des résultats : « Tirer un 1 » ou « Tirer un 2 ».

2 Probabilité

Nous donnons une définition « intuitive » de la probabilité.

Pour certaines expériences aléatoires, on peut exprimer par un quotient la « chance » qu'un évènement a de se produire. Ce **quotient** est appelé **probabilité de l'évènement.**

Exemple : Si on tire au hasard une boule dans un sac contenant 11 boules dont 5 sont vertes et 6 jaunes, la probabilité de tirer une boule verte est de $\frac{5}{11}$, car on a 5 « chances » sur 11 de tirer une boule verte.

1. Probabilité et fréquence

Si on répète une expérience aléatoire un très grand nombre de fois, la **fréquence** de n'importe quel évènement de cette expérience finit par se stabiliser autour d'un nombre qui est la **probabilité de cet évènement**.

aide
Effectif et fréquence, chap. 9 §2.1 C p. 221.

Exemple : On dispose de 7 cartes dont 2 sont des piques et 5 des cœurs. On tire une carte au hasard et on s'intéresse à sa couleur.

Si on renouvelle un très grand nombre de fois cette expérience et si on calcule la fréquence de la sortie d'un pique, on s'aperçoit que le résultat se stabilise autour de $\frac{2}{7}$, qui est la probabilité de tirer un pique.

Cette propriété permet de calculer une valeur approchée de la probabilité d'un évènement d'une expérience aléatoire. Mais cela nécessite de pouvoir renouveler l'expérience un très grand nombre de fois.

Certaines expériences ne peuvent être probabilisées que par cette **approche fréquentiste**. C'est par exemple le cas de l'expérience qui consiste à lancer une punaise et à regarder, une fois qu'elle est tombée, si la pointe est en haut ou en bas.

2. Propriétés

Propriété 1

Quand les résultats d'une expérience aléatoire ont tous la même probabilité, alors la probabilité d'un évènement est égale au quotient :

$$\frac{\textbf{Nombre de résultats favorables à la réalisation de l'évènement}}{\textbf{Nombre de résultats possibles}}$$

Exemple : On dispose d'un sac de jetons numérotés de 1 à 12. On tire un jeton au hasard. Quelle est la probabilité de tirer un multiple de 3 ?

Résultats favorables à la réalisation de l'évènement : l'un des numéros 3 ; 6 ; 9 ou 12. Il y a donc 4 résultats favorables à la réalisation de l'évènement.

Nombre de résultats possibles : 12.

Probabilité de tirer un multiple de 3 : $\frac{4}{12} = \frac{1}{3}$.

Corrigé QCM 1 : On est en présence d'une expérience aléatoire et chaque résultat a la même probabilité d'apparition. On peut donc appliquer la propriété précédente.

Qcm 1, p. 301

Probabilité de tirer une boule rouge ?

Nombre de résultats possibles : 5 car il y a 5 boules.

Nombre de résultats favorables : 2 car il y a 2 boules rouges.

Probabilité de tirer **une boule rouge** : $\frac{2}{5}$ et probabilité de tirer **une boule noire** : $\frac{3}{5}$.

Corrigé QCM 2 : On est en présence d'une expérience aléatoire et chaque résultat a la même probabilité d'apparition. On peut donc appliquer la propriété précédente.

Qcm 2, p. 301

Probabilité d'obtenir 5 : $\frac{1}{6}$ (car il y a un seul 5).

Probabilité d'obtenir un nombre pair : $\frac{3}{6} = \frac{1}{2}$ (car il y a 3 nombres pairs : 2 ; 4 et 6).

Probabilité d'obtenir un multiple de 3 : $\frac{2}{6}=\frac{1}{3}$ (car il y a 2 nombres multiples de 3 : 3 et 6).
Probabilité d'obtenir un nombre qui n'est pas un multiple de 3 : $\frac{4}{6}=\frac{2}{3}$ (car il y a 4 nombres qui ne sont pas multiples de 3 : 1 ; 2 ; 4 et 5).

Propriété 2

La probabilité d'un évènement est toujours comprise **entre 0 et 1**.

Propriété 3

La somme des probabilités de tous les résultats d'une expérience aléatoire est **égale à 1**.

Ces deux propriétés sont une conséquence directe de la propriété 1.

Entrainement 1

Corrigé p. 310

On dispose d'un sac contenant des boules rouges et des boules blanches.
Voici des réponses d'étudiants :

a. Probabilité d'obtenir une boule rouge : $\frac{5}{4}$.

b. Probabilités d'obtenir une boule rouge : $\frac{1}{4}$ et d'obtenir une boule blanche : $\frac{4}{5}$.

Que pensez-vous de ces réponses ?

Entrainement 2

Corrigé p. 310

On tire une carte d'un jeu classique de 32 cartes. Quelle est la probabilité des évènements suivants :

a. Obtenir une dame. **b.** Obtenir un trèfle. **c.** Obtenir le 10 de cœur.

Entrainement 3

Corrigé p. 310

On dispose d'un sac contenant les 26 lettres de l'alphabet. On tire un jeton au hasard. Quelle est la probabilité des évènements suivants :

a. Obtenir une voyelle. **b.** Obtenir une lettre du mot « Concours ».

Entrainement 4

Corrigé p. 310

On dispose d'une urne qui contient 3 boules rouges, 2 boules vertes, 1 boule blanche et 2 boules bleues.

a. On tire une boule de cette urne. Quelle est la probabilité des évènements suivants :

(1) Tirer une boule verte.
(2) Tirer une boule rouge ou verte.
(3) Tirer une boule de la couleur du drapeau français.

b. On répète l'expérience un très grand nombre de fois. Vers quel nombre doit tendre la fréquence de l'évènement « Tirer une boule bleue » ?

Entrainement 5

Corrigé p. 310

Dans un sac, il y a 12 boules : des boules vertes et des boules rouges.
La probabilité de tirer une boule verte est de $\frac{2}{3}$.
Combien y a-t-il de boules vertes ?

3. Probabilité de l'évènement contraire

Dans une expérience aléatoire, l'**évènement contraire de A** est « **non A** ».

Exemple : Dans l'expérience qui consiste à tirer une boule d'un sac et à regarder sa couleur, l'évènement contraire de « tirer une boule rouge » est : « Ne pas tirer une boule rouge ».

Propriété 4

Si p est la probabilité d'un évènement, alors $1 - p$ est la **probabilité de l'évènement contraire**.

Qcm 2, p. 301

Corrigé QCM 2, affirmation D : On sait que la probabilité d'obtenir un multiple de 3 est $\frac{1}{3}$, donc la probabilité de ne pas obtenir un multiple de 3 est : $1-\frac{1}{3}=\frac{2}{3}$.

Entrainement 6

Corrigé p. 311

On prend un paquet de cartes ne contenant que des trèfles et des piques.
On sait que la probabilité de tirer un trèfle est de $\frac{3}{7}$. Quelle est la probabilité de tirer un pique ?

4. Cas particulier : Expérience aléatoire à deux épreuves

Comme son nom l'indique, il s'agit d'une expérience aléatoire dont le résultat est fonction des résultats de deux épreuves. C'est par exemple le cas lorsqu'on lance deux dés à 6 faces et qu'on s'intéresse à la somme des résultats obtenus. Dans ce cas, la 1re épreuve est le lancer du 1er dé et la 2e épreuve est le lancer du 2e dé. Autre exemple : on tire deux cartes d'un jeu de 32 cartes sans remettre la 1re carte tirée et on s'intéresse aux deux cartes tirées. Dans ce cas, la 1re épreuve est le tirage de la 1re carte et la 2e épreuve est le tirage de la 2e carte.

Dans ces cas, la constitution d'un arbre des choix possibles ou d'un tableau à double entrée facilite le dénombrement des résultats favorables et des résultats possibles.

› Chap. 3, p. 74

Entrainement 7

Corrigé p. 311

On lance deux dés cubiques équilibrés, numérotés de 1 à 6. On s'intéresse à la somme des nombres visibles sur la face supérieure de chacun de ces deux dés.

Quelle est la probabilité d'obtenir un multiple de 3 ?

Pour répondre à cette question, nous vous proposons d'établir un tableau à double entrée (voir amorce ci-contre) pour présenter tous les résultats possibles et déterminer les résultats favorables.

1er dé / 2e dé	1	2	...
1	2	3	
2	3	4	
...			

3 Évènements particuliers

3 1. Évènements indépendants[2]

Deux évènements d'une expérience aléatoire sont **indépendants** si les résultats de l'un n'ont aucune influence sur les résultats de l'autre.

Exemples :

- On dispose de deux sacs : le sac A contient 2 boules rouges et 3 boules vertes ; le sac B contient 5 boules jaunes et 3 boules bleues. « **Tirer une boule rouge du sac A** » et « **Tirer une boule jaune du sac B** » sont deux évènements indépendants.
- Les évènements « **Tirer une première boule d'un sac** » et « **Tirer une seconde boule du même sac** » sont indépendants si on remet la première boule dans le sac ; par contre, ils ne le sont pas si on ne remet pas la première boule dans le sac.

Propriété 5

Si A et B sont deux évènements **indépendants,** alors la probabilité de l'évènement A et B est :

$$P(A \text{ et } B) = P(A) \times P(B)$$[3]

Exemple : En reprenant l'exemple précédent, la probabilité de l'évènement « Tirer une boule rouge du sac A et tirer une boule jaune du sac B » est égale à : $\frac{2}{5} \times \frac{5}{8} = \frac{10}{40} = \frac{1}{4}$.

Entrainement 8

Corrigé p. 311

On lance un dé rouge et un dé vert tous deux numérotés de 1 à 6. Quelle est la probabilité d'obtenir simultanément un nombre pair avec le dé rouge et un multiple de 3 avec le dé vert ?

Utiliser deux méthodes pour répondre à cette question :

a. 1re méthode : en utilisant la proportionnalité des évènements indépendants ;

b. 2e méthode : en établissant un arbre des choix ou un tableau à double entrée.

2. Les notions d'évènements indépendants et d'événements incompatibles ne font pas partie du programme du collège. Nous les présentons toutefois ici car ce sont des notions assez faciles à appréhender qui simplifient la résolution de certains problèmes de probabilité.

3. Dans la suite, P(X) représente la probabilité de l'évènement X.

3 2. Évènements incompatibles

Deux évènements A et B sont **incompatibles** s'ils ne peuvent pas se produire simultanément, c'est-à-dire si la probabilité de « A et B » est nulle.

Exemples :

- « **Obtenir un 2** » et « **Obtenir un nombre impair** » en lançant un dé à 6 faces sont deux évènements incompatibles. En effet, on ne peut avoir ces deux évènements en même temps.
- « **Obtenir un multiple de 3** » et « **Obtenir un nombre pair** » ne sont pas, par contre, des évènements incompatibles. En effet, avec le 6, on a simultanément un nombre pair et un multiple de 3.

Propriété 6

Si A et B sont deux évènements incompatibles, alors la probabilité de l'évènement A ou B est :

$$P(A \text{ ou } B) = P(A) + P(B).$$

Exemple : La probabilité d'« **Obtenir un 2** » ou d'« **Obtenir un nombre impair** » en lançant un dé à 6 faces est égale à la somme de la probabilité d'obtenir un 2 et de la probabilité d'obtenir un nombre impair, car ces deux évènements sont incompatibles : $\frac{1}{6}+\frac{1}{2}=\frac{4}{6}=\frac{2}{3}$.

Entrainement 9

Corrigé p. 312

On prend un paquet de cartes ne contenant que des cœurs, des carreaux et des trèfles. On sait que la probabilité de tirer un cœur est de $\frac{2}{5}$ et la probabilité de tirer un carreau est de $\frac{3}{7}$. Quelle est la probabilité de tirer un trèfle ?

Remarque :
Si les évènements ne sont pas incompatibles, alors :
$P(A \text{ ou } B) = P(A) + P(B) - P(A \text{ et } B)$.

La propriété 6 est un cas particulier de cette formule car $P(A \text{ et } B) = 0$.

Exemple : On lance un dé à 6 faces.
P(« Obtenir un nombre pair ou un multiple de 3 ») = P(« Obtenir un nombre pair ») + P(« Obtenir un multiple de 3 ») − P(« Obtenir un nombre pair et un multiple de 3 »)
$=\frac{1}{2}+\frac{2}{6}-\frac{1}{6}=\frac{4}{6}=\frac{2}{3}$.

FICHE MÉTHODE **Calculer la probabilité d'un évènement.**

Exemple (1) : On dispose de sept cartes à jouer : un valet de trèfle, une dame de cœur, un huit de trèfle, un as de carreau, un valet de pique, un dix de trèfle, une dame de pique. Quelle est la probabilité de tirer un pique ?

Exemple (2) : Une urne contient trois boules blanches et deux boules noires.
Les boules blanches sont numérotées 1, 2 et 3.
Les boules noires sont numérotées 1 et 2.
On tire une première boule dont on note le numéro et la couleur puis, sans remettre cette boule dans l'urne, on en tire une deuxième.
Quelle est la probabilité d'obtenir deux boules blanches ?

Exemple (3) : Dans une urne, il n'y a que des boules rouges ou noires. La probabilité de tirer une boule rouge est de $\frac{2}{5}$. Quelle est la probabilité de tirer une boule noire ?

Exemple (4) : Un sac contient 3 boules rouges et 2 boules vertes. On tire une première boule, on note sa couleur et on la remet dans le sac. Puis, on tire une seconde boule dont on note la couleur. Quelle est la probabilité d'obtenir une boule rouge au premier tirage, puis une boule verte au second tirage ?

Exemple (5) : On reprend l'expérience précédente. Quelle est la probabilité de tirer deux boules de même couleur ?

Exemple (6) : On sait qu'un dé cubique, dont les faces sont numérotées de 1 à 6, est truqué. Comment déterminer une valeur approchée de la probabilité d'obtenir le 6 lorsqu'on lance ce dé ?

Si on est dans le cas où les résultats ont la même probabilité, **utiliser la formule** : $$\text{Probabilité d'un évènement} = \frac{\text{Nombre de résultats favorables à la réalisation de l'évènement}}{\text{Nombre de résultats possibles}}$$ Il est parfois nécessaire de construire un tableau ou un arbre pour calculer le nombre de cas favorables et le nombre de cas possibles.	**(1)** Toutes les cartes ont la même probabilité d'être tirées. Nombre de cas favorables à l'évènement : 2. Nombre de résultats possibles : 7. Probabilité : $\frac{2}{7}$. **(2)** *Voir arbre de choix page suivante.* Il y a 20 cas possibles et 6 cas favorables. Probabilité de tirer deux boules blanches : $\frac{6}{20} = \frac{3}{10}$.
Utiliser la propriété de la **probabilité de l'évènement contraire.**	**(3)** Tirer une boule noire est l'évènement contraire de tirer une boule rouge (puisqu'il n'y a que des boules rouges et noires). Donc la probabilité de tirer une boule noire est égale à : $1-\frac{2}{5}=\frac{3}{5}$.
Décomposer l'évènement dont on cherche la probabilité sous la forme de l'**intersection de deux évènements indépendants,** et appliquer la propriété : « Si A et B sont deux évènements indépendants, alors **P(A et B) = P(A) × P(B).** »	**(4)** A = « Tirer une boule rouge au 1er tirage ». B = « Tirer une boule verte au second tirage ». A et B sont indépendants car on remet la boule dans le sac, donc P(A et B) = P(A) × P(B). $P(A) = \frac{3}{5}$ et $P(B) = \frac{2}{5}$ $P(A \text{ et } B) = \frac{3}{5} \times \frac{2}{5} = \frac{6}{25}$.

L'intersection des évènements A et B est l'évènement « A et B ».

Décomposer l'évènement dont on cherche la probabilité sous la forme de la réunion de deux évènements incompatibles, et **appliquer la propriété** : « Si A et B sont deux évènements incompatibles, alors **P(A ou B) = P(A) + P(B).** »	**(5)** X = « Tirer deux boules de même couleur ». A = « Tirer une boule rouge au 1er tirage ». B = « Tirer une boule rouge au 2nd tirage ». C = « Tirer une boule verte au 1er tirage ». D = « Tirer une boule verte au 2nd tirage ». **X = « A et B » ou « C et D ».** Les évènements « A et B » et « C et D » sont incompatibles. A et B sont indépendants, C et D le sont également. $P(X) = P(A \text{ et } B) + P(C \text{ et } D)$ $P(X) = P(A) \times P(B) + P(C) \times P(D)$. $P(X) = \frac{3}{5} \times \frac{3}{5} + \frac{2}{5} \times \frac{2}{5} = \frac{13}{25}$.
Effectuer un très grand nombre de fois l'expérience et calculer **la fréquence d'apparition de l'évènement.**	**(6)** On lance le dé un très grand nombre de fois et on note **la fréquence de la sortie du 6.** Cette fréquence est une valeur approchée de la probabilité de l'évènement « sortie du 6 ».

Exemple (2) : Construction d'un arbre de choix pour représenter l'ensemble des tirages possibles :

Il y a 20 cas possibles et 6 cas favorables.

Probabilité de tirer deux boules blanches : $\frac{6}{20} = \frac{3}{10}$.

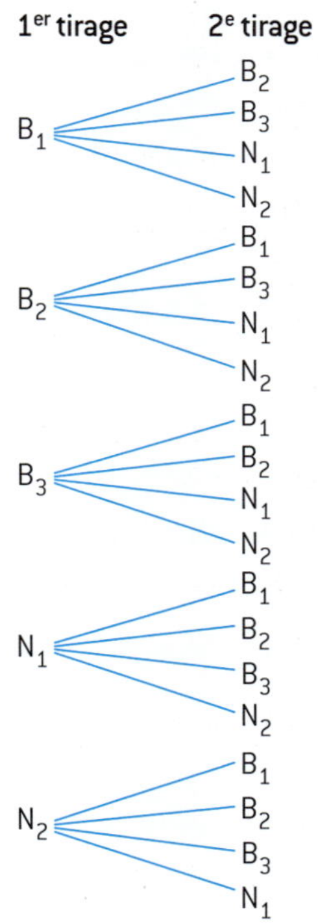

Corrigés

Entrainement 1

Énoncé p. 304

a. Ce résultat est impossible puisque que la probabilité d'un évènement est forcément inférieure ou égale à 1.

b. $\frac{1}{4}+\frac{4}{5}=\frac{21}{20}$ or $\frac{21}{20}>1$, c'est donc impossible car la somme des probabilités de l'ensemble des résultats d'une expérience aléatoire est égale à 1.

Entrainement 2

Énoncé p. 304

Il y a **32 résultats possibles.**

a. Il y a 4 dames, donc la probabilité d'obtenir une dame est de : $\frac{4}{32}=\mathbf{\frac{1}{8}}$.

b. Il y a 8 trèfles, donc la probabilité d'obtenir un trèfle est de : $\frac{8}{32}=\mathbf{\frac{1}{4}}$.

c. Il y a un seul 10 de cœur, donc la probabilité d'obtenir cette carte est de : $\mathbf{\frac{1}{32}}$.

Entrainement 3

Énoncé p. 304

Il y a **26 résultats possibles.**

a. Il y a 6 voyelles (*a*, *e*, *i*, *o*, *u* et *y*),
donc la probabilité d'avoir une voyelle est de : $\frac{6}{26}=\mathbf{\frac{3}{13}}$.

b. Il y a 6 lettres différentes dans le mot « concours » (*c*, *o*, *n*, *u*, *r*, *s*), donc 6 résultats favorables.
Donc la probabilité d'obtenir une lettre du mot « concours » est de : $\frac{6}{26}=\mathbf{\frac{3}{13}}$.

Entrainement 4

Énoncé p. 304

Il y a **8 résultats possibles.**

a. (1) Probabilité de tirer une boule verte : $\frac{2}{8}=\mathbf{\frac{1}{4}}$.

(2) Probabilité de tirer une boule rouge ou verte : $\mathbf{\frac{5}{8}}$.

(3) Probabilité de tirer une boule de la couleur du drapeau français : $\frac{6}{8}=\mathbf{\frac{3}{4}}$.

b. La fréquence doit tendre vers la probabilité « Tirer une boule bleue » : $\frac{2}{8}=\mathbf{\frac{1}{4}}$.

Entrainement 5

Énoncé p. 305

Soit v le nombre de boules vertes.
La probabilité de tirer une boule verte est de $\frac{v}{12}$,
donc $\frac{v}{12}=\frac{2}{3}$, donc $v=8$.

Il y a 8 boules vertes.

Entrainement 6

Énoncé p. 305

Probabilité de tirer un pique : $1-\frac{3}{7}=\frac{4}{7}$.

Entrainement 7

Énoncé p. 306

Dressons le tableau des résultats possibles

2e dé \ 1er dé	1	2	3	4	5	6
1	2	3	4	5	6	7
2	3	4	5	6	7	8
3	4	5	6	7	8	9
4	5	6	7	8	9	10
5	6	7	8	9	10	11
6	7	8	9	10	11	12

Il y a équiprobabilité des résultats.

Il y a 36 résultats possibles (on pouvait évidemment le calculer facilement sans faire de tableau à double entrée !)

Nombre de résultats favorables : il suffit de compter dans le tableau le nombre de multiples de 3. Il y en a 12 (plus difficile à déterminer sans le tableau).

Probabilité d'obtenir un multiple de 3 : $\frac{12}{36}=\frac{1}{3}$.

Entrainement 8

Énoncé p. 306

a. Soit les évènements :

A : « On obtient un nombre pair avec le dé rouge ».

B : « On obtient un multiple de 3 avec le dé vert ».

A et B sont indépendants (le résultat d'un des deux dés n'a pas d'influence sur le résultat de l'autre), donc P(A et B) = P(A) × P(B).

$P(A \text{ et } B)=\frac{3}{6}\times\frac{2}{6}=\frac{6}{36}=\frac{1}{6}$.

b. On établit un tableau à double entrée pour présenter les résultats possibles. Il y a 36 résultats possibles.

Pour dénombrer les résultats favorables, on colorie en gris les cas correspondant à un nombre pair pour le dé rouge et les cases correspondant à un multiple de 3 pour le dé vert. Un résultat favorable est donc une case coloriée 2 fois. Il y en a 6.

Dé rouge / Dé vert	1	2	3	4	5	6
1						
2						
3						
4						
5						
6						

Il y a équiprobabilité des résultats.
Probabilité de l'événement cherché : $\frac{6}{36}=\frac{1}{6}$.

Entrainement 9

Énoncé p. 307

Soit A : « Tirer un cœur » et B : « Tirer un carreau ».
A ou B est l'évènement contraire de « Tirer un trèfle », donc :
P(« Tirer un trèfle ») = 1 – P(A ou B) or A et B sont incompatibles.

Donc P(A ou B) = P(A) + P(B) = $\frac{2}{5}+\frac{3}{7}=\frac{29}{35}$.

Donc P(« Tirer un trèfle ») $=1-\frac{29}{35}=\mathbf{\frac{6}{35}}$.

AUTRE MÉTHODE

Il y a trois résultats possibles : tirer un trèfle, tirer un carreau, tirer un cœur.
La somme de probabilité de ces trois résultats est donc égale à 1.

Donc P(« Tirer un trèfle ») $=1-\left(\frac{2}{5}+\frac{3}{7}\right)=1-\frac{29}{35}=\mathbf{\frac{6}{35}}$.

AU CONCOURS Probabilités

Exercice 1

Corrigé p. 315

Un sac contient des billes indiscernables au toucher. 11 billes sont rouges et les autres sont noires.

On tire une bille au hasard dans le sac.

La probabilité de tirer une bille noire est 0,3125.

Vrai ou faux ? « Il y a dans le sac exactement quatre billes noires. »

Exercice 2

Corrigé p. 315

Dans une certaine région du monde, on utilise le modèle ci-dessous pour prévoir le temps, en se limitant aux deux cas possibles « le temps est sec » et « le temps est humide » :

- Si le temps est sec un jour, alors il sera sec le lendemain avec une probabilité de $\frac{5}{6}$.
- Si le temps est humide un jour, alors il sera humide le lendemain avec une probabilité de $\frac{2}{3}$.

Aujourd'hui, le temps est sec.

Vrai ou faux ? « La probabilité que le temps soit humide après-demain est 0,25. »

Exercice 3

Corrigé p. 315

On lance simultanément deux dés cubiques équilibrés, dont les faces sont numérotées de 1 à 6.

On calcule la somme des deux numéros obtenus.

Vrai ou faux ? « La probabilité d'obtenir un résultat pair est égale à la probabilité d'obtenir un résultat impair. »

Exercice 4

Corrigé p. 316

On s'intéresse à l'expérience aléatoire suivante : on lance deux dés équilibrés à 6 faces numérotées de 1 à 6 (un dé vert et un dé rouge). Le résultat de l'expérience est le plus grand des deux nombres sur les faces supérieures des dés. Par exemple, si le dé vert indique « 3 » sur sa face supérieure et le dé rouge indique « 5 », le résultat de l'expérience est 5.

1. Montrer que la probabilité que le résultat de l'expérience soit 2 est égale à $\frac{1}{12}$.

2. Quelle est la probabilité que le résultat de l'expérience soit 6 ?

3. Montrer que la probabilité que le résultat de l'expérience soit un nombre inférieur ou égal à 3 est égale à $\frac{1}{4}$.

4. Montrer que la probabilité que le résultat de l'expérience soit un nombre inférieur ou égal au nombre n, où n est un nombre entier compris entre 1 et 6, est égale à $\frac{n^2}{36}$.

5. En déduire que la probabilité que le résultat de l'expérience soit le nombre n, où n est un nombre entier compris entre 1 et 6, est $\frac{2n-1}{36}$.

Exercice 5

Corrigé p. 317

Au stand d'une foire, on propose le jeu suivant : « Le joueur fait tourner l'aiguille. Si elle tombe sur un nombre impair, alors il tire une bille dans le sac et il gagne si la bille tirée est jaune. »
Quelle probabilité a-t-il de gagner ?

Exercice 6

Corrigé p. 318

On lance en même temps deux pièces de monnaie. Pour chaque pièce, on note P si elle tombe sur « pile » et F si elle tombe sur « face ».

1. Quels sont les résultats possibles de cette expérience ?

2. Parmi les affirmations suivantes, lesquelles sont vraies ? Justifier.

a. On a autant de chance d'avoir les évènements suivants : « Obtenir deux fois pile », « Obtenir deux fois face », « Obtenir une fois pile, une fois face ».

b. On a plus de chance d'« Obtenir une fois pile, une fois face » que d'« Obtenir deux fois face ».

c. On a deux fois plus de chance d'« Avoir une fois pile, une fois face » que d'« Avoir deux fois pile ».

Exercice 7

Corrigé p. 318

Jules possède deux dés cubiques équilibrés avec des faces numérotées de 1 à 6 (un rouge et un vert). Il propose à Paola un jeu au cours duquel chacun des joueurs, à tour de rôle, lance simultanément les deux dés et gagne des points suivant les règles ci-dessous :

Règle de la paire :

- Si, lors d'un lancer, un joueur fait deux 1, c'est-à-dire une paire de 1, il remporte 1 000 points.
- Si un joueur obtient une paire de 2, il obtient 100 fois la valeur de 2, soit 200 points.
- De même, si un joueur obtient une paire de 3 ou de 4 ou de 5 ou de 6, il obtient 100 fois la valeur du dé.

Règle des autres lancers :

- Si un joueur obtient un résultat autre qu'une paire, il obtient 50 points.
- Gain de la partie : le gagnant de la partie est le premier à atteindre au moins un total de 1 000 points.

1. Paola lance les deux dés.

a. Quelle est la probabilité qu'elle obtienne exactement 400 points ?

b. Quelle est la probabilité qu'elle obtienne exactement 50 points ?

2. Paola a déjà joué deux tours et a obtenu 650 points. Jules n'a toujours pas obtenu 1 000 points. Elle s'apprête à lancer les dés pour une troisième fois. Quelle est la probabilité qu'elle gagne la partie lors de son troisième lancer ?

Corrigés

Exercice 1

Énoncé p. 313

Méthode 1 : S'il y avait 4 billes noires, alors la probabilité de tirer une bille noire serait $\frac{4}{15}$ qui n'est pas égal à 0,3125. En effet $\frac{4}{15}$ n'est pas un nombre décimal car cette fraction est irréductible et son dénominateur contient un facteur premier autre que 2 et 5.

On peut aussi dire que $\frac{4}{15} < 0{,}27$.

Méthode 2 : Soit x le nombre de billes noires. Le nombre total de billes est $x + 11$ et la probabilité de tirer une bille noire est égale à $\frac{x}{x+11}$.

On a $\frac{x}{x+11} = 0{,}3125$ donc $x = 0{,}3125\,(x + 11)$ donc $x = 5$.

Donc l'affirmation est fausse.

Exercice 2

Énoncé p. 313

On peut établir un **arbre de choix** (on n'est pas obligé de le construire totalement).
Les évènements « avoir un temps sec un jour » et « avoir un temps humide le lendemain » ne sont pas indépendants. Par conséquent, P(« avoir un temps sec un jour » et « avoir un temps humide le lendemain ») n'est pas égal au produit de P(« avoir un temps sec un jour ») par P(« avoir un temps humide le lendemain »).
Dans le cas de temps humide le lendemain, il faut se ramener à 6 possibilités (SSHHHH) et non 3 (SHH). En effet, si on ne place que ces 3 possibilités, on respecte bien le fait que si le temps est humide, il y a 1 chance sur 3 pour qu'il soit sec le lendemain, mais il faut également respecter le nombre de cas possibles de temps humide la veille (ici 6 cas).

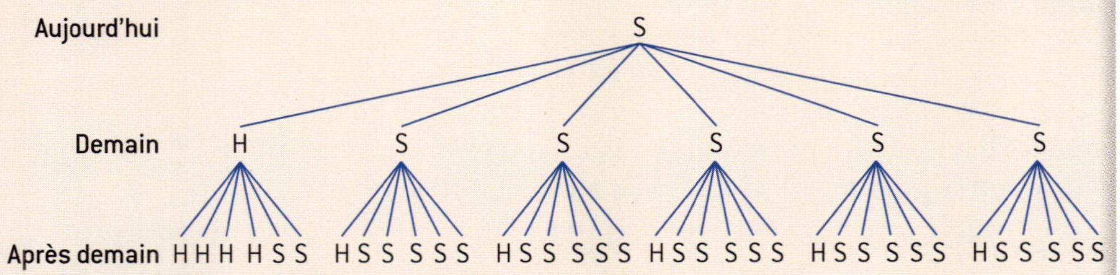

On constate alors qu'il y a 36 cas possibles et 9 cas favorables.

Donc la probabilité cherchée est de $\frac{9}{36} = \frac{1}{4} = 0{,}25$.

Donc l'affirmation est vraie.

Exercice 3

Énoncé p. 313

Méthode 1 : On établit un tableau à double entrée. Sur la 1re ligne figurent les nombres possibles pour un des deux dés. Et la 1re colonne recense les nombres possibles pour le second dé. À l'intersection des lignes et colonnes, on place la somme des deux numéros obtenus.

	1	2	3	4	5	6
1	2	3	4	5	6	7
2	3	4	5	6	7	8
3	4	5	6	7	8	9
4	5	6	7	8	9	10

5	6	7	8	9	10	11
6	7	8	9	10	11	12

On constate qu'il y a 18 résultats pairs possibles et 18 impairs, donc la probabilité d'obtenir un nombre pair est la même que celle d'obtenir un nombre impair $\frac{18}{36}=\frac{1}{2}$.

Méthode 2 : Pour que la somme soit un nombre pair, il faut obtenir soit deux nombres pairs, soit deux nombres impairs.

- « Obtenir 2 nombres pairs » = « Obtenir un nombre pair avec le 1er dé » et « Obtenir un nombre pair avec le 2nd dé ». Ces deux évènements sont indépendants donc :
P(« Obtenir 2 nombres pairs ») = P(« Obtenir un nombre pair avec le 1er dé ») × P(« Obtenir un nombre pair avec le 2nd dé »)
$=\frac{1}{2}\times\frac{1}{2}=\frac{1}{4}$.
- De même, P(« Obtenir 2 nombres impairs ») = P(« Obtenir un nombre impair avec le 1er dé » et « Obtenir un nombre impair avec le 2nd dé ») $=\frac{1}{4}$.
- P(« Obtenir un nombre pair ») = P(« Obtenir 2 nombres pairs » ou « 2 nombres impairs ») ;
les évènements « Obtenir 2 nombres pairs » et « 2 nombres impairs » sont incompatibles donc :
P(« Obtenir un nombre pair ») $=\frac{1}{4}+\frac{1}{4}=\frac{1}{2}$ et
P(« Obtenir un nombre impair ») $=1-\frac{1}{2}=\frac{1}{2}$.

Donc l'affirmation est vraie.

Exercice 4

Énoncé p. 313

1. On est en présence d'une expérience aléatoire à deux épreuves. On peut établir un tableau à double entrée pour répertorier tous les résultats possibles.

Dé rouge / Dé vert	1	2	3	4	5	6
1	1	2	3	4	5	6
2	2	2	3	4	5	6
3	3	3	3	4	5	6
4	4	4	4	4	5	6
5	5	5	5	5	5	6
6	6	6	6	6	6	6

Il y a équiprobabilité des résultats.

Nombre de résultats : 36.

Nombre de résultats favorables : 3.

Probabilité que le résultat soit 2 : $\frac{3}{36}=\frac{1}{12}$.

2. Nombre de résultats favorables : 10.

Probabilité que le résultat soit 6 : $\frac{11}{36}=\frac{11}{36}$.

3. Nombre de résultats favorables : 9.

Probabilité que le résultat soit inférieur ou égal à 9 : $\frac{9}{36}=\frac{1}{4}$.

4. En observant le tableau, on s'aperçoit que les cases qui correspondent à un résultat favorable à l'évènement : « la probabilité que le résultat soit inférieur ou égal à n » constituent un carré de côté n. Il y a donc n^2 cas favorables.

Probabilité que le résultat soit inférieur ou égal à n : $\frac{n^2}{36}$.

Remarque : On peut aussi calculer les probabilités de chaque évènement en donnant à n les valeurs de 1 à 6 et constater que la formule est toujours vérifiée.

5. L'expression « en déduire » suppose qu'il faut utiliser la question précédente. Quel lien entre l'évènement « Le résultat est inférieur ou égal à n » et l'évènement « Le résultat est égal à n » ?

« Un nombre entier est inférieur ou égal à n » signifie qu'il est inférieur ou égal à $n-1$ ou qu'il est égal à n.

Cette propriété est vraie uniquement avec des entiers naturels.

Soit A l'évènement « Obtenir un nombre inférieur ou égal à n ».

Soit B l'évènement « Obtenir un nombre inférieur ou égal à $n-1$ ».

Soit C l'évènement « Obtenir n »

Donc A = B ou C — or B et C sont incompatibles.

Donc P(A) = P(B) + P(C) — donc P(C) = P(A) – P(B).

Or d'après **4.** $P(A)=\frac{n^2}{36}$ et $P(B)=\frac{(n-1)^2}{36}$.

Donc $P(C)=\frac{n^2}{36}-\frac{(n-1)^2}{36}=\frac{n^2-(n-1)^2}{36}=\frac{n^2-(n^2-2n+1)}{36}=\frac{2n-1}{36}$

Remarque : Il est aussi possible de calculer les probabilités d'obtenir les nombres de 1 à 6 et de vérifier chaque fois la formule mais, dans ce cas, on ne répond pas vraiment à l'attente des rédacteurs du sujet qui souhaitent qu'on déduise ce résultat de la question **4**.

Exercice 5

Énoncé p. 314

Méthode 1 :

On construit un **tableau à double entrée** (ou un **arbre de choix**).

Dans la 1re ligne sont placés les numéros de la roue.

Dans la 1re colonne sont placées les boules du sac.

Dans les cases : P signifie « Perdu » et G signifie « Gagné ».

	1	2	3	4	5	6	7	8
V	P	P	P	P	P	P	P	P
V	P	P	P	P	P	P	P	P
J	G	P	G	P	G	P	G	P
J	G	P	G	P	G	P	G	P
J	G	P	G	P	G	P	G	P
R	P	P	P	P	P	P	P	P
R	P	P	P	P	P	P	P	P
R	P	P	P	P	P	P	P	P

Nombre de cas possibles : $8\times8=64$. Nombre de cas favorables : 12.

Probabilité de gagner $=\frac{12}{64}=\frac{3}{16}$.

Méthode 2 :

Pour gagner, il faut que l'aiguille tombe sur un nombre impair (évènement A) et que la boule tirée soit jaune (évènement B). **Ces deux évènements sont indépendants.**

$P(\text{A et B}) = P(A) \times P(B)$.

$P(A) = \frac{4}{8} = \frac{1}{2}$ et $P(B) = \frac{3}{8}$.

$P(\text{A et B}) = \frac{1}{2} \times \frac{3}{8} = \mathbf{\frac{3}{16}}$.

Exercice 6

Énoncé p. 314

1. Trois résultats : avoir deux faces ; avoir deux piles ; avoir un pile et une face.

2. Cet arbre permet de trouver la probabilité de chacun des résultats :

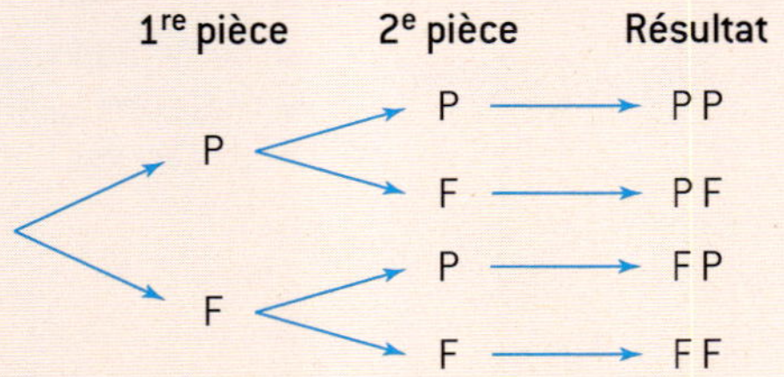

– probabilité $(PP) = \frac{1}{4}$

– probabilité $(FF) = \frac{1}{4}$

– probabilité $(\text{PF ou FP}) = \frac{2}{4} = \frac{1}{2}$.

Donc seules les phrases b. et c. s ont vraies.

ATTENTION
De fait, il y a 4 résultats possibles : PP, FF, PF et FP. La réponse à la question 1 est trompeuse. Elle laisse penser qu'il n'y a que 3 résultats possibles, mais derrière « pile et face » se cachent 2 résultats au sens des probabilités.

Exercice 7

Énoncé p. 314

On est en présence d'une expérience aléatoire à deux épreuves (lancer le dé vert et lancer le dé rouge). On peut établir un tableau à double entrée pour faire figurer les gains en fonction des tirages.

Dé rouge / Dé vert	1	2	3	4	5	6
1	1 000	50	50	50	50	50
2	50	200	50	50	50	50
3	50	50	300	50	50	50
4	50	50	50	400	50	50
5	50	50	50	50	500	50
6	50	50	50	50	50	600

1. On est dans une situation d'équiprobabilité.

a. Nombre de résultats : 36.

Nombre de résultats favorables : 1.

Probabilité de gagner 400 points : $\frac{1}{36}$.

b. Nombre de résultats favorables : 30.

Probabilité de gagner 50 points : $\frac{30}{36} = \frac{5}{6}$.

2. Pour gagner la partie, elle doit gagner plus de 350 points donc soit 400 points ou 500 points ou 600 points ou 1 000 points.

Nombre de résultats favorables : 4.

Probabilité que Paola gagne : $\frac{4}{36} = \frac{1}{9}$.

CHAPITRE 13 — Organisation et gestion de données, fonctions

Notion de fonction numérique
Fonction linéaire et fonction affine

Objectifs

- Utiliser les notions d'image et d'antécédent d'une fonction numérique.
- Utiliser la représentation graphique d'une fonction numérique.
- Connaitre et utiliser les propriétés des fonctions linéaires et affines.

FICHES MÉTHODE

Tester ses connaissances

QCM 1 Les récipients ci-dessous ont tous une même hauteur de 70 cm. Chacun est rempli en exactement 6 minutes par un robinet à débit constant.

aide
Corrigé exercice 3, p. 336

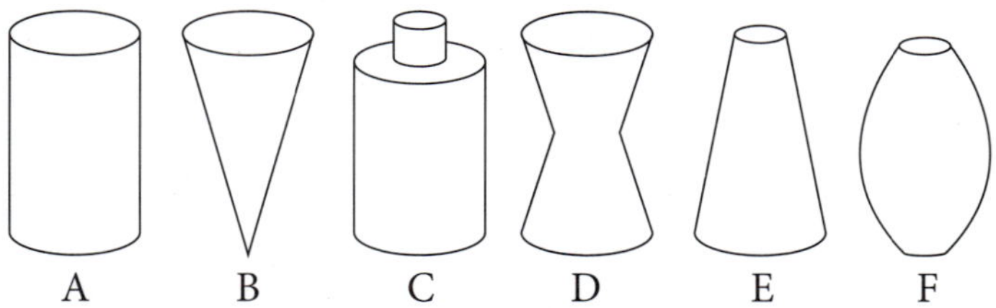

Sur le graphique suivant, on a représenté la hauteur h atteinte par le liquide en fonction du temps t. À quel récipient peut correspondre chacune des deux courbes ci-dessous ?

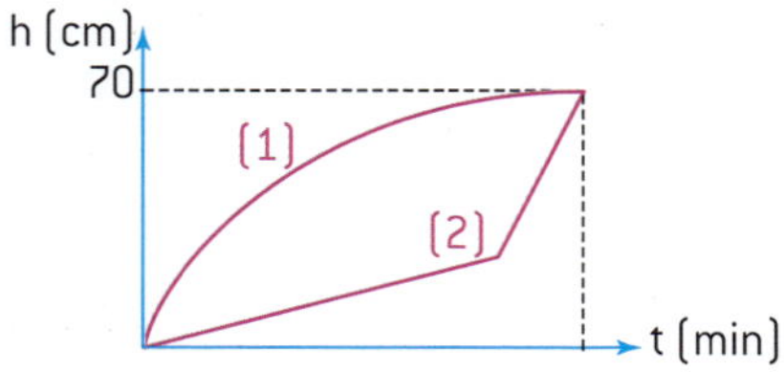

A. (1) $\rightarrow b$
B. (1) $\rightarrow e$
C. (1) $\rightarrow a$
D. (2) $\rightarrow d$
E. (2) $\rightarrow c$
F. (2) $\rightarrow f$

QCM 2 Parmi les fonctions ci-dessous, quelle est celle qui correspond à la droite représentée sur ce graphique :

aide
§3 p. 325

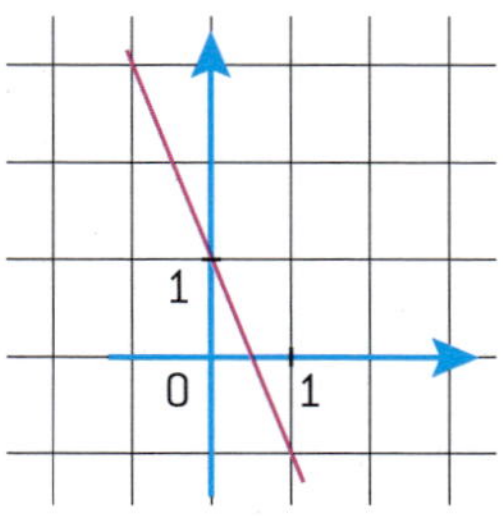

A. $f : x \rightarrow x - 3$
B. $f : x \rightarrow -x + 5$
C. $f : x \rightarrow -2x + 1$
D. $f : x \rightarrow \dfrac{1}{2}x + 1$
E. $f : x \rightarrow -2x - 1$

1. A, E 2. C

LE COURS

1 Notion de fonction numérique

1. Définition d'une fonction numérique

Une fonction numérique f est une relation entre deux ensembles de nombres E et F qui associe à chaque élément de E un élément de F.

On utilise la notation suivante :

$$f : E \longrightarrow F$$
$$x \longmapsto f(x)$$

f désigne la **fonction**.

$f(x)$ est appelé **l'image** de x.

Si $f(x) = b$, x est appelé **antécédent** de b.

ATTENTION

$f(x)$ se lit « f de x » et les parenthèses ont une signification différente par rapport à celles utilisées en calcul.
Ainsi, si f est une fonction et x un nombre, $f(x+2)$ lu « f de x plus 2 » désigne l'image du nombre $x+2$ par la fonction f.
Le plus souvent $f(x+2) \neq f(x) + f(2)$.
Alors que si a et x sont deux nombres, on a toujours $a(x+2) = ax + 2a$.

Exemple : La relation entre le rayon et « l'aire du cercle » peut être représentée par une fonction :

$$f : \mathbb{R}^+ \longrightarrow \mathbb{R}^+$$
$$x \longmapsto \pi x^2$$

x désignant le rayon du cercle exprimé en cm.

On peut par exemple écrire : $f(3) = 9\pi$ $\quad f(2{,}5) = 6{,}25\pi$.

9π et $6{,}25\pi$ sont respectivement les images de 3 et de 2,5 par la fonction f.

3 est un antécédent de 9π.

$\mathbb{R}^+$ désigne l'ensemble des nombres réels positifs.

Une fonction peut être définie :

– à l'aide d'**une ou plusieurs phrases**, par exemple : on considère la fonction g de $\mathbb{Z}$ dans $\mathbb{Z}$ qui, à tout nombre entier, associe son carré auquel on soustrait 1 ;

– à l'aide d'**une expression algébrique**, par exemple : la fonction g peut être définie par :

$$g : \mathbb{Z} \longrightarrow \mathbb{Z}$$
$$x \longmapsto x^2 - 1$$

– à l'aide de sa représentation graphique (voir §1.2).

Un **tableau de valeurs** permet d'associer certains nombres de l'ensemble de départ d'une fonction à leurs images.

Entrainement 1

Corrigé p. 329

Compléter ce tableau de valeurs pour la fonction :

$$f : \mathbb{R}^+ \longrightarrow \mathbb{R}^+$$
$$x \longmapsto \pi x^2$$

x	0		2,5	3	$\sqrt{2}$	7,5	
$f(x)$		π	$6{,}25\pi$	9π			100π

Corrigé p. 329

Entrainement 2

Donner une expression algébrique des fonctions qui permettent de modéliser les situations suivantes :

a. Expression du volume d'un cube en fonction de la longueur de l'arête.

b. Expression de l'aire de la partie bleue de cette figure.

Le grand carré a pour longueur de côté x.

Le côté de chaque petit carré a pour longueur le quart de celle du grand carré.

1 2. Représentation graphique d'une fonction numérique

Soit une fonction f (E et F sont deux ensembles de nombres) :

$$f : E \longrightarrow F$$
$$x \longmapsto f(x)$$

On peut représenter, dans un système d'axes perpendiculaires gradués régulièrement (repère orthonormé), l'ensemble des points de coordonnées $(x\,;f(x))$ où x appartient à E et $f(x)$ appartient à F.

Voici une partie des représentations graphiques des fonctions f et g définies par :

$$f : \mathbb{Z} \longrightarrow \mathbb{R} \qquad g : \mathbb{R} \longrightarrow \mathbb{R}$$
$$x \longmapsto 2^x \qquad x \longmapsto x^2 - 1$$

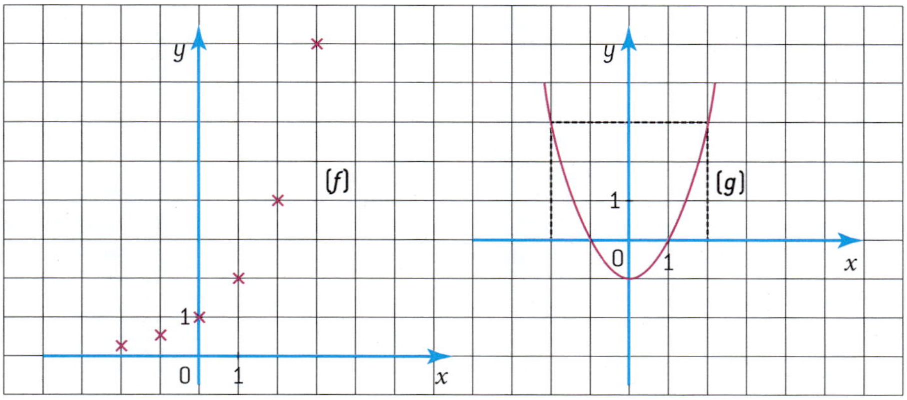

Une représentation graphique sert à répondre à divers types de questions, par exemple :

- **Lire l'image d'un nombre** : pour la fonction g, l'image de 2 est 3.
- **Lire un antécédent d'un nombre** : pour la fonction g, les antécédents de 3 sont 2 et −2.
- **Lire la valeur minimum prise par la fonction** : pour la fonction g, elle prend sa valeur minimum qui est −1, quand $x = 0$.

• **Déterminer les intervalles de la variable x pour lesquels la fonction est croissante ou décroissante :**

– **pour toute valeur de x**, les images obtenues par la fonction f croissent en même temps que celles de x, la fonction f est croissante sur $\mathbb{R}^+$;

– **pour $x \geqslant 0$**, les images obtenues par la fonction g croissent en même temps que celles de x ; la fonction g est croissante sur $\mathbb{R}^+$;

– **pour $x \leqslant 0$**, les images obtenues par la fonction g décroissent lorsque celles de x croissent ; la fonction g est décroissante sur $\mathbb{R}^-$ (si $x < x' < 0$ alors $x^2 - 1 > x'^2 - 1$).

• Pour la **fonction g**, on peut noter que sa représentation graphique est **symétrique** par rapport à l'axe des ordonnées.
• La **croissance** ou la **décroissance d'une fonction** se traduit par le fait que, si on la parcourt de gauche à droite, sa représentation graphique « monte » ou « descend ».

Entrainement 3

Corrigé p. 329

Ce graphique est celui de la fonction qui représente l'évolution d'un capital (en €) en fonction du temps.

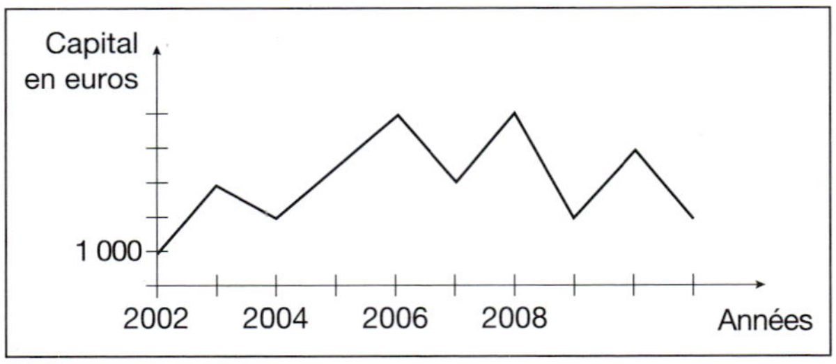

a. À quelle date le capital a-t-il atteint sa valeur maximum ? Quelle a été cette valeur ?

b. Est-il vrai que le capital a perdu, entre le 1er janvier 2003 et le 1er janvier 2004, la moitié du bénéfice acquis entre le 1er janvier 2002 et le 1er janvier 2003 ?

c. En quels débuts d'année le capital était-il le même ?

Par la suite, sont étudiées **deux fonctions particulières** qui permettent de modéliser de nombreuses situations de la vie courante, ainsi que dans les domaines des sciences et des mathématiques.

2 Fonction linéaire[1]

2 1. Caractérisation d'une fonction linéaire

Sous le terme de **fonction linéaire** sont regroupées toutes les fonctions qui peuvent être décrites par :

$$f : \mathbb{R} \longrightarrow \mathbb{R}$$
$$x \longmapsto ax \qquad a \text{ étant un nombre réel constant.}$$

Dans un système d'axes régulièrement gradués à partir de 0, les couples de nombres correspondants sont représentés par **des points alignés sur une droite passant par l'origine** (point (0 ; 0)) donc la courbe représentation d'une fonction affine est une droite qui passe par l'origine.

Si x et y désignent respectivement l'**abscisse** et l'**ordonnée** des points de cette droite, ils sont reliés par la relation $y = ax$ qui est appelée **équation de la droite**.

1. La notion de **fonction linéaire** est reliée à celle de **proportionnalité**, chap. 10 p. 236

Le **nombre a** est appelé **coefficient directeur de la droite.**

• a caractérise la « **pente** » **de la droite** qui représente la fonction, c'est-à-dire son inclinaison par rapport à l'axe des abscisses.
La pente de la droite représente aussi **la variation de l'ordonnée lorsque l'abscisse augmente de 1**.
En effet :
$f(x+1)-f(x)=a(x+1)-ax=a.$

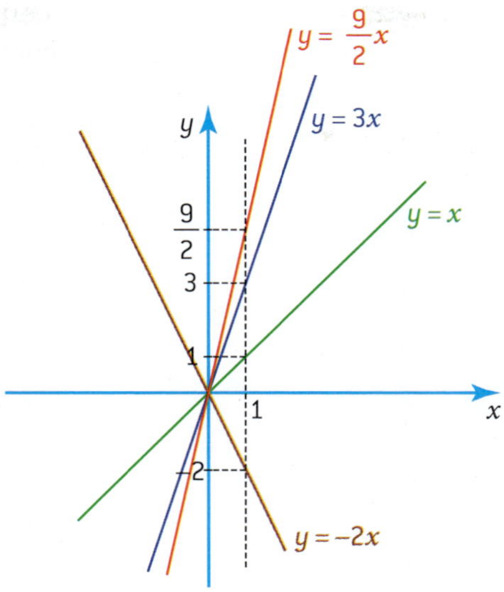

• a *est* l'image du nombre 1.
On a donc $f(1)=a$.

• Si $a>0$,
la fonction linéaire est croissante.

• Si $a<0$,
la fonction linéaire est décroissante.

Remarque : La pente d'une droite est caractérisée par la variation de l'ordonnée lorsque l'abscisse augmente de 1, comme le montre l'exemple ci-contre.
La droite d a une pente égale à 2 et la droite d' a une pente égale à $-\frac{1}{2}$.

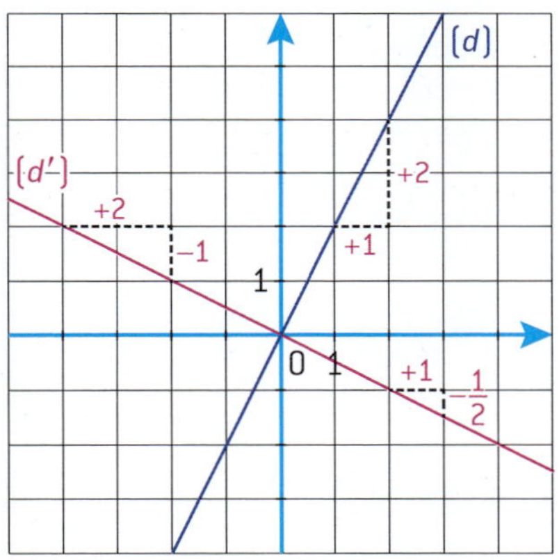

2. Représentation graphique et expression algébrique d'une fonction linéaire

A. Représenter graphiquement une fonction linéaire

FICHE MÉTHODE 1 **Représenter graphiquement une fonction linéaire $f : x \rightarrow ax$.**

→ Représenter graphiquement la fonction $f : x \rightarrow 2x$.

La droite passe par l'origine du repère : le point de coordonnées $(0 ; 0)$.

On cherche un autre point de cette droite.

Pour cela il suffit de choisir une valeur pour x (autre que 0) et de calculer $f(x)$.

$(x ; f(x))$ seront les coordonnées d'un autre point de la droite représentant la fonction linéaire.

Tracer la droite passant par ces 2 points.

Exemple : $f(2) = 2 \times 2 = 4$

Donc la droite passe par les points de coordonnées $(2 ; 2)$ et $(0 ; 0)$.

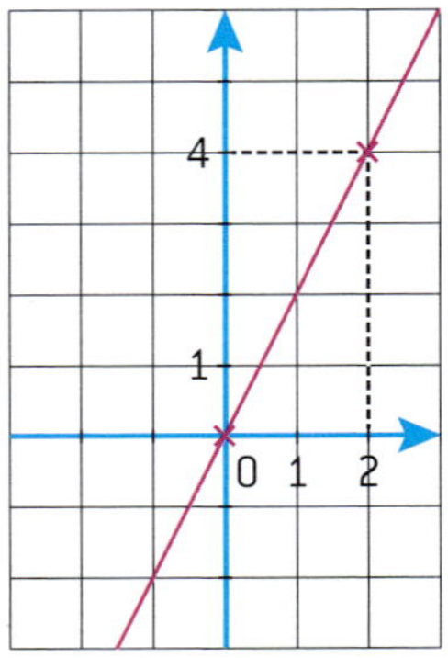

Remarque : On peut aussi calculer $f(1) = a$ et utiliser le point de coordonnées $(1 ; a)$. Le placer revient à opérer un déplacement géométrique à partir du point de coordonnées $(0 ; 0)$ comme ci-contre : on se « déplace » d'une unité à droite et on monte (si le coefficient directeur est positif) ou l'on descend (si le coefficient est négatif) d'un nombre d'unités égal au coefficient directeur.

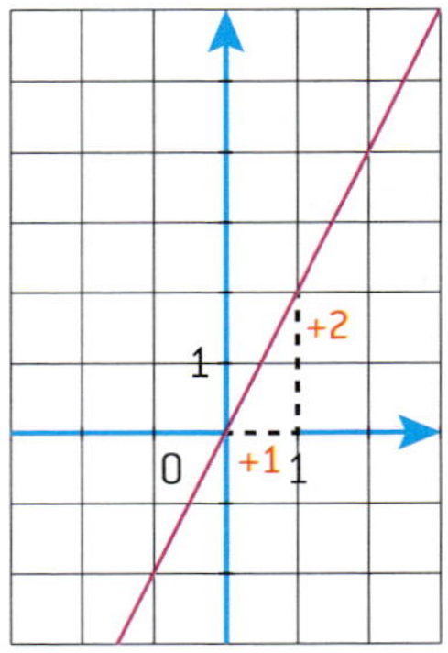

B. Déterminer l'expression algébrique d'une fonction linéaire

Exemple :

- **Déterminer l'expression algébrique d'une fonction linéaire f telle que $f(3) = 2$.**
- **Déterminer l'expression algébrique de la fonction g dont la représentation est la droite ci-contre :**

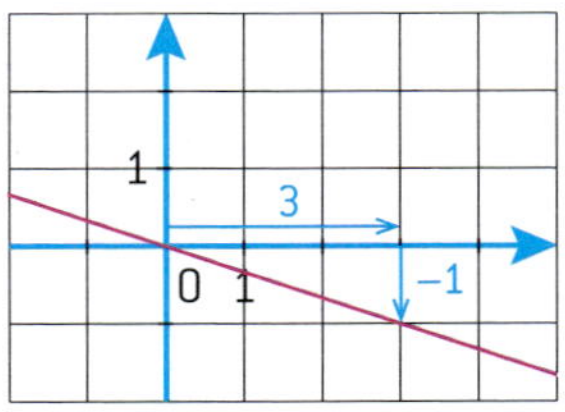

- La fonction f est linéaire donc $f(x) = ax$.

Or $f(3) = 2$ donc $2 = a \times 3$ donc $a = \frac{2}{3}$.

Donc $f(x) = \frac{2}{3}x$.

• La représentation de g est une droite qui passe par l'origine du repère. La fonction g est donc une fonction linéaire. Il existe donc un nombre réel a tel que $g(x) = ax$.

Pour trouver le coefficient directeur a, on peut procéder comme précédemment en déterminant les coordonnées d'un point de la droite, par exemple $g(3) = -1$, donc $3a = -1$, donc $a = -\frac{1}{3}$.

On peut remarquer sur le graphique que, si on se déplace de trois unités sur l'axe des abscisses, il faut descendre d'une unité pour « rejoindre » la droite. On peut en déduire le coefficient directeur $-\frac{1}{3}$. Donc $g(x) = -\frac{1}{3}x$.

Entrainement 4

Corrigé p. 329

Dans le même système d'axes, représenter graphiquement les fonctions :

$f : x \rightarrow \frac{3}{2}x$ et $g : x \rightarrow -\frac{3}{2}x$

Entrainement 5

Corrigé p. 329

Tracer la droite passant par les points de coordonnées (0 ; 0) et (4 ; 10).

Déterminer l'expression algébrique de la fonction associée.

Entrainement 6

Corrigé p. 330

La fonction qui permet d'associer la longueur du côté d'un triangle équilatéral à sa hauteur est-elle une fonction linéaire ?

Si oui, représenter graphiquement cette fonction et donner son expression algébrique.

3 Fonction affine

3 1. Caractérisation d'une fonction affine

Le terme de **fonction affine** regroupe toutes les fonctions qui peuvent être décrites par :

$$f : \mathbb{R} \longrightarrow \mathbb{R}$$
$$x \longmapsto ax + b$$

(a et b étant deux nombres réels constants)

Dans un système d'axes régulièrement gradués à partir de 0, les couples de nombres correspondants sont représentés par **des points alignés sur une droite mais qui ne passe pas par l'origine** si $b \neq 0$. Donc la représentation graphique d'une fonction affine est une droite.

Si x et y désignent respectivement l'**abscisse** et l'**ordonnée** des points de cette droite, ils sont reliés par la relation $y = ax + b$ qui est appelée **équation de la droite**.

Le nombre a est appelé coefficient directeur de la droite.

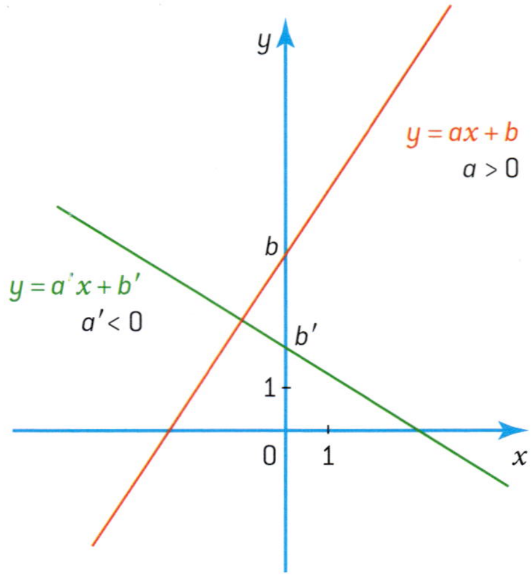

• a caractérise la « **pente** » **de la droite** qui représente la fonction, c'est-à-dire son inclinaison par rapport à l'axe des abscisses.
La pente de la droite correspond à **la variation de l'ordonnée lorsque l'abscisse augmente de 1**. On a donc
$f(x+1)-f(x)=a$.

• Si $a>0$, la fonction est croissante.
Si $a<0$, la fonction est décroissante.

Le nombre b est appelé ordonnée à l'origine.

$f(0)=b$ donc b est **l'image du nombre 0**.
C'est donc l'ordonnée du point d'intersection de la droite représentative de f avec l'axe des ordonnées ; d'où l'expression « **ordonnée à l'origine** ».

La fonction linéaire est un cas particulier de fonction affine (cas où $b=0$), mais elle possède de nombreuses propriétés que ne possèdent pas les autres fonctions affines (propriétés de linéarité en particulier).

› **Proportionnalité,** chap. 10 p. 236

3 2. Représentation graphique et expression algébrique d'une fonction affine

FICHE MÉTHODE 2 **Représenter graphiquement une fonction affine $f : x \longrightarrow ax+b$.**

→ Représenter graphiquement la fonction $f : x \longrightarrow -2x-3$.

Méthode 1

Le point d'abscisse 0 et dont l'ordonnée est l'ordonnée à l'origine est un point de la droite. On cherche un autre point de cette droite.

Pour cela, il suffit de choisir une valeur pour x (autre que 0) et de calculer $f(x)$.
$(x ; f(x))$ seront les coordonnées d'un point de la droite représentant de la fonction linéaire.

On trace la droite qui joint les deux points.

La droite passe par le point de coordonnées $(0 ; -3)$.

D'autre part : $f(1)=-2\times 1-3=-5$.

Donc la droite passe aussi par le point de coordonnées $(1 ; -5)$.

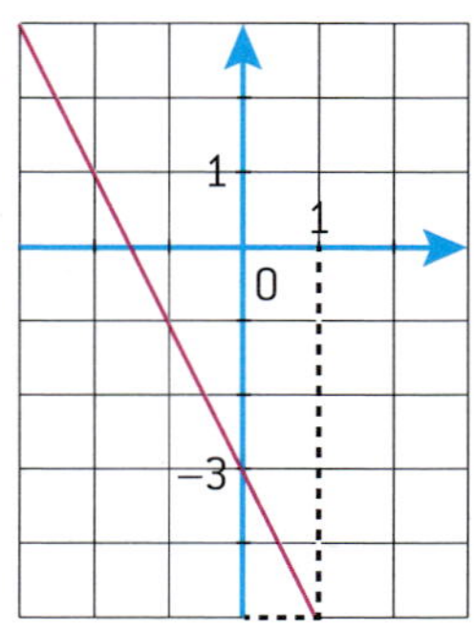

Méthode 2 À partir de l'expression algébrique de la fonction affine ($f(x)=ax+b$), on détermine son coefficient directeur (a). On effectue un déplacement géométrique à partir du point de coordonnées $(0\,;b)$. À partir de ce point, on se « déplace » d'une unité à droite et on monte (si le coefficient directeur est positif) ou l'on descend (si le coefficient est négatif) d'un nombre d'unités égal au coefficient directeur. On obtient ainsi un deuxième point de la droite. On trace la droite qui joint les deux points.	La droite passe par le point de coordonnées $(0\,;-3)$. En utilisant le coefficient directeur (-2), on se « déplace » à partir du point de coordonnées $(0\,;-3)$ d'une unité à droite et on descend de 2 unités. On obtient un deuxième point de la droite. 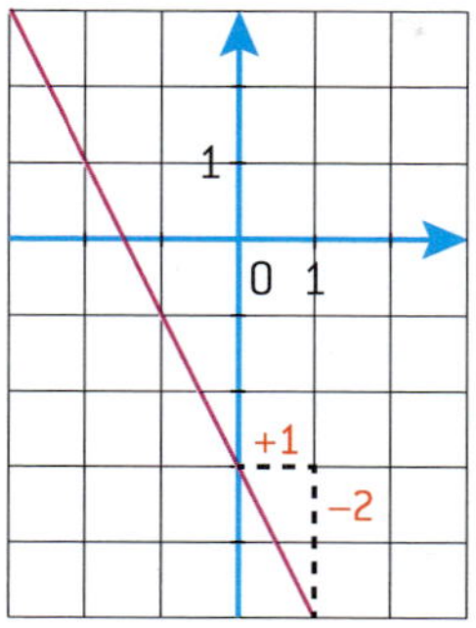

Corrigé QCM 2 : La droite tracée montre que la fonction est décroissante, ce qui élimine les réponses A et D. L'ordonnée à l'origine est 1, ce qui permet de conclure en faveur de la réponse C d'équation $y=-2x+1$.

Qcm 2, p. 319

On peut également utiliser la pente égale à -2 (l'ordonnée diminue de 2 lorsque l'abscisse augmente de 1), ce qui sélectionne les réponses C et E. La réponse C étant alors déterminée par l'ordonnée à l'origine égale à 1.

On peut aussi répondre en testant des coordonnées des points de la droite. Par exemple : pour $x=0$, $y=1$, ce qui élimine les réponses A, B et E ; et pour $x=1$, $y=-1$, ce qui exclut la réponse D et valide la C.

FICHE MÉTHODE 3 Déterminer l'expression algébrique d'une fonction affine connaissant deux points de sa représentation graphique.

→ Trouver l'expression algébrique de la fonction affine f dont la représentation graphique passe par les points de coordonnées $(8\,;1)$ et $(10\,;2{,}5)$.

f étant une fonction affine, il existe deux nombres réels tels que : $f(x)=ax+b$.	On pose $f(x)=ax+b$.
1. Écrire deux équations d'inconnue a et b en utilisant le fait que la représentation graphique passe par les points donnés.	$f(8)=1$ donc $8a+b=1$ $f(10)=2{,}5$ donc $10a+b=2{,}5$
2. Résoudre le système formé par les deux équations.	Résoudre : $\begin{cases}8a+b=1\\10a+b=2{,}5\end{cases}$ Par soustraction membre à membre, on obtient : $1{,}5=2a$, donc $a=0{,}75$. En reportant la valeur de a dans la 1re équation : $1=6+b$, d'où $b=-5$.
3. Conclure	Donc $f(x)=0{,}75x-5$.

FICHE MÉTHODE 4 Déterminer l'expression algébrique d'une fonction affine connaissant sa représentation graphique.

→ Trouver l'expression algébrique de la fonction affine f.

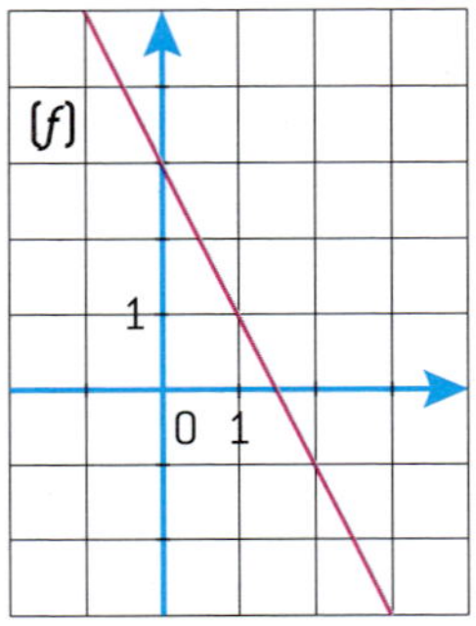

f étant une fonction affine, il existe deux nombres réels a et b tels que : $f(x) = ax + b$.	On pose $f(x) = ax + b$.
La lecture de l'ordonnée à l'origine permet de déterminer b. La lecture du coefficient directeur permet de déterminer a.	Ordonnée à l'origine : $b = 3$. Coefficient directeur (à partir du point de coordonnées (0 ; 3), si on avance d'1 unité à droite, il faut descendre de 2 unités pour « atteindre la droite », donc $a = -2$. donc $f(x) = -2x + 3$

On peut également identifier deux points de la droite et, à l'aide des coordonnées de ces points, calculer a et b (voir fiche méthode précédente)… mais c'est plus long !

Entrainement 7

Corrigé p. 330

Tracer la droite représentative de la fonction f définie par $f(x) = \dfrac{1}{2}x - 3$.

Entrainement 8

Corrigé p. 330

Déterminer l'expression algébrique de la fonction affine f dont la droite représentative passe par les points de coordonnées (0 ; 4) et (2 ; –2).

Entrainement 9

Corrigé p. 330

Déterminer l'expression algébrique des fonction f_A ; f_B ; f_C et f_D dont les représentations graphiques sont les droites ci-dessous.

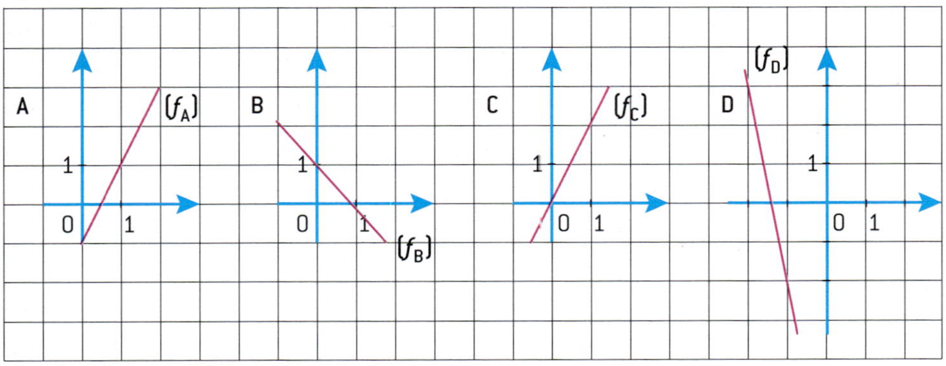

Corrigés

Entrainement 1

Énoncé p. 320

x	0	1	2,5	3	$\sqrt{2}$	7,5	10
$f(x)$	0	π	$6{,}25\pi$	9π	2π	$56{,}25\pi$	100π

Entrainement 2

Énoncé p. 321

a. Si x désigne la longueur de l'arête du cube.

$f : \mathbb{R}^+ \longrightarrow \mathbb{R}^+$

$\quad x \longmapsto x^3$

Seuls les réels positifs interviennent.

Pour donner la description algébrique d'une fonction, il faut donner la relation $f(x) = ...$, ainsi que l'ensemble de départ et l'ensemble d'arrivée.

b. Une solution consiste à soustraire l'aire totale des quatre petits carrés de celle du grand carré. L'aire de la partie bleue est alors exprimée par :

$$x^2 - 4\left(\frac{x}{4}\right)^2 = x^2 - 4 \times \frac{x^2}{16} = x^2 - \frac{x^2}{4} = \frac{3}{4}x^2$$

La fonction associée est donc :

$f : \mathbb{R}^+ \longrightarrow \mathbb{R}^+$

$\quad x \longmapsto \frac{3}{4}x^2$

Là encore, seuls les réels positifs interviennent.

Entrainement 3

Énoncé p. 322

a. Le capital a atteint sa valeur maximale (5 000 €) en 2006 et en 2008.

b. Oui. En effet, entre le 01/01/2003 et le 01/01/2004, la perte est de 1 000 €, soit la moitié des 2 000 € de bénéfice acquis entre le 01/01/2002 et le 01/01/2003.

c. 2004, 2009 et 2011 d'une part, et 2006 et 2008 d'autre part.

Les années se lisent sur l'axe des abscisses. Le montant du capital se lit en euros, sur l'axe des ordonnées.

Entrainement 4

Énoncé p. 325

Les courbes représentant les fonctions f et g sont des droites qui passent par l'origine puisque f et g sont des fonctions linéaires. La droite représentative de f passe également par le point de coordonnées $(1 ; \frac{3}{2})$ et celle de g par le point de coordonnées $(1 ; -\frac{3}{2})$ en prenant $x = 1$.

Il peut être plus pratique de choisir des points comme (2 ; 3) et (2 ; -3).

Entrainement 5

Énoncé p. 325

f est une fonction linéaire puisque sa courbe représentative passe par l'origine du repère. Il existe donc un nombre réel a tel que $f(x) = ax$

Or la droite passe par le point de coordonnées (4 ; 10) donc $f(4) = 10$

donc $4a = 10$ donc $a = \frac{10}{4} = 2{,}5$

Donc $f : x \longmapsto 2{,}5\,x$

Entrainement 6

Énoncé p. 325

Si x désigne la longueur d'un côté du triangle équilatéral, la hauteur mesure $\frac{\sqrt{3}}{2}x$.

La fonction associée est :

$$f : \mathbb{R} \longrightarrow \mathbb{R}$$
$$x \longmapsto \frac{\sqrt{3}}{2}x$$

C'est donc une fonction linéaire représentée par une droite. Elle passe par le point (0 ; 0) et, par exemple, par le point de coordonnées $\left(1 ; \frac{\sqrt{3}}{2}\right)$, placé en utilisant une valeur approchée de $\sqrt{3}$.

Calcul de la hauteur du triangle avec le théorème de Pythagore, chap. 18 p. 443

Entrainement 7

Énoncé p. 328

La droite représentative de la fonction $f : x \mapsto \frac{1}{2}x - 3$ passe par exemple par le point de coordonnées (0 ; – 3) et le point de coordonnées (2 ; – 2) qu'on trouve en prenant $x = 2$ et en calculant $f(2)$, qui est égal à – 2. Cela permet de tracer la représentation graphique de f.

Entrainement 8

Énoncé p. 328

f étant une fonction affine, il existe a et b tel que $f(x) = ax + b$

La droite représentative de f passe par le point de coordonnées (0 ; – 4) donc $f(0) =$ 4 donc $b = 4$. Donc $f(x) = ax + 4$

La droite représentative de f passe, également, par le point de coordonnées (2 ; – 2) donc $f(2) = -2$. Donc $2a + 4 = -2$ donc $2a = -6$ donc $a = -3$.

Donc $f(x) = -3x + 4$.

Cette méthode diffère de celle décrite dans la fiche méthode et constitue un autre moyen d'obtenir l'équation cherchée.

Entrainement 9

Énoncé p. 328

On utilise la méthode proposée page 328.

f_A : sa courbe représentative est une droite qui ne passe pas par l'origine. Donc f_A est une fonction affine, non linéaire. Il existe donc deux nombres a et b tel que $f_A(x) = ax + b$. La lecture du graphique permet de déterminer $b = -1$ et $a = 2$.

Donc $f_A(x) = 2x - 1$.

- De même, on trouve $f_B(x) = -x + 1$ et $f_C(x) = 2x$. (f_C est une fonction linéaire puisque sa courbe représentative passe par l'origine du repère).
- Pour f_D on ne peut pas, sur le graphique, trouver l'ordonnée à l'origine. Par contre, on trouve sans difficulté le coefficient directeur de f_D : $a = -5$ donc $f_D(x) = -5x + b$. Pour trouver b, il suffit de trouver les coordonnées d'un point de la courbe représentative de f_D.

On peut prendre le point de coordonnées (– 1 ; – 2) donc $f_D(-1) = -2$ donc $(-5) \times (-1) + b = -2$ donc $b = -7$

Donc $f_D(x) = -5x - 7$.

AU CONCOURS Notion de fonction numérique Fonction linéaire et fonction affine

De nombreux sujets font appel à la notion de fonction et de représentation graphique, aussi bien dans les domaines numériques que géométriques. On les trouvera dans les chapitres correspondants.
C'est pourquoi ici ne sont proposés que trois sujets plus spécialement axés sur la notion de fonction.

Exercice 1

Corrigé p. 334

Un club de squash propose deux tarifs :
– tarif A : 8 € par séance ;
– tarif B : achat d'une carte privilège à 50 € pour un an et qui donne droit à un tarif réduit de 5 € par séance.
Soit A et B, deux fonctions définies sur $\mathbb{R}^+$ par :
$A(x) = 8x$ et $B(x) = 5x + 50$.

a. Représenter graphiquement A et B dans un même repère.

b. À partir des représentations graphiques de A et B, déterminer le nombre de séances annuelles à partir duquel le tarif B est plus avantageux que le tarif A.
Expliquer la méthode utilisée.

c. Utiliser une méthode arithmétique ou algébrique pour répondre à la question **b.**

Exercice 2

Corrigé p. 335

On étudie la fonction f qui, à la vitesse v d'un véhicule (exprimée en mètre par seconde), associe la distance de freinage d (exprimée en mètre).
Cette fonction est définie par $f : v \mapsto f : v \mapsto k \times v^2$, où k est un coefficient qui dépend notamment de l'état de la route.

Partie A

Dans des conditions « normales », lorsque la route est sèche, le coefficient k est égal à 0,08.

1. On utilise un tableur pour créer le tableau de valeurs ci-après :

B2 fx 0

	A	B	C	D	E	F	G	H
1	Vitesse (en m/s)	0	5	10	15	20	25	30
2	Distance de freinage	0						
3	coefficient k	0,08						

a. Donner une formule qui, entrée dans la cellule B2 (puis recopiée vers la droite), permet de compléter la ligne 2.

b. On veut, qu'en modifiant la valeur de k en B3, les distances soient recalculées automatiquement. La formule que vous avez donnée à la question **a.** satisfait-elle cette nouvelle contrainte ?
Si oui, pourquoi ? Si non, en proposer une autre qui convienne.

2. a. Calculer la distance de freinage sur route sèche pour une vitesse de 72 km/h.

b. À partir de quelle vitesse (arrondie à l'unité, en km/h), la distance de freinage sur route sèche est-elle supérieure à 45 mètres ?

Partie B

Sur une route mouillée, le coefficient k est différent de 0,08.

Après avoir modifié la valeur de k dans la feuille de calcul précédente, on a construit la représentation graphique qui donne la distance de freinage sur route mouillée en fonction de la vitesse.

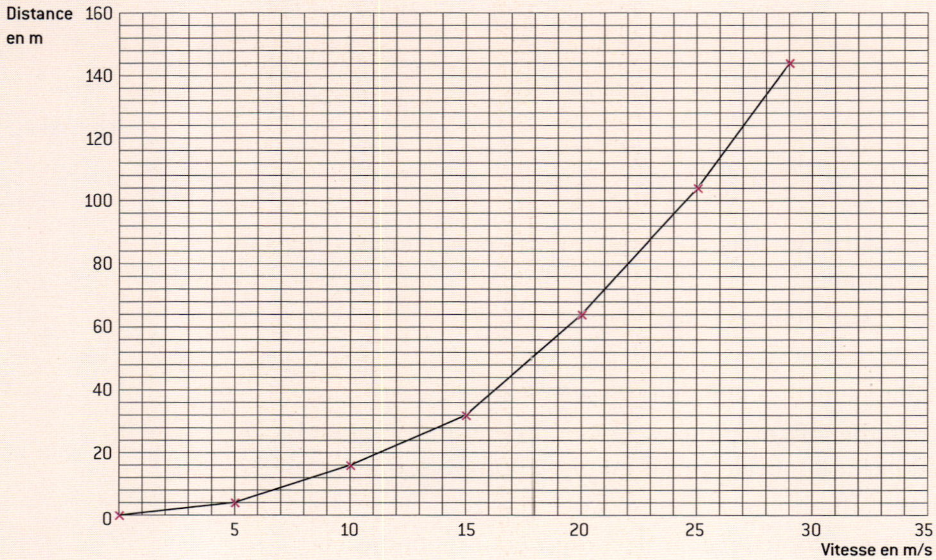

1. En utilisant cette représentation graphique, estimer la valeur du coefficient k sur route mouillée.

2. Où se situerait la représentation graphique donnant la distance de freinage sur route sèche en fonction de la vitesse, par rapport à la représentation graphique tracée ?

Justifier la réponse par le calcul.

Exercice 3

Corrigé p. 336

Les élèves de CM2 de l'école Louis Pasteur font une visite à la Cité des sciences et de l'industrie à Paris. Ils participent à un atelier où on leur propose d'associer, à chaque réservoir, une jauge et une courbe indiquant la hauteur du liquide en fonction du temps de remplissage.

Les six réservoirs sont de formes différentes, mais de même volume (10 litres) et de même hauteur et se remplissent dans le même temps. Leurs formes sont représentées grossièrement par les dessins ci-dessous.

Pendant le remplissage, le débit de l'eau est constant et identique d'un réservoir à l'autre. Ainsi, à un instant donné, le volume d'eau contenu dans chaque réservoir est le même, mais la hauteur d'eau n'est pas nécessairement la même.

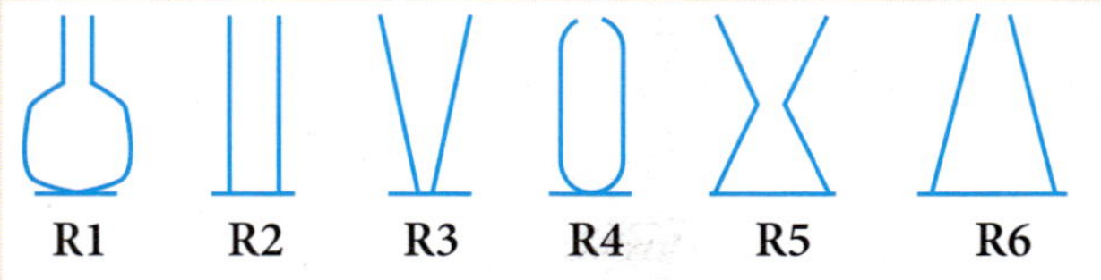

Les graduations des **six jauges A, B, C…** indiquent les hauteurs de liquide correspondant à 1 litre, 2 litres… pour les six réservoirs.

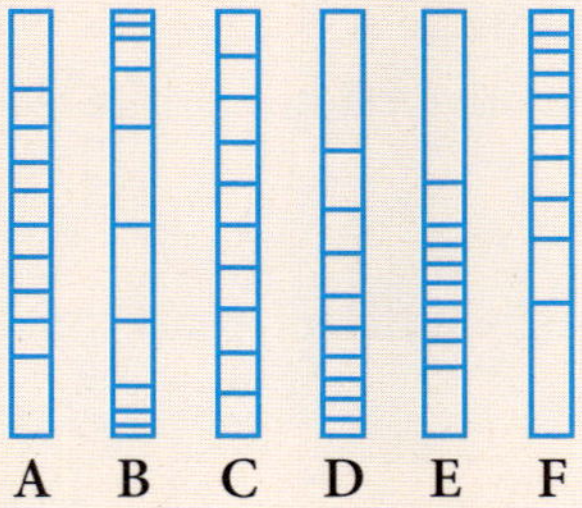

Les **six courbes 1, 2, 3…** indiquent la hauteur atteinte par le liquide en fonction du temps lorsque les six réservoirs se remplissent.

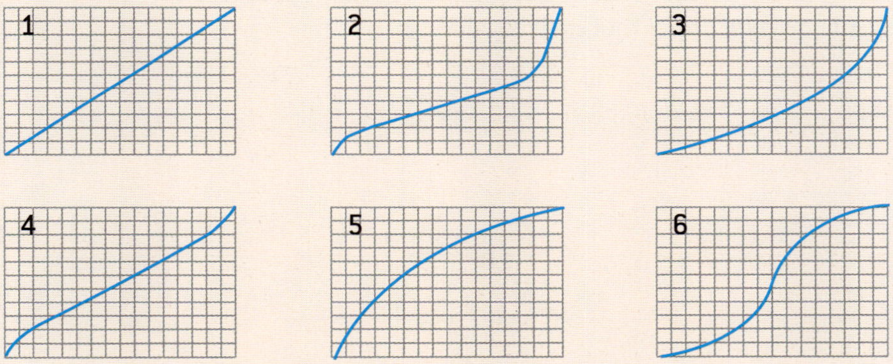

1. Associer à chaque réservoir **R1, R2, R3, R4, R5, R6** :

a. la jauge qui lui correspond (parmi les six jauges reproduites ci-dessus) ;

b. la courbe qui lui correspond (parmi les six courbes reproduites ci-dessus).

Présenter les résultats dans un tableau, sans justification.

2. Sachant que le diamètre du réservoir cylindrique **R2** est de 16 cm, calculer la hauteur de ce réservoir (arrondie au centimètre).

3. À un instant t, le réservoir cylindrique **R2** est rempli aux $\frac{2}{3}$ de sa hauteur.

Calculer, au dixième de litre près, le volume d'eau $\mathcal{V}'$ contenu dans le cylindre à cet instant précis.

4. On observe la hauteur d'eau dans le réservoir **R6** au moment où le réservoir cylindrique **R2** est rempli aux $\frac{2}{3}$ de sa hauteur.

Est-elle plus ou moins haute que dans **R2** ?

Justifier la réponse en utilisant les courbes ci-dessus.

Corrigés

Exercice 1

Énoncé p. 331

a. A est une fonction linéaire, sa représentation graphique est donc une droite (ici une demi-droite car A est définie sur $\mathbb{R}^+$) qui passe par l'origine.

Pour construire cette demi-droite, déterminons les coordonnées d'un autre point de cette représentation graphique : $A(10) = 80$, donc le point de coordonnées $(10 ; 80)$ appartient à la représentation graphique de A.

B est une fonction affine ; sa courbe représentative est une droite (ici une demi-droite car B est définie sur $\mathbb{R}^+$).

Pour construire cette demi-droite, on peut :

- soit établir un tableau de valeurs (deux valeurs suffisent, mais trois sont plus sures !) ;

x	0	10	20
$B(x)$	50	100	150

Le tracé doit être précis. On a donc intérêt à trouver trois points assez « éloignés » pour tracer la droite.

- soit jouer sur l'interprétation géométrique de l'ordonnée à l'origine (qui est ici égale à 50) et de la pente de cette droite (qui est ici égale à 5).

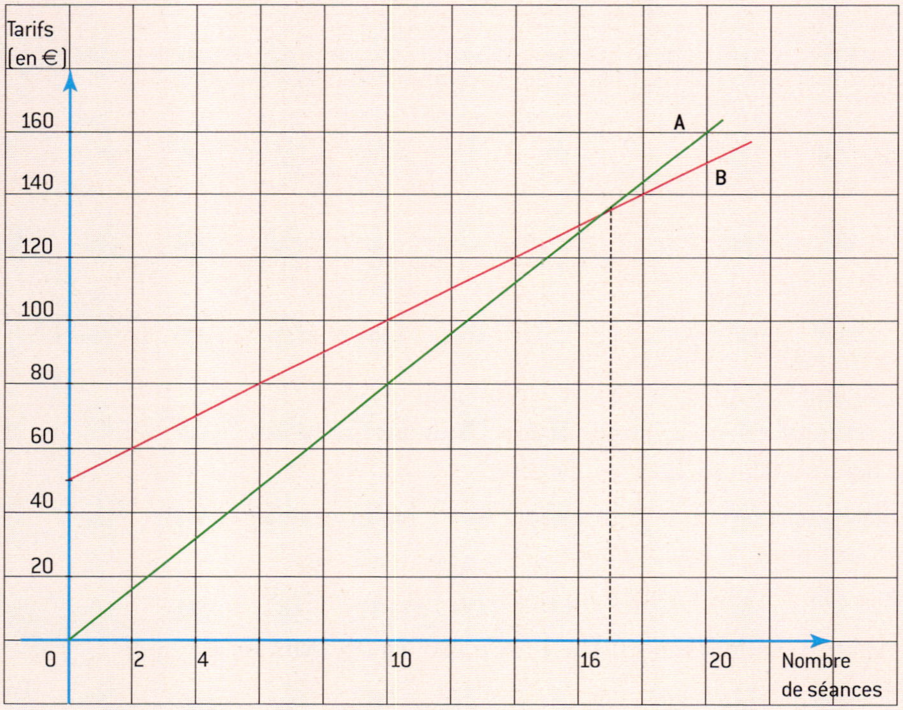

b. Si x est le nombre de séances par an :

- avec le tarif A, on paie : $A(x) = 8x$
- avec le tarif B, on paie : $B(x) = 5x + 50$.

Avec les représentations graphiques de A et B, on constate que $B(x) < A(x)$ pour $x \geqslant 17$ (la représentation graphique de B est « en dessous » de celle de A).

À partir de 17 séances par an, le tarif B est donc plus avantageux que le tarif A.

La méthode graphique ne permet pas d'obtenir un résultat précis. Par exemple, avec le graphique réalisé ci-avant, on ne peut pas affirmer avec certitude que l'abscisse du point d'intersection des représentations graphiques de A et de B est inférieur à 17.
Il est essentiel ici de tracer un trait perpendiculaire à l'axe des abscisses et passant par le point d'intersection des demi-droites pour identifier l'abscisse du point d'intersection des deux demi-droites afin que les correcteurs comprennent que vous avez utilisé une méthode correcte.

c. MÉTHODE ARITHMÉTIQUE

Il y a 3 € de différence pour le prix de la séance entre le tarif A et le tarif B. Pour bénéficier du tarif B, il faut acheter 50 € la carte annuelle. Or $50 = 16 \times 3 + 2$.
Donc, à partir de 17 séances, on a amorti le prix de cette carte grâce à la différence de prix des séances.

À partir de **17 séances par an**, le tarif B est donc plus avantageux que le tarif A.

MÉTHODE ALGÉBRIQUE

Soit x le nombre de séances par an, x étant un entier naturel.

Prix payé avec le tarif A : $8x$.

Prix payé avec le tarif B : $5x + 50$.

Le tarif B est plus avantageux que le tarif A signifie que : $5x + 50 < 8x$.

Donc $-3x < -50$, soit $x > \frac{50}{3}$ et $\frac{50}{3} \approx 16{,}333$.

Or x est un entier naturel, donc à partir de **17 séances par an**, le tarif B est plus avantageux que le tarif A.

Exercice 2

Énoncé p. 331

Partie A

1. a. On entrera l'une des formules suivantes dans la cellule B2 :
« = B3*B1*B1 » ou « = B3*B1^2 »,
le contenu de la cellule B3 étant alors considéré de manière absolue et non relative.

Sachant que $k = 0{,}08$, on pourrait entrer aussi « = 0,08*B1*B1 » ou « = 0,08*B1^2 ».

ATTENTION
Entrer seulement « B3 » au lieu de « B3 » conduirait, dans la recopie vers la droite de la cellule B2, à prendre les valeurs situées en C3, D3… c'est-à-dire 0 puisque ces cellules ne contiennent aucun nombre. La présence du symbole « $ » conduit, lors de la recopie, à conserver la valeur inscrite en B3 (c'est-à-dire 0,08).

AUTRE MÉTHODE

On peut aussi commencer par recopier vers la droite la cellule B3 contenant 0,08, puis entrer dans la cellule B2 la formule : « =B3*B1*B1 » ou bien « =B3*B1^2 » et la recopier vers la droite.

b. Une des formules utilisant « B3 » au lieu de 0,08 permettra de modifier la valeur de k de manière automatique en ne modifiant que le contenu de la cellule B3.

2. a. À la vitesse de 72 km/h, le véhicule parcourt 72 km, soit 72 000 m en 1 h, ou 72 000 m en 3 600 s.

Donc en 1 s, il parcourt : $\frac{72\,000}{3\,600} = 20$ (en m). La vitesse, en m/s, est de 20.

D'après l'énoncé, la distance de freinage en mètre et notée ici d s'exprime par : $d = f(v) = 0{,}08 \times v^2$.

Donc, sur route sèche, la distance de freinage est de : $0{,}08 \times 20^2 = 32$ (en m).

b. Chercher la vitesse v (en km/h), à partir de laquelle la distance d est supérieure à 45 m, revient à résoudre l'inéquation :

$d > 45$, donc $0{,}08v^2 > 45$ donc $v^2 > \dfrac{45}{0{,}08}$ donc $v > \sqrt{\dfrac{45}{0{,}08}}$ car v est nécessairement positif.

Or $\sqrt{\dfrac{45}{0{,}08}} = \sqrt{562{,}5} \approx 23{,}71708245$ (en m/s).

En 1 s, la voiture a parcouru 23,71708245 m donc en 1 h, elle parcourt, en m, $23{,}71708245 \times 3\,600 = 85\,381{,}49682$ soit 85,38149682 km.

Arrondie à l'unité, la vitesse est donc de 85 km/h.

À partir de 85 km/h, la distance de freinage sur route sèche dépasse 45 m.

On garde un assez grand nombre de décimales car le calcul n'est pas terminé. On réduit ainsi le risque d'une perte en précision dans la suite des calculs.

Partie B

1. Sur la représentation graphique fournie, avec les imprécisions habituelles de lecture, on lit que, pour une vitesse de 5 m/s, la distance de freinage sur route mouillée est de 4 m, soit en notant k' le coefficient correspondant :

$4 = k' \times 5^2$, donc $\boldsymbol{k' = \dfrac{4}{25} = 0{,}16}$.

2. La valeur du coefficient sur route mouillée est $k' = 0{,}16$, alors que sur route sèche, cette valeur est $k = 0{,}08$.

Donc $k' > k$ et, pour une même vitesse v du véhicule, on a : $k'v^2 > kv^2$.

Ceci signifie que, sur la représentation graphique, à une valeur donnée de v (c'est-à-dire à une valeur donnée de l'abscisse), l'ordonnée du point de la courbe relative à une route mouillée (celle donnée dans l'énoncé) est supérieure à l'ordonnée du point de même abscisse de la courbe relative à une route sèche.

La courbe relative à une route sèche se situe donc en dessous de la courbe tracée.

Exercice 3

Énoncé p. 332

1. a. La distance entre deux graduations est fonction de l'aire de la surface de section du réservoir (qui correspond à la surface du liquide).

Plus l'aire de la surface de section est grande, plus la distance entre deux graduations est petite ; et inversement plus l'aire de la surface de section est petite, plus la distance est grande. Cela permet d'associer les jauges et les réservoirs.

Réservoir	R1	R2	R3	R4	R5	R6
Jauge	E	C	F	A	B	D

b. Dans ces repères, le temps est en abscisse et le volume d'eau (qui correspond à la hauteur) est en ordonnée. La hauteur d'eau est évidemment toujours une fonction croissante du temps.

> Voir Qcm 1, p. 319

En revanche, cette croissance, qui est plus ou moins importante, est en relation avec l'aire de section. Plus l'aire est faible, plus la hauteur augmente rapidement.

D'autre part, la présence d'un plan de symétrie horizontal pour un réservoir se traduit par un centre de symétrie pour la courbe.

Ces deux données permettent d'associer les courbes et les réservoirs.

Réservoir	R1	R2	R3	R4	R5	R6
Courbe	2	1	5	4	6	3

2. Soit $\mathcal{V}$ le volume du cylindre **R2** : $\mathcal{V} = \pi \times r^2 \times h$.
De plus, 10 L = 10 dm^3 = 10 000 cm^3 et $r = 8$ cm.
Donc $10\,000 = \pi \times 8^2 \times h$, donc $h = \dfrac{10\,000}{64\pi}$, donc $\boldsymbol{h} \approx$ **50 cm** (arrondie au centimètre).

3. Dans un cylindre, le volume de l'eau est proportionnel à la hauteur (*voir formule du volume du cylindre rappelée ci-dessus*).
Donc si le cylindre est rempli aux $\frac{2}{3}$ de sa hauteur, cela signifie que le volume d'eau est égal aux $\frac{2}{3}$ du volume total qui est de 10 L.
Donc $\mathcal{V}' = \frac{2}{3} \times 10 \approx$ **6,7 L** (arrondi au dixième de litre).

4. Pour le cylindre R2, il y a proportionnalité entre la hauteur et le volume.
Or, il y a aussi proportionnalité entre le volume et le temps (car le débit d'eau est constant) ; il y a donc proportionnalité entre la hauteur d'eau dans le cylindre et la durée de remplissage.
Ainsi, le réservoir R2 sera rempli aux $\frac{2}{3}$ au bout de $\frac{2}{3}$ de temps. On peut alors prendre pour abscisse $\frac{2}{3}$ du temps sur **la courbe 1 du réservoir R2** (cela correspond entre 10 et 11 graduations), et regarder sur l'axe des ordonnées à quelle hauteur correspond cette valeur : soit entre 6 et 7 graduations.
On peut procéder de même pour **la courbe 3 du réservoir R6** en regardant à quelle hauteur correspondent les 10 et 11 graduations de l'abscisse. On trouve une hauteur comprise entre 3 et 5 graduations.
On constate qu'**on obtient donc une hauteur dans le réservoir R6 qui est inférieure à celle du cylindre R2.**

On peut aussi argumenter en disant que le récipient R6 est plus évasé que le récipient R2 jusqu'à environ $\frac{2}{3}$ de sa hauteur et que, en conséquence, sa hauteur de remplissage est alors inférieure à celle du récipent R2.

CHAPITRE

14 Grandeurs et mesures

Objectifs

- Calculer le périmètre et l'aire de surfaces, le volume de solides.
- Convertir des unités d'aires et des unités de volumes.

FICHES MÉTHODE

Tester ses connaissances

QCM 1 Quelles affirmations concernant les figures (1) à (7) sont vraies ?

A. La surface (6) est plus petite que la surface (1).

B. Aire (5) < Aire (3)

C. Aire (6) = Aire (1)

D. Aire (7) = Aire (1)

E. Aire (3) > Aire (2)

F. Aire (4) > Aire (3)

aide

phrase **A** p. 341
phrases **B** à **D**, §2 p. 343
phrases E et F, §2.2 p. 347

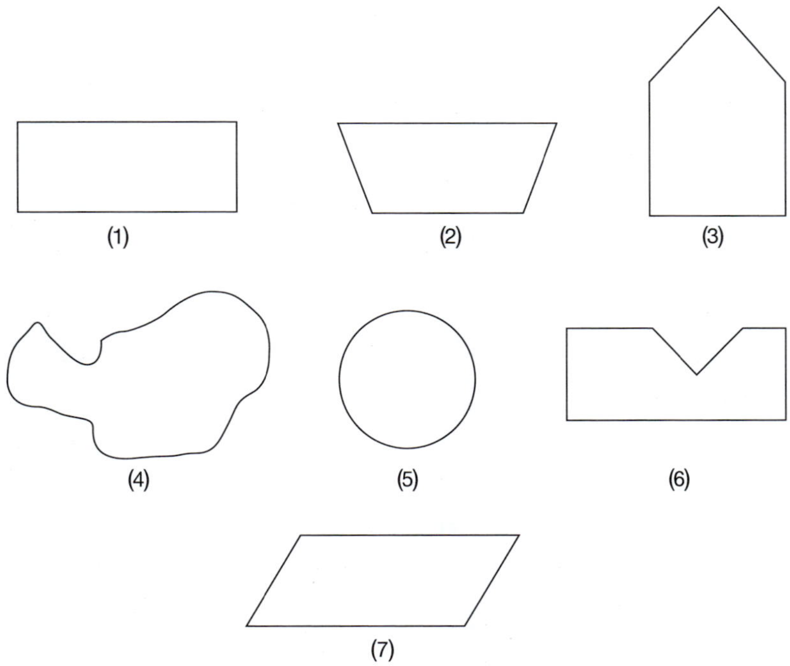

QCM 2 Quelles affirmations sont vraies ?

A. 234,5 cm = 2,345 m

B. 3,42 m^2 = 342 cm^2

C. 0,12 m^2 = 120 000 mm^2

D. 240 mm^2 = 0,00240 m^2

aide

§2.1 p. 344

QCM 3 En prenant les mesures nécessaires sur le dessin, indiquer quelles affirmations sont vraies.

aide
§2.2 p. 345

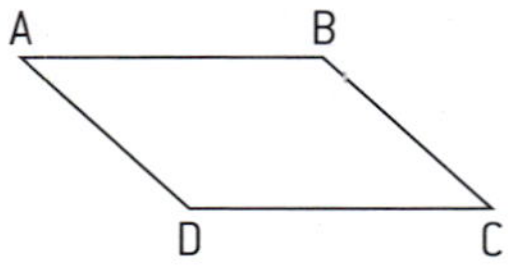

Le périmètre du parallélogramme est de : **A.** 6 cm **B.** 7 cm

L'aire du parallélogramme est de : **C.** 2 cm^2 **D.** 3 cm^2

QCM 4 « Quelles que soient les surfaces A et B, si l'aire de la surface A est supérieure à celle de la surface B, alors le périmètre de A est supérieur au périmètre de B. »

aide
§2.2 p. 345

Cet énoncé est : **A.** vrai. **B.** faux.

QCM 5 Quelles affirmations sont vraies ?

aide
§3.1 p. 350

A. 13,42 m^3 = 1 342 cm^3

B. 0,012 m^3 = 12 000 cm^3

C. 2 400 mm^3 = 0,0240 dm^3

D. 3,5 cL = 35 000 mm^3

QCM 6 Voici une représentation en perspective cavalière de quatre solides :

aide
§3.2 p. 352

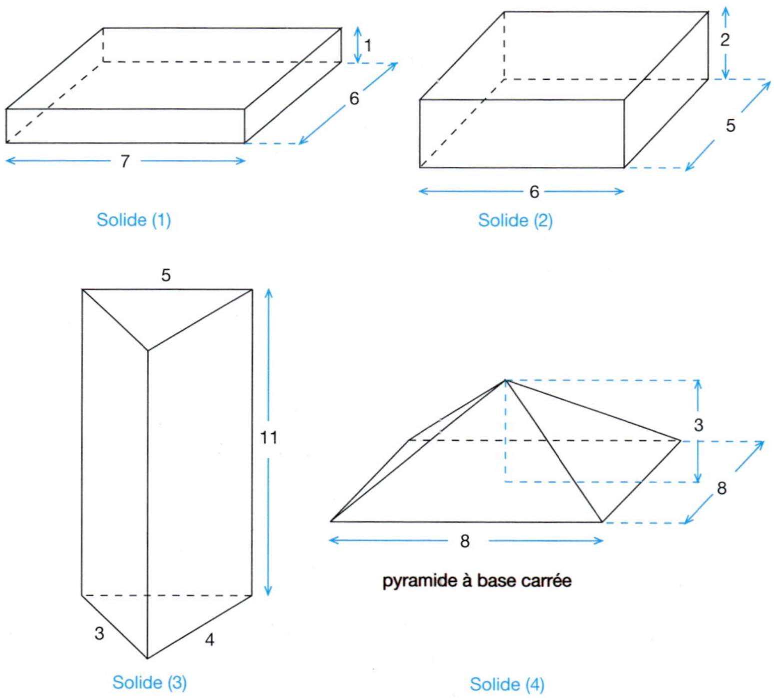

Quelles affirmations sont vraies ?

A. Volume (2) > Volume (1)

B. Volume (4) > Volume (2)

C. Volume (4) < Volume (3)

D. Aire totale (2) > Aire totale (1)

E. Aire totale (1) > Aire totale (3)

1. B, D, E, F **2.** A, C **3.** B, C **4.** B **5.** B, D **6.** A, B, C

LE COURS

D'une façon très générale :

Une grandeur peut être considérée comme « tout caractère d'un objet, susceptible de variation chez cet objet, ou d'un objet à l'autre. »[1]

1. *Publication mots,* tome IV « Grandeurs », Association des professeurs de mathématiques de l'enseignement public, 1982.

Exemple : Si l'objet est une baguette de bois, on peut définir sa masse, son volume, sa longueur...

Les grandeurs que nous allons étudier sont : le périmètre et l'aire de surfaces, le volume de solides, les durées, les masses et les angles.

Elles sont caractérisées ici par deux relations :

- une relation qui permettra de dire qu'un objet est de même grandeur qu'un autre ;
- une relation qui permettra de dire qu'un objet est plus grand qu'un autre.

Corrigé QCM 1 affirmation A : La surface (6) est plus petite que la surface (1).

Qcm 1, p. 339

On ne peut pas répondre à cette question car la grandeur dont on parle n'est pas précisée. S'il s'agit de l'aire, la surface (6) est plus petite que la surface (1) ; par contre, s'il s'agit du périmètre, c'est le contraire.

1 Périmètre de surfaces

Le périmètre d'une surface désigne tout à la fois **le contour de cette surface** (dans le langage courant) et **la longueur de ce contour** (sens que nous utiliserons ici).
Le périmètre est défini à partir de la notion de longueur de segments, de lignes brisées et curvilignes.

A. Périmètre d'un polygone

Pour déterminer le périmètre d'un polygone, il suffit d'**additionner les mesures des longueurs** de ses côtés. Mais attention de s'assurer que ces longueurs sont bien exprimées dans la même unité !

Voici les unités de longueurs usuelles présentées dans un tableau qui peut servir pour les conversions d'unités :

km	hm	dam	m	dm	cm	mm

Les unités de longueur sont liées par des relations décimales :
1 km = 10 hm = 100 dam = 1 000 m.
1 mm = 1/10 cm = 1/100 dm = 1/1 000 mm. Etc.

Les conversions d'unités peuvent être réalisées de deux façons.

Exemple (voir QCM 2A) :
– en utilisant les relations entre unités :
1 cm = 1/100 m, donc 234,5 cm = 234,5 × 1/100 m = 2,345 m ;
– en utilisant le tableau de numération et le fait que, dans l'écriture décimale, la virgule signale l'unité choisie.

	km	hm	dam	m	dm	cm	mm
cm comme unité				2	3	4,	5
m comme unité				2,	3	4	5

B. Périmètres de figures usuelles

Déterminer le périmètre de certaines figures est plus complexe.

Ainsi, pour **calculer le périmètre du cercle**, on utilise une formule dans laquelle intervient un **nombre noté π**.

Pour certaines figures, des **formules** permettent de simplifier les calculs.

Rectangle	Carré – Losange	Cercle
ℓ  L	 c	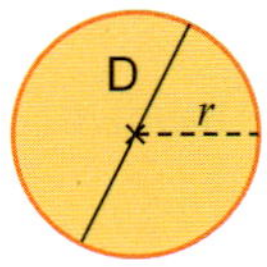
L : mesure de la longueur ℓ : mesure de la largeur	c : mesure de la longueur du côté	r : mesure du rayon D : mesure du diamètre
Périmètre = $(L + \ell) \times 2$	Périmètre = $4 \times c$	Périmètre = $2 \times \pi \times r = D \times \pi$

π est un nombre qui n'est pas rationnel : il ne peut pas s'écrire sous la forme $\frac{a}{b}$ où a et b sont des entiers. Ce résultat a été démontré au milieu du XVIIIe siècle. On ne peut donc pas lui donner une valeur décimale exacte mais seulement une valeur approchée comme 3,14 ; 3,1416 ; 3,14159267 ; etc.

Entrainement 1

Corrigé p. 356

Déterminer, si possible, le périmètre des figures ci-dessous ; elles ne sont pas tracées à l'échelle.

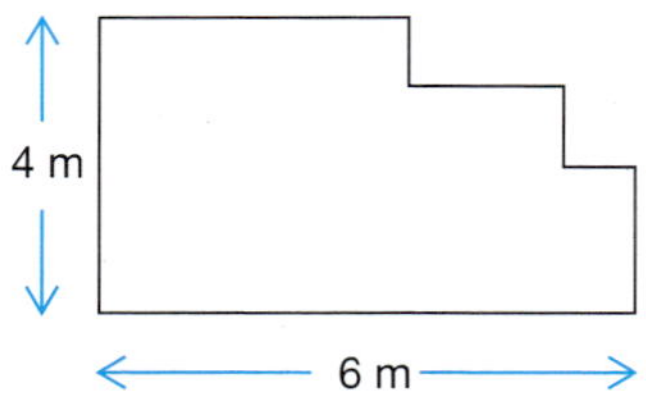

Figure (1)

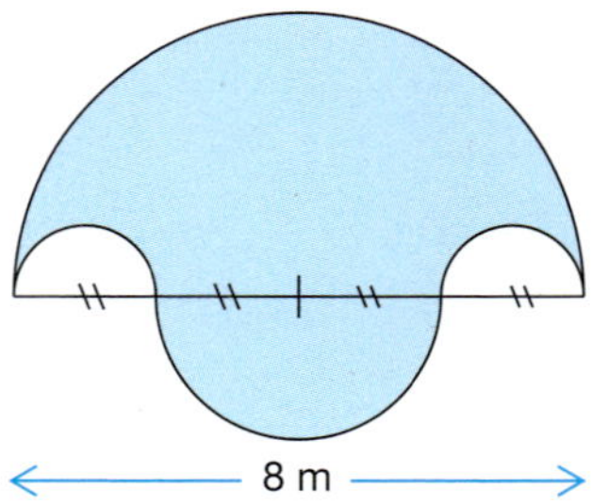

Figure (2)

Entrainement 2

Corrigé p. 356

Déterminer x de telle sorte que le carré et le triangle équilatéral aient même périmètre.

Les mesures sont exprimées dans la même unité.

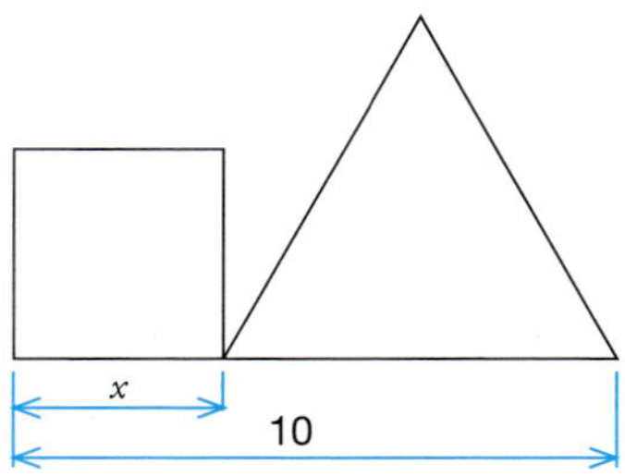

Entrainement 3

Déterminer le rayon d'un cercle dont le périmètre est 10 m.

Corrigé p. 356

Entrainement 4

Un chien est attaché en un point A de la clôture d'un espace fermé, à l'aide d'une corde de 8 m de longueur.

Quel est le périmètre de la surface sur laquelle le chien peut aller ?

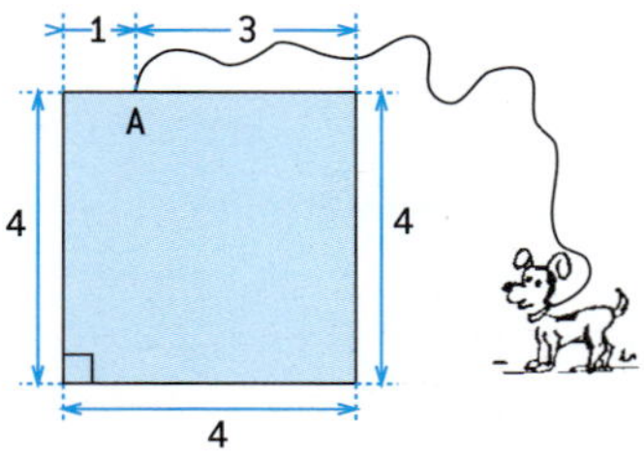

Corrigé p. 356

2 Aire

L'aire est une grandeur définie pour les surfaces par les relations suivantes :

– S et S′ étant deux surfaces, **S a la même aire que S′** si elles se superposent exactement, éventuellement après découpage, déplacement et recollement.

– **S a une aire plus grande que S′** si elles se superposent exactement, éventuellement après découpage, déplacement et recollement.

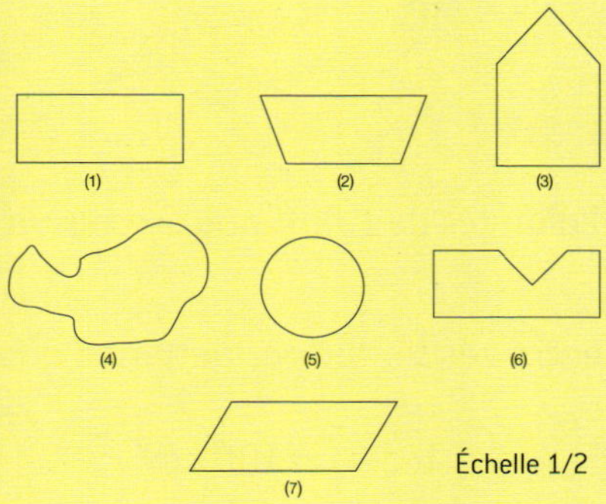

Corrigé QCM 1 :

Qcm 1, p. 339

- **Affirmation B : Aire (5) < Aire (3) est vraie** car après déplacement, on constate que la surface (5) est incluse dans la surface (3).
- **Affirmation C : Aire (6) = Aire (1) est fausse** car après déplacement, on constate que la surface (6) est incluse dans la surface (1).
- **Affirmation D : Aire (7) = Aire (1) est vraie** grâce à un découpage/déplacement de la surface (7) qui permet de retrouver la surface (1).

La mesure de l'aire S, à partir du choix d'une unité, est le nombre d'unités nécessaires pour recouvrir exactement et sans chevauchement la surface de départ.
Ce nombre n'est pas nécessairement un nombre entier.

ATTENTION
La mesure d'une aire dépend donc de l'unité choisie.

Entrainement 5

Corrigé p. 356

Déterminer l'aire des trois surfaces ci-dessous en utilisant comme unité :

a. l'aire du carré □ **b.** l'aire du triangle ◺

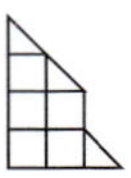
Fig. (1)

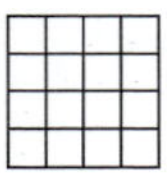
Fig. (2)

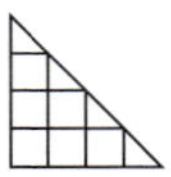
Fig. (3)

② 1. Unités d'aire

Pour mesurer l'aire d'une surface, il est possible de prendre n'importe quelle surface comme unité.

- **L'unité usuelle** est le « **mètre carré** », notée **m²**.

Le m² est l'aire d'un carré de 1 m de côté.

> **ATTENTION**
> 2 m² n'est pas l'aire d'un carré de 2 m de côté ! C'est l'aire d'une surface équivalente à deux carrés de 1 m de côté (par exemple un rectangle de 2 m sur 1 m).

- On utilise aussi **les sous-multiples et les multiples du m²** :

le décimètre carré noté **dm²**, c'est l'aire d'un carré de 1 dm de côté ;
le centimètre carré noté **cm²**, c'est l'aire d'un carré de 1 cm de côté ;
le millimètre carré noté **mm²**, c'est l'aire d'un carré de 1 mm de côté ;
le décamètre carré noté **dam²** (appelé aussi « are » noté **a**),
l'hectomètre carré noté **hm²** (appelé aussi « hectare » noté **ha**),
le kilomètre carré noté **km²**.

Entrainement 6

Corrigé p. 357

Combien faut-il d'unités de 1 dm² pour recouvrir une aire de 1 m² ?

- Des relations entre ces unités permettent d'effectuer des **conversions** :

$1\ m^2 = 100\ dm^2$ $\quad$ $1\ dm^2 = 100\ cm^2$ $\quad$ $1\ cm^2 = 100\ mm^2$...

- **Pour effectuer des conversions d'unités d'aire**, on peut soit utiliser les formules telles que $1\ m^2 = 100\ dm^2$, soit utiliser un tableau de conversion.

FICHE MÉTHODE 1 Convertir des unités d'aires.

→ Convertir : **a.** $32{,}5\ m^2 = ...\ cm^2$ $\quad$ **b.** $230{,}51\ m^2 = ...\ ha$

Méthode 1. Utilisation de relations connues

Appliquer directement des relations connues entre les unités.

a. $1\ m^2 = 10^4\ cm^2$
donc $32{,}5\ m^2 = 32{,}5 \times 10^4\ cm^2$
Donc $\mathbf{32{,}5\ m^2 = 325\ 000\ cm^2}$.
b. $1\ ha = 1\ hm^2 = 10^4\ m^2$
donc $1\ m^2 = 10^{-4}\ ha$
donc $\mathbf{230{,}51\ m^2} = 230{,}51 \times 10^{-4}\ ha = \mathbf{0{,}023051\ ha}$.

Méthode 2. Utilisation d'un tableau de conversion

1. Construire le tableau de conversion des unités d'aires :

km²		hm²		dam²		m²		dm²		cm²		mm²	

km²		hm		dam²		m²		dm²		cm²		mm²	
						3	2	5	0	0	0		
			0,	0	2	3	0	5	1				

2. Placer le nombre à convertir dans le tableau en commençant par écrire le chiffre des unités dans la colonne de droite de l'unité correspondante.	**a.** $32{,}5\ m^2 = 325\ 000\ cm^2$.
3. Placer la virgule dans la colonne de droite de l'unité « visée ». On complète si nécessaire avec des zéros.	**b.** $230{,}51\ m^2 = 0{,}023051$ ha.

Corrigé QCM 2 :

Qcm 2, p. 339

A. $234{,}5$ cm $= 2{,}345$ m

B. $3{,}42\ m^2 = 34\ 200\ cm^2$

C. $0{,}12\ m^2 = 120\ 000\ mm^2$.

D. $240\ mm^2 = 0{,}000240\ m^2$.

Entrainement 7

Corrigé p. 357

Effectuer les conversions suivantes :

a. $35{,}2\ m^2 = ...\ cm^2$

b. $45{,}7\ m^2 = ...$ ha

c. $2{,}5\ km^2 = ...\ m^2$

d. $3{,}5$ ha $= ...\ m^2$

e. $125\ 365\ m^2 = ...$ ha

f. $3{,}5\ dm^2 = ...\ cm^2$

g. $125\ 000\ mm^2 = ...\ dm^2$.

2. Mesure d'aire de figures usuelles

Vous trouverez, à la fin de cet ouvrage (p. 573), les principales formules qui permettent de calculer l'aire des figures usuelles.

Un schéma suffit pour justifier les formules des aires de certaines figures :

Parallélogramme : Aire : $c \times h$

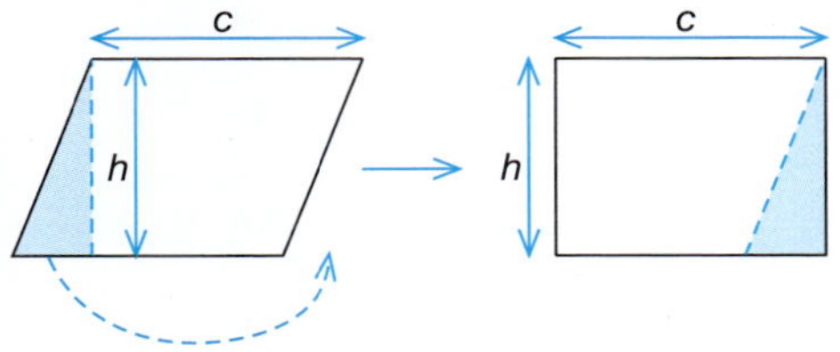

Triangle : Aire : $\dfrac{c \times h}{2}$

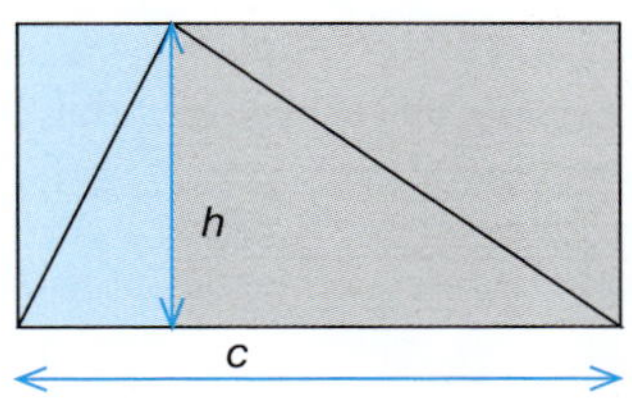

Trapèze : Aire : $\dfrac{B+b}{2} \times h$

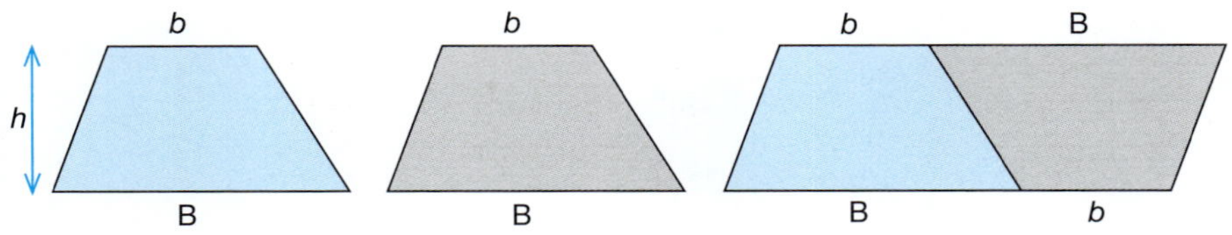

ATTENTION

Pour calculer le périmètre du parallélogramme, comme pour calculer celui du rectangle, on peut ajouter la longueur de deux côtés consécutifs et multiplier le résultat par deux.

Par contre, **pour calculer l'aire du parallélogramme** il ne faut pas, comme pour le rectangle, effectuer le produit des longueurs des deux côtés (corrigé QCM 3) !

Qcm 3, p. 340

Corrigé QCM 3 :

Périmètre de ABCD en cm : $(2 + 1{,}5) \times 2 = 7$.

Aire de ABCD en cm^2 : $2 \times 1 = 2$.

Pour calculer l'aire du parallélogramme, il faut tracer une hauteur du parallélogramme et la mesurer.

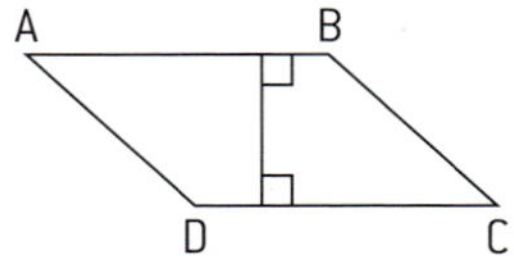

FICHE MÉTHODE 2 Calculer l'aire d'une surface.

→ Calculer les aires des surfaces bleues :

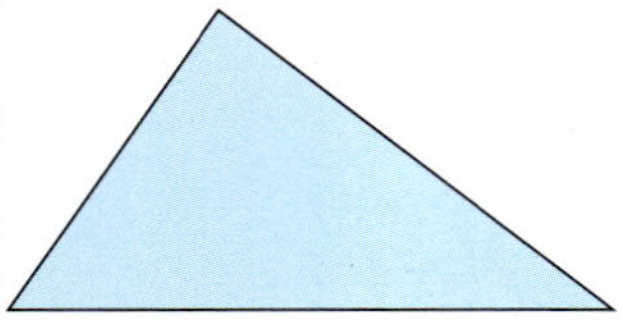

(1)

(2)

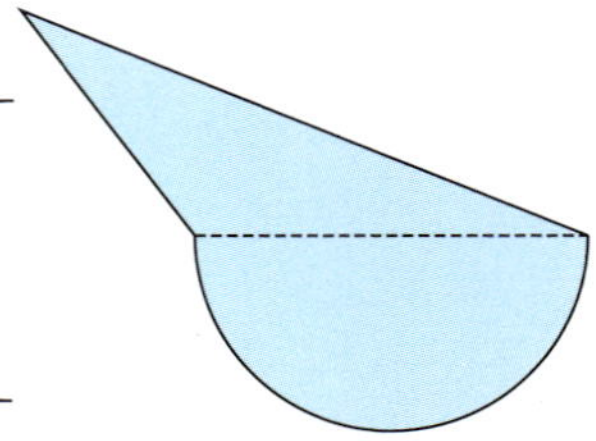

(3)

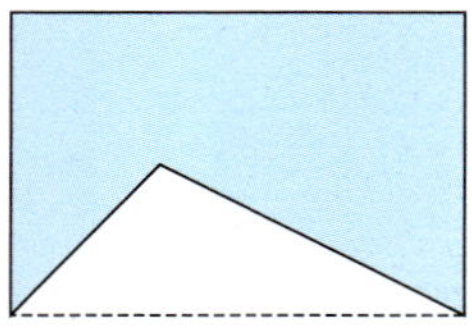

(4)

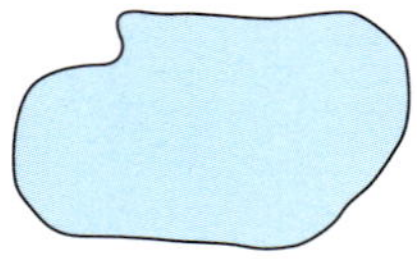

(5)

Méthode 1 : La surface est une figure usuelle. Appliquer la formule qui permet de calculer l'aire de cette figure.	**Surface (1)** : C'est un triangle ; on trace l'une de ses hauteurs que l'on mesure. Aire (1) : $\dfrac{4\text{ cm} \times 2\text{ cm}}{2} = \mathbf{4\text{ cm}^2}$.
Méthode 2 : Déplacer une partie de la figure pour obtenir une figure usuelle.	**Surface (2)** : En déplaçant le demi-disque, on constate que cette surface a même aire qu'un rectangle de dimensions 3 cm sur 2 cm. Aire (2) : $3\text{ cm} \times 2\text{ cm} = \mathbf{6\text{ cm}^2}$.
Méthode 3 : Décomposer la surface en la réunion de surfaces usuelles.	**Surface (3)** : On peut décomposer cette surface en la réunion d'un triangle et d'un demi-cercle. Aire (3) = Aire (triangle) + Aire (demi-cercle) Aire $(3) = \dfrac{1{,}5\text{ cm} \times 2{,}6\text{ cm}}{2} + (1{,}3\text{ cm})^2 \times \pi$ Aire $(3) \approx \mathbf{4{,}6\text{ cm}^2}$.
Méthode 4 : Décomposer la surface en le complémentaire de deux surfaces usuelles.	**Surface (4)** : On peut considérer cette surface comme un rectangle dont on a enlevé un triangle. Aire (4) = Aire (rectangle) – Aire (triangle) Aire $(4) = 3\text{ cm} \times 2\text{ cm} - \dfrac{3\text{ cm} \times 1\text{ cm}}{2}$ Aire $(4) = \mathbf{4{,}5\text{ cm}^2}$.

Méthode 5 : Dans le cas où les méthodes précédentes ne fonctionnent pas, on utilise un quadrillage pour trouver un encadrement de l'aire.

Le quadrillage ci-dessous permet de déterminer une valeur approchée de l'aire de la figure (5) : **environ 560 mm^2**.

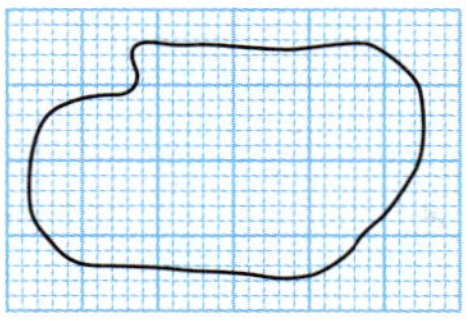

Corrigé QCM 1 :

Qcm 1, p. 339

• **Affirmation E :** Aire (3) > Aire (2).

Pour comparer les figures (2) et (3), le découpage/déplacement est plus complexe.

On peut calculer les aires de ces deux figures :

– en utilisant une formule pour la surface (2) car c'est une figure usuelle ;

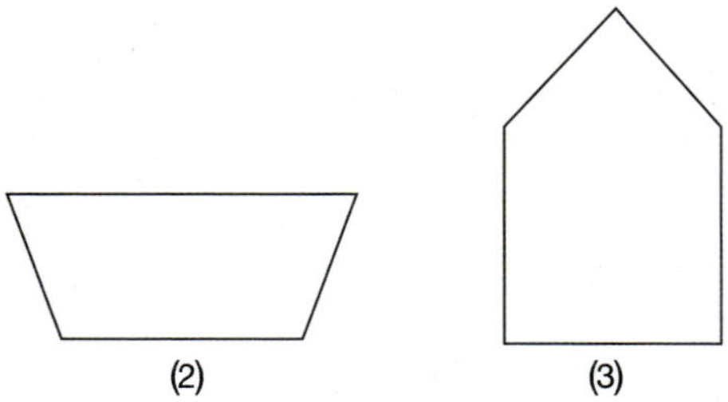

– en décomposant la surface (3) en la réunion de deux surfaces usuelles (un rectangle et un triangle).

Ce qui permet de conclure que Aire (3) > Aire (2).

• **Affirmation F :**

Pour comparer les aires des surfaces (4) et (3), il faut :
– **décomposer la surface (3)** en la réunion d'un carré et d'un triangle et appliquer les formules du calcul d'aire de ces deux figures usuelles. On trouve Aire (3) ≈ **4,14 cm^2**.
– **calculer l'aire (ou au moins une valeur approchée de l'aire) de la figure (4).**

On ne peut pas décomposer (4) en la réunion de deux figures usuelles, on peut seulement envisager d'encadrer la mesure de cette aire. Si on prend comme unité l'aire d'un carré de 0,5 cm de côté, la mesure de l'aire est comprise entre 9 et 24 (ce qui correspond respectivement à 2,25 cm^2 et 6 cm^2). Pour être plus précis, on peut utiliser comme unité des carrés de 1 mm de côté. L'aire de la surface (4) est d'environ **5 cm^2**.

Donc Aire (3) < Aire (4).

Entrainement 8

Corrigé p. 357

a. Justifier la formule qui permet de calculer l'aire du losange (voir p. 573).

b. Justifier la formule du calcul de l'aire du triangle rectangle en utilisant la formule du calcul de l'aire du triangle quelconque (voir p. 573).

Entrainement 9

Corrigé p. 357

Tracer un triangle et les trois hauteurs de ce triangle.

Calculer l'aire de ce triangle en utilisant trois méthodes.

Entrainement 10

Corrigé p. 357

Déterminer la hauteur d'un triangle dont l'aire est de 42 cm^2 et dont le côté correspondant mesure 14 cm.

Entrainement 11

Corrigé p. 358

(*d*) et (*d'*) sont deux droites parallèles. A et B sont deux points de (*d*), et D et C deux points de (*d'*), tels que (AD) est perpendiculaire à (*d*) et (*d'*).

Quelle phrase est vraie quels que soient le point B placé sur (*d*) et le point C placé sur (*d'*) ?

A. L'aire de ACB est supérieure à l'aire de ADB.

B. Les aires des deux triangles ADB et ACB sont égales.

C. On ne peut pas affirmer que les deux triangles ont toujours la même aire ou qu'un des deux triangles a toujours une aire supérieure à l'autre.

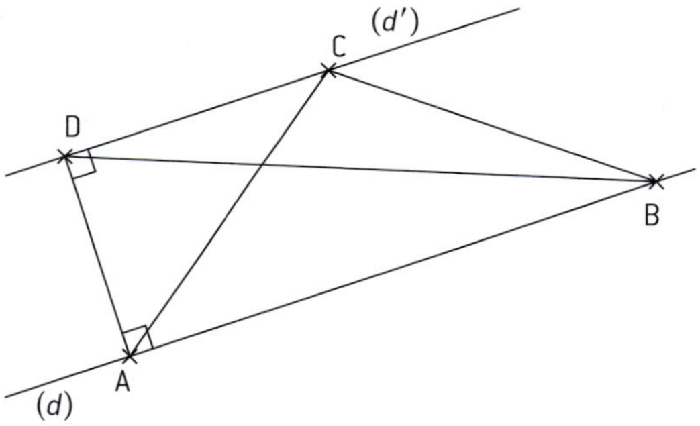

Entrainement 12

Corrigé p. 358

Déterminer si possible la mesure de l'aire des figures en bleu (les dessins ne sont pas tracés à l'échelle et les dimensions sont en mètres).

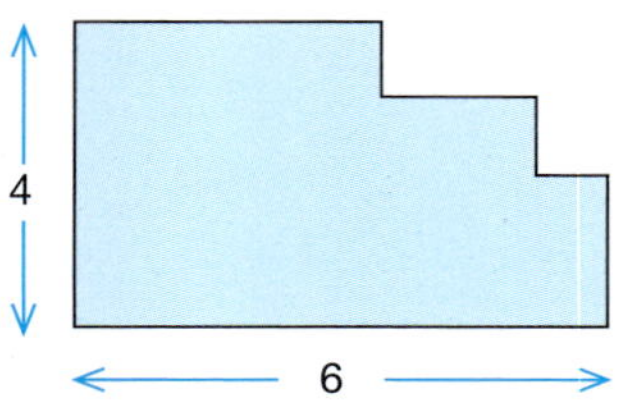

Figure (1)

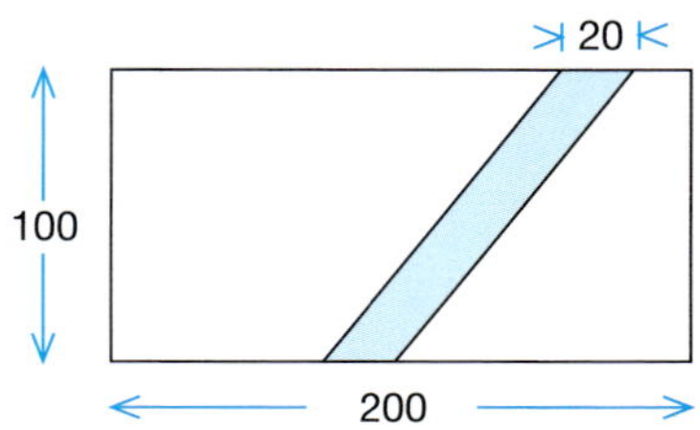

Figure (2)

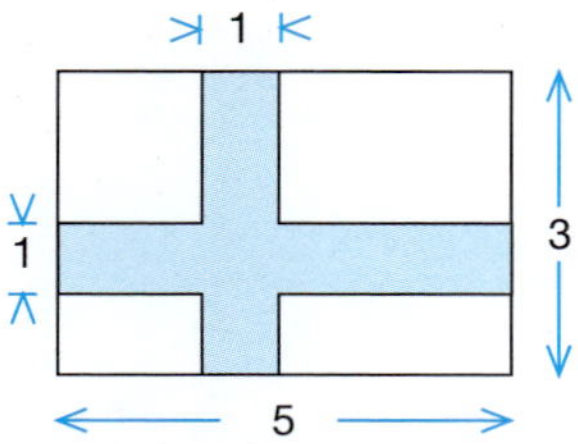

Figure (3)

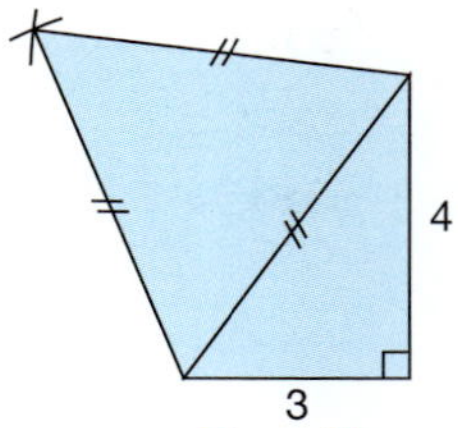

Figure (4)

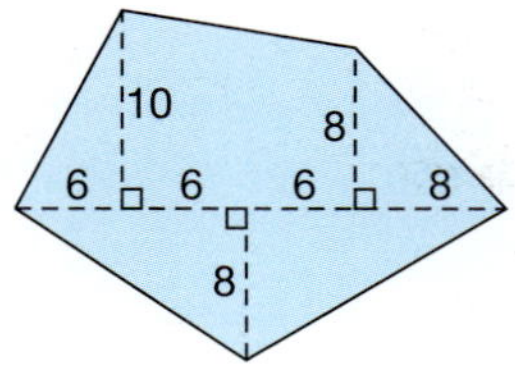

Figure (5)

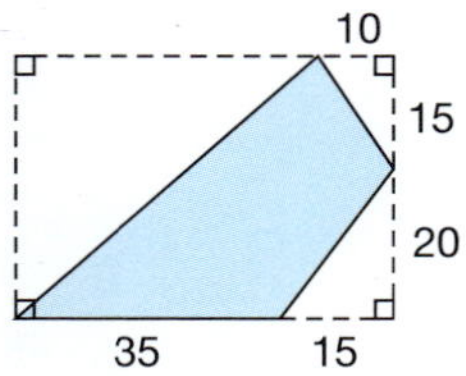

Figure (6)

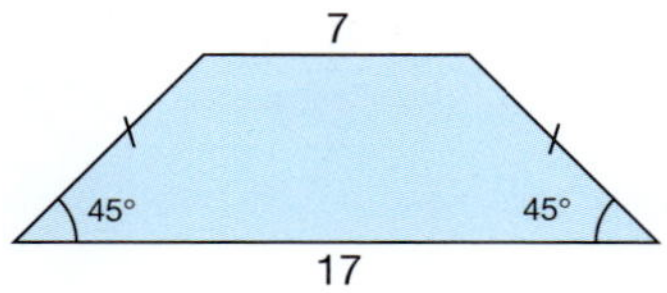

Figure (7)

Entrainement 13

Corrigé p. 359

Déterminer le rayon d'un cercle dont la mesure de l'aire est 40 cm^2.

Entrainement 14

Corrigé p. 359

Déterminer si possible l'aire des figures en bleu ci-dessous :

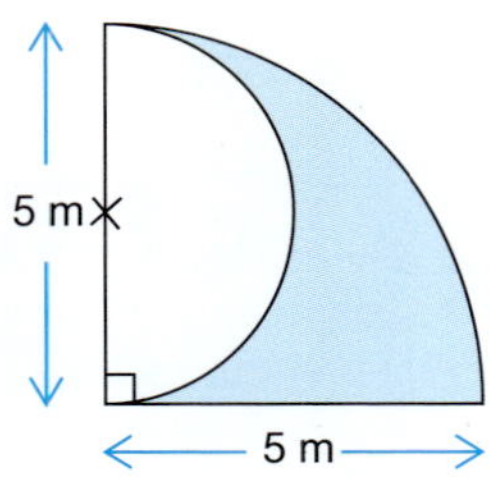

Figure (1)

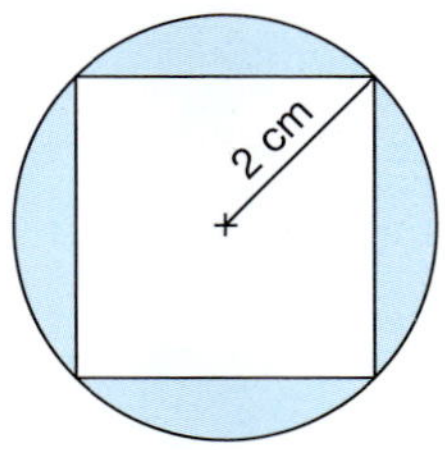

Figure (2)

Corrigé QCM 4 : « Quelles que soient les surfaces A et B, si l'aire de la surface A est supérieure à celle de la surface B, alors le périmètre de A est supérieur au périmètre de B. »

Qcm 4, p. 340

Cet énoncé est faux. On a un contre-exemple avec les figures (1) et (6) du QCM 1 :

(1)

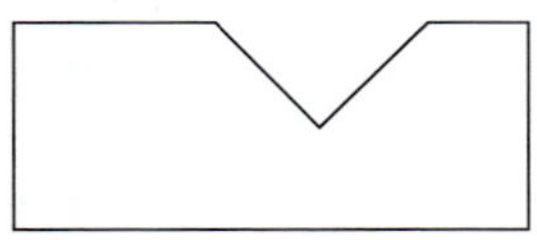

(6)

ATTENTION
Le fait qu'une figure ait une aire plus grande qu'une autre ne prouve pas qu'elle ait un périmètre plus grand.

Aire (1) > Aire (6) et pourtant le périmètre de (1) est inférieur au périmètre de (6).

2 3. Périmètre, aire et agrandissement

Si on agrandit / réduit une figure d'un coefficient k :
– son périmètre est multiplié par k
– son aire est multipliée par k^2.

Entrainement 15

Corrigé p. 360

Si on multiplie les dimensions d'un rectangle par 5, par quel nombre est multiplié son périmètre ? Son aire ?

3 Volume

Le volume est une grandeur qui caractérise des solides et qui peut être définie par les deux relations suivantes :
– **Deux solides S et S′ ont le même volume** s'il faut la même quantité d'eau pour remplir S et S′ ou, si plongés dans une même quantité d'eau contenue dans des récipients identiques, la hauteur de l'eau monte de la même façon dans les deux récipients.
– **Un solide S a un volume inférieur à un solide S′** si la quantité d'eau pour remplir S ne suffit pas à remplir S′.

On parle donc de volume d'un solide pour évoquer l'espace qu'il occupe. Dans certains cas, ce volume correspond à la quantité de liquide, d'air... que le solide peut contenir. On parle alors de contenance.

La mesure du volume suppose le choix d'un solide unité (c'est souvent un cube) et représente le nombre de solides unités nécessaires pour remplir le solide.

3 1. Unités

Il y a deux types d'unités : les unités en « cube » et les unités en « litre ».

Les unités en « cube » sont plutôt utilisées lorsqu'on évoque la notion de volume et les unités en « litre » lorsqu'on évoque des contenances, mais il existe évidemment des égalités entre ces unités.

A. Les unités en « cube »

- **L'unité usuelle** est le « **mètre cube** », noté **m**^{3}.

Le **m**^{3} est le volume d'un cube de 1 m de côté.

ATTENTION
2 m^3 ne représentent pas le volume d'un cube de 2 m de côté.

- On utilise aussi **les sous-multiples du m**^{3} :

décimètre cube (**dm**^{3})   centimètre cube (**cm**^{3})   millimètre cube (**mm**^{3})

Entrainement 16

Corrigé p. 360

Combien met-on de cubes de 1 dm de côté dans un cube de 1 m de côté ?

- Des relations permettent d'effectuer **des conversions** :

$1 \text{ m}^3 = 1\,000 \text{ dm}^3$ $1 \text{ dm}^3 = 1\,000 \text{ cm}^3$ $1 \text{ cm}^3 = 1\,000 \text{ mm}^3$

B. Les unités en « litre »

- L'unité usuelle est le « **litre** », noté **L**.
- On utilise aussi **les multiples et sous-multiples du litre :**

hectolitre (**hL**)	décilitre (**dL**)	millilitre (**mL**)
décalitre (**daL**)	centilitre (**cL**)	
1 hL = 10 daL = 100 L	1 daL = 10 L	1 dL = 0,1 L
1 cL = 1 dL = 0,01 L	1 mL = 1 cL = 0,01 L	

- **Pour effectuer des conversions des unités de volume** on peut, comme avec les unités d'aire, soit utiliser les formules telles que $1\ m^3 = 1\ 000\ dm^3$, soit utiliser un tableau de conversion.

Pour passer des unités en « litre » aux unités en « cube », on utilise la relation : **$1\ L = 1\ dm^3$.**

FICHE MÉTHODE 3 Convertir des unités de volumes.

→ Convertir : **a.** $132{,}5\ m^3 = ...\ cm^3$ **b.** $30{,}5\ cm^3 = ...\ L$ **c.** $1\ 425\ mm^3 = ...\ cL$

Méthode 1. Utilisation de relations connues

Appliquer directement des relations connues entre les unités.	**a.** $1\ m^3 = 10^6\ cm^3$ donc $132{,}5\ m^3 = 132{,}5 \times 10^6\ cm^3$ Donc $132{,}5\ m^3 =$ **$132\ 500\ 000\ cm^3$**. **b.** $1\ L = 1\ dm^3 = 1\ 000\ cm^3$ donc $1\ cm^3 = 10^{-3}\ L$ Donc $30{,}5\ cm^3 = 30{,}5 \times 10^{-3}\ L =$ **$0{,}0305\ L$**. **c.** $1\ mm^3 = 10^{-6}\ dm^3 = 10^{-6}\ L$ donc $1\ 425\ mm^3 = 1\ \ 425 \times 10^{-6}\ L = 0{,}001425\ L$ $1\ L = 100\ cL$, donc $1\ 425\ mm^3 =$ **$0{,}1425\ cL$**.

Méthode 2. Utilisation d'un tableau de conversion

1. Construire le tableau de conversion des unités de volumes :

m^3			dm^3			cm^3			mm^3		
			hL	daL	L	dL	cL	mL			

2. Placer le nombre à convertir dans le tableau en mettant son chiffre des unités dans la colonne de droite de l'unité correspondante.

m^3			dm^3			cm^3			mm^3		
			hL	daL	L	dL	cL	mL			
1	3	2	5	0	0	0	0	0			
					0,	0	3	0	5		
							0,	1	4	2	5

3. Placer la virgule dans la colonne de droite de l'unité « visée ». On complète si nécessaire avec des zéros.

a. $132{,}5\ m^3 = 132\ 500\ 000\ cm^3$.
b. $30{,}5\ cm^3 = 0{,}0305\ L$.
c. $1\ 425\ mm^3 = 0{,}1425\ cL$.

Corrigé QCM 5 :

A. 13,42 m^3 = 13 420 000 cm^3

B. 0,012 m^3 = 12 000 cm^3

C. 2 400 mm^3 = 0,0024 dm^3

D. 3,5 cL = 35 000 mm^3

Qcm 5, p. 340

Entrainement 17

Corrigé p. 360

Effectuer les conversions suivantes :

a. 3,7 m^3 = ... cm^3

b. 4 500 000 L = ... m^3

c. 3,5 cm^3 = ... mL

d. 3,5 L = ... cm^3

e. 12,57 mL = ... cm^3

f. 0,0045 m^3 = ... cL

3 2. Volume des solides usuels

Vous trouverez, à la fin de cet ouvrage (p. 573), les principales formules qui permettent de calculer le volume des figures usuelles.

Corrigé QCM 6 :

Qcm 6, p. 340

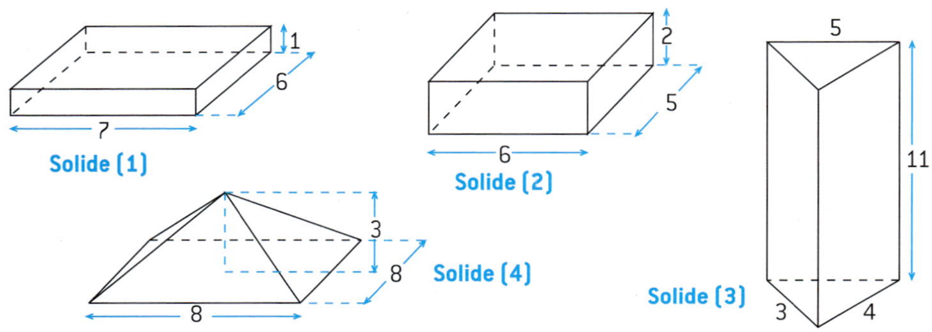

Pour comparer les volumes de solides, on peut calculer leur volume en appliquant des formules.

La mesure du volume du solide (1), si l'on choisit comme unité le cm^3, est : $7 \times 6 \times 1 = 42$.

Voici un tableau présentant les résultats dans l'ordre croissant :

Solide	(1)	(2)	(3)	(4)
Mesure du volume en cm^3	42	60	66	64

Remarque : Le solide (3) a une base qui est un triangle rectangle ; on peut le prouver à l'aide de la réciproque du théorème de Pythagore.

Aire totale (2) = $2 \times 6 \times 5 + 2 \times 6 \times 2 + 2 \times 5 \times 2 = 104$.

Aire totale (1) = $2 \times 7 \times 6 + 2 \times 7 \times 1 + 2 \times 6 \times 1 = 110$.

Donc **aire totale (2) < aire totale (1)** alors que Volume (2) > Volume (1).

Aire totale (3) = $2 \times \frac{4 \times 3}{2} + 4 \times 11 + 3 \times 11 + 5 \times 11 = 144$.

Donc **aire totale (3) > aire totale (1)**

(Ici les volumes sont dans le même ordre).

ATTENTION

Comme on vient de le constater, les aires totales des solides ne sont pas forcément dans le même ordre que leur volume.

Entrainement 18

Corrigé p. 360

Calculer le volume de ces solides (les dimensions sont en cm) :

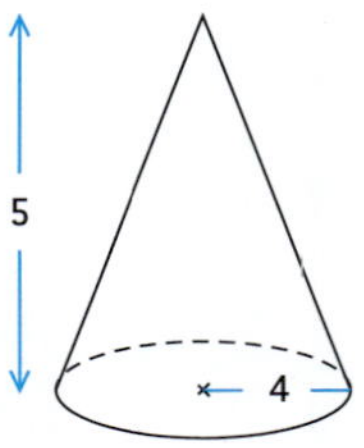

Figure (1)

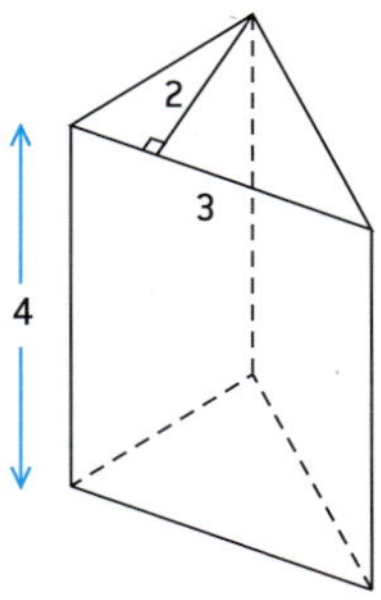

Figure (2)

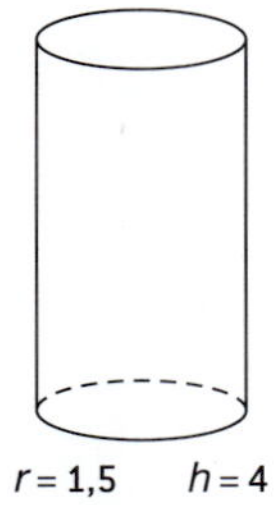

Figure (3)

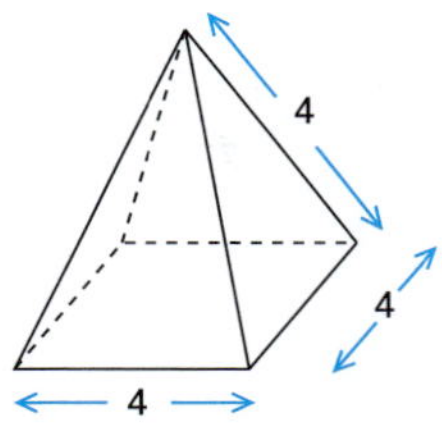

Figure (4)

La Fig. 4 est une pyramide régulière de base carrée.

C

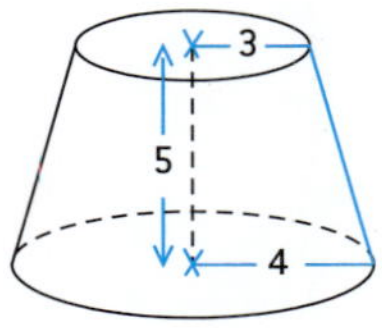

Figure (5)

La Fig. 5 est un tronc de cône.

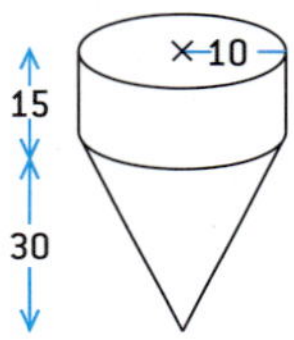

Figure (6)

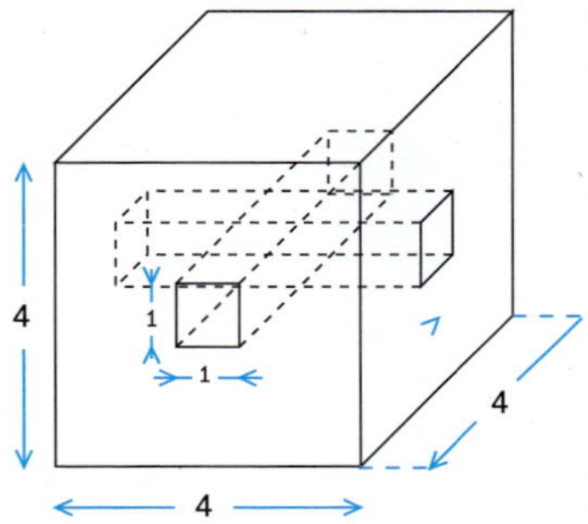

Figure (7)

Entrainement 19

Corrigé p. 361

Chercher la dimension manquante.

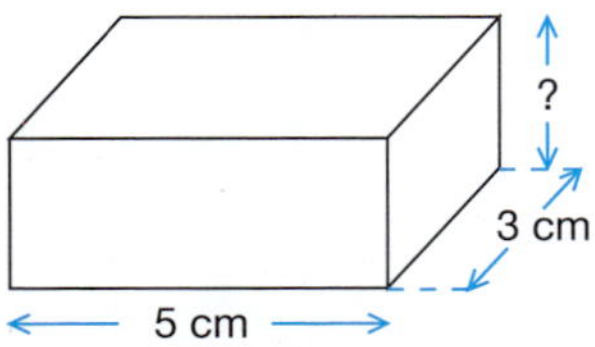

Figure (1)

$\mathcal{V}$ = 37,5 cm^3

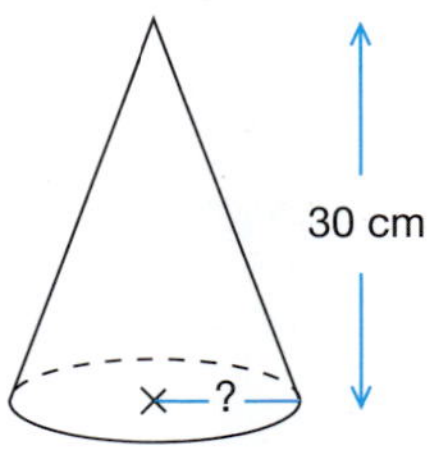

Figure (2)

$\mathcal{V}$ = 376 cm^3

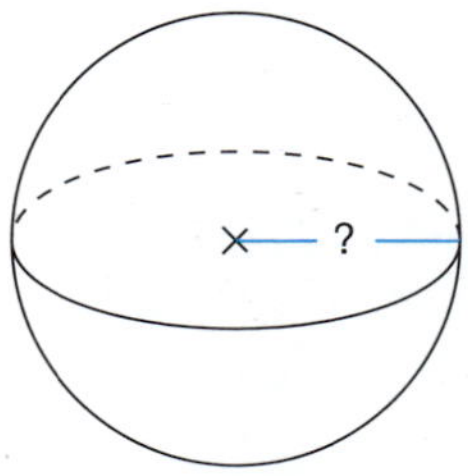

Figure (3)

$\mathcal{V}$ = 113,1 cm^3

Entrainement 20

Corrigé p. 361

On verse 3 L d'eau dans ce cylindre.
L'eau débordera-t-elle ?
Sinon, à quelle hauteur arrivera-t-elle ?

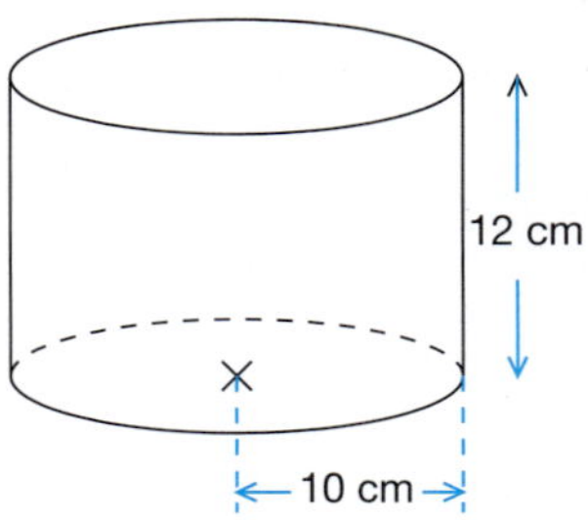

Entrainement 21

Corrigé p. 361

Déterminer x pour que le volume total des deux cônes soit maximal.

Les sommets des deux cônes ci-contre sont les centres des disques de base du cylindre. Le disque de base commun à ces deux cylindres est superposable aux deux disques de base.

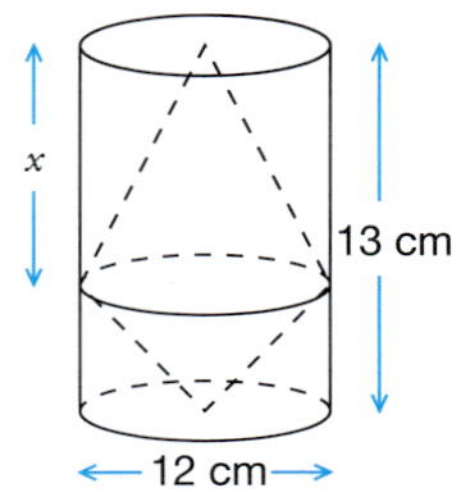

Entrainement 22

Corrigé p. 362

Une sorbetière a la forme d'un pavé droit de dimension 16 cm sur 12 cm sur 10 cm. Elle est remplie aux $4/5^e$ de glace. Combien de demi-boules de glace peut-on faire avec une cuillère de glace dont le diamètre est de 45 mm ?

3. Volume et agrandissement

Si on multiplie par k toutes les dimensions d'un solide, son volume est multiplié par k^3.

Entrainement 23

Corrigé p. 362

Si on multiplie par 3 les dimensions d'un pavé, par combien est multiplié son volume ?

4 Autres grandeurs

1. Durée

A. Unités de durée

- **L'unité de base** est la **seconde**, notée **s**.

La **seconde** est définie comme « la durée de 9 192 631 770 périodes de la radiation correspondant à la transition entre les deux niveaux hyperfins de l'état fondamental de l'atome Césium 133 ».

- D'autres unités sont :

– la **minute** (min), qui est égale à **60 secondes** (s) ;
– l'**heure** (h), qui est égale à **60 minutes** ou à **3 600 secondes**.

B. Difficultés de ce système en base 60

Ce système n'est pas un système décimal, il est peu pratique à manipuler.
Voici deux difficultés spécifiques.

- **Difficulté pour additionner ou soustraire les mesures**

Exemple :

$$\begin{array}{r} 2\text{ h }52\text{ min} \\ +\,3\text{ h }53\text{ min} \\ \hline \end{array}$$

La retenue provenant de la somme de 5 + 5 n'est pas à ajouter aux heures car, contrairement à ce qui se passe dans le système décimal, 10 unités d'un rang ne donnent pas une unité du rang suivant. On est obligé d'ajouter les minutes aux minutes, les heures aux heures et de faire les éventuels échanges nécessaires sachant que **60 min = 1 h**.

On obtient : 5 h 105 min, soit **6 h 45 min.**

- **Difficulté liée à l'utilisation des nombres décimaux pour exprimer des durées**

Exemple : 2,5 min est différent de 2 minutes et 5 secondes.
En effet, **2,5 minutes = 2 minutes 30 secondes** (car 0,5 min $= \frac{5}{10}$ min $= \frac{1}{2}$ min = 30 s).

Entrainement 24

Corrigé p. 362

a. Convertir en minutes et secondes : 3,5 min 2,2 min 1,25 min.

b. Convertir en heures : 5 h 30 min 2 h 45 min 4 h 20 min.

4 2. Masse

- **L'unité usuelle** est le **kilogramme**, noté **kg**.

Le **kilogramme** est « la masse du prototype iridié déposé au pavillon de Breteuil à Sèvres ».

- **On utilise aussi les multiples et les sous-multiples suivants :**

tonne (**t**)	hectogramme (**hg**)	centigramme (**cg**)
quintal (**q**)	décagramme (**dag**)	décigramme (**dg**)
kilogramme (**kg**)	gramme (**g**)	milligramme (**mg**)

- **Voici des relations entre ces unités :**

1 t = 1 000 kg 1 q = 100 kg

4 3. Angle

- **L'unité usuelle** est le **degré**.

Le **degré** est l'angle au centre qui intercepte un arc dont la longueur est égale à $\frac{1}{360^e}$ de celle du cercle.

- **D'autres unités sont :**

la **minute** qui est $\frac{1}{60^e}$ de degré la **seconde** qui est $\frac{1}{60^e}$ de minute

- **Une autre unité** est utilisée dans l'enseignement secondaire : le **radian**, noté **rad**. C'est la mesure d'un angle au centre qui intercepte un arc donc la longueur est égale au rayon du cercle : **1 rad ≈ 57,3°**.

Corrigés

Entrainement 1

Énoncé p. 342

Figure (1) : Le périmètre de cette figure a la même mesure que le périmètre du rectangle de 6 m sur 4 m, c'est-à-dire **20 m**.

Figure (2) : Le périmètre de cette figure est constitué de quatre demi-cercles : deux ont pour rayon 1 m, un a pour rayon 2 m et un a pour rayon 4 m.

Le périmètre d'un cercle de rayon r étant égal à $2 \times \pi \times r$, celui d'un demi-cercle de rayon r est égal à $\pi \times r$.

Le périmètre de la figure est donc en m :

$(2 \times 1 \times \pi) + (2 \times \pi) + (4 \times \pi) = 8\pi$ (environ **25,1 m**),

ce qui correspond au périmètre du cercle de rayon 4 m.

Entrainement 2

Énoncé p. 342

Le périmètre du carré est $4x$, celui du triangle équilatéral est $3(10 - x)$.

On doit avoir : $4x = 3(10 - x)$, donc $4x = 30 - 3x$, donc $7x = 30$ et $\boldsymbol{x = \frac{30}{7}}$.

Entrainement 3

Énoncé p. 343

Soit r la mesure du rayon en m.

On a : $10 = 2\pi r$, donc $r = \frac{10}{2\pi}$, donc $\boldsymbol{r \approx 1{,}6}$ **m.**

Entrainement 4

Énoncé p. 343

Le périmètre de cette surface est constitué d'un demi-cercle de rayon 8 m et de quarts de cercles de rayons respectifs : 5 m, 1 m, 3 m et 7 m. La mesure du périmètre est donc en m :

$\frac{16\pi}{2} + \frac{10\pi}{4} + \frac{2\pi}{4} + \frac{6\pi}{4} + \frac{14\pi}{4} = 16\pi \approx \mathbf{50{,}3}$.

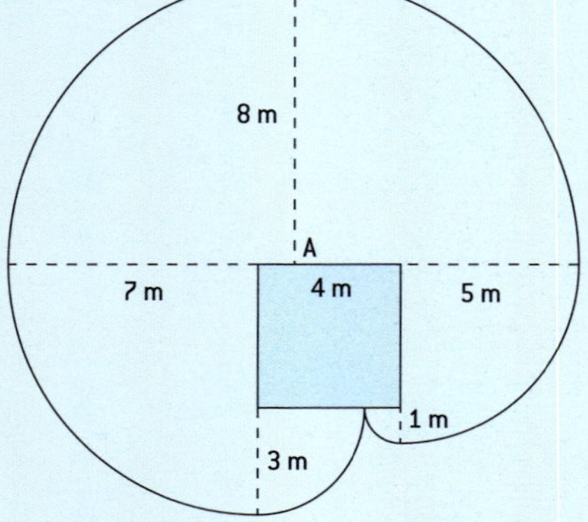

Entrainement 5

Énoncé p. 343

a. Fig. (1) : 6,5 Fig. (2) : 16 Fig. (3) : 8

b. Fig. (1) : 13 Fig. (2) : 32 Fig. (3) : 16

Entrainement 6

Énoncé p. 344

1 m^2 est l'aire d'un carré de 1 m de côté. Comme 1 m = 10 dm, il faut 100 carrés de 1 dm de côté (donc de 1 dm^2) pour recouvrir ce carré de 1 m de côté (en effet $10 \times 10 = 100$).
Ce qui explique que 1 m^2 = 100 dm^2.

Entrainement 7

Énoncé p. 345

a. 35,2 m^2 = 352 000 cm^2
b. 45,7 m^2 = 0,00457 hm^2 = 0,00457 ha
c. 2,5 km^2 = 2 500 000 m^2
d. 3,5 ha = 35 hm^2 = 35 000 m^2
e. 125 365 m^2 = 12,5365 ha
f. 3,5 dm^2 = 350 cm^2
g. 125 000 mm^2 = 12,5 dm^2.

Entrainement 8

Énoncé p. 348

a. On peut découper le losange pour former un rectangle de dimensions $\frac{D}{2}$ et d.

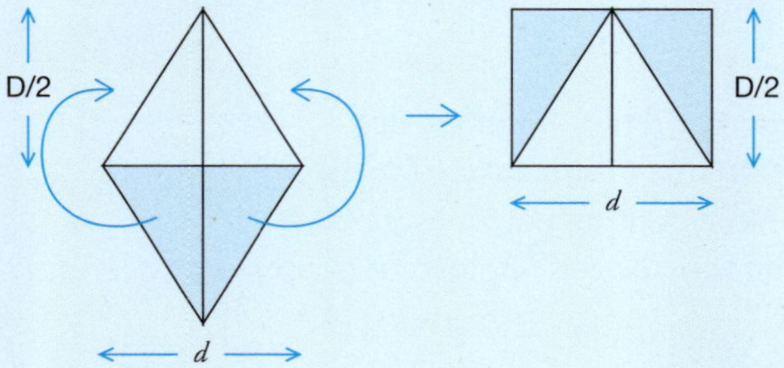

AUTRE MÉTHODE

On peut aussi considérer que l'aire du losange, c'est la moitié de l'aire du rectangle de dimension D et d. D'où la formule $\frac{D \times d}{2}$.

b. Dans un triangle rectangle, deux hauteurs sont confondues avec les côtés. Ainsi, dans un triangle ABC rectangle en B, deux hauteurs sont respectivement confondues avec les côtés [AB] et [BC]. En considérant le côté relatif à une de ces hauteurs, la formule $\frac{c \times h}{2}$ devient $\frac{BC \times AB}{2}$.

Entrainement 9

Énoncé p. 348

On doit évidemment trouver le même résultat.

ATTENTION

Dans les triangles qui ont un angle obtus, deux hauteurs « sortent » du triangle, mais la formule du calcul de l'aire reste valable.

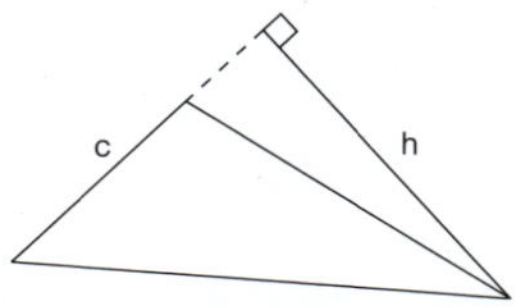

Entrainement 10

Énoncé p. 348

Soit h la hauteur en cm, on a donc $\frac{14 \times h}{2} = 42$, donc $14 \times h = 84$.
Donc $h = \frac{84}{14} = \mathbf{6}$.

Entrainement 11

Énoncé p. 348

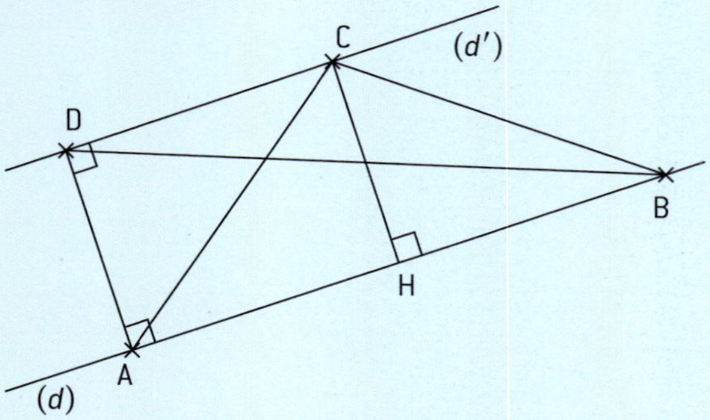

Soit H le pied de la hauteur issue de C du triangle ABC.

Aire (ADB) $= \dfrac{AB \times AD}{2}$ et aire (ACB) $= \dfrac{AB \times CH}{2}$.

Or CH = DA car ADCH est un rectangle (il a trois angles droits).

Donc la phrase B est vraie : Aire (ADB) = Aire (ACB).

Entrainement 12

Énoncé p. 348

Figure (1) : Il n'est pas possible de trouver son aire, car il nous manque des dimensions, alors qu'on a pu déterminer son périmètre *(entrainement 1 p. 356)*.

Figure (2) : La figure en bleu est un parallélogramme dont un côté mesure 20 m et la hauteur correspondante mesure 100 m. Donc l'aire de cette figure en m^2 est : $20 \times 100 = 2\,000$.

Figure (3) : On peut déterminer l'aire des deux bandes rectangulaires : l'une a pour dimensions 5 m sur 1 m et l'autre 3 m sur 1 m.

L'aire de la surface en bleu en m^2 est donc de :

$(5 \times 1) + (3 \times 1) - (1 \times 1) = 7.$

> **ATTENTION**
> Il faut retrancher l'aire du carré central, sinon elle est comptée deux fois !

Figure (4) : Cette surface est constituée d'un triangle rectangle et d'un triangle équilatéral.

Le triangle rectangle a une aire de $\dfrac{3 \times 4}{2} = \mathbf{6}$.

Pour calculer l'aire du triangle équilatéral, il faut déterminer :

- la mesure de son côté : pour cela, on applique le théorème de Pythagore au triangle rectangle et on trouve 5 ;
- la mesure de sa hauteur (on rappelle que la mesure de la hauteur dans un triangle équilatéral de côté *a* est $\dfrac{a\sqrt{3}}{2}$), on obtient ici : $\dfrac{5\sqrt{3}}{2}$.

L'aire du triangle équilatéral est donc $\dfrac{5 \times \dfrac{5\sqrt{3}}{2}}{2} = \mathbf{6{,}25\sqrt{3}}$.

Donc **l'aire de la surface (4) est en m^2 : $6 + 6{,}25\sqrt{3}$**.

Figure (5) : Cette surface est constituée de deux triangles rectangles, d'un triangle quelconque et d'un trapèze. Son aire en m^2 est donc de :

$\dfrac{6 \times 10}{2} + \dfrac{8 \times 8}{2} + \dfrac{26 \times 8}{2} + \dfrac{(10 + 8) \times 12}{2} = \mathbf{274}.$

Figure (6) : L'aire de cette surface s'obtient en faisant la différence entre l'aire du rectangle de dimensions 50 et 35, et l'aire de trois triangles rectangles.
Le grand triangle rectangle a pour dimensions : 40 et 35.
L'aire de la surface en bleu en m^2 est donc de :

$$50\times35-\frac{10\times15}{2}-\frac{20\times15}{2}-\frac{40\times35}{2}=\mathbf{825}.$$

Figure (7) : Cette figure est un trapèze. Il faut déterminer sa hauteur.

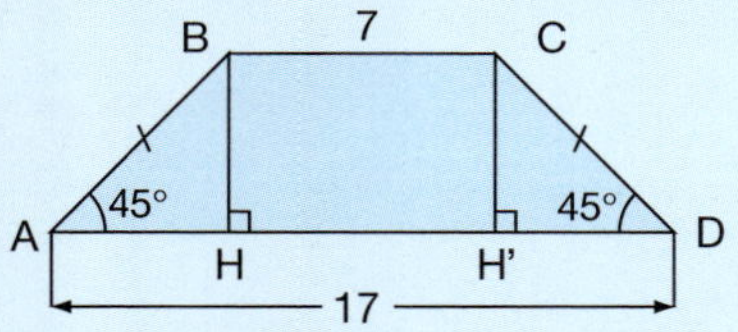

Le triangle ABH est un triangle rectangle qui a un angle de 45°, donc le troisième angle mesure également 45° (180° – 90° – 45°).
Donc c'est un triangle isocèle. Donc AH = BH.
De même CH′ = DH′, donc AH = DH′ (car BH = CH′).
Or AH + HH′ + H′D = 17 et HH′ = BC (car BCH′H est un rectangle).

Donc AH + DH′ = 17 – 7 = 10, donc $AH=\frac{10}{2}=5$.

Aire de (7) $=\frac{17+7}{2}\times5=\mathbf{60\ m^2}$.

Entrainement 13

Énoncé p. 349

Soit r le rayon cherché : $\pi r^2 = 40$, donc $r^2=\frac{40}{\pi}$.

Donc $r=\sqrt{\frac{40}{\pi}}\approx\mathbf{3{,}57\ cm}$.

Entrainement 14

Énoncé p. 349

Figure (1) : L'aire de la partie en bleu correspond à la différence entre l'aire d'un quart de disque de rayon 5 m et l'aire d'un demi-disque de diamètre 5 m.
On obtient donc, en m^2 :

$$\left(\frac{5\times5\times\pi}{4}\right)-\left(\frac{2{,}5\times2{,}5\times\pi}{2}\right)=3{,}125\pi\approx\mathbf{9{,}82}.$$

Figure (2) : La partie bleue correspond à la différence entre l'aire du disque de rayon 2 cm et l'aire du carré.
Il faut calculer l'aire du carré et pour cela déterminer la mesure de son côté c.

La diagonale du carré mesure 4 cm, donc $c\sqrt{2}=4$, donc $c=\frac{4}{\sqrt{2}}=2\sqrt{2}$.

Aire bleue **en cm^2** : $4\pi-\left(2\sqrt{2}\right)^2=4\pi-8\approx\mathbf{4{,}57}$.

Entrainement 15

Énoncé p. 350

Son périmètre est multiplié par 5 et son aire par $5^2 = \mathbf{25}$.
Soit L et ℓ la longueur et la largeur du rectangle. Les dimensions du rectangle agrandi sont 5L et 5ℓ.
Le périmètre du rectangle agrandi est donc : $2(5L + 5\ell) = 10L + 10\ell = 5(2L + 2\ell)$.
L'aire du rectangle agrandi est donc :
$5L \times 5\ell = 25\ L \times \ell$.

Entrainement 16

Énoncé p. 350

1 m^3 est le volume d'un cube de 1 m de côté. Comme 1 m = 10 dm, il faut 1 000 cubes de 1 dm de côté (donc de 1 dm^3) pour remplir ce cube de 1 m de côté (en effet $10 \times 10 \times 10 = 1\ 000$).
Ce qui explique que 1 m^3 = 1 000 dm^3.

Entrainement 17

Énoncé p. 352

a. 3,7 m^3 = 3 700 000 cm^3
b. 4 500 000 L = 4 500 m^3
c. 3,5 cm^3 = 3,5 mL
d. 3,5 L = 3 500 cm^3
e. 12,57 mL = 12,57 cm^3
f. 0,0045 m^3 = 450 cL

On remarque que 1 mL = 1 cm^3

Entrainement 18

Énoncé p. 353

Figure (1) : $\mathcal{V}$ (en cm^3) $= \frac{1}{3} \times \left(\left(\pi \times 4^2\right) \times 5\right) \approx \mathbf{83{,}776}$.

Figure (2) : $\mathcal{V}$ (en cm^3) $= 4 \times \left(\frac{3 \times 2}{2}\right) = \mathbf{12}$.

Figure (3) : $\mathcal{V}$ (en cm^3) $= \pi \times (1{,}5)^2 \times 4 \approx \mathbf{28{,}274}$.

Figure (4) : Pour calculer le volume de cette pyramide, il faut déterminer sa hauteur. Pour cela, on peut par exemple se placer dans le triangle rectangle AHC :

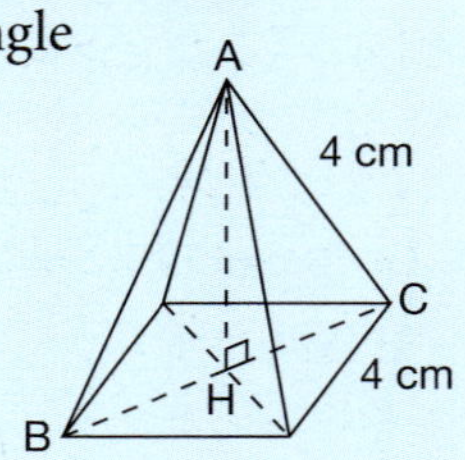

On a : $AH^2 = AC^2 - HC^2$ (théorème de Pythagore).
$BC = 4\sqrt{2}$ (diagonale d'un carré de côté 4 cm),
donc $HC = 2\sqrt{2}$.
Donc $AH^2 = 16 - \left(2\sqrt{2}\right)^2 = 8$, donc $AH = \sqrt{8} = 2\sqrt{2}$.

Donc le volume en cm^3 est : $\frac{1}{3} \times 4 \times 4 \times 2\sqrt{2} = \frac{32}{3} \times \sqrt{2} \approx \mathbf{15{,}08}$.

Figure (5) : Le volume de ce cône tronqué est égal à la différence du volume des 2 cônes :

- l'un de rayon de base de 4 cm et dont il faut déterminer la hauteur ;
- l'autre de rayon de base 3 cm et dont il faut également déterminer la hauteur.

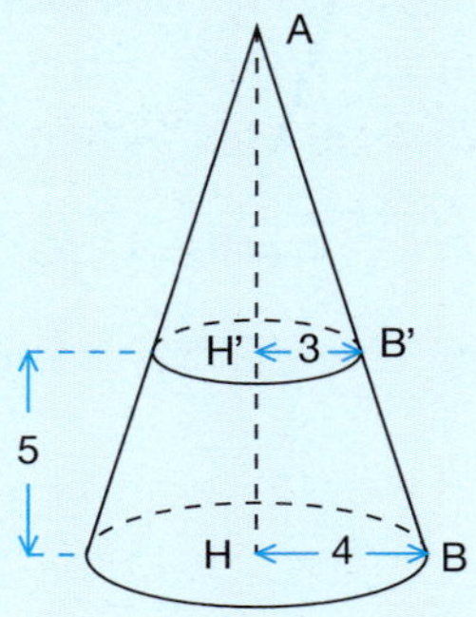

Il faut donc déterminer AH. Pour cela, on peut appliquer le théorème de Thalès dans le triangle AHB avec (H'B') parallèle à (HB).

On a donc : $\frac{AH}{AH'} = \frac{HB}{H'B'}$ donc $\frac{AH}{AH'} = \frac{4}{3}$, donc $\frac{AH}{AH-5} = \frac{4}{3}$,
en utilisant, le produit en croix : 3AH = 4(AH–5),
donc AH = 20 et AH′ = 20 – 5 = 15.

- **Volume du grand cône en cm³** (de rayon de base 4) :
$\frac{1}{3}\times(4\times4\times\pi\times15)=\frac{320\pi}{3}$.
- **Volume du petit cône en cm³** (de rayon de base 3) :
$\frac{1}{3}\times(3\times3\times\pi\times15)=\mathbf{45\pi}$.
- **Volume du cône tronqué en cm³** : $\frac{320\pi}{3}-45\pi=\frac{185\pi}{3}\approx\mathbf{193{,}732}$.

Figure (6) : Cette figure est constituée d'un cylindre (de rayon de base 10 cm et hauteur 15 cm) et d'un cône (de rayon de base 10 cm et de hauteur 30 cm).
Donc $\mathcal{V}=\pi\times10^2\times15+\pi\times10^2\times\frac{30}{3}=2\,500\pi\approx\mathbf{7\,854\,(en\ cm^3)}$.

Figure (7) : Volume du cube : 64 cm³. Volume d'un trou : 4 cm³.
Volume du petit cube central : 1 cm³.
Volume du solide en cm³ : 64 – (2 × 4) + 1 = **57**

Il faut ajouter le volume du petit cube central, sinon il est enlevé deux fois.

Entrainement 19

Énoncé p. 353

Appelons x la mesure manquante en cm.

Figure (1) : 37,5 = 5 × 3 × x, donc $x=\frac{37{,}5}{15}=\mathbf{2{,}5}$.

Figure (2) : $376=\frac{x^2\times\pi\times30}{3}$, donc $376=10\pi x^2$, donc $x=\sqrt{\frac{376}{10\pi}}\approx3{,}5$.

Figure (3) : $113{,}1=\frac{4}{3}\times(\pi\times x^3)$, donc $x^3=3\times\frac{113{,}1}{4\times\pi}$, donc $x^3\approx27$, donc $x\approx3$.

Entrainement 20

Énoncé p. 353

Volume du cylindre : $10^2\times\pi\times12\approx3\,770$ cm³.
3 L = 3 000 cm³, donc l'eau ne débordera pas.
Soit x la hauteur de l'eau en cm, on a donc : $10^2\times\pi\times x=3\,000$.

Donc $x=\frac{3\,000}{100\pi}\approx\mathbf{9{,}5\ cm}$.

Entrainement 21

Énoncé p. 354

Volume du cône supérieur : $6^2\times\pi\times\frac{x}{3}=12\pi x$.

Volume du cône inférieur : $6^2\times\pi\times\frac{13-x}{3}=12\pi(13-x)$.

Volume total : $12\pi x+12\pi(13-x)=12\pi\times13=\mathbf{156\pi}$.
Ce volume ne dépend donc pas de x, il est constant.

Entrainement 22

Énoncé p. 354

Volume de glace : 1 536 cm^3 (car $\frac{4}{5} \times 16 \times 12 \times 10 = 1\,536$).

Volume d'une demi-boule : env. 23,9 cm^3 (car $\frac{1}{2} \times \frac{4}{3} \times 2{,}253 \times p \approx 23{,}9$).

Nombre de demi-boules : 64 (à l'unité près par défaut).

Entrainement 23

Énoncé p. 354

Le volume est multiplié par 27 (soit 3^3) : $(L \times 3) \times (l \times 3) \times (h \times 3) = (L \times l \times h) \times 27$.

Entrainement 24

Énoncé p. 355

a. 3,5 min = **3 min 30 s**

2,2 min = 2 min + $\frac{2}{10}$ min = 2 min + $\frac{2}{10} \times 60$ s = **2 min 12 s**

1,25 min = 1 min + $\frac{1}{4}$ min = **1 min 15 s**

b. 5 h 30 min = 5 h + $\frac{30}{60}$ h = **5,5 h**

2 h 45 min = **2,75 h** (car 45 min = $\frac{3}{4}$ h = 0,75 h)

4 h 20 min = 4 h + $\frac{20}{60}$ h = 4 h + $\frac{1}{3}$ h = **4,333... h**

AU CONCOURS Grandeurs et mesures

Exercice 1

Corrigé p. 367

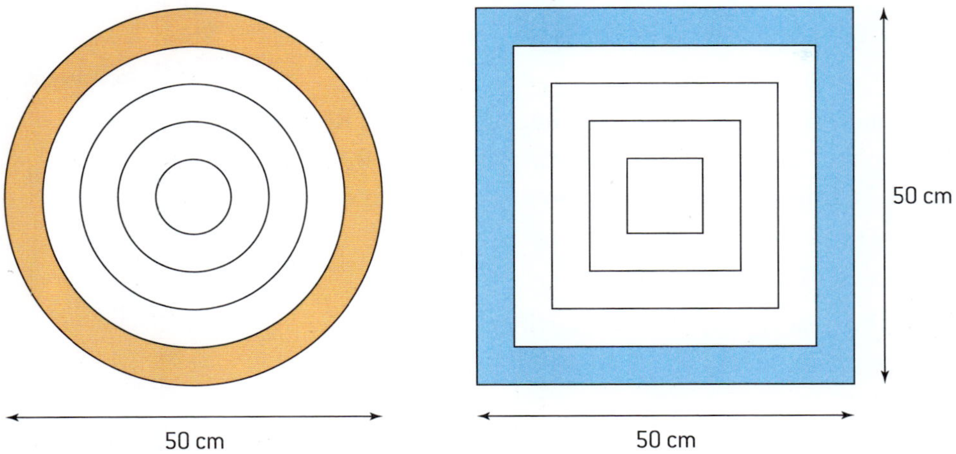

La première cible est constituée de cinq disques concentriques de rayons respectifs 5 cm, 10 cm, 15 cm, 20 cm et 25 cm.

La seconde est constituée de cinq carrés concentriques à bords parallèles de côtés respectifs 10 cm, 20 cm, 30 cm, 40 cm et 50 cm.

Vrai ou faux ? Le rapport entre l'aire du disque central et l'aire de la surface orange dans la figure de gauche est égal au rapport entre l'aire du carré central et l'aire de la surface bleue dans la figure de droite.

Exercice 2

Corrigé p. 367

La figure ci-contre est composée :
- d'un triangle isocèle ABC, rectangle en B ;
- de trois demi-cercles ayant ses côtés pour diamètres.

a. À l'aide de la règle et du compas, reproduire cette figure avec AC = 7 cm (laisser apparents les traits de construction).

b. Sachant que AC = 7 cm, calculer l'aire totale des surfaces en bleu (au mm^2 près).

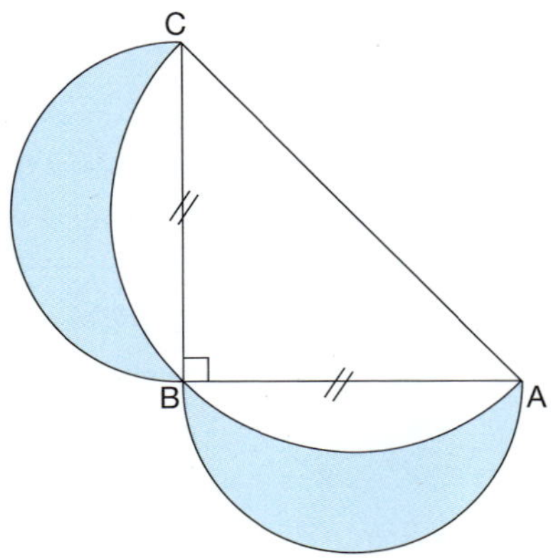

Exercice 3

Corrigé p. 368

Les aires des faces d'un parallélépipède rectangle sont respectivement égales à 96, 160 et 240 cm^2. Quel est le volume de ce parallélépipède ?

Exercice 4

Corrigé p. 368

Pour travailler la notion de cylindre, un enseignant propose à ses élèves de fabriquer un cylindre en roulant une feuille de carton rectangulaire dont les dimensions sont 30 cm par 21 cm. Les élèves trouvent deux façons de rouler la feuille pour obtenir un cylindre.

Parmi ces phrases, laquelle est vraie ?

A. Ces deux solides ont même volume.

B. C'est le cylindre **a** qui a le plus grand volume.

C. C'est le cylindre **b** qui a le plus grand volume.

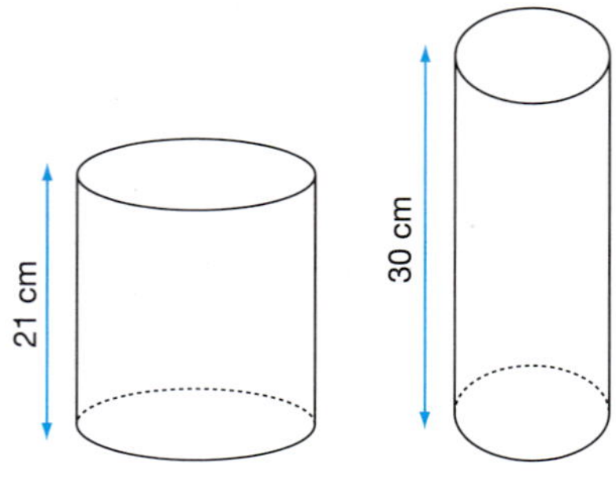

Exercice 5

Corrigé p. 369

On considère un rectangle ABCD de centre O tel que AB = 9 cm et BC = 5 cm.
Soit M un point quelconque du segment [AB], distinct de A et de B.
La droite (OM) coupe la droite (CD) en N et la droite parallèle à la droite (BD) passant par N coupe la droite (BC) en P.

Partie A Étude de la configuration

1. Quelle est la nature du quadrilatère MBCN ? Justifier.

2. Démontrer que AM = CN.

3. Démontrer que $BP=\frac{5}{9}DN$. En déduire que $BP=\frac{5}{9}BM$.

Partie B Aire du triangle MNP

L'objectif de cette partie est de déterminer l'emplacement du point M tel que l'aire du triangle MNP soit maximale.

On pourra utiliser les résultats de la partie A.

1. Étude d'un cas particulier

Dans cette question, le point M est tel que AM = 6 cm.

a. Calculer l'aire du quadrilatère MBCN.

b. Calculer les aires des triangles BMP et PNC.

c. En déduire l'aire du triangle MNP.

2. Étude du cas général

L'unité de longueur est le cm et l'unité d'aire le cm^2.

On considère maintenant que la longueur AM est quelconque. On note x sa mesure.

a. Montrer que l'aire du quadrilatère MBCN est indépendante de x.

b. On note $f(x)$ la mesure de l'aire du triangle MNP.

Montrer que $f(x)=-\frac{5}{9}x^2+5x$.

3. Détermination graphique de l'aire maximale du triangle MNP

a. Parmi les trois courbes données à la fin de l'exercice (*voir page suivante*), laquelle représente la fonction f sur l'intervalle $]0\,;9[$?

Justifier la réponse.

b. Par lecture graphique, estimer la valeur de x pour laquelle l'aire de MNP est maximale, puis donner l'arrondi à l'unité près de cette aire maximale.

4. Détermination algébrique de l'aire maximale du triangle MNP

a. Montrer que $f(x)$ peut se mettre sous la forme :

$$f(x)=\frac{45}{4}-\frac{5}{9}\left(x-\frac{9}{2}\right)^2$$

b. Déterminer la valeur exacte de x pour laquelle l'aire du triangle MNP est maximale.

c. Calculer la valeur exacte de l'aire maximale du triangle MNP.

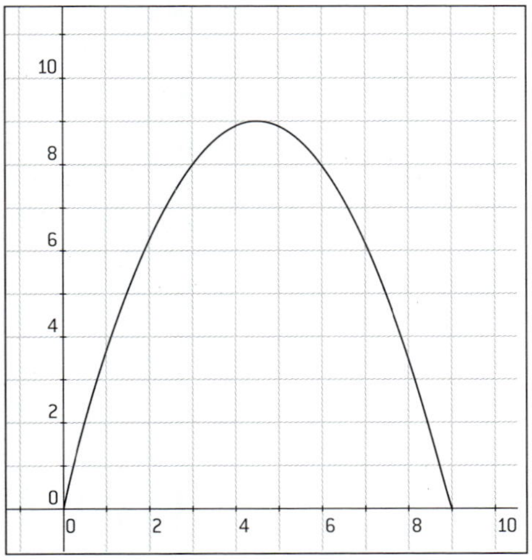

courbe 1

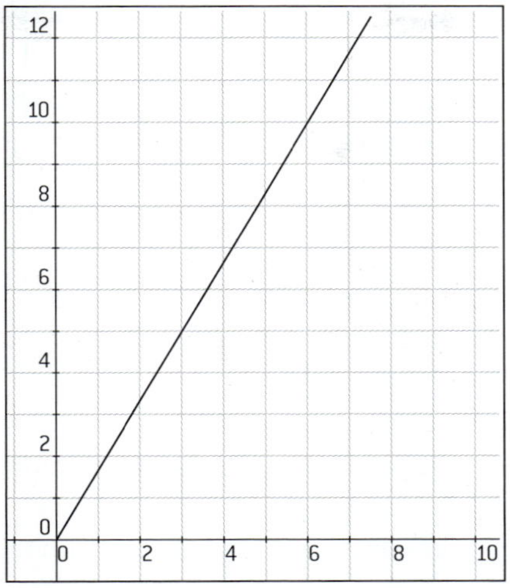

courbe 2

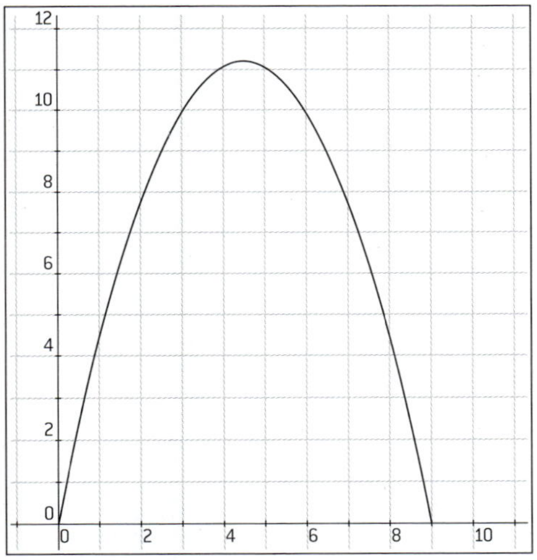

courbe 3

Exercice 6

Corrigé p. 372

On cherche à optimiser la quantité de métal nécessaire à la fabrication de canettes de 33 centilitres (cL).

Partie A Canette « classique »

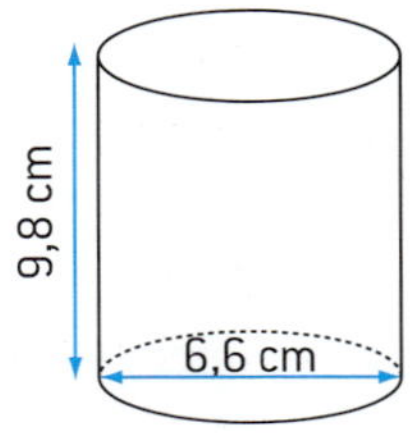

On modélise une « canette classique » par le cylindre de révolution représenté ci-contre. Le volume d'un tel cylindre s'obtient en multipliant l'aire de sa base par sa hauteur.

Vérifier que le volume de ce cylindre, de diamètre 6,6 cm et de hauteur 9,8 cm, est supérieur à 33 cL.

Partie B **Canette « slim »**

Un nouveau format de canette est apparu dernièrement sur le marché. Ces canettes allongées, dites « slim », sont plus hautes et plus fines que les précédentes, pour une même contenance.

Le cylindre représenté ci-contre en modélise une. Son diamètre est de 5,6 cm.

Déterminer au millimètre près la plus petite hauteur possible du cylindre pour que la canette contienne au moins 33 cL.

Partie C **Étude du lien entre le rayon de la base d'une canette de 33 cL et l'aire de son patron**

On appelle r le rayon, en centimètre, de la base du cylindre modélisant une canette de 33 cL et h sa hauteur, en centimètre.

1. Vérifier que $h = \frac{330}{\pi r^2}$.

2. La figure ci-contre représente le patron du cylindre. Celui-ci est formé de deux disques et d'un rectangle de largeur h et de longueur L, exprimée en centimètre. Exprimer la longueur L en fonction de r.

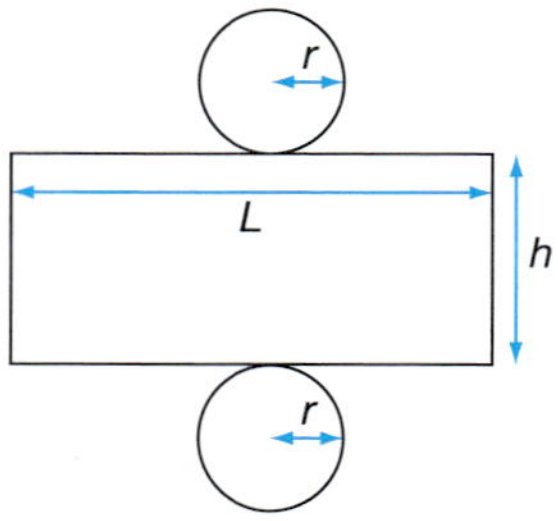

3. Vérifier que l'aire, en centimètre carré, de la partie rectangulaire du patron est $\frac{660}{r}$.

4. Exprimer l'aire totale $\mathscr{A}$ du patron du cylindre, en centimètre carré, en fonction de r.

Partie D **Masse d'aluminium pour la fabrication de canettes classiques**

Les canettes sont fabriquées à partir d'une feuille plane de tôle d'aluminium d'épaisseur 130 micromètres (µm). Un micromètre est égal à un millionième de mètre. La masse volumique de l'aluminium est 2 700 kg/m^3.

On s'intéresse aux canettes classiques dont le rayon est de 3,3 cm et dont la surface de métal nécessaire est de 268,42 cm^2.

On admet que l'anneau pour ouvrir la canette et le rivet de liaison entre l'anneau et le couvercle ont une masse de 1,4 g et que la masse d'aluminium nécessaire pour souder le couvercle au reste de la canette est 1,9 g.

1. Déterminer, au dixième de gramme près, la masse d'aluminium nécessaire pour fabriquer une cannette classique.

2. Il faut 9 kg d'aluminium pour fabriquer un certain type de vélo. Estimer le nombre de cannettes classiques nécessaires pour obtenir l'aluminium pour fabriquer un tel vélo.

Corrigés

Exercice 1

Énoncé p. 363

- Aire du disque central : $5^2 \times \pi = 25\pi$.

Aire de la couronne orange : $25^2\pi - 20^2\pi = 225\pi$.

Rapport des aires : $\dfrac{25\pi}{225\pi} = \dfrac{1}{9}$.

- Aire du carré central : $10^2 = 100$.

Aire de la surface bleue : $50^2 - 40^2 = 900$.

Rapport des aires : $\dfrac{100}{900} = \dfrac{1}{9}$.

L'affirmation est vraie.

Exercice 2

Énoncé p. 363

a. Programme de construction de la figure :

– tracé de [AC].

– construction du milieu O de [AC] en traçant la médiatrice de [AC] ;

– tracé d'un demi-cercle de diamètre [AC] et construction de B (intersection du demi-cercle et de la médiatrice de [AC]) ;

– construction des milieux I de [AB] et J de [BC], puis tracé des deux demi-cercles de diamètres [AB] et [BC] dans le demi-plan de frontière (AC) contenant B.

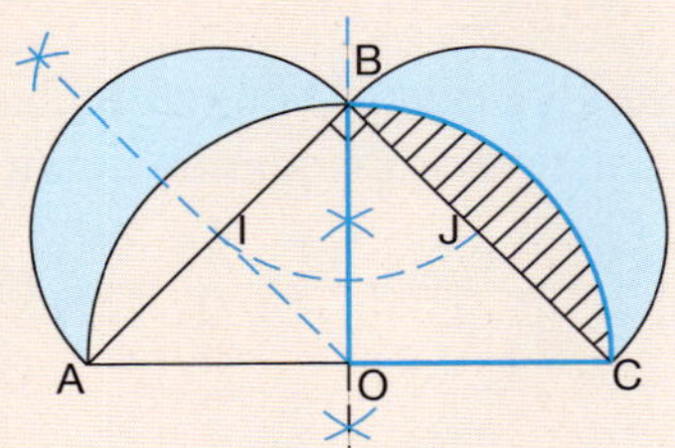

Échelle 1/2

b.

Une difficulté de rédaction provient de la dénomination des diverses surfaces dont les aires vont intervenir dans le calcul demandé. On peut donner des noms à certaines de ces surfaces sur la figure précédente qu'on aura soin de ne pas rendre illisible, sinon on en reproduit rapidement une autre (même à main levée).

On peut remarquer que la figure admet la médiatrice de [AC] comme axe de symétrie, ce qui permet de dire que les deux lunules (en bleu) et les demi-disques de diamètre [BC] et [AB] sont d'aires égales.

Pour calculer l'aire des surfaces en bleu, on peut utiliser deux méthodes dont seulement la première est donnée ici (se reporter à la figure ci-dessus pour les notations). Elle permet de calculer l'aire de l'ensemble des deux calottes.

La deuxième méthode permet de calculer l'aire d'une lunule en bleu (par exemple celle délimitée par l'arc $\overset{\frown}{BC}$). Il faut déterminer tout d'abord l'aire de la calotte hachurée délimitée par l'arc $\overset{\frown}{BC}$ et la corde [BC]. Pour cela, on calcule l'aire du quart de disque dont le périmètre est en bleu et on retranche l'aire du triangle rectangle isocèle OBC. Ensuite, on retranche à l'aire du demi-cercle de diamètre [BC] l'aire de la calotte hachurée. Nous vous conseillons de retrouver par cette méthode le résultat obtenu avec la 1re méthode.

- **Aire du demi-disque de diamètre [AC] :**

$\dfrac{1}{2}\pi \times \left(\dfrac{AC}{2}\right)^2 = \dfrac{49\pi}{8}$ (en cm^2).

- **Aire du triangle ABC :**

Aire (ABC) $= \dfrac{AB \times BC}{2}$.

ABC étant isocèle en B, donc AB = BC et aire (ABC) = $\frac{AB^2}{2} = \frac{BC^2}{2}$.

Comme le triangle ABC est aussi rectangle en B, le théorème de Pythagore permet d'écrire que :

$AB^2 + BC^2 = AC^2$, donc $2BC^2 = AC^2$, donc $BC^2 = \frac{1}{2} \times AC^2 = \frac{49}{2}$.

D'où l'aire du triangle ABC : $\frac{1}{2} \times BC^2 = \frac{1}{2} \times \frac{1}{2} \times AC^2 = \frac{1}{4} \times AC^2 = \mathbf{\frac{49}{4}}$ **(en cm²)**.

- **Aire de l'ensemble des deux calottes** (partie hachurée et partie symétrique) calculée en retranchant l'aire du triangle ABC de l'aire du demi-disque de diamètre [AC] :

$\mathbf{\frac{49\pi}{8} - \frac{49}{4}}$ **(en cm²).**

- **Aire de la réunion des deux demi-disques de diamètres [BC] et [AB],** c'est-à-dire l'aire d'un disque de diamètre [BC] (ou [AB]) :

$\pi \times \left(\frac{BC}{2}\right)^2 = \pi \times \frac{BC^2}{4}$ or $BC2 = \frac{49}{4}$ donc aire de la réunion des deux demi-disques de diamètre [BC] et [AB] : $49\frac{\pi}{8}$ **(en cm²)**.

- **Aire des surfaces en bleu** calculée en retranchant l'aire de l'ensemble des deux calottes de l'aire des deux demi-disques de diamètres [BC] et [AB] :

$\frac{49\pi}{8} - \left(\frac{49\pi}{8} - \frac{49}{4}\right) = \frac{49\pi}{8} - \frac{49\pi}{8} + \frac{49}{4} = \frac{49}{4} = \mathbf{12{,}25\ cm^2}$.

Exercice 3

Énoncé p. 363

Soit x, y et z les dimensions en cm du parallélépipède.

On sait que : $xy = 96$ (1) $yz = 160$ (2) $xz = 240$ (3).

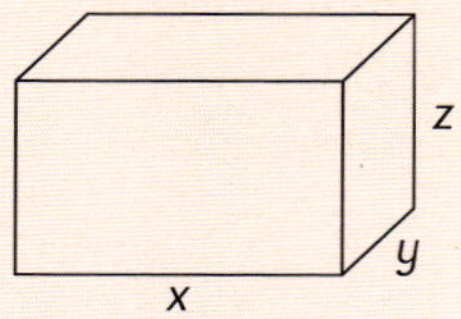

Méthode 1 : On peut exprimer y en fonction de x en utilisant (1) et z en fonction de x en utilisant (3), puis remplacer y et z dans (2), ce qui permet de trouver x ($x = 12$). On calcule ensuite sans difficulté y ($y = 8$) et z ($z = 20$). Mais la méthode 2 est plus rapide.

Méthode 2 : Si on fait le produit membre à membre des trois équations, on obtient :

$xy \times yz \times xz = x^2y^2z^2 = 96 \times 160 \times 240 = 3\ 686\ 400$.

Comme $x^2y^2z^2 = (xyz)^2$, on en déduit que $xyz = 1\ 920$.

Volume du parallélépipède rectangle = 1 920 cm³.

Exercice 4

Énoncé p. 363

- Pour le cylindre a, $\mathcal{V} = \pi \times r^2 \times h$ (ici $h = 21$ cm).

Il faut calculer r, or on sait que le périmètre de la base est 30 cm.

Donc $2\pi r = 30$, donc $r = \frac{30}{2\pi} = \frac{15}{\pi}$.

Donc $\mathcal{V} = \pi \times \left(\frac{15}{\pi}\right)^2 \times 21$, donc $\mathcal{V} = \frac{4725}{\pi}$ cm³ ≈ 1504 cm³.

Volume du cylindre a ≈ 1 504 cm³.

- Pour le cylindre b, $\mathcal{V} = \pi \times r^2 \times h$ (ici $h = 30$ cm).

Il faut calculer r, or on sait que le périmètre de la base est 21 cm.

Donc $2\pi r = 21$, donc $r = \frac{21}{2\pi} = \frac{10{,}5}{\pi}$.

Donc $\mathcal{V} = \pi \times \left(\frac{10,5}{\pi}\right)^2 \times 30 = \frac{10,5^2 \times 30}{\pi}$.

Donc $\mathcal{V} = \frac{3\,307}{\pi}\ \text{cm}^3 \approx 1\,053\ \text{cm}^3$.

Volume du cylindre b ≈ 1 053 cm³.

La phrase vraie est la phrase B.

Exercice 5

Énoncé p. 364

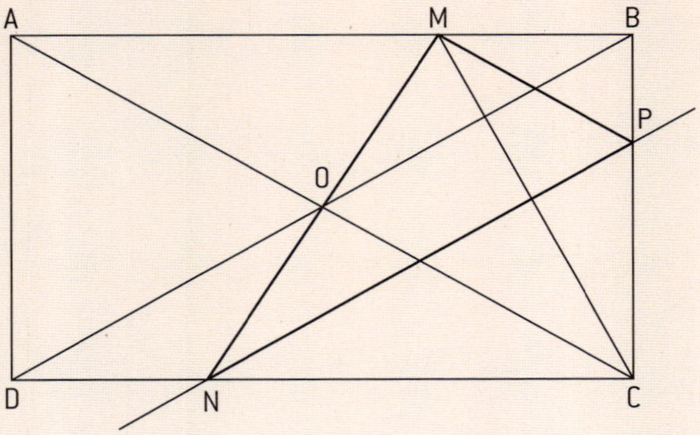

Partie A Étude de la configuration

1. Les côtés [MB] et [CN] sont parallèles puisque ABCD est un rectangle.

Donc MBCN est un trapèze.

De plus, les angles de sommets B et C sont droits car ABCD est un rectangle.

Donc MBCN est un trapèze rectangle.

> **ATTENTION**
> Il est indispensable de donner la nature la plus précise possible. Le fait de dire que MBCN est un trapèze ne permettra pas d'avoir le maximum de points.

2.

> Pour démontrer que deux segments ont même longueur, on peut utiliser le théorème de Pythagore, le théorème de Thalès, P5, L2..., la propriété de conservation des longueurs par une transformation.

On considère la symétrie de centre O.

O est le centre de symétrie du rectangle ABCD et C est le symétrique de A.

Démontrons que le symétrique de M est N.

Le symétrique du point M appartient au rectangle (puisque O est le centre de symétrie du rectangle), M et son symétrique sont alignés, donc le symétrique de M se situe à l'intersection du rectangle et de [MO], c'est donc N.

Le symétrique de [AM] est donc [CN].

La symétrie centrale conserve les longueurs, **donc AM = CN.**

AUTRE MÉTHODE

On peut aussi utiliser le théorème de Thalès avec les sécantes (AC) et (MN) et les parallèles (AB) et (CD).

3. Les points C, N et D sont alignés ; les points C, P et B sont alignés ; les droites (PN) et (BD) sont parallèles ; donc d'après le théorème de Thalès, on a :

$\frac{CN}{CD} = \frac{CP}{CB}$, donc $\frac{CN}{9} = \frac{CP}{5}$, donc $CP = \frac{5}{9}CN$.

Or $BP = 5 - CP = 5 - \frac{5}{9}CN$ (1) et $DC = DN + CN$ donc $CN = 9 - DN$.

Donc d'après (1), $BP = 5 - \frac{5}{9}(9 - DN) = \frac{5}{9}DN$.

Donc $BP = \frac{5}{9}DN$ (2)

Or $DN = DC - CN$ et $CN = AM$ (question 2) et $DC = AB$ (car ABCD est un rectangle). Donc $DN = AB - AM = BM$.

D'après (2) : $\mathbf{BP = \frac{5}{9}BM}$.

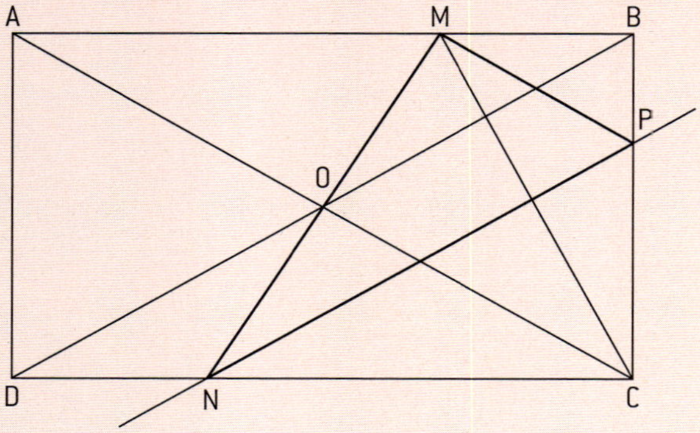

Partie B Aire du triangle MNP

1. a. MBCN est un trapèze rectangle (Partie A 1).

Donc aire $(MBCN) = \frac{MB + CN}{2} \times BC$.

Or $BC = 5$ cm, $AM = 6$ cm, donc $BM = 3$ cm et $CN = AM = 6$ cm.

En cm^2 : aire (MBCN) = $\frac{3+6}{2} \times 5 = 22,5$.

b. BMP est un triangle rectangle en B, donc aire $(BMP) = \frac{BM \times BP}{2}$.

$BM = 3$ cm et $BP = \frac{5}{9}BM$ (Partie A 3), donc $BP = \frac{5}{9} \times 3 = \frac{5}{3}$.

Donc en cm^2 : aire (BMP) $= \frac{3 \times \frac{5}{3}}{2} = 2,5$.

PNC est un triangle rectangle en C, donc aire $(PNC) = \frac{PC \times CN}{2}$.

Or $PC = BC - BP = 5 - \frac{5}{3} = \frac{10}{3}$ cm et $CN = AM = 6$ cm.

Donc en cm^2 : aire (PNC) $= \frac{6 \times \frac{10}{3}}{2} = 10$.

c. Aire (MNP) = aire (MBCN) – aire (BMP) – aire (PNC).

Donc en cm^2 : aire (MNP) $= 22,5 - 2,5 - 10 =$ **10.**

2. a. Les trapèzes AMND et MBCN sont symétriques par rapport à O. En effet, O est le centre de symétrie du rectangle, donc le symétrique de B est D, le symétrique de C est A, le symétrique de M est N (Partie A 2) et le symétrique de N est M. Les trapèzes AMND et MBCN ont donc la même aire.

Si on n'a pas vu que l'aire (MBCN) est la moitié de l'aire (ABCD), on peut calculer l'aire du trapèze : $MB = 9 - x$; $CN = AM = x$; $BC = 5$.

Aire (MBCN) $= \frac{9 - x + x}{2} \times 5 =$ **22,5 cm^2.**

Or aire (MBCN) + aire (AMND) = aire (ABCD), donc

aire (MBCN) = $\dfrac{\text{aire (ABCD)}}{2}$ donc l'aire de MBCN est indépendante de x.

b. Aire (MNP) = aire (MBCN) – aire (BMP) – aire (PNC) (3)

$BP = \dfrac{5}{9}BM$, or $BM = 9 - x$, donc $BP = \dfrac{5}{9}(9-x) = 5 - \dfrac{5}{9}x$.

$$\text{Aire (BMP)} = \frac{BM \times BP}{2} = \frac{(9-x)(5-\frac{5}{9}x)}{2} = \frac{45 - 5x - 5x + \frac{5x^2}{9}}{2} = 22{,}5 - 5x + \frac{5x^2}{18}.$$

$$PC = BC - BP = 5 - \left(5 - \frac{5}{9}x\right) = \frac{5}{9}x$$

$$\text{Aire (PNC)} = \frac{CN \times PC}{2} = \frac{x \times \frac{5}{9}x}{2} = \frac{5x^2}{18}.$$

D'après (3) : $\textbf{Aire (MNP)} = 22{,}5 - \left(22{,}5 - 5x + \dfrac{5x^2}{18}\right) - \dfrac{5x^2}{18} = \mathbf{-\dfrac{5x^2}{9} + 5x = f(x)}$.

La fonction f est définie sur l'intervalle $]0\,;9[$.

3. a. La fonction f n'étant pas linéaire, la courbe 2 ne convient pas.

Pour savoir si la courbe représentative de f est **la courbe 1 ou 3**, il suffit de déterminer un point de la courbe représentative de f qui n'appartienne pas aux deux courbes. On sait que $f(0) = 0$ et $f(9) = 0$ mais les points correspondants (points de coordonnées (0 ; 0) et (9 ; 0)) appartiennent aux deux courbes ! La question **Partie B 1c** pourrait peut-être nous aider !

On sait que $f(6) = 10$ (Partie B 1c), donc le point (6 ; 10) doit appartenir à la courbe représentative de f. Or ce point n'appartient qu'à la courbe 3.
Donc la courbe représentative de f est la courbe 3.

b. Le maximum de la courbe est approximativement le point de coordonnées (4,5 ; 11,3).
Donc le maximum est obtenu pour une **valeur de x proche de 4,5.**
La mesure en cm² de l'aire maximale est d'environ 11,3.

4. a.

Pour démontrer l'égalité de deux expressions littérales, il est conseillé de partir de l'expression la plus complexe et d'essayer de la simplifier. Si, à la fin de cette simplification, on n'aboutit pas à la seconde expression, alors on peut chercher à simplifier cette seconde expression pour aboutir à la même expression simplifiée.
On peut également calculer la différence des deux expressions pour trouver 0.

Partons de $A = \dfrac{45}{4} - \dfrac{5}{9}\left(x - \dfrac{9}{2}\right)^2$, donc $A = \dfrac{45}{4} - \dfrac{5}{9}\left(x^2 - 9x + \dfrac{81}{4}\right)$

$$A = \frac{45}{4} - \frac{5x^2}{9} + 5x - \frac{45}{4} = -\frac{5x^2}{9} + 5x = f(x)$$

b. Quelle que soit la valeur de x : $-\dfrac{5}{9}\left(x - \dfrac{9}{2}\right)^2 \leqslant 0$.

$\left(x - \dfrac{9}{2}\right)^2$ est un carré donc toujours positif ou nul et $-\dfrac{5}{9}$ est négatif. Or le produit d'un nombre négatif par un nombre positif est négatif.

Donc $f(x) = \dfrac{45}{4} - \dfrac{5}{9}\left(x - \dfrac{9}{2}\right)^2$ sera maximale lorsque $-\dfrac{5}{9}\left(x - \dfrac{9}{2}\right)^2$ sera nul, ce qui est le cas pour $\mathbf{x = \dfrac{9}{2} = 4{,}5}$.

c. $f(4,5)=\frac{-5\times4,5^2}{9}+5\times4,5=11,25$.

Donc **l'aire maximale est de 11,25 cm²**.

Dans ce problème comme dans beaucoup d'autres, les questions sont liées.
Ainsi lorsqu'on ne trouve pas de procédure pour résoudre une question, on peut se demander dans quelle mesure les résultats des questions précédentes peuvent servir.
Enfin, il ne faut pas hésiter à se servir des résultats des questions précédentes même si on ne les a pas démontrés.
Par exemple, dans ce problème, si on n'arrive pas à prouver que $f(x)=-\frac{5x^2}{9}+5x$, cela n'empêche pas de répondre à toutes les questions suivantes.

Exercice 6

Énoncé p. 365

Partie A

Le volume d'un cylindre est donné par la formule : $V = \pi r^2 h$, r étant le rayon et h la hauteur du cylindre.
Pour la canette classique, on a donc, en cm³ : $V = \pi \times 3,3^2 \times 9,8 \approx 335$.
Donc $V \approx 0,335$ dm³. Or, 1 L = 1 dm³, donc : $V \approx 0,335$ L = 33,5 cL.
Le volume du cylindre est donc supérieur à 33 cL.

Partie B

Appelons h la hauteur cherchée exprimée en cm. La formule précédente appliquée à ce nouveau cylindre donne : $V = \pi \times 2,8^2 \times h$.
33 cL = 0,33 dm³ = 330 cm³.
La condition imposée s'exprime donc par : $V \geqslant 330$.
Donc $\pi \times 2,8^2 \times h \geqslant 330$.
Donc $h \geqslant \frac{330}{\pi\times2,8^2}$, donc $h \geqslant 13,4$.
La plus petite hauteur possible au millimètre près du cylindre pour que la canette contienne au moins 33 cL est donc de 13,4 cm.

Attention à veiller à la cohérence des unités. Ici, on a choisi d'exprimer les longueurs en cm et le volume en cm³.

Partie C

1. 33 cL = 330 cm³.
En cm, r étant le rayon et h la hauteur du cylindre, la formule de calcul du volume donne :
$\pi \times r^2 \times h = 330$.
Donc : $h=\frac{330}{\pi r^2}$ (1)

2. La longueur du rectangle est égale au périmètre du cercle, donc : $L = 2\pi r$ (2)

3. L'aire A du rectangle, en cm², est donnée par la formule : $A = L \times h$.
En utilisant les égalités (1) et (2), on obtient : $A = 2\pi r \times A=2\pi r\times\frac{330}{\pi r^2}=\frac{660}{r}$

4. L'aire totale $\mathcal{A}$, en cm², est la somme de l'aire du rectangle et de celles des deux disques de rayon r.
L'aire de chaque disque est égale à : πr^2.
Donc : $\mathcal{A}=\frac{660}{r}+2\pi r^2$

Partie D **1.** Pour une canette classique, le rayon en cm, est de 3,3 cm. L'aire en cm^2 de la surface de métal nécessaire pour fabriquer cette cannette est donc égale à :

$$\mathcal{A} = \frac{660}{3,3} + 2\pi 3,3^2 = 268,42.$$

En m^2, la surface de cette aire est donc égale à 0,026 842.
L'épaisseur de la plaque est de 130 µm = 130×10^{-6} m.
Le volume V d'aluminium nécessaire est donc, en m^3 égal à :
$V = 130 \times 10^{-6} \times 0{,}026\,842 = 3{,}489\,46 \times 10^{-6}$
La masse volumique de l'aluminium étant 2 700 kg/m^3, la masse d'aluminium, en kg, est égale à : $2\,700 \times 3{,}489\,46 \times 10^{-6}$
En grammes, cette masse est donc égale à : $2\,700 \times 3{,}48946 \times 10^{-3}$
En effet $2\,700 \times 3{,}48946 \times 10^{-6}$ kg $= 2\,700 \times 3{,}48946 \times 10^{-6} \times 10^3$ g
$= 2\,700 \times 3{,}48946 \times 10^{-3}$ g.
Le calcul au dixième de gramme près donne une masse de 9,4 g.
Il faut y ajouter la masse de l'anneau et celle des soudures.
La masse totale, au dixième de gramme près, est donc égale à :
$9{,}4 + 1{,}4 + 1{,}9 = 12{,}7$.

Il faut environ 12,7 g d'aluminium pour fabriquer une canette classique.

2. 9 kg = 9 000 g.

$$\frac{9\,000}{12{,}7} \approx 708{,}7$$

Il faut au moins 709 canettes classiques pour fabriquer le vélo.

CHAPITRE 15 Espace et géométrie

Droite, segment, cercle, perpendicularité, parallélisme

Objectifs

- Reconnaitre et construire des figures de base de la géométrie : droites parallèles, droites perpendiculaires, médiatrice, cercle...
- Reproduire, construire et décrire des figures géométriques à l'aide de différents instruments.

FICHES MÉTHODE

Tester ses connaissances

QCM 1 En utilisant le dessin ci-dessous, préciser quelles phrases sont correctes (une phrase dont l'écriture mathématiques n'est pas correcte sera considérée comme incorrecte) :

A. I est un point du segment [AO].
B. I est un point de la droite (AO).
C. I est le milieu de OB.
D. [JB] est une corde du cercle.
E. OA est le rayon du cercle.
F. [OA] est un rayon du cercle.
G. (JM) est la médiatrice de (OB).

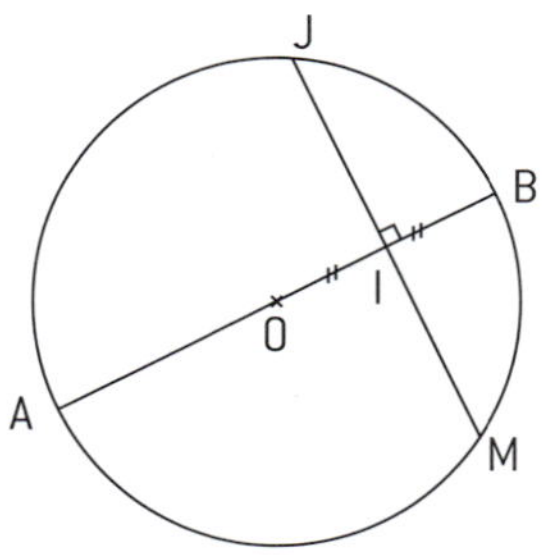

aide
phrases A, B et C, §1 p. 376
phrases D, E et F, §2 p. 377
phrase G, §7 p. 383

QCM 2 Tracer un triangle ABC tel que AC = 7 cm, BC = 5 cm et AB = 3,5 cm.
Tracer la droite perpendiculaire à (BC) qui passe par A, elle coupe (BC) en H.
Tracer la droite parallèle à (AC) qui passe par H.
Tracer la droite perpendiculaire à (BC) qui passe par C, elle coupe la parallèle précédente en D.
Placer le point I milieu de [HC]. Tracer la demi-droite [AI).
Après avoir réalisé le dessin demandé, préciser quelles phrases semblent vraies :

A. Les droites (BD) et (AC) sont parallèles.
B. Les droites (AH) et (DC) sont parallèles.
C. I est le milieu de [AD].

aide
réalisation du dessin, §2 p. 377 et §5 p. 380
phrases A et B, §4 p. 379
phrase C, §1 p. 376

1. B, D, E, F **2.** B, C

LE COURS

1 Droite, demi-droite, segment

Dans ce chapitre, nous allons aborder les concepts fondamentaux de la géométrie plane. Nous présenterons leurs définition et propriétés, le symbolisme et les savoir-faire qui leurs sont associés, et certains problèmes qu'ils permettent de résoudre.

Droite	Demi-droite d'origine A passant par B	Segment d'extrémités A et B
(AB) ou (*d*)	[AB)	[AB]

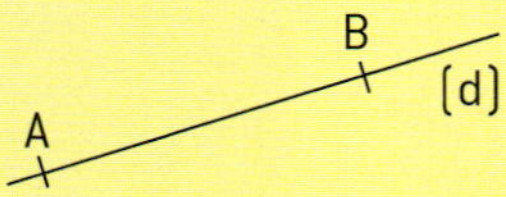

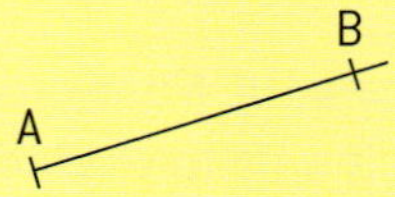

AB représente la longueur du segment [AB], c'est-à-dire la distance de A à B et non le segment lui-même.

Qcm 1 et 2, p. 375

- Une paire de crochets sert à désigner un segment et une paire de parenthèses une droite.
- Un crochet et une parenthèse servent à désigner une demi-droite.
- Deux segments de même longueur sont notés sur le dessin par des petits traits parallèles.

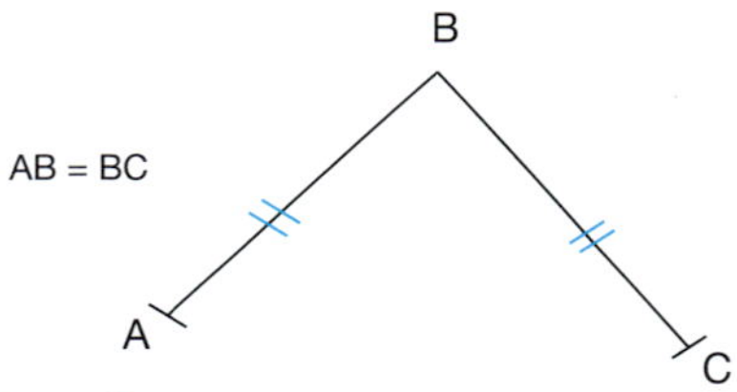

I est le milieu de [EF] signifie que E, I et F sont alignés et EI = IF.

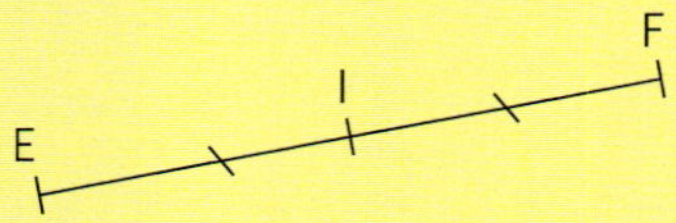

ATTENTION
Au concours il faut être précis au niveau de l'écriture. Il faut en particulier veiller à ne pas confondre le segment [EF] et la longueur EF de ce segment. Ainsi, le point I ci-contre n'est pas le milieu de EF mais le milieu de [EF]. (*Voir QCM 1, phrase C*)

Entrainement 1

Les segments [AB] et [BC] ci-dessus sont-ils égaux ?

Corrigé p. 387

Entrainement 2

Combien un segment contient-il de points ?

Corrigé p. 387

Entrainement 3

Les droites (KL) et (MN) ci-contre se coupent-elles ?

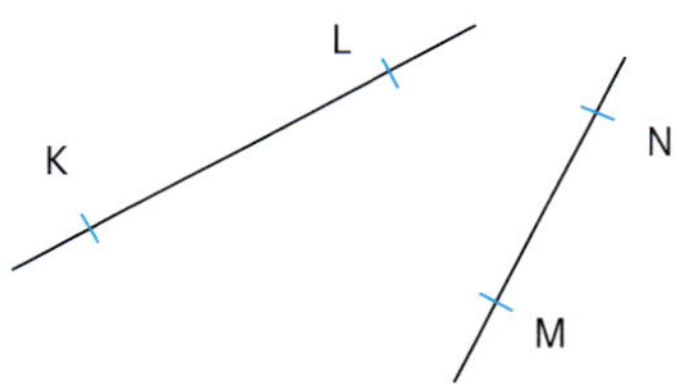

Corrigé p. 387

Entrainement 4

En utilisant les points A, B et C, de combien de façons différentes peut-on nommer cette droite ?

Corrigé p. 387

2 Cercle, disque

Qcm 1 et 2 p. 375

Le cercle de centre O et de rayon *r* est l'ensemble des points situés à une distance *r* de O, *r* étant un nombre positif.
Le disque de centre O et de rayon *r* est l'ensemble des points M tels que OM $\leqslant r$.

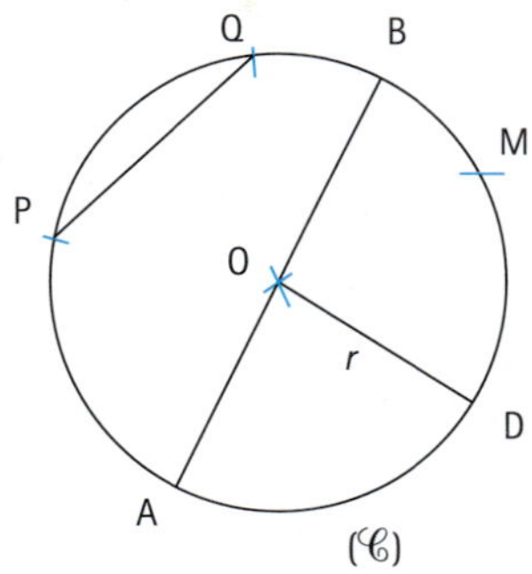

Conséquences de la définition :

- Si un point M est sur le cercle de centre O et de rayon *r*, alors on a OM $= r$.
- Si un point M est tel que OM $= r$, alors M est sur le cercle de centre O et de rayon *r*.
- [OD] est un **rayon** du cercle. [AB] est un **diamètre** du cercle.

ATTENTION
Le terme **rayon** d'un cercle évoque soit une longueur (le rayon du cercle est de 2 cm) soit un segment (cercle de rayon [OD]). Il en est de même pour le diamètre.

Une corde d'un cercle est un segment dont les extrémités sont sur ce cercle.
Un arc de cercle est une portion de cercle limitée par deux points d'un cercle.

Sur le dessin ci-dessus :
– **[PQ]** est une **corde** du cercle.
– L'**arc de cercle** $\overset{\frown}{PQ}$ est délimité par les points P et Q. Il y a en réalité deux arcs de cercles, le « petit » et le « grand ».

ATTENTION
Dans une construction géométrique, les points ne peuvent pas être placés par tâtonnement. Tout point à construire est l'intersection de deux lignes : deux droites, deux arcs de cercle, une droite et un arc de cercle.
(*Voir QCM 2, construction du triangle ABC*).

Le **compas** permet de tracer des cercles, mais il permet également de reporter des longueurs égales.

Entrainement 5

Tracer un triangle ABC tel que AB = 4 cm, BC = 5 cm et AC = 6 cm.

Corrigé p. 387

3 Droites perpendiculaires

Deux droites sont perpendiculaires si et seulement si elles forment un **angle droit** (90°).
Si deux droites sont perpendiculaires, elles déterminent alors **quatre angles droits**.
On note : **$(d) \perp (d')$**.

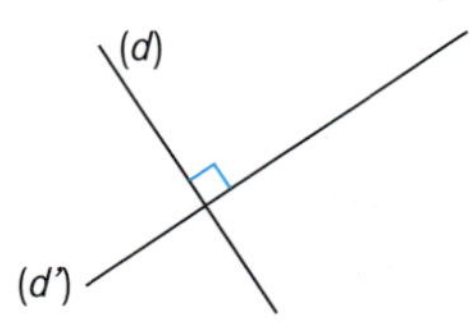

FICHE MÉTHODE 1 Tracer une droite perpendiculaire à une droite donnée passant par un point donné.

→ Tracer la droite perpendiculaire à (d) passant par A.

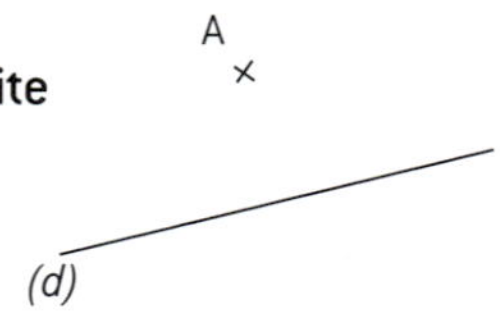

Méthode 1.
Avec la règle et l'équerre

1. **Placer la règle « sur » la droite (*d*)**, puis faire glisser l'équerre sur cette règle.

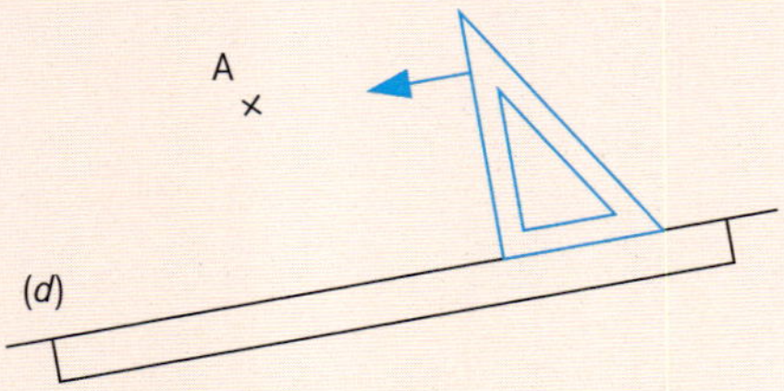

2. Quand l'équerre arrive au point A, **tracer la perpendiculaire** que l'on prolonge.

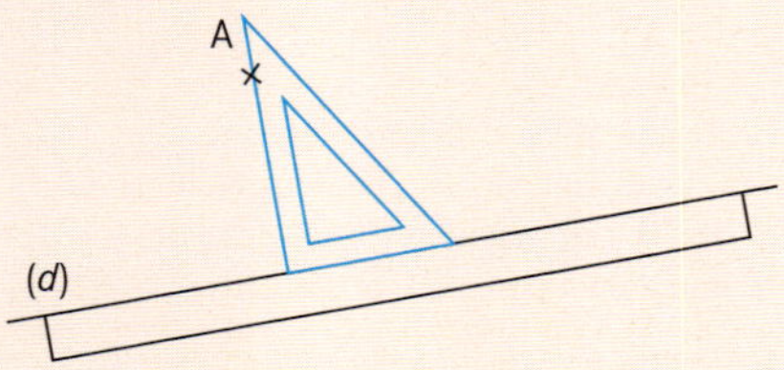

La **méthode 1** est une conséquence directe de la définition, puisqu'on trace un angle droit avec l'équerre.

Méthode 2.
Avec le compas et la règle

1. **Tracer un arc de cercle de centre A** qui coupe (d) en deux points que l'on nomme B et B′ pour faciliter la communication de la méthode.

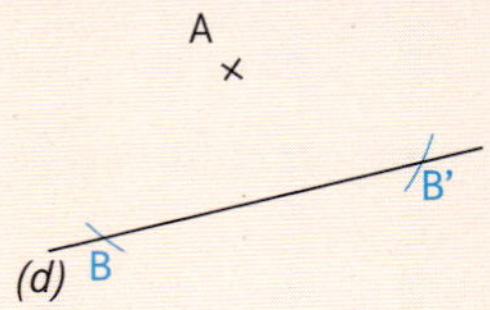

2. **Tracer deux arcs de cercle de centre B et B′** de même rayon et qui se coupent.

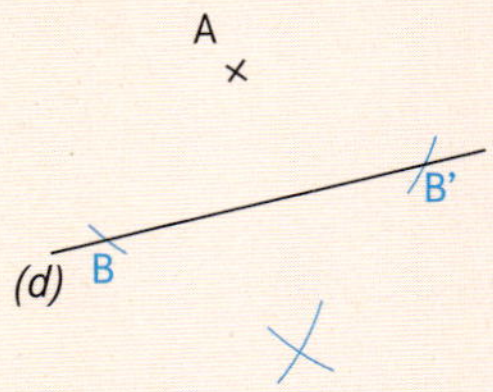

3. **La droite** passant par A et par le point d'intersection des deux arcs est **perpendiculaire à (*d*)**.

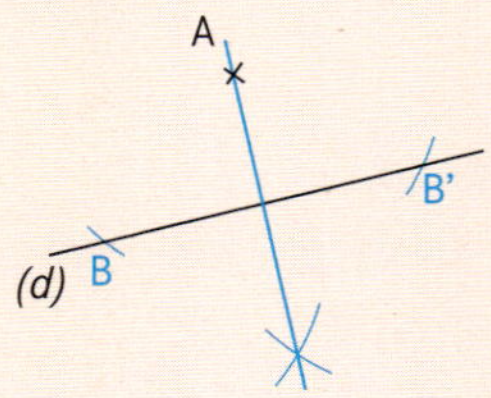

La **méthode 2**, qui revient à construire la médiatrice du segment [BB′], sera justifiée dans l'entrainement 14 p. 384. Elle est souvent utilisée pour les constructions de droites perpendiculaires à l'aide de la règle et du compas.

Il y a une seule droite passant par un point et perpendiculaire à une droite donnée.

- **Distance d'un point à une droite**

La distance d'un point A à une droite (*d*) est la plus petite distance de toutes les distances entre A et un point de la droite.

Conséquence : La distance du point A à la droite (d) est égale à AH où H est le point d'intersection de (d) avec la droite perpendiculaire à (d) qui passe par A.

> Théorèmes de Pythagore et de Thalès, chap. 18

Démonstration : Quel que soit le point M placé sur (*d*), AMH est un triangle rectangle, donc AM (l'hypoténuse) est plus grand que AH (un côté de l'angle droit).

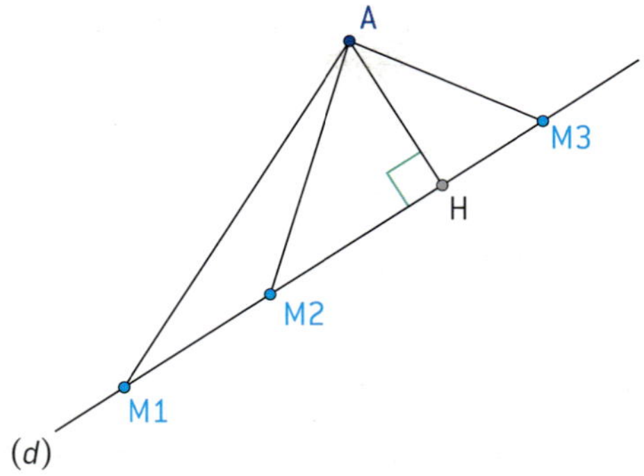

4 Droites parallèles

Qcm 2, p. 375

Deux droites sont parallèles si elles sont confondues (figure 2) ou si elles n'ont aucun point commun (figure 1).
On note : **(*d*) // (*d'*).**
Lorsqu'elles ne sont pas confondues, on dit parfois qu'elles sont strictement parallèles.

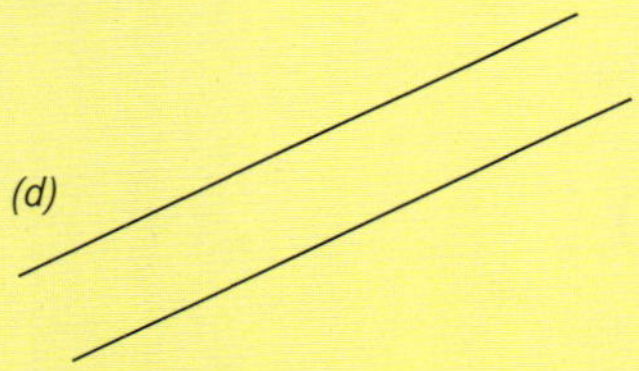

figure 1

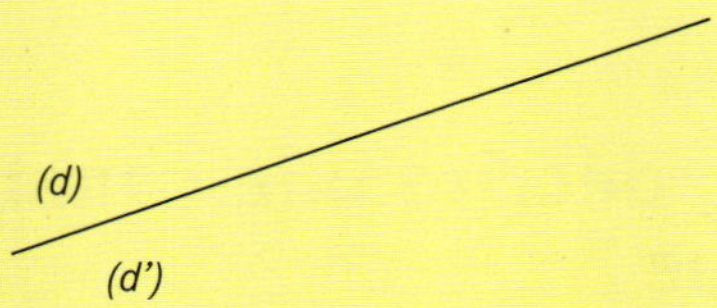

figure 2

FICHE MÉTHODE 2 Tracer une droite parallèle à une droite donnée passant par un point donné.

→ Tracer la droite parallèle à (*d*) passant par A.

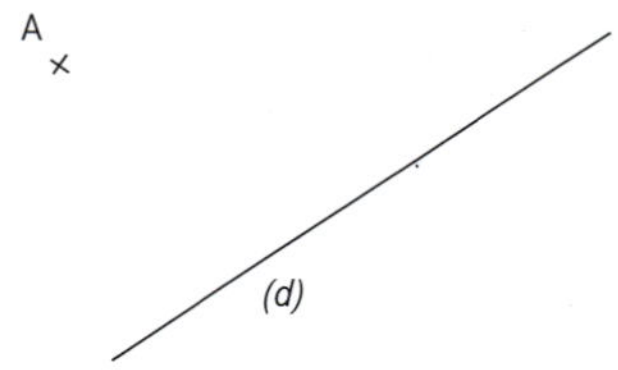

Méthode 1. **Avec l'équerre**	Méthode 2. **Avec le compas et la règle**
1. Tracer une perpendiculaire à (*d*).	**1. Placer deux points sur (*d*)** que l'on nomme ici B et B′ pour faciliter la communication de la méthode.

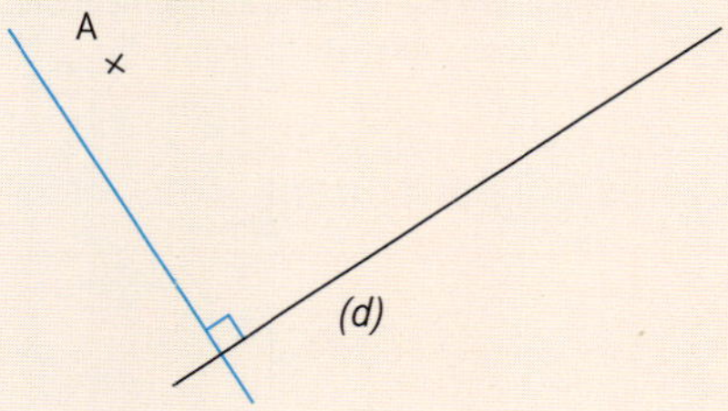

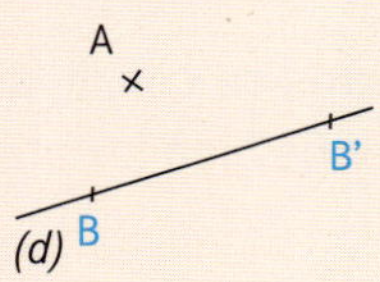

2. Tracer la droite passant par A et qui est perpendiculaire à la droite que l'on vient de tracer.

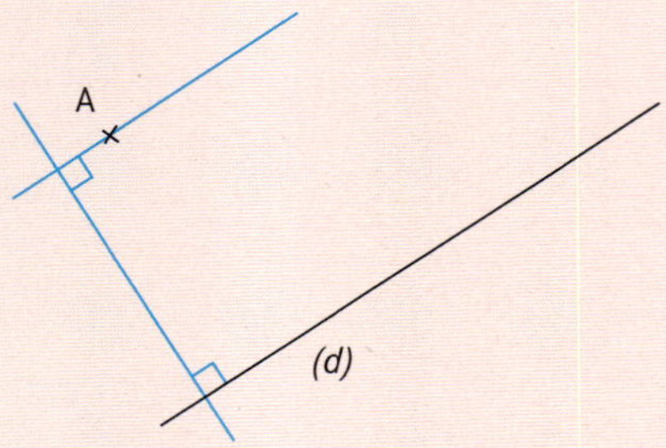

2. Tracer un arc de cercle de centre A et de rayon BB′, et **un arc de cercle de centre B′** et de rayon AB qui se coupent.

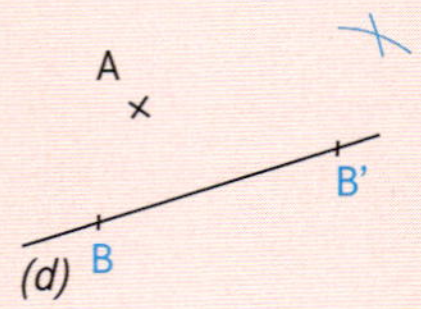

3. La droite passant par A et le point d'intersection des arcs tracés ci-dessus est **parallèle à (*d*)**.

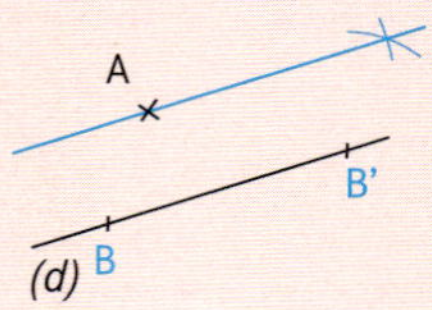

La **méthode 1** est la conséquence de la propriété D2[1] : « Si deux droites sont perpendiculaires à une même troisième, alors elles sont parallèles ».

La **méthode 2**, qui revient à construire un parallélogramme, sera justifiée dans le chapitre 16 §4.2, entrainement 26.

1. Voir les propriétés de géométrie p. 574-575.

Il y a une seule droite passant par un point et parallèle à une droite donnée.

5 Construire, décrire une construction géométrique

Un programme de tracé (ou de construction) est une suite d'instructions qui permet de construire une figure géométrique[2]. Lorsque, dans une épreuve du concours, on demande d'effectuer une construction, on peut distinguer **trois types de questions** :

Qcm 2, p. 375

2. Les énoncés des entrainements 6 et 7 ci-après sont des programmes de tracé.

• **Effectuer la construction**, généralement sans utiliser l'équerre, éventuellement sans la règle graduée (donc à l'aide du compas et d'une règle non graduée). Dans ce cas, il est impératif de laisser très clairement apparents les traits de construction. Ils permettent d'attester que les contraintes de réalisation du dessin ont été respectées.

• **Décrire la construction.** Il s'agit d'établir un programme de tracé en utilisant un vocabulaire et une syntaxe corrects (*voir l'encadré p. 382*). Sauf en cas de demande explicite, il n'est pas nécessaire de décrire comment tracer une perpendiculaire, une parallèle, une médiatrice, un parallélogramme… uniquement avec le compas.

ATTENTION
Le fait d'établir le programme de tracé ou de justifier la construction, alors que ce n'est pas demandé, ne vous rapportera pas de point supplémentaire. C'est donc une perte de temps.

• **Justifier la construction.** Dans ce cas, il faut citer les propriétés qui permettent de s'assurer que le dessin vérifie bien le cahier des charges.

Entrainement 6

Tracer un triangle ABC. Placer le point I milieu du segment [AC].
Tracer la parallèle à (BC) passant par I, elle coupe (AB) en K.
Tracer la parallèle à (AC) passant par K, elle coupe (BC) en J.
Tracer la parallèle à (AB) passant par J. Elle coupe (AC) en L.

Corrigé p. 387

Pour les entrainements 6 et 7, il est possible de tracer les figures sans utiliser d'équerre, uniquement en utilisant une règle graduée et un compas.

Entrainement 7

Tracer un triangle ABC. Tracer la perpendiculaire à (AB) qui passe par C. Tracer la perpendiculaire à (AC) qui passe par B. Ces deux perpendiculaires se coupent en H.
Placer le point I milieu de [AC] et J milieu de [AB]. Tracer les segments [BI] et [CJ], ils se coupent en G.
Tracer la perpendiculaire à (AC) qui passe par I et la perpendiculaire à (AB) qui passe par J. Ces deux droites se coupent en O. Tracer la droite (OG).

Que peut-on remarquer ?

Corrigé p. 387

FICHE MÉTHODE 3 Rédiger un programme de tracé d'une figure géométrique.

→ Rédiger un programme de tracé à communiquer à une personne qui doit reproduire la figure ci-contre, sachant qu'elle dispose d'une feuille sur laquelle est tracé le triangle ABC.

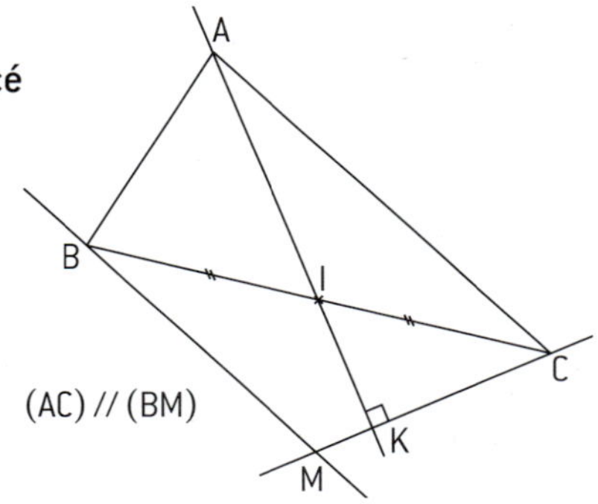

1. Repérer les figures de base (segments, droites, droites parallèles, droites perpendiculaires, triangles particuliers, quadrilatères particuliers, cercles, etc.) qui constituent la figure.	Ici, il y a un triangle, un milieu, deux droites perpendiculaires et deux droites parallèles.
2. Repérer les liens entre les figures de base et choisir éventuellement celles qui vont finalement servir à réaliser la figure.	Le milieu est le milieu d'un côté du triangle. La droite (CK) est la perpendiculaire à (AI) qui passe par un sommet du triangle. La droite (BM) est la droite parallèle à un côté du triangle qui passe par un de ses sommets.
3. Définir une chronologie.	On peut placer le point I en premier, puis tracer la droite (AI), puis la perpendiculaire à (AI) qui passe par C, et enfin la parallèle à (AC) qui passe par B. <u>Remarque :</u> Cette parallèle peut être tracée à n'importe quel moment.
4. Écrire le programme de tracé.	Placer le point I milieu de [BC]. Tracer (AI). Tracer la droite perpendiculaire à (AI) passant par C, elle coupe (AI) en K. Tracer la droite parallèle à (AC) qui passe par B, elle coupe (CK) en M.

Les trois premières étapes constituent ce qu'on appelle **l'analyse de la figure**.

ATTENTION
Le vocabulaire doit être précis et sans implicite :
- on parle du milieu d'un segment, pas d'une droite ;
- on trace la perpendiculaire à une droite passant par un point, idem pour les parallèles... Ainsi, lorsque l'on dit « Tracer la parallèle à (AC) », il faut préciser par quel point elle passe.

Entrainement 8

Corrigé p. 388

Rédiger un programme de tracé à communiquer à une personne qui doit reproduire la figure ci-dessous, sachant qu'elle dispose d'une feuille sur laquelle est tracé le triangle DCE.

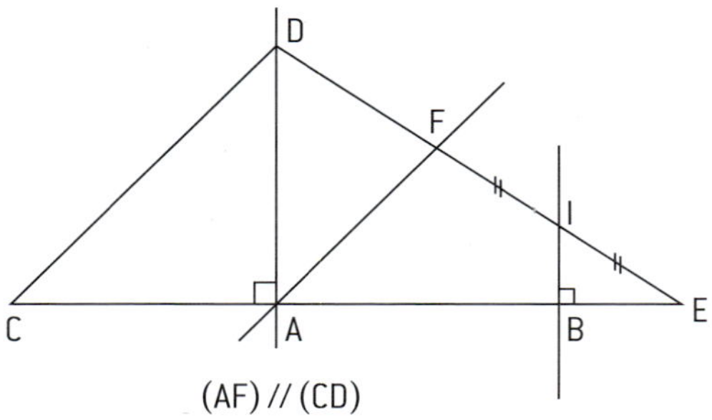

(AF) // (CD)

Pour contrôler votre programme, il est conseillé de l'exécuter comme le ferait quelqu'un qui n'a pas vu la figure.

Entrainement 9

Corrigé p. 388

Reproduire la figure ci-contre.

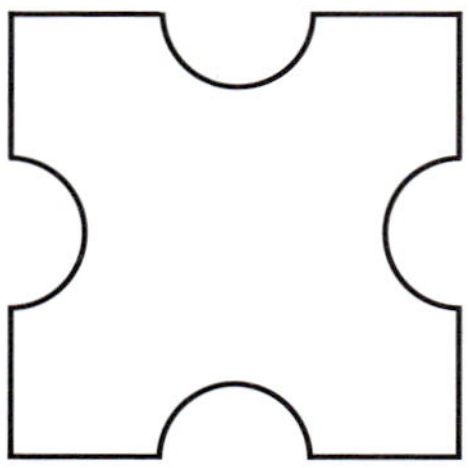

Pour reproduire une figure géométrique, on passe par les étapes d'analyse de la figure (*voir étapes 1 à 3 de la fiche méthode*) ; l'étape 4 est remplacée par l'exécution du tracé.

6 Tangente à un cercle

Une tangente à un cercle est une droite qui a un seul point commun avec le cercle.
La tangente à un cercle de centre C en un point M situé sur le cercle est la droite perpendiculaire en M au rayon [CM].

Sur le dessin ci-contre :
(*d*) est perpendiculaire au rayon [CM], c'est donc la tangente au cercle en M.

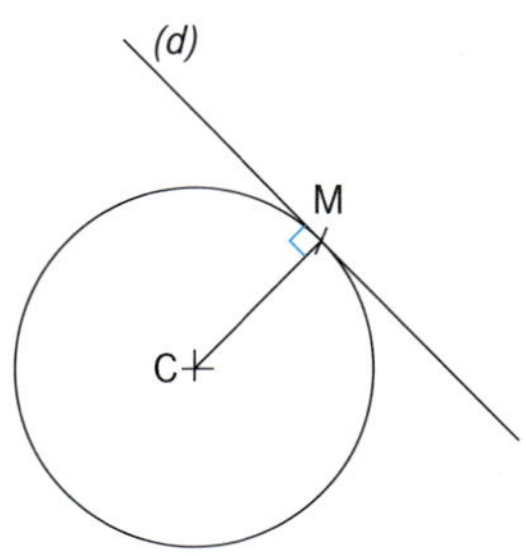

Entrainement 10

Corrigé p. 388

Tracer un cercle de centre K.
Placer sur ce cercle deux points D et F non diamétralement opposés.
Placer le milieu I de [DF].
Tracer les tangentes à ce cercle en D et F ; elles se coupent en J. Tracer (KJ).
Que peut-on remarquer ?

Entrainement 11

Corrigé p. 388

Tracer deux cercles de centres A et B, de rayons distincts et qui se coupent en C et D. Tracer les tangentes au cercle de centre A en C et D. Ces tangentes se coupent en I et elles coupent le cercle de centre B respectivement en K et L.
Tracer les tangentes au cercle de centre B en K et L ; elles se coupent en J.
Tracer la droite (JI). Que peut-on remarquer ?

Entrainement 12

Corrigé p. 388

Rédiger un programme de tracé à communiquer à une personne qui doit reproduire chacune des figures ci-dessous, sachant qu'elle dispose d'une feuille sur laquelle est tracé le cercle de centre J pour la figure (1) et le cercle de centre O pour la figure (2).

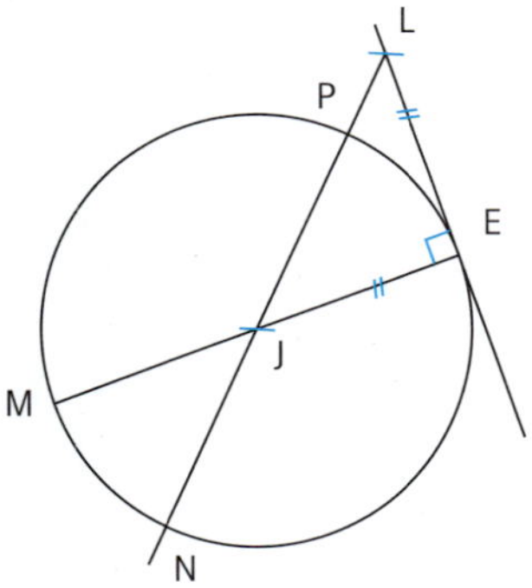

Figure (1)

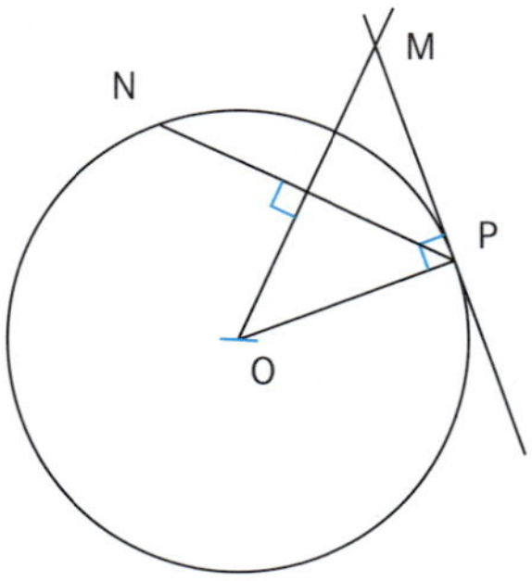

Figure (2)

7 Médiatrice d'un segment

La médiatrice d'un segment est l'ensemble des points équidistants des extrémités de ce segment.
C'est la droite perpendiculaire à ce segment et qui passe par son milieu.

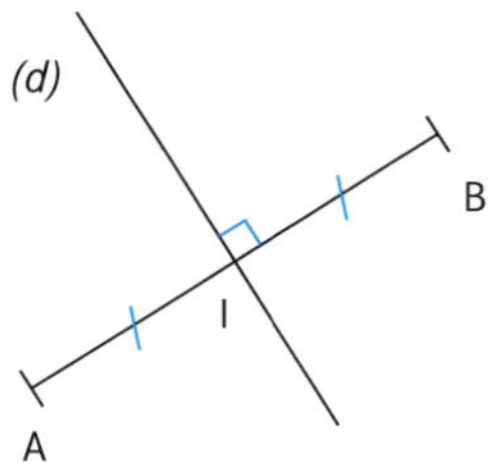

ATTENTION
Ici encore, il faut être précis au niveau des notations et du vocabulaire.
La droite (*d*) ci-contre est la médiatrice du segment [AB] mais pas de la droite (AB) ou de AB.
C'est ce qui explique que la **phrase G** du **QCM 1** est fausse.

La médiatrice est une droite qui est un axe de symétrie du segment.

> Axe de symétrie, chap. 20 §1.3, p. 481

FICHE MÉTHODE 4 Tracer la médiatrice d'un segment.

→ Tracer la médiatrice du segment [AB].

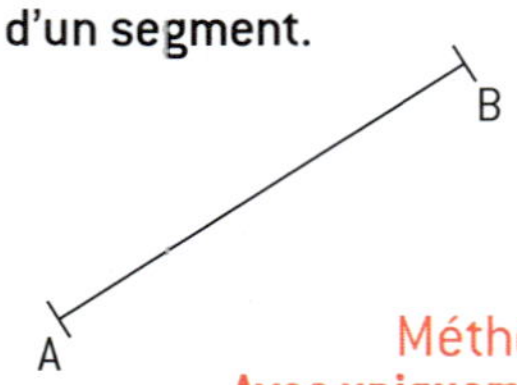

Méthode 1. **Avec la règle graduée et l'équerre**	Méthode 2. **Avec uniquement le compas et la règle non graduée**
Appliquer la seconde partie de la définition (*voir page précédente*) : On place le milieu de [AB] puis on trace la perpendiculaire à (AB) passant par ce milieu.	**1. Tracer deux arcs de cercle** de centres A et B qui se coupent en deux points (dont le rayon est donc supérieur à AB/2).

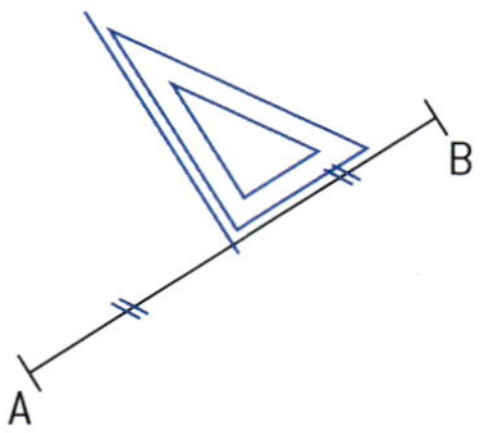

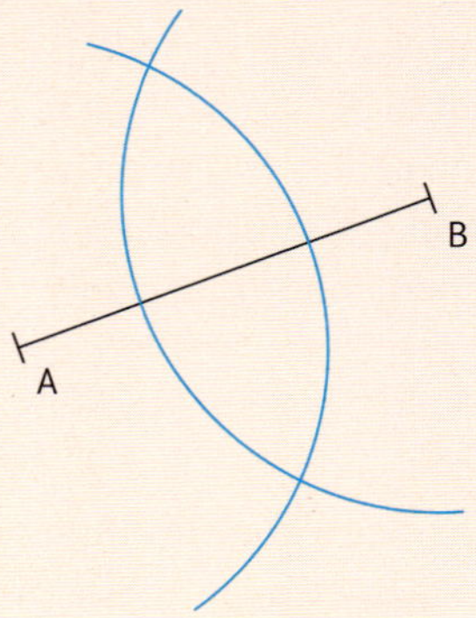

2. Tracer la droite joignant ces deux points, c'est la médiatrice de [AB].

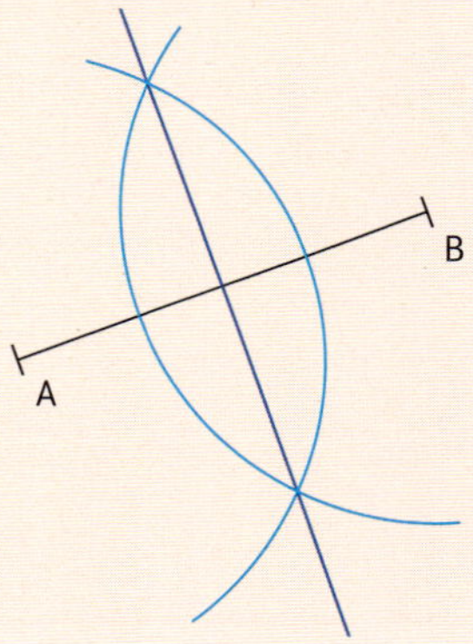

Remarque :

Justification de la méthode 2 : *voir entrainement 13 ci-dessous*.

La **méthode 2** permet de justifier la construction de la droite perpendiculaire à une droite passant par un point, présentée dans la fiche méthode 1.

Elle est également utilisée pour tracer le milieu d'un segment uniquement avec un compas et une règle non graduée, **le milieu étant le point d'intersection de [AB] et de sa médiatrice.**

Entrainement 13

Corrigé p. 388

Justifier cette seconde méthode en vous référant aux propriétés données à partir de la p. 383.

Entrainement 14

Corrigé p. 389

Justifier la méthode 2 de la construction d'une droite perpendiculaire p. 378.

• **Médiatrice et régionnement du plan**

Le demi-plan délimité par la médiatrice de [AB] et qui contient le point A est l'ensemble des points dont la distance au point A est inférieure à la distance au point B.

Le demi-plan hachuré est le demi-plan délimité par la médiatrice de [AB] et qui contient A.
C'est l'ensemble des points M tels que MA < MB.

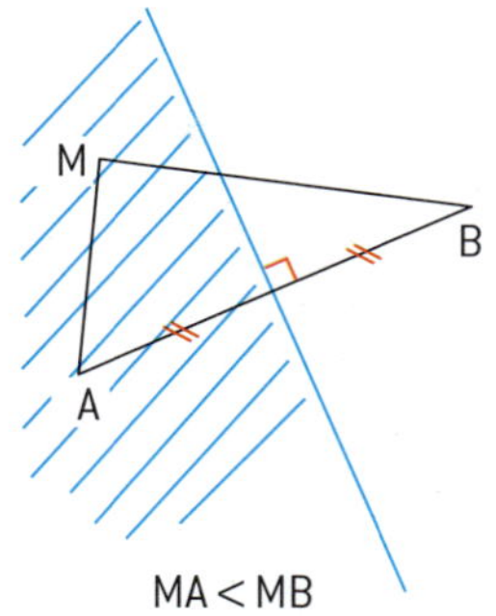

8 Cercle circonscrit à un triangle

Le cercle circonscrit à un triangle est le cercle qui passe par les trois sommets de ce triangle.

Les entrainements ci-dessous permettent de justifier qu'il y a un seul cercle circonscrit à un triangle et donnent la méthode de construction de ce cercle.

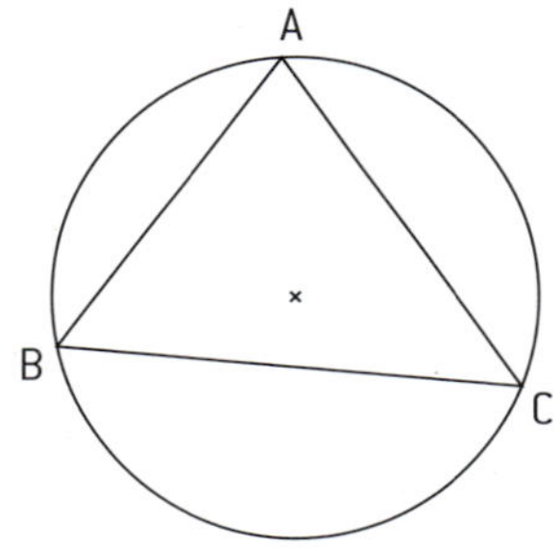

($\mathscr{C}$) est le cercle circonscrit au triangle ABC.

Entrainement 15

Corrigé p. 389

Tracer un triangle ABC et les médiatrices de [AB] et [AC] : elles se coupent en O.
Tracer le cercle de centre O et de rayon [OA]. Expliquer pourquoi il passe par les trois sommets du triangle.
La médiatrice de [BC] passe-t-elle par O ? Justifier.

Entrainement 16

Corrigé p. 389

Soit A et B deux points distincts.
Combien peut-on tracer de cercles passant par A et B ?
Quel est l'ensemble des centres de ces cercles ?

Entrainement 17

Corrigé p. 389

Combien peut-on tracer de cercles passant par trois points distincts A, B et C ?

Entrainement 18

Corrigé p. 390

Décrire la méthode de tracé d'un cercle circonscrit à un triangle.

Cas particulier : Le cercle circonscrit à un triangle rectangle a pour diamètre son hypoténuse (côté opposé à l'angle droit).

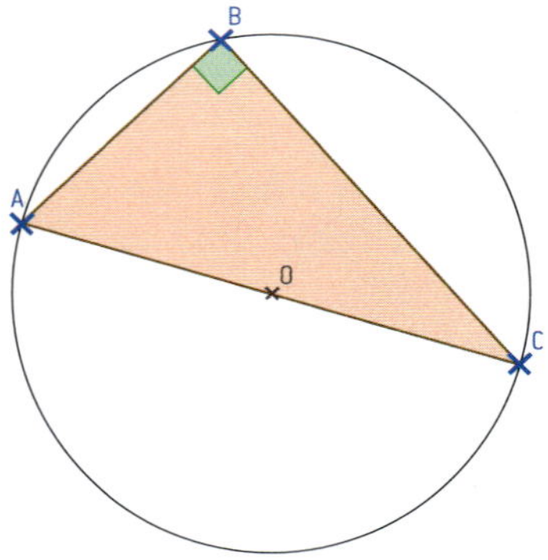

Conséquence : Le centre du cercle circonscrit à un triangle rectangle est le milieu de son hypoténuse.

Démonstration

Elle dépend des propriétés sur lesquelles on s'appuie. Voici une démonstration s'appuyant sur la propriété du rectangle et de ses diagonales.

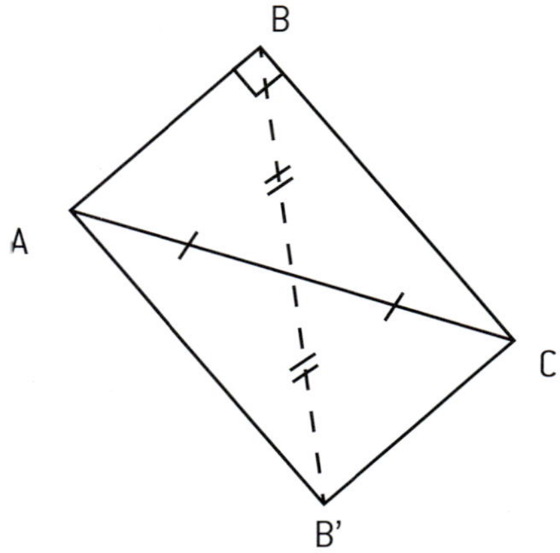

Soit ABC un triangle rectangle en B et O le milieu de [AC].

Soit B' le symétrique de B par rapport à O.

O est le milieu de [AC] (donnée) et de [BB'] (par construction).

Donc ABCB' est un parallélogramme.

Or l'angle B de ce parallélogramme est un angle droit, donc ABCB' est un rectangle.

Les diagonales d'un rectangle sont de même longueur et se coupent en leur milieu, donc OA = OB = OC.

Donc le cercle de centre O et de rayon OA est le cercle circonscrit au triangle ABC.

Entrainement 19

Corrigé p. 390

Tracer un cercle de centre A et de rayon [AC].

Soit (*d*) la tangente au cercle en C.

Placer un point B sur (*d*).

Déterminer le centre du cercle circonscrit du triangle ABC.

Corrigés

Entrainement 1

Énoncé p. 376

Les segments [AB] et [BC] ont la même longueur mais ils ne sont pas égaux. En effet, un segment est un ensemble de points, donc deux segments sont égaux si tout point de l'un appartient à l'autre et réciproquement (c'est donc le cas uniquement lorsque les deux segments sont confondus). Or le point A, par exemple, appartient à [AB] mais pas à [BC].

Entrainement 2

Énoncé p. 376

Une infinité : il y a bien sûr les deux extrémités, mais aussi tous les points situés « entre » les extrémités !

Entrainement 3

Énoncé p. 376

Oui. Attention à ne pas confondre la représentation d'une droite, qui est un trait qui représente aussi un segment, et la droite qui est « infinie ».

Entrainement 4

Énoncé p. 377

On peut la nommer : (AB), (BA), (AC), (CA), (BC), (CB), soit 6 façons différentes.

Entrainement 5

Énoncé p. 377

Penser à laisser bien apparents les traits de construction.

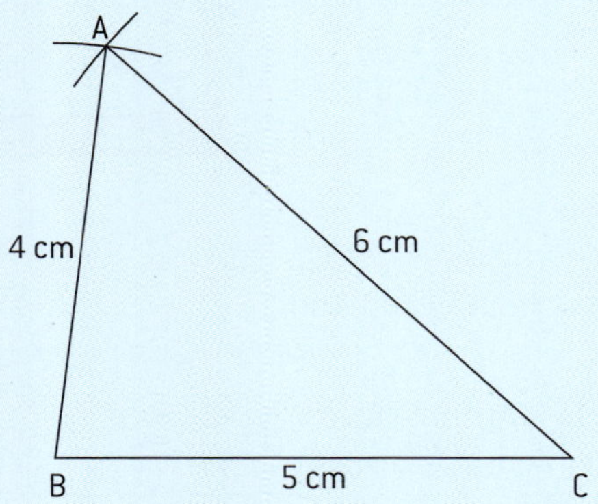

Il est indispensable de tracer le 3e sommet avec le compas (*voir § 2 p. 377*).

Entrainement 6

Énoncé p. 381

Si vous avez tracé correctement la figure, L et I sont confondus.
On peut le démontrer. Il en sera de même pour les constatations faites pour les entrainements 7, 10 et 11.

Entrainement 7

Énoncé p. 381

Si vous avez tracé correctement la figure, O, G et H sont alignés.

Entrainement 8

Énoncé p. 382

Tracer la perpendiculaire à (CE) qui passe par D. Elle coupe (CE) en A.
Tracer la parallèle à (CD) qui passe par A, elle coupe (DE) en F.
Placer le point I milieu de [EF] et tracer la perpendiculaire à (CE) passant par I, elle coupe (CE) en B.

Entrainement 9

Énoncé p. 382

Pour reproduire cette figure, il faut tout d'abord l'**analyser**, comme le montre le tableau ci-dessous :

1. Repérer les figures de base qui constituent la figure.	On constate que la figure est constituée de quatre angles droits et quatre demi-cercles de diamètre 1 cm.
2. Repérer les liens entre les figures de base et choisir éventuellement les figures qui vont finalement servir à réaliser la figure.	Pour cette figure, on constate que les quatre angles droits sont les quatre angles d'un carré de côté 3 cm, et que les demi-cercles ont pour centres les milieux des côtés.
3. Définir une chronologie.	Il faut donc commencer par tracer un carré de côté 3 cm, puis tracer les demi-cercles de diamètre 1 cm et dont les centres sont les milieux des côtés des carrés.

Entrainement 10

Énoncé p. 383

Si vous avez tracé correctement la figure, I est un point de la droite (KJ).

Entrainement 11

Énoncé p. 383

Si vous avez tracé correctement la figure, la droite (JI) passe par les centres A et B des cercles.

Entrainement 12

Énoncé p. 383

Figure 1 : Tracer un diamètre [ME]. Tracer la tangente au cercle en E.
Placer sur cette tangente un point L tel que LE = EJ. Tracer la demi-droite d'origine L passant par J. Elle coupe le cercle en P et N (on peut éventuellement ajouter que P est un point de [LJ]).

Figure 2 : Tracer un rayon [OP] du cercle de centre O. Tracer la tangente au cercle en P. Tracer une corde [NP] (qui n'est pas un diamètre). Tracer la demi-droite d'origine O perpendiculaire à (NP). Elle coupe la tangente en M.

Il est possible de tracer la corde avant de tracer la tangente. On pourrait aussi choisir un point M sur la tangente et tracer la droite passant par P et perpendiculaire à (OM).

Entrainement 13

Énoncé p. 384

Les points d'intersection des deux arcs de cercle sont équidistants de A et B (puisque ces arcs de cercle ont le même rayon). Donc, d'après la propriété M5[1], la droite joignant ces deux points d'intersection est la médiatrice de [AB].

1. Ici, nous indiquons le numéro de la propriété utilisée (*voir p. 574*). Le jour du concours, il ne faudra évidemment pas faire référence à ces numéros !

Entrainement 14

Énoncé p. 384

Justification de la méthode de tracé avec le compas :

A est équidistant des points B et B′. De même, le point d'intersection des deux arcs est équidistant de B et B′, donc la droite passant par A et ce point d'intersection est la médiatrice de [BB′] (propriété M5).

Elle est donc perpendiculaire à (BB′), donc à (*d*).

AUTRE MÉTHODE

Pour tracer une droite perpendiculaire à une droite (*d*) passant par un point A, en utilisant uniquement le compas et la règle :

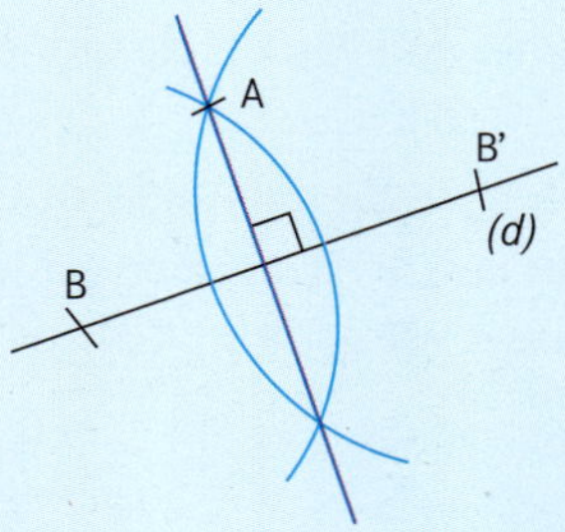

On trace un arc de cercle passant par A et dont le centre est sur la droite (*d*).

On trace ensuite un 2e arc de cercle passant par A, dont le centre est sur la droite et qui coupe le premier arc en A′ (il n'est pas nécessaire d'avoir le même rayon).

On trace enfin la droite (AA′). Cette droite est perpendiculaire à (*d*).

En effet, les centres des arcs de cercle sont équidistants de A et A′. La droite passant par ces centres, c'est-à-dire la droite (*d*), est donc la médiatrice de [AA′] ; elle est donc perpendiculaire à (AA′). Donc (AA′) est perpendiculaire à (*d*).

Cette méthode n'est pas utilisable si le point par lequel doit passer la perpendiculaire est sur la droite.

Entrainement 15

Énoncé p. 385

O est équidistant de A et B puisqu'il est sur la médiatrice de [AB] (M3).
O est équidistant de A et C puisqu'il est sur la médiatrice de [AC]. Donc O est équidistant des points A, B et C, et le cercle de centre O qui passe par A passe donc par les points B et C.

De plus, O est équidistant de B et C, donc il est sur la médiatrice du segment [BC] (M4), donc les médiatrices des trois côtés du triangle sont concourantes en un point (noté ici O).

Entrainement 16

Énoncé p. 385

Une infinité de cercles : leurs centres sont tous sur la médiatrice du segment [AB], car ils sont équidistants de A et B (*définition du centre du cercle*).

Entrainement 17

Énoncé p. 385

Si A, B et C ne sont pas alignés, on ne peut tracer qu'un seul cercle passant par ces trois points. En effet, les médiatrices de [AB] et [BC], par exemple, se coupent en un seul point qui est également sur la médiatrice de [AC] (*voir entrainement 15*). C'est donc le centre du cercle circonscrit au triangle ABC et il y a un seul cercle circonscrit.

Si les points sont alignés, il ne sera pas possible de faire passer un cercle par ces trois points, dans la mesure où les médiatrices des segments [AB] et [BC] ne se coupent pas, puisqu'elles sont parallèles d'après la propriété : « Si deux droites sont perpendiculaires à une même troisième, alors elles sont parallèles entre elles. »

Entrainement 18

Énoncé p. 385

Pour tracer le cercle circonscrit à un triangle quelconque, il suffit de tracer les médiatrices de deux côtés. Le point d'intersection de ces médiatrices est le centre du cercle et son rayon est de la longueur des segments qui joignent le centre aux sommets du triangle (*voir entrainement 15*).

Entrainement 19

Énoncé p. 386

(d) étant la tangente en C au cercle, donc (AC) ⊥ *(d)*, donc (AC) ⊥ (AB).

Donc ABC est un triangle rectangle en C.

Donc le centre du cercle circonscrit est le milieu de son hypoténuse, c'est-à-dire [AB].

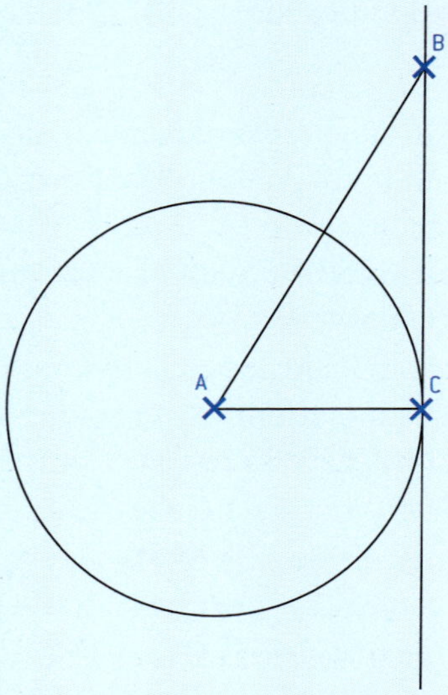

AU CONCOURS Droite, segment, cercle, perpendicularité, parallélisme

Les connaissances de ce chapitre ne font, en général, pas l'objet d'exercices spécifiques, mais interviennent dans les exercices d'autres chapitres. C'est pourquoi seuls deux exercices sont proposés.

Exercice 1

Corrigé p. 392

a. Reproduire avec précision le dessin schématisé ci-contre en sachant que A est le centre du cercle et que (AK) // (DG).
On utilisera uniquement la règle graduée et le compas.

b. Rédiger le programme de tracé.

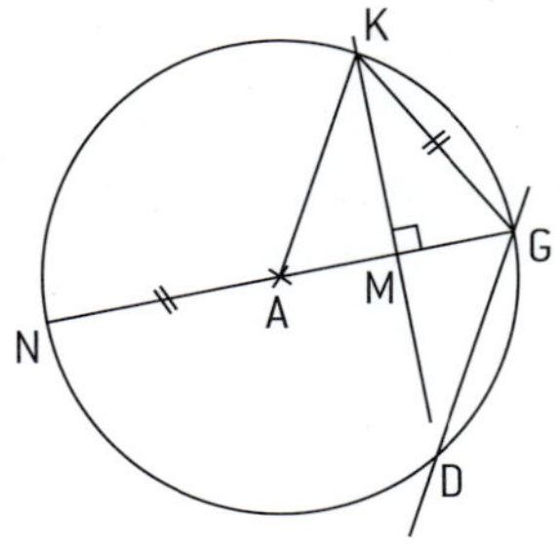

AN = 3 cm

Exercice 2

Corrigé p. 392

Une enseignante souhaite organiser un jeu dans la cour de récréation. Pour cela, elle colle un ruban adhésif de 6 m sur le sol. Elle veut ensuite délimiter trois zones constituées respectivement de :
– l'ensemble des points M de la cour tel que AM < BM ;
– l'ensemble des point M de la cour tel que AM est le plus côté du triangle ABM ;
– l'ensemble des points M tel que ABM est un triangle rectangle.

Pour chaque zone (ensemble de points), donner une réponse sans justification, soit en faisant une figure et en la décrivant, soit en donnant une définition mathématique de l'ensemble demandé.

Corrigés

Exercice 1

Énoncé p. 391

a. Réalisation de la figure :
Si la figure est réalisée correctement, alors (KM) passe par D. On doit voir les arcs de cercle de construction pour le point K, la perpendiculaire (KM) et la parallèle (GD).

b. Un programme de tracé :
Tracer un cercle de centre A et de rayon 3 cm.
Tracer un diamètre [NG] de ce cercle.
Placer un point K sur le cercle tel que GK = AN
Tracer la perpendiculaire à (AG) qui passe par K, elle coupe (AG) en M.
Tracer la parallèle à (AK) qui passe par G, elle coupe le cercle en D.

Exercice 2

Énoncé p. 391

1. AM < BM signifie qu'il s'agit de l'ensemble des points du demi-plan contenant A et limité par la médiatrice de [AB].

2. AM doit être telle que : AM < BM (1) et AM < AB (2).
La condition (1) se traduit par le fait que M appartient au demi-plan contenant A et limité par la médiatrice de [AB].
La condition (2) se traduit par le fait que le point M est situé à l'intérieur du disque de centre A et de rayon AB.
Donc l'ensemble des points M est l'intersection du disque de centre A et de rayon AB (privé du cercle), et du demi-plan contenant A et limité par la médiatrice de [AB].

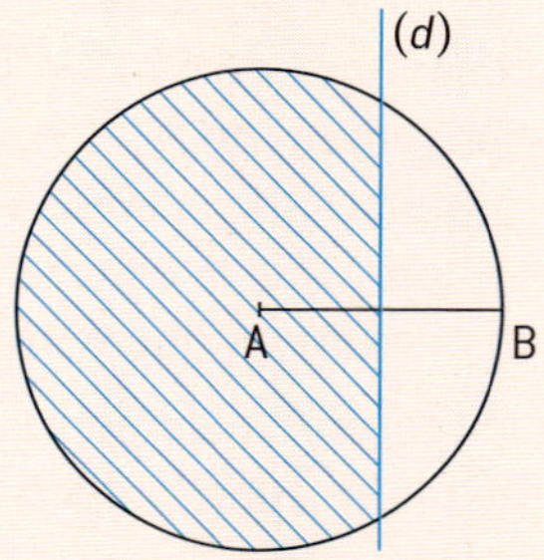

3. AMB doit être un triangle rectangle, mais on ne précise pas en quel point. Il peut donc être rectangle :
- en M : dans ce cas, le point M appartient au cercle de diamètre [AB] (propriété T2) ;
- en A : dans ce cas, le point M appartient à la droite perpendiculaire à (AB) qui passe par A ;
- en B : dans ce cas, le point M appartient à la droite perpendiculaire à (AB) qui passe par B.

L'ensemble des points M est donc la réunion de ces trois ensembles.

CHAPITRE 16

Espace et géométrie

Angles, polygones

Objectifs

- Reconnaitre et construire des polygones (triangles et quadrilatères particuliers).
- Reproduire ou construire des figures géométriques.
- Calculer des mesures d'angles.

FICHES MÉTHODE

Tester ses connaissances

QCM 1 Quelles phrases sont vraies ?
(On ne prendra en compte que les informations codées de la figure.)

A. (AD) est une hauteur du triangle ABC.
B. (BK) est une bissectrice du triangle ABC.
C. (MK) est une médiatrice du triangle ABC.

aide phrases A et C §3.3 p. 402

aide phrase B, §1.2 p. 395

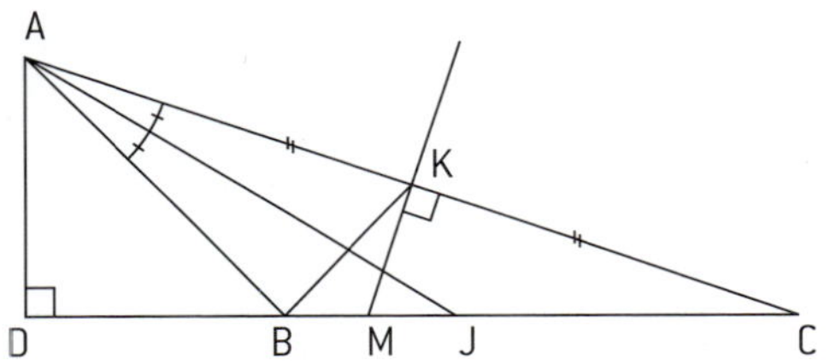

QCM 2 Les points B, D et C sont alignés. La mesure de l'angle $\widehat{ADB}$ est égale à :

A. 60° **B.** 120° **C.** 50° **D.** On ne peut pas savoir.

aide §3.2 p. 400

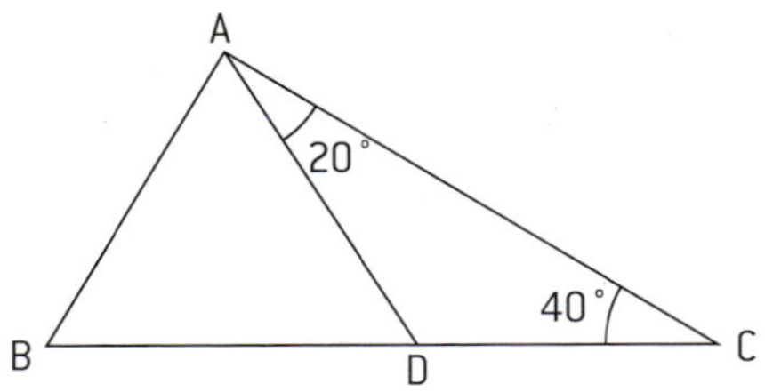

QCM 3 Quels triangles est-il possible de tracer ?

A. AB = 5 cm, BC = 3 cm et AC = 1 cm.
B. AB = 5 cm, $\widehat{ABC} = 40°$ et $\widehat{BAC} = 60°$.
C. AC = 6 cm, BC = 4 cm et $\widehat{ACB} = 50°$.
D. AC = 5 cm et $\widehat{ACB} = 40°$.
E. AB = 4 cm, $\widehat{ABC} = 60°$, $\widehat{ACB} = 30°$ et $\widehat{CAB} = 50°$.

aide §3.1 p. 400

1. A, C **2.** A **3.** B, C, D (*infinité de triangles possibles*)

LE COURS

1 Angles

On appelle **secteur angulaire** toute portion de plan limitée par deux demi-droites de même origine. L'origine commune est appelée **sommet du secteur** et les deux demi-droites sont appelées **côtés du secteur angulaire**.
L'ensemble des secteurs superposables constitue un **angle**.

2 demi-droites de même origine déterminent 2 secteurs angulaires (voir ci-dessous, angles saillants et rentrants).

- Dans la pratique, par abus de langage, on assimile souvent « secteur angulaire » et « angle » ; c'est ce que nous ferons dans la suite de cet ouvrage.
- On peut mesurer les angles avec un rapporteur.
- Le sommet de l'angle est toujours nommé en deuxième position :

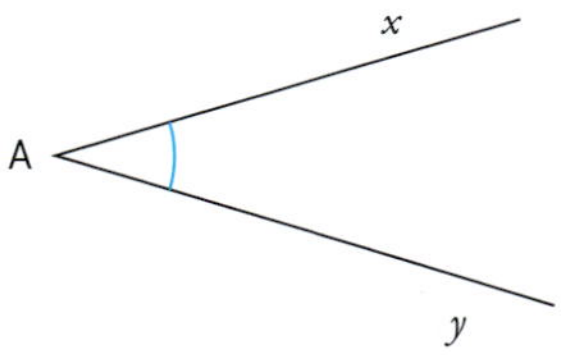

Angle $\widehat{xAy}$

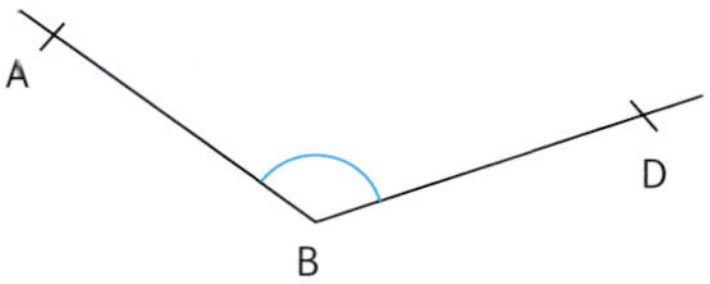

Angle $\widehat{ABD}$

Un angle est **saillant** s'il est inférieur à un angle plat.
Un angle est **rentrant** s'il est supérieur à un angle plat.

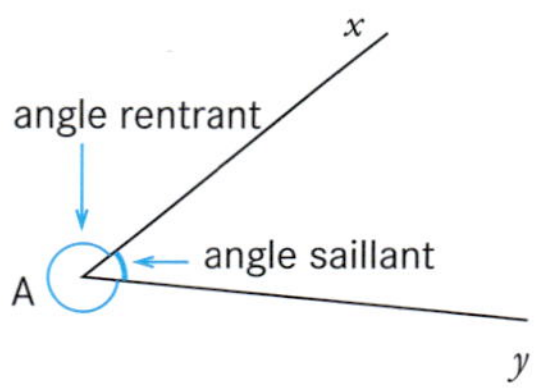

Le dessin ci-contre représente aussi bien l'angle saillant $\widehat{xAy}$ que l'angle rentrant $\widehat{xAy}$.
Par la suite, on ne considèrera que des angles saillants.

Un angle est **aigu** s'il est inférieur à un angle droit (qui mesure 90°).
L'angle $\widehat{xAy}$ est aigu.
Un angle est **obtus** s'il est compris entre un angle droit et un angle plat (qui mesure 180°). L'angle $\widehat{ABD}$ est obtus.

1 1. Relation entre deux angles

A. Angles complémentaires et supplémentaires

Deux angles sont **complémentaires** si la somme de leur mesure est égale à **90°**.
Deux angles sont **supplémentaires** si la somme de leur mesure est égale à **180°**.

B. Angles adjacents

Deux angles sont **adjacents** s'ils ont un sommet et un côté communs et s'ils sont situés de part et d'autre de ce côté.

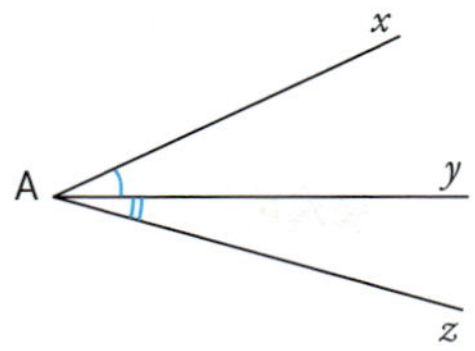

Les angles $\widehat{xAy}$ et $\widehat{yAz}$ sont adjacents.

C. Angles opposés par le sommet

Les angles $\widehat{xAy}$ et $\widehat{x'Ay'}$ sont **opposés par le sommet**.
Ils ont leur sommet en commun et leurs côtés sont dans le prolongement l'un de l'autre.
Deux angles opposés par le sommet sont **égaux**.

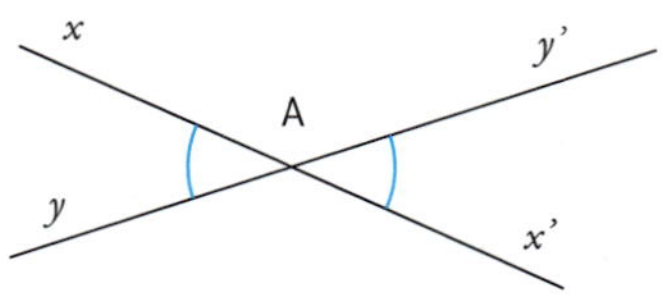

Qcm 1, p. 393

1 2. Bissectrice d'un angle

La bissectrice d'un angle est la droite qui passe par le sommet de l'angle et qui partage l'angle en deux angles égaux.

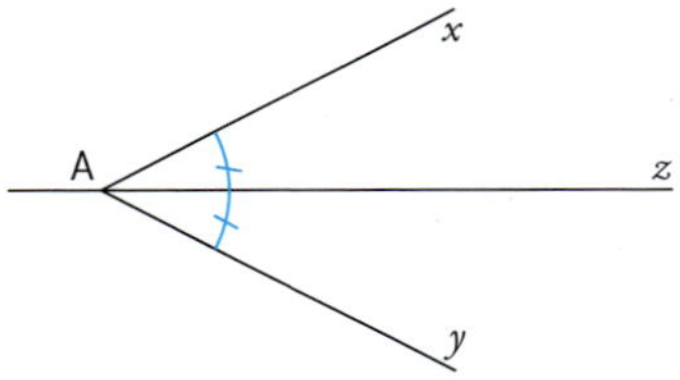

(Az) est la bissectrice de l'angle $\widehat{xAy}$.

La bissectrice d'un angle est l'axe de symétrie de cet angle.

FICHE MÉTHODE 1 **Tracer la bissectrice d'un angle.**

→ Tracer la bissectrice de l'angle $\widehat{xOy}$.

Méthode 1. **Avec le rapporteur**	Méthode 2. **Avec le compas et une règle graduée**
1. Mesurer l'angle $\widehat{xOy}$ et calculer la moitié de cette mesure.	**1. Tracer avec le compas un arc de cercle** de centre O (sommet de l'angle) qui coupe les deux côtés de l'angle [Ox) et [Oy) respectivement en B et C.
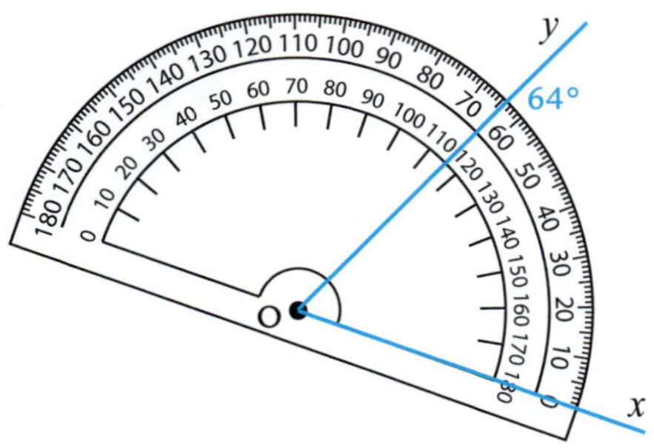	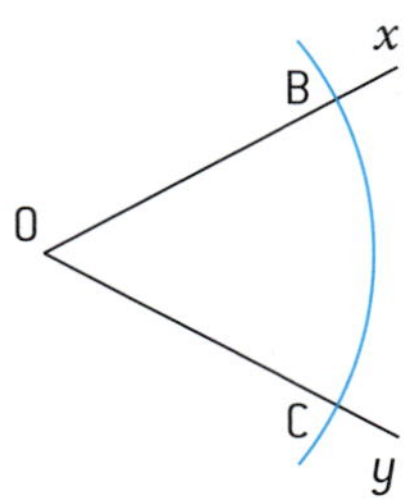

2. Tracer la demi-droite qui partage l'angle en deux angles égaux.

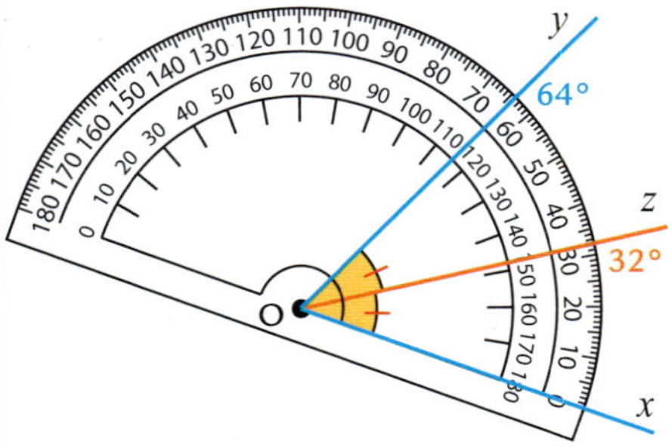

Remarque : La **méthode 1** est la conséquence directe de la définition.

2. Tracer 2 arcs de cercle de même rayon et de centres B et C. Ces 2 arcs se coupent en **D**.

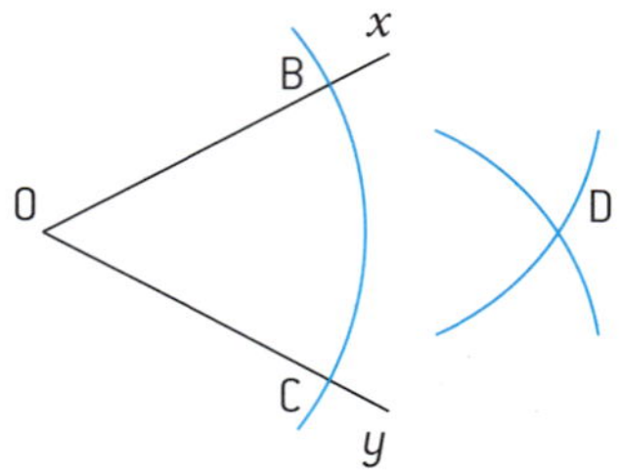

3. Tracer la droite passant par le sommet de l'angle et par le point **D**.

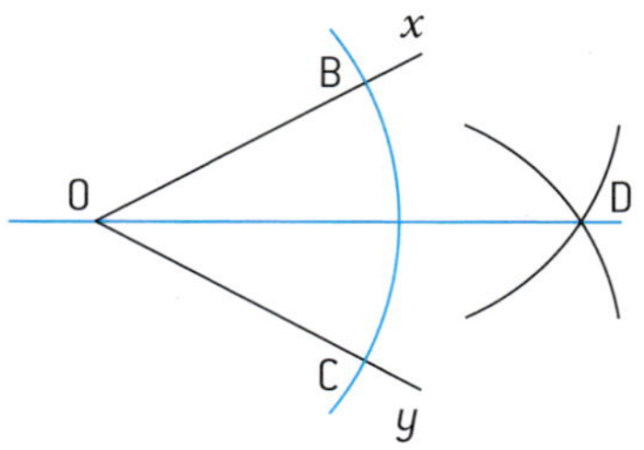

Entrainement 1

Corrigé p. 410

Tracer un angle et sa bissectrice.

Placer un point M sur cette bissectrice, puis tracer les perpendiculaires aux côtés qui passent par M. Elles coupent respectivement les côtés en H et H′. Comparer MH et MH′.

Refaire ce travail avec d'autres points de la bissectrice. Énoncer le résultat qui semble se dégager.

Propriété :

La **bissectrice d'un angle** est l'ensemble des points équidistants de ses côtés.

› **Distance d'un point à une droite,** chap. 15 p. 378

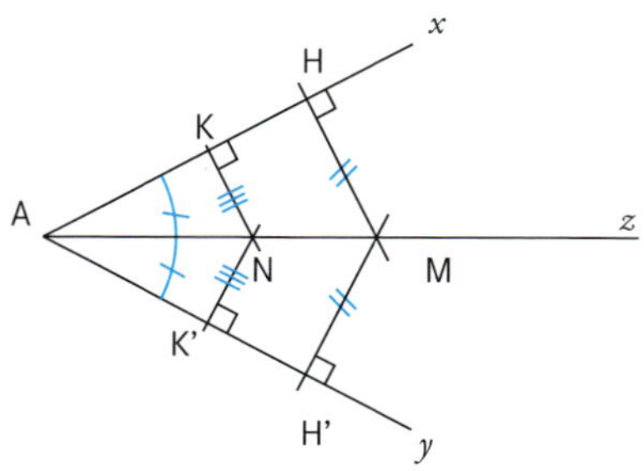

NK = NK′ et MH = MH′.

Cette propriété a pu être constatée (mais non démontrée) dans l'entrainement 1 ci-dessus.

Entrainement 2

Corrigé p. 410

Tracer un triangle ABC, ainsi que les trois bissectrices de ce triangle. Que peut-on remarquer ?

Tracer la perpendiculaire à l'un des côtés du triangle et qui passe par le point d'intersection K de deux bissectrices. Elle coupe ce côté en un point H. Tracer le cercle de centre K et rayon [KH].

Que peut-on remarquer ? Ce cercle est appelé le **cercle inscrit dans le triangle** ABC.

1 3. Angles et droites parallèles

A. Angles alternes-internes

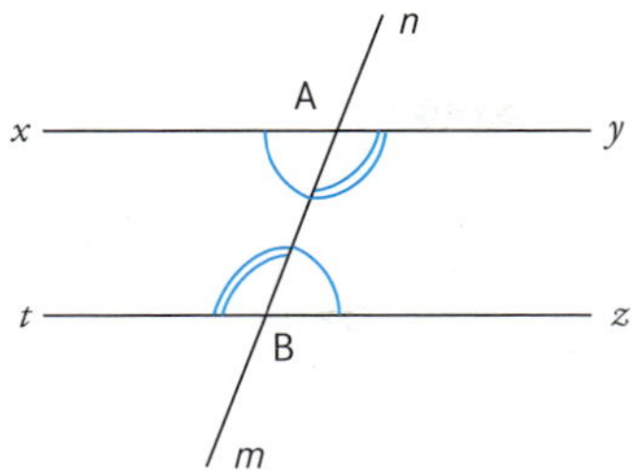

Les **angles alternes-internes** $\widehat{xAB}$ et $\widehat{zBA}$ formés par des droites parallèles sont égaux.

De même, par exemple, les angles alternes-internes $\widehat{yAB}$ et $\widehat{tBA}$ sont égaux.

B. Angles correspondants

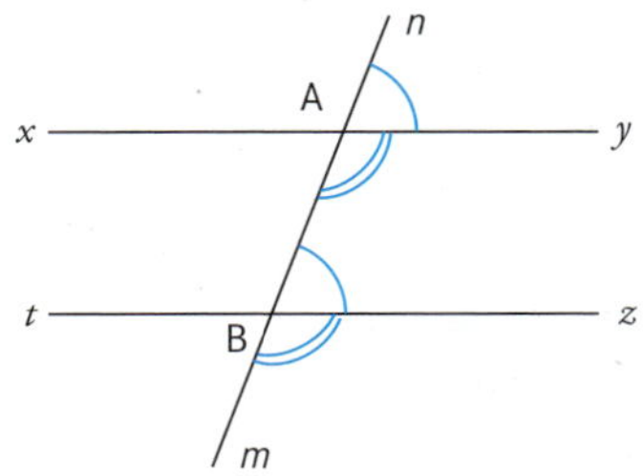

Les **angles correspondants** $\widehat{nAy}$ et $\widehat{nBz}$ formés par des droites parallèles sont égaux.

De même, par exemple, les angles correspondants $\widehat{yAm}$ et $\widehat{zBm}$ sont égaux.

Entrainement 3

Corrigé p. 410

En utilisant la figure ci-contre, préciser si les phrases suivantes sont vraies.
Si c'est le cas, expliquer pourquoi.

A. Les angles $\widehat{t'AB}$ et $\widehat{xAC}$ sont égaux.
B. Les angles $\widehat{ABD}$ et $\widehat{BDy'}$ sont égaux.
C. Les angles $\widehat{BAC}$ et $\widehat{ABD}$ sont égaux.
D. Les angles $\widehat{ACD}$ et $\widehat{t'Ax'}$ sont égaux.
E. Les angles $\widehat{ABD}$ et $\widehat{BDC}$ sont complémentaires.
F. Les angles $\widehat{ACD}$ et $\widehat{DBA}$ sont égaux.

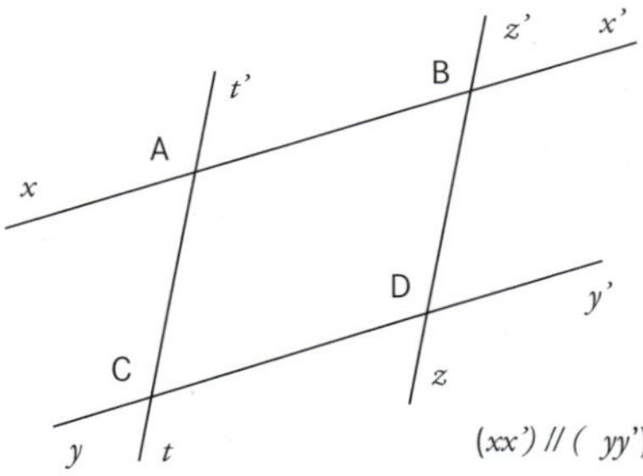

(xx') // (yy')
(tt') // (zz')

C. Réciproques des propriétés des angles alternes-internes et correspondants

Si deux droites coupées par une sécante forment des angles alternes-internes ou correspondants égaux, alors **ces droites sont parallèles**.

Entrainement 4

Corrigé p. 410

Démontrer, en utilisant les informations notées sur le dessin, que les droites (AC) et (DF) sont parallèles.

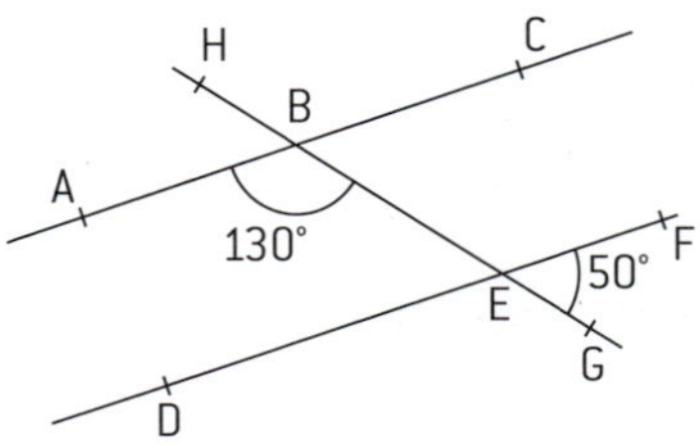

② Polygones

Un **polygone** est une figure géométrique fermée limitée par des côtés qui sont tous des **segments**.

Un **triangle** est un polygone à **3 côtés**.
Un **quadrilatère** est un polygone à **4 côtés**.
Un **pentagone** est un polygone à **5 côtés**.
Un **hexagone** est un polygone à **6 côtés**.
Un **octogone** est polygone à **8 côtés**.
Un **décagone** est un polygone à **10 côtés**.
Un **dodécagone** est un polygone à **12 côtés**.

② 1. Polygones convexes, concaves, croisés

Un **polygone** est **convexe** s'il est tout entier situé du même côté que toutes les droites supports de ses côtés. Sinon il est **concave** (ou non convexe).
Un **polygone** est **croisé** si deux de ses côtés se coupent.

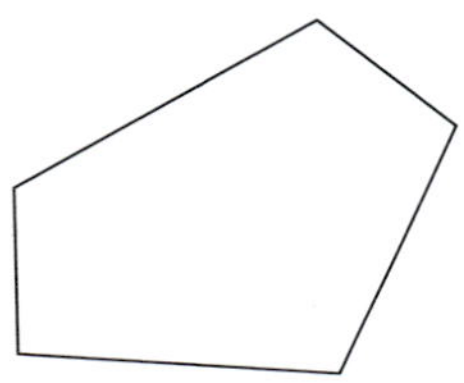
Polygone convexe

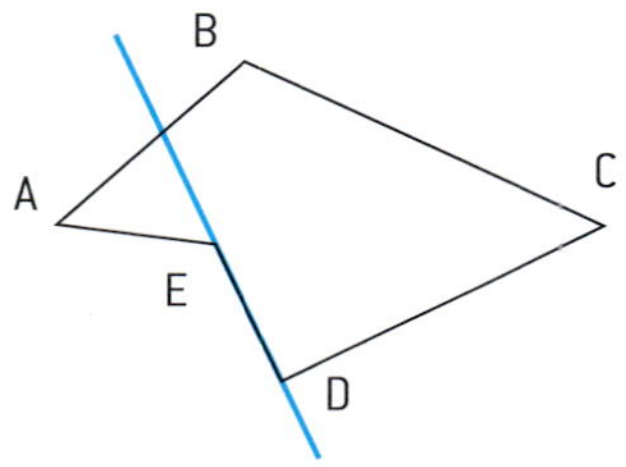

ABCDE est un polygone concave

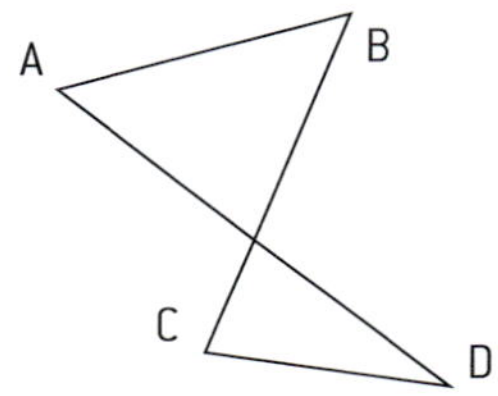

ABCD est un polygone croisé

Un polygone non convexe a au moins un angle rentrant.

② 2. Polygones réguliers

On admet que ces deux définitions sont équivalentes :

Un **polygone régulier** est un polygone qui a tous ses angles et ses côtés égaux.

Un polygone régulier est inscriptible dans un cercle et qui a tous ses côtés de même longueur.

Conséquence :

Si ABCDE... est un polygone régulier de n côtés et si O est le centre du cercle circonscrit au polygone alors, $\widehat{AOB}=\widehat{BOC}=\widehat{COD}=\ldots=\dfrac{360°}{n}$.
360° correspond à l'angle au centre complet.

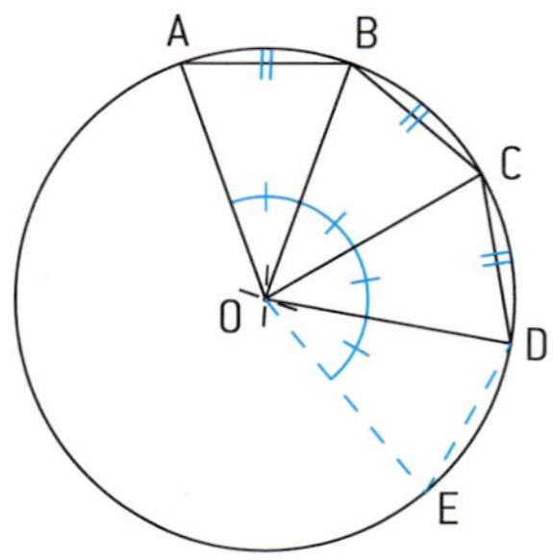

Entrainement 5

Corrigé p. 410

a. Un carré est-il un polygone régulier ?

b. Un rectangle est-il un polygone régulier ?

c. Un losange est-il un polygone régulier ?

2 3. Tracé d'un polygone régulier

Tout polygone régulier peut être tracé **avec un rapporteur**.

Toutefois, certains polygones réguliers peuvent être tracés **sans l'aide du rapporteur**.
C'est par exemple le cas des deux polygones ci-dessous :

FICHE MÉTHODE 2 **Tracer un polygone régulier sans rapporteur.**

→ Tracer un hexagone régulier.

1. Tracer un cercle.
2. Reporter successivement sur ce cercle des cordes qui sont égales au rayon.

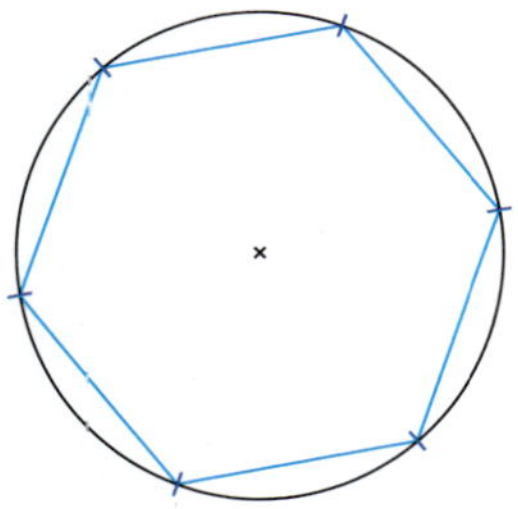

→ Tracer un octogone régulier.

1. Tracer un cercle avec deux diamètres perpendiculaires.
2. Tracer les bissectrices des quatre angles ainsi formés.

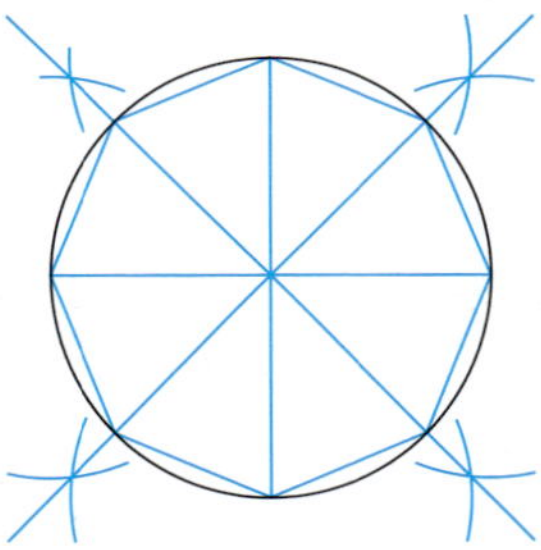

Entrainement 6

Corrigé p. 411

Tracer un polygone régulier de 12 côtés en utilisant un rapporteur.

Entrainement 7

Corrigé p. 411

Tracer un hexagone régulier avec le compas et la règle non graduée, à l'aide de la méthode présentée ci-dessus. Justifier cette méthode.

❸ Triangles

❸ 1. Triangle et côtés

Dans un triangle, la longueur de n'importe quel côté est **inférieure** à la somme des longueurs des deux autres côtés.

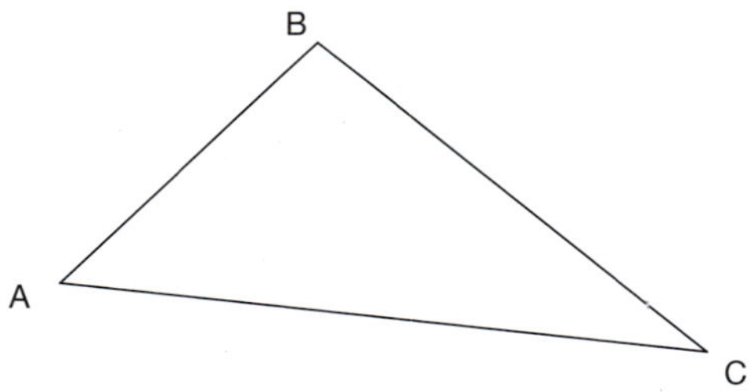

AC < AB + BC
BC < AB + AC
AB < AC + BC

Cette propriété est appelée **inégalité triangulaire.** Elle est connue intuitivement par tous car elle est équivalente à la propriété suivante : « Pour aller d'un point à l'autre, la plus courte distance est la ligne droite. »

Corrigé QCM 3 énoncé A : Le triangle n'a pas pu être construit car la longueur d'un des côtés (5 cm) est supérieure à la somme des deux autres côtés (3 cm + 1 cm).

Qcm 3, p. 393

❸ 2. Triangle et angles

La somme des angles d'un triangle est égale à **180°**.

Corrigé QCM 3 énoncé E : Le triangle n'a pas pu être construit car la somme de ses angles (60° + 30° + 50°) n'est pas égale à 180°.

Qcm 3, p. 393

Entrainement 8

Corrigé p. 411

Démontrer cette propriété en répondant aux questions ci-dessous.

Soit ABC un triangle quelconque ; tracer la parallèle (xx') à (BC) qui passe par A.

Comparer :

a. $\widehat{xAB}$ et $\widehat{ABC}$

b. $\widehat{x'AC}$ et $\widehat{ACB}$.

Puis conclure.

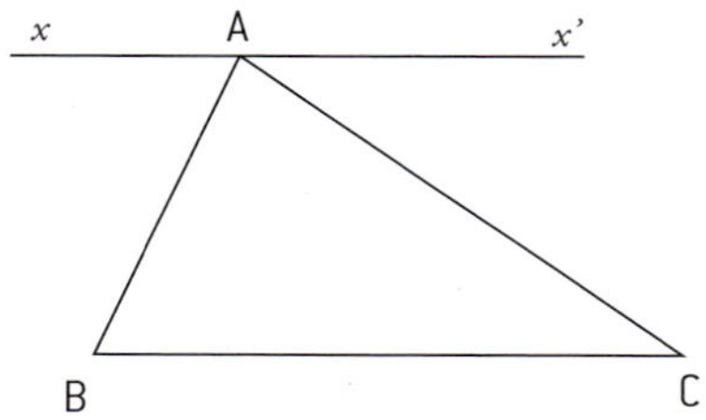

Entrainement 9

Corrigé p. 411

Tracer un triangle DEF tel que EF = 5 cm, $\widehat{DEF} = 40°$ et $\widehat{EDF} = 60°$.

Entrainement 10

Corrigé p. 412

Sachant que [BC] est un diamètre du cercle, calculer la mesure de l'angle $\widehat{ABC}$.

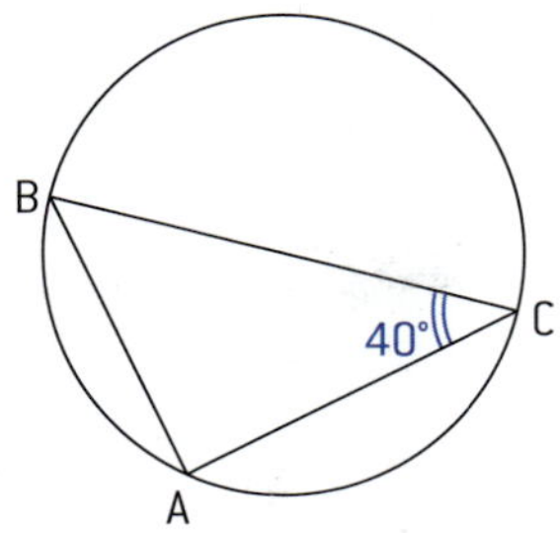

Entrainement 11

Corrigé p. 412

Sachant que (DE) est parallèle à (AC) et en utilisant les informations portées sur le dessin ci-contre, calculer la mesure de l'angle $\widehat{ACB}$.

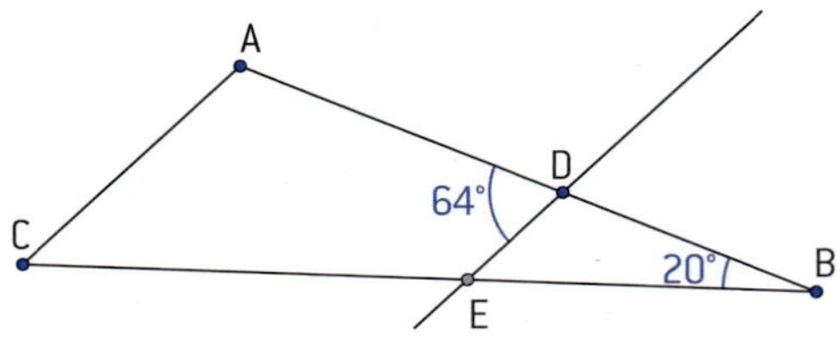

FICHE MÉTHODE 3 Calculer la mesure d'un angle.

On peut utiliser les propriétés suivantes :

1. Utiliser le fait que l'angle dont on doit calculer la mesure est le **complémentaire** ou le **supplémentaire** d'un angle connu.

2. Utiliser la propriété de la **somme des angles d'un triangle** qui est égale à 180°.

3. Démontrer qu'il est **égal à un angle connu** en utilisant l'une de ces propriétés :
– deux angles opposés par le sommet sont égaux ;
– les angles alternes-internes ou correspondants définis par des droites parallèles sont égaux ;
– les angles à la base d'un triangle isocèle sont égaux ;
– les angles opposés d'un parallélogramme sont égaux ;
– la conservation des angles des transformations étudiées au chapitre 20.

3. Droites particulières du triangle

Tracé	Définition	Propriétés
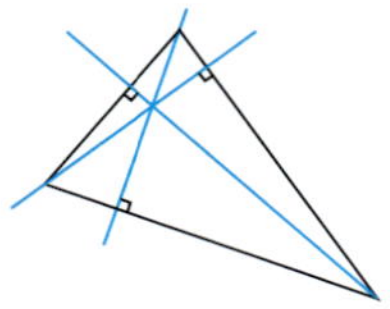 Hauteur	Une **hauteur** d'un triangle est une droite perpendiculaire à un côté et qui passe par le sommet opposé.	Les trois hauteurs d'un triangle sont concourantes en un point appelé **orthocentre**.
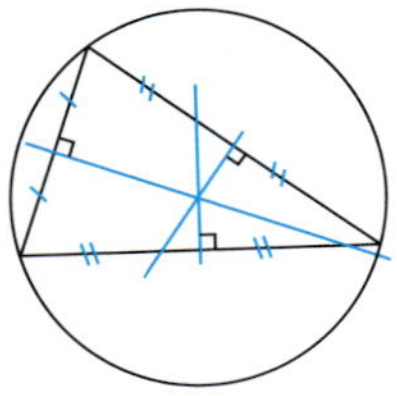 Médiatrice	Une **médiatrice** d'un triangle est une médiatrice d'un de ses côtés.	Les trois médiatrices d'un triangle sont concourantes en un point qui est le **centre du cercle circonscrit** au triangle (cercle qui passe par les trois sommets du triangle).
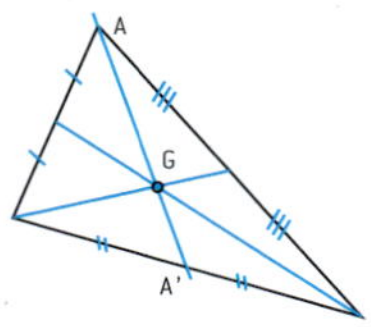 Médiane	Une **médiane** d'un triangle est une droite qui passe par le milieu d'un côté et par le sommet opposé.	Les trois médianes d'un triangle sont concourantes en un point appelé le **centre de gravité**, tel que $AG = \frac{2}{3}AA'$ (idem pour les autres médianes).
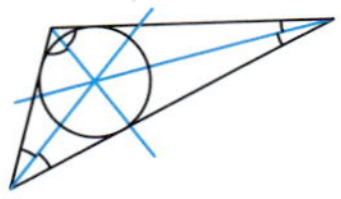 Bissectrice	Une **bissectrice** d'un triangle est une bissectrice d'un de ses angles.	Les trois bissectrices d'un triangle sont concourantes en un point qui est le **centre du cercle inscrit** (cercle qui est tangent aux trois côtés du triangle).

La médiane et la bissectrice ne sont plus au programme de collège mais nous en donnons tout de même la définition ici.

Corrigé QCM 1 énoncé A : (AD) est une droite passant par A et perpendiculaire au côté [BC] du triangle ABC. C'est bien une hauteur de ce triangle, même si elle est située en dehors.

Qcm 1 p. 393

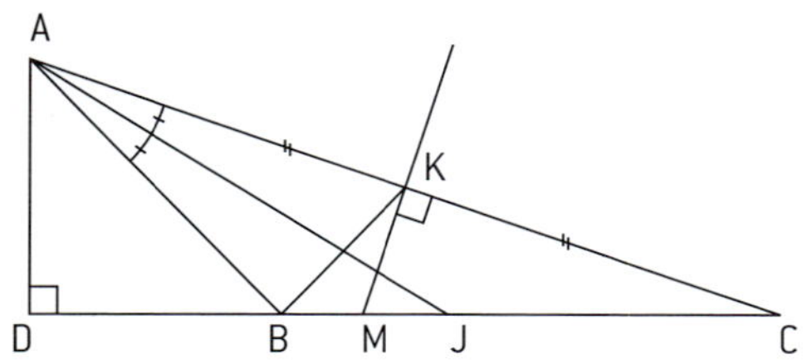

ATTENTION
Des hauteurs peuvent « sortir » du triangle si un angle du triangle est obtus.

Entrainement 12

Corrigé p. 412

Tracer un triangle possédant trois angles aigus. Tracer ses trois hauteurs.
Faire de même avec un triangle qui possède un angle obtus.

3 4. Triangles particuliers

A. Triangle rectangle

Un **triangle rectangle** est un triangle qui a un angle droit.
Le côté opposé à l'angle droit est appelé **hypoténuse**.

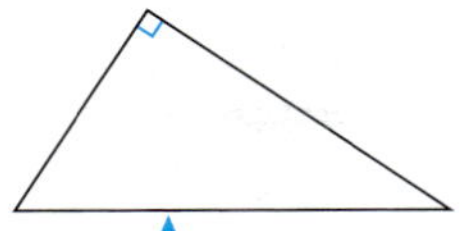

Propriété :

Le centre du cercle circonscrit d'un triangle rectangle est le milieu de l'hypoténuse.

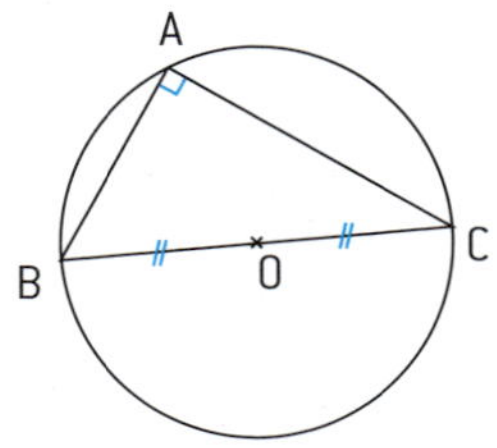

Propriété :

Si, dans un cercle, un triangle a pour sommets les extrémités d'un diamètre et un point du cercle, alors le triangle est rectangle en ce point.

› **Démonstration**, entrainement 28.

B. Triangle isocèle

Un **triangle isocèle** est un triangle qui a deux côtés de même longueur.

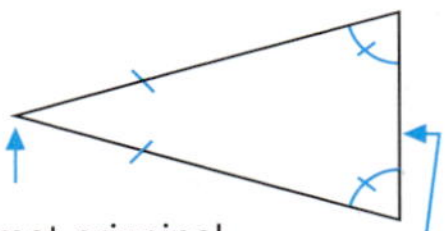

Propriétés :

Dans un triangle isocèle, la hauteur issue du sommet principal est aussi médiane, médiatrice, bissectrice.

Démonstration : Appelons ABC le triangle isocèle en A.

La hauteur passe évidemment par A, ce point est donc équidistant des deux autres sommets (puisque le triangle est isocèle), donc la hauteur passe par un point équidistant de B et C et est perpendiculaire à (BC). C'est donc la médiatrice de [BC] (**propriété M6** p. 574).

La hauteur issue de A est donc une médiatrice du triangle. Elle passe par le milieu de [BC] et, par conséquent, est aussi une médiane. Les triangles AHC et AHB sont isométriques car ils ont leurs trois côtés égaux 2 à 2 (voir chap. 21 p. 510). Donc $\widehat{BAH} = \widehat{HAC}$ donc (AH) est la bissectrice de l'angle $\widehat{BAC}$.

De plus $\widehat{ABC} = \widehat{ACB}$.

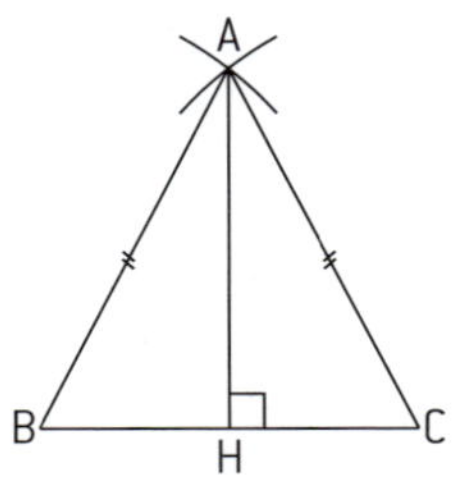

Dans un triangle isocèle, les angles à la base sont égaux.

C. Triangle équilatéral

Un **triangle équilatéral** est un triangle qui a trois côtés égaux.

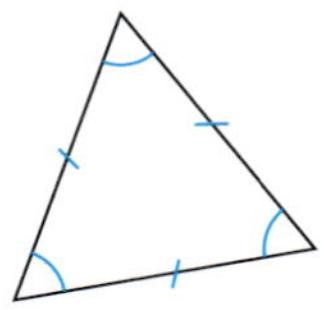

En effet un triangle équilatéral ABC est isocèle en A, en B et en C.

Propriétés :

Dans un triangle équilatéral, toute hauteur est aussi médiane, médiatrice, bissectrice.

Dans un triangle équilatéral, les trois angles sont égaux.

Ces deux propriétés sont les conséquences des propriétés du triangle isocèle (voir page précédente).

Remarque : Les trois angles d'un triangle équilatéral sont égaux à 180° : 3 = 60°.
Un triangle isocèle qui a un angle de 60° est équilatéral (voir entrainement 18).

Entrainement 13

Corrigé p. 412

Construire un triangle isocèle ABC tel que AB = AC = 4 cm et BC = 3 cm.

Entrainement 14

Corrigé p. 412

Construire un triangle équilatéral de côté 3 cm.

Entrainement 15

Corrigé p. 412

Construire, uniquement avec le compas et la règle graduée, un triangle ABC rectangle en A tel que AB = 3 cm et AC = 4 cm.

Entrainement 16

Corrigé p. 413

Tracer un triangle isocèle en A tel que BC = 4 cm et $\widehat{BAC} = 50°$.

Entrainement 17

Corrigé p. 413

Tracer en utilisant uniquement le compas et la règle :

a. un angle de 90°. **b.** un angle de 45°. **c.** un angle de 60°. **d.** un angle de 30°.

Entrainement 18

Corrigé p. 413

Démontrer qu'un triangle isocèle qui a un angle de 60° est équilatéral.

4 Quadrilatères

4 1. Quadrilatère quelconque

Un **quadrilatère** est un polygone qui a 4 côtés.

- A, B, C et D sont les **sommets** de ce quadrilatère.
- [AB], [BC], [CD] et [AD] sont les **côtés** du quadrilatère.
- [AB] et [BC] sont des **côtés consécutifs**.
- [AB] et [CD] sont des **côtés opposés**.
- [AC] et [BD] sont les **diagonales** du quadrilatère.
- On **nomme un quadrilatère** en désignant ses sommets en tournant dans le sens des aiguilles d'une montre ou dans le sens inverse : par exemple, ABCD ou ADCB.

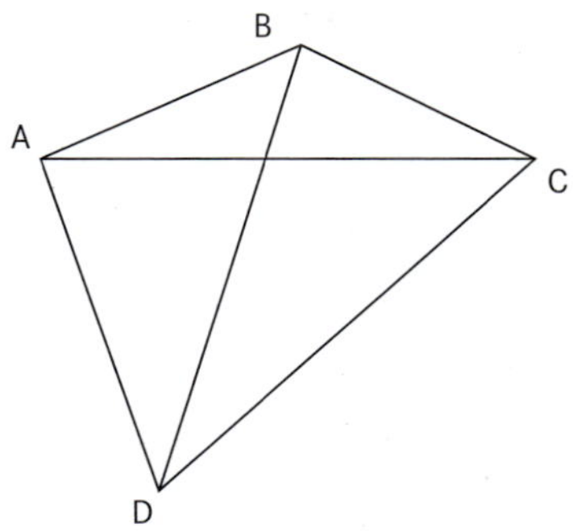

Entrainement 19

Corrigé p. 413

Combien y a-t-il de façons différentes de nommer un quadrilatère ABCD ?

Entrainement 20

Corrigé p. 414

Quelle est la somme des angles d'un quadrilatère non croisé ?

Entrainement 21

Corrigé p. 414

a. Combien peut-on tracer de triangles différents dont les mesures des côtés sont données ?

b. Combien peut-on tracer de quadrilatères différents dont les mesures des côtés sont données ?

Entrainement 22

Corrigé p. 414

Reproduire uniquement avec le compas et une règle non graduée le quadrilatère ci-dessous :

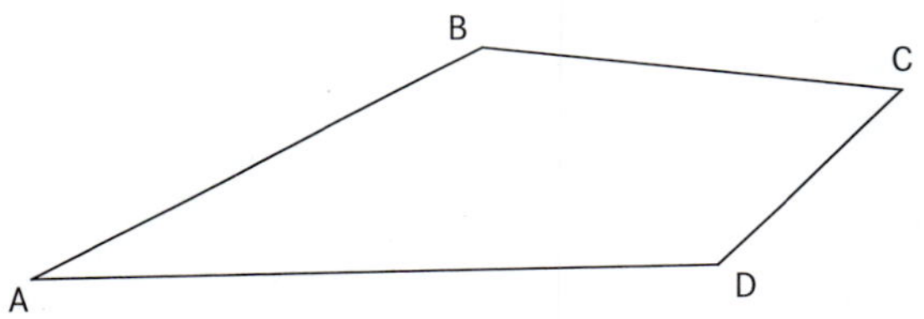

❹ 2. Quadrilatères particuliers

	Propriétés caractéristiques des côtés	Propriétés caractéristiques des diagonales	Propriétés caractéristiques des angles
Trapèze	• Un trapèze est un quadrilatère qui a deux côtés opposés parallèles. • Un trapèze isocèle est un trapèze qui a deux côtés opposés de même longueur.		• Un trapèze rectangle est un trapèze qui a deux angles droits. • Les angles à la base d'un trapèze isocèle sont égaux.
Parallélogramme	• Un parallélogramme est un quadrilatère qui a des côtés opposés parallèles deux à deux. • Un parallélogramme est un quadrilatère non croisé qui a deux côtés opposés parallèles et de même longueur. • Un parallélogramme est un quadrilatère non croisé qui a les côtés opposés de même longueur.	• Un parallélogramme est un quadrilatère qui a des diagonales qui ont le même milieu.	• Un parallélogramme est un quadrilatère qui a des angles opposés égaux et des angles adjacents supplémentaires (voir entrainement 23).
Losange	• Un losange est un quadrilatère qui a quatre côtés de même longueur. • Un losange est un parallélogramme qui a deux côtés consécutifs de même longueur.	• Un losange est un quadrilatère qui a des diagonales perpendiculaires et qui ont le même milieu. • Un losange est un parallélogramme qui a des diagonales perpendiculaires.	
Rectangle		• Un rectangle est un quadrilatère qui a ses diagonales de même longueur et qui ont le même milieu. • Un rectangle est un parallélogramme qui a des diagonales de même longueur.	• Un rectangle est un quadrilatère qui a quatre angles droits. • Un rectangle est un parallélogramme qui a un angle droit.
Carré	• Un carré est un rectangle qui a deux côtés consécutifs de même longueur.	• Un carré est un quadrilatère qui a ses diagonales égales, perpendiculaires et qui ont le même milieu.	• Un carré est un losange qui a un angle droit.

Propriétés caractéristiques du carré : Un carré est un quadrilatère qui a quatre côtés de même longueur et quatre angles droits.

> **Définitions et propriétés des quadrilatères particuliers, p. 575**

Les entrainements 23 à 27 ont pour but d'utiliser les principales propriétés de certains quadrilatères.

Entrainement 23

Démontrer que les angles opposés d'un parallélogramme sont égaux et que ses angles adjacents sont supplémentaires.

Corrigé p. 414

Entrainement 24

Corrigé p. 415

Placer trois points I, K, et L non alignés. Construire le point H tel que IKLH soit un parallélogramme. Trouver trois méthodes de construction ; préciser chaque fois la propriété utilisée.

Entrainement 25

Corrigé p. 415

Tracer si c'est possible les quadrilatères suivants (on précisera les propriétés utilisées) :

a. un carré de 3 cm de côté sans équerre.

b. un rectangle dont une diagonale mesure 4 cm et l'autre 2 cm.

c. un rectangle dont les diagonales mesurent 4 cm et dont un côté mesure 3 cm (sans équerre).

d. un losange dont un côté mesure 3 cm et l'autre 2 cm.

e. un losange dont les diagonales mesurent 4 cm et 6 cm (sans équerre).

f. un losange ABCD tel que AB = 3 cm et AC = 5 cm (sans équerre).

g. un losange dont les diagonales mesurent 5 cm et 3 cm et dont les côtés mesurent 3 cm.

h. un parallélogramme dont un côté mesure 3 cm, l'autre 2 cm.

i. un parallélogramme ABCD tel que AB = 3 cm, AD = 4 cm et AC = 4,5 cm (sans équerre).

j. un trapèze ABCD rectangle en A et D, de bases [AB] et [CD], tel que AB = 3 cm, BC = 4 cm et AD = 2 cm (sans équerre).

Entrainement 26

Corrigé p. 417

Justifier la méthode 2 du tracé d'une droite parallèle, présentée au chapitre 15 p. 379, avec les propriétés des quadrilatères.

Entrainement 27

Corrigé p. 417

Est-il possible ou impossible de :

a. tracer un quadrilatère qui a exactement deux angles droits ?

b. tracer un quadrilatère qui a exactement trois angles droits ?

c. tracer un quadrilatère qui n'est pas un losange mais qui a des diagonales perpendiculaires ?

d. tracer un quadrilatère qui n'est pas un rectangle mais qui a des diagonales égales ?

5 Logiciels de géométrie dynamique

Un **logiciel de géométrie dynamique** permet de construire des figures avec une précision remarquable en déchargeant l'utilisateur des tâches de tracé. Pour cela, ce dernier doit donner des instructions correctes, qui s'appuient sur les propriétés caractéristiques de la figure. Ces propriétés sont évidemment des propriétés géométriques. En ce sens, un logiciel de géométrie dynamique diffère d'un logiciel de dessin.

GeoGebra est un logiciel de géométrie dynamique libre de droit, téléchargeable sur le site www.geogebra.org

Ce type de logiciel permet aussi de déplacer la figure obtenue en « tirant » sur un point (géométrie dynamique) et ainsi de contrôler la procédure mise en place pour construire cette figure. En effet, en se déplaçant, la figure doit garder les propriétés qui ont été utilisées pour la construire.

A. Les outils

Pour construire des figures, les logiciels de géométrie dynamique utilisent des outils qui peuvent se répartir en **plusieurs catégories** :
- **les primitives** : point, droite, segment, triangle, polygone... ;
- **les outils de construction** : droites perpendiculaires, droites parallèles, milieu, médiatrice, bissectrice... ;
- **les transformations** : symétries axiale et centrale, rotation... ;
- **les mesures** d'angles et de longueurs de segments.

B. Les principales procédures à maitriser

L'utilisation d'un logiciel de géométrie dynamique suppose au minimum de maitriser les **procédures suivantes** :

– savoir placer, déplacer, nommer, renommer un **point** ;

– savoir tracer un **segment** d'extrémités données, tracer un segment de longueur donnée ;

– savoir tracer une **droite** passant par deux points donnés, tracer une **demi-droite** d'origine donnée passant par un point donné ;

– savoir tracer une **droite perpendiculaire** à une droite donnée passant par un point donné ;

– savoir tracer une **droite parallèle** à une droite donnée passant par un point donné ;

– savoir tracer la **médiatrice** d'un segment donné, tracer la **bissectrice** d'un angle donné ;

– savoir tracer un **cercle** de centre donné passant par un point donné, tracer un cercle de centre et de rayon donnés ;

– savoir tracer un **angle** de sommet et de mesure donnés ;

– savoir tracer l'image d'une figure par une transformation (symétrie axiale, symétrie centrale, translations...), *voir chap. 21*.

Entrainement 28

Non corrigé

Télécharger un logiciel de géométrie dynamique et s'entrainer afin de maitriser les procédures ci-avant.

Non corrigé

Entrainement 29

Avec un logiciel de géométrie dynamique, réaliser les figures des entrainements :
chapitre 15 : entrainements 5 ; 6 ; 7 ; 10 ; 11.
chapitre 16 : entrainements 13 à 16 ; 25 **a.**, **e.** et **i.**

Corrigés

Entrainement 1

Énoncé p. 396

Il semble que, dans tous les cas, MH = MH′.

Le résultat qui semble se dégager peut s'énoncer ainsi : « Si un point M est sur la bissectrice d'un angle, alors il est équidistant des côtés de cet angle. » Cette propriété et sa réciproque sont vraies. On peut alors donner une nouvelle définition de la bissectrice d'un angle : « C'est l'ensemble des points équidistants des côtés de cet angle. »

Entrainement 2

Énoncé p. 396

Les bissectrices d'un triangle sont concourantes. Ce résultat peut se démontrer en utilisant la propriété énoncée dans l'entrainement 1 ci-dessus.

On remarque que ce cercle est tangent aux trois côtés du triangle (cette propriété découle également de la propriété énoncée dans l'entrainement 1).

Entrainement 3

Énoncé p. 397

A. Ils sont égaux parce qu'opposés par le sommet.

B. Ils sont égaux parce qu'alternes-internes avec les droites parallèles (xx') et (yy').

C. Ces angles ne sont pas égaux, ils sont supplémentaires.

D. Ils sont égaux parce que correspondants avec les droites parallèles (xx') et (yy').

E. Ces angles ne sont pas complémentaires, ils sont supplémentaires.

F. $\widehat{ACD} = \widehat{BDy'}$ comme angles correspondants avec des droites parallèles (tt') et (zz') ; $\widehat{BDy'} = \widehat{DBA}$ comme angles alternes-internes avec les droites parallèles (xx') et (yy'). Donc $\widehat{ACD} = \widehat{DBA}$.

Les angles opposés d'un parallélogramme sont égaux.
La justification de la phrase F permet de le démontrer.

Entrainement 4

Énoncé p. 397

$\widehat{CBE} = 180° - 130° = 50°$.

Donc $\widehat{CBE} = \widehat{FEG} = 50°$.

Les angles $\widehat{CBE}$ et $\widehat{FEG}$ sont des angles égaux définis par les droites (AC) et (DF), donc ces droites sont parallèles.

Entrainement 5

Énoncé p. 399

a. Un carré est un polygone régulier puisqu'il est inscriptible dans un cercle et que ses quatre côtés sont de même longueur.

b. Un rectangle n'est pas un polygone régulier car ses quatre côtés ne sont pas de même longueur.

c. Un losange n'est pas un polygone régulier. Il a bien quatre côtés de même longueur, mais il n'est pas inscriptible dans un cercle puisque les diagonales ne sont pas nécessairement égales (sauf bien sûr si c'est un carré).

Entrainement 6

Énoncé p. 399

En utilisant les notations qui figurent dans le § 2.2 p. 398, on a :
$\widehat{AOB} = \widehat{BOC} = \widehat{COD} = \ldots = \frac{360°}{12} = 30°$ (360° correspond à l'angle au centre complet). Ce qui permet de tracer avec le rapporteur les angles au centre $\widehat{AOB}, \widehat{BOC}, \widehat{COD}\ldots$ et ensuite de tracer le polygone régulier de 12 côtés.

AUTRE MÉTHODE :

Construire $\widehat{AOB} = 30°$ et reporter successivement, avec le compas, des cordes consécutives de longueur AB.

Entrainement 7

Énoncé p. 399

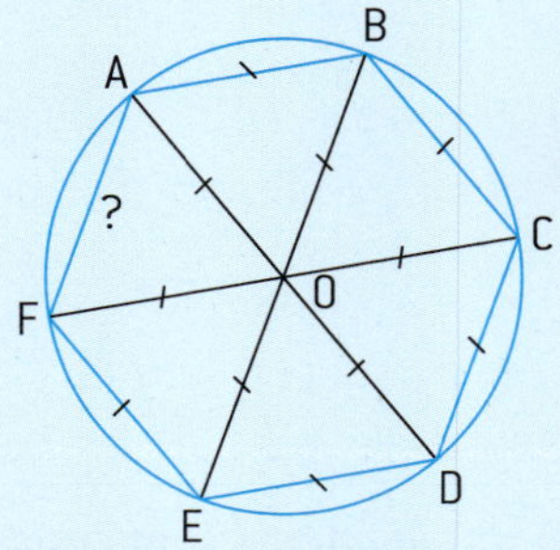

Appelons A, B, C, D, E et F les sommets obtenus par le tracé et O le centre du cercle. Le polygone ainsi obtenu est inscrit dans un cercle. Reste à savoir si ces côtés sont de même longueur. Par construction, AB = BC = CD = DE = EF. Mais le côté AF a-t-il même longueur que les autres côtés ? Le fait que l'arc de cercle de centre F et dont le rayon est le rayon du cercle passe par A ne prouve rien ! (voir chap. 17 p. 426). Il faut donc démontrer que AF est égal au rayon du cercle.

Les triangles AOB, BOC, COD, DOE et OEF sont équilatéraux par construction (ils ont trois côtés de même longueur).

Donc $\widehat{AOB} = \widehat{BOC} = \widehat{COD} = \widehat{DOE} = \widehat{EOF} = 60°$.

Donc $\widehat{AOF} = 360° - 5 \times 60° = 60°$ or FOA est isocèle car OF = OA = rayon du cercle. Donc le triangle AOF est isocèle et possède un angle de 60° ; il est donc équilatéral, donc AF = OA = OF = rayon du cercle.

Entrainement 8

Énoncé p. 400

a. $\widehat{xAB} = \widehat{ABC}$ (angles alternes-internes définis par les parallèles (xx') et (BC)).

b. De même $\widehat{x'AC} = \widehat{ACB}$ (angles alternes-internes définis par les parallèles (xx') et (BC)).

Or $\widehat{xAB} + \widehat{x'AC} + \widehat{BAC} = \widehat{xAx'} = 180°$

donc $\widehat{ABC} + \widehat{ACB} + \widehat{BAC} = 180°$.

Entrainement 9

Énoncé p. 400

Pour construire un triangle DEF, il faut tout d'abord tracer [EF], puis un angle $\widehat{xEF}$ de 40°. Mais cela ne nous permet pas de déterminer la position du point D. On ne peut donc pas tracer l'angle $\widehat{EDF}$ de 60°. Mais nous savons que la somme des angles d'un triangle est égale à 180°.

Donc $\widehat{EFD} = 180° - (40° + 60°) = 80°$.

On trace donc l'angle $\widehat{EFy}$ de 80° tel que [Fy) soit dans le demi-plan limité par (EF) et contenant [Ex).

Les demi-droites [Ex) et [Fy) se coupent en D et on peut vérifier que EDF mesure effectivement 60°.

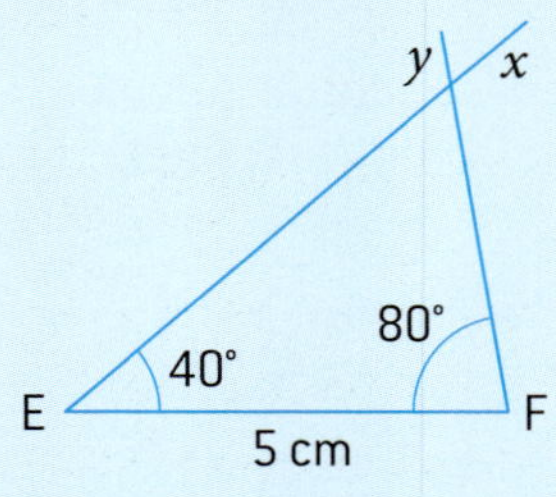

Entrainement 10

Énoncé p. 401

A est un point du cercle de diamètre [BC], donc ABC est un triangle rectangle en A (Propriété C′2), donc $\widehat{BAC} = 90°$.
Dans le triangle ABC, on a : $\widehat{ABC} = 180° - (90° + 40°) = 50°$.

Entrainement 11

Énoncé p. 401

Une méthode possible :
$\widehat{EDB} = 180° - 64° = 116°$.
Dans le triangle DEB, on a : $\widehat{DEB} = 180° - (20° + 116°) = 54°$.
$\widehat{ACB} = \widehat{DEB} = 54°$ (angles alternes-internes définis par les parallèles (AC) et (DE)).

Entrainement 12

Énoncé p. 402

Dans les deux cas, les hauteurs sont concourantes. Mais dans le cas où le triangle possède un angle obtus, l'orthocentre est extérieur au triangle (voir corrigé *du Qcm 1 p. 402*).

Entrainement 13

Énoncé p. 404

Pour construire ce triangle isocèle, il est nécessaire d'utiliser ici encore le compas. On peut commencer, par exemple, par tracer le côté [BC], puis des arcs de cercle de centre B et C et de rayon 4 cm. Ils se coupent en un point qui est le point A. Il y a deux points A possibles.

Entrainement 14

Énoncé p. 404

Le compas est également indispensable ici.

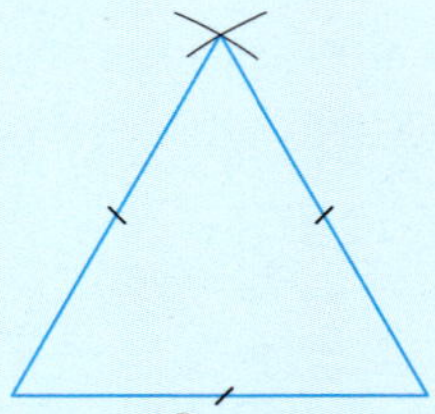

Entrainement 15

Énoncé p. 404

On trace tout d'abord le segment [AB] de 3 cm, puis une perpendiculaire à [AB] qui passe par A en utilisant la méthode 2 présentée au chapitre 15 §3 p. 378.
Sur cette perpendiculaire, on place ensuite, en utilisant le compas, un point C tel que AC = 4 cm et on trace le segment [BC].

Il est conseillé, quand les tracés se compliquent, d'effectuer dans un premier temps un tracé à main levée de la figure sur laquelle on place les données.

Entrainement 16

Énoncé p. 404

Pour effectuer cette construction, il est nécessaire de déterminer l'angle $\widehat{ABC}$ (ou $\widehat{ACB}$). Pour cela, on applique les propriétés : « Les angles à la base d'un triangle isocèle sont égaux. » et « La somme des angles d'un triangle est égale à 180°. », ce qui permet de déterminer : $\widehat{ABC} = \dfrac{180° - 50°}{2} = 65°$.

On trace un segment [BC] de 4 cm, puis un angle $\widehat{CBx}$ de 65° et un angle $\widehat{BCy}$ de 65° dans un même demi-plan limité par la droite (BC). Les demi-droites [B*x*) et [C*y*) se coupent au point A.

Entrainement 17

Énoncé p. 404

a. Pour tracer un angle de 90°, on trace une droite, puis une perpendiculaire à cette droite à l'aide de la méthode utilisant le compas (*voir méthode 2, chap. 15 §3, p. 378*).
b. Pour tracer un angle de 45°, on trace la bissectrice d'un angle de 90° (utiliser la méthode p. 396).
c. Pour tracer un angle de 60°, on trace un triangle équilatéral.
d. Pour tracer un angle à 30°, on trace la bissectrice d'un angle de 60°.

Entrainement 18

Énoncé p. 404

Appelons ABC le triangle isocèle en A qui a un angle de 60°.
Il y a deux cas de figure :

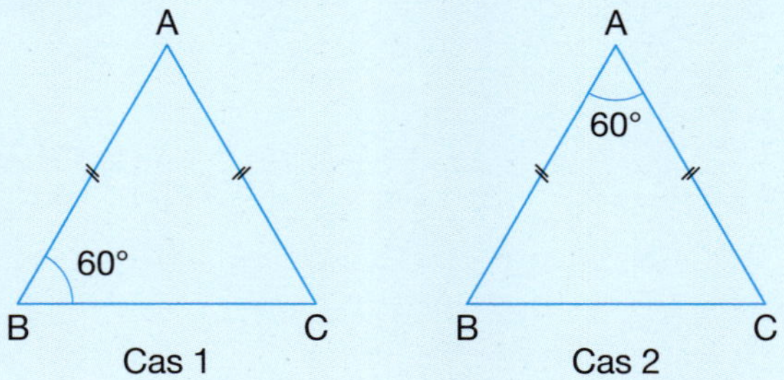

Cas 1 :
$\widehat{ABC} = \widehat{BCA} = 60°$ (propriété des angles du triangle isocèle).
Donc $\widehat{BAC} = 180° - (60° + 60°) = 60°$ donc ABC a trois angles de 60°. Il est donc équilatéral.
Cas 2 :
$\widehat{ABC} = \widehat{BCD} = (180° - 60°)/ 2 = 60°$ donc ABC a trois angles de 60°. Il est donc équilatéral.

Entrainement 19

Énoncé p. 405

Le quadrilatère ABCD peut être nommé BCDA, CDAB, DABC, mais aussi ADCB, DCBA… Il y a 8 façons différentes de nommer le quadrilatère.

Entrainement 20

Énoncé p. 405

Dans n'importe quel quadrilatère non croisé peut être tracée une diagonale. Elle définit alors deux triangles. On sait que la somme des angles dans un triangle est de 180°, donc la somme des angles d'un quadrilatère non croisé est de 360°.

Entrainement 21

Énoncé p. 405

a. Un seul possible (bien sûr à une superposition près).

b. Une infinité. Imaginez que vous disposiez de quatre morceaux de carton dont les longueurs correspondent aux dimensions du quadrilatère. Vous les assemblez à l'aide d'attaches parisiennes, comme ci-dessous, vous constaterez sans peine que vous pouvez faire bouger ces morceaux autour des attaches. Par contre, avec trois morceaux, ce n'est pas possible !

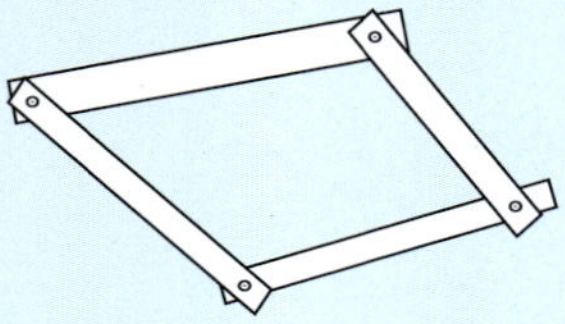

Entrainement 22

Énoncé p. 405

Pour reproduire ce quadrilatère uniquement avec le compas et une règle graduée, on peut le décomposer en deux triangles en traçant, par exemple, la diagonale [BD]. On trace le triangle ABD, puis le triangle BDC.

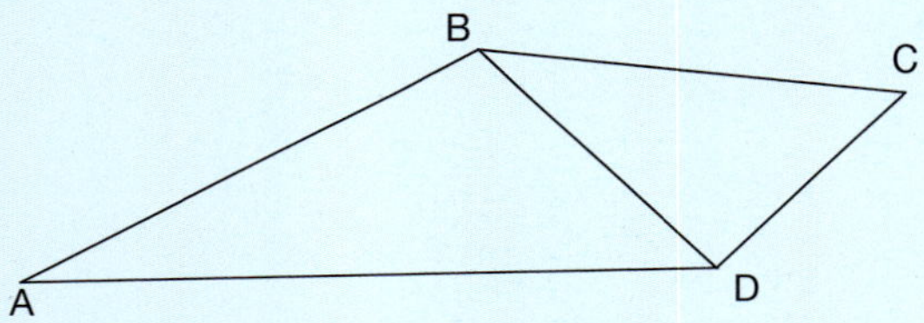

Entrainement 23

Énoncé p. 406

On n'a aucune mesure d'angles ; par contre, un parallélogramme a des côtés opposés parallèles. On peut peut-être utiliser la propriété des angles correspondants et alternes-internes. Pour cela, il faut prolonger des côtés.

ABCD est un parallélogramme, donc (AD) est parallèle à (BC). Les angles $\widehat{BAD}$ et $\widehat{xBC}$ sont des angles correspondants définis par ces deux parallèles et la sécante (AB) ; ces deux angles sont donc égaux.

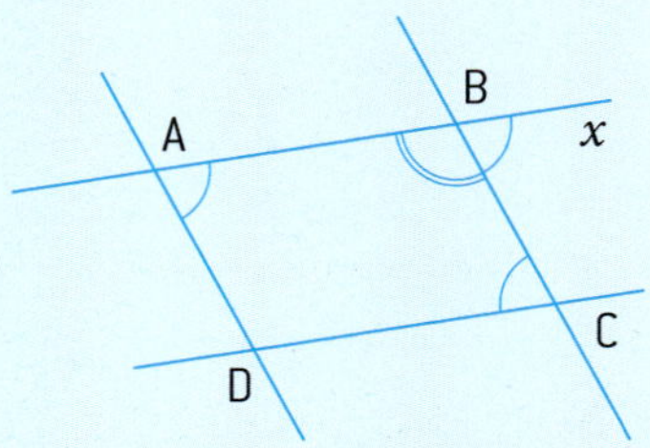

Or $\widehat{xBC}$ et $\widehat{ABC}$ sont supplémentaires, donc $\widehat{ABC}$ et $\widehat{BAD}$ sont supplémentaires.

De plus, (AB) est parallèle à (CD) (côtés opposés d'un parallélogramme). Les angles $\widehat{xBC}$ et $\widehat{BCD}$ sont des angles alternes-internes définis par ces deux parallèles et la sécante (BC), donc ces deux angles sont égaux. Donc $\widehat{BAD} = \widehat{BCD}$.

Entrainement 24

Énoncé p. 407

MÉTHODE 1 : On utilise le fait qu'un parallélogramme est un quadrilatère qui a ses côtés opposés parallèles.

On peut tracer une perpendiculaire à (IK), puis la perpendiculaire à cette perpendiculaire qui passe par L. On obtient ainsi la parallèle à (IK) qui passe par L. On peut tracer de même la parallèle à (KL) qui passe par I. L'intersection des deux droites que l'on vient de tracer est le point H.

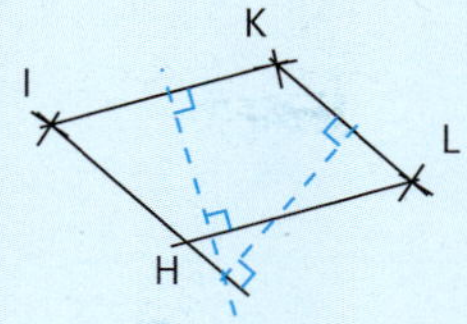

MÉTHODE 2 : On utilise la propriété des diagonales d'un parallélogramme.

On trace la diagonale [IL]. On place le point J milieu de [IL] et le point H sur la demi-droite [KJ) tel que KJ = JH (le symétrique de K par rapport à J).

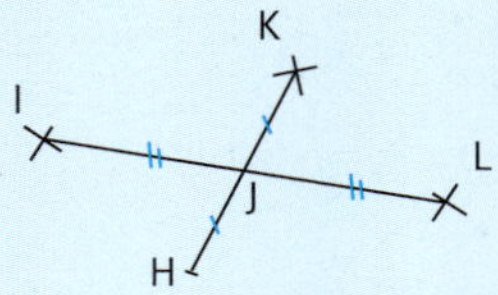

MÉTHODE 3 : On utilise le fait qu'un parallélogramme est un quadrilatère non croisé qui a des côtés opposés de même longueur.

On trace un arc de cercle de centre I et de rayon KL, et un arc de cercle de centre L et de rayon KI. Ces deux arcs se coupent en un point H tel que le quadrilatère IKLH soit un parallélogramme.

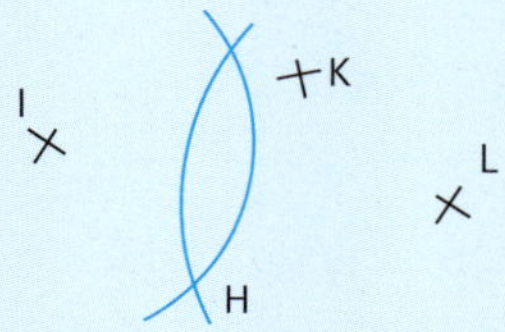

Entrainement 25

Énoncé p. 407

QUADRILATÈRE a.

Ici, on peut appliquer la définition du carré. C'est un quadrilatère qui a quatre côtés de même longueur et un angle droit. Mais il est préférable de tracer un losange avec un angle droit, cela diminue le nombre de droites perpendiculaires à tracer.

Une seule solution est possible.

QUADRILATÈRE b.

Dans un rectangle, les diagonales sont égales. **Il est donc impossible de tracer le rectangle.**

QUADRILATÈRE c.

Appelons ABCD ce rectangle ; [AC] mesure donc 4 cm. On détermine le milieu I de [AC]. On a BI = 2 cm et BA = 3 cm. On détermine alors le point B à l'aide de ces données et en utilisant le compas. Puis on trace le point D symétrique du point B par rapport à I.

Il y a un seul rectangle possible.

QUADRILATÈRE d.

La construction du losange est impossible dans la mesure où les côtés d'un losange sont de même longueur.

QUADRILATÈRE e.

On trace une première diagonale qui mesure, par exemple, 4 cm. On trace la médiatrice de cette diagonale. On trace un arc de cercle dont le centre est le milieu de la première diagonale de rayon 3 cm et qui coupe la médiatrice en deux points, qui sont les deux autres sommets du losange.

On utilise ici les propriétés des diagonales du losange. **Il y a un seul losange possible.**

QUADRILATÈRE f.

On trace la diagonale [AC] de 5 cm, puis la médiatrice de [AC] qui coupe (AC) en I. On trace un arc de cercle de centre A et de rayon 3 cm. Il coupe la médiatrice qu'on vient de tracer en un point B et en un point D.

Ici, on a utilisé le fait que dans un losange les diagonales sont perpendiculaires et se coupent en leur milieu. **Une seule solution est donc possible.**

QUADRILATÈRE g.

> Théorème de Pythagore, chap. 18 p. 444

On réalise un schéma à main levée pour identifier les longueurs données :

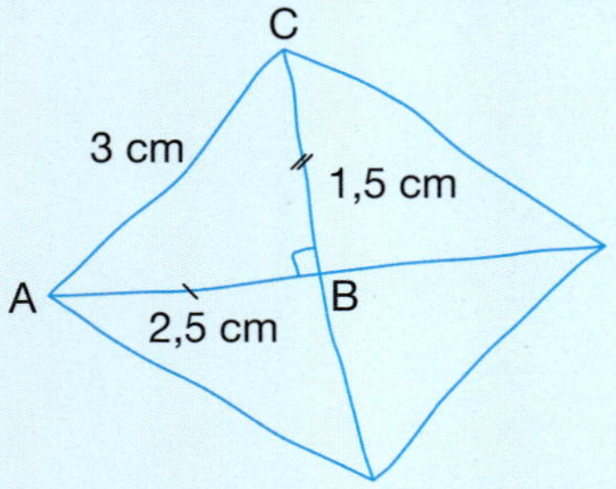

En utilisant le théorème de Pythagore (plus exactement sa contraposée, *voir p. 444*), on constate que le triangle ABC n'est pas rectangle. En effet $2{,}5^2 + 1{,}5^2 \neq 3^2$. On ne peut donc pas tracer le losange.

QUADRILATÈRE h.

On trace un côté de 3 cm, puis un autre côté adjacent de 2 cm. On peut tracer le dernier sommet en utilisant le fait qu'un parallélogramme est un quadrilatère non croisé dont les côtés opposés sont égaux deux à deux. Pour appliquer ce résultat, on utilise le compas.

Il y a une infinité de parallélogrammes possibles, puisque ni l'angle entre deux côtés, ni la longueur d'une diagonale n'ont été donnés.

QUADRILATÈRE i.

On réalise un schéma à main levée pour identifier les longueurs données :

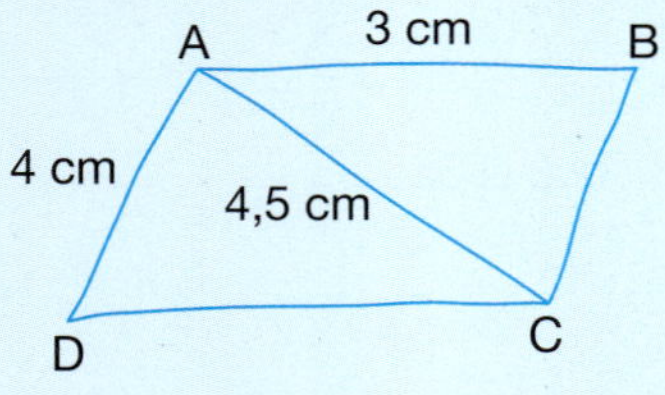

On sait que DC = AB = 3 cm et BC = AD = 4 cm.

Il suffit donc de tracer les triangles ABC et ADC, puisqu'on connait la longueur de leurs trois côtés.

On trace un segment [AC] de 4,5 cm. On sait que BC = AD = 4 cm. On trace un arc de cercle de centre A et de rayon 3 cm, un arc de cercle de centre C et de rayon 4 cm. Ils se coupent en un point B. Le point D est l'intersection d'un arc de centre C et de rayon 3 cm, et d'un arc de centre A et de rayon 4 cm.

On a utilisé ici le fait qu'un parallélogramme est un quadrilatère non croisé qui a ses côtés opposés égaux deux à deux. **Il y a une seule solution.**

QUADRILATÈRE j.

Comme précédemment, on a intérêt à faire une figure à main levée pour identifier les longueurs données et trouver les étapes de la construction.

On trace un segment [AB] de 3 cm, puis la perpendiculaire à (AB) qui passe par A.

On place le point D sur cette perpendiculaire tel que AD = 2 cm. Puis on trace une perpendiculaire à [AD] qui passe par D, et enfin un arc de cercle de centre B et de rayon 4 cm qui coupe la perpendiculaire précédente en C.

On a utilisé ici la définition du trapèze. **Un seul trapèze est possible.**

Entrainement 26

Énoncé p. 407

On a utilisé la propriété P7 pour construire un parallélogramme et la propriété P2 qui permet de conclure que les droites sont parallèles.

Entrainement 27

Énoncé p. 407

a. C'est possible. On obtient par exemple un trapèze rectangle.

b. Non ce n'est pas possible. Tout quadrilatère qui a trois angles droits a son quatrième angle qui est aussi droit. C'est la conséquence du fait que la somme des angles d'un quadrilatère est égale à 360° (*voir entrainement 20 p. 405*).

c. et d. C'est possible. Il suffit que les diagonales ne se coupent pas en leur milieu.

AU CONCOURS Angles, polygones

Exercice 1

Corrigé p. 420

En utilisant les informations portées sur le dessin ci-dessous, calculer l'angle $\widehat{ADC}$.

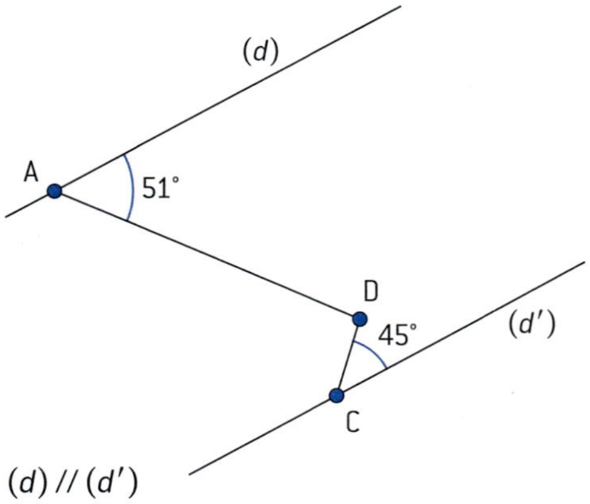

Exercice 2

Corrigé p. 420

On considère deux triangles isocèles : BAC rectangle en A et ADC rectangle en D. Ces deux triangles sont situés de part et d'autre du segment [AC].

a. Construire, à la règle et au compas, la figure en prenant 10 cm pour longueur de [AC].

b. Décrire les étapes de la construction, on décrira entre autres comment tracer une perpendiculaire.

Exercice 3

Corrigé p. 421

a. Tracer un triangle ABC rectangle et isocèle tel que l'hypoténuse [AC] mesure 5 cm. Laisser apparents les traits de construction.

b. Écrire le programme de tracé.

c. Citer les propriétés qui permettent de justifier la construction.

Exercice 4

Corrigé p. 422

Un enseignant souhaite réaliser des cadrans d'horloge pour apprendre à ses élèves à lire l'heure. Pour cela, il souhaite s'appuyer sur un logiciel de géométrie dynamique pour construire un cercle et douze points régulièrement espacés pour représenter ce cadran.

Il dispose pour cela des seules fonctionnalités accessibles à l'aide des 5 icônes ci-après.

Numéro	Icônes	Description de la fonctionnalité
N° 1	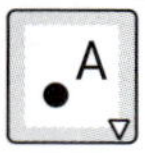	Placer et nommer un point libre.
N° 2	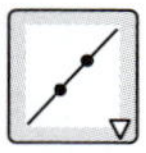	Tracer la droite passant par deux points.
N° 3		Tracer la médiatrice d'un segment.
N° 4		Tracer le cercle défini par son centre et un de ses points.
N° 5		Identifier et nommer les points d'intersection de deux objets.

Recopier et compléter la description, ébauchée ci-dessous, de la construction des points (A, B, C, D, E, F) nécessaires pour réaliser la totalité de la figure donnée.

– *Avec l'icône 1, placer et nommer deux points A et B.*

– *Avec l'icône 4, tracer le cercle de centre A passant par B.*

– …

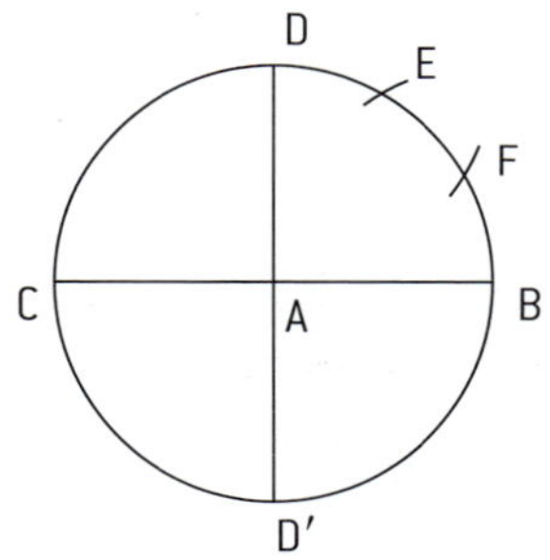

Corrigés

Exercice 1

Énoncé p. 418

On peut chercher la solution en mettant en place le **chainage arrière,** en utilisant la **fiche méthode p. 401 : Calculer la mesure d'un angle**.
La présence de droites parallèles laisse penser qu'il faut utiliser la propriété des angles alternes-internes ou correspondants. Pour cela il faut construire une sécante à ces deux droites. On peut prolonger le segment [AD] ou [DC].

Une solution possible :
La droite (AD) coupe (d') en B.
Soit E un point sur (d).

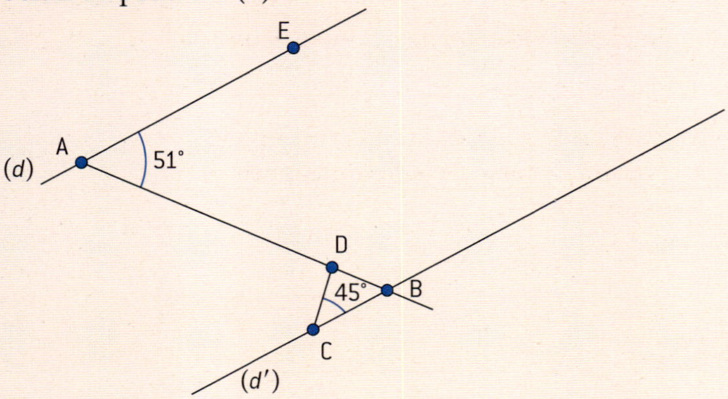

› Fiches méthode :
– Le chainage arrière, chap. 17 p. 425
– Calculer la mesure d'un angle, p. 401

$\widehat{DBC}$ et $\widehat{EAD}$ sont des angles alternes-internes définis par les droites parallèles (d) et (d'). Donc $\widehat{DBC} = \widehat{EAD} = 51°$.
Dans le triangle BCD, la somme des mesures des angles est égale à 180°.
Donc $\widehat{CDB} = 180° - (51° + 45°) = 84°$.
Donc $\widehat{ADC} = 180° - 84° = \mathbf{96}°$.

Exercice 2

Énoncé p. 418

a. Tracé de la figure (ici, à l'échelle 1/2)

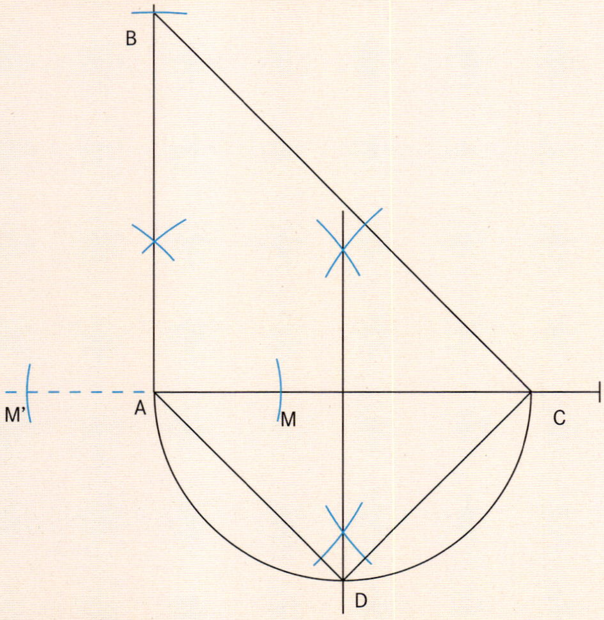

b. Programme de construction

• Tracer un segment [AC] de 10 cm, puis la perpendiculaire à (AC) qui passe par A. Pour cela, tracer la droite (CA), puis un arc de cercle de centre A qui coupe la droite en M et M′. Tracer avec le compas la médiatrice de [MM′].

• Placer le point B sur cette perpendiculaire tel que AB = AC. Tracer [BC].

• Tracer la médiatrice de [AC], puis le demi-cercle de diamètre [AC] dont le centre est le point d'intersection de cette médiatrice avec [AC], qui passe par A et qui est extérieur au triangle ABC. Cet arc de cercle coupe la médiatrice de [AC] en D.

Exercice 3

Énoncé p. 418

a. Tracé de la figure

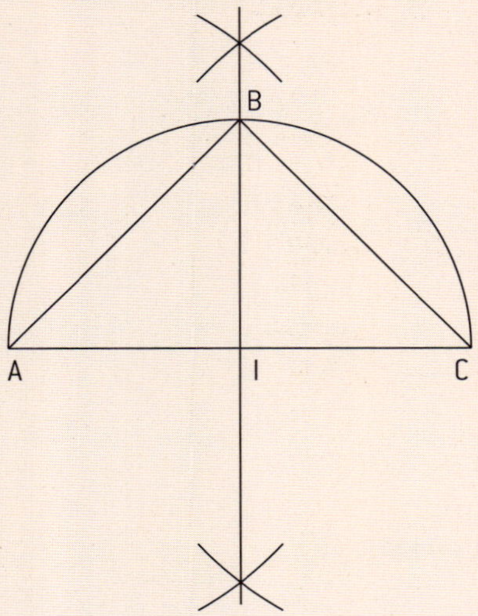

b. Programme de construction

• Tracer un segment [AC] tel que AC = 5 cm.

• Tracer la médiatrice de [AC], elle coupe [AC] en I.

• Tracer un demi-cercle de centre I qui passe par A. Il coupe la médiatrice en B.

c. Propriétés utilisées

• Si un point est sur la médiatrice d'un segment, alors il est équidistant des extrémités de ce segment.

• Si dans un cercle, un triangle a pour sommets les extrémités d'un diamètre et un point du cercle, alors ce triangle est rectangle en ce point.

On pourrait rajouter pour le tracé de la médiatrice :

Si une droite passe par deux points équidistants des extrémités d'un segment, alors c'est la médiatrice de ce segment.

Exercice 4

Énoncé p. 418

• **L'ébauche proposée** permet de construire un cercle (nommé (Γ)) et un de ses points (B) qui, d'après sa position dans la figure de l'énoncé, représente la graduation horaire 3.

Placer ensuite la graduation 9 (C), puis les graduations 6 (D′) et 12 (D), ((DD′) est la médiatrice de [BC]).

• **Dans un deuxième temps,** construire les graduations 1 (E) et 2 (F).

En s'appuyant sur la figure ci-contre, montrer que chacun des arcs séparant deux graduations consécutives (comme $\widehat{DE}$, $\widehat{EF}$ et $\widehat{FB}$) mesure 360°/12 = 30°. Donc les angles au centre $\widehat{DAF}$ et $\widehat{BAE}$ mesurent 2 × 30° = 60°.

Les triangles DAF et BAE sont isocèles de sommet A et ont l'angle au sommet de 60°, ils sont donc équilatéraux (*rappel* : la somme des angles d'un triangle vaut 180°).

En déduire que DF = DA et BE = BA et que, d'une part, F est intersection du cercle (Γ) et du cercle de centre D passant par A et, d'autre part, E est intersection du cercle (Γ) et du cercle de centre B passant par A *(voir la figure ci-contre)*.

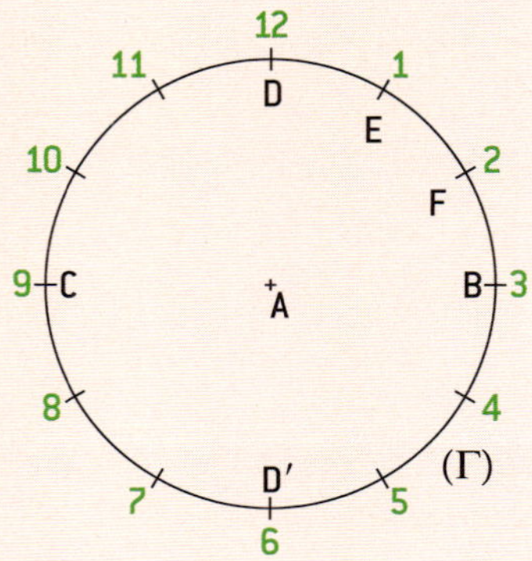

• **L'ensemble des points D, E, F, B, C et D′** permet d'obtenir les autres graduations, soit en reproduisant des constructions analogues à E et F, soit en reportant les arcs égaux tels que $\widehat{DE}$ ou $\widehat{EF}$ ou $\widehat{FB}$.

Description de la construction des points (A, B, C, D, E, F) :

• avec **l'icône 1** : placer et nommer deux points A et B ;

• avec **l'icône 4** : tracer le cercle de centre A passant par B (il sera nommé (Γ) dans la suite) ;

• avec **l'icône 2** : tracer la droite passant par les points A et B ;

• avec **l'icône 5** : définir et nommer le point C, intersection du cercle et de la droite (AB) ;

• avec **l'icône 3** : tracer la médiatrice du segment [BC] ;

• avec **l'icône 5** : définir et nommer les points D et D′, intersections de cette médiatrice et du cercle (Γ) ;

• avec **l'icône 4** : tracer le cercle de centre B passant par A ;

• avec **l'icône 5** : définir et nommer le point E, intersection de ce cercle avec (Γ) et situé sur l'arc $\widehat{BD}$;

• avec **l'icône 4** : tracer le cercle de centre D passant par A ;

• avec **l'icône 5** : définir et nommer le point F, intersection de ce cercle avec (Γ) et situé sur l'arc $\widehat{BD}$.

On peut remplacer la construction du point E (et/ou du point F) par les deux étapes suivantes :

• avec **l'icône 3** : tracer la médiatrice du segment [AB] ;

• avec **l'icône 5** : définir et nommer le point E, intersection de cette médiatrice avec le cercle (Γ) et situé sur l'arc $\widehat{BD}$.

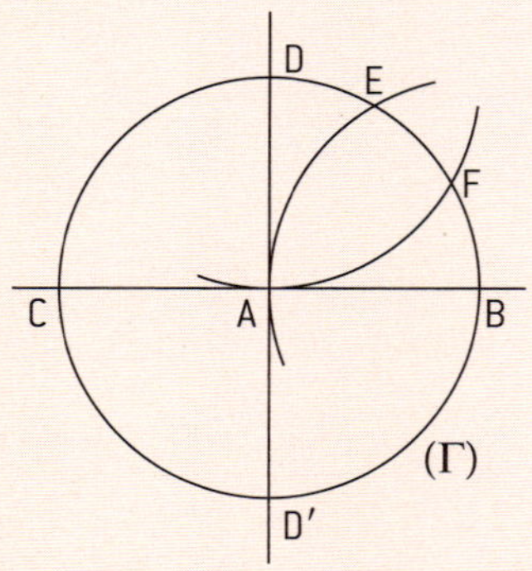

CHAPITRE 17

Espace et géométrie

Démonstration en géométrie plane

Objectif

- Élaborer et rédiger une démonstration en géométrie plane.

FICHES MÉTHODE

Tester ses connaissances

QCM 1 Voici deux énoncés :

aide §2.1 et 2.2 p. 427

1. Quelles que soient les droites choisies, si ces deux droites sont perpendiculaires, alors elles sont sécantes.
2. Quelles que soient les droites choisies, si ces deux droites sont sécantes, alors elles sont perpendiculaires.

À propos de ces énoncés, quelle affirmation est vraie ?

A. Les deux énoncés sont vrais. **C.** Seul l'énoncé 1 est vrai.

B. Les deux énoncés sont faux. **D.** Seul l'énoncé 2 est vrai.

QCM 2 Voici trois énoncés :

aide §2.1 et 2.2 p. 427

1. Quels que soient les points A, B, C et D choisis, si AB = BC = CD, alors le quadrilatère ABCD est un losange.
2. Quels que soient les points A, B et M, si M est le milieu de [AB], alors AM = MB.
3. Quel que soit le quadrilatère ABCD, si ABCD est un parallélogramme, alors [AC] et [BD] ont le même milieu.

Si on considère ces trois énoncés et leurs trois énoncés réciproques, quelle affirmation est vraie ?

A. Deux énoncés sont vrais. **C.** Trois énoncés sont vrais.

B. Quatre énoncés sont vrais. **D.** Cinq énoncés sont vrais.

1. C 2. B

LE COURS

1 Une méthode de preuve spécifique : la démonstration

1 1. Caractéristiques d'une démonstration

Pour **prouver un énoncé**, on utilise en mathématiques la **démonstration**.

Exemple :

EAB est un triangle rectangle en A.

Soit I le milieu de [AB] et F un point tel que I soit le milieu de [EF].

(AB) est-elle perpendiculaire à (BF) ?

Précisons tout de suite que dans ce type d'énoncé, comme on ne donne pas la mesure des côtés du triangle EAB, la réponse attendue doit être valable pour n'importe quel triangle EAB.

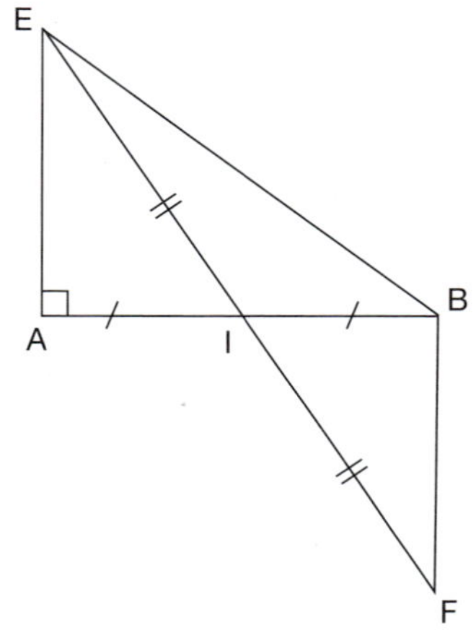

Pour répondre, il est évidemment nécessaire de **tracer un dessin correspondant à cet énoncé** en codant certaines informations fournies (angles droits, égalités de segments...).

Ensuite, on peut envisager d'utiliser son équerre pour répondre à la question. Cette façon de procéder a deux inconvénients :

- On ne sera jamais sûr que, sur le dessin réalisé, la droite (AB) est bien perpendiculaire à (BF), à cause des imprécisions de construction et d'utilisation de l'équerre.
- On ne sera jamais sûr que les deux droites sont perpendiculaires, quel que soit le triangle EAB.

Comment alors être sûr que les droites sont bien perpendiculaires et cela dans tous les cas de figure ?

En mathématiques, on utilise **une démonstration**, c'est-à-dire une preuve qui possède les caractéristiques suivantes :

Toute affirmation est soit **une donnée**, soit **une définition**, soit **une propriété**, soit **la conséquence d'une propriété**. Ces conséquences sont établies à partir de règles de logique.

Les démonstrations opèrent sur des objets idéaux (ici sur des objets géométriques, et donc pas sur les dessins que l'on réalise pour s'approprier l'énoncé et évoquer les objets géométriques idéaux).

Une fois qu'un résultat est démontré, il est considéré comme vrai sans que l'on ait besoin de le redémontrer.

> Propriétés de géométrie, p. 574

❶ 2. Comment chercher une démonstration

Il y a deux méthodes (ou stratégies) : le chainage avant et le chainage arrière. Appliquons-les à l'exemple présenté précédemment.

FICHE MÉTHODE 1 Le chainage avant.

Partir des données et essayer d'en tirer des conséquences en utilisant des propriétés de géométrie (définitions, théorèmes…). Remarque : Cette méthode permet de tirer de nombreuses conséquences, mais on n'est pas sûr que l'une d'entre elles nous mène à la conclusion du problème.	• Dans cet énoncé, I est le milieu de [AB] et de [EF], donc EAFB est un parallélogramme. On peut en conclure que : EA = BF, AF = EB et (EA) // (BF), (AF) // (EB). • On sait que EAB est un triangle rectangle, donc on peut conclure que (EA) et (AB) sont perpendiculaires. On pourrait continuer à tirer des conséquences de ces conséquences… mais sans être sûr d'arriver à la conclusion. Avec cette seule stratégie, on « bloque » souvent !

FICHE MÉTHODE 2 Le chainage arrière.

1. **Partir de la conclusion et lister les propriétés de géométrie** qui sont susceptibles de mener à cette conclusion. Pour chacune de ces propriétés, repérer : – leurs conditions d'utilisation ; – si la figure associée est présente dans la figure que nous avons réalisée. Cela doit permettre de sélectionner une de ces propriétés.	**Quelles sont les propriétés qui permettent de conclure que deux droites sont perpendiculaires ou qu'un triangle est rectangle ?** En reprenant la liste des propriétés à la fin de l'ouvrage (p. 574), ainsi que leur codage, nous identifions plusieurs propriétés possibles : – L4, il faut avoir un losange. Aucune chance ici ! – D3, il faut avoir deux droites parallèles et une troisième droite perpendiculaire à une de ces deux droites parallèles. En regardant la figure que nous avons réalisée, cela semble possible en considérant les droites (AE), (BF) et (AB).
2. **Démontrer ensuite les conditions d'utilisation de la propriété choisie,** si ce n'est pas une donnée du problème.	Ici, pour D3, il suffit de démontrer que (AE) est parallèle à (BF) car nous savons déjà que (AB) et (EA) sont perpendiculaires (*donnée de l'énoncé*).
3. **Pour démontrer la (ou les) condition(s) de la propriété choisie,** utiliser à nouveau le chainage arrière ou bien prendre appui sur le début du chainage avant (qu'on a mis en place au début de la recherche).	**Comment démontrer que (EA) et (BF) sont parallèles ?** Le chainage avant que nous avons amorcé nous permet de savoir qu'il faut utiliser la propriété des côtés d'un parallélogramme (P2). On peut donc maintenant rédiger la démonstration.

❶ 3. Comment rédiger une démonstration

A. Proposition de rédaction

Exemple (suite) :

On sait que I est le milieu de [AB] *(donnée)* et de [EF] *(donnée)*. Si les diagonales d'un quadrilatère ont le même milieu, alors ce quadrilatère est un parallélogramme. Donc EAFB est un parallélogramme.
Si un quadrilatère est un parallélogramme, alors ses côtés sont parallèles deux à deux. Donc (EA) est parallèle à (BF).
On sait que (EA) et (BF) sont parallèles et que (EA) est perpendiculaire à (AB) (car le triangle AEB est rectangle en A).
Si deux droites sont parallèles et qu'une troisième est perpendiculaire à l'une, alors elle est perpendiculaire à l'autre.
Donc (AB) et (BF) sont perpendiculaires.

Cet exemple permet de mettre en évidence la différence qu'il y a entre chercher une démonstration et la rédiger. Comme vous pouvez le constater, la rédaction se fait en chainage avant, tandis que la recherche se fait plutôt en chainage arrière (même si elle utilise aussi le chainage avant).
Vous constatez aussi l'importance qu'il y a à connaitre les propriétés de géométrie en les organisant par types de problèmes.
Quelles sont les propriétés qui permettent de démontrer que :
– deux droites sont perpendiculaires ;
– un point est le milieu d'un segment ;
– deux droites sont parallèles ;
– ...

B. Quelles sont les exigences des correcteurs concernant la rédaction d'une démonstration ?

On n'est pas obligé de citer les propriétés, mais en revanche il est essentiel de faire figurer la **condition d'utilisation de la propriété** et la **conclusion**.

Ainsi, pour la démonstration précédente les rédactions 1 et 2 ci-dessous sont tout à fait correctes. Par contre, la rédaction 3 est incorrecte.

Exemple (fin) :

- **Rédaction 1 :**

On sait que I est le milieu des diagonales [AB] *(donnée)* et [EF] *(donnée)* de EAFB, donc c'est un parallélogramme. Donc (EA) est parallèle à (BF).
On sait que (EA) et (BF) sont parallèles et que (EA) est perpendiculaire à (AB) (car le triangle AEB est rectangle en A).
Donc (AB) et (BF) sont perpendiculaires.

- **Rédaction 2 :**

EAFB est un parallélogramme car ses diagonales ont le même milieu I *(donnée)*. Donc ses côtés opposés (EA) et (BF) sont parallèles. De plus, (EA) est perpendiculaire à (AB), donc (AB) et (BF) sont perpendiculaires.

- **Rédaction 3, incorrecte :**

EAFB est un parallélogramme, donc (EA) est parallèle à (BF), donc (AB) et (BF) sont perpendiculaires.
On n'a pas justifié le fait que EAFB est un parallélogramme, ni que (AB) et (BF) sont perpendiculaires.

2 Propriété et réciproque

2 1. Réciproque d'une propriété

Qcm 1, p. 423

Corrigé QCM 1 : Les deux énoncés ne sont pas équivalents et pourtant ils contiennent les mêmes mots ! En effet **l'énoncé 1 est vrai** par définition de deux droites perpendiculaires (*voir p. 377*). En revanche, **l'énoncé 2 est faux**. En effet, on imagine sans peine que deux droites peuvent être sécantes sans qu'elles fassent un angle de 90°.

L'énoncé 2 est la réciproque de l'énoncé 1 et inversement.

En mathématiques, de nombreuses propriétés sont énoncées sous la forme « Si ... alors ... ». La première partie de cet énoncé indique la condition d'utilisation de l'énoncé et la seconde partie la conclusion.

Si .... alors ....

condition *conclusion*

La réciproque d'un énoncé de la forme « Si ... alors ... » est un énoncé que l'on obtient en inversant la condition et la conclusion (il est parfois nécessaire de modifier légèrement la phrase pour qu'elle soit plus facilement compréhensible).

Qcm 2, p. 423

Corrigé QCM 2 :

- **Réciproque de 1 :** Quels que soient les point A, B, C et D choisis, si ABCD est un losange alors AB = BC = CD.
- **Réciproque de 2 :** Quels que soient les points A, B et M, si AM = MB alors M est le milieu de [AB].
- **Réciproque de 3 :** Quel que soit le quadrilatère ABCD, si [AC] et [BD] ont le même milieu alors ABCD est un parallélogramme.

Pour prouver qu'un énoncé est vrai, il faut s'appuyer sur des propriétés.

Corrigé QCM 2 (suite) :

- **La réciproque de l'énoncé 1 est vraie** car, par définition, un losange a quatre côtés de même longueur, il en a donc forcément trois.
- **L'énoncé 2 est vrai** car, par définition du milieu, AM = BM.
- **L'énoncé 3 et sa réciproque sont vrais** d'après la propriété des diagonales d'un parallélogramme.

> Propriétés P3 et P4, p. 575

2 2. Contre-exemple

Pour prouver qu'un énoncé de la forme « Si ... alors ... » est faux, il suffit de trouver un exemple qui vérifie la condition et qui ne vérifie pas la conclusion.
Ce type d'exemple est appelé « **contre-exemple** ».

Qcm 1, p. 423

Corrigé QCM1 : « Deux droites sécantes forment un angle de 60° » est un contre-exemple pour démontrer que **l'énoncé 2 est faux.**

Corrigé QCM 2 (suite) :

- **L'énoncé 1 est faux**. En effet, « un quadrilatère qui possède trois côtés de même longueur et dont le 4e ne l'est pas » est un contre-exemple.
- **La réciproque de l'énoncé 2 est fausse**, en effet le dessin ci-contre est un contre-exemple :

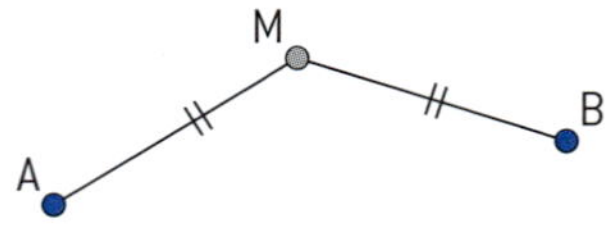

Qcm 2, p. 423

Entrainement 1

Corrigé p. 434

Préciser, pour chacun de ces énoncés et sa réciproque, s'ils sont vrais ou non.

a. Si un quadrilatère est un parallélogramme, alors ses côtés opposés sont parallèles deux à deux.

b. Si un quadrilatère est un losange, alors ses diagonales sont perpendiculaires.

c. Si une droite est la médiatrice d'un segment, alors elle passe par le milieu de ce segment.

d. Si un quadrilatère a des diagonales qui ont même longueur, alors c'est un rectangle.

2 3. Phrases équivalentes

On dira que **deux phrases mathématiques Ph1 et Ph2 sont équivalentes** si l'énoncé « Si Ph1 alors Ph2 » et sa réciproque « Si Ph2 alors Ph1 » sont vraies.

Exemple : Les phrases « Un quadrilatère est un parallélogramme » et « Un quadrilatère a des diagonales qui ont le même milieu » sont équivalentes.

3 Principales propriétés pour quatre démonstrations les plus fréquemment demandées au concours

Nous allons travailler sur quatre types de démonstrations :

- démontrer que deux droites sont perpendiculaires ou qu'un triangle est rectangle,
- démontrer que deux droites sont parallèles,
- démontrer qu'un point est le milieu d'un segment,
- démontrer que trois points sont alignés.

Ce sont les démonstrations les plus fréquemment demandées au concours. Pour chacune de ces questions, nous établissons la liste des principales propriétés qui permettent d'effectuer ces démonstrations.

Cet inventaire pourra être complété au gré des exercices et problèmes rencontrés par le lecteur.

Pour les exercices qui suivent chaque fiche méthode, entrainez-vous à faire fonctionner le chainage avant (Quelles conséquences puis-je déduire des données ?) et le chainage arrière (Quelle(s) propriété(s) puis-je utiliser pour arriver à la conclusion demandée ?).

FICHE MÉTHODE 3 Démontrer que deux droites sont perpendiculaires ou qu'un triangle est rectangle.

On peut utiliser ces propriétés :

Les notations D3, M2, R2… renvoient aux propriétés listées en annexe, p. 574-575.

Droite

D3 **Si** deux droites sont parallèles et qu'une troisième droite est perpendiculaire à l'une **alors** elle est perpendiculaire à l'autre.

Triangle

T7 **Si** dans un triangle le carré de la longueur d'un côté (le plus grand) est égal à la somme des carrés des longueurs des deux autres côtés **alors** ce triangle est rectangle. *(Réciproque du théorème de Pythagore)*[1].

Médiatrice

M2 **Si** une droite est la médiatrice d'un segment **alors** elle est perpendiculaire à ce segment et passe par son milieu.

Losange

L4 **Si** un quadrilatère est un losange **alors** ses diagonales ont le même milieu et sont perpendiculaires.

Rectangle

R2 **Si** un quadrilatère est un rectangle **alors** ses côtés opposés sont parallèles deux à deux, sont de même longueur et ses quatre angles sont droits.

Cercle

C'2 **Si** dans un cercle, un triangle a pour sommets les extrémités d'un diamètre et un point du cercle **alors** ce triangle est rectangle en ce point.

Carré

C2 **Si** un quadrilatère est un carré **alors** il a quatre côtés de même longueur, quatre angles droits et ses côtés opposés sont parallèles deux à deux.

Transformations :

Les symétries centrales et axiales, les translations, les rotations, les homothéties conservent les angles (entre autres les angles droits)[2].

1. Le théorème de Pythagore et sa réciproque seront abordés dans le chapitre 18 p. 446.

2. Les symétries, et autres transformations, sont étudiées dans le chapitre 20.

Entrainement 2

Corrigé p. 434

Compléter ces chainons déductifs :

a. Je sais que (AB) // (CD) et (AB) ⊥ (EF).

Or si .... alors ....

Donc (CD) est perpendiculaire à (EF).

b. Je sais que N est un point du cercle de diamètre [AB].

Or si .... alors ....

Donc ....

c. Je sais que ABCD est un losange.

Or si .... alors ....

Donc .... est perpendiculaire à ....

Entrainement 3

En utilisant les informations portées sur le dessin ci-contre, démontrer que (GI) est perpendiculaire à (EF).

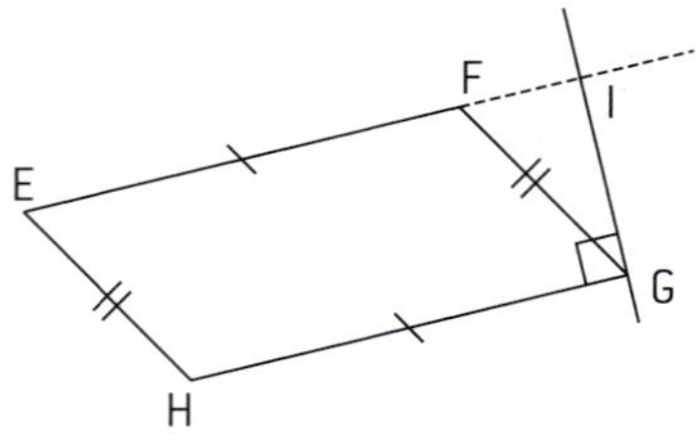

Corrigé p. 434

Entrainement 4

Soit ($\mathscr{C}$) et ($\mathscr{C}'$) deux cercles de centres A et B qui se coupent en I et J. Démontrer que (IJ) et (AB) sont perpendiculaires.

Corrigé p. 434

FICHE MÉTHODE 4 **Démontrer que deux droites sont parallèles.**

On peut utiliser ces propriétés :

Droite

D1 **Si** deux droites sont parallèles à une même troisième **alors** elles sont parallèles entre elles.

D2 **Si** deux droites sont perpendiculaires à une même troisième **alors** elles sont parallèles entre elles.

Triangle

T2 **Si** une droite passe par les milieux de deux côtés d'un triangle **alors** elle est parallèle au troisième côté du triangle.

T9 Réciproque du théorème de Thalès (*voir page 449*).

Parallélogramme

P2 **Si** un quadrilatère est un parallélogramme **alors** ses côtés sont parallèles deux à deux.

Losange

L2 **Si** un quadrilatère est un losange **alors** ses côtés opposés sont parallèles deux à deux et ses quatre côtés sont de même longueur.

Rectangle

R2 **Si** un quadrilatère est un rectangle **alors** ses côtés opposés sont parallèles deux à deux, sont de même longueur et ses quatre angles sont droits.

Carré

C2 **Si** un quadrilatère est un carré **alors** il a quatre côtés de même longueur, quatre angles droits et ses côtés opposés sont parallèles deux à deux.

Angle

A7 **Si** deux droites coupées par une sécante forment des angles correspondants ou alternes-internes égaux **alors** ces deux droites sont parallèles.

Transformations :

Les symétries centrales et axiales, les translations, les rotations, les homothéties conservent le parallélisme.

L'image d'une droite (d) par une symétrie axiale, une homothétie est une droite (d') parallèle à (d).

Entrainement 5

Corrigé p. 434

Compléter ces chainons déductifs :

a. Je sais que ABCD est un parallélogramme.

Or si un quadrilatère est un parallélogramme alors ses côtés opposés sont parallèles.

Donc ....

b. Je sais que I est le milieu de [EF] et J le milieu de [FG].

Si .... alors ....

Donc ....

Entrainement 6

Corrigé p. 435

Soit ($\mathscr{C}$) un cercle de diamètre [AB] et de centre O.

Soit ($\mathscr{C}'$) le cercle de diamètre [OA].

Soit E un point de ($\mathscr{C}$). La droite (AE) coupe ($\mathscr{C}'$) en F.

Démontrer que (OF) et (BE) sont parallèles.

Entrainement 7

Corrigé p. 435

EFGH est un parallélogramme de centre K. Soit L le milieu de [FG].

Démontrer que (KL) est parallèle à (EF).

FICHE MÉTHODE 5 Démontrer qu'un point est le milieu d'un segment.

On peut utiliser ces propriétés :

Définition du milieu : Si I, A et B sont alignés et si AI = IB alors I est le milieu de [AB].

Médiatrice

M2 **Si** une droite est la médiatrice d'un segment **alors** elle est perpendiculaire à ce segment et passe par son milieu.

Triangle

T1 **Si** un triangle est rectangle **alors** le centre du cercle circonscrit au triangle est le milieu de l'hypoténuse.

T4 **Si** une droite passe par le milieu d'un côté d'un triangle et est parallèle à un deuxième côté **alors** cette droite passe par le milieu du troisième côté du triangle.

Parallélogramme

P4 **Si** un quadrilatère est un parallélogramme **alors** ses diagonales ont le même milieu.

Losange

L4 **Si** un quadrilatère est un losange **alors** ses diagonales ont le même milieu et sont perpendiculaires.

Rectangle

R4 **Si** un quadrilatère est un rectangle **alors** ses diagonales ont le même milieu et sont de même longueur.

Carré

C4 **Si** un quadrilatère est un carré **alors** il a des diagonales qui ont le même milieu, sont perpendiculaires et sont de même longueur.

Transformations :

Définition du symétrique d'un point : Si M′ est le symétrique de M par rapport à I alors I est le milieu de [MM′].

Les symétries centrales et axiales, les translations, les rotations, les homothéties conservent le milieu d'un segment.

Entrainement 8

Corrigé p. 435

Compléter ces chainons déductifs :

a. Je sais que IJK est un triangle, A le milieu de [IJ] et B un point de [JK] tel que (AB) // (IK).

Si .... alors ....

Donc ....

b. On sait que PQRS est un parallélogramme et que I est le milieu de [PR].

Si .... alors ....

Donc ....

Entrainement 9

Corrigé p. 435

Soit ($\mathscr{C}$) un cercle de centre O. Soit [AB] une corde de ce cercle.

Soit (*d*) la droite perpendiculaire à (AB) qui passe par O. Elle coupe (AB) en J.

Démontrer que J est le milieu de [AB].

Entrainement 10

Corrigé p. 435

ABCD est un parallélogramme. La parallèle à (AC) qui passe par B coupe (DC) en E.

Soit I le milieu de [BC]. Démontrer que I est le milieu de [AE].

FICHE MÉTHODE 6 **Démontrer que trois points sont alignés.**

On peut utiliser ces propriétés :

Droite

D4 **Si** AC + CB = AB **alors** A, C et B sont alignés.

D5 **Si** (AB) et (AC) sont parallèles **alors** les points A, B et C sont alignés.

Propriétés qui ne sont pas à la fin de l'ouvrage (p. 574 et 575)

- **Si** l'angle formé par trois points est plat **alors** ces trois points sont alignés.
- **Si** un point est le milieu d'un segment **alors** il est aligné avec les extrémités de ce segment.
- **Si** trois points appartiennent à la médiatrice d'un segment **alors** les points sont alignés.
- **Si** un point A est l'image de B par une symétrie (ou une homothétie) de centre O **alors** A, O et B sont alignés.

Entrainement 11

Corrigé p. 436

En utilisant les informations portées sur le dessin ci-contre, démontrer que B, C et D sont alignés.

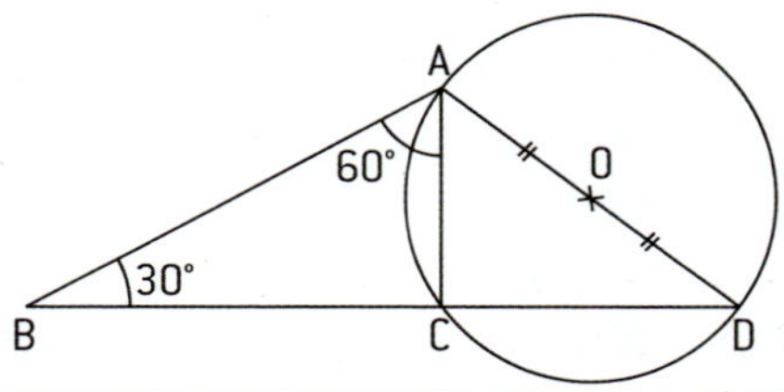

Corrigés

Entrainement 1

Énoncé p. 428

Énoncés vrais : a ; b ; c ; réciproque de a ; réciproque de **d**.

La **réciproque de b** est fausse car les diagonales perpendiculaires du quadrilatère peuvent ne pas se couper en leur milieu. La **réciproque de c** est fausse car une droite qui passe par le milieu d'un segment n'est pas forcément perpendiculaire à ce segment.

Entrainement 2

Énoncé p. 429

a. Je sais que (AB) // (CD) et (AB) ⊥ (EF).

Or si deux droites sont parallèles et qu'une troisième est perpendiculaire à l'une **alors** elle est perpendiculaire à l'autre.

Donc (CD) est perpendiculaire à (EF).

b. Je sais que N est un point du cercle de diamètre [AB].

Or si dans un cercle, un triangle a pour sommet les extrémités d'un diamètre et un point du cercle **alors** ce triangle est rectangle en ce point.

Donc NAB est rectangle en N.

c. Je sais que ABCD est un losange.

Or si un quadrilatère est un losange, **alors** ses diagonales ont le même milieu et sont perpendiculaires.

Donc (AC) est perpendiculaire à (BD)

Entrainement 3

Énoncé p. 430

D'après les données, on a EF = HG et EH = FG, donc EFGH est un parallélogramme (propriété P7), donc (EF) // (HG) (propriété P2). De plus, (IG) ⊥ (GH) (*données*), **donc (IG) ⊥ (EF)** (propriété D3).

Entrainement 4

Énoncé p. 430

A est équidistant de I et J car I et J sont sur le cercle de centre A (propriété C′1). De même, B est équidistant de I et J, donc la droite (AB) est la médiatrice de [IJ] (propriété M5), **donc (IJ) ⊥ (AB)** (propriété M2).

Entrainement 5

Énoncé p. 431

a. Je sais que ABCD est un parallélogramme.

Or si un quadrilatère est un parallélogramme **alors** ses côtés opposés sont parallèles.

Donc (AB) // (CD) et (AD) // (BC).

b. Je sais que I est le milieu de [EF] et J le milieu de [FG].

On peut aussi démontrer que $IJ = \frac{EG}{2}$.

Si une droite passe par les milieux de deux côtés d'un triangle **alors** elle est parallèle au troisième côté du triangle.
Donc (IJ) // (EG).

Entrainement 6

Énoncé p. 431

E est un point du cercle de diamètre [AB], donc AEB est un triangle rectangle en E (propriété C'2), donc (EB) ⊥ (AE) (1).
De même, avec le cercle de diamètre [AO], (OF) ⊥ (AF), donc (OF) ⊥ (AE) (2).
D'après (1) **et** (2) **on a (OF) // (EB)** (propriété D2).

Entrainement 7

Énoncé p. 431

K est le milieu de [EG] car EFGH est un parallélogramme (propriété P4).
De plus, L est le milieu de [FG], donc dans le triangle GEF, la droite (KL) passe par les milieux des deux côtés, donc elle est parallèle au troisième côté (propriété T4), **donc (KL) // (EF).**

Entrainement 8

Énoncé p. 432

a. Je sais que IJK est un triangle, A le milieu de [IJ] et B un point de [JK] tel que (AB) // (IK).
Si une droite passe par le milieu d'un côté d'un triangle et est parallèle à un deuxième côté **alors** elle coupe le troisième en son milieu.
Donc B est le milieu de [JK].
b. On sait que PQRS est un parallélogramme et que I est le milieu de [PR].
Si un quadrilatère est un parallélogramme **alors** ses diagonales ont le même milieu.
Donc I est le milieu de [QS].

Entrainement 9

Énoncé p. 432

A et B sont des points du cercle de centre O, donc O est équidistant de A et B (propriété C'1). De plus (d) est perpendiculaire à (AB), donc c'est la médiatrice de [AB] (propriété M6), **donc (*d*) coupe [AB] en son milieu** (le point J).

Entrainement 10

Énoncé p. 432

ABCD est un parallélogramme, donc (AB) // (DC) (propriété P2), donc (AB) // (CE).
De plus, (AC) // (BE) (*donnée*), donc ABEC est un parallélogramme (propriété P1), donc ses diagonales ont le même milieu (propriété P4).
Or I est le milieu de [BC], **donc I est aussi le milieu de** [AE].

Entrainement 11

Énoncé p. 433

Dans le triangle ACB, on a $\widehat{ACB} = 180° - (60° + 30°) = 90°$.

C est un point du cercle de diamètre [AD], donc ACD est un triangle rectangle en C (propriété C′2), donc $\widehat{ACD} = 90°$.

Or $\widehat{BCD} = \widehat{BCA} + \widehat{ACD} = 90° + 90° = 180°$, **donc B, C et D sont alignés.**

AU CONCOURS Démonstration en géométrie plane

Exercice 1

Corrigé p. 439

En utilisant les informations portées sur le dessin ci-contre, démontrer que (KL) // (PN).

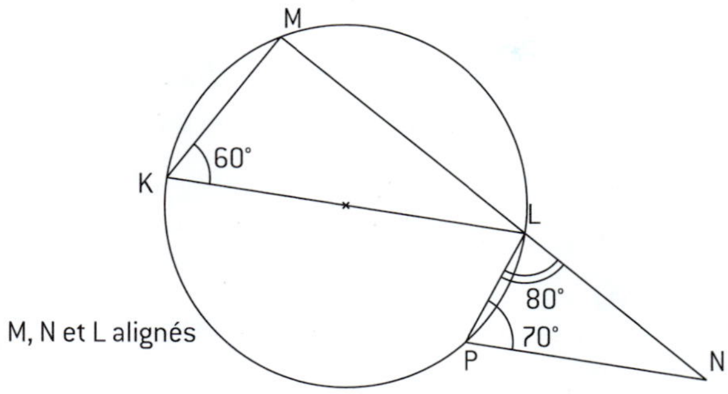

Exercice 2

Corrigé p. 439

En utilisant les informations portées sur le dessin ci-dessous, prouver que les points E, A et B sont alignés.

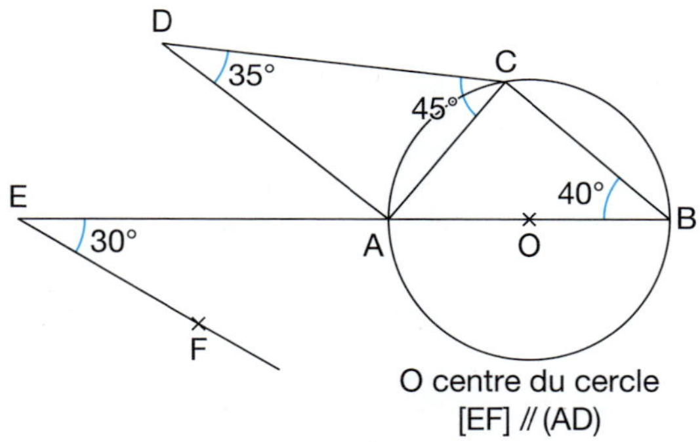

Exercice 3

Corrigé p. 439

Une enseignante a travaillé avec ses élèves sur la notion de milieu d'un segment. Elle souhaite les entrainer à placer des milieux de segments et à reconnaitre le milieu d'un segment. Pour cela, elle leur distribue la figure ci-contre et leur donne les consignes suivantes :

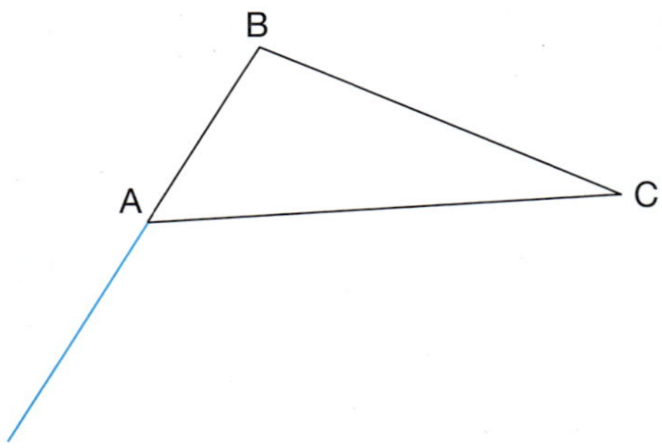

- place le point E milieu du segment BC ;
- place le point D milieu du segment AC ;
- place un point F sur la partie bleue de la droite (BA), n'importe où ;
- trace le segment [CF].

La droite (ED) coupe la droite (CF) en un point G.
Que peux-tu dire de G ?

1. Quelle est la réponse attendue par cette enseignante ?

2. Est-ce que cette réponse est vraie, quelle que soit la position du point F ?

Exercice 4

Corrigé p. 440

1. La figure sera réalisée avec le crayon, le compas et la règle non graduée.
Soit [BC] un segment de milieu I.
Tracer le cercle de centre I et de rayon BI.
Placer un point A sur le cercle, distinct de B et de C.
Tracer la perpendiculaire à (AB) qui passe par I ; elle coupe (AB) en K et l'arc de cercle $\overset{\frown}{AC}$ ne contenant pas A en M.
Placer le point J tel que BIMJ soit un losange. Ses diagonales se coupent en P.
Tracer la perpendiculaire à (IJ) qui passe par J ; elle coupe (IM) en T.

2. Démontrer, en utilisant deux méthodes différentes, que (IK) // (AC).

3. Démontrer que (BJ) // (AC).

4. Démontrer que (BM) // (JT).

Exercice 5

Corrigé p. 441

Il s'agit de construire un triangle à partir de ses trois médianes en utilisant les propriétés de la figure. Les constructions seront effectuées à la règle et au compas (on laissera apparents les traits de construction).
Tracer deux droites quelconques, d_1 et d_2, sécantes en un point O. Placer un point I extérieur à ces deux droites.
Construire le parallélogramme OPQR de centre I tel que P appartienne à d_1 et R appartienne à d_2. Écrire le programme de construction correspondant.

Exercice 6

Corrigé p. 441

Soit un cercle de centre O et de rayon 4 cm, [AB] un diamètre de ce cercle et C un point du cercle tel que AC = 4 cm.

1. Quelle est la nature du triangle AOC ? Justifier.
Quelle est la nature du triangle ABC ? Justifier.

2. Soit H le milieu du segment [CB].
Démontrer que la droite (OH) est parallèle à la droite (AC).

3. Le point I désignant le milieu du segment [AO], la droite (CI) recoupe le cercle en D. Démontrer que le quadrilatère CADO est un losange, puis que les points D, H et O sont alignés.

4. Démontrer que la droite (CO) est perpendiculaire à la droite (BD).

5. Calculer les mesures des angles suivants : $\widehat{CAO}$, $\widehat{HOB}$, $\widehat{ABC}$.

Corrigés

Exercice 1

Énoncé p. 437

M est un point du cercle de diamètre [KL], donc MKL est un triangle rectangle en M (propriété C′2).
Dans le triangle MKL, on a $\widehat{MLK} = 180° - (90° + 60°) = 30°$.
Dans le triangle PLN, on a $\widehat{LNP} = 180° - (70° + 80°) = 30°$.
Les angles $\widehat{MLK}$ et $\widehat{LNP}$ sont des angles correspondants égaux définis par les droites (KL) et (PN).
Donc les droites (KL) et (PN) sont parallèles (propriété A7).

La mise en place du chainage avant nous permet de constater qu'on peut déduire des données la mesure de l'angle $\widehat{LNP}$ et que le triangle MKL est rectangle donc que $\widehat{KLM} = 90°$. cela laisse penser qu'on peut, peut-être, utiliser la propriété A7 pour arriver à la conclusion.

Exercice 2

Énoncé p. 437

Les angles $\widehat{FEA}$ et $\widehat{EAD}$ sont des angles internes définis par les droites parallèles (EF) et (AD) et la sécante (EA). Ils sont donc égaux. Donc $\widehat{EAD} = 30°$.
Dans le triangle ADC, on a $\widehat{DAC} = 180° - (35° + 45°) = 100°$.
C est un point du cercle de diamètre donc ACB est un triangle rectangle en C.
Donc dans ce triangle $\widehat{CAB} = 180° - (90° + 40°) = 50°$
Or $\widehat{EAB} = \widehat{EAD} + \widehat{DAC} + \widehat{CAB} = 30° + 100° + 50° = 180°$
Donc E, A et B sont alignés.

Exercice 3

Énoncé p. 437

1. G est le milieu du segment [CF]

2. Démontrons-le.
Dans le triangle ABC, on a E milieu de [BC] et D milieu de [AC] (*donnée*).
Donc (ED) // (AB) (propriété T2).
Or les points B, A et F d'une part, et E, D et G d'autre part, sont alignés (*donnée*).

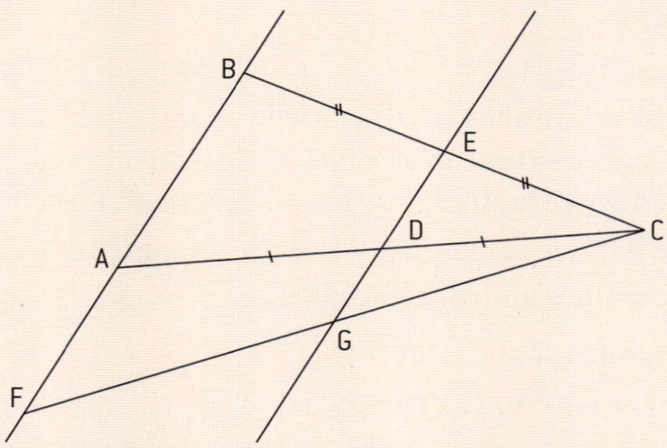

Donc dans le triangle ACF, on a donc (DG) // (AF) et D milieu de [AC] (*donnée*).
Donc G est le milieu de [CF] (propriété T4).
Remarque : Cette propriété est vraie quelle que soit la position du point F sur la droite AB.

Exercice 4

Énoncé p. 438

1. **Construction de la figure**

> **ATTENTION**
> Pour la réalisation de la figure, bien laisser les traits de construction apparents.

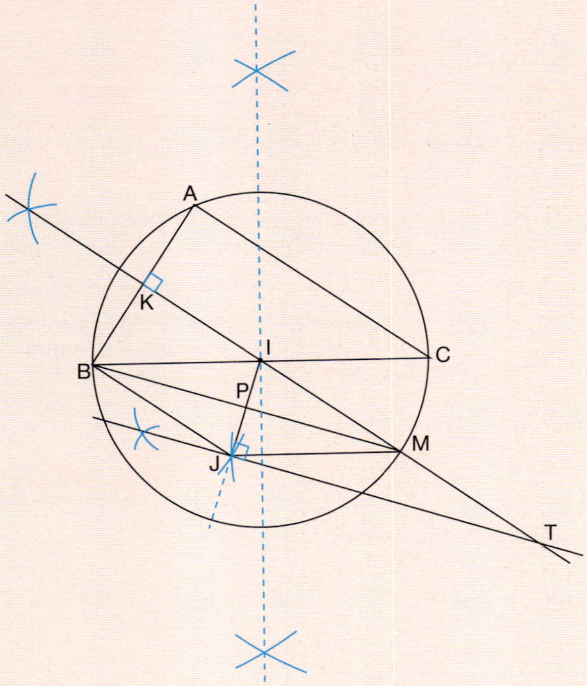

2. MÉTHODE 1

A est un point du cercle de diamètre [BC], donc ABC est un triangle rectangle en A (propriété C′2). Donc (AC) ⊥ (AB).

On sait que (IK) ⊥ (AB), donc les droites (IK) et (AC) sont perpendiculaires à une droite commune.

Donc (IK) // (AC) (propriété D2).

MÉTHODE 2

La droite (IK) est une droite qui passe par le point I équidistant de A et B (car A et B sont sur le cercle de centre I). Elle est également perpendiculaire à (AB), donc c'est la médiatrice de [AB] (propriété M6), donc K est le milieu de [AB].

Dans le triangle ABC, la droite (IK) passe par les milieux de deux côtés.

Donc (IK) est parallèle au troisième côté [AC] (propriété T2).

3. BIMJ est un losange, donc (IM) // (BJ) (propriété L2), donc (BJ) // (IK).

Or on sait que (IK) // (AC) (d'après le **2**).

Donc (BJ) // (AC) car ces deux droites sont parallèles à une même troisième (propriété D1).

4. BIMJ est un losange, donc (BM) ⊥ (IJ) (propriété L4).

De plus, (JT) ⊥ (IJ) (*donnée*).

Donc (JT) // (BM) car ces deux droites sont perpendiculaires à (IJ) (propriété D2).

Exercice 5

Énoncé p. 438

Programme de construction de la figure

Réaliser un schéma à main levée de la figure terminée aide à répondre à cette question.
Pour cela, on commence par tracer le parallélogramme OPQR, ce qui permet de constater que Q doit être le symétrique de O par rapport à I.
Cela permet de déterminer le programme de tracé.

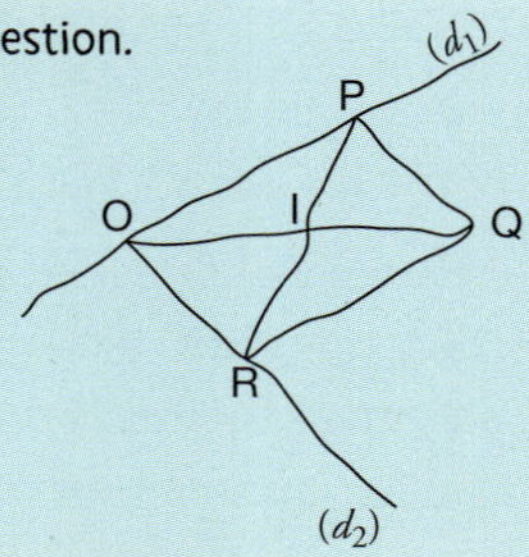

Placer le point Q symétrique de O par rapport à I.
Tracer la parallèle à (d_1) qui passe par Q, elle coupe (d_2) en R.
Tracer la droite parallèle à (d_2) qui passe par Q, elle coupe (d_1) en P.

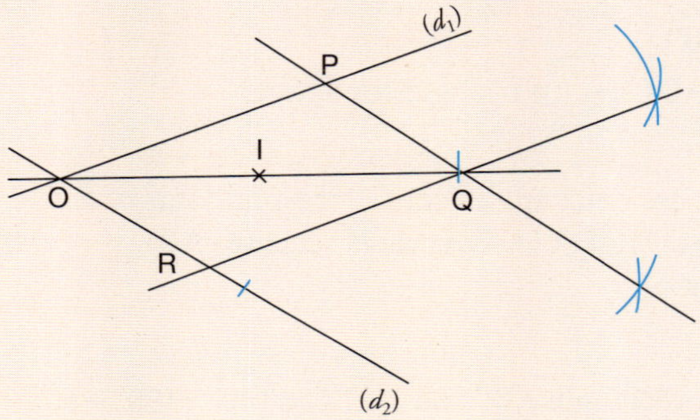

Exercice 6

Énoncé p. 438

Pour résoudre ce problème, **la stratégie chainage avant/chainage arrière est très performante**. En cas de blocage, il faut la mettre explicitement en place.
Comme dans beaucoup d'épreuves de concours, il faut aussi **savoir tenir compte des résultats des questions précédentes pour résoudre les questions suivantes**. On rappelle qu'il est tout à fait possible d'utiliser le résultat d'une question précédente même si on n'a pas réussi à le démontrer.

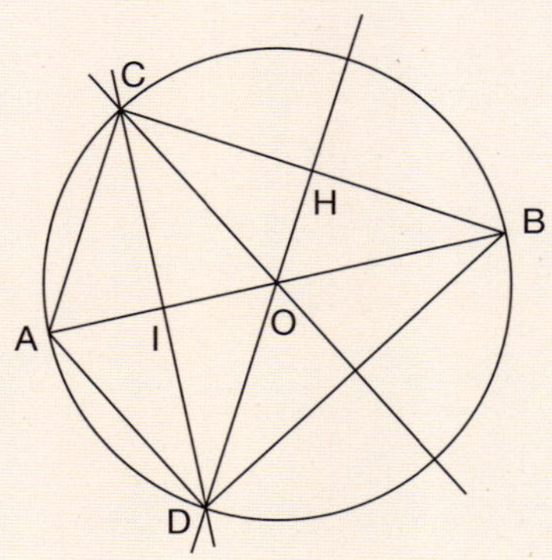

1. OA = OC (rayon du cercle) ;
de plus, AC = OA (*donnée*).
Donc le triangle AOC est équilatéral.
C est un point du cercle de diamètre [AB].
Donc le triangle ABC est rectangle en C (propriété C′2).

2. Dans le triangle ABC, H est le milieu de [BC] (*données*) et O le milieu de [AB], puisque c'est le centre du cercle de diamètre [AB].
Donc (OH) et (AC) sont parallèles (propriété T2).

3. CAO est un triangle équilatéral et I est le milieu de [AO].
(CI) étant une médiane, elle est aussi la médiatrice du segment [OA] (propriété T5).
Donc D, qui est sur cette droite, est équidistant de A et O (propriété M3).

Donc DA = DO.

De plus, on sait que CA = CO et que CO = DO (rayon du cercle).

Donc CADO est un losange, car il a quatre côtés de même longueur.

On sait que (OH) et (AC) sont parallèles (propriété L1) (*voir* 2), et on sait que (OD) et (AC) sont parallèles (car ce sont deux côtés opposés d'un losange).

Donc (OH) et (DO) sont parallèles (droites parallèles à une même troisième).

Donc les points D, O et H sont alignés (propriété D5).

4. (CO) et (AD) sont parallèles (propriété L2).

D est un point du cercle de diamètre [AB], donc (AD) et (DB) sont perpendiculaires (propriété C'2).

Si deux droites sont parallèles et qu'une troisième droite est perpendiculaire à l'une, alors elle est perpendiculaire à l'autre.

Donc (CO) et (BD) sont perpendiculaires.

5. Calcul de $\widehat{CAO}$

$\widehat{CAO} = \mathbf{60°}$ car AOC est un triangle équilatéral (cf. **1.**).

Calcul de $\widehat{HOB}$

$\widehat{HOB} = \widehat{CAB}$ car ces deux angles sont correspondants et définis à partir des droites parallèles (HO) et (AC), et de la sécante (AB) (propriété A6).

Donc $\widehat{HOB} = \mathbf{60°}$.

Calcul de $\widehat{ABC}$

Dans le triangle rectangle ABC, on a $\widehat{ABC} = 180° - (90° + 60°) = \mathbf{30°}$.

CHAPITRE 18

Espace et géométrie

Théorèmes de Pythagore et de Thalès

Objectifs

- Calculer des longueurs (théorèmes de Pythagore et de Thalès).
- Démontrer que deux droites sont perpendiculaires (réciproque du théorème de Pythagore).
- Démontrer que deux droites sont parallèles (réciproque du théorème de Thalès).

FICHES MÉTHODE

Tester ses connaissances

Pour chacun des trois QCM :

En s'appuyant sur les informations sur les figures, indiquer quelles affirmations sont vraies (les mesures sont exprimées dans la même unité).

QCM 1

aide §1.1 p. 445

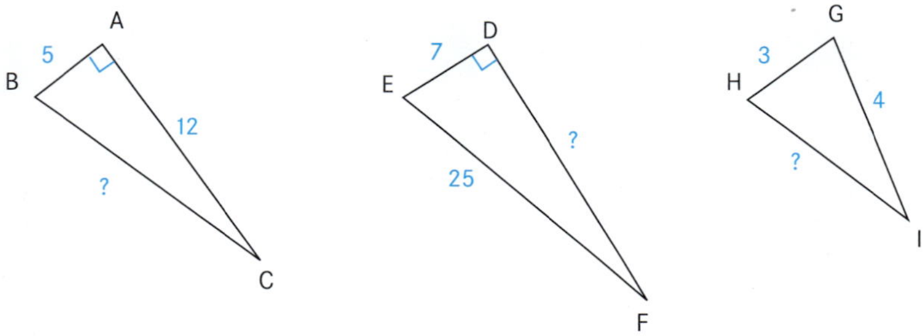

A. BC = $\sqrt{119}$ **C.** DF = $\sqrt{674}$ **E.** HI = 5

B. BC = 13 **D.** DF = 24 **F.** HI = $\sqrt{7}$

QCM 2

aide §2.1 p. 447

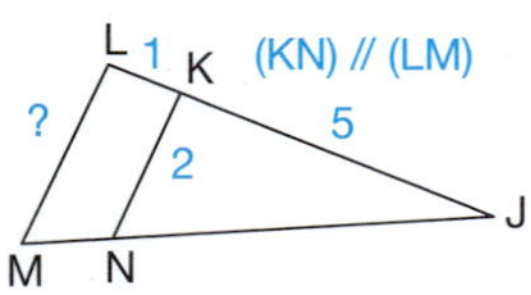

Fig. 1

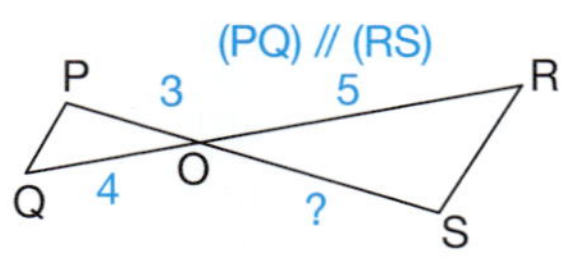

Fig. 2

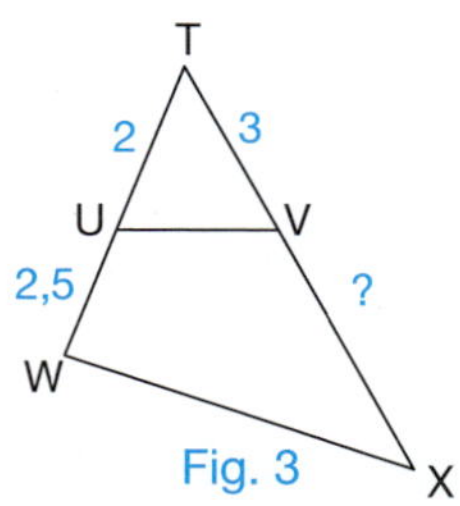

Fig. 3

A. LM = 2,4 **C.** OS = 20/3 **E.** VX = 3,75

B. LM = 0,4 **D.** OS = 15/4 **F.** VX = 4,75

QCM 3

aide
A et B §1.2 p. 446
C et D §2.2 p. 449

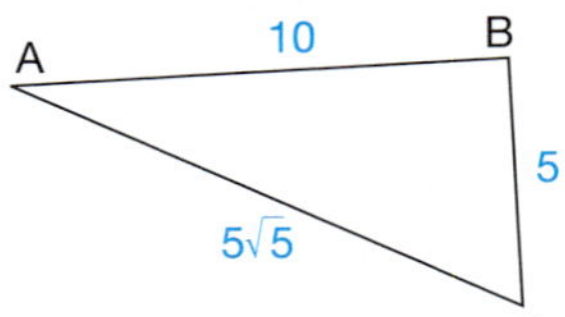

Fig. 1

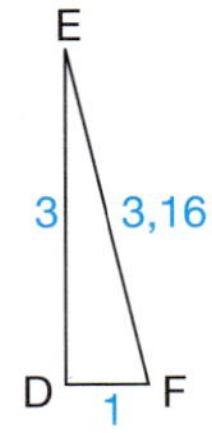

Fig. 2

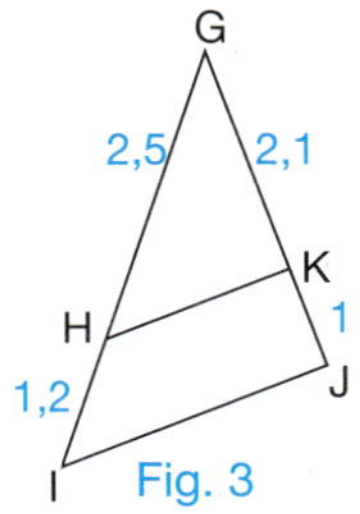

Fig. 3

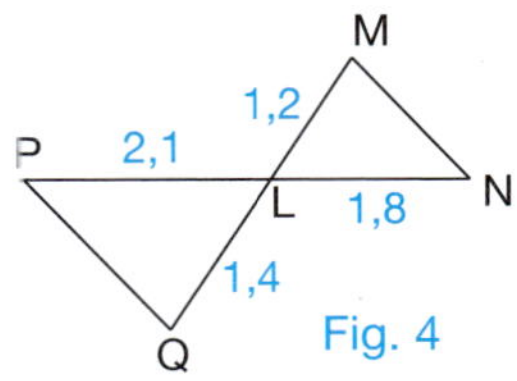

Fig. 4

A. ABC est un triangle rectangle.
B. DEF est un triangle rectangle.
C. (HK) // (IJ).
D. (PQ) // (MN).

1. B et D **2.** A et D **3.** A et D

LE COURS

1 Théorème de Pythagore

Rappelons un peu de vocabulaire.

Dans un triangle rectangle, le côté opposé à l'angle droit est appelé **hypoténuse**.

Les deux autres côtés sont appelés **côtés de l'angle droit**.

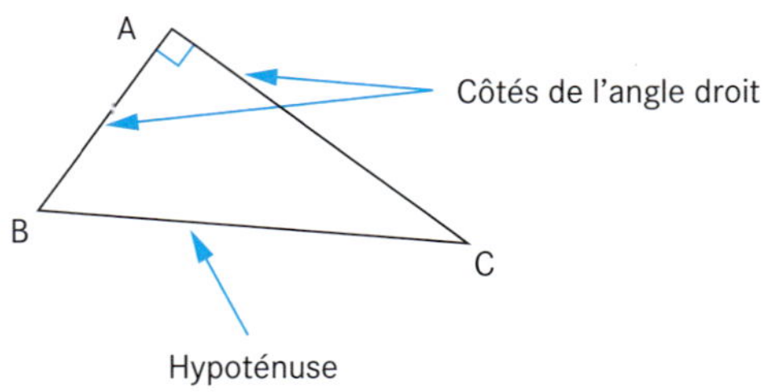

1 1. Énoncé du théorème

Si un triangle est rectangle alors le carré de la longueur de l'hypoténuse est égal à la somme des carrés des longueurs des côtés de l'angle droit.

ou

Si ABC est un triangle rectangle en A alors $AB^2 + AC^2 = BC^2$.

Application : **Ce théorème permet de calculer la longueur d'un segment**, dans le cas où ce segment est le côté d'un triangle rectangle dont on connait la longueur des deux autres côtés.

Pour rédiger une solution utilisant le théorème de Pythagore, il est indispensable de bien indiquer dans quel triangle rectangle on se place. Il faut ensuite écrire la relation de Pythagore correspondante et remplacer les longueurs connues par leurs valeurs. Si, dans l'énoncé, on ne précise pas que le triangle est rectangle, il faut le démontrer.

Corrigé QCM 1 affirmations A et B : Dans le triangle rectangle ABC, on a, d'après le théorème de Pythagore :
$AB^2 + AC^2 = BC^2$ donc $5^2 + 12^2 = BC^2$ donc $BC^2 = 169$ donc $BC = 13$.
Donc **l'affirmation B est vraie.**

Qcm 1, p. 443

Corrigé QCM 1 affirmations C et D : Dans le triangle rectangle EDF, on a, d'après le théorème de Pythagore : $EF^2 = ED^2 + DF^2$ donc $25^2 = 7^2 + DF^2$ donc $DF^2 = 25^2 - 7^2 = 576$ donc $DF = 24$. **Donc l'affirmation D est vraie.**

Qcm 1, p. 443

Corrigé QCM 1 affirmations E et F :
On ne peut pas calculer HI car cette longueur dépend de l'angle $\widehat{HGI}$.

- **Cas particuliers**

La **longueur de la diagonale d'un carré** de côté a est égale à $a\sqrt{2}$.
La **hauteur d'un triangle équilatéral** de côté a est égal à $a\dfrac{\sqrt{3}}{2}$.

Entrainement 1

Corrigé p. 451

Démontrer ces deux propriétés.

Au concours, on peut utiliser directement ces résultats si on a à calculer la longueur de la diagonale d'un carré ou la hauteur d'un triangle équilatéral.

Entrainement 2

Corrigé p. 451

Pour chacune des figures suivantes, déterminer la longueur demandée (les figures ne sont pas tracées à l'échelle ; les mesures sont exprimées dans la même unité).

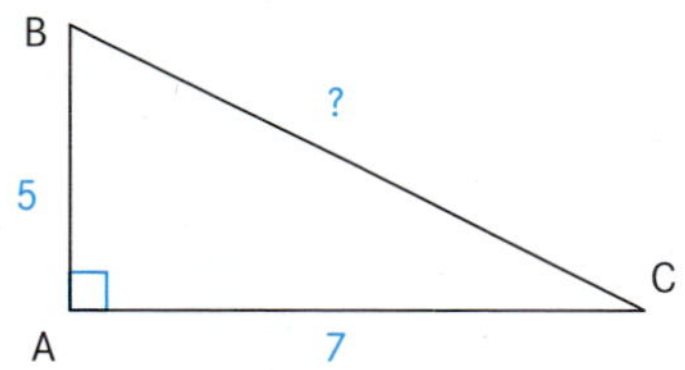

Fig. 1 (BC = ?)

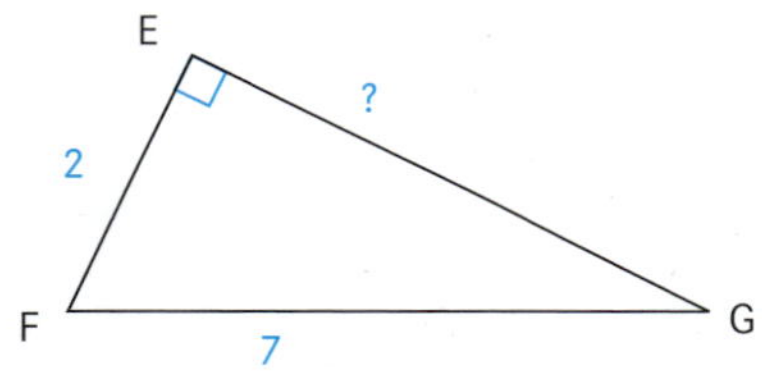

Fig. 2 (EG = ?)

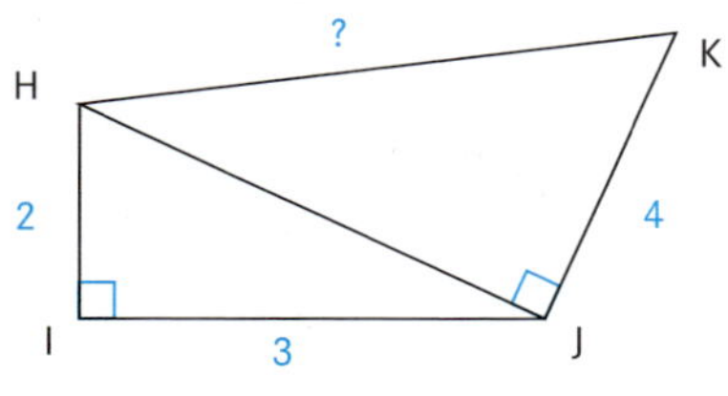

Fig. 3 (HK = ?)

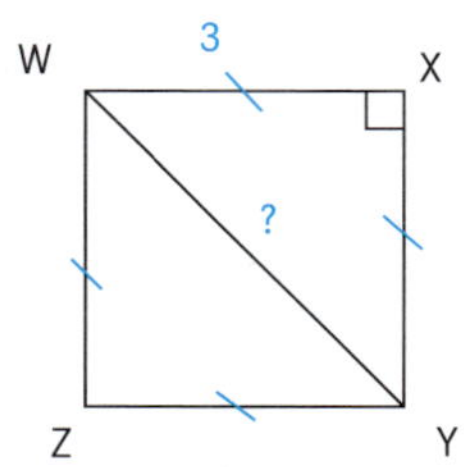

Fig. 4 (WY = ?)

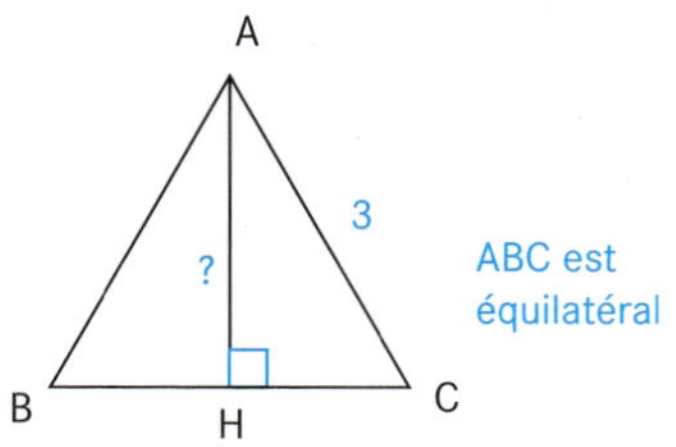

Fig. 5 (AH = ?)

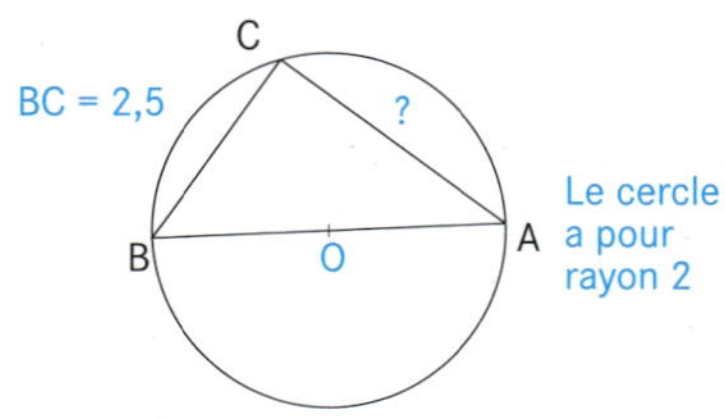

Fig. 6 (AC = ?)

ATTENTION
Si on ne précise rien dans l'énoncé, il faut donner la valeur exacte de la longueur cherchée, éventuellement en gardant les radicaux.
Si on est amené à utiliser une longueur qu'on a préalablement calculée, il faut utiliser la valeur exacte de cette longueur (*voir Fig. 3*).

1 2. La « réciproque » du théorème de Pythagore

Si dans un triangle le carré de la longueur d'un côté[1] est égal à la somme des carrés des longueurs des deux autres côtés, alors ce triangle est rectangle.

OU

Si $AB^2 + AC^2 = BC^2$ alors ABC est un triangle rectangle en A.

1. C'est donc le plus grand côté.

Application : **Ce théorème permet de démontrer qu'un triangle est rectangle** (donc que deux droites sont perpendiculaires). Il nécessite, pour pouvoir être utilisé, de connaitre les longueurs des trois côtés du triangle.

Qcm 3 p. 444

Corrigé QCM 3 Fig. 1 : Le plus grand côté est AC.

$AC^2 = (5\sqrt{5})^2 = 125$

$AB^2 + BC^2 = 100 + 25 = 125$

Donc $AC^2 = AB^2 + BC^2$, donc d'après la réciproque du théorème de Pythagore, **le triangle ABC est rectangle en B.**

ATTENTION

Parfois l'égalité de Pythagore est « presque vérifiée », cela ne suffit pas pour dire que le triangle est rectangle. C'est pourquoi, il faut toujours travailler avec des valeurs exactes et non avec des valeurs approchées (*voir ci-dessous*).

Corrigé QCM 3 Fig. 2 : $EF^2 = 3{,}16^2 = 9{,}9856$

$DE^2 + DF^2 = 3^2 + 1^2 = 10$

Donc $EF^2 \neq DE^2 + DI^2$ donc le triangle DEF n'est pas rectangle.

Remarque : C'est la contraposée du théorème de Pythagore qui permet de conclure que le triangle n'est pas rectangle (si le carré de la longueur du plus grand côté n'est pas égal à la somme des carrés des longueurs des autres côtés, alors le triangle n'est pas rectangle).

La contraposée de la phrase *Si p alors q* est la phrase *Si non q alors non p*.
Si une phrase est vraie, sa contraposée est également vraie.

Pour rédiger une solution utilisant la réciproque du théorème de Pythagore, il faut identifier le plus grand côté du triangle, puis calculer séparément les deux membres de la relation de Pythagore pour constater leur égalité.

Entrainement 3

Corrigé p. 451

Les triangles dont les mesures sont données sont-ils des triangles rectangles ?

a. AB = 3 cm, BC = 4 cm, AC = 5 cm.

b. ST = 4 cm, TM = 5 cm, SM = 7 cm

c. $QT = \sqrt{5}$ cm, QR = 4 cm et $RT = \sqrt{11}$ cm.

2 Théorème de Thalès

2 1. Énoncé du théorème

Soit (d) et (d') deux droites sécantes en A,
soit B et M deux points de (d) distincts de A,
soit C et N deux points de (d') distincts de A,
si les droites (BC) et (MN) sont parallèles alors $\frac{AM}{AB} = \frac{AN}{AC} = \frac{MN}{BC}$.

Il y a deux configurations correspondant à ce théorème :

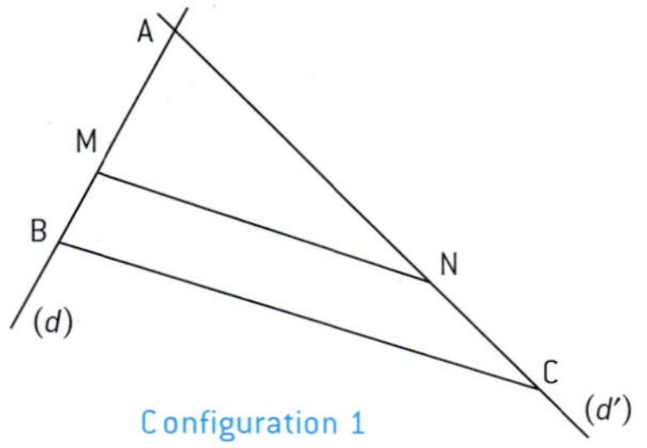

Configuration 1

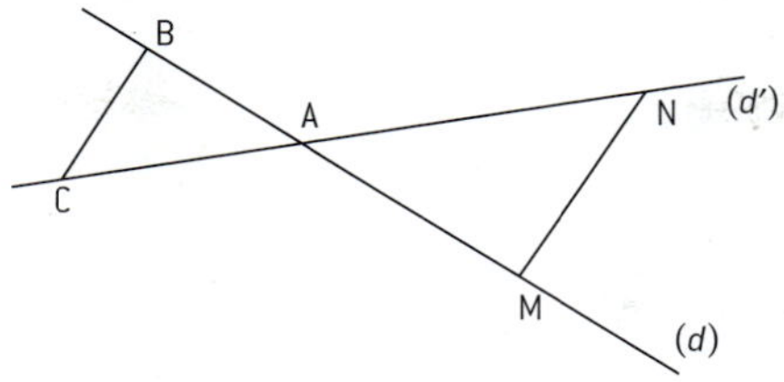

Configuration 2

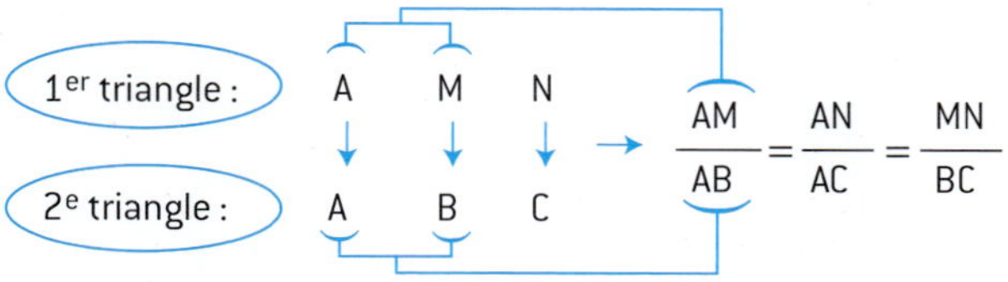

Dans les conditions de la **configuration 1**, on a également : $\frac{AM}{MB}=\frac{AN}{NC}$ mais, attention, ces rapports ne sont pas égaux à $\frac{MN}{BC}$.

Entrainement 4

Tracer des configurations de Thalès et « vérifier » le théorème en mesurant des longueurs (cela n'en constitue pas une démonstration !).

Non corrigé

Applications :

- **Le théorème de Thalès permet de calculer des longueurs.**

Pour l'utiliser, il faut avoir des droites parallèles et connaitre des longueurs de segments. Dans certains exercices ou problèmes, avant d'utiliser le théorème de Thalès, il faut démontrer qu'on a bien des droites parallèles.

Pour rédiger une solution utilisant le théorème de Thalès, il faut indiquer les sécantes (ou le triangle) et les parallèles que l'on utilise. On écrit les rapports égaux (généralement deux rapports suffisent), puis on remplace les longueurs connues par leurs valeurs.

Corrigé QCM 2 :

Qcm 2 p. 443

- **Fig. 1 :** Dans le triangle JLM, les droites (KN) et (LM) sont parallèles donc, d'après le théorème de Thalès, on a :

$\frac{JK}{JL}=\frac{JN}{JM}=\frac{KN}{LM}$ donc $\frac{5}{1+5}=\frac{2}{LM}$ donc $LM=2\times\frac{6}{5}=2{,}4$. Donc **l'affirmation A est vraie.**

- **Fig. 2 :** Les droites (PQ) et (RS) sont parallèles. Les droites (QR) et (PS) sont sécantes ; d'après le théorème de Thalès on a : $\frac{OR}{OQ}=\frac{OS}{OP}$ = donc $\frac{5}{4}=\frac{OS}{3}$ = donc $OS=\frac{15}{4}$. Donc **l'affirmation C est vraie.**

- **Fig. 3 :** On ne peut pas appliquer le théorème de Thalès dans le triangle TWX car (UV) et (WX) ne sont pas parallèles.

Entrainement 5

Corrigé p. 451

Pour chacune des figures suivantes, déterminer la longueur demandée (les figures ne sont pas tracées à l'échelle ; les mesures sont exprimées dans la même unité).

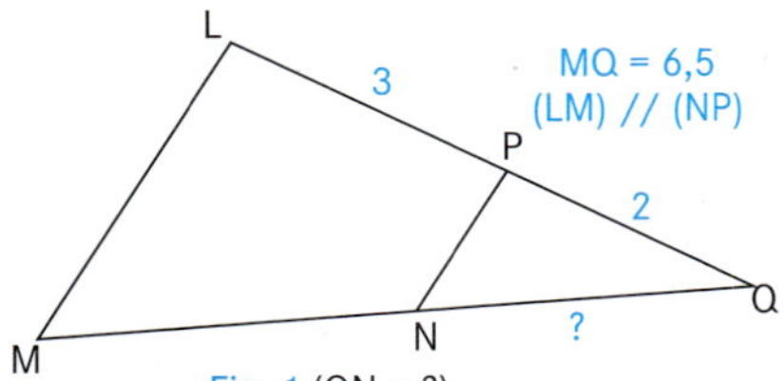

Fig. 1 (QN = ?)

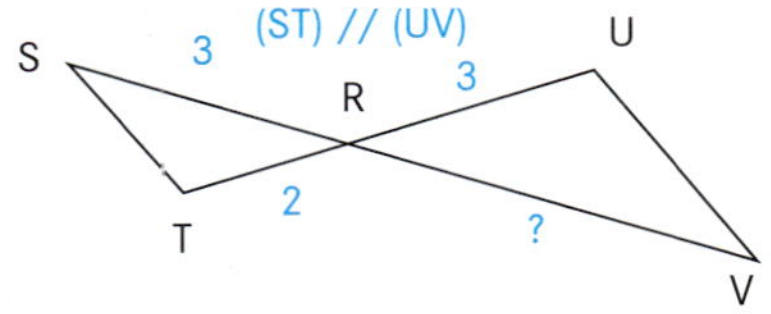

Fig. 2 (RV = ?)

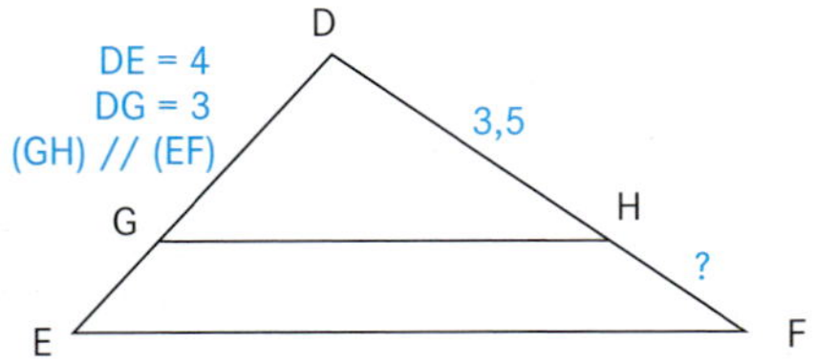

Fig. 3 (HF = ?)

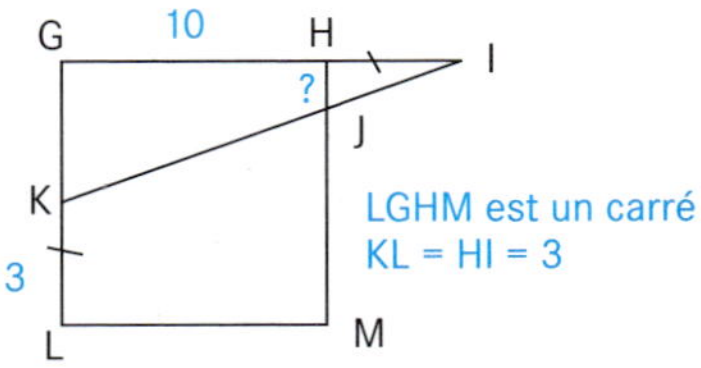

Fig. 4 (HJ = ?)

• **Le théorème de Thalès permet aussi de partager un segment en segments égaux,** en utilisant uniquement le compas et la règle non graduée.

Exemple : Partager le segment [AB] en 5 segments de longueurs égales.

On trace une demi-droite [Ax). On reporte avec le compas, sur cette demi-droite, à partir de A, cinq segments consécutifs d'une même longueur arbitrairement choisie.

Soit C le dernier point obtenu.

On trace la droite (BC), puis les parallèles à (BC) qui passent par les points obtenus avec le compas. Les points d'intersection de ces parallèles avec le segment [AB] définissent des segments égaux.

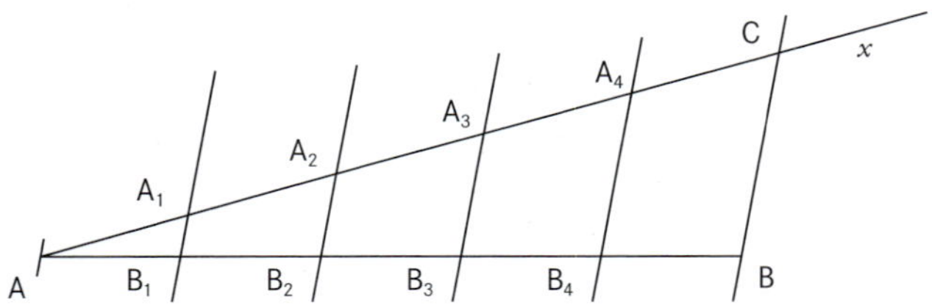

En effet, en application du 1er encadré p. 447, on a :

$$\frac{AB_1}{AA_1}=\frac{B_1B_2}{A_1A_2}=\frac{B_2B_3}{A_2A_3}=\frac{B_3B_4}{A_3A_4}=\frac{B_4B}{A_4C}$$

avec $AA_1 = A_1A_2 = ... = A_4C$;
on en déduit que $AB_1 = B_1B_2 = ... = B_4B$.

Cette méthode, appliquée au partage d'un segment en deux segments de même longueur, offre un deuxième moyen pour tracer le milieu d'un segment uniquement en utilisant le compas : il suffit de partager le segment dont on cherche le milieu en deux segments de même longueur. (Nous rappelons qu'une méthode déjà évoquée utilisait le tracé de la médiatrice, *voir p. 384*).

On peut lister les méthodes permettant de calculer la longueur d'un segment.

Le théorème de Thalès permet également de démontrer la propriété T4 : « Si une droite passe par le milieu du côté d'un triangle et est parallèle à un 2e côté, alors elle coupe le 3e en son milieu.

Entrainement 6

Corrigé p. 452

Démontrer la propriété ci-dessus : Soit ABC un triangle, I le milieu de [AB]. La droite parallèle à (BC) qui passe par I coupe (AC) en J. Démontrer que J est le milieu de BC.

FICHE MÉTHODE 1 **Calculer la longueur d'un segment.**

On peut utiliser ces théorèmes ou propriétés :

- Le théorème de Pythagore.
- Le théorème de Thalès.
- La propriété du segment qui joint les milieux de deux côtés d'un triangle (propriété T2).
- La trigonométrie.
- Les formules de calculs de périmètres, d'aires, de volumes.
- Le fait que ce segment a même longueur qu'un segment connu ; pour cela on peut utiliser la propriété :
  – des longueurs des côtés d'un triangle isocèle, équilatéral ;
  – des longueurs des côtés d'un parallélogramme, d'un losange, d'un rectangle, d'un carré (propriétés P5, L2, R2, C2) ;
  – des longueurs des diagonales d'un rectangle, d'un carré (propriétés R4, C4) ;
  – d'égalité des rayons d'un cercle (propriété C'1) ;
  – d'équidistance des points de la médiatrice (propriété M3) ;
  – de symétries, translations, rotations.
- Les propriétés des triangles isométriques.
- Les propriétés des triangles semblables.

> Trigonométrie dans le triangle rectangle, chap. 19

> Grandeurs et mesures, chap. 14

> Triangles isométriques et semblables, chap. 21

2. La « réciproque » du théorème de Thalès

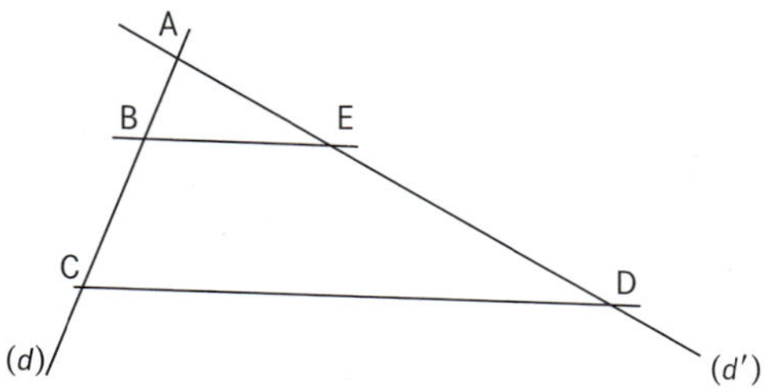

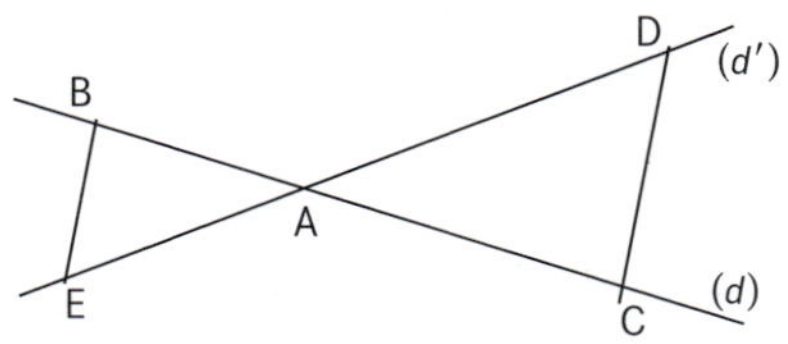

Si (d) et (d') sont deux droites sécantes en A,
si B et C sont deux points de (d) et E et D deux points de (d'), si $\frac{AB}{AC} = \frac{AE}{AD}$, et enfin si les points A, B, C et A, E, D sont alignés dans le même ordre,
alors les droites (BE) et (CD) sont parallèles.

Application : **Cette propriété permet de démontrer que deux droites sont parallèles.**

Si on ne précise pas que les points sont alignés dans le même ordre, alors les droites ne sont pas nécessairement parallèles. En revanche, on ne démontre pas que les points sont alignés dans le même ordre, on le constate seulement sur le dessin.

On ne peut pas démontrer une égalité de rapports en utilisant des valeurs approchées.

Corrigé QCM 3

Qcm 3 p. 444

• **Fig. 3 :** $\frac{GH}{GI}=\frac{2,5}{2,5+1,2}=\frac{2,5}{3,7}=\frac{25}{37}$

$\frac{GK}{GJ}=\frac{2,1}{2,1+1}=\frac{2,1}{3,1}=\frac{21}{31}$

$\frac{25}{37}<0,676$ et $\frac{21}{31}>0,677$

Donc $\frac{GH}{GI}\neq\frac{GK}{GI}$

Donc les droites (HK) et (IJ) ne sont pas parallèles.

Remarque : C'est la contraposée du théorème de Thalès qui permet de conclure que les droites ne sont pas parallèles.

• **Fig. 4 :** $\frac{LQ}{LM}=\frac{1,4}{1,2}=\frac{14}{12}=\frac{7}{6}$ et $\frac{LP}{LN}=\frac{2,1}{1,8}=\frac{21}{18}=\frac{7}{6}$ donc $\frac{LQ}{LM}=\frac{LP}{LN}$.

De plus, les points Q, L, M et P, L, N sont alignés dans le même ordre donc, d'après la réciproque du théorème de Thalès, les droites (PQ) et (MN) sont parallèles.

La propriété T2 (voir p. 574) : « Si une droite passe par les milieux de deux côtés d'un triangle, alors elle est parallèle au 3e côté » est une conséquence de la réciproque du théorème de Thalès. De plus, la propriété T3 : « Si un segment joint les milieux de deux côtés d'un triangle, alors sa longueur est égale à la moitié de la longueur du 3e côté », est une conséquence de cette propriété et du théorème de Thalès.

Entrainement 7

Corrigé p. 452

Démontrer ces deux propriétés : Soit ABC un triangle, I et J les milieux de [AB] et [AC]. Démontrer que (IJ) // (BC) et que $IJ=\frac{BC}{2}$.

Entrainement 8

Corrigé p. 452

Vrai ou faux (les figures ne sont pas tracées à l'échelle) ?

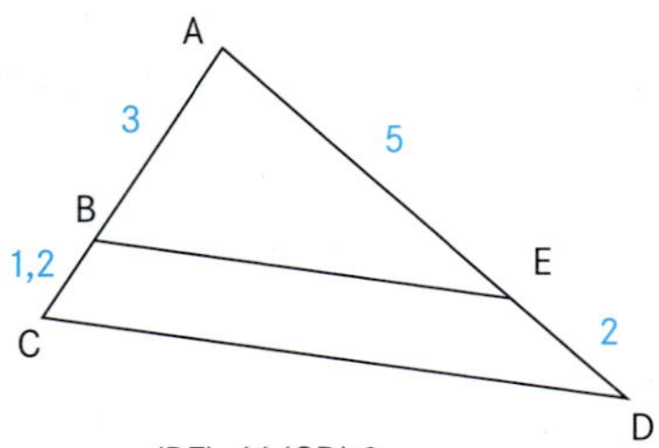

(BE) // (CD) ?

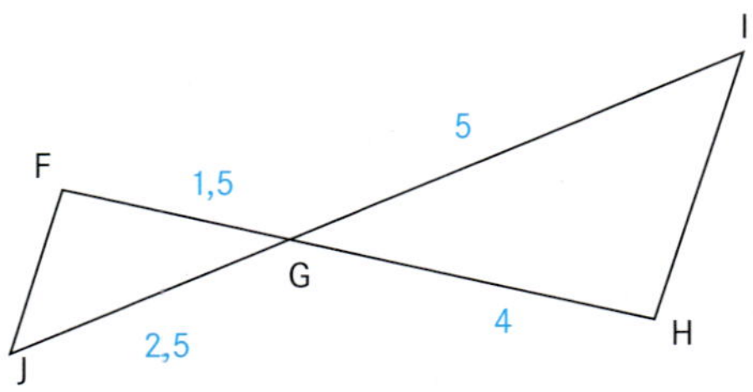

(FJ) // (IH) ?

Entrainement 9

Non corrigé

Partager ce segment en 7 segments de même longueur en utilisant le compas et la règle non graduée :

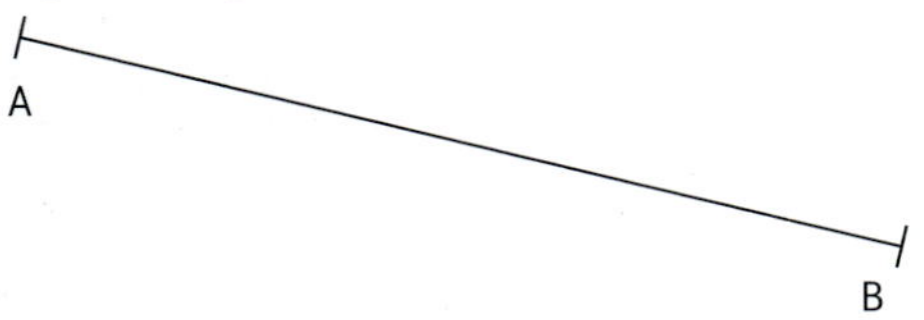

Corrigés

Entrainement 1

Énoncé p. 445

- **Propriété 1**

Soit ABCD le carré de côté a ; ABC est un triangle rectangle en B.
On peut donc appliquer le théorème de Pythagore :
$AB^2 + BC^2 = AC^2$, donc $AC^2 = a^2 + a^2 = 2a^2$, **donc** $\mathbf{AC = \sqrt{2a^2} = a\sqrt{2}}$.

- **Propriété 2**

Soit ABC le triangle équilatéral de côté a et H le pied de la hauteur issue de A.
ABH est un triangle rectangle en H.
On peut donc appliquer le théorème de Pythagore dans ce triangle :
on a $AH^2 + BH^2 = AB^2$.
Or la hauteur dans un triangle équilatéral est aussi une médiatrice (conséquence de T5).

Donc H est le milieu de [BC], donc $BH = \frac{a}{2}$.

L'égalité précédente permet donc d'écrire : $a^2 = \left(\frac{a}{2}\right)^2 + AH^2$.

Donc $AH^2 = a^2 - \frac{a^2}{4} = \frac{3a^2}{4}$, **donc** $\mathbf{AH = \frac{a\sqrt{3}}{2}}$.

Entrainement 2

Énoncé p. 445

Figure 1 : $BC = \sqrt{74}$.
Figure 2 : $EG = \sqrt{45} = 3\sqrt{5}$.
Figure 3 : $HJ = \sqrt{13}$ et $HK = \sqrt{29}$.
Figure 4 : $WY = \sqrt{18} = 3\sqrt{2}$.
Figure 5 : $AH = \frac{3\sqrt{3}}{2}$.
Figure 6 : $AC = \sqrt{9{,}75}$.

ATTENTION
Pour la figure 6, il faut justifier que ABC est un triangle rectangle en C (propriété C'2).

Pour les figures 4 et 5, on peut trouver directement ce résultat en appliquant la propriété vue dans les cas particuliers ci-dessus.

Entrainement 3

Énoncé p. 446

Après avoir déterminé le plus grand côté du triangle, on regarde si la relation de Pythagore est vérifiée :

a. Le triangle ABC est rectangle en B.
b. Le triangle STM n'est pas rectangle.
c. Le triangle TQR est rectangle en T.

Entrainement 5

Énoncé p. 448

Figure 1 : $\frac{2}{5} = \frac{QN}{6{,}5}$, **donc QN = 2,6.**

Figure 2 : $\frac{3}{RV} = \frac{2}{3}$, **donc RV = 4,5.**

Figure 3 : $\dfrac{DE}{DG}=\dfrac{DF}{DH}$, donc $\dfrac{4}{3}=\dfrac{DF}{3{,}5}$ et $DF=\dfrac{14}{3}$.
Donc $HF=\dfrac{14}{3}-3{,}5=\dfrac{14}{3}-\dfrac{7}{2}$, **donc** $\mathbf{HF=\dfrac{7}{6}}$.

Figure 4 : LGHM est un carré, donc (GL) // (HM).
Dans le triangle GKI, on applique le théorème de Thalès :
$\dfrac{HJ}{GK}=\dfrac{IH}{IG}$, donc $\dfrac{HJ}{10-3}=\dfrac{3}{10+3}$, **donc** $\mathbf{HJ=\dfrac{21}{13}}$.

ATTENTION
Dans le corrigé ci-contre, on ne détaille pas la rédaction de la solution. Pour une rédaction répondant aux critères du concours voir le corrigé du QCM 2.

Pour la **figure 3**, on est dans une configuration où l'on peut écrire que $\dfrac{DG}{GE}=\dfrac{DH}{HF}$ et calculer directement HF (*voir commentaire p. 447*).

Entrainement 6

Énoncé p. 449

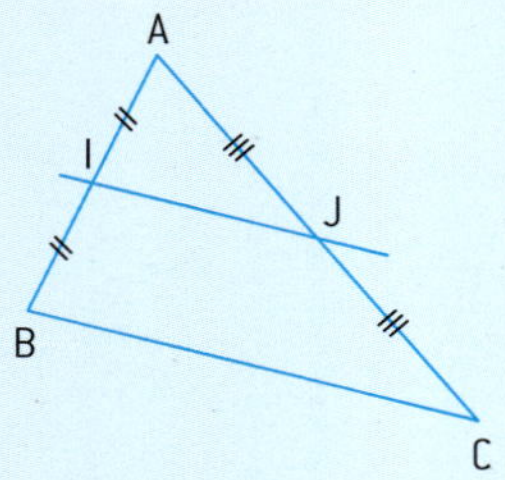

$\dfrac{AI}{AB}=\dfrac{1}{2}$ (car I est le milieu de [AB]), de même $\dfrac{AJ}{AC}=\dfrac{1}{2}$ donc $\dfrac{AI}{AB}=\dfrac{AJ}{AC}$, de plus les points A, I, B et A, J, C sont alignés dans le même ordre donc (IJ) // (BC).
On peut donc appliquer le théorème de Thalès dans le triangle ABC avec les parallèles (IJ) et (BC) :
$\dfrac{AI}{AB}=\dfrac{IJ}{BC}$ or $\dfrac{AI}{AB}=\dfrac{1}{2}$ donc $\dfrac{IJ}{BC}=\dfrac{1}{2}$ donc $IJ=\dfrac{BC}{2}$.

Entrainement 7

Énoncé p. 450

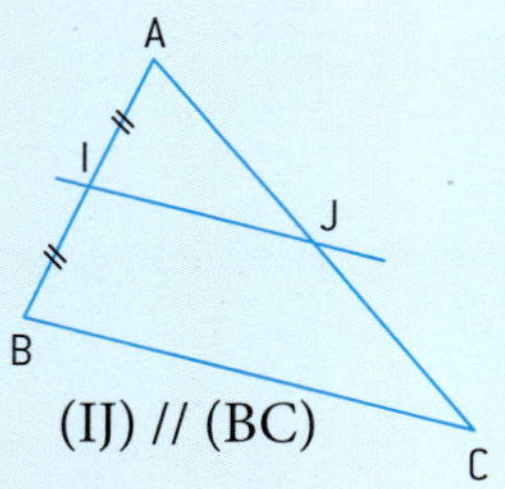

Dans le triangle ABC, on a (IJ) // (BC), donc d'après le théorème de Thalès on a $\dfrac{AI}{AB}=\dfrac{AJ}{AC}$ or I est le milieu de [AB] donc $\dfrac{AI}{AB}=\dfrac{1}{2}$ donc $\dfrac{AJ}{AC}=\dfrac{1}{2}$.
Or A, J et C sont alignés donc J est le milieu de [AC].

Entrainement 8

Énoncé p. 450

On vérifie si on a l'égalité des rapports :
$\dfrac{AB}{AC}=\dfrac{3}{4{,}2}=\dfrac{30}{42}=\dfrac{5}{7}$ et $\dfrac{AE}{AD}=\dfrac{5}{7}$, donc $\dfrac{AB}{AC}=\dfrac{AE}{AD}$.
De plus les points A, B, C et A, E, D sont alignés dans le même ordre, donc les droites (BE) et (CD) sont parallèles.

Les droites (FJ) et (IH) ne sont pas parallèles, car $\dfrac{GF}{GH}\neq\dfrac{GJ}{GI}$.

AU CONCOURS Théorèmes de Pythagore et de Thalès

Exercice 1

Corrigé p. 455

EBGC est un rectangle et (DF) est parallèle à (CG).
On donne :
EB = 10 ; BF = 2 ; FG = 3.
Les mesures sont exprimées dans la même unité.
Calculer AB.

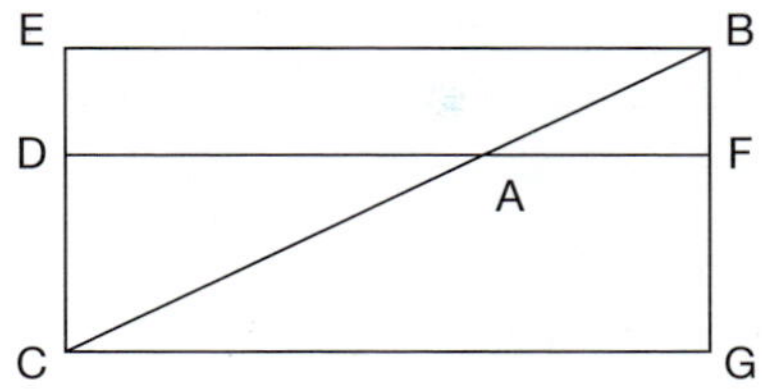

Exercice 2

Corrigé p. 455

Tracer un segment [BC] de 5 cm de longueur.
Tracer le cercle de diamètre [BC].
Placer sur ce cercle le point A tel que AB = 3 cm.
Placer sur [AC] le point N tel que CN = 1 cm.
La droite perpendiculaire à (AC) qui passe par N coupe (BC) en Q.
Calculer QC.

Exercice 3

Corrigé p. 456

Le quadrilatère ABJI ci-dessous est un trapèze de bases [AI] et [BJ].
Les diagonales [AJ] et [BI] se coupent en M.
La distance du point M à la droite (AB) est HM.
On donne en centimètres : AI = 6, BJ = 5 et AB = 4.

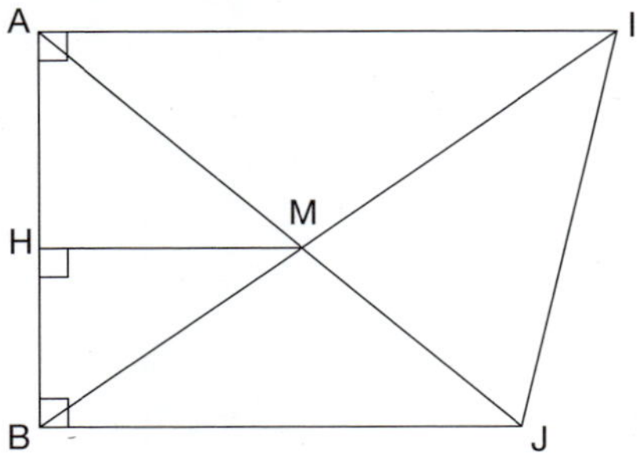

1. Écrire en justifiant :

a. Deux rapports égaux à $\frac{HM}{AI}$.

b. Deux rapports égaux à $\frac{HM}{BJ}$.

2. Calculer $\frac{HM}{AI}+\frac{HM}{BJ}$.

3. En déduire la valeur HM.

4. Calculer AH.

Exercice 4

Corrigé p. 456

Un enseignant souhaite entrainer ses élèves à utiliser les notions de carré, cercle, diamètre, rayon, droites parallèles, triangle particulier.
Pour cela, il leur demande dans un 1er temps de construire la figure suivante :
– trace un carré ABCD de côté 5 cm ;
– trace le cercle de centre B passant par A ;
– trace la droite AB. Elle coupe le cercle en E. Place le point E ;
– trace le cercle de diamètre BE. Il coupe le segment CE en L. Place le point L.
Une fois que toute la classe a réussi à tracer la figure, il leur demande :
1) Quelle est la nature du triangle ACE ?
2) Nomme deux droites parallèles.

1. Tracer cette figure.

2. Démontrer que ACE est un triangle isocèle et rectangle en utilisant trois méthodes différentes pour démontrer que le triangle est rectangle.

3. Démontrer que (BL) // (AC).

4. Calculer BL.

Corrigés

Exercice 1

Énoncé p. 453

On peut appliquer la stratégie du chainage arrière en identifiant les propriétés qu'on peut utiliser pour calculer AB (*voir fiche méthode p. 449*).
On peut penser au théorème de Pythagore dans le triangle rectangle ABF ou au théorème de Thalès dans le triangle BCG avec les parallèles (AF) et (CG), mais dans les deux cas il manque AF. Il faut donc calculer AF.

Dans le triangle BCG, (AF) est parallèle à (CG).
Donc, d'après le théorème de Thalès : $\frac{BF}{BG}=\frac{AF}{CG}$.
De plus, CG = EB = 10 cm car EBGC est un rectangle.
Donc $\frac{2}{5}=\frac{AF}{10}$, donc AF = 4.
On sait que (DF) est parallèle à (CG) ; de plus (CG) est perpendiculaire à (BG) (car EBGC est un rectangle). Donc (DF) est perpendiculaire (BG) (propriété D3), donc BAF est un triangle rectangle en F.
Dans le triangle BAF rectangle en F,
on a d'après le théorème de Pythagore :
$BA^2 = 2^2 + 4^2$, **donc** $\mathbf{BA = \sqrt{20} = 2\sqrt{5}}$ **cm.**

Il y a d'autres méthodes possibles.

Exercice 2

Énoncé p. 453

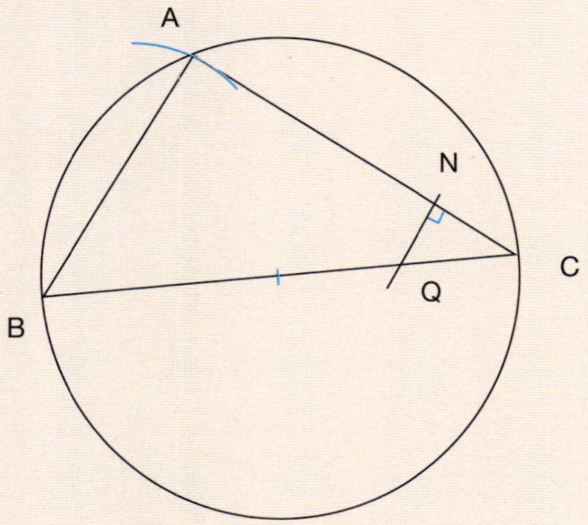

Il s'agit de **calculer la longueur d'un segment**. On a plusieurs possibilités (*voir fiche méthode p. 449*) :
- utiliser le théorème de Thalès ou celui de Pythagore ;
- montrer que le segment cherché a même longueur qu'un segment dont on connait la longueur ; etc.

Ici on reconnait une **configuration de Thalès** avec le triangle ABC et le fait que (NQ) semble parallèle à (AB), mais encore faut-il le démontrer. En supposant qu'on arrive à démontrer que (AB) // (NQ), il faut disposer des longueurs de trois segments découpés par ces parallèles : on connait CN et CB, mais il nous manque CA. **Comment calculer CA ?**

A est un point du cercle de diamètre [BC].
Donc ABC est un triangle rectangle en A (propriété C′2), donc (AB) ⊥ (AC).
D'après le théorème de Pythagore, on a :
$BC^2 = AB^2 + AC^2$, donc $5^2 = 3^2 + AC^2$.
Donc $AC^2 = 16$, donc **AC = 4 cm.**
(NQ) ⊥ (AC) (*donnée*), or (AB) ⊥ (AC), donc (NQ) // (AB) (propriété D2).
Donc, d'après le théorème de Thalès, on a dans le triangle ABC :
$\frac{CN}{CA}=\frac{CQ}{CB}$, donc $\frac{1}{4}=\frac{CQ}{5}$, **donc en cm** $\mathbf{CQ=\frac{5}{4}=1,25}$.

Exercice 3

Énoncé p. 453

1. a. Dans le triangle ABI, (HM) et (AI) sont parallèles car elles sont perpendiculaires à (AB) (droites perpendiculaires à une même troisième, propriété D2), donc d'après le théorème de Thalès on a :
$$\frac{\mathbf{HM}}{\mathbf{AI}}=\frac{\mathbf{BH}}{\mathbf{BA}}=\frac{\mathbf{BM}}{\mathbf{BI}}.$$

b. De même, dans le triangle ABJ, les droites (HM) et (BJ) sont parallèles (droites perpendiculaires à une même troisième, propriété D2), donc d'après le théorème de Thalès on a : $\frac{\mathbf{HM}}{\mathbf{BJ}}=\frac{\mathbf{AH}}{\mathbf{AB}}=\frac{\mathbf{AM}}{\mathbf{AJ}}$.

2. $\frac{HM}{AI}+\frac{HM}{BJ}=\frac{BH}{BA}+\frac{AH}{AB}$. Or $\frac{BH}{BA}+\frac{AH}{AB}=\frac{BH+AH}{BA}$

H étant un point de [AB], BH + AH = BA, donc $\frac{BH}{BA}+\frac{AH}{AB}=1$.

Donc $\frac{\mathbf{HM}}{\mathbf{AI}}+\frac{\mathbf{HM}}{\mathbf{BJ}}=\mathbf{1}$.

3. Remplaçons, dans l'égalité précédente, les longueurs par leurs valeurs.
On obtient :
$\frac{HM}{6}+\frac{HM}{5}=1$, donc $\frac{11HM}{30}=1$, donc $\mathbf{HM}=\frac{\mathbf{30}}{\mathbf{11}}$ **(en cm).**

4. On sait, d'après la question **1.b**, que $\frac{HM}{BJ}=\frac{AH}{AB}$.

Donc $\frac{\frac{30}{11}}{5}=\frac{AH}{4}$, donc $\frac{30}{55}=\frac{AH}{4}$.

Donc $\mathbf{AH}=\frac{\mathbf{120}}{\mathbf{55}}=\frac{\mathbf{24}}{\mathbf{11}}$ **(en cm).**

Exercice 4

Énoncé p. 454

1.

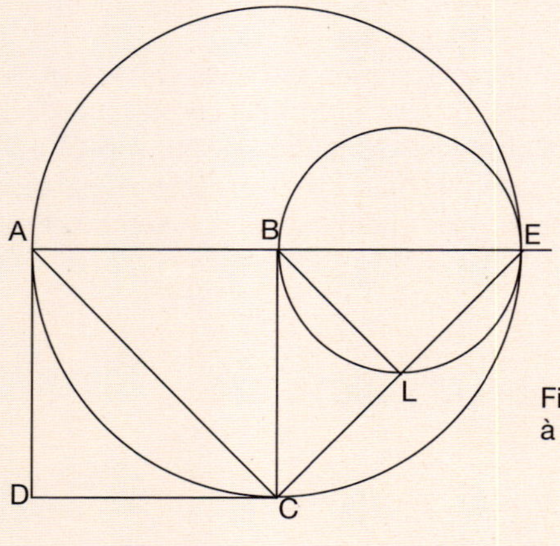

Figure à l'échelle 1/2

2. • **Démontrons tout d'abord que ACE est un triangle isocèle.**
(BC) est perpendiculaire à (AE) (car ABCD est un carré) et B est le milieu de [AE] (car [AE] est un diamètre du cercle de centre B).
Donc (BC) est la médiatrice de [AE] (*définition de la médiatrice d'un segment*).
Donc C est un point équidistant de A et E (propriété M3), donc **ACE est un triangle isocèle.**

• **Démontrons que ACE est un triangle rectangle.**

MÉTHODE 1

C est sur le cercle de diamètre [AE], donc **ACE est un triangle rectangle en C** (propriété C′2).

MÉTHODE 2

(DC) // (AB) (propriété du carré, C2), donc (DC) // (BE).
De plus, AB = DC (propriété du carré, C2) et AB = BE (*donnée*), donc BE = DC.
En conséquence, BECD est un parallélogramme (propriété P6), donc (BD) // (CE) (propriété P2).
Or (AC) ⊥ (BD) (propriété du carré, C4), par conséquent (AC) ⊥ (CE) (propriété D3).
Donc ACE est un triangle rectangle en C.

MÉTHODE 3

ABC est un triangle rectangle (car $\hat{B}$ est un angle droit) et isocèle (car AB = BC).
Donc $\widehat{BCA} = 45°$ (en effet la somme des angles d'un triangle est de 180°, un angle du triangle BCA mesure 90° et les deux autres sont égaux).
De même, BCE est un triangle rectangle isocèle, donc $\widehat{BCE} = 45°$.
Donc $\widehat{ACE} = \mathbf{45° + 45° = 90°}$.

MÉTHODE 4

$AC = 5\sqrt{2}$ cm (*diagonale d'un carré de côté de 5 cm*), donc $CE = 5\sqrt{2}$.
$AC^2 + CE^2 = (5\sqrt{2})^2 + (5\sqrt{2})^2 = 100$. Or AE = 10 cm, $AE^2 = 100$.
Donc $AE^2 = AC^2 + CE^2$.
Donc, d'après la réciproque du théorème de Pythagore, **ACE est un triangle rectangle en C.**

3. L est un point du cercle de diamètre [BE], donc BLE est un triangle rectangle en L (propriété C′2).
En conséquence, (BL) ⊥ (LE) ; de plus, (AC) ⊥ (CE) (AEC triangle rectangle en C).
Donc (BL) // (AC) (propriété D2).

4. Dans le triangle AEC, on a B milieu de [AE] et (BL) // (AC).
Donc L est le milieu de [EC] (propriété T3), donc BL = AC/2 (propriété T4).
Or $AC = 5\sqrt{2}$ cm (*diagonale d'un carré de côté 5 cm*), **donc** $\mathbf{BL = 2{,}5\sqrt{2}}$ **cm.**

CHAPITRE 19

Espace et géométrie

Trigonométrie dans le triangle rectangle

Objectif

- Savoir appliquer les formules de trigonométrie dans le triangle rectangle pour calculer la longueur d'un côté ou la mesure d'un angle.

FICHES MÉTHODE

Tester ses connaissances

Pour chacun des trois QCM : En s'appuyant sur les informations des figures, indiquer quelles affirmations sont vraies.

QCM 1

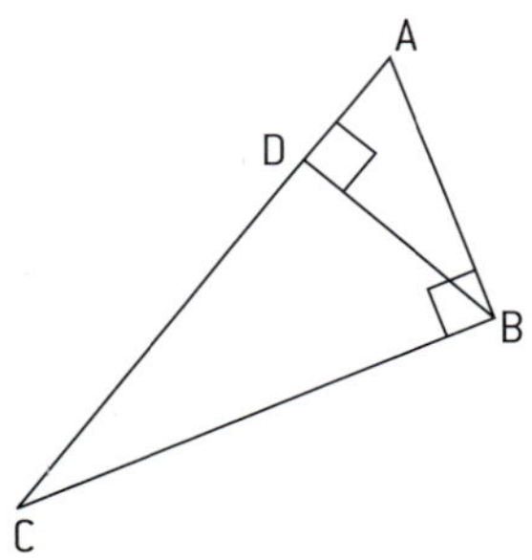

A. $\cos \widehat{ACB} = \dfrac{BC}{AC}$

B. $\sin \widehat{CAB} = \dfrac{AB}{DB}$

C. $\cos \widehat{CAB} = \dfrac{AD}{AB}$

D. $\sin \widehat{ABD} = \dfrac{AD}{AB}$

E. $\tan \widehat{BAC} = \dfrac{AB}{BC}$

aide §1.1 p. 461

QCM 2

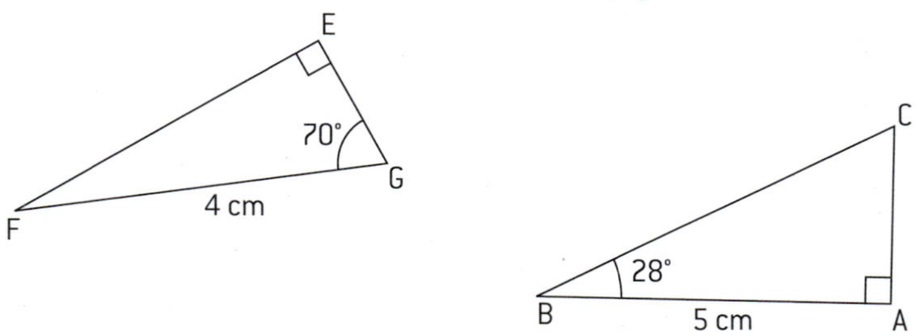

aide §2 p. 463

A. EG ≈ 1,37 cm **B.** EF ≈ 3,76 cm **C.** AC ≈ 2,35 cm **D.** BC ≈ 9,40 cm

QCM 3

A. $\widehat{HIJ} \approx 41{,}8°$

B. $\widehat{HJI} \approx 33{,}7°$

C. $\widehat{KLM} \approx 56{,}2°$

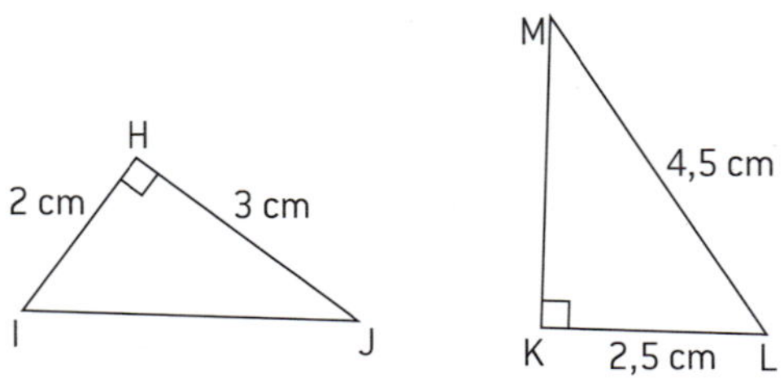

aide §3 p. 464

1. A, C, D **2.** A, B **3.** B, C

LE COURS

Trigonométrie vient de deux mots grecs *trigone* et *metron* qui signifient respectivement « triangle » et « mesure ». Ainsi, la trigonométrie est la « science de la mesure du triangle ».

1 Formules de trigonométrie

Les formules trigonométriques dans le triangle rectangle s'appuient sur des **relations entre les longueurs de côtés d'un triangle rectangle et la mesure des angles aigus de ce triangle**.

Ces formules permettent de calculer des longueurs de côtés de triangles rectangles et la mesure des angles aigus de ces triangles.

Pour utiliser ces formules, il est nécessaire de distinguer les deux côtés de l'angle droit dans un triangle rectangle. Voici leurs définitions :

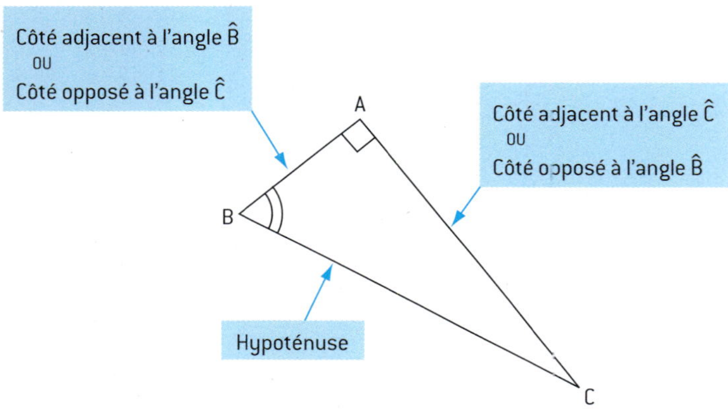

Entrainement 1

Corrigé p. 466

Dans le triangle rectangle PQR rectangle en R :

a. Quel est le côté adjacent à l'angle $\hat{P}$?

b. Quel est le côté opposé à l'angle $\widehat{Q}$?

c. À quel angle le côté [RQ] est-il adjacent ?

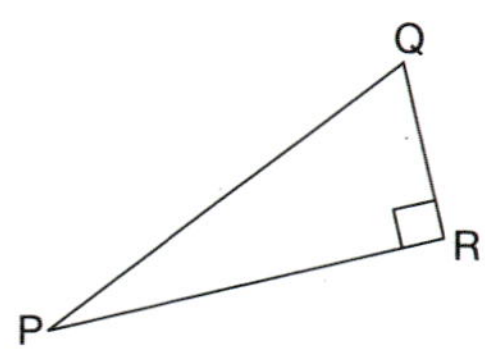

1 1. Sinus, cosinus et tangente d'un angle aigu

Dans un triangle rectangle, le rapport $\frac{\text{longueur du côté opposé à un angle}}{\text{longueur de l'hypothénuse}}$ ne dépend que de cet angle : **il est appelé sinus de cet angle**.

Dans un triangle rectangle, le rapport $\frac{\text{longueur du côté adjacent à un angle}}{\text{longueur de l'hypothénuse}}$ ne dépend que de cet angle : **il est appelé cosinus de cet angle**.

Dans un triangle rectangle, le rapport $\frac{\text{longueur du côté opposé à un angle}}{\text{longueur du côté adjacent à cet angle}}$ ne dépend que de cet angle : **il est appelé tangente de cet angle**.

Dans un triangle ABC rectangle en A, on a :

$$\sin\widehat{ABC} = \frac{\text{côté opposé à } \widehat{ABC}}{\text{hypoténuse}} = \frac{AC}{BC}$$

$$\cos\widehat{ABC} = \frac{\text{côté adjacent à } \widehat{ABC}}{\text{hypoténuse}} = \frac{AB}{BC}$$

$$\tan\widehat{ABC} = \frac{\text{côté opposé à } \widehat{ABC}}{\text{côté adjacent à } \widehat{ABC}} = \frac{AC}{BA}$$

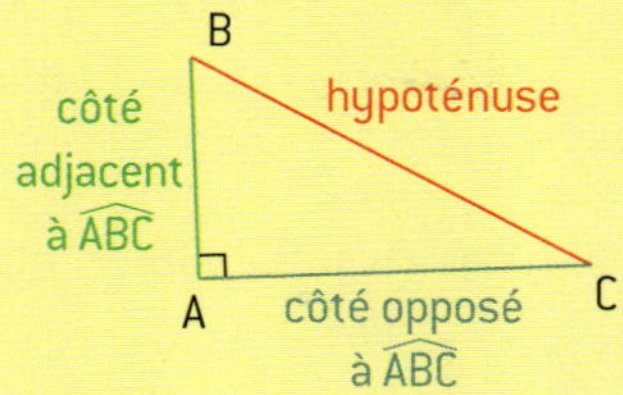

L'hypoténuse est le plus grand côté d'un triangle rectangle.

La formule **SOH-CAH-TOA** permet à certains de retenir les formules ci-dessus (S : sinus ; O : opposé ; H : hypoténuse ; C : cosinus ; A : adjacent ; T : tangente).

On a aussi, avec l'autre angle aigu $\widehat{ACB}$:

$\sin\widehat{ACB} = \frac{AB}{BC}$ $\quad \cos\widehat{ACB} = \frac{AC}{BC}$ $\quad \tan\widehat{ACB} = \frac{AB}{AC}$

Le cosinus et le sinus d'un angle aigu d'un triangle rectangle sont donc toujours compris entre 0 et 1. Cette remarque ne s'applique pas à la tangente.

Corrigé QCM 1 :

Qcm 1, p. 459

A. Dans le triangle ACB, on a $\cos\widehat{ACB} = \frac{BC}{AC}$.

C. Dans le triangle ADB, on a $\cos\widehat{CAB} = \cos\widehat{DAB} = \frac{AD}{AB}$.

D. Dans le triangle ADB, on a $\sin\widehat{ABD} = \frac{AD}{AB}$.

B. et **E.** Ces autres affirmations sont fausses.

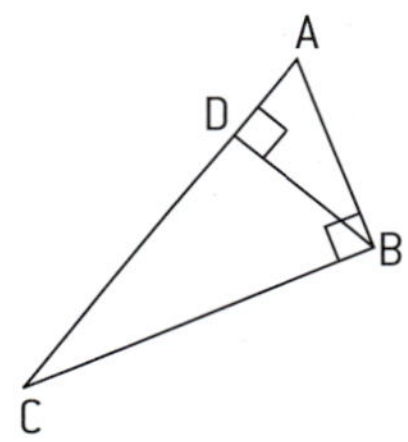

Entrainement 2

Corrigé p. 466

En utilisant le dessin ci-contre et sans mesurer les segments, compléter :

a. $\cos\widehat{M} = \frac{\dots}{\dots}$ $\quad$ **b.** $\sin\widehat{M} = \frac{\dots}{\dots}$ $\quad$ **c.** $\tan\widehat{L} = \frac{\dots}{\dots}$

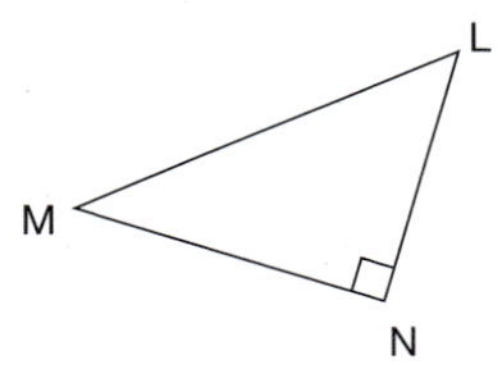

Entrainement 3

Corrigé p. 466

En utilisant les lettres de la figure ci-contre, écrire de deux façons différentes $\cos\widehat{F}$, $\sin\widehat{F}$ et $\tan\widehat{L}$.

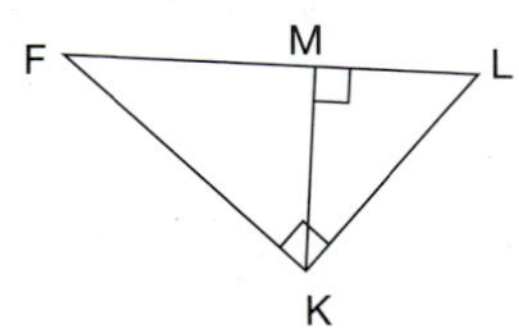

2. Relations trigonométriques

Si ABC est un triangle rectangle en C, alors $\cos^2\widehat{A} + \sin^2\widehat{A} = 1$.

Si ABC est un triangle rectangle en C, alors $\tan\widehat{A} = \frac{\sin\widehat{A}}{\cos\widehat{A}}$.

Entrainement 4

Corrigé p. 466

Démontrer les deux propriétés précédentes.

❶ 3. Calcul avec une calculatrice du sinus, cosinus ou tangente d'un angle

Le sinus, le cosinus et la tangente d'un angle se déterminent à l'aide des **touches [sin], [cos] et [tan] de la calculatrice**.

ATTENTION
Bien vérifier que la calculatrice est en mode degré.

Exemples :

$\sin 27° \approx 0{,}4539$ $\cos 75° \approx 0{,}2588$ $\tan 65° \approx 2{,}1445$

Entrainement 5

Corrigé p. 466

En utilisant une calculatrice, donner une valeur approchée à 0,001 près par défaut de :

a. cos 25° **b.** sin 75° **c.** tan 67°

❶ 4. Calcul avec une calculatrice de la mesure d'un angle à l'aide de son sinus, de son cosinus ou de sa tangente

Lorsqu'on connait le sinus ou le cosinus ou la tangente d'un angle, on peut calculer les valeurs approchées de la mesure de cet angle en utilisant **les touches [$\sin^{-1}$] ou [arcsin], [$\cos^{-1}$] ou [arccos] et [$\tan^{-1}$] ou [arctan] de la calculatrice**.

Exemples :

- Si $\sin \widehat{ABC} = 0{,}8$ et $\widehat{ABC}$ est un angle aigu alors $\widehat{ABC} = 53{,}13°$ à 0,01° près par défaut.
On obtient cette valeur en tapant $\sin^{-1}(0{,}8)$ ou arcsin (0,8).
- Si $\cos \widehat{ABC} = 0{,}5$ et $\widehat{ABC}$ est un angle aigu alors $\widehat{ABC} = 60°$.
- Si $\tan \widehat{ABC} = 0{,}2$ et $\widehat{ABC}$ est un angle aigu alors $\widehat{ABC} = 11{,}30°$ à 0,01° près par défaut.

Entrainement 6

Corrigé p. 466

Calculer, si possible, une valeur approchée par excès à 0,1° près de x dans les cas suivants :

a. $\cos x = 0{,}567$ **b.** $\sin x = 0{,}876$ **c.** $\tan x = 2{,}37$ **d.** $\sin x = 1{,}2$

❷ Calcul d'une longueur

Avec les formules trigonométriques et la calculatrice, on peut calculer **la longueur d'un côté dans un triangle rectangle** connaissant la mesure d'un angle du triangle (autre que l'angle droit) et la longueur d'un autre côté.

FICHE MÉTHODE 1 **Calculer une longueur avec la trigonométrie.**

→ Dans un triangle ABC rectangle en C, on a BC = 5 cm et $\widehat{BAC} = 35°$.
Calculer une valeur approchée de AB à 0,1 cm près par excès.
Dans le triangle ABC, on a :

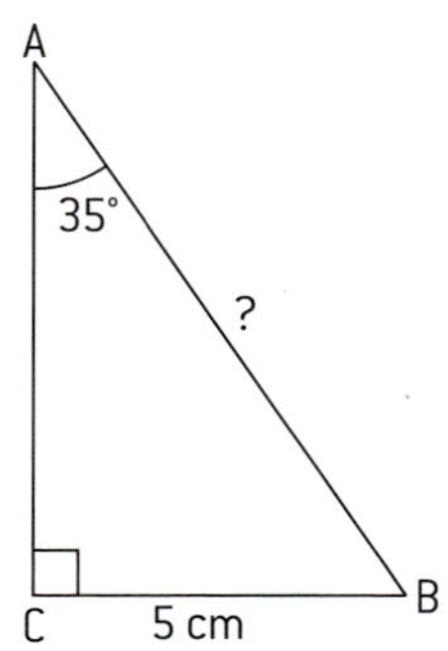

1. **S'assurer qu'on a bien les conditions d'utilisation des formules trigonométriques pour calculer une longueur :** avoir un triangle rectangle et connaitre un angle et la longueur d'un côté. **Choisir la formule trigonométrique** qui permet de calculer la longueur cherchée avec les données de l'énoncé.	$\sin\widehat{BAC} = \frac{BC}{AB}$.
2. **Remplacer dans cette formule les valeurs connues.**	$\sin 35° = \frac{5}{AB}$.
3. **Calculer la longueur cherchée** et écrire le résultat avec la précision demandée dans l'énoncé.	$AB = \frac{5}{\sin 35°}$. À l'aide d'une calculatrice, on trouve : $AB \approx 8{,}8$ cm.
4. **Vérifier la vraisemblance du résultat.**	AB est l'hypoténuse du triangle, c'est donc le plus grand côté du triangle, le résultat est cohérent.

• **Le choix de la formule trigonométrique** est fonction du côté connu et du côté dont on cherche la longueur :
– si on connait le côté adjacent de l'angle connu et qu'on cherche l'hypoténuse, il faut utiliser le cosinus ;
– si on connait le côté opposé à l'angle connu et qu'on cherche le côté adjacent, il faut utiliser la tangente…

• **Pour rédiger la solution,** il est indispensable de :
– bien indiquer dans quel triangle rectangle on se place ;
– remplacer le sinus, le cosinus ou la tangente de l'angle par une valeur approchée en toute fin de calcul pour éviter des erreurs d'approximation.

• **Il faut toujours penser à contrôler son résultat,** quand c'est possible, en se rappelant que la longueur de l'hypoténuse est plus grande que les longueurs des côtés de l'angle droit.

Corrigé QCM 2 :

Qcm 2, p. 459

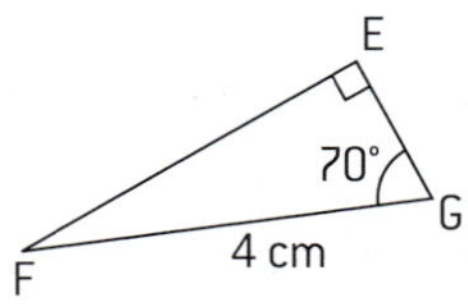

A. Dans le triangle rectangle EFG, on a :
$\cos\widehat{EGF} = \frac{EG}{FG}$, donc $\cos 70° = \frac{EG}{4}$, donc $EG = 4 \times \cos 70°$, donc
$EG \approx 1{,}37$ cm.

B. Dans le triangle rectangle EFG, on a :
$\sin\widehat{EGF} = \frac{EF}{FG}$, donc $\sin 70° = \frac{EF}{4}$, donc $EF = 4 \times \sin 70°$, donc **$EF \approx 3{,}76$ cm.**

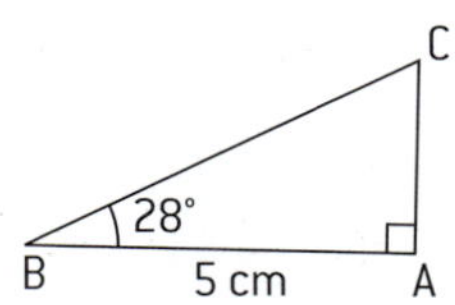

C. Dans le triangle rectangle ABC, on a :
$\tan\widehat{ABC} = \frac{AC}{AB}$, donc $\tan 28° = \frac{AC}{5}$, donc $AC = 5 \times \tan 28°$,
donc **$AC \approx 2{,}66$ cm.**

D. Dans le triangle rectangle ABC, on a :
$\cos\widehat{ABC} = \frac{AB}{BC}$, donc $\cos 28° = \frac{5}{BC}$, donc $BC = \frac{5}{\cos 28°}$, donc **$BC \approx 5{,}66$ cm.**

Entrainement 7

Corrigé p. 467

Calculer, si possible, un arrondi à 0,1 cm près de AB dans les cas suivants (les dessins ne sont pas réalisés à l'échelle) :

a.

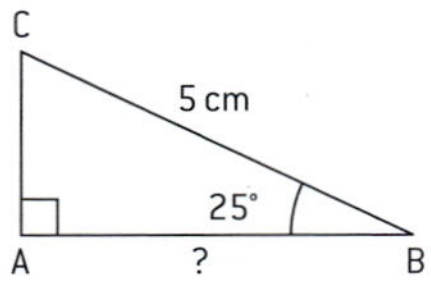

b.

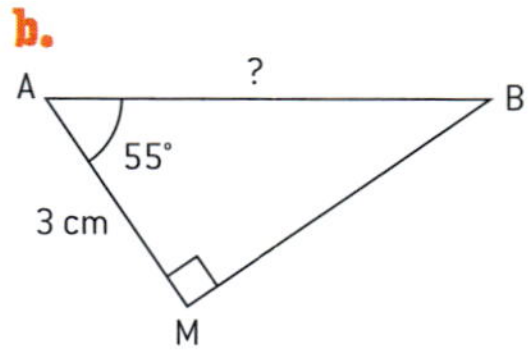

c.

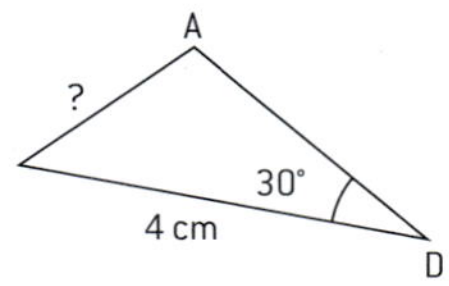

d.

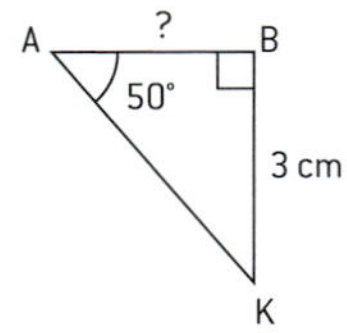

3 Calcul de la mesure d'un angle dans un triangle rectangle

Avec les formules trigonométriques et la calculatrice, on peut également calculer **la mesure d'un angle dans un triangle rectangle** connaissant les mesures de deux côtés de ce triangle.

FICHE MÉTHODE 2 Calculer la mesure d'un angle avec la trigonométrie.

→ Un triangle ABC rectangle en A est tel que AB = 5 cm et BC = 6 cm.

Calculer un arrondi à 1° près de la mesure de l'angle $\widehat{ABC}$.

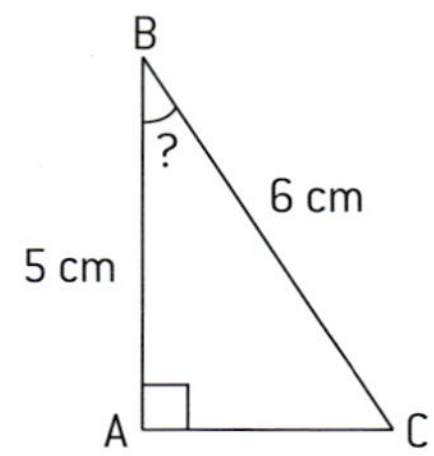

1. S'assurer qu'on a bien les conditions d'utilisation des formules trigonométriques pour calculer un angle : avoir un triangle rectangle et connaitre les longueurs de deux côtés du triangle. Choisir la formule trigonométrique qui permet de calculer l'angle cherché avec les données de l'énoncé.	Dans le triangle ABC on a : $\cos\widehat{ABC} = \frac{AB}{BC}$.
2. Remplacer dans cette formule les valeurs connues.	$\cos\widehat{ABC} = \frac{5}{6}$.
3. Calculer la mesure de l'angle cherché et écrire le résultat avec la précision demandée dans l'énoncé.	En tapant $[\cos^{-1}]\ \frac{5}{6}$ sur la calculatrice, on trouve : $\widehat{ABC} \approx 34°$.
4. Contrôler la vraisemblance du résultat si on le peut en mesurant cet angle sur le dessin avec un rapporteur.	L'angle $\widehat{ABC}$ mesure bien 34°.

• **Le choix de la formule trigonométrique** est fonction de l'angle cherché et des côtés dont on connait les longueurs :

– si on connait le côté opposé à l'angle et l'hypoténuse, il faut utiliser le sinus ;

– si on connait le côté adjacent à l'angle et l'hypoténuse, il faut utiliser le cosinus ;

– si on connait les côtés adjacent et opposé, il faut utiliser la tangente.

- **Ne pas utiliser une valeur approchée du rapport avant de calculer l'angle.** Il faut taper directement sur la calculatrice $[\cos^{-1}]$ et le rapport.

Dans l'exemple précédent, prendre une valeur approchée de $\frac{5}{6}$ pour calculer la mesure de $\widehat{ABC}$ peut entrainer des erreurs d'approximation.

- **Les critères d'une bonne rédaction** sont les mêmes que pour le calcul d'une longueur.

Corrigé QCM 3 :

Qcm 3, p. 459

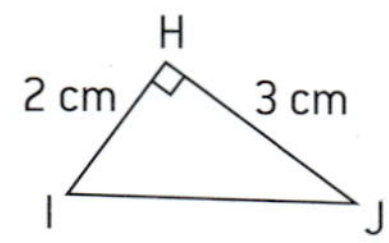

A. Dans le triangle rectangle HIJ, on a :
$\tan\widehat{HIJ} = \frac{HJ}{HI}$, donc $\tan\widehat{HIJ} = \frac{3}{2}$, donc $\widehat{\mathbf{HIJ}} \approx \mathbf{56{,}3°}$.

B. Dans le triangle rectangle HJI, on a :
$\widehat{HJI} = 180° - (90° + 56{,}3°)$, donc $\widehat{\mathbf{HJI}} \approx \mathbf{33{,}7°}$.
On peut aussi calculer $\widehat{HJI}$ en utilisant la tangente.

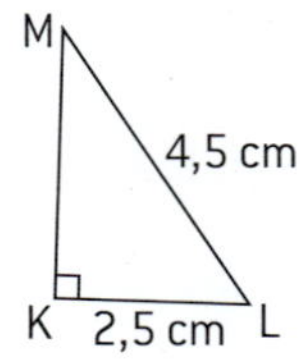

C. Dans le triangle rectangle KLM, on a :
$\cos\widehat{KLM} = \frac{KL}{LM}$, donc $\cos\widehat{KLM} = \frac{2{,}5}{4{,}5}$, donc $\widehat{\mathbf{KLM}} \approx \mathbf{56{,}2°}$.

Entrainement 8

Corrigé p. 467

Dans chacun des cas, calculer si possible la mesure de l'angle demandé. On donnera une troncature à 1° près (les dessins ne sont pas tracés à l'échelle).

a.

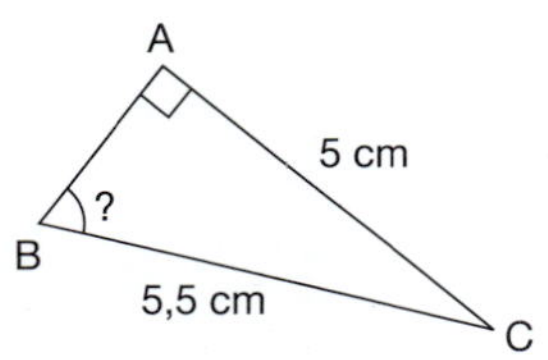

b.

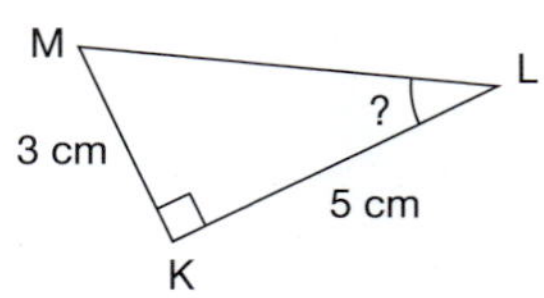

c.

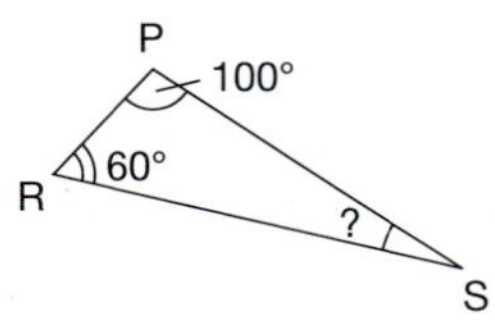

Entrainement 9

Corrigé p. 467

Dans chacun de ces cas, calculer la longueur demandée ou la mesure de l'angle demandée. On donnera une valeur approchée par excès à 1° près (les dessins ne sont pas tracés à l'échelle).

a.

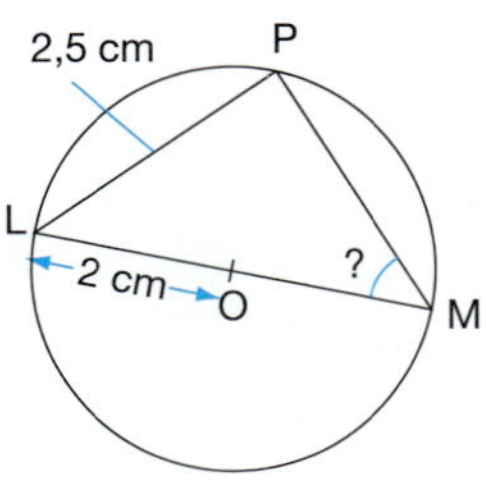

b.

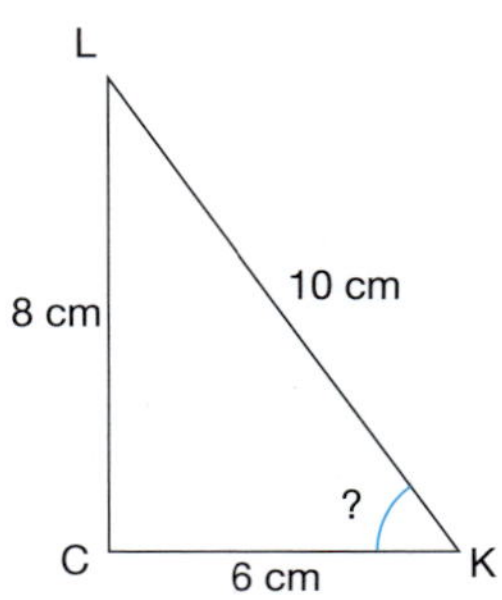

Corrigés

Entrainement 1

Énoncé p. 460

a. [PR] **b.** [PR] **c.** $\widehat{Q}$.

Entrainement 2

Énoncé p. 461

a. $\cos\widehat{M} = \dfrac{MN}{ML}$ **b.** $\sin\widehat{M} = \dfrac{NL}{ML}$ **c.** $\tan\widehat{L} = \dfrac{MN}{NL}$.

Entrainement 3

Énoncé p. 461

Dans le triangle rectangle FKL, on a $\cos\widehat{F} = \dfrac{FK}{FL}$.

Dans le triangle rectangle FMK, on a $\cos\widehat{F} = \dfrac{FM}{FK}$.

Dans le triangle rectangle FKL, on a $\sin\widehat{F} = \dfrac{LK}{FL}$.

Dans le triangle rectangle FMK, on a $\sin\widehat{F} = \dfrac{KM}{FK}$.

Dans le triangle rectangle FKL, on a $\tan\widehat{L} = \dfrac{FK}{LK}$.

Dans le triangle rectangle MLK, on a $\tan\widehat{L} = \dfrac{KM}{LM}$.

Entrainement 4

Énoncé p. 461

• **ABC est rectangle en C, donc :** $\cos\widehat{A} = \dfrac{AC}{AB}$ et $\sin\widehat{A} = \dfrac{BC}{AB}$,

$\cos^2\widehat{A} = \dfrac{AC^2}{AB^2}$ et $\sin^2\widehat{A} = \dfrac{BC^2}{AB^2}$.

Donc $\cos^2\widehat{A} + \sin^2\widehat{A} = \dfrac{AC^2}{AB^2} + \dfrac{BC^2}{AB^2} = \dfrac{AC^2+BC^2}{AB^2}$, or d'après le théorème de Pythagore on a $AC^2 + BC^2 = AB^2$, donc $\dfrac{AC^2+BC^2}{AB^2} = \dfrac{AB^2}{AB^2} = 1$.

Donc $\cos^2\widehat{A} + \sin^2\widehat{A} = 1$.

• $\dfrac{\sin\widehat{A}}{\cos\widehat{A}} = \dfrac{\frac{BC}{AB}}{\frac{AC}{AB}} = \dfrac{BC}{AB} \times \dfrac{AB}{AC} = \dfrac{BC}{AC} = \tan\widehat{A}$.

Entrainement 5

Énoncé p. 462

a. $\cos 25° = 0{,}906$ **b.** $\sin 75° = 0{,}965$

c. $\tan 67° = 2{,}355$

Si vous ne trouvez pas ces valeurs, vérifiez que l'unité des angles de votre calculatrice est bien en degré.

Entrainement 6

Énoncé p. 462

a. $x \approx 55{,}5$ **b.** $x \approx 61{,}2$ **c.** $x \approx 67{,}2$ **d.** Impossible car il faut que $0 \leqslant \sin x \leqslant 1$.

Entrainement 7

Énoncé p. 464

a. Dans le triangle rectangle ABC, on a :

$\cos\widehat{ABC} = \dfrac{AB}{BC}$, donc $\cos 25° = \dfrac{AB}{5}$.

Donc $AB = 5 \times \cos 25°$.

Donc $AB \approx 4{,}5$ cm.

Dans le triangle ABC rectangle en A, on connait l'angle $\widehat{ABC}$ et la longueur de l'hypoténuse. On cherche le côté adjacent à cet angle, il faut donc utiliser le cosinus.

b. En utilisant $\cos\widehat{MAB}$, on trouve **$AB \approx 5{,}2$ cm**.

c. Impossible car il y a une infinité de triangles qui vérifient les conditions données (on sait simplement que le point A est sur la demi-droite qui fait un angle de 30° avec [BD]).
On peut également dire que le triangle n'étant pas rectangle, on ne peut pas appliquer les formules de trigonométrie.

d. En utilisant $\tan\widehat{BAK}$, on obtient **$AB \approx 2{,}5$ cm**.

Entrainement 8

Énoncé p. 465

a. Dans le triangle rectangle ABC on a :

$\sin\widehat{ABC} = \dfrac{AC}{BC}$, donc $\sin\widehat{ABC} = \dfrac{5}{5{,}5}$.

Donc $\widehat{ABC} = 65°$.

Dans le triangle rectangle ABC, on cherche l'angle $\widehat{ABC}$. Or on connait la longueur du côté opposé à cet angle et l'hypoténuse. Il faut donc utiliser le sinus.

b. Dans le triangle rectangle MKL on a :

$\tan\widehat{MLK} = \dfrac{MK}{KL}$, donc $\tan\widehat{MLK} = \dfrac{3}{5}$.

Donc $\widehat{MLK} = 30°$.

c. Dans le triangle PRS on a :

$\widehat{PSR} = 180° - \left(\widehat{SPR} + \widehat{PRS}\right)$.

Donc $\widehat{PSR} = 180° - (100° + 60°)$.

Donc $\widehat{PSR} = 20°$.

Ici il est possible de calculer l'angle $\widehat{PSR}$, bien que PRS ne soit pas un triangle rectangle, en utilisant la propriété de la somme des angles d'un triangle.

Entrainement 9

Énoncé p. 465

Si on veut utiliser la trigonométrie, il faut se placer dans un triangle rectangle. Si, comme ici, l'énoncé ne précise pas la nature du triangle, alors il est d'abord nécessaire de démontrer qu'il est rectangle.

a. P est un point du cercle de diamètre [LM], donc le triangle PLM est rectangle en P (propriété C'2).

Dans ce triangle, $\sin\widehat{M} = \dfrac{LP}{LM}$, donc $\sin\widehat{M} = \dfrac{2{,}5}{4}$.

Donc $\widehat{M} = 39°$.

b. Démontrons que CKL est rectangle en C :

$LK^2 = 10^2 = 100$ et $CK^2 + CL^2 = 6^2 + 8^2 = 100$.

Donc $LK^2 = CK^2 + CL^2$.

Donc d'après la réciproque du théorème de Pythagore, le triangle est rectangle en C.

Dans le triangle CKL, on a (par exemple) $\sin\widehat{K} = \dfrac{LC}{LK} = 0{,}8$.

Donc $\widehat{K} \approx 54°$.

Exercice 1

Corrigé p. 470

L'enseignante a placé trois fanions aux points A, B et D. Les joueurs doivent faire le tour du triangle ABD.
Quelle distance parcourent-ils à chaque tour ? On donnera un arrondi à 0,1 m près.

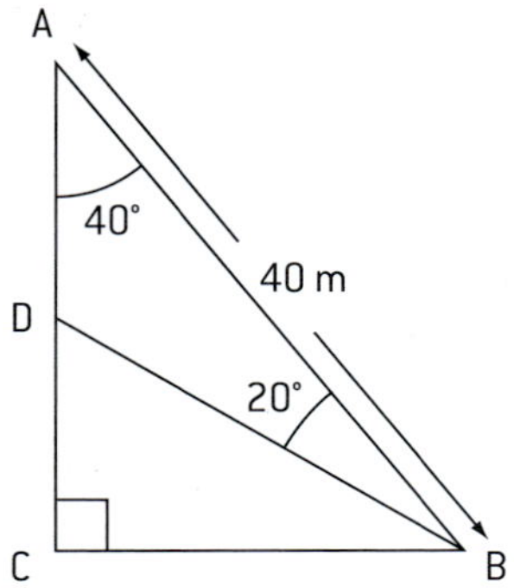

Exercice 2

Corrigé p. 470

En utilisant les informations portées sur le dessin ci-dessous, calculer l'arrondi à 10^{-1} degré près de l'angle $\widehat{CFB}$.

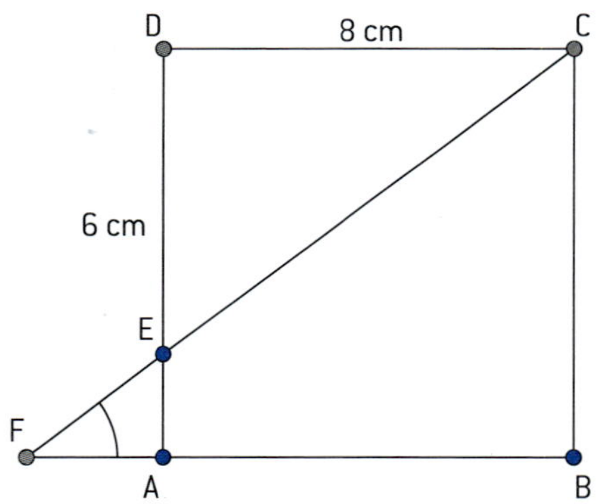

ABCD est un carré.

Échelle 1/2.

Exercice 3

Corrigé p. 471

Tracer un triangle ABC tel que AB = 3 cm, BC = 5 cm et AC = 4 cm.
Sur la demi droite [BC), placer le point D tel que BD = 8 cm.
Tracer le cercle de diamètre [CD]. La droite (AC) coupe ce cercle en E.

1. a. Démontrer que ABC est un triangle rectangle en A.
b. Calculer un arrondi à 1° près de $\widehat{ABC}$.

2. a. Démontrer que $(DE)//(AB)$.
b. Calculer CE.
c. Calculer un arrondi à 1° près de $\widehat{DCE}$.

3. Placer un point F sur la demi-droite [AB), qui n'appartient pas à [AB], tel que $\widehat{BCF} = 15°$. Calculer un arrondi à 0,1 cm près de BF.

Corrigé p. 472

Exercice 4

1. *Pour la construction de la figure ci-dessous, on n'utilisera qu'une règle graduée et un compas.*
Construire un cercle ($\mathscr{C}$) de centre O et de diamètre [EF] tel que EF = 6 cm.
Placer un point G sur le cercle tel que la corde [EG] mesure 4,8 cm.
Placer un point I sur [EG] tel que EI = 1,2 cm.
Tracer la perpendiculaire à (EG) qui passe par I, elle coupe (EF) en K.
Placer le point S sur [GF] tel que SF = 0,9 cm et le point T sur [EF] tel que FT = 1,5 cm.
Les droites (IK) et (ST) se coupent en P.

2. Calculer GF.

3. Calculer la valeur arrondie à 0,1° près de la mesure de l'angle $\widehat{GFE}$.

4. Calculer la distance EK.

5. Démontrer que (ST) ⊥ (GF).

6. Quelle est la nature du quadrilatère GIPS ?

7. Démontrer que G, O et P sont alignés :

a. Appeler x la mesure en degré de l'angle $\widehat{SFT}$ et calculer en fonction de x les angles $\widehat{GOF}$, $\widehat{STF}$, $\widehat{TOP}$.

b. Conclure.

Corrigés

Exercice 1

Énoncé p. 468

Il y a plusieurs étapes pour résoudre ce problème.

- **On cherche AC.**

Dans le triangle rectangle ABC, on a $\cos\widehat{CAB} = \frac{AC}{AB}$, donc $\cos 40° = \frac{AC}{40}$.

Donc $AC = 40 \times \cos 40°$.

Pour l'instant, on évite de mettre des valeurs approchées. Si vous êtes gêné par des expressions littérales assez complexes, il est possible d'utiliser des valeurs approchées qu'on choisira au minimum à 0,01 m près pour éviter les erreurs finales d'approximation.

- **On cherche CB.**

Dans le triangle rectangle ABC, on a $\sin\widehat{CAB} = \frac{CB}{AB}$, donc $\sin 40° = \frac{CB}{40}$.

Donc $CB = 40 \times \sin 40°$.

- **On cherche $\widehat{CBD}$.**

Dans le triangle ABC, on a $\widehat{CBA} = 180° - (90° + 40°) = 50°$.

Donc $\widehat{CBD} = \widehat{CBA} - \widehat{DBA} = 50° - 20° = 30°$.

- **On cherche AD.**

Dans le triangle rectangle CBD, on a $\tan\widehat{CBD} = \frac{CD}{CB}$, donc $\tan 30° = \frac{CD}{40\sin 40°}$.

Donc $CD = 40 \times \sin 40° \times \tan 30°$.

$AD = AC - CD$ (car D est un point de [AC]).

$AD = 40 \times \cos 40° - 40 \times \sin 40° \times \tan 30°$.

- **On cherche BD.**

On peut utiliser le théorème de Pythagore ou la trigonométrie dans le triangle rectangle BCD.

Dans le triangle rectangle BCD, on a : $\cos\widehat{CBD} = \frac{BC}{BD}$.

Donc $\cos 30° = \frac{40 \times \sin 40°}{BD}$, donc $BD = \frac{40 \times \sin 40°}{\cos 30°}$.

- **La longueur d'un tour en m est de :**

$AB + AD + BD = 40 + 40 \times \cos 40° - 40 \times \sin 40° \times \tan 30° + \frac{40 \times \sin 40°}{\cos 30°} \approx$ **85,5.**

ATTENTION

Quand on utilise la calculatrice pour effectuer ce type de calculs, ne pas oublier de fermer la parenthèse après avoir écrit l'angle de la ligne trigonométrique cherchée.

Exercice 2

Énoncé p. 468

Pour calculer l'angle $\widehat{CFB}$, on pense à utiliser la trigonométrie dans l'un des **triangles CFB ou EFA**, rectangles respectivement en B et en A. Dans les deux cas, il faut connaitre la longueur de deux côtés du triangle choisi.

On va par exemple se placer dans le triangle rectangle EFA.

On n'a pas de peine à trouver la longueur du côté de AE. Il manque une seconde longueur. On pense à FA en utilisant le théorème de Thalès avec les parallèles (FA) et (DC).

En cm : EA = AD – DE = 8 – 6 = 2.
Les droites (FA) et (DC) sont parallèles (car ABCD est un carré et F, A et B sont alignés). Avec les sécantes (FC) et (AD), on a, d'après le théorème de Thalès :
$\frac{FA}{DC}=\frac{EA}{ED}$ donc $\frac{FA}{8}=\frac{2}{6}$ donc $FA=\frac{16}{6}=\frac{8}{3}$.
Dans le triangle rectangle FAE, on a : $\tan\widehat{EFA}=\frac{2}{\frac{8}{3}}=\frac{3}{4}$

Donc $\widehat{CFB}=\widehat{EFA}\approx 36{,}9°$.

AUTRE MÉTHODE :
$\widehat{EFA}$ et $\widehat{DCE}$ sont alternes-internes, définis par les droites parallèles (DC) et (AB), et donc égaux. On peut utiliser la trigonométrie pour calculer $\widehat{DCE}$:
dans EDC rectangle en D, on connait la mesure de deux côtés.

Exercice 3

Énoncé p. 468

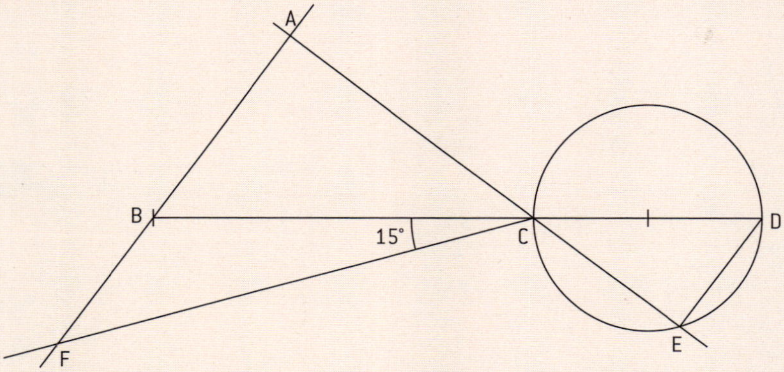

1. a. $AB^2+AC^2=3^2+4^2=25$ $BC^2=5^2=25$ donc $AB^2+AC^2=BC^2$.
Donc d'après la réciproque du théorème de Pythagore, **le triangle ABC est rectangle en A.**
b. Dans le triangle rectangle ABC, on a :
$\cos\widehat{B}=\frac{AB}{BC}$, donc $\cos\widehat{B}=\frac{3}{5}$, donc $\widehat{ABC}\approx 53°$.

2. a. Le point E est un point du cercle de diamètre [CD].
Si, dans un cercle, un triangle a pour sommets les extrémités d'un diamètre et un point du cercle alors ce triangle est rectangle en ce point (propriété C'2).
Donc ECD est un triangle rectangle en E.
Donc (ED) ⊥ (EC), donc (ED) ⊥ (AE).
De plus, on sait que : (AB) ⊥ (AE) car ABC est un triangle rectangle en A (**1.a**).
Donc **(AB)//(ED)** (propriété D2).
b. Les points A, C et E sont alignés ; les points B, C et D sont alignés et (AB)//(DE).
Donc d'après le théorème de Thalès, on a : $\frac{CA}{CE}=\frac{CB}{CD}$.
Comme CD = 8 – 5 = 3 donc $\frac{4}{CE}=\frac{5}{3}$
donc $\mathbf{CE}=\frac{12}{5}=\mathbf{2{,}4\ cm}$.

On peut aussi utiliser la trigonométrie dans le triangle DCE.

c. Dans le triangle ABC, on a :

$\widehat{ACB} = 180° - (90° + 53°) \approx 37°$.

$\widehat{DCE} = \widehat{ACB}$ (angles opposés par le sommet).

Donc $\mathbf{\widehat{DCE} \approx 37°}$.

3. $\widehat{ACF} = \widehat{ACB} + \widehat{BCF} = 37° + 15° = 52°$

Dans le triangle rectangle AFC, on a : $\tan \widehat{ACF} = \dfrac{AF}{AC}$.

Donc $\tan 52° = \dfrac{AF}{4}$, donc $AF = 4 \times \tan 52°$, donc $AF \approx 5{,}12$ cm.

Or BF = AF – AB, donc BF ≈ 5,12 – 3 ≈ 2,12.

Donc **BF ≈ 2,1 cm.**

Exercice 4

Énoncé p. 469

1. Construction de la figure

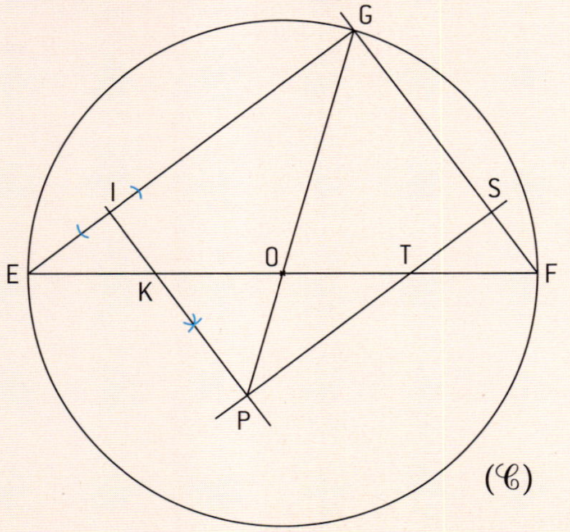

Attention de bien laisser les traits de construction.

2. G est un point du cercle de diamètre [EF], donc GEF est un triangle rectangle en G (propriété C'2).

D'après le théorème de Pythagore on a :

$GF^2 + GE^2 = EF^2$

donc $4{,}8^2 + GE^2 = 6^2$

donc $GE^2 = 6^2 - 4{,}8^2 = 12{,}96$.

Donc GF = 3,6 cm.

3. Dans le triangle rectangle GFE on a :

$\sin \widehat{GFE} = \dfrac{EG}{EF} = \dfrac{4{,}8}{6} = 0{,}8$

donc $\mathbf{\widehat{GFE} \approx 53{,}1°}$.

On peut aussi utiliser le cosinus ou la tangente. Mais il est préférable d'utiliser les dimensions données par l'énoncé.

4. Pour calculer la distance EK :

EIK est un triangle rectangle, mais on ne connait que la longueur du côté [EI]. On ne peut donc pas utiliser le théorème de Pythagore. Les droites (IK) et (GF) semblent parallèles, cela permettrait d'utiliser le théorème de Thalès avec les sécantes (EG) et (EF).

Les droites (IK) et (GF) sont toutes les deux perpendiculaires à (EG), elles sont donc parallèles (propriété D2).

On peut donc utiliser le théorème de Thalès avec les sécantes (EG) et (EF) :

$\frac{EI}{EG} = \frac{EK}{EF}$ donc $\frac{1,2}{4,8} = \frac{EK}{6}$ **donc EK = 1,5 cm.**

5. Pour démontrer que (ST) ⊥ (GF) :

> Pour démontrer que (ST) ⊥ (GF), on peut penser à utiliser la réciproque du théorème de Pythagore dans le triangle TSF, mais on ne connait que la longueur de deux côtés et il ne semble pas évident de calculer la troisième longueur. On ne peut évidemment pas utiliser le théorème de Thalès pour effectuer ces calculs, puisqu'on ne sait pas si les droites (ST) et (GE) sont parallèles ! On peut essayer de démontrer qu'elles sont parallèles. Comme on sait que (EG) ⊥ (GF) cela permettra de conclure.

$\frac{FS}{FG} = \frac{0,9}{3,6} = 0,25$ $\frac{FT}{FE} = \frac{1,5}{6} = 0,25$ donc $\frac{FS}{FG} = \frac{FT}{FE}$.

De plus, les points F, T, E et F, S, G sont alignés dans le même ordre.

Donc d'après la réciproque du théorème de Thalès, les droites (ST) et (GE) sont parallèles.

Or (EG) ⊥ (GF), **donc (ST) ⊥ (GF)** (propriété D3).

6. GIPS est un rectangle car il a trois angles droits (propriété R1).

Il est possible de démontrer que $\widehat{GOP} = 180°$

Pour cela, on peut appeler x la mesure de $\widehat{SFT}$.

Alors dans le triangle isocèle GOF on a :

$\widehat{GOF} = 180° - 2x$.

Dans le triangle rectangle STF on a :

$\widehat{STF} = 180° - (90° + x) = 90° - x$.

Donc $\widehat{STF} = \widehat{OTP} = 90° - x$ (angles opposés par le sommet).

Dans le triangle isocèle OPT (pour la justification voir la méthode 1), on a :

$\widehat{TOP} = 180° - 2\,(90° - x) = 2x$.

Or $\widehat{GOP} = \widehat{GOF} + \widehat{FOP}$

donc $\widehat{GOF} = 180° - 2x + 2x = 180°$.

Donc G, O et P sont alignés.

> **ATTENTION**
> On ne peut pas utiliser les valeurs approchées qu'on a trouvées précédemment car on ne pourra pas conclure avec certitude que cet angle mesure exactement : 180°.

CHAPITRE 20 — Espace et géométrie

Transformations

Objectifs

- Reconnaitre les axes et centres de symétrie d'une figure.
- Construire l'image d'une figure par une symétrie axiale, une symétrie centrale, une translation, une rotation ou une homothétie.
- Savoir, pour deux figures données, s'il existe une symétrie axiale, une symétrie centrale, une translation, une rotation ou une homothétie qui transforme l'une d'elles en l'autre.
- Construire l'agrandissement ou la réduction d'une figure.
- Utiliser les propriétés de ces transformations dans des démonstrations.

FICHES MÉTHODE

Tester ses connaissances

QCM 1 En utilisant le dessin ci-dessous, indiquer quelles affirmations sont vraies.

A. Le symétrique du triangle ABC par rapport à la droite (*d*) est $A_1B_1C_1$.

B. Le symétrique du triangle ABC par rapport à la droite (*d*) est $A_2B_2C_2$.

C. Le symétrique du triangle ABC par rapport au point C est CA_3B_3.

D. Le symétrique du triangle ABC par rapport au point C est A_4B_3C.

aide
phrase A, §1 p. 477
phrase B, §1.1 p. 478
phrases C et D, §2 p. 482 et §2.2 p. 483

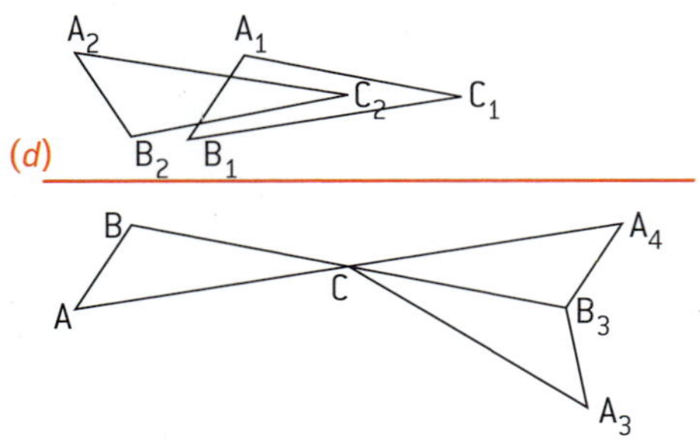

QCM 2 Indiquer quelles affirmations sont vraies.

A. Un rectangle, qui n'est pas un carré, a exactement 4 axes de symétrie.

B. Un triangle équilatéral a exactement 3 axes de symétrie.

C. Un triangle équilatéral a exactement un centre de symétrie.

D. Un losange, qui n'est pas un carré, a exactement 2 axes de symétrie.

E. Un carré a exactement 4 axes de symétrie.

aide
§2.3 p. 485

F. Un parallélogramme, qui n'est ni un losange ni un rectangle, n'a pas d'axe de symétrie.

G. Un parallélogramme n'a pas de centre de symétrie.

H. Un cercle a un centre de symétrie.

I. Un cercle a exactement 2 axes de symétrie.

QCM 3 Indiquer quelles affirmations sont vraies.

aide
§3 p. 486

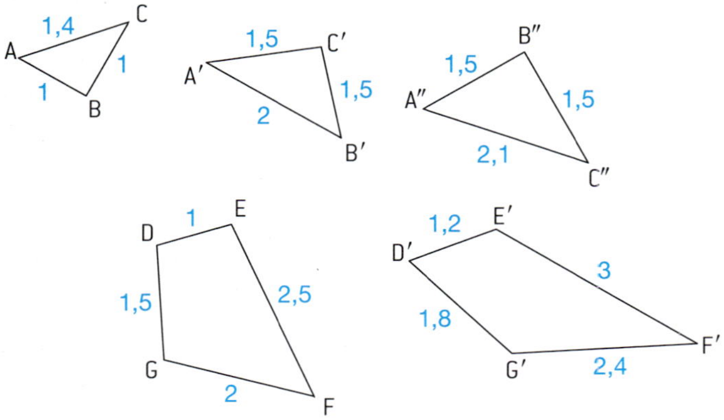

A. Le triangle A′B′C′ est un agrandissement du triangle ABC.

B. Le triangle A″B″C″ est un agrandissement de ABC.

C. D′E′F′G′ est un agrandissement de DEFG.

QCM 4 En utilisant les dessins ci-dessous, préciser les phrases vraies :

aide
§4, 5 et 6
p. 486 à 493

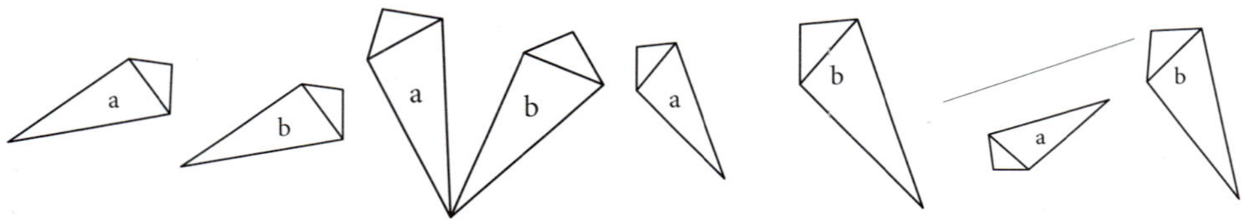

cas 1 cas 2 cas 3 cas 4

A. Dans le **cas 1**, une **translation** permet de passer de la figure *a* à la figure *b*.

B. Dans le **cas 2**, la **rotation** dont le centre est le sommet commun des deux figures et d'angle + 50° permet de passer de la figure *a* à la figure *b*.

C. Dans le **cas 3**, une **homothétie** de rapport environ 1,4 permet de passer de la figure *a* à la figure *b*.

D. Dans le **cas 4**, une **homothétie** permet de passer de la figure *a* à la figure *b*.

1. B, D **2.** B, D, E, F, H **3.** B **4.** A, C.

LE COURS

Une transformation du plan est une application du plan dans lui-même.
Cela signifie que c'est un procédé qui, à tout point M du plan, associe un point M′ et un seul.
On dit que **M′ est l'image M par la transformation**.

Une application d'un ensemble E dans un ensemble F est une relation qui associe à chaque élément de E un élément et un seul de l'ensemble F.

Nous allons ici étudier cinq transformations du plan : **les symétries axiale, centrale, les translations, les rotations et les homothéties.** Pour chacune d'elles, nous proposerons une approche « naïve » (mais souvent très opératoire pour reconnaitre si deux figures se déduisent l'une de l'autre par cette transformation), puis une définition mathématique qui est une définition ponctuelle[1], ainsi que des propriétés. Nous étudierons également l'**agrandissement/réduction d'une figure**.

1. Cette définition précise comment construire l'image d'un point par cette transformation.

1 Symétrie axiale (ou symétrie orthogonale par rapport à une droite)

A. Approche « naïve »

(1) et (2) étant deux figures dessinées sur une feuille, la figure (2) est le symétrique de la figure (1) par rapport à une droite (*d*) si, lorsqu'on plie la feuille suivant (*d*), les figures (1) et (2) se superposent (par exemple par transparence).

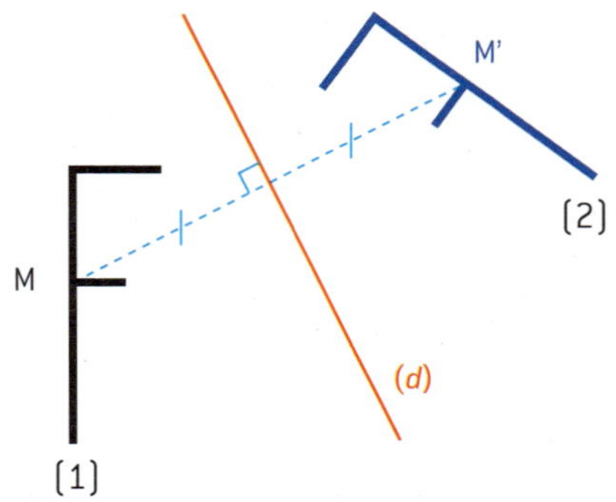

Corrigé QCM 1 affirmation A : En imaginant qu'on plie la feuille selon la droite (*d*), on constate que $A_1B_1C_1$ n'est pas le symétrique de ABC.

Qcm 1, p. 475

B. Définition mathématique

Le symétrique d'un point M par rapport à une droite (*d*) est :
– **le point M′** tel que (*d*) soit la médiatrice de [MM′], si M n'est pas sur (*d*) ;
– **le point M lui-même**, si M est sur (*d*).

• On dit que **M′ est l'image de M par la symétrie par rapport à la droite (*d*)** (ou d'axe (*d*)).
M est aussi le symétrique de M′ par rapport à (*d*).
On dit que **M et M′ sont symétriques par rapport à (*d*)**.

• Tous les points de l'axe de symétrie sont leur propre image : on dit qu'ils sont **invariants**.

• Le **symétrique d'une figure (F)** par rapport à une droite (*d*) est **l'ensemble (F′)** de toutes les images des points de (F) par cette symétrie.

❶ 1. Tracé du symétrique d'un point par rapport à une droite

Il existe deux méthodes qui correspondent aux deux méthodes de tracé de la médiatrice d'un segment.

> Tracé d'une médiatrice, chap. 15 p. 383

FICHE MÉTHODE 1 **Tracer le symétrique d'un point par rapport à une droite.**

→ Tracer le symétrique de M par rapport à (d).

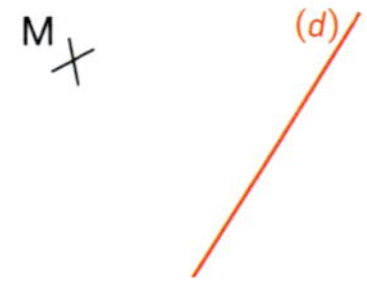

Méthode 1. **Avec la règle graduée et l'équerre**	Méthode 2. **Avec la règle non graduée et le compas**
1. **Tracer la perpendiculaire à (d)** qui passe par M. Elle coupe (d) en H.	1. **Placer deux points quelconques sur (d).**
2. **Placer le point M′** sur cette perpendiculaire tel que MH = M′H.	2. **Tracer deux arcs de cercle dont le centre est un de ces deux points** et passant par M (ces arcs n'ont pas forcément le même rayon). Le deuxième point commun de ces deux arcs est le symétrique de M.
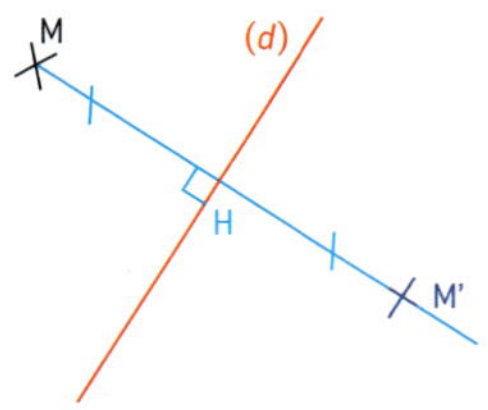	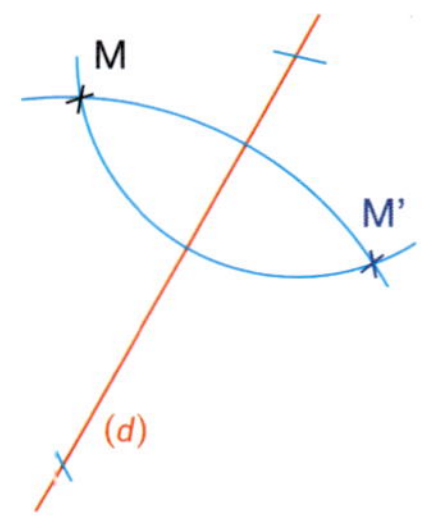
Justification : La méthode 1 découle directement de la définition du symétrique d'un segment.	Justification : Par construction, les centres des arcs de cercle sont équidistants de M et M′, donc la droite qui passe par les centres, c'est-à-dire la droite (d), est la médiatrice de [MM′].

Corrigé QCM 1 affirmation B : En joignant A et A_2, B et B_2, C et C_2, on peut constater que le symétrique de ABC par rapport à (d) est $A_2B_2C_2$.

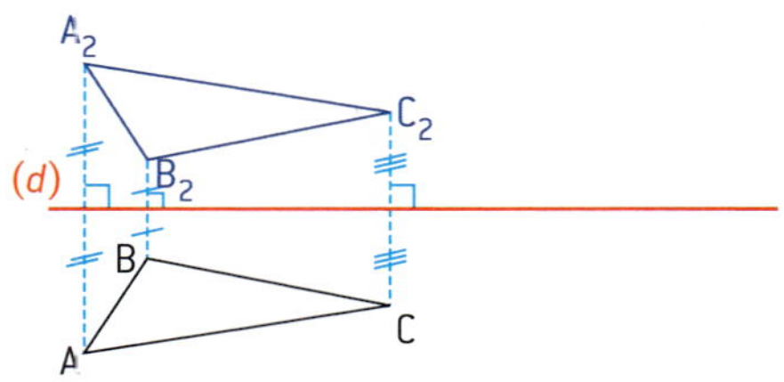

Qcm 1, p. 475

Entrainement 1

Corrigé p. 494

Reproduire des figures analogues à chacune des deux figures ci-dessous et tracer le symétrique du triangle ABC par rapport à (d) :

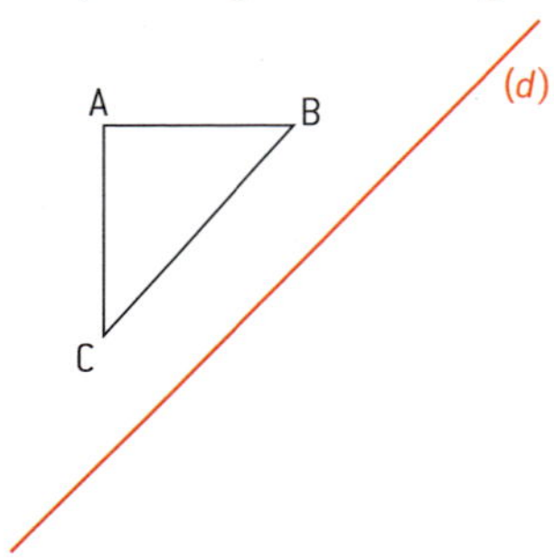

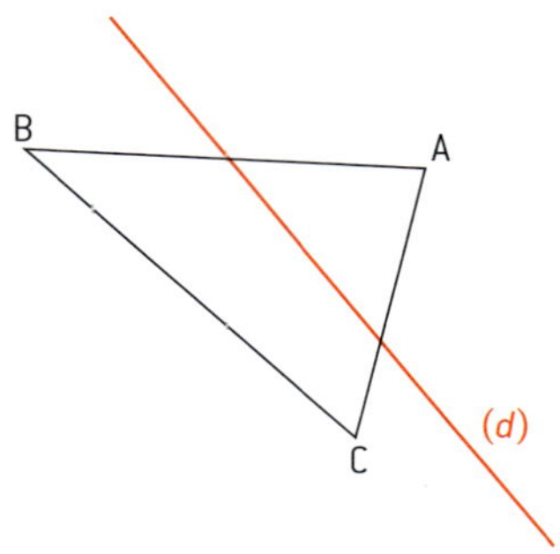

2. Propriétés de la symétrie axiale

Si l'on se réfère à l'approche « naïve », les propriétés qui suivent sont évidentes.

A. Conservation de l'alignement

L'image d'une **droite** par une symétrie axiale est une **droite**.

Conséquences :

- Si un point est sur une droite alors son symétrique est sur le symétrique de cette droite.
- Si une droite coupe l'axe de symétrie alors son symétrique coupe l'axe en ce point.

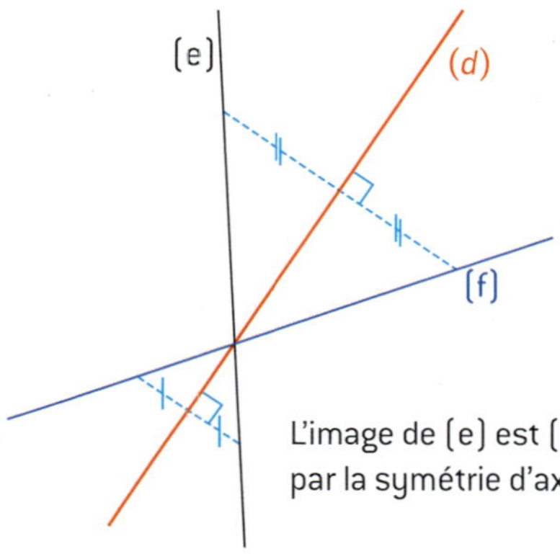

L'image de (e) est (f) par la symétrie d'axe (*d*).

ATTENTION
L'image d'une droite par une symétrie axiale n'est pas une droite parallèle (sauf dans le cas où cette droite est parallèle à l'axe), contrairement à ce qui se passe pour la symétrie centrale (*voir § 2 p. 483*).
Cette propriété ne doit pas être confondue avec le fait que la symétrie axiale conserve le parallélisme (*voir ci-dessous*).

B. Conservation des longueurs

L'image d'un **segment** par une symétrie axiale est un **segment** de même longueur.

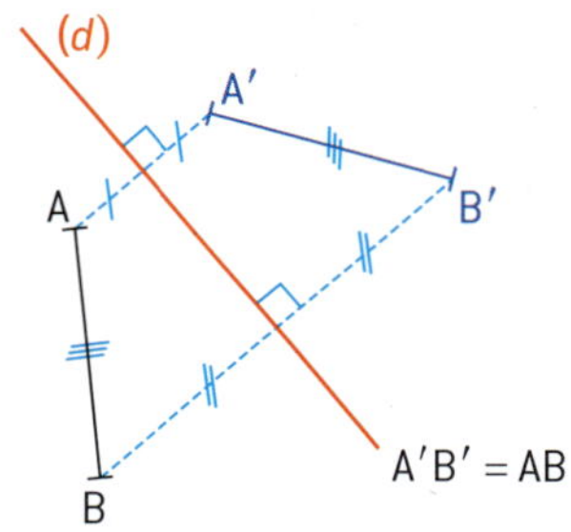

C. Conservation du milieu

L'image du **milieu d'un segment** par une symétrie axiale est le **milieu de l'image de ce segment**.

C'est une conséquence directe de la propriété précédente.

D. Conservation des angles

L'image d'un **angle** par une symétrie axiale est un **angle** de même mesure.

En particulier, l'image de deux droites perpendiculaires est formée de deux droites perpendiculaires. On dit que la symétrie axiale conserve l'**orthogonalité** (ou la perpendicularité).

E. Conservation du parallélisme

L'image d'un couple de **droites parallèles** par une symétrie axiale est formée d'un couple de **droites parallèles**.

Entrainement 2

Corrigé p. 494

Soit (d) une droite, A un point de (d) et B un point non situé sur (d).
Tracer B′ le symétrique de B par rapport à (d).
Démontrer que ABB′ est un triangle isocèle.

Applications des propriétés

• **Ces propriétés permettent de dire que le symétrique d'un cercle est un cercle** de même rayon dont le centre est le symétrique du centre.

• **Ces propriétés permettent de tracer le symétrique d'une figure** : on analyse la figure en identifiant les différentes figures de base qui la compose et leurs liens (*voir chap. 15, p. 381*), puis on trace les symétriques de ces différentes figures de base en s'appuyant sur le fait que le symétrique d'un segment est un segment, celui d'un cercle est un cercle de même rayon...

Entrainement 3

Corrigé p. 494

Reproduire une figure analogue à la figure ci-contre et construire le symétrique de cette figure par rapport à (d).
O est le centre du demi-cercle.

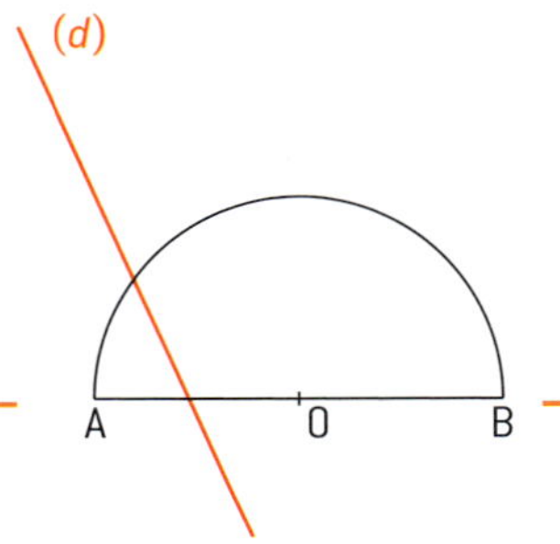

Entrainement 4

Corrigé p. 494

Sur le dessin ci-contre, A′ est le symétrique de A par rapport à (d). Décrire une méthode qui permette de tracer le symétrique de B par rapport à (d) en traçant une droite et un arc de cercle.

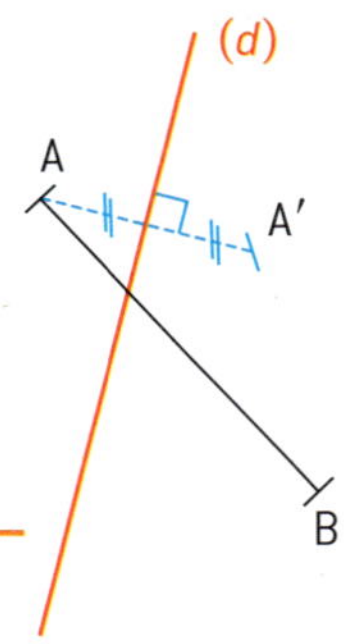

• **Ces propriétés permettent également de déterminer le symétrique d'un point qui est point d'intersection de 2 figures.**

Si un point est un point d'intersection de deux figures (F) et (G) dont on connait les symétriques alors le symétrique de ce point est l'intersection des symétriques de (F) et (G).

Si (F′) est le symétrique de (F) et (G′) est le symétrique de (G), alors le symétrique de M est l'intersection de (F′) et (G′), c'est-à-dire M′.

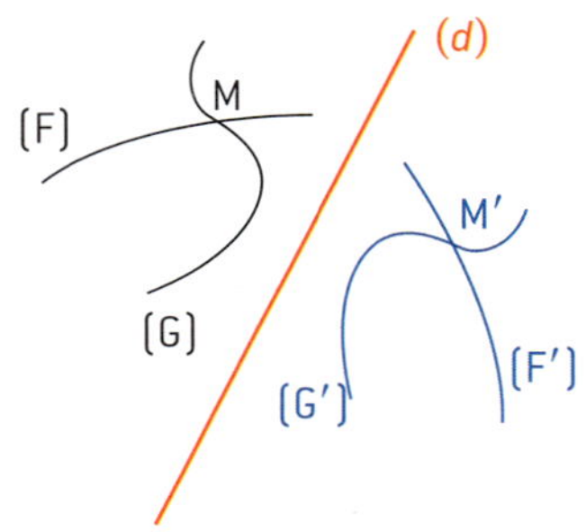

❶ 3. Axe(s) de symétrie

Une **figure (F)** admet un axe de symétrie (d) si le symétrique de tout point de (F) par rapport à (d) appartient à (F).

FICHE MÉTHODE 2 **Chercher le(s) axe(s) de symétrie d'une figure.**

→ Chercher un axe de symétrie de la figure ci-contre.

1. Plier mentalement la figure suivant une droite de façon à ce que les deux parties de la figure délimitées par le pli se superposent : – **Si ce n'est pas possible**, on peut penser que la figure n'a pas d'axe de symétrie. – **Si c'est possible**, passer à l'étape suivante.	Plier mentalement la figure suivant la médiatrice du segment en haut de la figure. Il semble que les deux parties de la figure ainsi délimitées se superposent.
2. Tracer avec la précision la droite qu'on a trouvée dans l'étape précédente.	On trace la médiatrice de [MM′] : 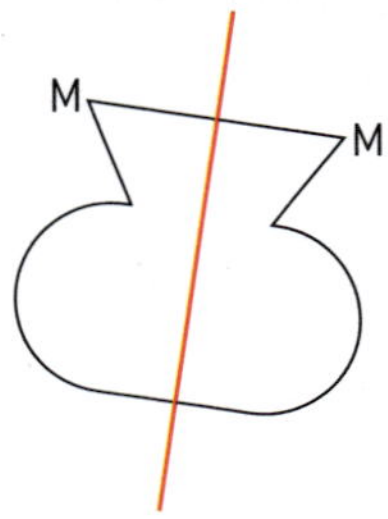
3. Vérifier que cette droite est bien un axe de symétrie, par exemple en pliant mentalement (ou réellement si c'est possible) la figure suivant cet axe.	Cette figure n'a qu'un seul axe de symétrie, c'est la médiatrice de [MM′].
4. Essayer de trouver d'autres axes en procédant comme ci-dessus.	

Une figure peut avoir plusieurs axes de symétrie (*voir entrainement* 5).

Entrainement 5

Corrigé p. 495

Combien d'axes de symétrie ont ces panneaux de signalisation ?

(1)

(2)

(3)

② Symétrie centrale (ou symétrie par rapport à un point)

A. Approche « naïve »

Une figure (2) est le symétrique d'une figure (1) par rapport à un point C si on obtient (2) en faisant tourner (1) de 180° (soit un demi-tour) autour de C.

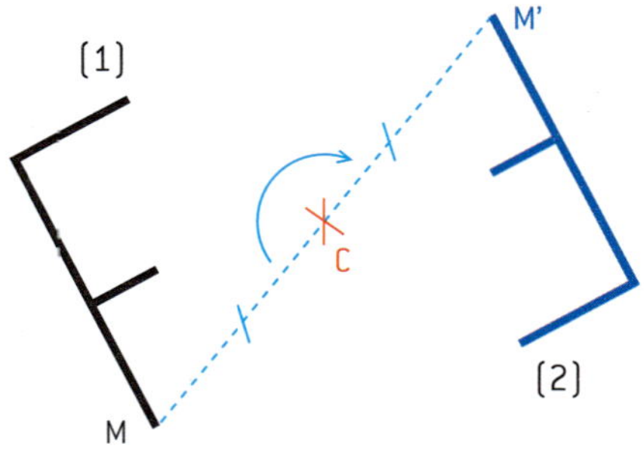

B. Définition mathématique

Le symétrique d'un point M par rapport à un point C est :
– **le point M′** tel que C soit le milieu de [MM′], si M est distinct de C ;
– **le point M lui-même** si M et C sont confondus.

- On dit que M et M′ sont symétriques par rapport à C.
- Le symétrique d'une figure (F) par rapport à un point est l'ensemble (F′) de toutes les images des points de (F) par cette symétrie.

Corrigé QCM 1 :

Affirmation C : Si on imagine que le triangle ABC tourne d'un demi-tour autour de C, on constate qu'il ne peut pas se superposer avec A_3B_3C.

Affirmation D : En revanche, le triangle ABC, en tournant de 180° autour de C, se superpose avec A_4B_3C.

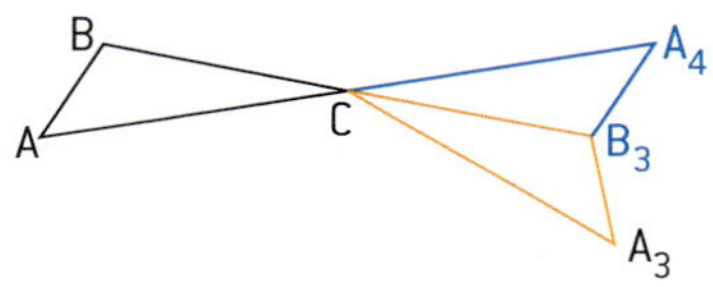

Qcm 1, p. 475

Évidemment, la vérification à partir de la définition est plus facile à mettre en place.

② 1. Symétrique d'un point par rapport à un point

FICHE MÉTHODE 3 **Tracer le symétrique d'un point par rapport à un point.**

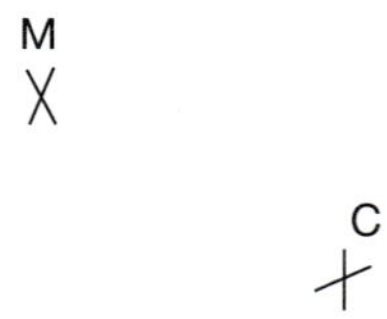

→ Tracer le symétrique du point M par rapport à C.

1. **Tracer** la demi-droite d'origine M qui passe par C.

2. **Placer** le point M′ avec le compas ou la règle graduée sur cette demi-droite tel que M′C = MC.

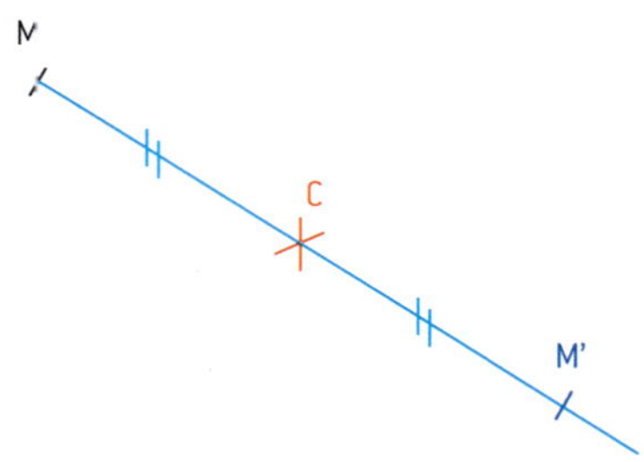

Corrigé QCM 1 affirmation D (suite) : Si on trace les segments $[AA_4]$ et $[BB_3]$, on constate que le symétrique de ABC par rapport à C est A_4B_3C.

Qcm 1, p. 475

Entrainement 6

Corrigé p. 495

Reproduire la figure ci-contre et tracer le symétrique de cette figure par rapport à C.

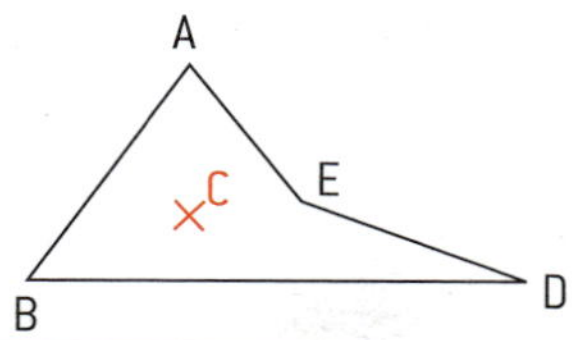

2. Propriétés de la symétrie centrale

Si on se réfère à l'approche « naïve », ces propriétés sont évidentes. Comme pour la symétrie axiale, on admet que :

La symétrie centrale conserve l'**alignement,** les **longueurs**, les **angles**, l'**orthogonalité**, les **milieux**, le **parallélisme**.
L'image d'un cercle par une symétrie centrale est donc un cercle de même rayon.

Mais la propriété suivante est particulière à la symétrie centrale :

La symétrie centrale transforme une droite en une **droite parallèle.**

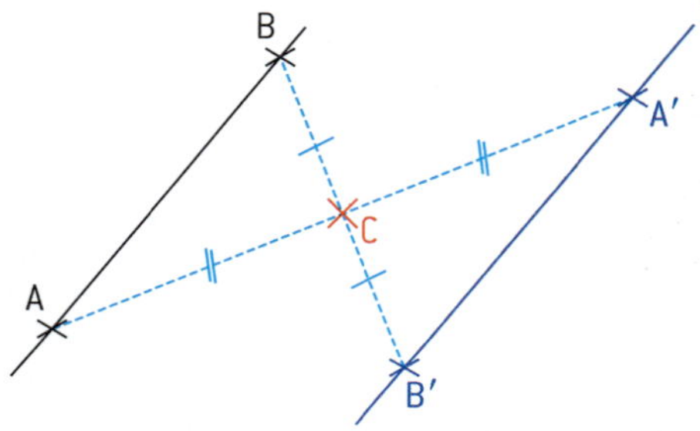

Si le centre de symétrie est sur la droite, elle est son propre symétrique. On obtient donc encore une droite parallèle (*définition des droites parallèles, p. 379*).

Comme pour la symétrie axiale, toutes ces propriétés permettent de **tracer le symétrique d'une figure par rapport à un point.**

Entrainement 7

Corrigé p. 495

Démontrer la propriété : « La symétrie centrale transforme une droite en une droite parallèle ».

Entrainement 8

Corrigé p. 495

Tracer un triangle ABC tel que AB = 6 cm, AC = 5 cm et BC = 4 cm. Tracer le demi-disque de diamètre [AB] qui n'est pas dans le même demi-plan délimité par (AB) que C. Placer le point I sur [BC] tel que BI = 3 cm.

Tracer le symétrique de la figure obtenue par rapport à I.

Entrainement 9

Corrigé p. 495

Soit DEF un triangle quelconque. Soit K un point quelconque sur [DF]. Tracer D′ et F′ les symétriques de D et F par rapport à E. Tracer uniquement avec une règle non graduée le symétrique K′ de K par rapport à E. Justifier cette construction.

Entrainement 10

Corrigé p. 496

a. L'image du point A ci-contre par une **symétrie axiale** est A′. Tracer le symétrique B′ de B par cette même symétrie.

b. L'image du point A ci-contre par une **symétrie centrale** est A′. Tracer le symétrique B′ de B par cette même symétrie.

❷ 3. Centre de symétrie

Une **figure (F)** admet un centre de symétrie C si le symétrique de tout point de (F) appartient à (F).

Si une figure, dont certains côtés sont des segments, **admet un centre de symétrie**, alors nécessairement **ces segments sont parallèles deux à deux** (propriété : la symétrie centrale transforme une droite en une droite qui lui est parallèle).

On appelle des segments parallèles des segments portés par des droites parallèles.

Conséquence : Si un polygone n'a pas des côtés parallèles deux à deux, il n'a pas de centre de symétrie.

Exemple : La figure ci-contre admet O comme centre de symétrie.

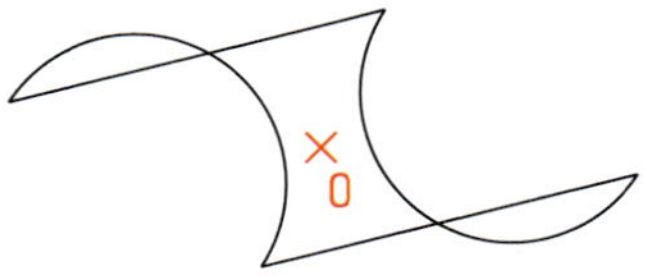

FICHE MÉTHODE 4 **Chercher le centre de symétrie d'une figure.**

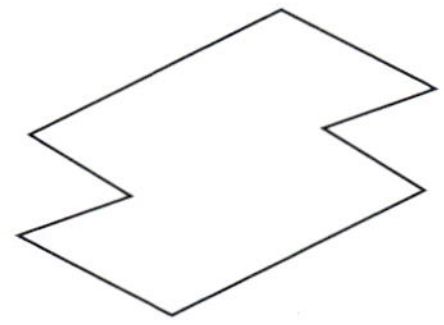

→ Chercher un centre de symétrie de la figure ci-contre.

1. Si des segments composent la figure, **ces segments sont-ils parallèles deux à deux ?** – **Si ce n'est pas le cas**, on peut affirmer que la figure n'a pas de centre de symétrie. – **Si c'est le cas**, on passe à l'étape suivante.	Les segments qui composent cette figure sont parallèles deux à deux.
2. Déterminer mentalement un point qui semble être le centre de symétrie de la figure. Ce peut être un point « central » de la figure ou l'intersection de segments reliant des couples de points qui devraient être deux à deux symétriques.	Si la figure possède un centre de symétrie, les points M et M′ devraient être symétriques. Leur milieu pourrait être le centre de symétrie de cette figure. 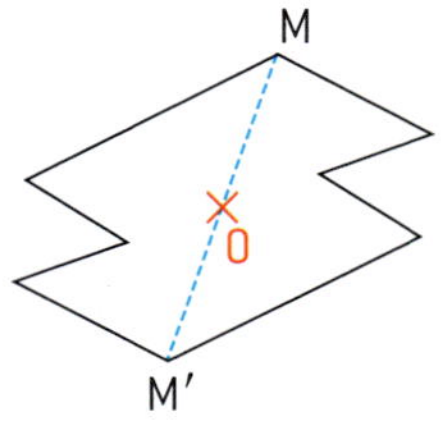
3. Tracer le point central avec précision.	Tracer le milieu O de [MM′].
4. Vérifier mentalement que ce point est bien le centre de symétrie de la figure en imaginant de faire tourner de 180° la figure autour de ce point ou en revenant à la définition.	Constater mentalement que O est le centre de symétrie de la figure.

Dans ce genre de question, on ne demande pas de démontrer que la figure possède un centre de symétrie (il suffit de le caractériser, par exemple en le traçant) ; par contre, on peut demander de prouver qu'elle n'en a pas.

Corrigé QCM 2 : Voici les axes et centres de symétrie des figures proposées dans cette question :

Qcm 2, p. 475

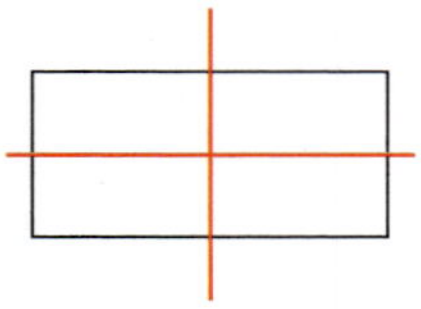

2 axes et un centre

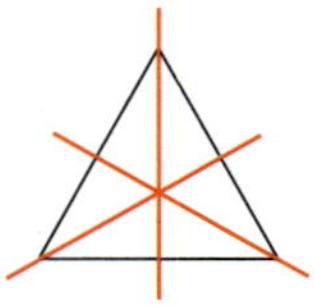

3 axes
mais pas de centre

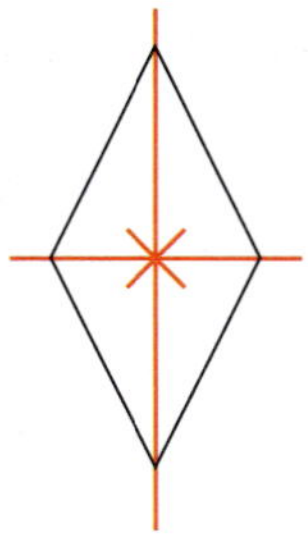

2 axes et un centre

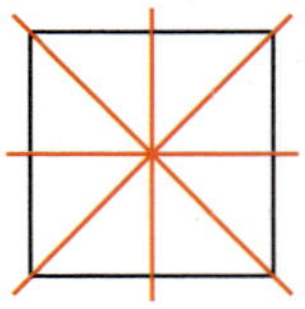

4 axes et un centre

pas d'axe et un centre

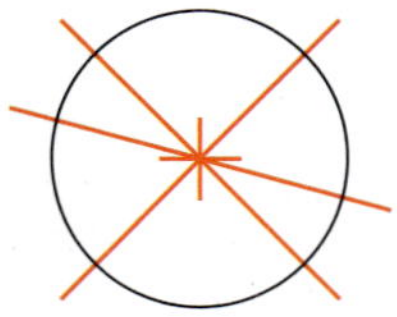

une infinité d'axes et un centre

ATTENTION

- *Les diagonales du rectangle* ne sont pas des axes de symétrie. Vous pouvez le vérifier en pliant un rectangle selon ses diagonales.
- *Le point de concours des médiatrices d'un triangle équilatéral* n'est pas un centre de symétrie. Vous pouvez le vérifier en décalquant le triangle équilatéral et en le faisant pivoter de 180° autour de ce point, vous constaterez qu'il ne se superpose pas avec le modèle.
- *Les diagonales du parallélogramme* ne sont pas des axes de symétrie. Vous pouvez le vérifier en pliant un parallélogramme selon ses diagonales.

Entrainement 11

Corrigé p. 496

Quels panneaux de l'entrainement 5 p. 481 ont un centre de symétrie ?

Entrainement 12

Corrigé p. 496

Un triangle peut-il avoir un centre de symétrie ?

Entrainement 13

Corrigé p. 496

Tracer un triangle ABC rectangle en A tel que AB = 4 cm et BC = 5 cm.

Placer le point H intersection de (BC) avec la droite perpendiculaire à (BC) qui passe par A.

Tracer en vert le symétrique du triangle ABC par rapport à (AB).

Tracer en pointillés le symétrique de ABC par rapport à (BC).

Tracer en bleu le symétrique de ABC par rapport au point H.

Il est possible d'utiliser un logiciel de géométrie dynamique pour construire des symétriques par rapport à une droite ou des symétriques par rapport à un point. *GeoGebra* en est un, téléchargeable gratuitement sur le site www.geogebra.org

Entrainement 14

Non corrigé

Télécharger un logiciel de géométrie dynamique.

Effectuer avec ce logiciel l'entrainement 13 ci-dessus.

Entrainement 15

Corrigé p. 497

Tracer, le cas échéant, le (ou les) axe(s) et centre(s) de symétrie des figures usuelles suivantes : droite, segment, triangle quelconque, triangle isocèle, triangle rectangle, trapèze, trapèze isocèle, hexagone régulier.

3 Translation

3 1. Approche « naïve »

Une figure (F′) est l'image d'une figure (F) par une translation s'il est possible, en faisant glisser (F) sans la faire tourner (par exemple avec un papier calque), de la faire coïncider avec (F′). Sur le dessin ci-contre, la figure (2) est l'image de la figure (1) par la translation qui transforme A en B.

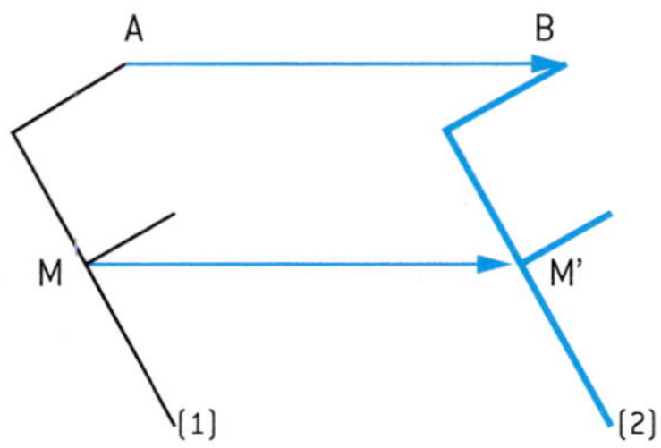

3 2. Définition mathématique

Étant donné deux points A et B, on appelle translation dont l'image de A est B l'application du plan dans lui-même qui à tout point M associe le point M′ tel que ABM′M soit un parallélogramme *(attention à l'ordre des sommets du parallélogramme)*.

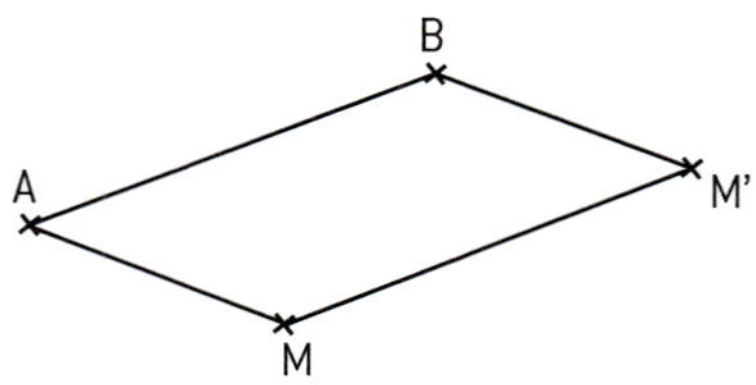

3 3. Propriétés de la translation

La translation **conserve l'alignement, les longueurs, les milieux, les angles, le parallélisme.**

L'**image d'une droite** est une droite parallèle.

L'**image d'un cercle** est un cercle de même rayon dont le centre est l'image du centre.

Corrigé QCM 4 : La phrase A est vraie.

Qcm 4, p. 476

C'est la translation (l'image de A est B) qui permet de passer de la figure *a* à la figure *b*.

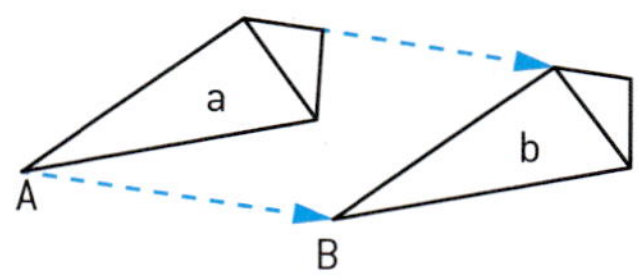

4 Rotation

Définir une rotation nécessite tout d'abord de définir un sens de rotation. On parle de sens direct si on tourne dans le sens inverse des aiguilles d'une montre. La mesure d'un angle de sens direct est positive ; celle d'un angle de sens indirect est négative. On parle d'un angle de $+45°$ (noté simplement $45°$) ou $-45°$.

4 1. Approche « naïve »

Une figure (2) est l'image d'une figure (1) par une rotation de centre C et d'angle θ de sens direct (ou indirect) si, lorsqu'on fait tourner la figure (1) d'un angle θ de sens direct (ou indirect) autour de C, alors elle se superpose avec (2).

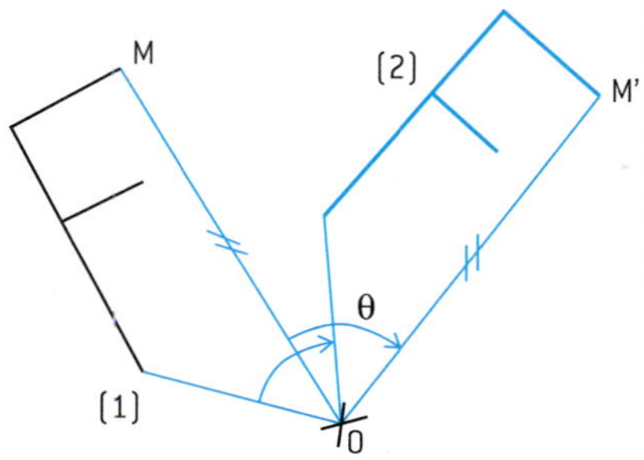

4 2. Définition mathématique

Étant donné un angle θ (de sens direct ou indirect) et un point C, l'image du point M par la rotation de centre C et d'angle θ est :

– le point M′ tel que CM′ = CM et l'angle $(\widehat{CM,CM'})$[2] = θ (de sens direct ou indirect), si M est différent de C ;

– le point M lui-même si M est en C.

La rotation de centre C et d'angle θ est notée R (C, θ).

Si M′ est l'image de M par R (C, θ), on écrit : M′ = R (C, θ) (M).

Cas particulier : R (C, 180 °) est la symétrie de centre C ; dans ce cas, la précision du sens n'a pas d'importance. Cette propriété permet de comprendre la définition naïve de la symétrie centrale *(cf. § 2.A, p. 482)*.

2. On ne note pas cet angle $\widehat{MCM'}$ pour préciser le sens de rotation. En toute logique, on devrait ici écrire des angles de vecteurs.

FICHE MÉTHODE 5 Tracer l'image d'un point par une rotation

→ Tracer l'image M′ de M par R (C, θ)

1. Tracer la demi-droite [C, *x*) telle que = $\widehat{CM,Cx}$.

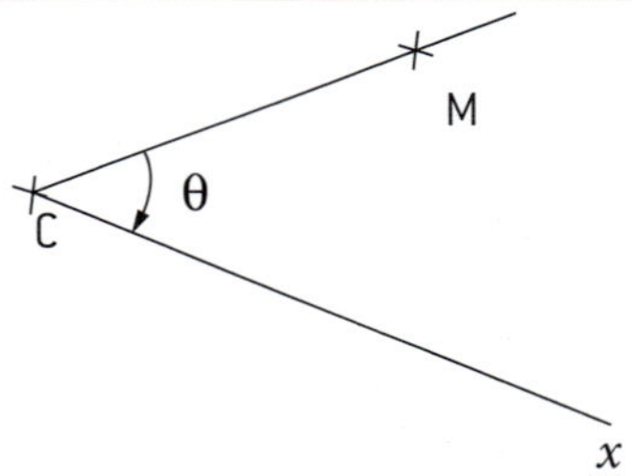

2. Placer le point M′ sur [C, *x*) tel que CM′ = CM.

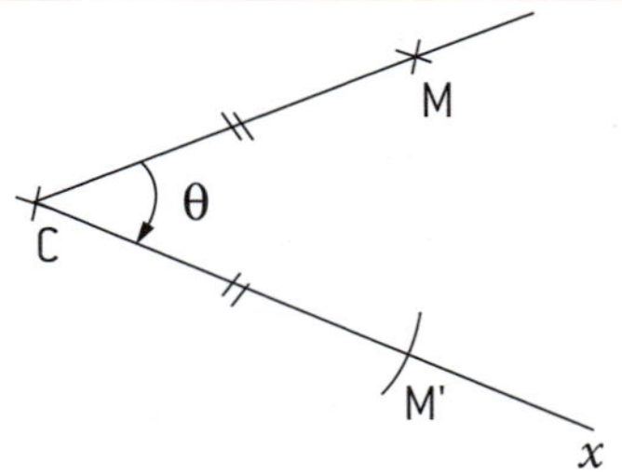

4 3. Propriétés des rotations

Les rotations **conservent l'alignement, les longueurs, les milieux, les angles** (donc en particulier l'orthogonalité) et **le parallélisme**.

Mais l'**image d'une droite** par une rotation n'est généralement pas une droite qui lui est parallèle.

L'**image d'un cercle** est donc un cercle de même rayon dont le centre est l'image du centre.

Corrigé QCM 4 : La phrase B est fausse, car la rotation est d'angle – 50°.

C'est la rotation de centre C et d'angle indirect 50 ° (c'est celui du sens des aiguilles d'une montre) qui permet de passer de la figure *a* à la figure *b*.

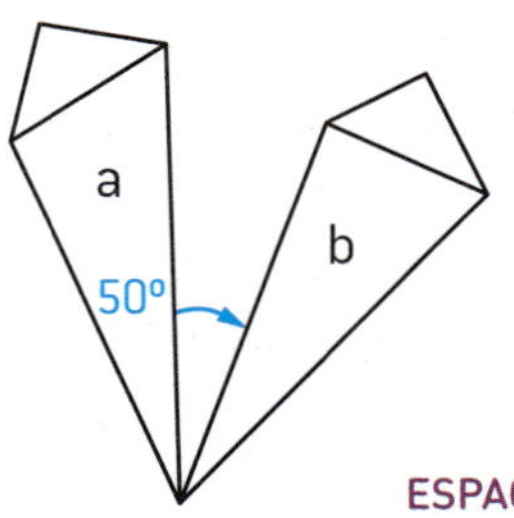

Qcm 4, p. 476

Les transformations étudiées jusqu'à présent (symétrie axiale, symétrie centrale, translation et rotation) ne transforment pas vraiment les figures ; elles les déplacent. En effet, ces transformations conservent les longueurs et donc les angles[3].
Ces transformations, qui conservent les distances, sont appelées des isométries[4].
Nous allons étudier une transformation qui n'est pas une isométrie : l'homothétie.
Au préalable, on va aborder les agrandissements et réductions.

3. On démontre qu'une transformation qui conserve les distances conserve également les angles
4. « iso » signifie « égal », « métrie » signifie « mesure ».

5 Agrandissement et réduction d'une figure

Un polygone F′ est un agrandissement ou une réduction d'un polygone F si les dimensions de ses côtés ont été multipliées par un même coefficient (réel et positif) et que les angles sont conservés.
Si le coefficient est **supérieur à 1,** on obtient un **agrandissement**.
Si le coefficient est **inférieur à 1,** on obtient une **réduction**.

Corrigé QCM 3 affirmations A et B :

Qcm 3, p. 476

- **A″B″C″ est un agrandissement du triangle ABC.**

En effet, on constate que les dimensions ont été multipliées par un même coefficient : $A''B'' = 1{,}5\ AB$; $B''C'' = 1{,}5\ BC$ et $A''C'' = 1{,}5\ AC$.
Et $\widehat{ABC} = \widehat{A''B''C''}$;
$\widehat{ACB} = \widehat{A''C''B''}$ et $\widehat{BAC} = \widehat{B''A''C''}$.

- Par contre A′B′C′ n'est pas un agrandissement de ABC car $A'B' = 2\ AB$ mais $A'C'$ est différent de $2\ AC$.

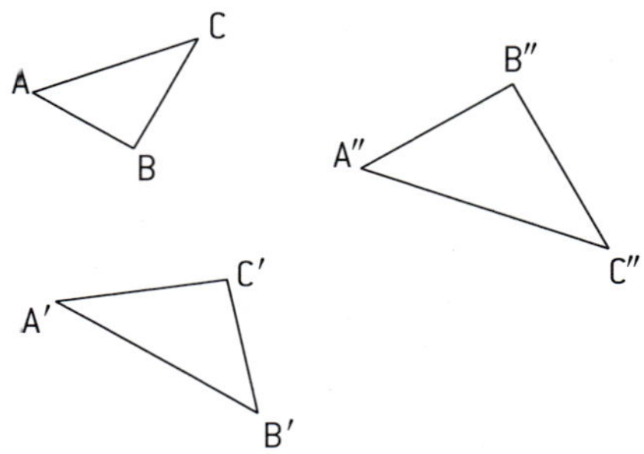

Si on multiplie les dimensions d'un triangle par un même coefficient, on obtient un triangle qui est un agrandissement ou une réduction du triangle de départ. Les angles sont automatiquement conservés. Ce n'est pas le cas pour un polygone autre qu'un triangle.

Corrigé QCM 3 affirmation C :

On constate que $D'E' = 1{,}2\ DE$; $E'F' = 1{,}2\ EF$; $F'G' = 1{,}2\ FG$; $G'D' = 1{,}2\ GD$ et pourtant D′E′F′G′ n'est pas un agrandissement de DEFG car, par exemple, $\widehat{EDG} \neq \widehat{E'D'G'}$.

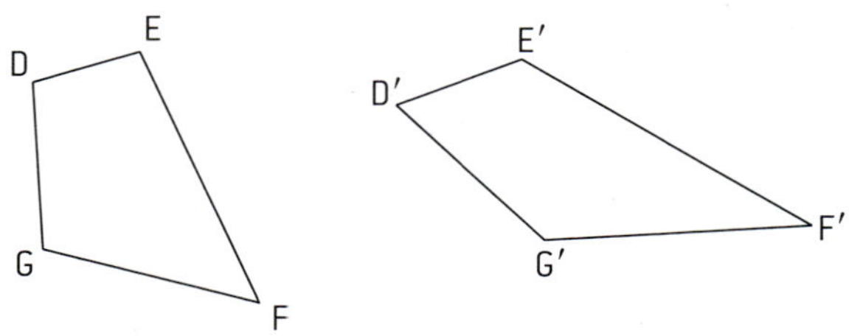

ATTENTION
Ajouter (ou soustraire) un même nombre aux dimensions des côtés d'un polygone ne permet pas d'obtenir un agrandissement (ou une réduction) de ce polygone.

5 1. Propriétés d'un agrandissement et d'une réduction

L'agrandissement ou la réduction conserve l'alignement, les angles (donc la perpendicularité), le parallélisme, le milieu.
Deux segments de même longueur ont des agrandissements ou réductions de même longueur.

On retrouve également les conséquences des **propriétés de linéarité de la proportionnalité** :
– Si dans la figure, la longueur d'un côté est égale à la somme des longueurs des deux autres côtés, alors il en est de même de leurs agrandissements/réductions respectifs.
– Si dans la figure, la longueur d'un côté est *k* fois plus long qu'un autre côté (*k* étant un nombre réel) alors il en est de même de leurs agrandissements/réductions respectifs.

> **Chap. 10,** p. 238-239

5 2. Tracé de l'agrandissement et de la réduction d'une figure

Avec les deux exemples qui suivent, nous allons étudier comment réduire ou agrandir une figure.

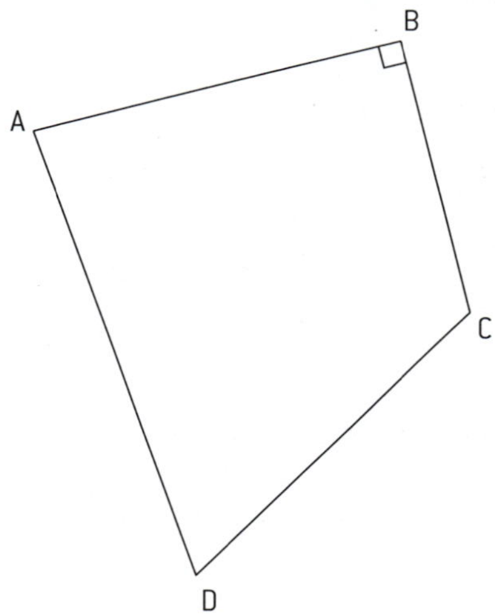

FICHE MÉTHODE 6 **Construire l'agrandissement ou la réduction d'une figure.**

→ **Exemple 1 :** Construire la réduction de ce quadrilatère, sachant que le côté correspondant à AB doit mesurer 2 cm sur la réduction.

Méthode 1. **Utilisation de la définition**

1. **Déterminer le coefficient d'agrandissement ou de réduction** s'il n'est pas connu. Pour cela, on divise la mesure d'un côté de la figure agrandie ou réduite par la mesure du côté correspondant de la figure donnée.	Calcul du coefficient de réduction : $\frac{2}{4}=0{,}5$
2. **Calculer les mesures des côtés nécessaires à la construction de l'agrandissement ou de la réduction** en mesurant les côtés correspondants de la figure d'origine et en multipliant ces mesures par le coefficient de proportionnalité calculé ci-dessus. Remarque : Si ce coefficient est « compliqué » (nombre rationnel non décimal par exemple), il est parfois plus simple, pour calculer les mesures des côtés de l'agrandissement ou de la réduction, d'appliquer les propriétés additive et multiplicative de la linéarité (*voir le corrigé de l'entrainement 16 p. 497*).	Il faut donc multiplier toutes les dimensions par 0,5 : A′B′ = 2 cm B′C′ = 1,5 cm C′D′ = 2 cm A′D′ = 2,5 cm

3. Mesurer les angles nécessaires à la construction du quadrilatère.	$\widehat{ABC} = 90°$, donc $\widehat{A'B'C'} = 90°$.
4. Construire la figure agrandie.	• Tracer [A′B′] puis la perpendiculaire à (A′B′) qui passe par B′. • Placer le point C′ tel que B′C′ = 1,5 cm. • Placer D′ avec le compas tel que : A′D′ = 2,5 cm et C′D′ = 2 cm.

Il y a évidemment plusieurs possibilités pour construire cette figure. On peut ne pas utiliser les angles en traçant une diagonale de ce quadrilatère, la mesurer, puis appliquer à cette mesure le coefficient de réduction pour déterminer la mesure de la diagonale correspondante de la figure réduite.

→ **Exemple 2 :** Décrire une méthode pour construire un agrandissement de la figure ci-contre sachant que le côté correspondant à [AB] est [A′B′]. On n'utilisera qu'un compas, une règle non graduée et un rapporteur. Justifier cette méthode.

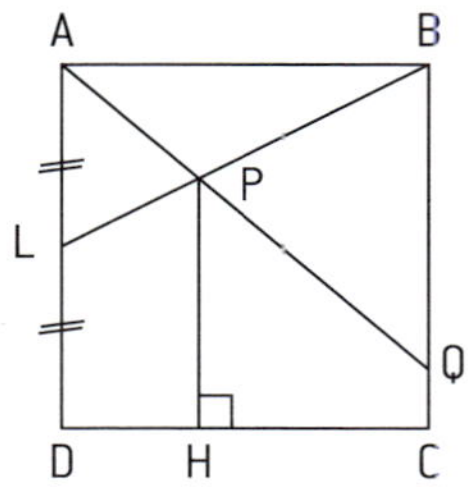

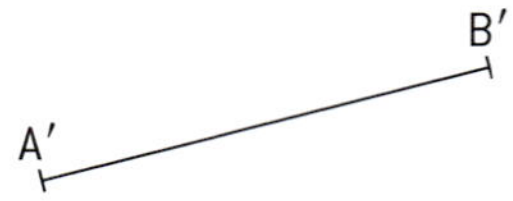

Méthode 1. **Utilisation de propriétés de l'agrandissement ou de la réduction**

1. Analyser la figure de départ en identifiant les figures de base, les liens entre ses figures (*voir chap. 15, p. 381*). Remarque : Il n'est pas nécessaire de faire figurer cette analyse dans la rédaction de la réponse.	**Analyse de la figure :** *La figure est constituée d'un carré et de segments.* *Le point* L *est le milieu du segment* [AD]. *Le point* H *est l'intersection de* (DC) *avec la droite perpendiculaire à* (DC) *qui passe par* P. *L'angle* $\widehat{BAQ}$ *mesure* 40°.
2. Utiliser les propriétés de conservation des angles, de l'alignement, du milieu d'un segment, de la perpendicularité, du parallélisme par un agrandissement ou une réduction.	Tracer un carré A′B′C′D′. Placer le point L′ milieu de [A′D′]. Tracer [B′L′]. Placer le point Q′ sur [B′C′], tel que $\widehat{B'A'Q'} = 40°$. Soit P′ l'intersection de [A′Q′] et [B′L′]. Tracer la perpendiculaire à (D′C′) qui passe par P′, elle coupe [C′D′] en H′. **Propriétés utilisées :** Un agrandissement conserve les angles, la perpendicularité, les milieux.

Entrainement 16

Corrigé p. 497

Agrandir le triangle ci-contre sachant que [A′C′] est l'agrandissement de [AC].

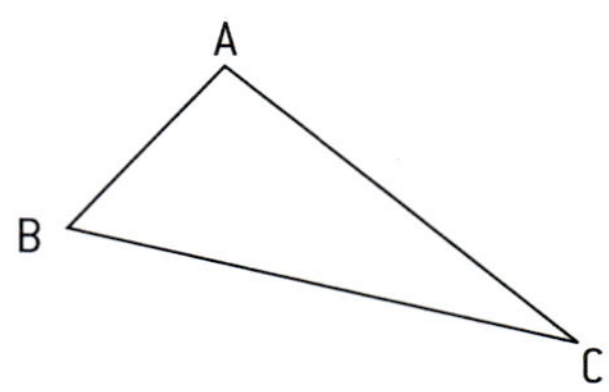

Entrainement 17

En utilisant uniquement un rapporteur, un compas et une règle non graduée, réduire la figure ci-contre, sachant que la longueur du côté du carré ABCD doit être égale à la longueur du segment ci-dessous :

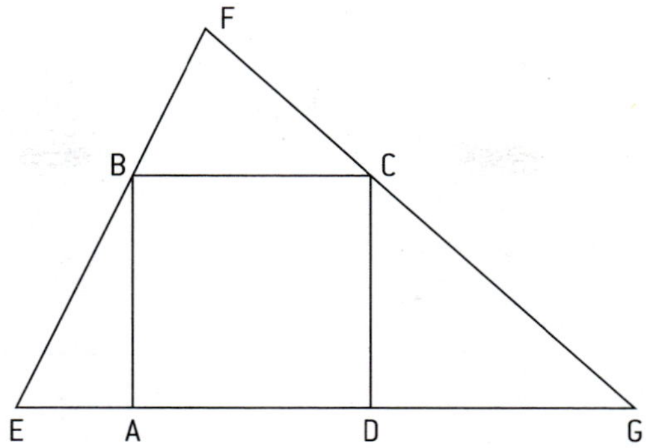

Corrigé p. 497

6 Homothétie de rapport positif

6 1. Définition mathématique

Étant donné un point C et un nombre k non nul, on appelle homothétie de centre C et de rapport k, la transformation qui, à tout point M (autre que C) associe un point M′ tel que :
– les points C, M et M′ sont alignés ;
– si $k > 0$ alors M′ est sur la demi-droite [CM) et tel que $CM' = k \times CM$;
– si $k < 0$ alors M′ est sur la demi-droite [MC) sans être sur le segment [CM] tel que $CM' = -k \times CM$.
C est sa propre image.

FICHE MÉTHODE 7 Tracer l'image d'un point par une homothétie

→ Tracer l'image M′ de M par H $\left(C, \frac{1}{2}\right)$

→ Tracer l'image M′ de M par H $\left(C, -\frac{1}{2}\right)$

1. Tracer la demi-droite [CM). (Comme le rapport ici est inférieur à 1, le tracé du segment suffit.)

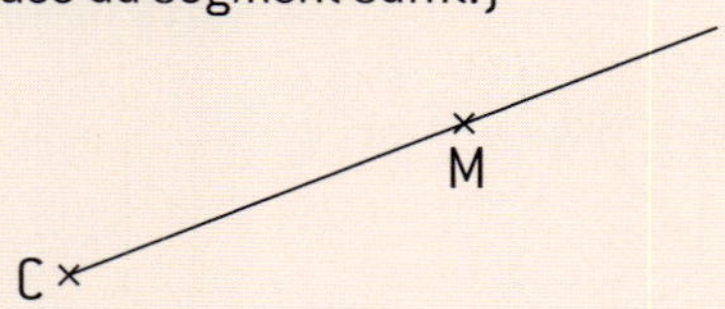

1. Tracer la demi-droite [MC)

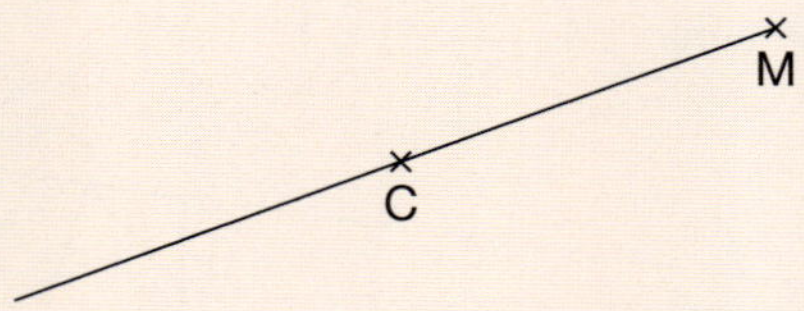

2. Placer le point M′ tel que $CM' = \frac{1}{2}CM$.

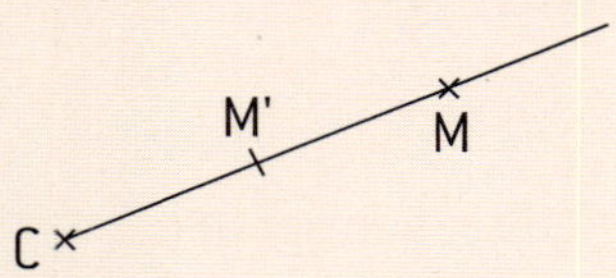

2. Placer le point M′ situé sur la demi-droite [MC) sans appartenir au segment [CM] tel que $CM' = \frac{1}{2} \times CM$

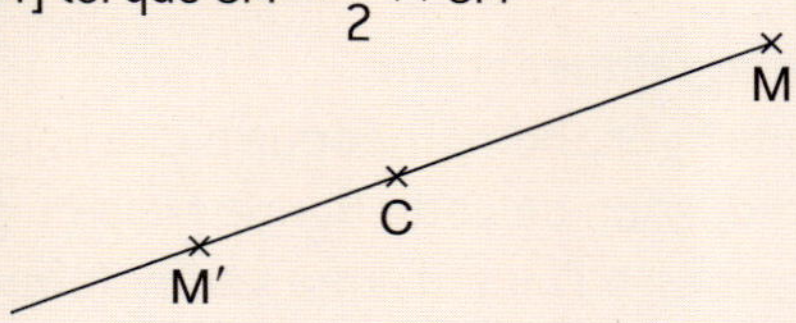

Remarque : Un point, son image par une homothétie et le centre de l'homothétie sont alignés.

6 2. Propriétés des homothéties

• L'homothétie **conserve l'alignement, les milieux, les angles, l'orthogonalité, le parallélisme** mais, en général, pas les longueurs. Par contre, l'homothétie **conserve l'égalité des longueurs**, c'est-à-dire que des segments de même longueur auront pour image des segments de même longueur.[4]

• **L'image d'une droite** par une homothétie est une droite qui lui est parallèle.

4. Si les points A, B, C et D ont pour image A′, B′, C′ et D′ et si AB = CD, alors A′B′ = C′D′ ; par contre, en général, AB ≠ A′B′.

• On démontre que si A′ et B′ sont les images respectives de A et B par une homothétie de rapport k, alors on a $A'B' = k \times AB$ si $k > 0$ ou $A'B' = -k\ AB$ si $k < 0$.

Conséquences : Une homothétie de rapport $k > 1$ ou $k < -1$ agrandit une figure.
Une homothétie de rapport k tel que $-1 < k < 1$ réduit une figure.[5]
L'image d'un cercle de rayon r par une homothétie de rapport k est donc un cercle de rayon kr.

5. Pour les notions d'agrandissement et de réduction, voir p. 488

Exemple :

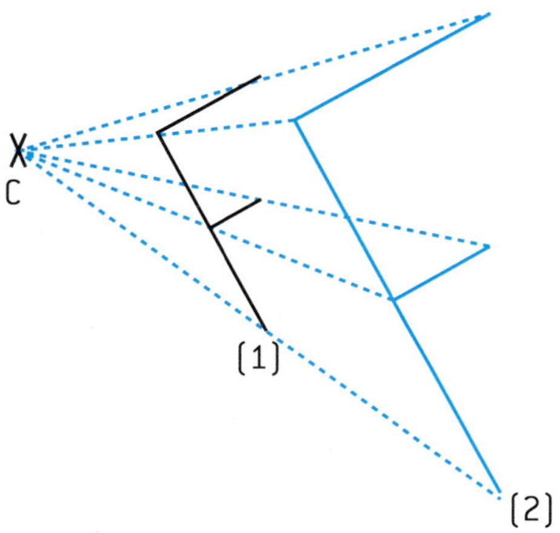

(2) est l'image de (1) par H (C, 2)

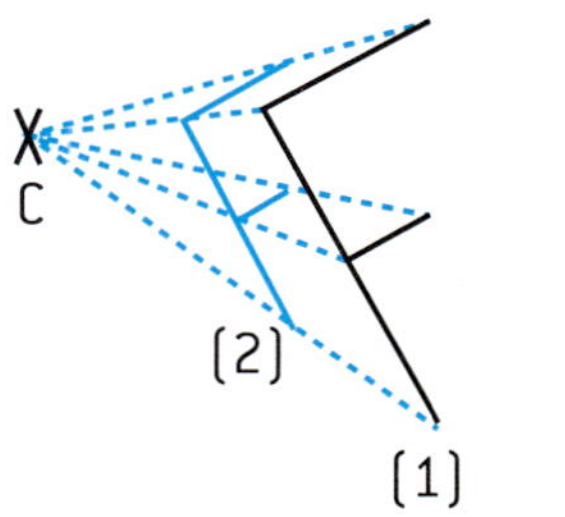

(2) est l'image de (1) par H (C, 2/3)

Corrigé QCM 4 : La phrase C est vraie.

Qcm 4, p. 476

On constate ici que la figure *b* n'est pas superposable à la figure *a*.
La transformation qui permet de passer de la figure *a* à la figure *b* est l'homothétie de centre A et de rapport environ 1,4 ($\frac{AB'}{AB}=1{,}4$).

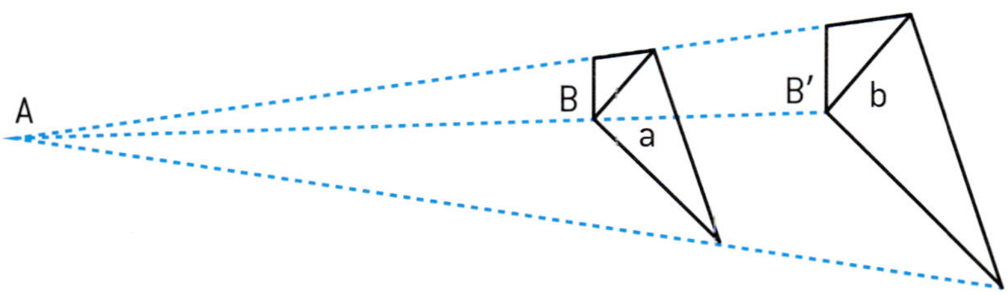

6 3. Homothétie et agrandissement

On vient de voir qu'une figure homothétique d'une figure géométrique est un agrandissement ou une réduction de cette figure. Mais on peut obtenir des agrandissements ou des réductions à l'aide d'autres transformations du plan. Par exemple, l'image d'une figure par l'application composée d'une homothétie et d'une translation (ou d'une rotation, ou d'une symétrie) est un agrandissement de cette figure.

Corrigé QCM 4 : La phrase D est fausse.
La figure *b* est un agrandissement de la figure *a* (coefficient 1,4) mais pas l'image d'une homothétie. On constate qu'un côté de la figure *a* et son agrandissement dans la figure *b* ne sont pas parallèles.

Qcm 4, p. 476

Entrainement 18

Corrigé p. 498

Tracer un triangle ABC, tel que AB = 6 cm, BC = 4 cm et AC = 5 cm.
Tracer le symétrique A′ de A par rapport à (BC).
Tracer le symétrique B′ de B par rapport à A.
Tracer $C' = R\,(A, 40°)\,(C)$.
Tracer $B'' = H\,(C, \frac{1}{2})\,(B)$.

Entrainement 19

Corrigé p. 498

Sur le dessin ci-contre, trouver des points et leur image par des transformations que l'on précisera (on utilisera uniquement les points nommés en faisant des constats ; aucune démonstration n'est demandée).

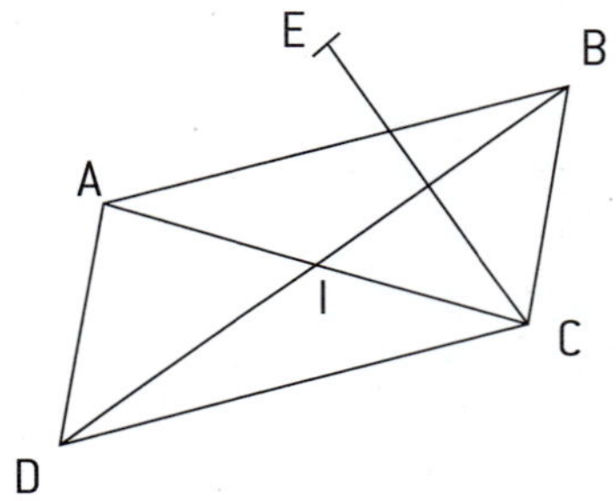

Entrainement 20

Corrigé p. 498

Soit deux points A et A′. Par une rotation r, l'image du point A est A′.
Où peut se situer le centre de cette rotation ?
Y a-t-il plusieurs rotations possibles ?

Entrainement 21

Corrigé p. 498

a. Quel est le rapport de l'homothétie de centre A dont l'image de M est M′ ?
b. Tracer l'image N′ du point N par cet homothétie, en utilisant uniquement une règle non graduée et un compas.

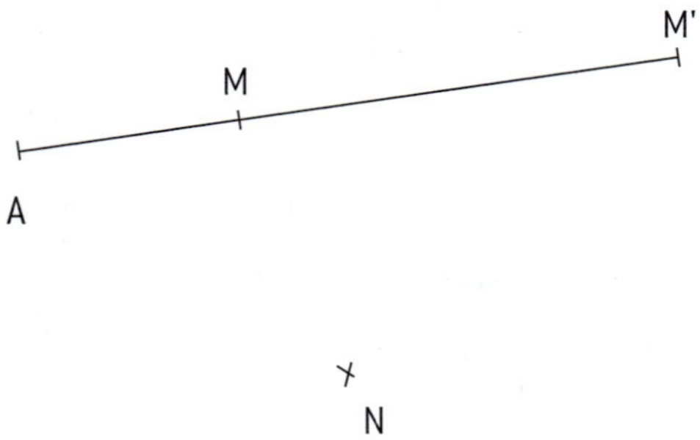

Corrigés

Entrainement 1

Énoncé p. 478

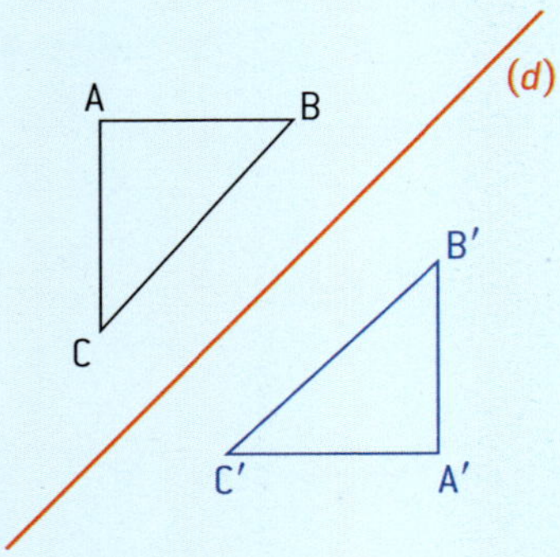

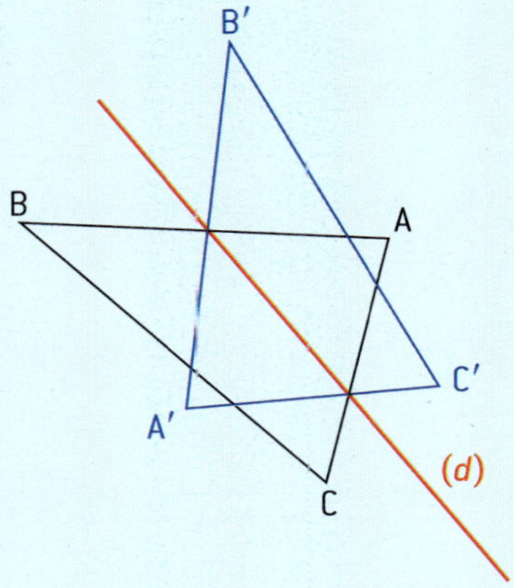

Entrainement 2

Énoncé p. 480

Le symétrique de A par rapport à (*d*) est A, car A est un point de (*d*).
Le symétrique de B est B′.
La symétrie axiale conserve les distances, donc AB = AB′, donc ABB′ est un triangle isocèle.

Entrainement 3

Énoncé p. 480

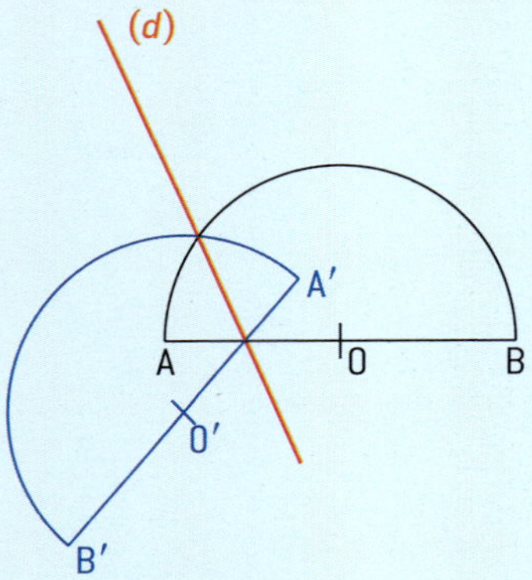

Entrainement 4

On appelle I l'intersection de (AB) et de (*d*). On trace la demi-droite [A′I) et un arc de cercle de centre A′ et de rayon AB ; il coupe la demi-droite [A′I) en B′.

Justification : L'image du segment [AB] est un segment de même longueur que [AB] qui passe par I (en effet I est un point de [AB] et il est son propre symétrique) et dont une extrémité est le symétrique de A, donc A'.

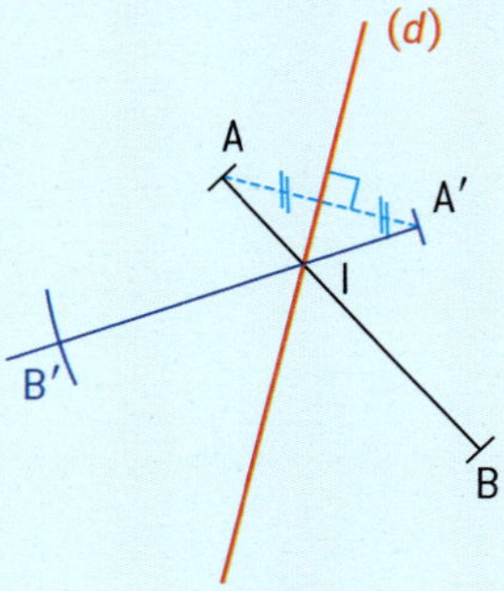

Entrainement 5

Énoncé p. 481

un axe pas d'axe deux axes

Entrainement 6

Énoncé p. 483

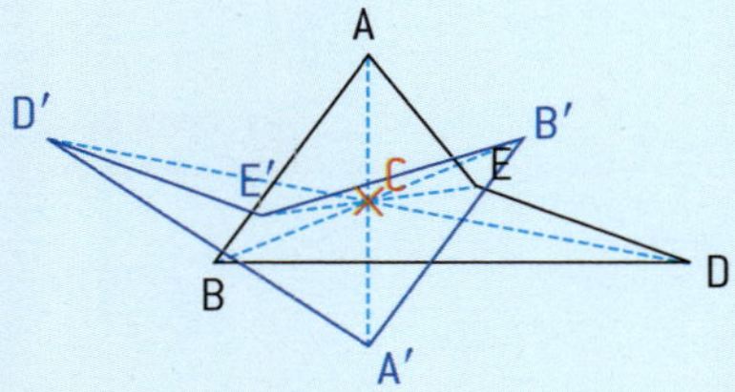

Entrainement 7

A′ est le symétrique de A par rapport à C, donc C est le milieu de [AA′].
De même, C est le milieu de [BB′], donc ABA′B′ est un parallélogramme (propriété P3). **Donc (AB) // (A′B′)** (propriété P2).

Entrainement 8

Énoncé p. 483

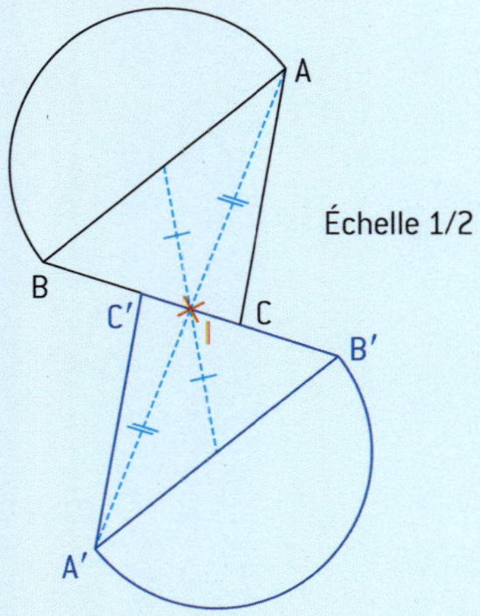

Entrainement 9

Le symétrique du segment [DF] est [D′F′].
K est un point de [DF], donc son image K′ est sur [D′F′] (propriété de la symétrie centrale).
De plus K, K′ et E sont alignés, donc K′ est le point d'intersection de (KE) et [D′F′].

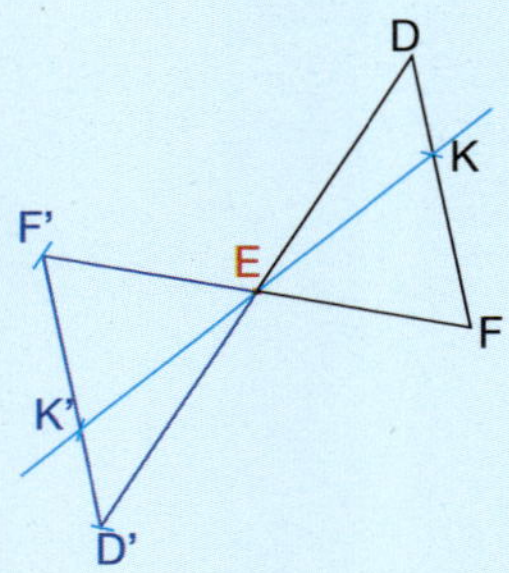

Entrainement 10

Énoncé p. 483

a. L'axe de symétrie est la médiatrice de [AA'] ; une fois cette médiatrice tracée, il n'y a plus qu'à tracer le symétrique de B par rapport à cette droite.

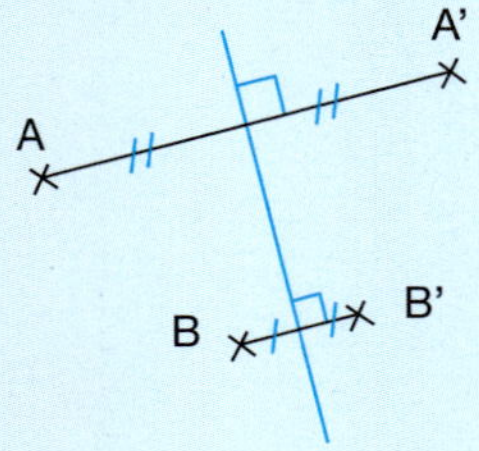

b. Le centre de symétrie est le milieu de [AA']. Une fois le milieu placé, il n'y a plus qu'à tracer le symétrique de B.

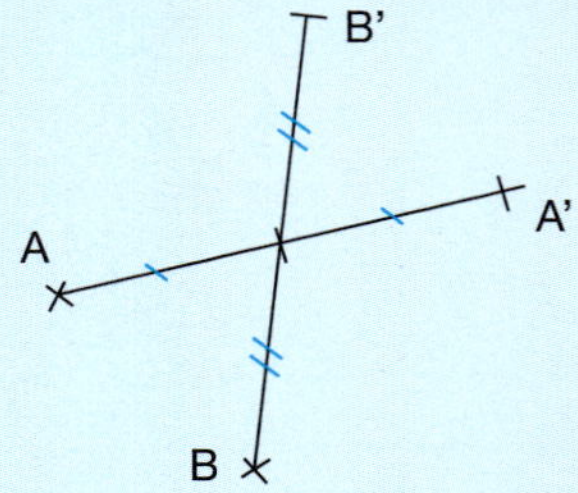

Entrainement 11

Énoncé p. 485

Seul le **panneau** (3) a un centre de symétrie, qui est le centre du cercle.

Entrainement 12

Un triangle ne peut pas avoir de centre de symétrie car s'il en avait un, il aurait des côtés parallèles deux à deux, ce qui est évidemment impossible.

Entrainement 13

Énoncé p. 485

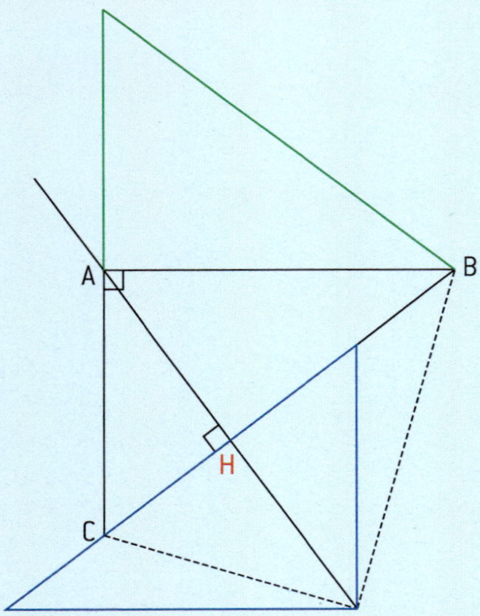

Entrainement 15

Énoncé p. 486

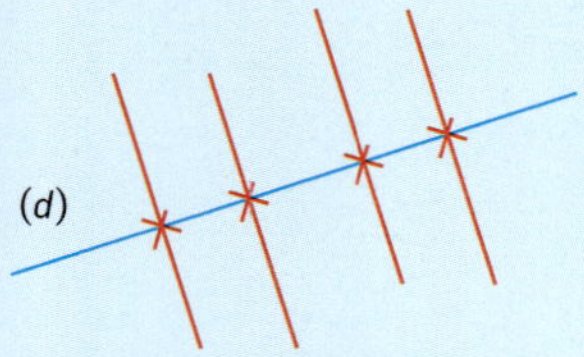

Les axes de symétrie de (d) sont (d) elle-même et toute droite perpendiculaire à (d). Attention, une droite est infinie ! Tout point de (d) est un centre de symétrie.

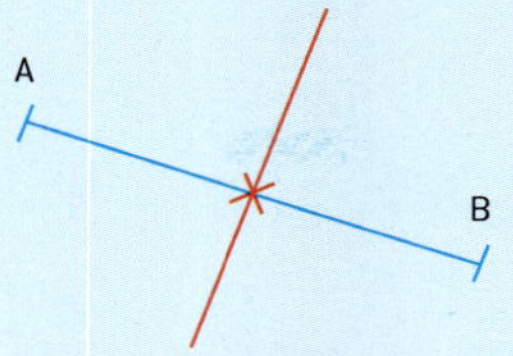

Les axes de symétrie de [AB] sont (AB) et la médiatrice de [AB]. Le milieu de [AB] est son unique centre de symétrie.

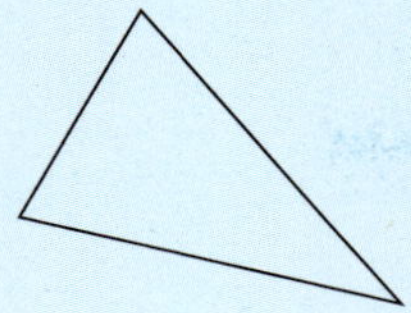

Ni axe, ni centre de symétrie.

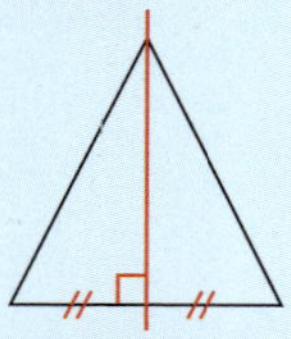

Un axe de symétrie : la médiatrice de la base. Pas de centre de symétrie.

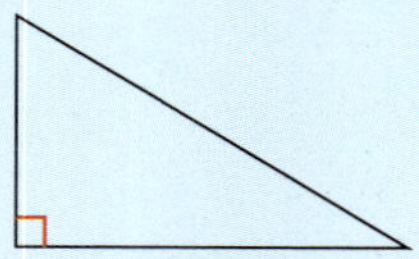

Un triangle rectangle n'a ni axe, ni centre de symétrie.

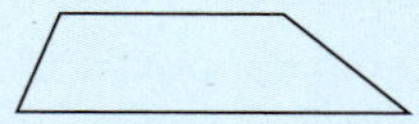

Un trapèze quelconque n'a ni axe, ni centre de symétrie.

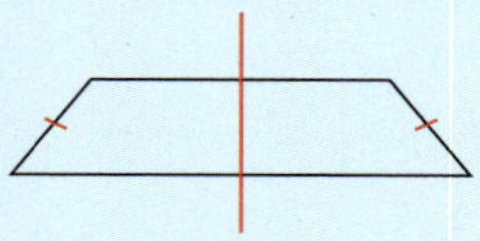

Un trapèze isocèle a un axe de symétrie, mais pas de centre de symétrie. Le point d'intersection des diagonales n'est pas un centre de symétrie.

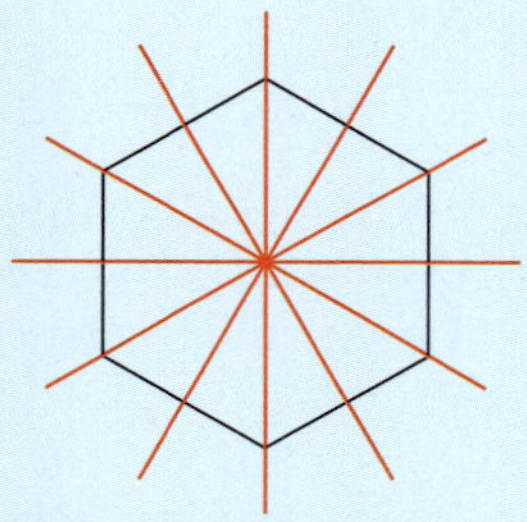

Un hexagone a six axes de symétrie et un centre de symétrie qui est le point de concours de ces axes et le centre du cercle circonscrit à l'hexagone.

Entrainement 16

Énoncé p. 490

Si on mesure AB, on trouve 1,5 cm. Si on mesure AC, on trouve 3 cm. On a donc bien $AB = \frac{AC}{2}$. D'après la propriété multiplicative de la linéarité, on a $A'B' = \frac{A'C'}{2}$.
$\widehat{CAB} = 96°$. On trace la demi-droite $[A'x)$ tel que $\widehat{C'A'x} = 96°$; sur cette demi-droite, on place le point B′ tel que $A'B' = \frac{A'C'}{2}$.
Ainsi, on peut construire l'agrandissement de ABC sans utiliser le coefficient d'agrandissement.

> Le coefficient d'agrandissement est : $\frac{A'C'}{AC} = \frac{4}{3}$. Ce n'est pas un nombre décimal ; il n'est donc pas facile à utiliser. On va alors essayer de calculer les dimensions de la figure agrandie en utilisant les propriétés additive et multiplicative de la linéarité.

Entrainement 17

Énoncé p. 491

On trace tout d'abord la réduction du carré ABCD avec la longueur donnée, que l'on reporte avec le compas. Puis, on mesure les angles $\widehat{FBC}$ et $\widehat{FCB}$, que l'on reporte pour construire le point correspondant à F dans la réduction. On peut alors facilement terminer la construction de la réduction.

Entrainement 18

Énoncé p. 493

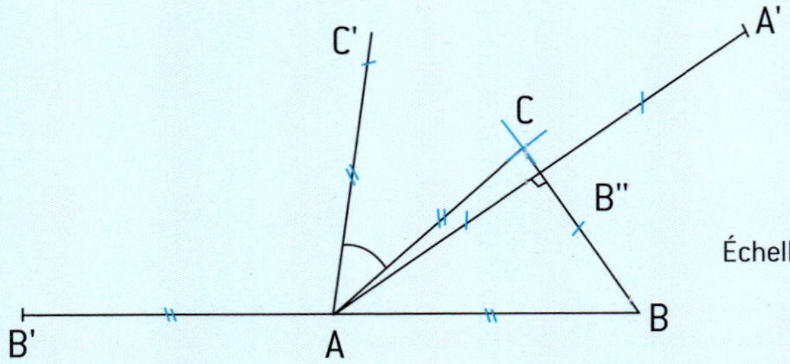

Échelle 1/2

Entrainement 19

Énoncé p. 493

Plusieurs réponses sont possibles :
A est le symétrique de C par rapport à I.
B est le symétrique de D par rapport à I.
E est le symétrique de C par rapport à (DB).
C = R (B, 90°) (E) ; E = R (B, – 90°) (C) ; C = R (D, – 41°) (E) ; E = R (D, 41°) (C).

Entrainement 20

Énoncé p. 493

D'après la définition d'une rotation, le centre est équidistant d'un point et de son image. Donc le centre se situe sur la médiatrice de [AA′]. Il y a une infinité de rotations possibles de centres et d'angles différents.

Entrainement 21

Énoncé p. 493

a. $\frac{AM'}{AM} = \frac{6}{2} = 3$. Le rapport d'homothétie de centre A est égal à 3.
b. A, N et N′ sont alignés.
De plus (MN) et (M′N′) sont parallèles *(cf. propriétés des homothéties).*
Donc le point N′ est l'intersection de la droite (AN) et de la parallèle à (MN) qui passe par M′.

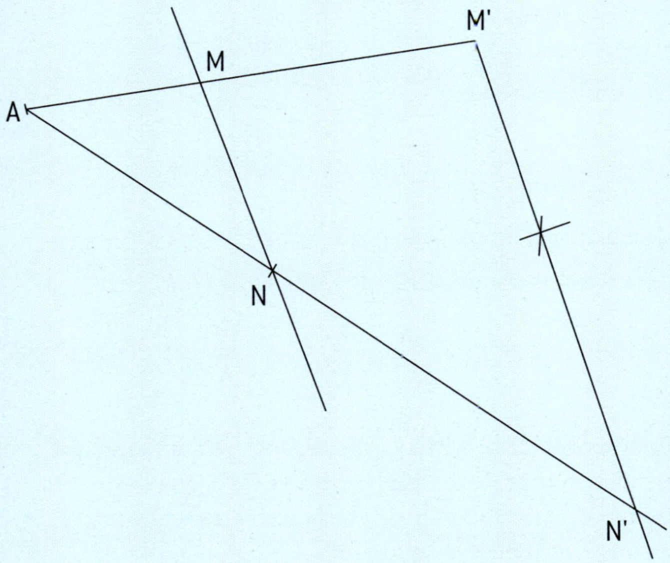

AU CONCOURS Transformations

Exercice 1

Corrigé p. 502

Tracer une droite (*d*).
Placer deux points A et B qui n'appartiennent pas à (*d*) et tels que (AB) ne soit pas parallèle à (*d*).
Tracer avec le compas le symétrique A′ de A par rapport à (*d*).
Tracer le symétrique B′ de B par rapport à (*d*) en utilisant uniquement la règle non graduée.
Décrire la méthode et la justifier.

Exercice 2

Corrigé p. 502

Décrire une méthode pour agrandir le quadrilatère ci-dessous sachant que l'agrandissement du côté [AB] devra mesurer A′B′, en utilisant uniquement une règle non graduée et le compas. Entre parenthèses figurent les mesures des côtés en cm.

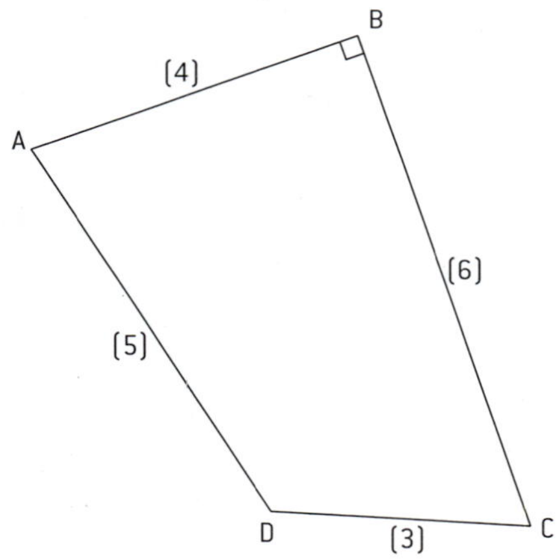

La figure n'est pas tracée à l'échelle 1.

Exercice 3

Corrigé p. 503

Soit A et B deux points quelconques.
Soit C l'image de B par R (A, 30°) et C′ le symétrique de C par rapport à la droite (AB). Démontrer que ACC′ est un triangle équilatéral.

Exercice 4

Corrigé p. 503

Dans la figure ci-après, les cercles de centres A et O ont même rayon et se coupent en E et F.
La droite (AO) recoupe le cercle de centre O en C.

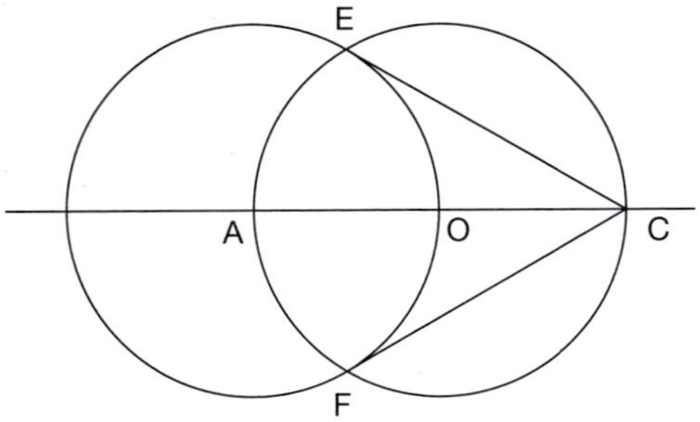

1. Montrer que (AC) est axe de symétrie de la figure.

2. On complète la figure en traçant le carré ABCD, le point B étant du même côté que E par rapport à (AC).

a. Construire la figure complète (les cercles et le carré), à la règle non graduée et au compas, en indiquant les différentes étapes de la construction et en laissant les traits de construction apparents. On prendra pour longueur de [AB] la longueur du segment ci-dessous de longueur L :

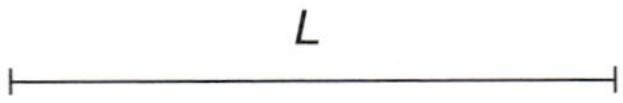

b. Quelle est la droite symétrique de (AB) par rapport à (AC) ?

c. Soit G l'intersection des droites (AB) et (CE), et H l'intersection des droites (AD) et (CF).

Montrer que le point G est le symétrique du point H par rapport à la droite (AC).

d. Démontrer que le triangle CGH est équilatéral.

Exercice 5

Corrigé p. 505

Une enseignante souhaite faire travailler ses élèves sur la notion d'échelle. Pour cela, elle colle sous le préau trois morceaux de ruban adhésif, de façon à obtenir le dessin suivant (Les dimensions et les points sont notés à la craie) :

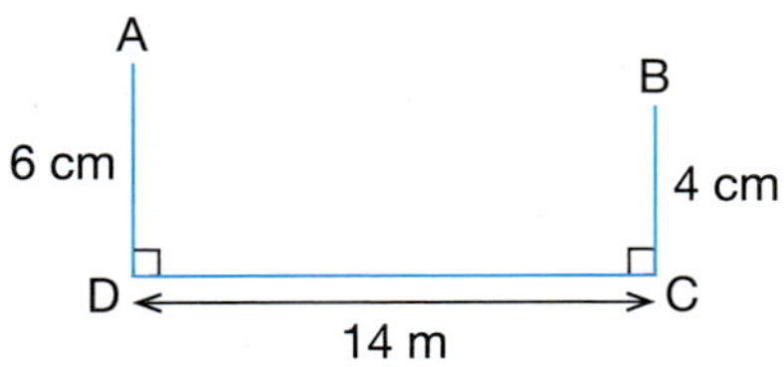

Les élèves sont rassemblés autour du collage. L'enseignante leur donne les consignes suivantes :

« *On veut tracer un chemin qui part de A, puis passe par un point F du segment DC et arrive en B. On veut que ce chemin soit le plus court possible. Il faut donc trouver où placer F sur le segment [DC] pour que le chemin AFC soit le plus court possible.*

Pour trouver la position du point F, vous allez représenter le dessin à l'échelle 1/100. Ensuite, en classe, en groupes de 4, vous chercherez une méthode pour placer F sur votre figure.

Quand vous estimerez avoir fini, vous viendrez m'indiquer comment placer F en me donnant la longueur FC. Quand tous les groupes auront fini, je placerai tous les points trouvés et on déterminera le groupe qui a trouvé le plus court chemin. »

Le but de ce problème est de trouver la longueur FC.

1. Représenter les points A, B, C et D sur une figure à l'échelle 1/100. Justifier la réponse.

2. Construire le point E symétrique du point B par rapport à la droite (CD).

3. On appelle F le point d'intersection des droites (AE) et (CD).
Soit M un point quelconque du segment [DC] distinct du point F.
Démontrer que AM + MB > AF + FB.

4. En déduire l'endroit où l'on doit construire la gare G.

5. Démontrer que $FD = \frac{3}{2}FC$.

6. En déduire que FC = 5,6 m.

7. Calculer, au décimètre près, la longueur du chemin le plus court.

Exercice 6

Corrigé p. 507

1. Pour cette question, tracer sur la copie une figure ressemblant à celle du dessin ci-dessous. Il ne s'agit pas de reproduire exactement cette figure mais d'en respecter la forme et la disposition.
Construire à la règle et au compas les symétriques A′, B′ et C′ des points A, B et C par rapport à la droite (OI) en laissant apparents les traits de construction.
Construire à la règle et au compas les symétriques A″, B″ et C″ des points A′, B′ et C′ par rapport à la droite (OJ) en laissant apparents les traits de construction.

2. Montrer que l'angle $\widehat{BOB''}$ vaut le double de l'angle $\widehat{IOJ}$.

3. Quelle est la transformation du plan qui transforme le triangle ABC en A″B″C″ ? Justifier la réponse.

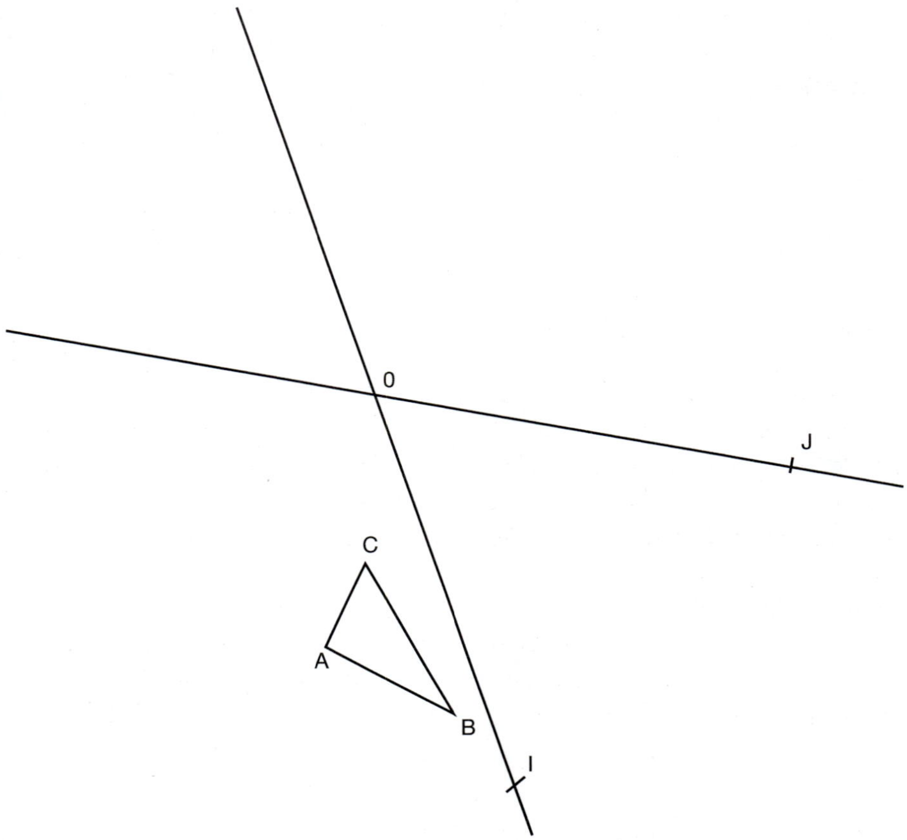

Corrigés

Exercice 1

Énoncé p. 499

Une fois qu'on a tracé le symétrique de A, on ne dispose plus que d'une règle non graduée pour tracer le symétrique de B. On ne peut donc que tracer des droites. On peut alors :
• procéder au hasard pour finalement aboutir à un point qui semble être le symétrique de B (mais avec cette méthode, on aura de la peine à justifier la construction) ;
• appliquer la propriété p. 480 pour construire le symétrique d'un point B.

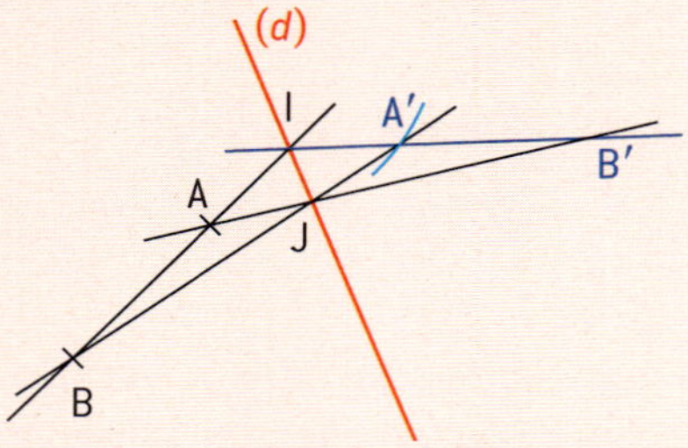

Méthode : On trace les droites (AB) et (A′B) qui coupent (*d*) respectivement en I et J. Le symétrique de B est l'intersection de (A′I) et (AJ).

Justification : Le symétrique de I est I et le symétrique de A est A′.
Donc le symétrique de la droite (AI) est la droite (A′I).
Le symétrique de A′ est A et le symétrique de J est J.
Donc le symétrique de la droite (A′J) est la droite (AJ).
B est l'intersection des droites (AI) et (A′J), donc son symétrique est l'intersection des droites (A′I) et (AJ).

Exercice 2

Énoncé p. 499

On ne peut évidemment pas calculer le coefficient d'agrandissement. Il faut donc utiliser les propriétés de linéarité pour calculer les dimensions des côtés du quadrilatère.

BC = 1,5 AB donc B′C′ = 1,5 A′B′ (propriété multiplicative de la linéarité).
Pour tracer un segment de longueur B′C′, il suffit de tracer la médiatrice de [A′B′] et de reporter la moitié du segment [A′B′] à la « suite » du segment [A′B′].
Comme $DC = \frac{1}{2}BC$, il suffit de tracer la médiatrice du segment qu'on vient d'obtenir (B′C′) pour avoir un segment qui a même longueur que D′C′.
$AD = \frac{AB+BC}{2}$ donc $A'D' = \frac{A'B'+B'C'}{2}$.
Pour tracer un segment de longueur A′D′, il faut tracer « bout à bout » un segment de longueur A′B′ et B′C′ et tracer la médiatrice de ce segment.
Il suffit ensuite de tracer A′B′, puis de tracer la perpendiculaire à (A′B′) passant par B′. Sur cette perpendiculaire, on place le point C′ avec le compas. On place, toujours avec le compas, le point D′.

Ici, on peut aussi utiliser la propriété de conservation des angles : reporter avec le compas les angles $\widehat{DAC}$ et $\widehat{ABC}$.

Exercice 3

Énoncé p. 499

On va montrer que le triangle ACC′ est un triangle isocèle dont l'angle au sommet principal mesure 60° (*cf. entrainement 18 p. 404*).

Par la symétrie par rapport à (AB), l'image de A est A et l'image de C est C′
Donc AC = AC′ (conservation des distances par la symétrie d'axe (AB)).
Donc ACC′ est un triangle isocèle.
De plus l'image de l'angle $\widehat{CAB} = \widehat{C'AB}$ (conservation des angles par la symétrie d'axe (AB)).
Donc ces deux angles sont égaux à 30°.
Donc $\widehat{CAC'} = 60°$.
Le triangle ACC′ est un triangle isocèle qui a un angle de 60°, c'est donc un triangle équilatéral.

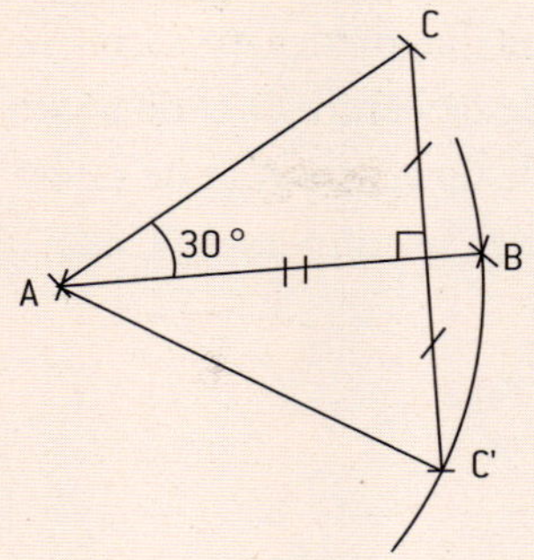

Exercice 4

Énoncé p. 499

1. Toute droite support d'un diamètre est un axe de symétrie d'un cercle.
La droite (AC) est support d'un diamètre de chacun des deux cercles.
Donc c'est un axe de symétrie des deux cercles.
Il faut maintenant démontrer que [CE] et [CF] sont symétriques par rapport à (AC). C appartient à (AC) donc il est son propre symétrique.
Démontrons que le symétrique de E est F.

Pour démontrer qu'un point M′ est le symétrique d'un point M par rapport à une droite (*d*), on peut :
- **Méthode 1 :** Utiliser la définition en montrant que (*d*) est la médiatrice de [MM′].
- **Méthode 2 :** Démontrer que M est l'intersection de deux courbes (par exemple, deux droites ou une droite et un cercle) et démontrer que le symétrique de ces deux courbes a pour intersection M′ (*cf. propriété p. 480*).

MÉTHODE 1 : AE = AF (rayon du cercle de centre A), donc A est sur la médiatrice de [EF] (propriété M4) ; de même pour O ; donc (AO), c'est-à-dire (AC), est la médiatrice de [EF] (propriété M5), donc l'axe de symétrie de [EF] donc le symétrique de E est F.
MÉTHODE 2 : E est une intersection des deux cercles, donc son symétrique est aussi l'intersection des deux cercles (puisque chaque cercle est son propre symétrique) ; donc le symétrique de E est F.
Donc le symétrique de [CE] est [CF]. Donc (AC) est bien un axe de symétrie de la figure.

Ici, les deux cercles ont deux points d'intersection E et F, ce qui peut engendrer une difficulté pour reconnaitre lequel des deux points est le symétrique de E. Mais comme E ne peut pas être son symétrique car il n'est pas sur l'axe, le symétrique de E est forcément F.

2. a. Une méthode possible pour construire la figure complète à la règle non graduée et au compas est la suivante :

- Tracer en premier le carré ABCD ; pour cela :

– tracer [AB] tel que AB = L et la perpendiculaire à (AB) qui passe par B (avec la méthode avec le compas) ;

– placer ensuite C sur cette perpendiculaire tel que BC = L et avec le compas placer D tel que CD = AD = L ;

– tracer enfin les diagonales du carré ; leur intersection est O.

- Tracer le cercle de centre O et de rayon [OA].
- Tracer le cercle de centre A et de rayon [AO].
- Ces deux cercles se coupent en E et F. Tracer les segments [CF] et [CE].

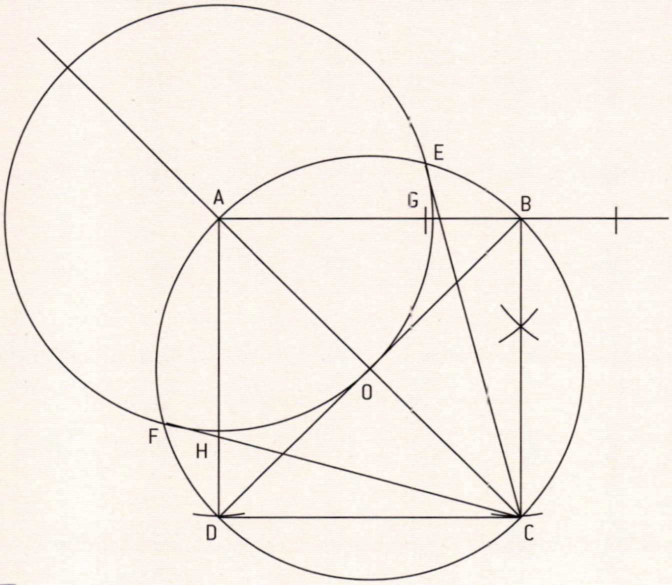

b.

Pour déterminer le symétrique d'une droite, il suffit de déterminer le symétrique de deux de ses points.

On va démontrer que le symétrique de B par rapport à (AC) est D, ce qui prouvera que le symétrique de (AB) est (AD), puisque A est son propre symétrique.

O est le milieu de [BD] et (AC) est perpendiculaire à (BD) (propriété des diagonales du carré), donc (AC) est la médiatrice de [BD] (propriété M1).

Donc le symétrique de B par rapport à (AC) est D (définition du symétrique d'un point par rapport à un axe). De plus, A est son propre symétrique.

Donc le symétrique de [AB] est [AD].

c.

On peut essayer de démontrer que (AC) est la médiatrice de [GH], mais cela semble très complexe. Aussi allons-nous utiliser la méthode présentée au §4.1 p. 486 (2e propriété) et rappelée ci-dessous.

Dans la symétrie d'axe (AC), le symétrique de la droite (AB) est (AD) (*question 2.b*), le symétrique de (CE) est (CF) (*question 1*). Le point G est sur (AB) et (EC), donc son symétrique est à l'intersection de leurs symétriques, c'est-à-dire (AD) et (CF).

Le symétrique de G est donc H.

d.

Pour démontrer que le triangle isocèle CGH est équilatéral, il suffit de démontrer qu'il a un angle de 60°. Pour cela on va démontrer que $\widehat{ECA} = 30°$.

CG = CH car la symétrie conserve les longueurs.
Le triangle CGH est donc isocèle de sommet principal C.
Le triangle AEC est rectangle en E ([AC] est un diamètre et E un point du cercle) (propriété C′2).
Le triangle AEO est équilatéral car OE = OA = AE (ce sont des rayons égaux des deux cercles).
Dans le triangle rectangle ACE, l'un des angles aigus ($\widehat{EAC}$) valant 60°, l'autre angle vaut 30°, donc $\widehat{ECA} = 30°$.
$\widehat{ECA} = \widehat{ACF}$ car ces angles sont symétriques par rapport à (AC).
Donc $\widehat{ECF} = 30° + 30° = 60° = \widehat{GCH}$.
Donc le triangle GCH est un triangle isocèle qui a un angle de 60°.
Le triangle CGH est donc équilatéral.

Exercice 5

Énoncé p. 500

1. et **2.**

On peut utiliser l'équerre pour effectuer les constructions, puisqu'on ne donne pas de contrainte au niveau des instruments.

1 m = 100 cm correspond à 1 cm. Ainsi le segment de 6 m fera 6 cm

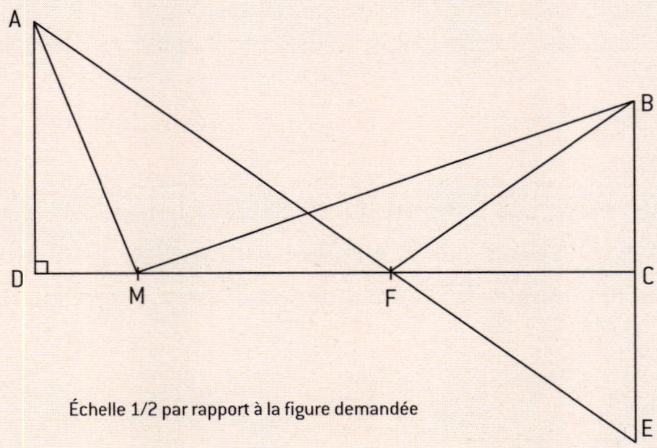

Échelle 1/2 par rapport à la figure demandée

3.

On peut envisager de comparer AM et AF d'une part, et MB et FB d'autre part.
Malheureusement si AM < AF alors MB > FB.
On est donc amené à remplacer certaines longueurs par des longueurs égales.
Il est également nécessaire de faire intervenir le fait que E est le symétrique de B par rapport à (CD).

E est le symétrique de B par rapport à (DC) et M est son propre symétrique.
Donc MB = ME (car la symétrie axiale conserve les longueurs).
De même FB = FE.
En conséquence, AM + MB = AM + ME et AF + FB = AF + FE = AE.
Or AM + ME > AE (d'après l'inégalité triangulaire dans le triangle AME).
Donc AM + ME > AF + FE.
Donc AM + MB > AF + FB.

4. Comme on souhaite que la distance AG + GB soit minimum, il faut placer G en F, c'est-à-dire à l'intersection de (DC) avec la droite joignant A au symétrique de B par rapport à (DC).

5.

Il s'agit de démontrer l'égalité de deux longueurs dont l'une est affectée d'un rapport.
De plus $FD = \frac{3}{2}FC$ équivaut à $\frac{FD}{FC} = \frac{3}{2}$. On pense au théorème de Thalès et ce d'autant plus qu'on reconnait une configuration de Thalès : le « nœud papillon » avec les points A, F et E, et D, F et C, ainsi que les parallèles (AD) et (BE).

Les points A, F et E d'une part, et les points D, F et C d'autre part, sont alignés. De plus (AD) et (BE) sont parallèles car ce sont deux droites perpendiculaires à (DC).

Donc d'après le théorème de Thalès on a :

$\frac{FD}{FC} = \frac{AD}{CE}\left(= \frac{FA}{FE}\right)$, or E est le symétrique de B par rapport à (DC) donc CE = CB

et $\frac{FD}{FC} = \frac{AD}{CB} = \frac{6}{4} = \frac{3}{2}$, donc $\mathbf{FD = \frac{3}{2}FC}$.

6. L'unité de longueur est ici le m.

FD + FC = DC (car F est un point du segment [DC]).

$FD + FC = 14$, donc $\frac{3}{2}FC + FC = 14$, donc $\frac{5}{2}FC = 14$.

En conséquence : $\mathbf{FC = \frac{28}{5} = 5{,}6\ m}$.

7.

Il s'agit de calculer AF + FB et donc de calculer AF et FB.
L'utilisation du théorème de Pythagore s'impose avec les triangles rectangles ADF et FBC.

- Dans le triangle AFD rectangle en D, on a, d'après le théorème de Pythagore : $AD^2 + DF^2 = AF^2$.

De plus FD = DC – FC (car F est un point de [DC]), donc $FD = 14 - 5{,}6 = 8{,}4$.

Donc $6^2 + 8{,}4^2 = AF^2$, donc $AF^2 = 106{,}56$, donc $AF = \sqrt{106{,}56}$ m.

- De même, dans le triangle BFC rectangle en C, on a d'après le théorème de Pythagore : $BC^2 + CF^2 = BF^2$.

Donc $4^2 + 5{,}6^2 = BF^2$, donc $BF^2 = 47{,}36$

donc $BF = \sqrt{47{,}36}$ m.

- $AF + FB = \sqrt{106{,}56} + \sqrt{47{,}36} \approx 17{,}205$ si on prend un arrondi à un décimètre près. Donc le trajet du point A au point B passant par G est d'environ : **17,2 m.**

ATTENTION
$\sqrt{a+b} \neq \sqrt{a} + \sqrt{b}$
Penser à vérifier sur le dessin la vraisemblance du résultat trouvé.

Énoncé p. 501

Exercice 6

1.

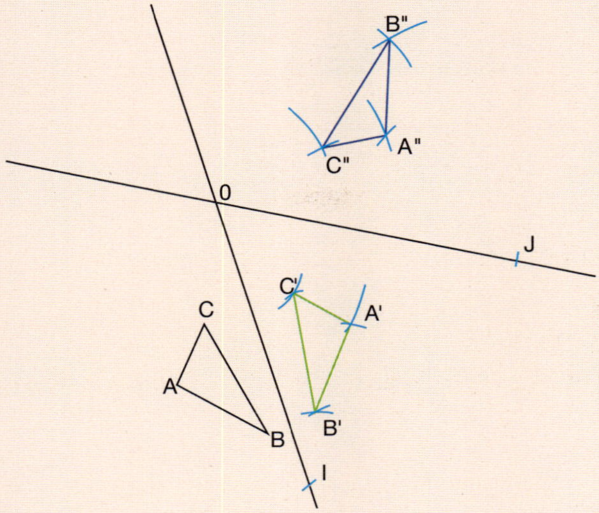

2. Le symétrique de B par rapport à (OI) est B′ et le symétrique de O est O lui-même. Le symétrique de I est I lui-même.

Or la symétrie orthogonale conserve les angles, donc $\widehat{BOI} = \widehat{B'OI}$.

Par un raisonnement analogue avec la symétrie d'axe (OJ), on démontre que $\widehat{B'OJ} = \widehat{B''OJ}$.

Or $\widehat{BOB''} = \widehat{BOI} + \widehat{IOJ} + \widehat{JOB''}$ donc en utilisant les égalités ci-dessus on a : $\widehat{BOB''} = \widehat{B'OI} + \widehat{IOJ} + \widehat{JOB'}$.

Donc $\widehat{BOB''} = \widehat{IOJ} + \left(\widehat{B'OI} + \widehat{JOB'}\right)$, or $\widehat{B'OI} + \widehat{JOB'} = \widehat{IOJ}$.

Donc $\mathbf{\widehat{BOB''} = 2\widehat{IOJ}}$.

Ici, il faut faire une démonstration.

3. B′ est l'image de B par la symétrie d'axe (OI).

Donc (OI) est la médiatrice de [BB′], donc OB = OB′.

On démontre de même que OB′ = OB″ par la symétrie d'axe (OJ), donc OB = OB″.

De plus $\widehat{BOB''} = 2\widehat{IOJ}$ qui est constant.

Donc B′ est l'image de B par la rotation de centre O et d'angle $2\widehat{IOJ}$.

On peut faire une démonstration analogue pour A et C.

Donc c'est **la rotation de centre O et d'angle $2\widehat{IOJ}$** qui transforme ABC en A″B″C″.

On pourrait rajouter le sens de rotation, de I vers J.

CHAPITRE

21

Espace et géométrie

Triangles isométriques, triangles semblables

Objectif

- Connaitre et savoir utiliser les propriétés caractéristiques des triangles isométriques et semblables.

Tester ses connaissances

Pour ces QCM, ABC, DEF … désignent des triangles.

QCM 1 ABC tel que AB = 5 cm, AC = 4 cm et $\widehat{BAC} = 40°$.
DEF tel que ED = 4 cm, EF = 5 cm et $\widehat{DEF} = 40°$.
KLM tel que KM = 6 cm, $\widehat{KML} = 50°$ et $\widehat{LKM} = 60°$.
NOP tel que NO = 6 cm, $\widehat{NOP} = 50°$ et $\widehat{ONP} = 70°$.
GHI tel que GH = 6 cm, $\widehat{IGH} = 50°$ et $\widehat{GIH} = 70°$.
Quelles sont parmi ces affirmations celles qui sont vraies :
A. ABC et DEF sont superposables.
B. KLM et NOP sont superposables.
C. KLM et GHI sont superposables.

aide
§1 p. 510

QCM 2 ABC tel que AB = 6 cm, BC = 5 cm et AC = 4 cm.
DEF tel que DE = 8 cm, EF = 6,4 cm et DF = 9,6 cm.
GHI tel que $\widehat{GHI} = 60°$ et $\widehat{HIG} = 40°$.
KLM tel que $\widehat{KLM} = 40°$ et $\widehat{LMK} = 80°$.
NOP tel que $\widehat{NOP} = 56°$, NO = 5 cm et OP = 6 cm.
QRS tel que $\widehat{QSR} = 56°$, QS = 7 cm et SR = 9 cm.
Quelles sont parmi ces affirmations, celles qui sont vraies :
A. ABC et DEF sont un agrandissement ou une réduction l'un de l'autre.
B. GHI et KLM sont un agrandissement ou une réduction l'un de l'autre.
C. NOP et QRS sont un agrandissement ou une réduction l'un de l'autre.

aide
§2 p. 512

1. A, C **2.** A, B

LE COURS

1 Triangles isométriques

1 1. Définition

Deux triangles sont isométriques si et seulement si[1] l'un est l'image de l'autre par une isométrie[2]. C'est-à-dire qu'ils sont superposables.

1 2. Propriétés des triangles isométriques

Pour reconnaitre si deux triangles sont isométriques, sans passer par les isométries, on peut utiliser l'une des trois propriétés ci-dessous. Ces propriétés sont aussi appelées « cas d'égalité des triangles ». Il est à noter qu'ici le mot « égalité » est utilisé abusivement (*cf.* note 3).

Propriété 1 : Deux triangles sont isométriques si et seulement si les longueurs des trois côtés d'un triangle sont respectivement égales aux longueurs des trois côtés de l'autre triangle.[3]

Les triangles ABC et A'B'C' sont isométriques.

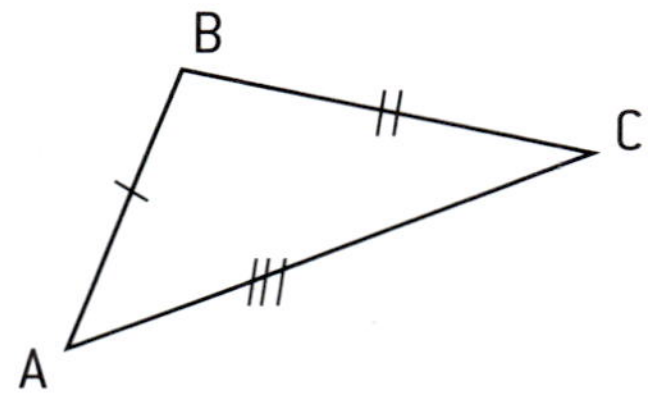

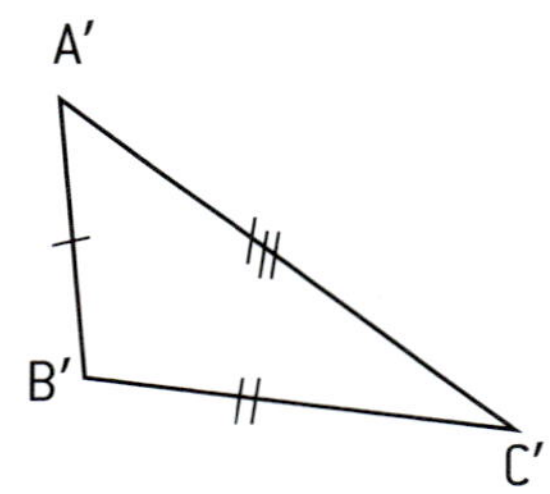

Propriété 2 : Deux triangles sont isométriques si et seulement si un angle d'un triangle est égal à un angle d'un autre triangle et si les longueurs des côtés formant ces angles sont respectivement égales.

Les triangles ABC et A'B'C' sont isométriques.

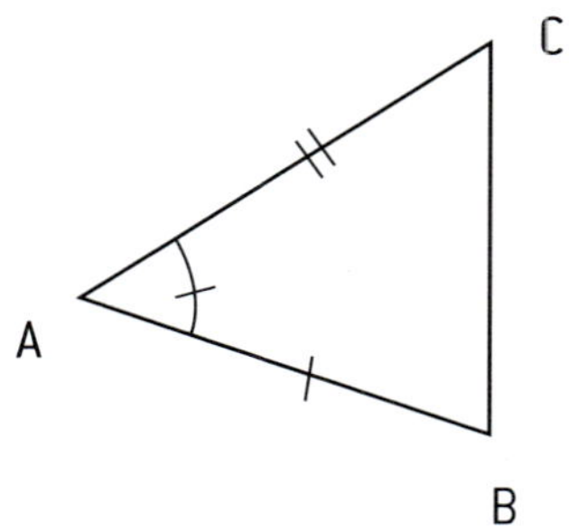

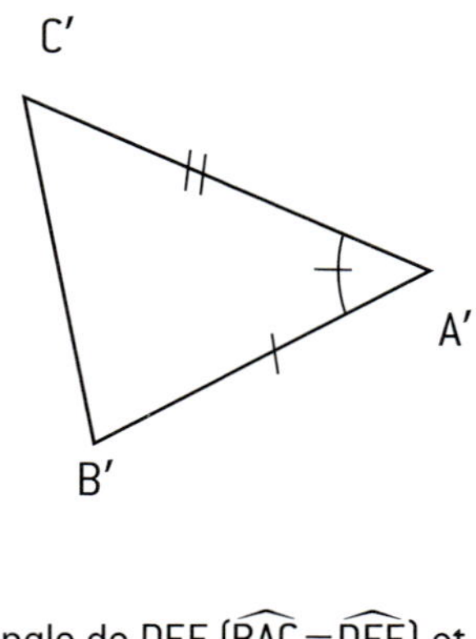

Corrigé QCM 1 :

La phrase A est vraie. En effet un angle de ABC est égal à un angle de DEF ($\widehat{BAC} = \widehat{DEF}$) et les longueurs des deux côtés de cet angle sont respectivement égales : AC = ED et AB = EF.

1. L'expression « si et seulement si » signifie qu'il y a équivalence entre « triangles isométriques » et « l'un est l'image de l'autre par une isométrie ».

2. Rappelons qu'une isométrie est une transformation qui conserve les distances et donc les angles (*cf.* chap. 20 p. 488).

3. Par abus de langage, on peut aussi dire que « les côtés sont égaux ». Cela a l'avantage d'alléger les phrases, mais il faut savoir qu'en réalité ce sont les longueurs des côtés qui sont égales. Au concours, si vous utilisez l'expression « côté égaux », il peut s'avérer utile de préciser que « vous utilisez cette expression pour simplifier les phrases, mais qu'en réalité ce sont les longueurs des côtés qui sont égales ». Ce sera certainement très bien vu par les correcteurs !

Qcm 1 p. 509

Propriété 3 : Deux triangles sont isométriques si et seulement si deux angles d'un des triangles sont respectivement égaux à deux angles d'un autre triangle et les longueurs des côtés communs à ces deux angles sont égales.

Les triangles ABC et A'B'C' sont isométriques.

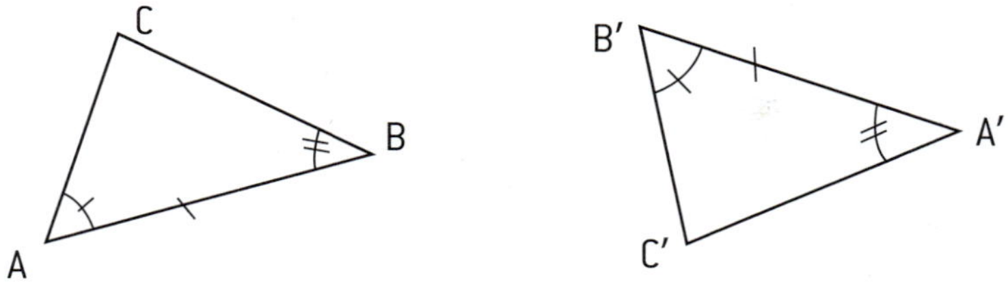

Corrigé QCM 1 :

Qcm 1 p. 509

La phrase B est fausse car les deux triangles ont bien un côté de même longueur mais les angles adjacents à ce côté ne sont pas égaux : $\widehat{ONP} \neq 60°$.

La phrase C est vraie. Calculons $\widehat{GHI}$ dans le triangle GHI : $\widehat{GHI} = 180° - (50° + 70°) = 60°$.

Donc les triangles KLM et GHI ont deux angles respectivement égaux : $\widehat{KML} = \widehat{HGI}$ et $\widehat{LKM} = \widehat{GHI}$ et les longueurs des côtés communs aux deux angles sont également égales : KM = GH.

Conséquence : Ces propriétés permettent de comparer et de calculer des longueurs et des angles.

Entrainement 1

Corrigé p. 516

On sait que :

– le triangle KLM est tel que KM = 7 cm, $\widehat{KML} = 40°$ et $\widehat{LKM} = 60°$;

– le triangle NOP est tel que NO = 7 cm, $\widehat{NOP} = 40°$ et $\widehat{NPO} = 80°$.

Ces triangles sont-ils isométriques ?

Entrainement 2

Corrigé p. 516

ABCD est un parallélogramme de centre O. Soit E un point de [AB].

La droite (OE) coupe (DC) en F.

a. Démontrer que les triangles OEA et OFC sont isométriques.

b. Démontrer que O est le milieu de [EF].

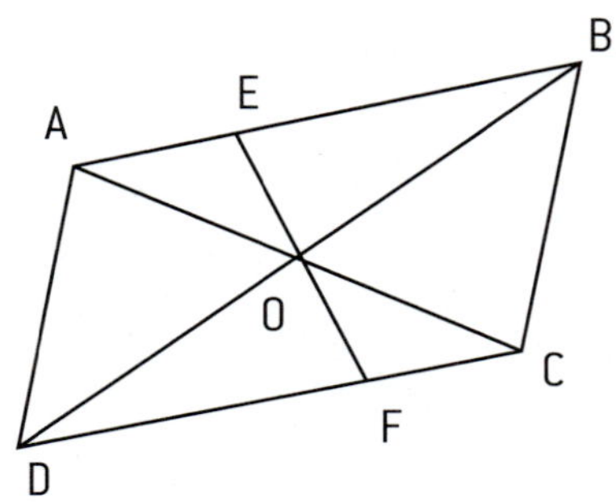

❷ Triangles semblables

❷ 1. Définition

Deux triangles sont semblables si et seulement si l'un est un agrandissement (ou une réduction) de l'autre.

Les triangles ABC et DEF, dont les mesures des côtés figurent entre parenthèses, sont semblables.

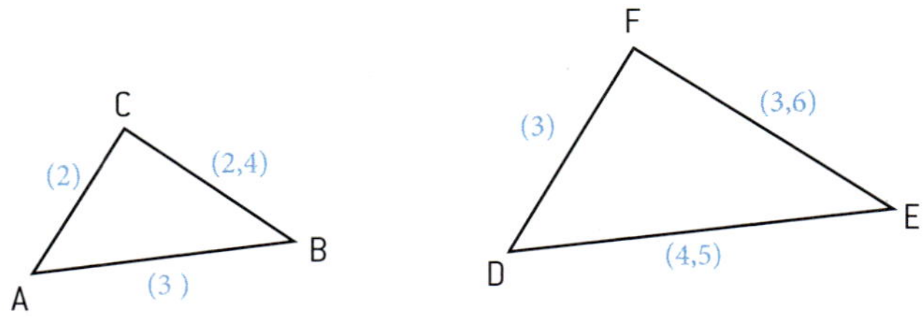

En effet on a : $\frac{DE}{AB} = \frac{4,5}{3} = 1,5$ $\frac{DF}{AC} = \frac{3}{2} = 1,5$ $\frac{FE}{CB} = \frac{3,6}{2,4} = 1,5$

Donc $\frac{DE}{AB} = \frac{DF}{AC} = \frac{FE}{CB} = 1,5$. 1,5 est le rapport de similitude.

Corrigé QCM 2 :
La phrase A est vraie car $\frac{DE}{BC} = \frac{EF}{AC} = \frac{DF}{AB} = 1,6$.

ATTENTION
Pour éviter les erreurs lors de l'écriture des rapports égaux, il peut être utile de commencer par écrire les noms des deux triangles l'un en dessous de l'autre, en faisant correspondre les sommets des angles égaux, *cf. chap. 18 p. 447*.

Pour s'assurer qu'un triangle est un agrandissement (réduction) d'un autre, il suffit de s'assurer de la proportionnalité des longueurs des côtés correspondants. L'égalité des angles n'est pas à vérifier car elle découle directement de la proportionnalité des longueurs des côtés correspondants, ce qui n'est pas le cas pour un quadrilatère.

❷ 2. Propriétés des triangles semblables

Pour reconnaitre que deux triangles sont semblables, on peut utiliser l'une des trois propriétés ci-dessous.

Propriété 1 : Deux triangles sont semblables si et seulement si les longueurs des trois côtés de l'un sont respectivement proportionnelles aux longueurs des trois côtés de l'autre.[4]

Les triangles ABC et A'B'C' sont semblables si et seulement si $\frac{AB}{A'B'} = \frac{BC}{B'C'} = \frac{AC}{A'C'}$.

4. On parle souvent de « côté proportionnels ». Comme pour « l'égalité des côtés », il s'agit d'un abus de langage que vous pouvez faire en le signalant dans votre copie.

Propriété 2 : Deux triangles sont semblables si et seulement si deux angles de l'un sont respectivement égaux à deux angles de l'autre.

Les triangles ABC et A′B′C′ sont semblables si et seulement si $\widehat{ABC} = \widehat{A'B'C'}$ et $\widehat{BCA} = \widehat{B'C'A'}$.

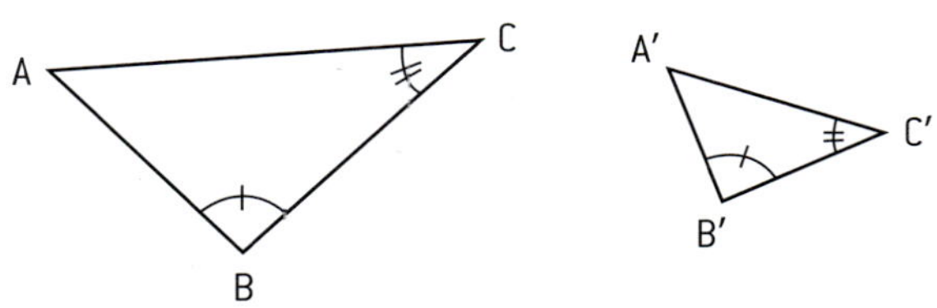

Remarque : Cela implique évidemment que les trois angles sont respectivement égaux deux à deux.

Qcm 1 p. 509

Corrigé QCM 2 :

La phrase B est vraie. Dans le triangle GHI, on peut calculer $\widehat{HGI} = 180° - (60° + 40°) = 80°$. Donc les deux triangles ont deux angles respectivement égaux deux à deux.

Propriété 3 : Deux triangles sont semblables si et seulement si un angle de l'un est égal à un angle de l'autre et les côtés respectifs de ces angles ont des longueurs proportionnelles.

Les triangles ABC et A'B'C' sont semblables si et seulement si $\widehat{BAC} = \widehat{B'A'C'}$ et $\dfrac{AB}{A'B'} = \dfrac{AC}{A'C'}$.

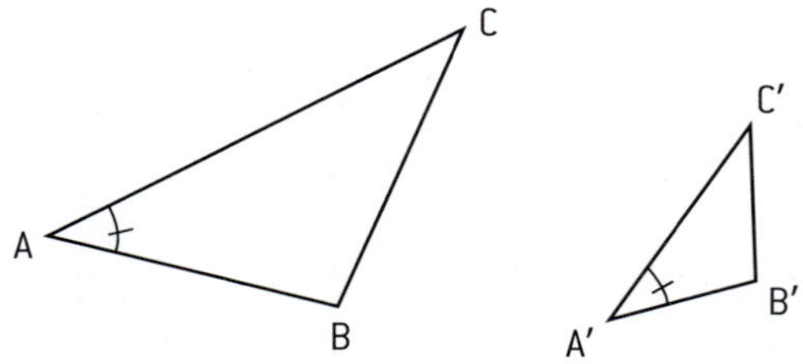

Corrigé QCM 2 :

La phrase C est fausse car les deux triangles ont bien un angle respectivement égal, mais les longueurs des côtés de ces angles ne sont pas proportionnelles : $\dfrac{7}{5} \neq \dfrac{9}{6}$.

Justifications des propriétés :

- **Propriété 1 :** elle découle directement de la définition.
- **Propriété 2 :** Supposons que les triangles ABC et A'B'C' ont deux angles respectivement égaux, alors le troisième est aussi égal (on utilise pour cela la propriété de la somme des angles d'un triangle). Il est donc possible de placer les deux triangles comme ci-dessous puisque $\widehat{ABC} = \widehat{ABC}$.

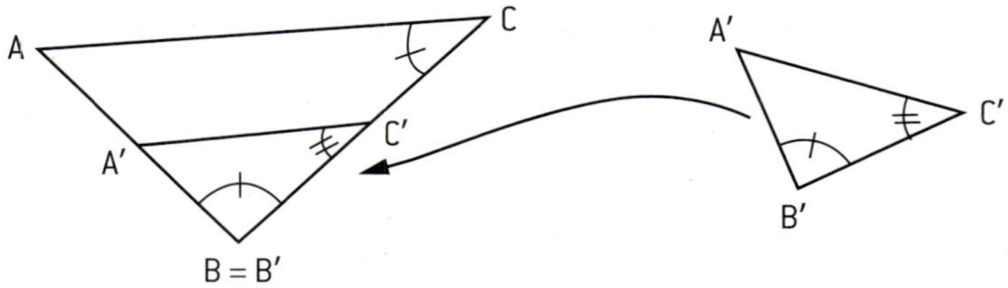

À l'aide de la réciproque de la propriété des angles correspondants, on peut déduire que les droites (AC) et (A'C') sont parallèles. En appliquant le théorème de Thalès dans le triangle ABC avec les parallèles (AC) et (A'C'), on prouve que $\dfrac{BA}{BA'} = \dfrac{BC}{BC'} = \dfrac{AC}{A'C'}$, donc $\dfrac{BA}{B'A'} = \dfrac{AC}{A'C'} = \dfrac{AC}{A'C'}$: les triangles ABC et A'B'C' sont semblables *(d'après la propriété 1)*. Nous ne démontrons pas la réciproque : si les longueurs des côtés de deux triangles sont deux à deux proportionnelles, alors ils ont des angles égaux deux à deux.

- **Propriété 3 :** Supposons que les triangles ABC et A'B'C' sont tels que $\widehat{BAC} = \widehat{B'A'C'}$ et que $\dfrac{AB}{A'B'} = \dfrac{AC}{A'C'}$.

Il est possible de placer les deux triangles comme ci-dessous puisque $\widehat{BAC}=\widehat{B'A'C'}$.

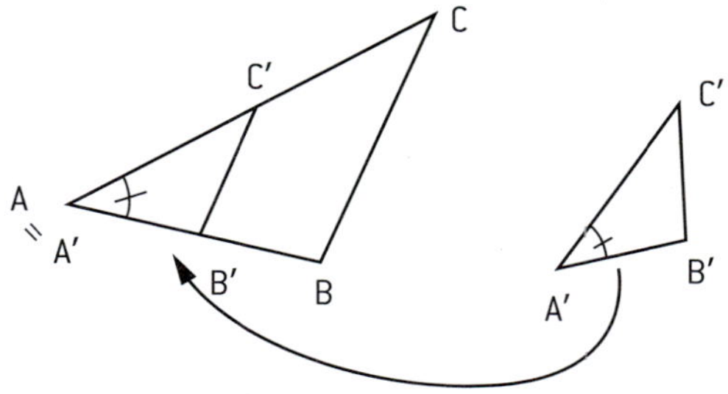

Or $\dfrac{AB}{AB'}=\dfrac{AC}{AC'}$ (puisque A=A'). Donc d'après la réciproque du théorème de Thalès, on peut affirmer que les droites (BC) et (B'C') sont parallèles.
En appliquant le théorème de Thalès dans le triangle ABC avec les parallèles (BC) et (B'C'), on prouve que $\dfrac{AB}{AB'}=\dfrac{BC}{B'C'}=\dfrac{AC}{AC'}$, donc $\dfrac{AB}{A'B'}=\dfrac{BC}{B'C'}=\dfrac{AC}{A'C'}$: les triangles ABC et A'B'C' sont semblables *(d'après la propriété 1)*. Nous ne démontrons pas la réciproque.

Conséquence : Ces trois propriétés équivalentes permettent de calculer des angles et des longueurs, comme le montrent les exercices d'entrainement ci-dessous.

Propriété : Si deux triangles sont semblables :
– si l'un est isocèle, alors l'autre est isocèle aussi ;
– si l'un est rectangle, alors l'autre est rectangle aussi.

Justification : Cela découle de la propriété des angles des triangles semblables.

Entrainement 3

Corrigé p. 517

En utilisant les informations ci-dessous, calculer $\dfrac{DF}{BC}$.

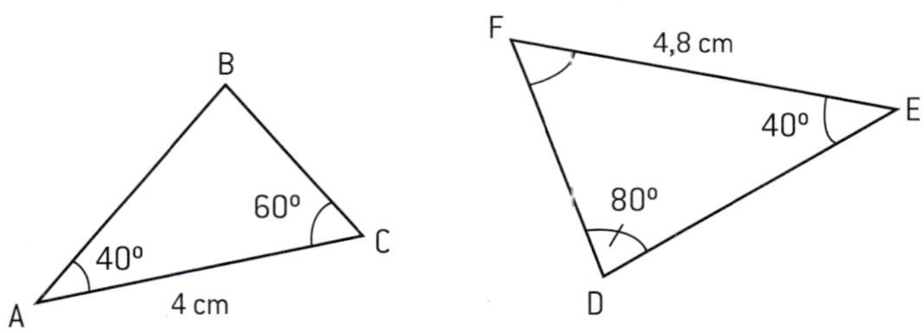

Entrainement 4

Corrigé p. 517

En utilisant les informations ci-dessous, démontrer que $\widehat{GIH}=\widehat{KLJ}$.

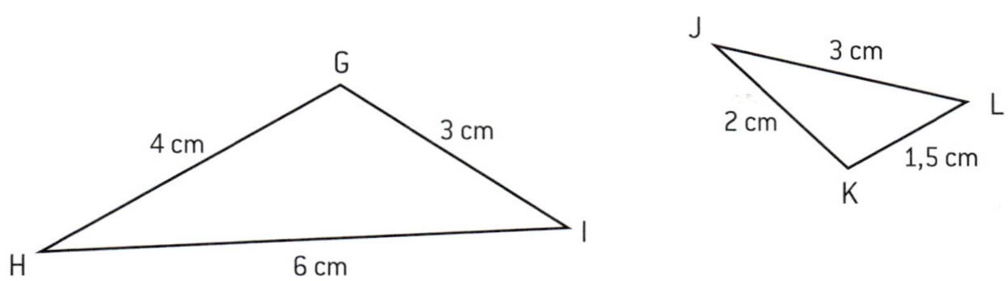

Corrigé p. 517

Entrainement 5

En utilisant les informations ci-dessous, calculer $\frac{MP}{SR}$.

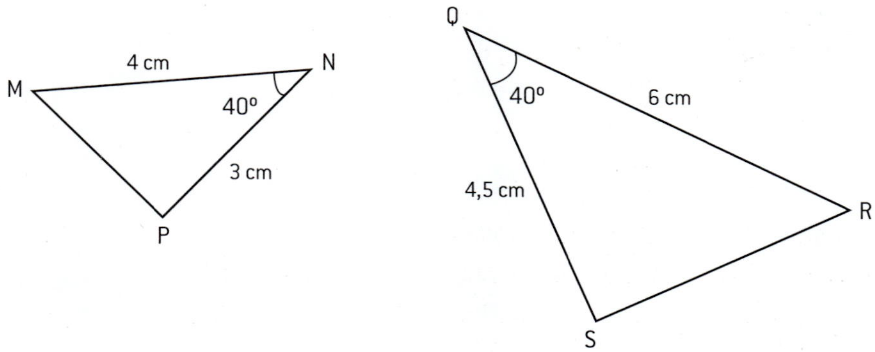

Corrigés

Entrainement 1

Énoncé p. 511

Calculons $\widehat{ONP}$. Dans le triangle OPN, on a $\widehat{ONP} = 180° - (40° + 80°) = 60°$.
Donc les triangles KLM et NOP sont isométriques : ils ont un côté de même longueur et les angles adjacents sont respectivement égaux.

Entrainement 2

Énoncé p. 511

Pour démontrer que deux triangles sont isométriques, on peut utiliser la définition ou l'une des trois propriétés. Laquelle choisir ?

a. MÉTHODE 1 :

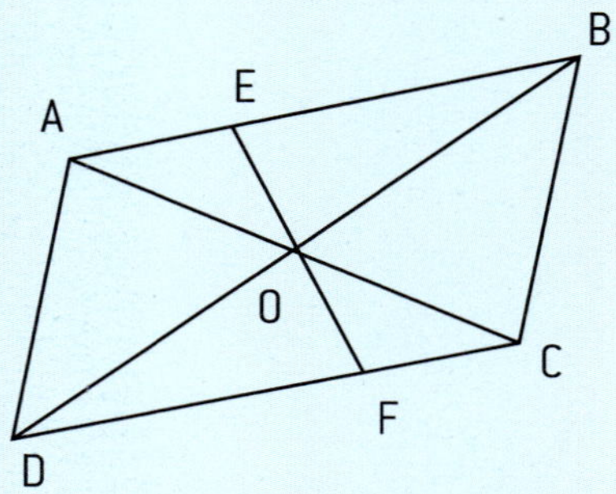

On sait que O est le centre du parallélogramme, donc OA = OC.
Les angles $\widehat{AOE}$ et $\widehat{COF}$ sont égaux car ils sont opposés par le sommet.
ABCD est un parallélogramme donc (AB) et (DC) sont parallèles. Les angles $\widehat{BAC}$ et $\widehat{ACD}$ sont des angles alternes-internes formés par les parallèles (AB) et (DC) et la sécante (AC) ; ils sont donc égaux.
Les triangles OEA et OFC ont donc un côté de même longueur et deux angles adjacents respectivement égaux ; ils sont donc isométriques.

MÉTHODE 2 :

Soit s la symétrie de centre O.

s(O) = O s(A) = C (car O milieu de [AC]).

Démontrons que s(E) = F.

O est le centre de symétrie du parallélogramme, donc s(AB) = (DC).

De plus s(EF) = (EF) car (EF) contient O.

E est l'intersection de (AB) et (EF).

Donc s(E) est l'intersection de leurs images, c'est-à-dire (DC) et (EF) (voir propriété p. 480), donc s(E) = F.

Donc l'image par s de OAE est OCF, donc les triangles sont isométriques.

b. Les triangles étant isométriques, ils ont leurs côtés respectivement égaux, donc OE = OF.

De plus O, E et F sont alignés *(ne pas oublier de le signaler !)*, donc O est le milieu de [EF].

Entrainement 3

Énoncé p. 514

Dans le triangle ABC, on a $\widehat{ABC} = 180° - (40° + 60°) = 80°$.
Les triangles ABC et DEF ont deux angles égaux deux à deux, donc ces triangles sont semblables.

E D F
↓ ↓ ↓
A B C

Donc $\dfrac{ED}{AB} = \dfrac{EF}{AC} = \dfrac{DF}{BC}$.

En prenant les 2e et 3e rapports, on obtient : $\dfrac{4,8}{4} = \dfrac{DF}{BC}$, donc $\dfrac{DF}{BC} = 1,2$.

Entrainement 4

Énoncé p. 514

Pour écrire les rapports correctement, on classe les longueurs des côtés de chaque triangle dans l'ordre décroissant (ou croissant) et on écrit les rapports correspondant au classement obtenu.
Ordre décroissant des longueurs des côtés :
– pour GHI : HI ; HG ; GI ;
– pour KLJ : JL ; JK ; KL.

$\dfrac{HI}{JL} = \dfrac{6}{3} = 2$ $\dfrac{HG}{JK} = \dfrac{4}{2} = 2$ $\dfrac{GI}{KL} = \dfrac{3}{1,5} = 2$ donc $\dfrac{HI}{JL} = \dfrac{HG}{JK} = \dfrac{GI}{KL}$.

Donc les triangles GHI et KLJ sont semblables, leurs angles correspondants sont égaux.

G H I
↓ ↓ ↓
K J L

Donc $\widehat{GIH} = \widehat{KLJ}$

Entrainement 5

Énoncé p. 515

$\dfrac{MN}{QR} = \dfrac{4}{6} = \dfrac{2}{3}$ $\dfrac{NP}{QS} = \dfrac{3}{4,5} = \dfrac{30}{45} = \dfrac{2}{3}$ donc $\dfrac{MN}{QR} = \dfrac{NP}{QS}$.

De plus $\widehat{MNP} = \widehat{RQS}$.
Donc les triangles MNP et QRS sont semblables.

M N P
↓ ↓ ↓
R Q S

Donc $\dfrac{MP}{RS} = \dfrac{MN}{RQ} = \dfrac{2}{3}$.

AU CONCOURS Triangles isométriques, triangles semblables

Exercice 1

Corrigé p. 520

En utilisant les informations portées sur le dessin ci-contre, démontrer que BB' = CC' :

a. en utilisant les triangles isométriques.

b. en utilisant une rotation.

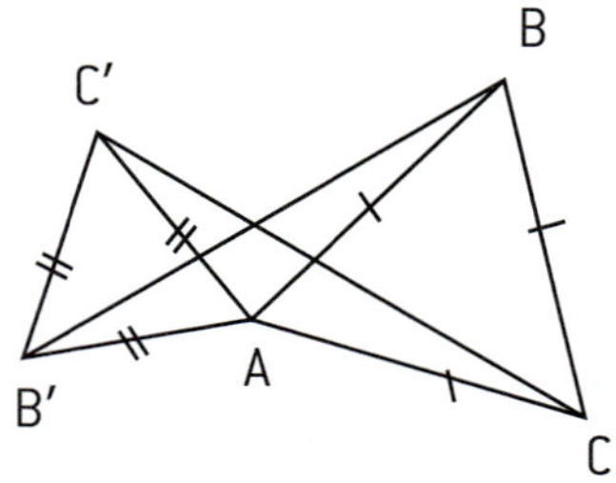

Exercice 2

Corrigé p. 520

ABC est un triangle équilatéral.

D, E et F sont des points respectivement de [AB], [BC] et [AC] tels que AD = BE = CF.

Démontrer que DEF est un triangle équilatéral.

Exercice 3

Corrigé p. 520

Dans la figure ci-contre, on sait que : AB = 3, AC = 4 et BC = 5 (les mesures sont exprimées dans la même unité).

a. Démontrer que les triangles ABC et ABH sont semblables.

b. En déduire la longueur AH.

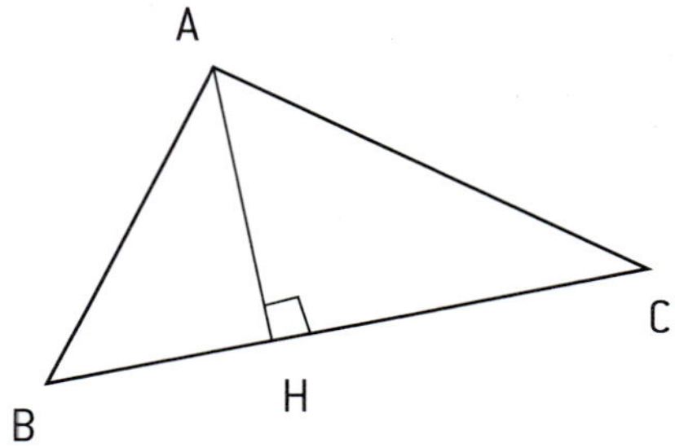

Exercice 4

Corrigé p. 521

Un enseignant veut aborder le nombre d'or avec ses élèves de CM2. Pour cela il leur distribue une feuille blanche et leur demande de tracer un rectangle qui leur semble le plus joli possible.

Ensuite, il leur demande d'effectuer la division de la longueur du rectangle tracé par sa largeur, avec un quotient arrondi au 1/10. Chaque élève donne le quotient obtenu. Les résultats sont écrits au tableau.

L'enseignant sollicite ensuite des remarques concernant les nombres obtenus, il s'attend à avoir beaucoup de quotients compris entre 1,4 et 1,8, donc proches du nombre d'or. Il envisage ensuite de parler du rôle de ce nombre dans l'architecture.

1. Construire un triangle isocèle ABC en A tel que $\widehat{BAC} = 36°$ et BC = 1 dm. Construire la bissectrice de l'angle $\widehat{ABC}$ qui coupe (AC) en D.

2. a. Démontrer que ABC et BCD sont semblables.

b. Démontrer que les triangles ABD et BCD sont isocèles.

3. La bissectrice de l'angle $\widehat{BDC}$ coupe (BC) en E.

a. Démontrer que les triangles CDE et BCD sont semblables.

b. Démontrer que les triangles BDE et CDE sont isocèles.

4. Démontrer que (DE) et (AD) sont parallèles.

5. On pose $AC = x$ (en dm).

a. Démontrer que $AD = 1$.

b. Calculer DC, DE, BE et EC en fonction de x.

c. En déduire que x est solution de l'équation $x^2 - x - 1 = 0$.

6. a. Vérifier que $\frac{1+\sqrt{5}}{2}$ et $\frac{1-\sqrt{5}}{2}$ sont solution de cette équation.

b. En supposant que cette équation n'a que deux solutions, en déduire la valeur de x. x est le nombre d'or.

Corrigés

Exercice 1

Énoncé p. 518

a. *Démontrons que les triangles ABB′ et ACC′ sont isométriques.*

AB = AC et AB′ = AC′ (données).

$\widehat{B'AB} = \widehat{B'AC'} + \widehat{C'AB}$ $\widehat{CAC'} = \widehat{CAB} + \widehat{BAC'}$

Or $\widehat{B'AC'} = \widehat{CAB} = 60°$ car les triangles ABC et AB′C′ sont équilatéraux.

Donc $\widehat{B'AB} = \widehat{CAC'}$.

Les triangles ABB′ et ACC′ ont donc un angle respectivement égal compris entre deux côtés égaux. Ils sont donc isométriques, donc BB′ = CC′.

b. On considère la rotation r de centre A et d'angle + 60°.

r(C) = B r(C′) = B′

Donc l'image du côté [CC′] est [BB′], la rotation conserve les longueurs, donc BB′ = CC′.

La présence de triangles équilatéraux dans les données laisse penser qu'il faut faire appel à une rotation d'angle 60°.

Exercice 2

Énoncé p. 518

Démontrons que les triangles ADF et BED sont isométriques.

AD = BE (donnée).

AF = AC – FC (car F est un point de [AC]), de même BD = BA – AD.

Or AC = AB (car ABC est un triangle équilatéral) et FC = AD (donnée), donc AF = BD.

De plus $\hat{A} = \hat{B} = 60°$ (car ABC est un triangle équilatéral).

Donc les triangles ADF et BED ont un angle égal formé par deux côtés de longueurs respectivement égales, ils sont donc isométriques. Donc DF = DE.

On démontre de même que EF = DE (par exemple), ce qui permet de conclure.

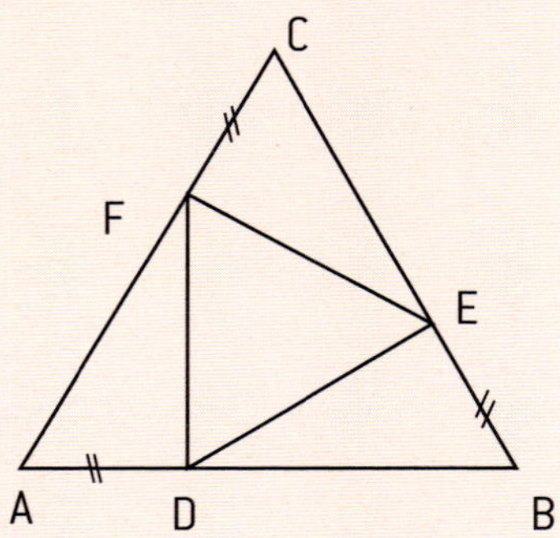

Exercice 3

Énoncé p. 518

Pour démontrer que deux triangles sont semblables, on peut utiliser l'une des trois propriétés. Ici on ne connait ni AH ni BH : que peut-on utiliser ?

a. On a : $AB^2 + AC^2 = 3^2 + 4^2 = 25$ $BC^2 = 5^2 = 25$. Donc $AB^2 + AC^2 = BC^2$.

D'après la réciproque du théorème de Pythagore, le triangle ABC est rectangle en A.

Les triangles ABC et ABH sont des triangles rectangles ; de plus ils ont l'angle $\widehat{ABC}$ en commun, donc ces deux triangles ont deux angles égaux deux à deux, donc ils sont semblables.

b. Écrivons les rapports égaux :

A B C → H B A

Donc $\frac{AB}{HB} = \frac{BC}{BA} = \frac{AC}{HA}$ en prenant les 2e et 3e rapports,

on obtient : $\frac{5}{3} = \frac{4}{HA}$ donc $HA = \frac{12}{5} = 2{,}4$.

Énoncé p. 518

Exercice 4

1. Pour construire cette figure, il faut déterminer les angles $\widehat{ABC}$ et $\widehat{BCA}$.
Dans le triangle ABC, on a : $\widehat{BAC}+\widehat{BCA}+\widehat{CBA}=180°$.
Or $\widehat{ABC}=\widehat{BCA}$ car le triangle est isocèle en A.
Donc $36°+2\widehat{BCA}=180°$, donc $\widehat{BCA}=\dfrac{180°-36°}{2}=72°$.
On peut effectuer la construction :

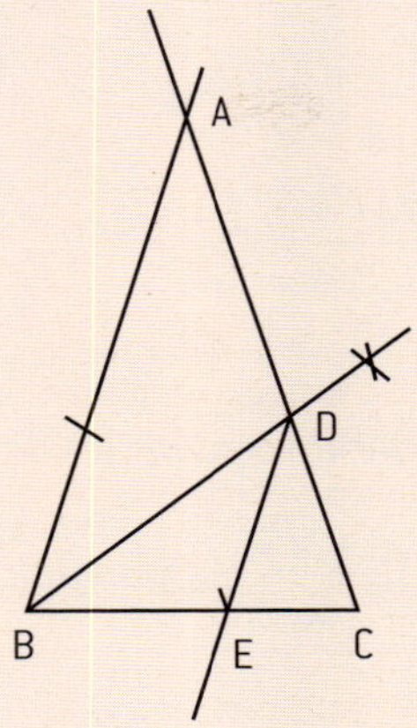

Échelle : 1/4.

2. a. $\widehat{ABC}=72°$ donc $\widehat{DBC}=\dfrac{\widehat{ABC}}{2}=36°$.
Donc $\widehat{BAC}=\widehat{DBC}$, de plus les triangles ABC et BCD ont l'angle $\widehat{C}$ en commun.
Ils ont donc deux angles égaux deux à deux, ils sont donc semblables.
b. $\widehat{ABD}=\widehat{BAC}=36°$ (*cf.* **2.a**), donc ABD est isocèle en D.
Les triangles ABC et BCD sont semblables, or ABC est isocèle, donc BCD est isocèle.

On peut aussi démontrer que BCD est isocèle en calculant la mesure de $\widehat{BDC}$.

3. a. Dans le triangle BDC, on a BDC = 180° – (DBC + BCD) = 180° – (36° + 72°) = 72°.
$\widehat{EDC}=\dfrac{\widehat{BDC}}{2}=\dfrac{72°}{2}=36°$, donc $\widehat{EDC}=\widehat{DBC}=36°$.
De plus, les triangles CDE et BCD ont l'angle $\widehat{C}$ en commun, ils ont donc deux angles égaux deux à deux.
Donc les triangles CDE et BCD sont semblables.
b. On sait que $\widehat{BDE}=\widehat{EDC}=36°$, donc $\widehat{DBE}=\widehat{BDE}=36°$, donc BDE est isocèle.
Les triangles CDE et BCD sont semblables, or BCD est isocèle (*cf.* **2.b**), donc CDE est isocèle.

4. $\widehat{CDE}=\widehat{CAB}=36°$, donc les angles correspondants définis par les droites (DE) et (AB) et la sécante (AC) sont égaux, donc les droites (DE) et (AB) sont parallèles.

Voir les méthodes pour démontrer que deux droites sont parallèles, chap. 17 p. 430.

5. a. ABD est isocèle en D (*cf.* **2.a**), donc AD = DB.
BDC est isocèle en B, donc BD = BC, donc AD = BC = 1.
b. DC = AC – AD (car D est un point de [AC]), donc DC = $x-1$.
DE = DC (car DEC est un triangle isocèle en D), donc DE = $x-1$.
BE = DE (car BDE est un triangle isocèle en E) et DE = DC,
donc BE = DC = $x-1$.
EC = BC – BE (car E est un point de [BC]), donc EC = $1-(x-1)=2-x$.

c. Dans le triangle ABC, les droites (DE) et (AB) sont parallèles.
Donc d'après le théorème de Thalès, on a :
$\frac{CD}{CA} = \frac{CE}{CB}$, donc $\frac{x-1}{x} = \frac{2-x}{1}$, donc $x - 1 = x(2 - x)$, donc $x - 1 = 2x - x^2$.
Donc $x^2 - x - 1 = 0$.

6. a. $\left(\frac{1+\sqrt{5}}{2}\right)^2 - \left(\frac{1+\sqrt{5}}{2}\right) - 1 = \frac{1+2\sqrt{5}+5-2(1+\sqrt{5})-4}{4} = 0.$

Donc $\frac{1+\sqrt{5}}{2}$ est une solution de l'équation.
De même :
$$\left(\frac{1-\sqrt{5}}{2}\right)^2 - \left(\frac{1-\sqrt{5}}{2}\right) - 1 = \frac{1-2\sqrt{5}+5-2(1-\sqrt{5})-4}{4} = 0$$
Donc $\frac{1-\sqrt{5}}{2}$ est une solution de l'équation.

b. Si cette équation n'a que deux solutions, ce sont forcément les deux nombres ci-dessus.
x est positif puisque c'est une longueur ; or seul $\frac{1+\sqrt{5}}{2}$ est positif, c'est donc la valeur de x.

Si vous bloquez sur une question, vous pouvez relire les questions précédentes et vous demander si le résultat de l'une d'entre elles n'a pas été utilisé.

CHAPITRE 22

Espace et géométrie

Géométrie dans l'espace

Objectifs

- Reconnaitre et utiliser les propriétés des solides suivants : cube, pavé droit, prisme droit, pyramide, tétraèdre, cylindre, cône, sphère.
- Représenter chacun de ces solides en perspective cavalière.
- Reconnaitre et construire des patrons de ces solides.
- Repérer des droites orthogonales, des faces parallèles à partir de la représentation en perspective cavalière de polyèdres.
- Calculer des mesures de longueurs sur des solides.
- Déterminer la section d'un solide par un plan.

Les calculs de volumes et d'aires des solides sont abordés dans le chapitre 14 « Grandeurs et mesures », p. 339.

Tester ses connaissances

QCM 1 À l'aide de la première figure en 1.1 p. 525 et pour chaque affirmation, trouver la bonne réponse :

aide §1.1 p. 525

a. Le nombre de faces de ce solide est :	**A.** 5	**B.** 7	**C.** 8	**D.** 9
b. Le nombre de sommets de ce solide est :	**A.** 10	**B.** 12	**C.** 20	**D.** 11
c. Le nombre d'arêtes de ce solide est :	**A.** 17	**B.** 15	**C.** 18	**D.** 19

QCM 2 Quelles affirmations sont vraies ?

aide §1.1 p. 525 et 1.2 p. 527

A. Les solides (1), (3), (4), (5) et (6) sont des prismes droits.

B. Le solide (3) est un pavé droit.

C. Les solides (7) et (8) sont des cônes.

D. Les solides (2) et (9) sont des pyramides.

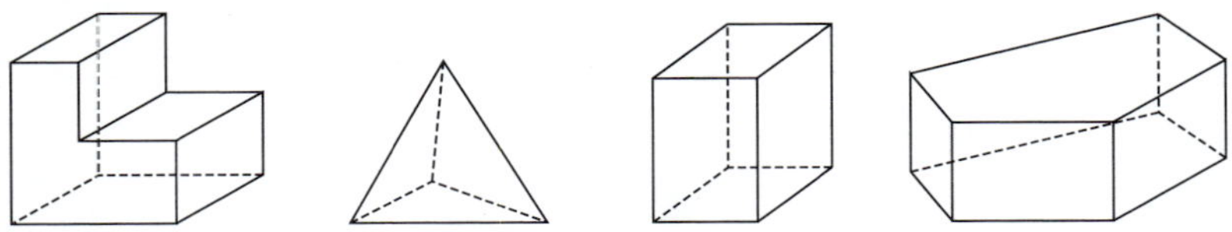

(1) (2) (3) (4)

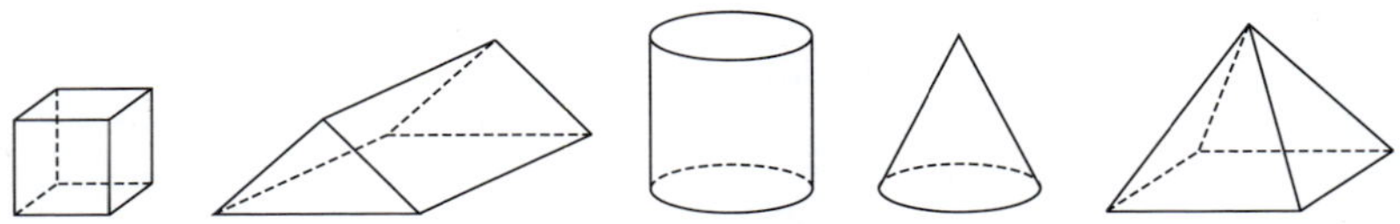

(5) (6) (7) (8) (9)

QCM 3 Quelle est la vue de droite de ce solide ?

aide §2.2 p. 529

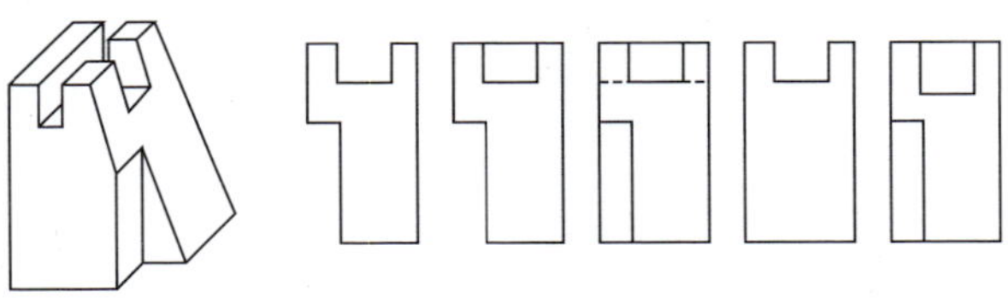

Solide vue 1 vue 2 vue 3 vue 4 vue 5

QCM 4 La figure ci-contre est la représentation d'un cube en perspective cavalière.
Quelles affirmations sont vraies ?

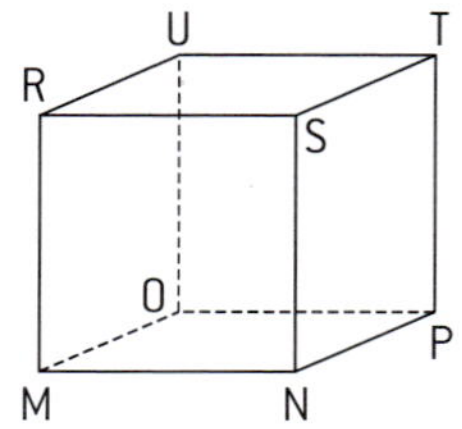

A. MRS est un triangle rectangle.
B. MRS est un triangle isocèle.
C. MSP est un triangle équilatéral.
D. MSP est un triangle rectangle.

aide §2.1 p. 528

QCM 5 Quelle(s) figure(s), après pliage, donne(nt) une boite fermée ?

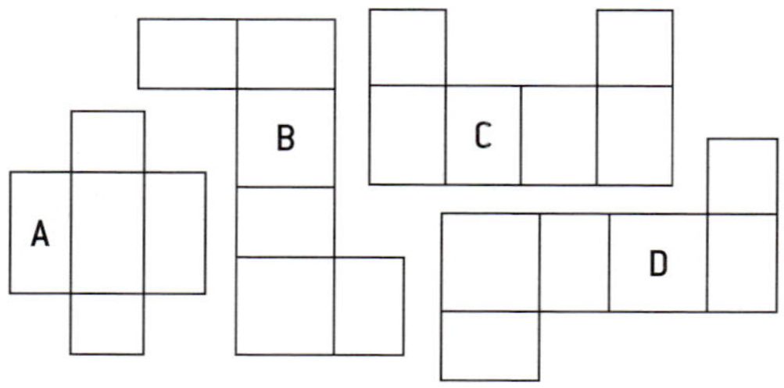

aide §3 p. 530

QCM 6 Quel(s) dessin(s) représente(nt) le patron d'un cône ?
Les dimensions sont exprimées dans la même unité.

(1)

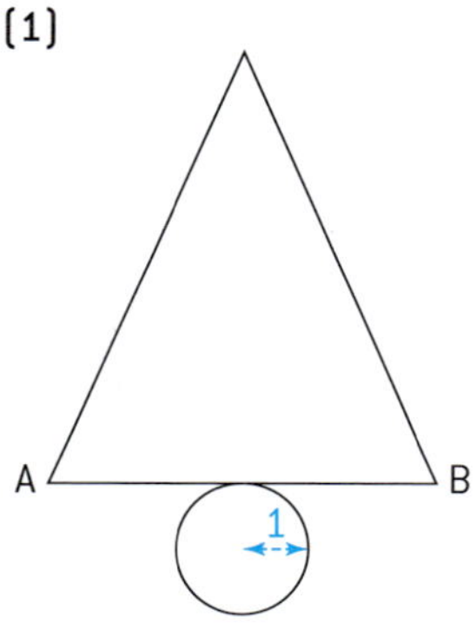

$AB = 2\pi$

(2)

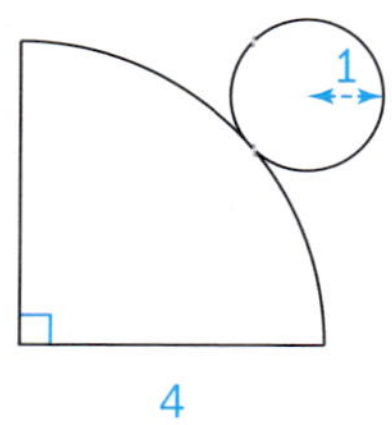

(3)

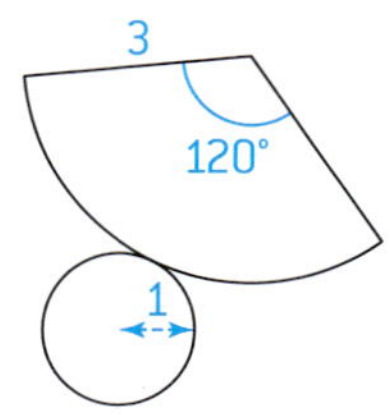

aide §3 p. 532

QCM 7 Quelles affirmations sont vraies ?
A. En sectionnant un pavé par un plan parallèle à une face, on obtient un rectangle.
B. En sectionnant un cylindre par un plan, on peut obtenir un rectangle.
C. En sectionnant une pyramide par un plan orthogonal à sa hauteur, on obtient un polygone qui est une réduction de la base de cette pyramide.
D. En sectionnant une sphère par un plan, on obtient une ellipse.

aide §5 p. 536

1.a. C ; **b.** B ; **c.** C **2.** A, B, D **3.** vue 3 **4.** A, B, C **5.** B **6.** 2, 3 **7.** A, B, C

LE COURS

1 Solides

On appelle **solide** tout ensemble de points de l'espace limité par une surface fermée.

1 1. Polyèdres

Un polyèdre est un solide délimité par des faces qui sont toutes des **polygones**.

› **Polygone**, *cf.* chap. 16 p. 398.

Le mot *poly* signifie « plusieurs » et *èdre* « face ».

Qcm 1 et 2, p. 523

L'intersection de deux faces est une **arête. Une arête est donc un segment.**
L'intersection de deux arêtes est un **sommet. Un sommet est donc un point.**

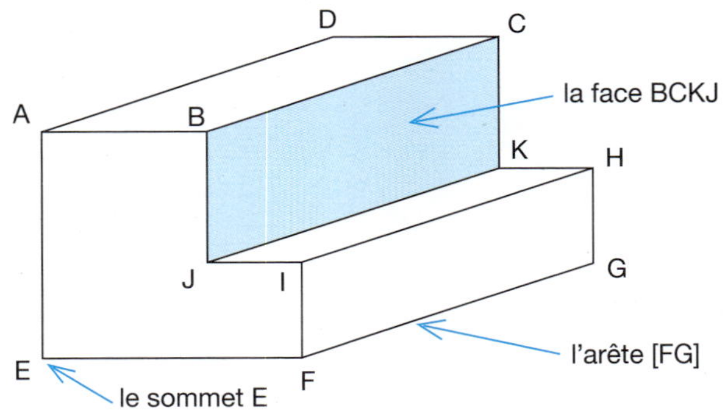

- **Un polyèdre est convexe** s'il est situé tout entier d'un même côté de tout plan contenant une quelconque de ses faces.

Exemple : Le polyèdre représenté ci-dessus n'est pas convexe car il n'est pas situé tout entier du même côté du plan contenant la face BCKJ.

- **Certains polyèdres sont particuliers.**

Le **cube** est un polyèdre qui a 6 faces carrées.

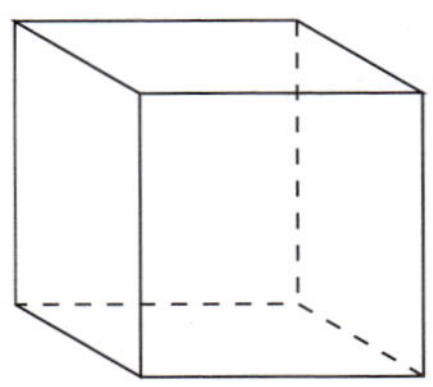

Le **parallélépipède** rectangle (ou pavé droit) est un polyèdre qui a 6 faces rectangulaires.

Un cube est donc un pavé droit ; en effet, un carré est un rectangle particulier.

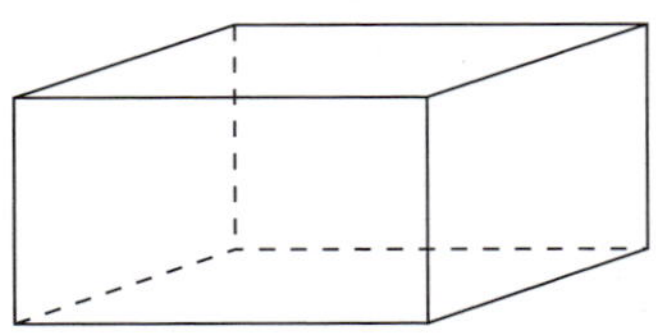

Le **prisme droit** est un polyèdre qui a deux faces superposables, les autres sont des rectangles.

Un pavé droit est donc un prisme droit particulier.

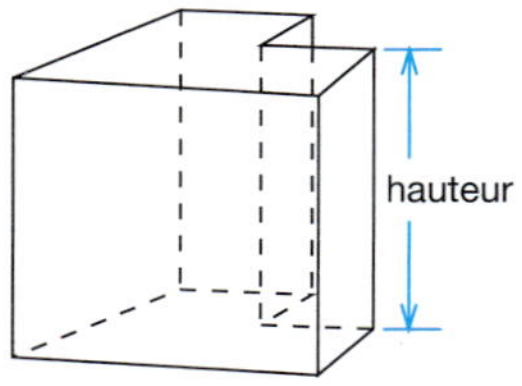

Le **tétraèdre** est un polyèdre qui a 4 faces triangulaires.

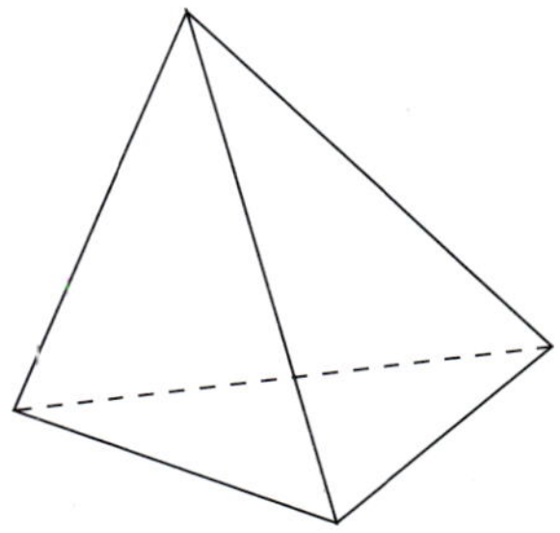

La **pyramide** est un polyèdre dont une face est un polygone (appelé base de la pyramide) et dont toutes les autres faces sont des triangles dont un côté est un côté de la base et qui ont toutes un sommet commun (appelé sommet de la pyramide).

Si la base est un carré, on parlera **de pyramide à base carrée**.

Si la base est un polygone régulier et si la projection orthogonale de son sommet est le centre de la base, alors on dit que **la pyramide est régulière**. Dans ce cas, toutes les faces autres que la base sont des triangles isocèles superposables.

La pyramide de Chéops est une pyramide régulière à base carrée.

SO est la hauteur de la pyramide.

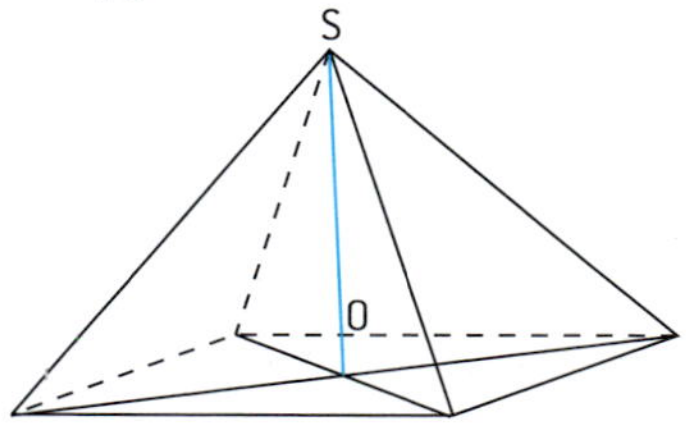

Entrainement 1

Corrigé p. 540

Qu'est-ce qu'une pyramide à base triangulaire ?

Entrainement 2

Corrigé p. 540

Trouver une relation entre le nombre de faces, de sommets et d'arêtes des polyèdres représentés ci-avant.

Entrainement 3

Corrigé p. 540

On coupe l'angle d'un cube comme indiqué ci-contre. Quel est le nombre de faces, de sommets et d'arêtes du solide obtenu une fois enlevée la partie découpée ?

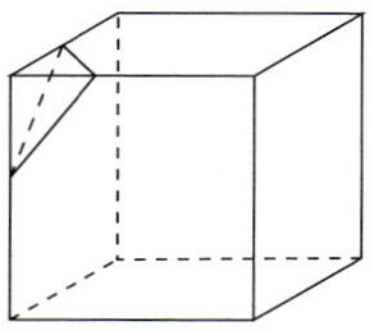

Corrigé p. 540

Entrainement 4

On peint les 6 faces d'un cube, puis on le découpe en petits cubes, comme ci-contre. Combien y a-t-il de petits cubes dont sont peintes 4 faces ? 3 faces ? 2 faces ? 1 face ? aucune face ?

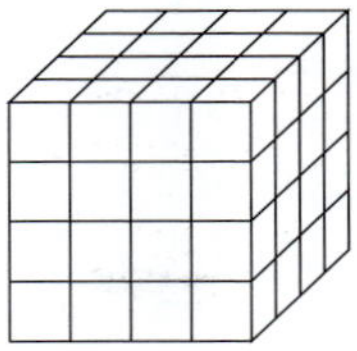

2. Autres solides

Tous les solides ne sont pas des polyèdres.

En voici trois exemples :

Un cylindre de révolution (appelé plus simplement cylindre) est un solide obtenu en faisant tourner un rectangle autour de l'un de ses côtés. Il possède deux bases identiques et parallèles, qui sont des disques.

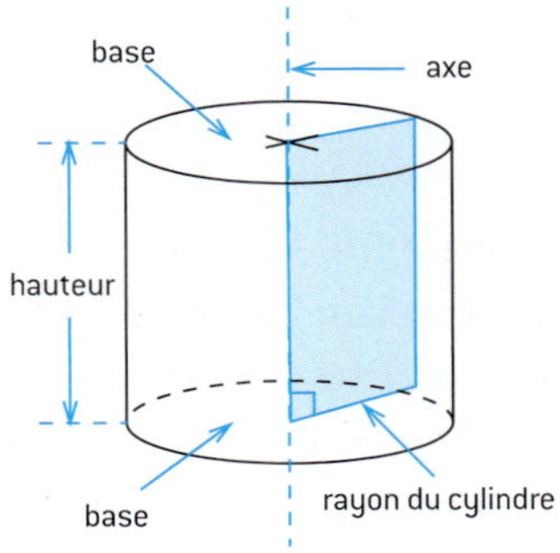

Un cône de révolution (appelé plus simplement cône) est un solide engendré par un triangle rectangle qui fait un tour complet autour de l'un des côtés de l'angle droit. La base est donc un disque.

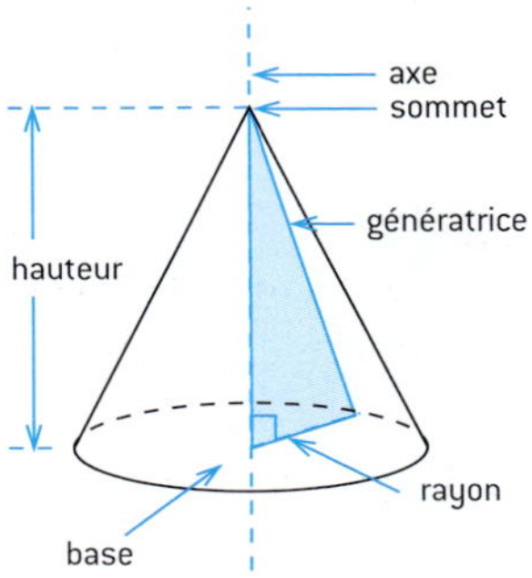

La **sphère,** de centre O et de rayon *r*, est l'ensemble des points M de l'espace situés à une distance de O égale à *r*.

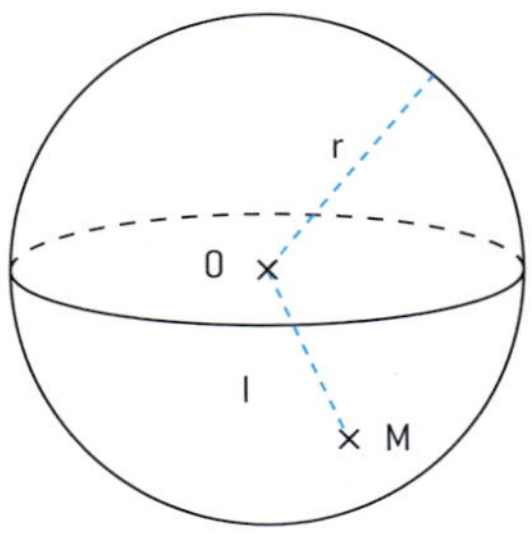

Un **grand cercle** est un cercle tracé sur la sphère et qui a même rayon qu'elle. C'est l'intersection de la sphère avec un plan qui passe par son centre.

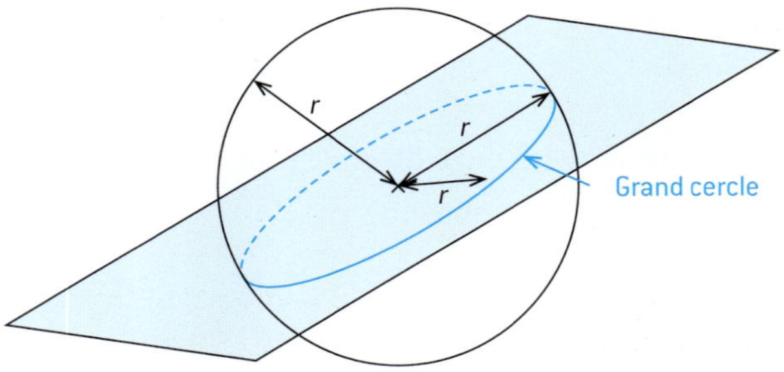

Corrigé QCM 2 affirmation C : Le solide (8) est bien un cône, mais pas le solide (7) qui est un cylindre.

Qcm 2, p. 523

② Représentation d'un solide

Il y a plusieurs manières de représenter un solide dans un plan : en perspective, par vue de face, de dessus, de dessous, etc.

② 1. Perspective cavalière

Dans une perspective cavalière, on représente l'image du solide par une projection oblique sur un plan de projection qui est parallèle à une face du solide.

Caractéristiques d'une représentation en perspective cavalière :
– les faces parallèles au plan de projection sont représentées sans déformation ;
– les droites perpendiculaires au plan de projection se projettent selon une direction qui est toujours la même, appelée **direction des fuyantes** ;
– l'angle avec la direction horizontale est généralement de 30° ou de 45° ;
– les distances sur la direction horizontale (direction des fuyantes) sont réduites, le coefficient utilisé étant souvent compris entre 0,5 et 0,7 ;
– les arêtes cachées sont représentées en pointillés.

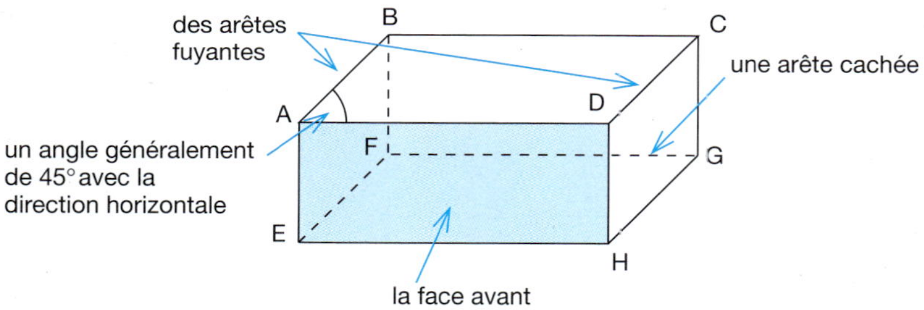

ATTENTION
Dans la perspective cavalière, le parallélisme et le milieu des arêtes sont respectés. En revanche, la perpendicularité n'est respectée que pour les faces avant et arrière.

Il y a d'autres types de perspectives qui ne sont pas abordés dans cet ouvrage : la **perspective axonométrique, celle du dessin d'art...**

Corrigé QCM 4 :

Qcm 4, p. 524

• **MRS** est un **triangle** à la fois **isocèle et rectangle,** sur le dessin et dans la réalité.

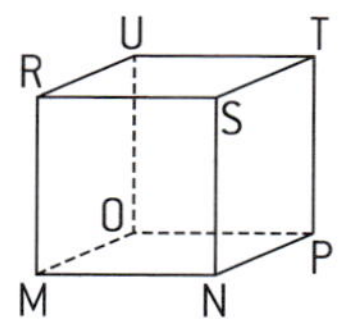

• **MSP** n'est pas sur le dessin un triangle équilatéral : si on mesure, on constate que MS > SP ; par contre dans la réalité, ces deux côtés (ainsi que MP) ont la même mesure puisque ce sont les diagonales de carrés superposables (les faces du cube).

Donc **MSP** est un **triangle équilatéral** dans la réalité.

Entrainement 5

Corrigé p. 540

Tracer en perspective cavalière un pavé droit de dimensions 2 cm, 3 cm et 5 cm. La face avant est celle qui mesure 2 cm sur 3 cm.

Entrainement 6

Non corrigé

Tracer en perspective cavalière un prisme à base triangulaire de hauteur 5 cm. Les dimensions de la base (qui correspond à la face avant) sont : 2 cm, 3 cm et 4 cm.

❷ 2. Vues de face, de dessus, de droite, de gauche

Il s'agit d'une autre façon de représenter les solides.

On projette le solide orthogonalement sur trois (quatre, cinq ou six) faces d'un pavé droit. Sur chacune de ces faces, on obtient des vues appelées **vue de face, de dessus, de droite...**

Exemple : On a dessiné trois vues de ce pavé : les vues de face, de droite et de dessus d'un polyèdre.

Les arêtes qui se trouvent cachées sont tracées en pointillés.

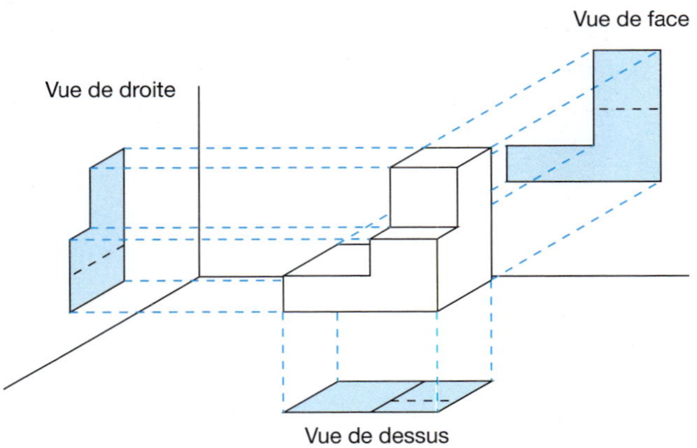

On pourrait de même définir des vues de dessous et d'arrière.

Ici les vues sont représentées en perspective pour aider à comprendre le principe de leur construction ; elles ne sont ni tracées en vraies grandeurs ni selon leur forme réelle (sauf la vue de face).

Corrigé QCM 3 :

La seule vue qui convienne est la vue 3.

La vue 5 ne convient pas car il n'y a pas les pointillés des arrêtes cachées.

Qcm 3, p. 523

Entrainement 7

Corrigé p. 540

Construire les vues de dessus, de face et de droite de ces solides :

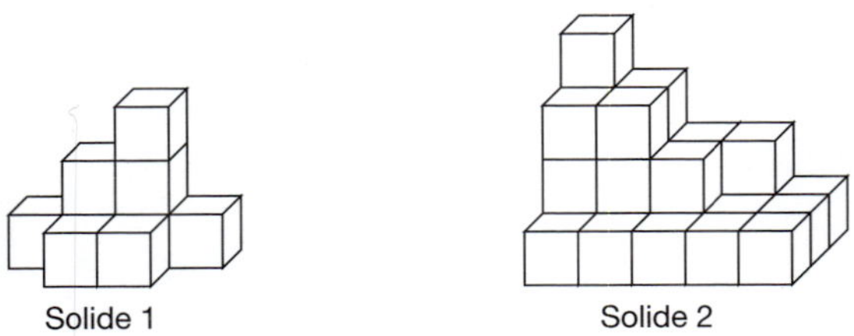

Entrainement 8

Corrigé p. 541

Construire en perspective cavalière un solide dont voici trois vues :

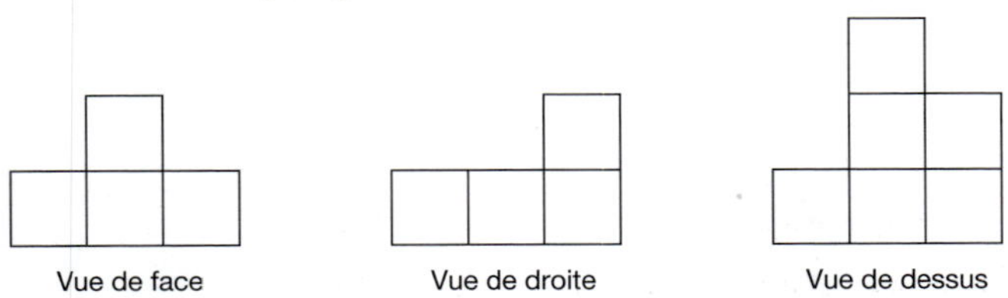

3 Patrons de solides

Le patron d'un solide est une figure géométrique plane telle que, uniquement par pliage, on puisse obtenir ce solide, sans chevauchement de faces.

Exemple : Le dessin (1) est un patron d'un **prisme droit** dont la base est un triangle.
Le dessin (2) est un patron d'une **pyramide à base carrée**.

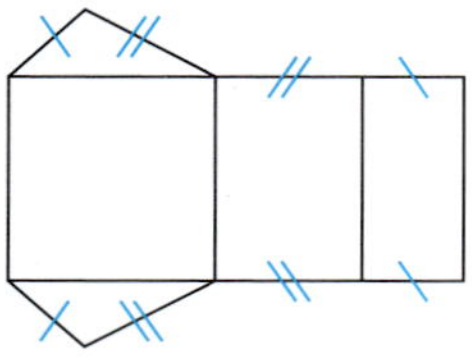

(1)

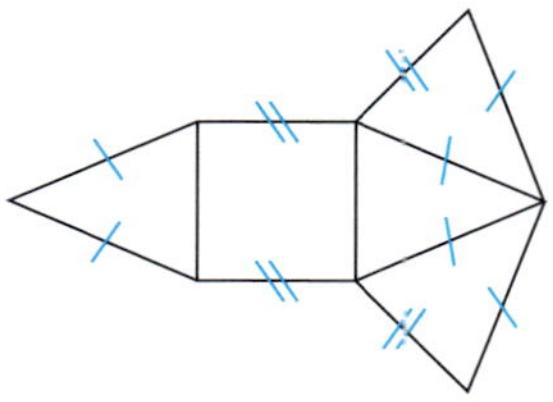

(2)

Qcm 5, p. 524

Corrigé QCM 5 : Seul le dessin B représente un **patron de cube**.

- Pour le dessin A, il manque une face.
- Pour le dessin C, deux faces se superposent.
- Pour le dessin D, des côtés qui doivent coïncider n'ont pas la même mesure.

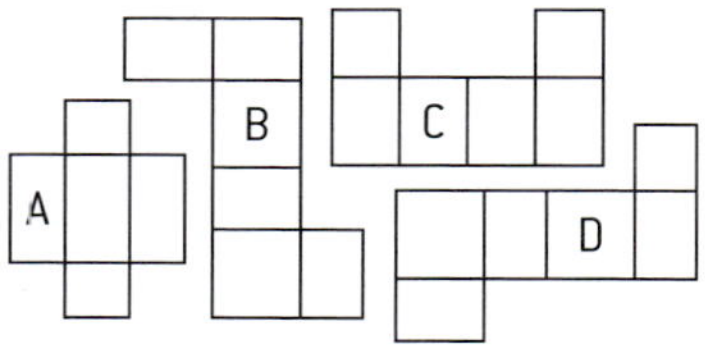

Entrainement 9

Corrigé p. 541

Parmi les dessins ci-dessous, quels sont les patrons de pavés droits ?

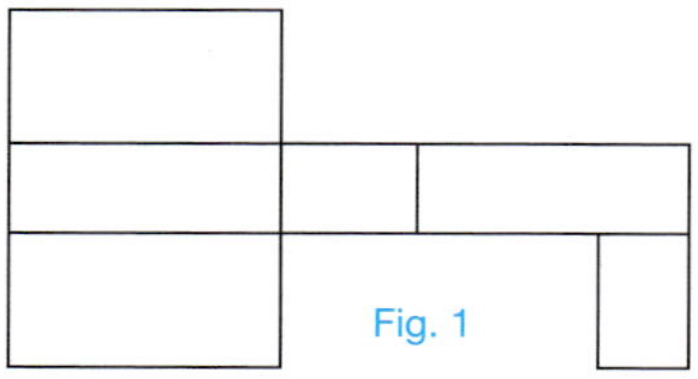

Fig. 1

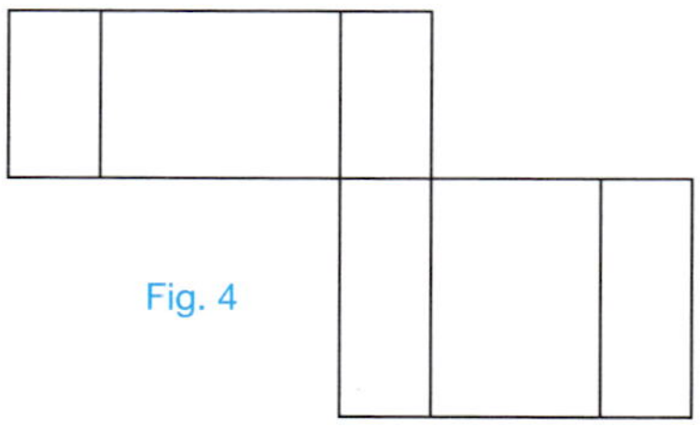

Fig. 4

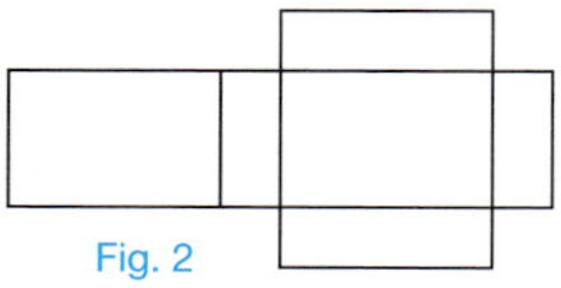

Fig. 2

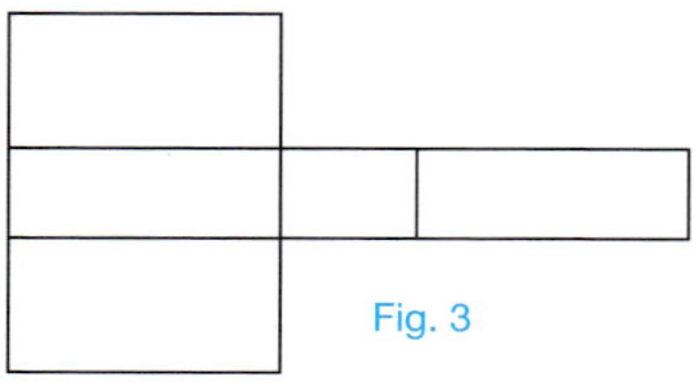

Fig. 3

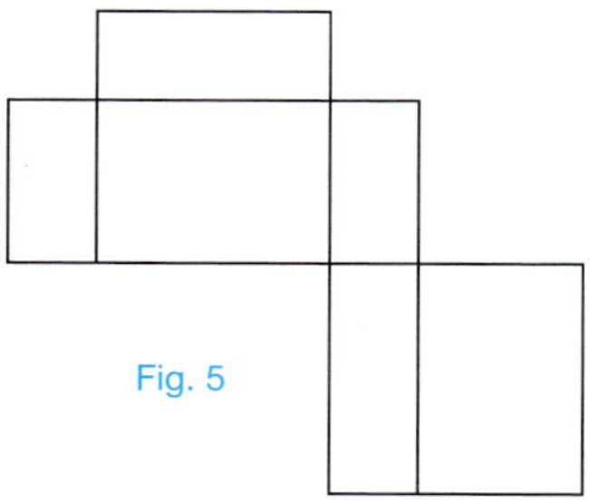

Fig. 5

Entrainement 10

Corrigé p. 541

Le patron ci-contre est celui d'un cube.
Quel est le dessin de la face de dessus de ce cube ?

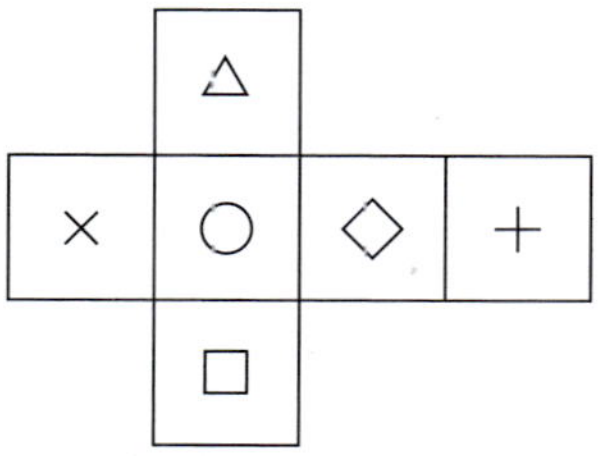

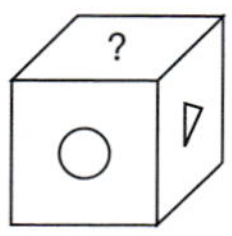

Entrainement 11

Corrigé p. 541

Quelles figures sont des patrons de solides ?

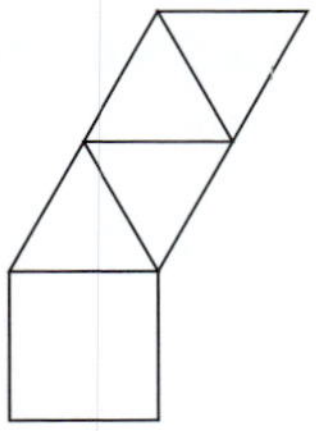
Fig. 1

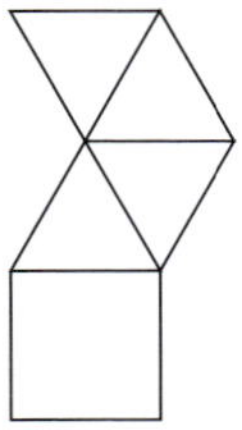
Fig. 2

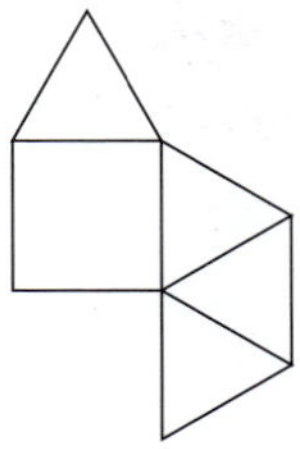
Fig. 3

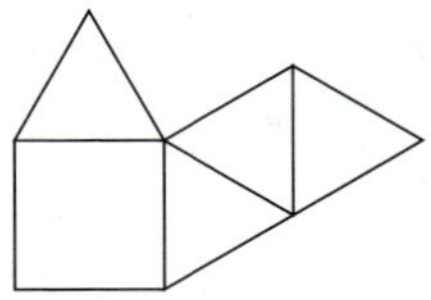
Fig. 4

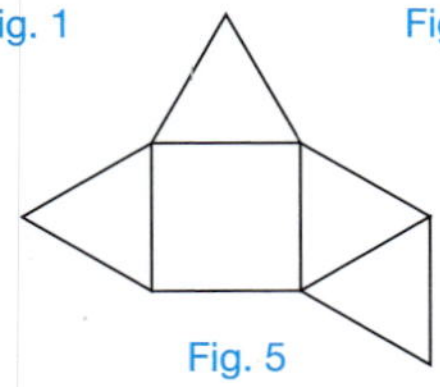
Fig. 5

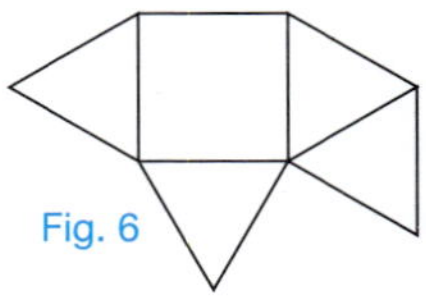
Fig. 6

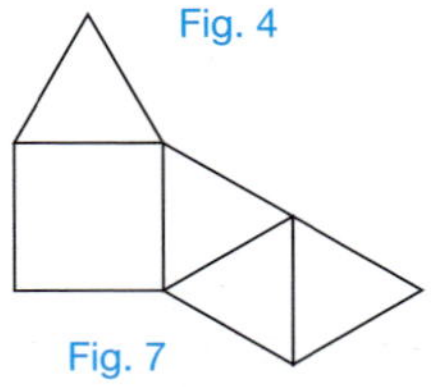
Fig. 7

Entrainement 12

Corrigé p. 541

Quelles figures sont des patrons de solides ?

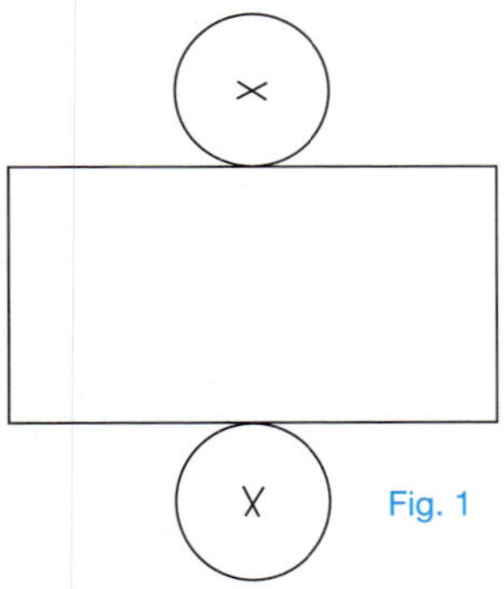
Fig. 1

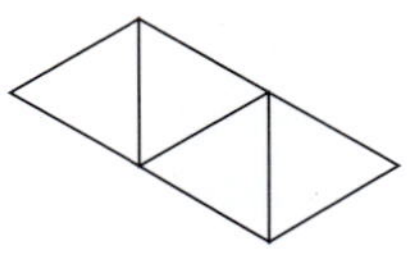
Fig. 2

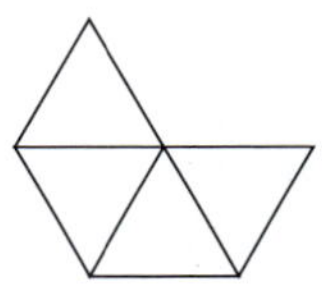
Fig. 3

Entrainement 13

Corrigé p. 541

Construire un patron d'un pavé droit de dimensions 1,5 cm, 2 cm et 3 cm.

Entrainement 14

Corrigé p. 541

Construire un patron d'un tétraèdre régulier dont les faces sont des triangles équilatéraux de 2 cm de côté.

Entrainement 15

Corrigé p. 541

Construire un patron d'une pyramide régulière de base carrée de 2 cm de côté et de hauteur 3 cm.

Entrainement 16

Corrigé p. 542

Construire le patron d'un cylindre de 4 cm de hauteur et 1 cm de rayon.

Corrigé QCM 6 :

Qcm 6, p. 524

(1)

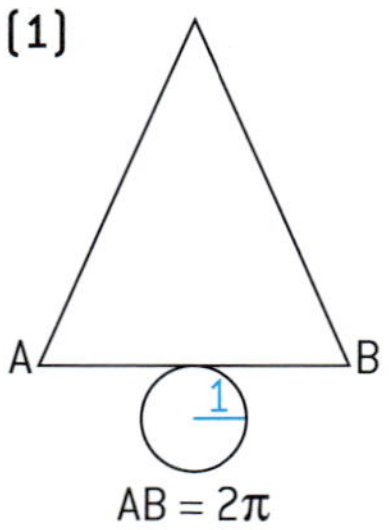

(2)

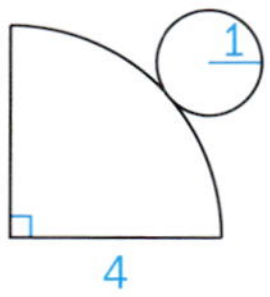

(3)

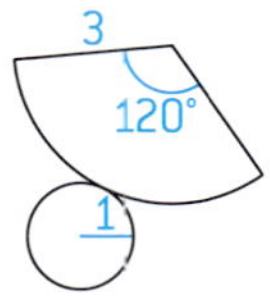

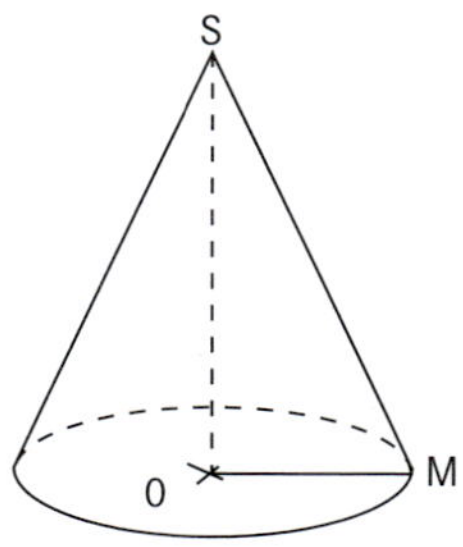

• **Le dessin (1) n'est pas le patron d'un cône** car la surface latérale d'un cône n'est pas un triangle, mais un secteur circulaire.

En effet, pour le cône de sommet S et de centre O, quel que soit le point M appartenant au cercle de base, SM est constant (dans le triangle rectangle SOM, on a $SM^2 = SO^2 + OM^2$). Donc, dans le patron de ce cône, M appartient à un arc de cercle de centre S.

• Le **dessin (2)** est bien constitué d'un secteur circulaire et d'un disque. Il faut maintenant s'assurer que la longueur du quart de cercle est bien égale au périmètre du cercle de base :

– périmètre du cercle de base : 2π

– longueur du quart de cercle : $\dfrac{2\times 4\pi}{4} = 2\pi$.

Les deux longueurs sont égales, donc **le dessin (2) est bien le patron d'un cône.**

• Le **dessin (3)** est bien constitué d'un secteur circulaire et d'un disque. Il faut maintenant s'assurer que la longueur de l'arc du secteur circulaire est bien égale au périmètre du cercle de base :

– périmètre du cercle de base : 2π

– longueur de l'arc de cercle : ?

Pour calculer cette longueur, on peut appliquer la proportionnalité entre la longueur d'un arc de cercle et la mesure de l'angle qui l'intercepte :

Mesure de l'angle au centre	360°	120°
Longueur de l'arc de cercle	$2\pi \times 3$	?

Un arc de cercle de 360° correspond au cercle complet, donc à une longueur qui est le périmètre du cercle. On obtient : $2\pi \times 3 \times \dfrac{120}{360} = 2\pi$.

Les deux longueurs sont égales donc **le dessin (3) est bien le patron d'un cône.**

Remarque : On n'était pas obligé d'établir un tableau de proportionnalité. On pouvait constater que 120° correspond au tiers de 360°, donc la longueur de l'arc correspondant est égale au tiers du périmètre du cercle (application de la propriété multiplicative de la linéarité).

Entrainement 17

Corrigé p. 542

On désire réaliser la surface latérale d'un cône de rayon 3 cm et de hauteur 4 cm, à l'aide du dessin ci-contre.

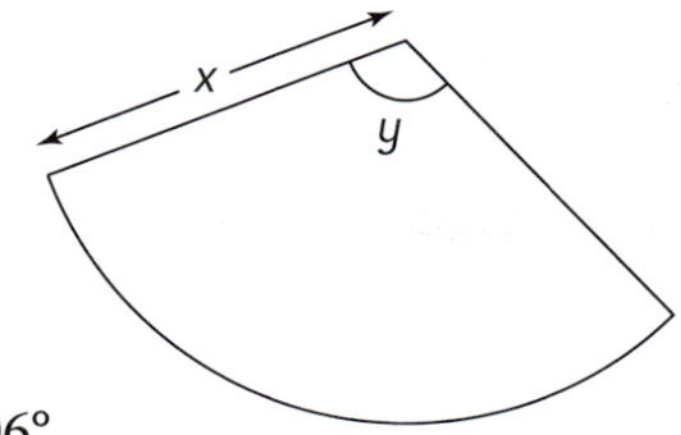

Quelles affirmations sont vraies ?

a. x vaut 5 cm.
b. x vaut environ 7 cm.
c. y vaut 90°.
d. y vaut 216°.
e. y vaut 106°.

Entrainement 18

Corrigé p. 543

a. Construire le patron d'un cône de 6 cm de hauteur et de 2 cm de rayon.
b. Construire le patron d'un cône de 4 cm de hauteur et de 2 cm de rayon.

Entrainement 19

Corrigé p. 544

Construire les onze patrons du cube.

4 Orthogonalité et parallélisme dans l'espace

4 1. Droites et plans dans l'espace

Toute arête d'un polyèdre est un segment contenu dans une droite. De même, **toute face est contenue dans un plan.**

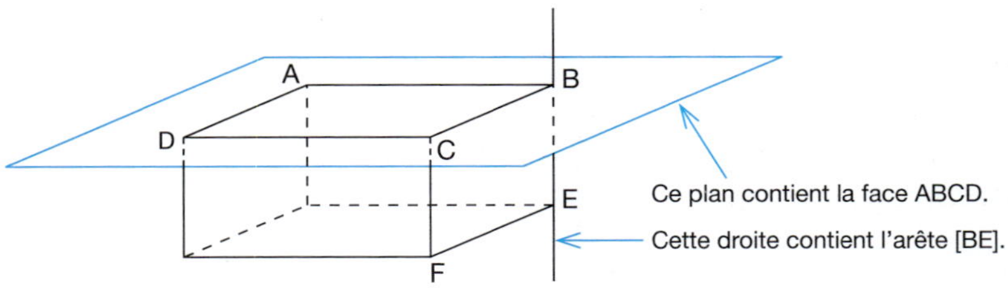

Un plan, comme une droite, **est illimité.**
Il est entièrement défini par **trois points non alignés.**

3 points non alignés appartiennent à un plan et un seul.

Si deux points appartiennent à un plan, alors tous les points de la droite qui passent par ces deux points appartiennent à ce plan.

4 2. Droites parallèles ou orthogonales dans l'espace

Deux droites de l'espace sont parallèles :
– si elles sont dans le même plan ;
– et si elles sont parallèles dans ce plan (c'est-à-dire si elles sont confondues ou si elles n'ont aucun point commun).

Exemple : En reprenant le pavé précédent, on a (BE) qui est parallèle à (CF).

Deux droites de l'espace sont orthogonales si leurs parallèles menées par un point sont perpendiculaires.

Ces droites perpendiculaires sont alors dans un même plan, car 2 droites sécantes définissent un plan et un seul.

Exemple : Sur le même pavé, on a (AD) qui est orthogonale à (DC), bien que cela ne se voit pas sur le dessin. (AD) est aussi orthogonale à (CF), car la parallèle à (AD) passant par C (qui est (BC)) est perpendiculaire à (CF).

On réserve le mot « perpendiculaire » à des droites d'un même plan qui forment des angles droits. Ainsi, des droites perpendiculaires sont forcément orthogonales ; par contre des droites orthogonales ne sont pas forcément perpendiculaires.
Exemple : Sur le pavé de la page précédente, les droites (AB) et (BE) sont orthogonales et perpendiculaires. Par contre, les droites (AB) et (CF) sont orthogonales sans être perpendiculaires.

Entrainement 20

Corrigé p. 544

Deux droites de l'espace, qui n'ont aucun point commun, sont-elles parallèles ?

Entrainement 21

Corrigé p. 544

Les phrases suivantes, qui se rapportent à la perspective cavalière ci-dessous, sont-elles vraies ou fausses ?

a. (CF) et (DE) sont parallèles.
b. (FE) et (GH) sont parallèles.
c. (CD) et (FJ) sont parallèles.
d. (CE) et (HJ) sont parallèles.
e. (DF) et (HJ) sont parallèles.
f. (CF) et (FJ) sont perpendiculaires.
g. (CF) et (FD) sont perpendiculaires.
h. (EI) et (HI) sont perpendiculaires.
i. (CE) et (CG) sont perpendiculaires.
j. (GF) et (FI) sont perpendiculaires.
k. (EI) et (GJ) sont orthogonales.
l. (CF) et (DH) sont orthogonales.

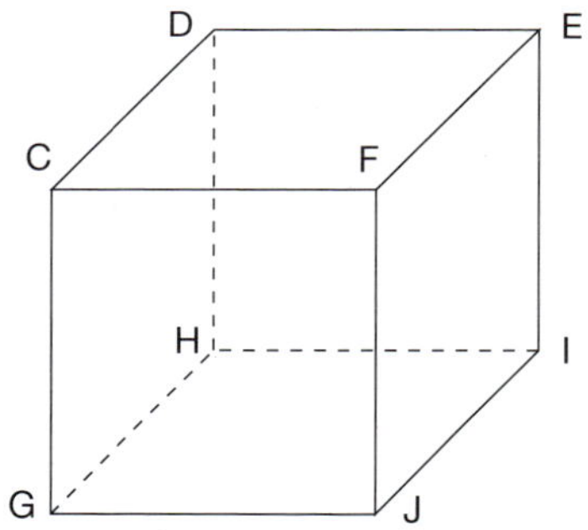

4 3. Plans parallèles

Deux plans sont parallèles s'ils n'ont aucun point commun ou s'ils sont confondus.

Exemple : En reprenant le dessin du cube de l'entrainement 21, le plan (CDEF) est parallèle au plan (GHIJ).

4. Droite orthogonale à un plan

Une droite est orthogonale à un plan si elle est orthogonale à toute droite de ce plan.
Si une droite est orthogonale à deux droites sécantes du plan, alors elle est orthogonale au plan (donc à toute droite du plan).

Exemple : Sur le dessin du cube p. 534, la droite (FJ) est perpendiculaire à (GJ) et (IJ), donc elle est orthogonale au plan (GHIJ). Donc (FJ) est orthogonale à (GI), car (GI) est une droite du plan (GHIJ).

A. Démontrer que deux droites sont orthogonales

Pour prouver que deux droites sont orthogonales, on peut s'appuyer sur la définition ou démontrer qu'une droite est orthogonale à un plan qui contient l'autre droite.

Exemple : Dans la représentation de ce cube, le **triangle MPT** sur le dessin n'est pas un triangle rectangle, alors qu'en réalité il l'est.

En effet (TP) est perpendiculaire à (PN) et à (PQ) car les faces NSTP et UQPT sont des carrés. Donc (TP) est orthogonale au plan MNPQ, donc (TP) est perpendiculaire à (PM).

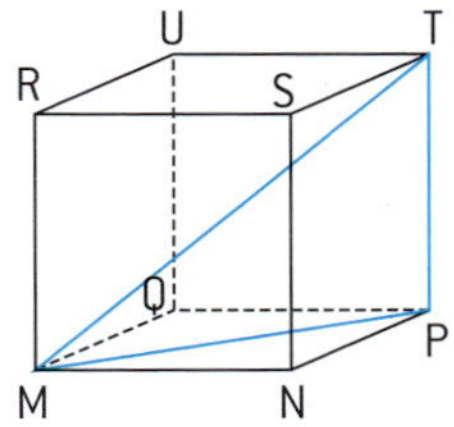

Entrainement 22

Corrigé p. 544

En prenant la figure ci-contre, préciser si les phrases suivantes sont vraies ou fausses :

a. (DH) et (CE) sont orthogonales.
b. (DF) et (GJ) sont orthogonales.
c. (FJ) et (JH) sont orthogonales.
d. (CG) et (DF) sont orthogonales.

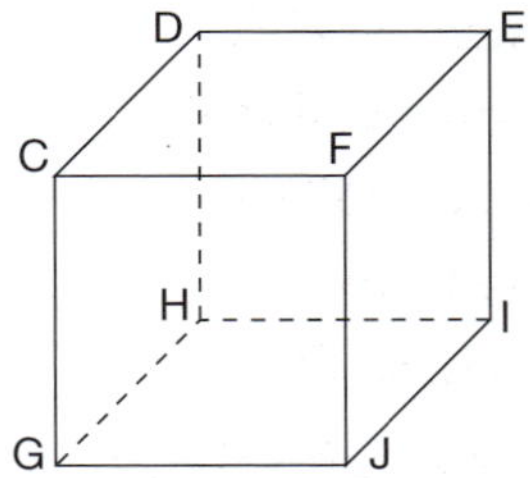

B. Calculer des longueurs dans l'espace

Ces notions de parallélisme et d'orthogonalité dans l'espace permettent de **calculer des longueurs dans l'espace**, comme nous allons le voir à travers ces exercices d'entrainement.

Entrainement 23

Corrigé p. 544

On sait que la distance AB sur le cône ci-contre est de 12 cm. Le rayon de la base est 3 cm. Quelle est la hauteur du cône ?

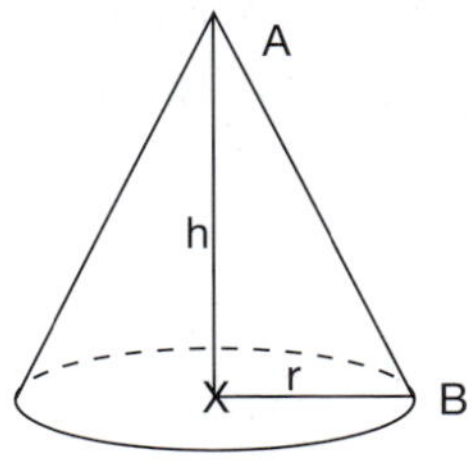

Entrainement 24

Corrigé p. 544

SABCD est une pyramide régulière à base carrée. On sait que SB = 8 cm et AB = 4 cm.

(SH) est la hauteur de la face SBC.

a. Calculer la hauteur de cette pyramide.

b. Calculer SH.

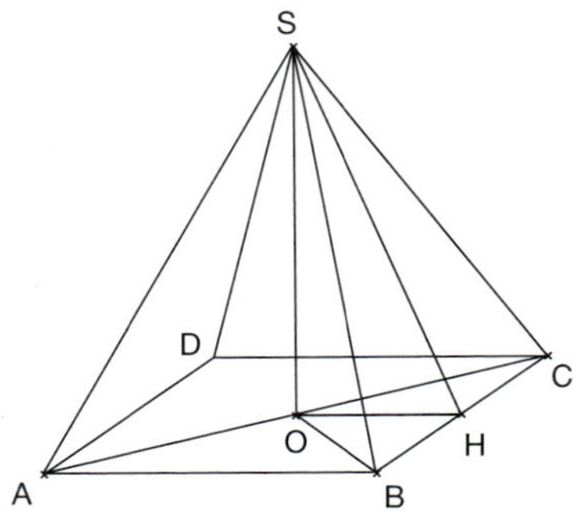

5 Section d'un solide par un plan

La section d'un solide par un plan est la surface constituée de l'ensemble des points d'intersection du plan et du solide.

Exemple : On sectionne un cube par un plan (P) :

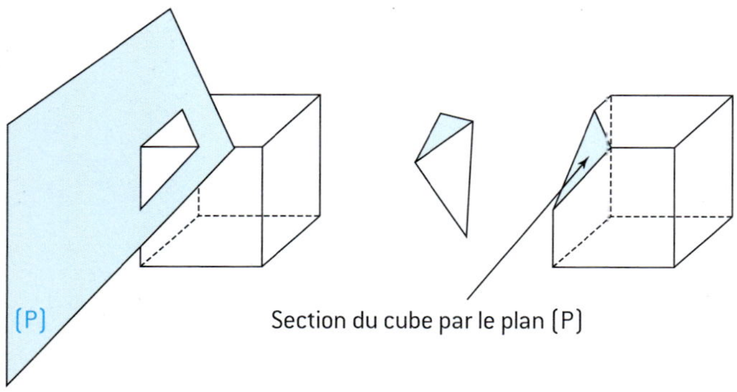

Section du cube par le plan (P)

- **En sectionnant une pyramide** par un plan orthogonal à sa hauteur, on obtient un **polygone** qui est une réduction de la base de cette pyramide.

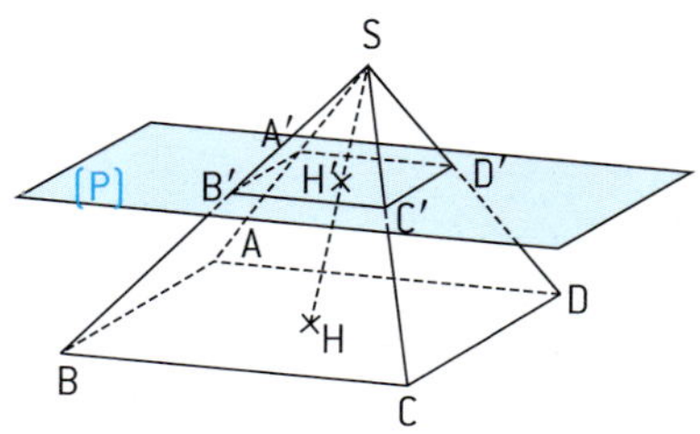

- **En sectionnant un cylindre** par un plan, on peut obtenir un **rectangle** si l'axe du cylindre est parallèle au plan.

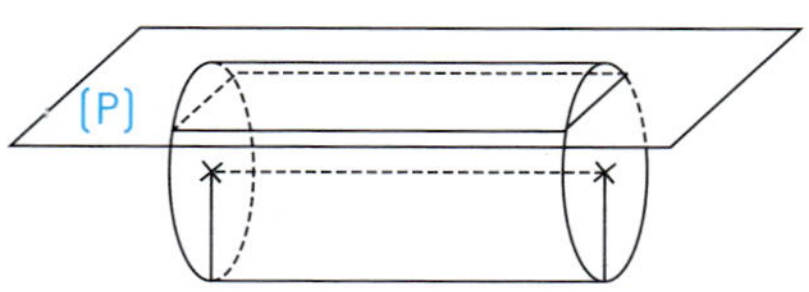

- **En sectionnant un pavé** par un plan parallèle à une face, on obtient un **rectangle**.
- **En sectionnant une sphère** par un plan, on obtient toujours un **cercle**.

Qcm 7 p. 524

Entrainement 25

Corrigé p. 545

On sectionne une sphère de 4 cm de rayon suivant un plan, comme indiqué ci-dessous.

Déterminer le rayon r du cercle de section.

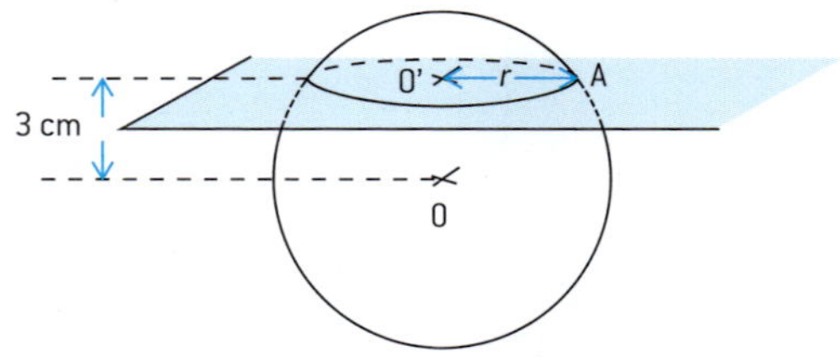

Entrainement 26

Corrigé p. 545

On sectionne un cône de 6 cm de hauteur et de 2 cm de rayon suivant un plan perpendiculaire à l'axe, comme indiqué ci-dessous.

Déterminer le rayon r du cercle de section.

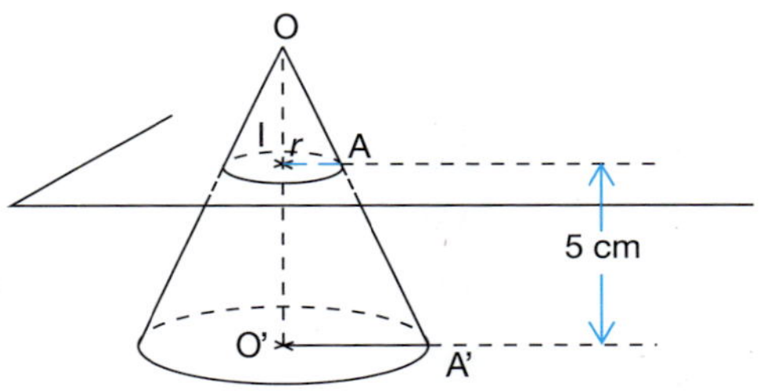

6 Repères

6 1. Repérer un point sur une droite

Pour repérer un point sur une droite, on définit une origine et une graduation sur cette droite (on parle de droite ou d'axe gradué). Le point est alors repéré par un nombre qui est appelé **abscisse** du point.

Exemple : Sur cette droite graduée, A a pour abscisse 2, B a pour abscisse $\frac{4}{3}$ et C a pour abscisse $-\frac{1}{3}$. On note A (2) ; B$\left(\frac{4}{3}\right)$ et C$\left(-\frac{1}{3}\right)$.

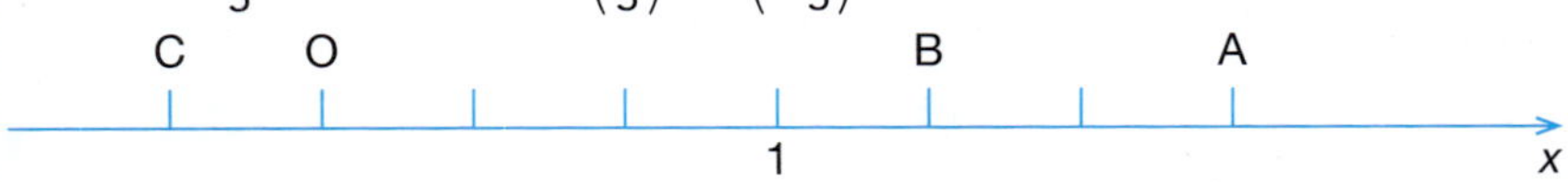

6 2. Repérer un point dans le plan

Pour repérer un point dans le plan, on peut utiliser un repère formé de deux axes gradués de même origine. Ils sont généralement perpendiculaires. Un point est alors repéré par un couple de nombres appelé **coordonnées** du point. Le 1er nombre du couple est appelé **abscisse** du point et le second **ordonnée** du point.

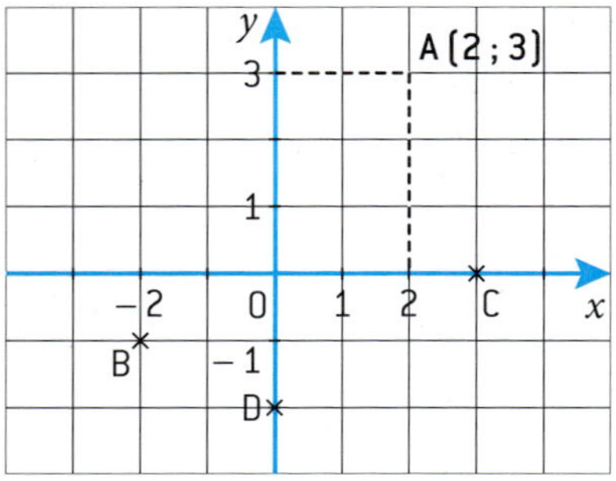

Exemple : Dans ce repère, le point A a pour coordonnées (2 ; 3). On note A (2 ; 3).

Entrainement 27

Corrigé p. 545

Dans le repère ci-dessus :

a. Déterminer les coordonnées de B ; C et D.

b. Quelle est l'abscisse de B ? Quelle est l'ordonnée de C ?

c. Placer les points E (3 ; -2) et F (0 ; 2).

6 3. Repérer un point dans l'espace

A. Coordonnées cartésiennes

Repère cartésien : Pour repérer un point dans l'espace on peut utiliser un repère formé de trois axes gradués de même origine. Ils sont généralement perpendiculaires deux à deux. Un point est alors repéré par un triplet de nombres.

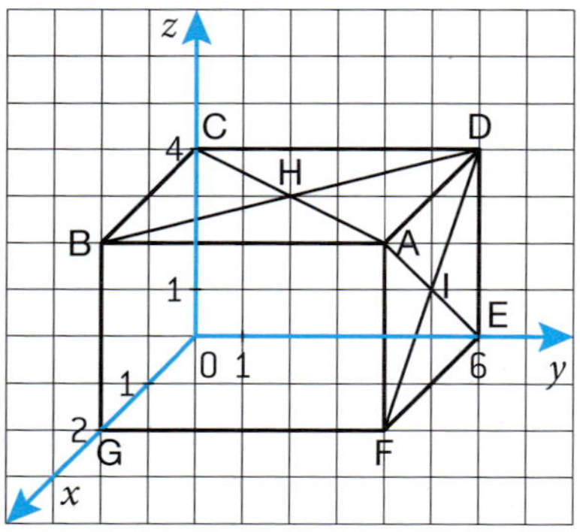

Exemple : Dans ce repère, A a pour coordonnées le triplet (2 ; 6 ; 4).

Entrainement 28

Corrigé p. 546

a. Dans le repère ci-dessus, trouver les coordonnées de G ; E ; C ; F ; H et I.

b. Dans ce repère, placer le point de J (2 ; 1 ; 0) et le point K (3 ; 2 ; 3).

B. Coordonnées géographiques

La terre est assimilée à une sphère. Un axe est privilégié, c'est l'axe nord/sud.
On appelle **parallèles** les cercles qui sont les intersections de la sphère avec des plans perpendiculaires à l'axe nord/sud.

On appelle **méridien** les demi-grands cercles qui passent par le pôle Sud et le pôle Nord. Le méridien qui passe par la ville de Greenwich, située en Angleterre, est le **méridien d'origine**.

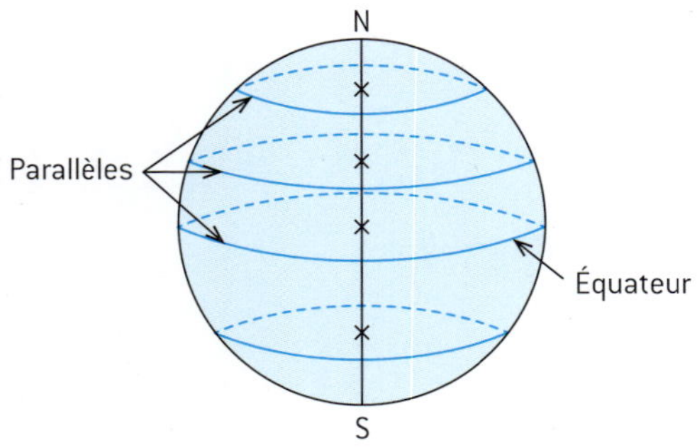

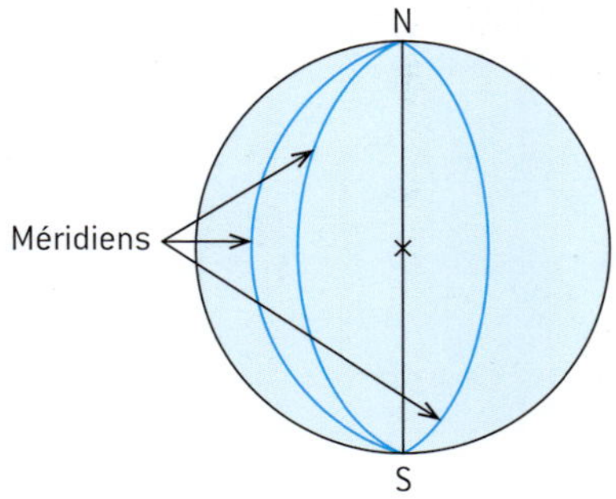

Pour repérer un point sur le globe terrestre, on utilise des coordonnées définies par deux mesures d'angles :
– la **longitude** Est (notée E) ou Ouest (notée W), repérée par rapport au méridien de Greenwich ;
– la **latitude** Nord (notée N) ou Sud (notée S), repérée par rapport à l'équateur.

Ces coordonnées sont appelées **coordonnées géographiques**.

Exemple : Le point P ci-contre a pour longitude 40° E et pour latitude 80° N.

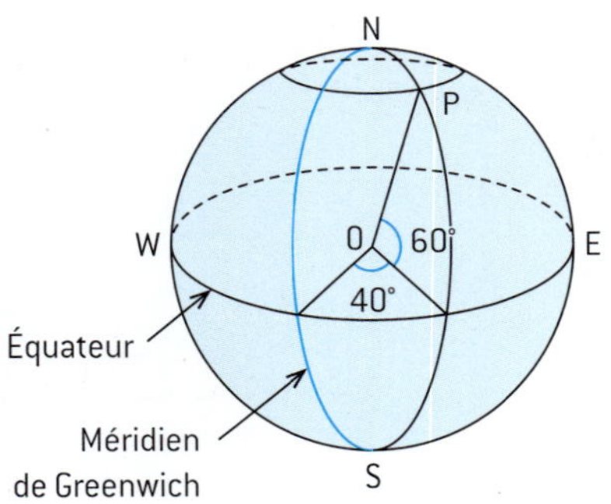

Entrainement 29

Corrigé p. 546

Sur le dessin ci-dessous, le point M est situé à l'intersection du méridien de Greenwich et de l'équateur. Déterminer les coordonnées géographiques des points A, B, C, D, F et G.

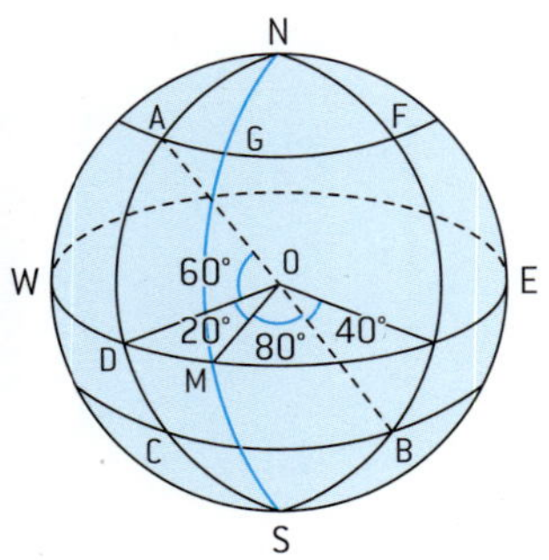

Corrigés

Entrainement 1

Énoncé p. 526

Un tétraèdre.

Entrainement 2

Énoncé p. 526

La formule qui lie le nombre de faces, le nombre d'arêtes et le nombre de sommets d'un polyèdre est la suivante :
« Le nombre de sommets augmenté du nombre de faces et diminué du nombre d'arêtes est égal à 2. »

On peut conjecturer cette formule en déterminant le nombre de faces d'arêtes et de sommets de différents solides usuels. Elle s'appelle **formule d'Euler**, qu'on peut résumer par $S + F - A = 2$ et n'est pas à mémoriser.

Entrainement 3

Énoncé p. 526

7 faces, 10 sommets, 15 arêtes.
On peut constater que la formule de l'entrainement 2 est vérifiée.

Entrainement 4

Énoncé p. 527

Il n'y a aucun cube peint sur 4 faces.
Il y a 8 cubes peints sur 3 faces, 24 cubes peints sur 2 faces, 24 cubes peints sur 1 face et 8 cubes qui ne sont peints sur aucune face.

Entrainement 5

Énoncé p. 528

Les dimensions indiquées sont les dimensions sur le dessin. On a réduit les dimensions sur les fuyantes de 50 %.

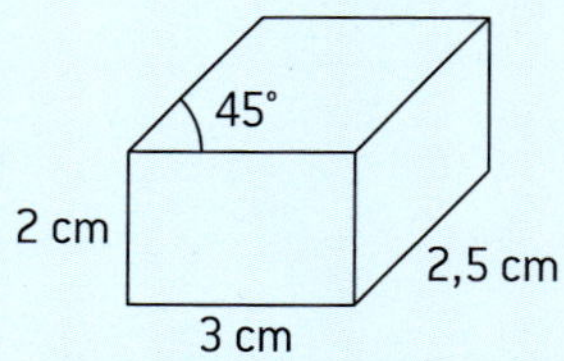

Entrainement 7

Énoncé p. 529

Solide 1 :

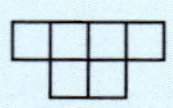
Vue de dessus

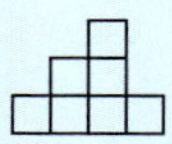
Vue de face

Vue de droite

Solide 2 :

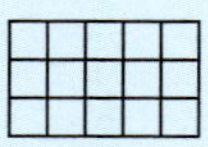
Vue de dessus

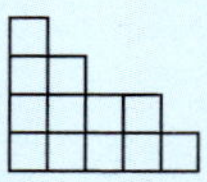
Vue de face

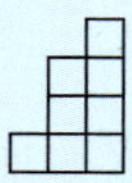
Vue de droite

Entrainement 8

Énoncé p. 529

Voici une solution possible : 

Entrainement 9

Énoncé p. 530

Les figures 2, 4 et 5 sont des patrons de pavé droit.

Entrainement 10

Énoncé p. 530

La face portant la croix.

Entrainement 11

Énoncé p. 531

Les figures 2, 5 et 7 sont des patrons de pyramide à base carrée.

Entrainement 12

Énoncé p. 531

Les figures 1 et 2 sont des patrons de solide.
La figure 1 est le patron d'un cylindre car la longueur de la surface latérale (rectangle) est égale au périmètre des cercles de base.

Entrainement 13

Énoncé p. 531

Il y a bien sûr beaucoup de patrons possibles.
Pour s'assurer de la validité d'une construction, il suffit de la découper et d'essayer de construire le pavé.

Entrainement 14

Énoncé p. 531

Un patron possible :

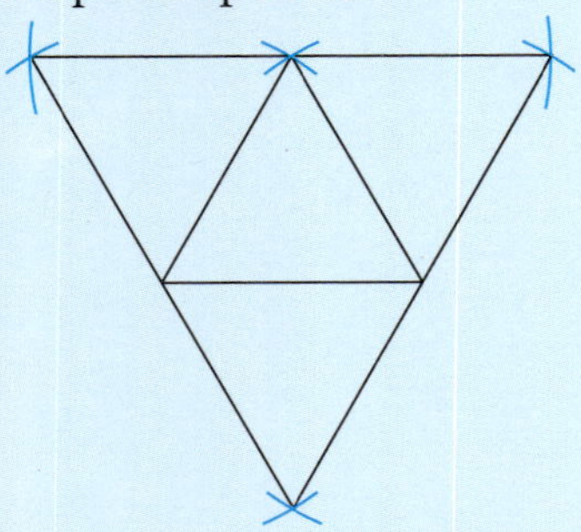

Entrainement 15

Énoncé p. 531

La pyramide étant régulière, H le pied de la hauteur est l'intersection des diagonales du carré.
Pour déterminer la longueur des côtés des triangles isocèles des faces latérales, on utilise le théorème de Pythagore dans le triangle AHB rectangle en H.
On obtient $AB^2 = AH^2 + HB^2$. Or $HB = \dfrac{2\sqrt{2}}{2} = \sqrt{2}$ (*moitié de la diagonale d'un carré de côté 2 cm*), donc $AB = \sqrt{11}$ cm.

On pouvait aussi déterminer la hauteur AI d'un des triangles latéraux $\left(\sqrt{10}\text{ cm}\right)$.

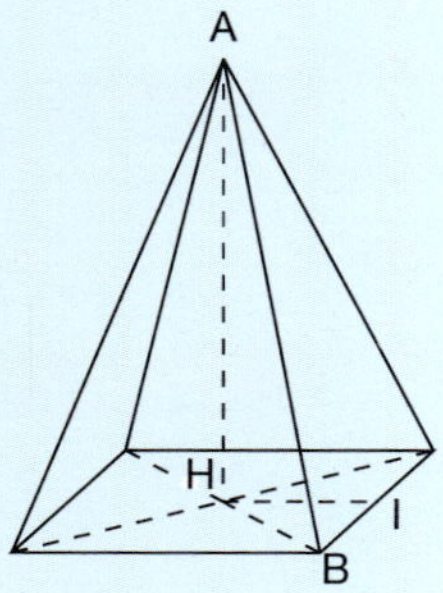

Un patron possible :

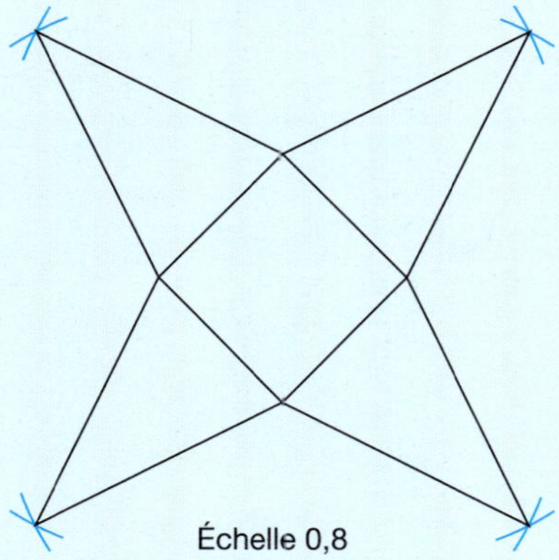

Échelle 0,8

Entrainement 16

Énoncé p. 532

La surface latérale est un rectangle d'environ 6,3 cm de longueur (car $2 \times 1 \times \pi \approx 6{,}3$) et de 4 cm de largeur.

Entrainement 17

Énoncé p. 533

x est égal à AB, OB = 3 cm et OA = 4 cm.

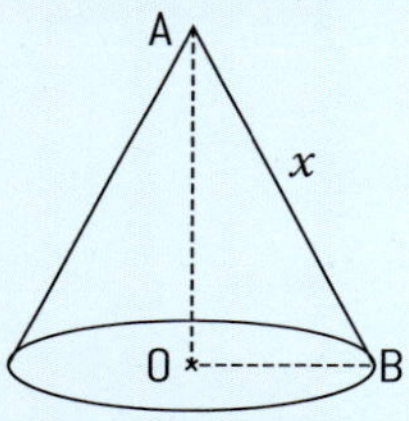

- Le triangle AOB est rectangle en O, donc d'après le théorème de Pythagore on a : $OA^2 + OB^2 = AB^2$ donc $4^2 + 3^2 = x^2$ donc $x =$ **5 cm.**
- Déterminons la longueur de l'arc de cercle : cette longueur est égale au périmètre du disque de base, puisqu'après la réalisation du cône, l'arc de cercle et le disque doivent coïncider.

Le rayon du cercle est de 3 cm, donc son périmètre en cm est de $2 \times 3 \times \pi = 6\pi$.

Donc la longueur de l'arc est de : **$6 \times \pi$ cm.**

Il y a proportionnalité entre l'angle du secteur circulaire et la longueur de l'arc de cercle correspondant. On sait d'autre part que, pour un secteur de 360°, la longueur de l'arc correspondant est égale au périmètre du cercle de rayon $x = 5$ cm.

On peut donc établir le tableau de proportionnalité :

Mesure de l'angle	360°	y
Longueur de l'arc	$2 \times 5 \times \pi$	6π

Donc $y = \dfrac{360 \times 6\pi}{2 \times 5 \times \pi}$ donc en degrés **y = 216°.**

- **a.** et **d.** sont les affirmations vraies.

Entrainement 18

Énoncé p. 533

a. Une face du cône est un disque de rayon 2 cm. La face « latérale » correspond à un secteur circulaire dont la longueur de l'arc est égale à la circonférence du disque de base du cône.

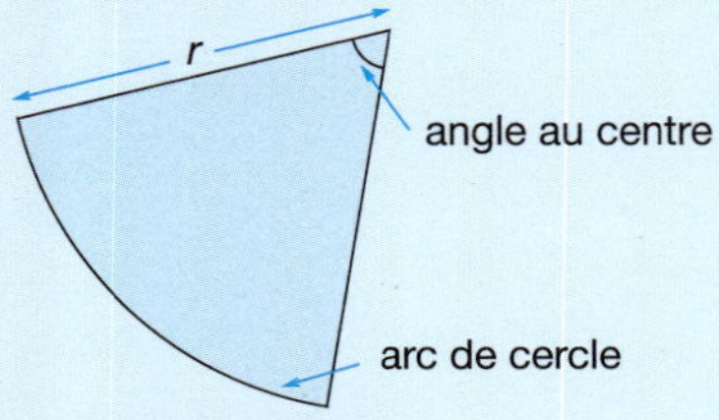

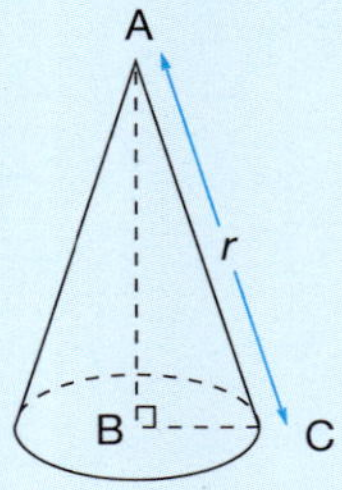

• Pour tracer ce secteur circulaire, il faut déterminer son rayon et l'angle au centre correspondant.

• Pour déterminer le rayon r du secteur, on utilise le théorème de Pythagore dans le triangle ABC rectangle en B :

$AC^2 = AB^2 + BC^2$ (AB étant la hauteur du cône).

Donc $r^2 = 6^2 + 2^2$, donc $r^2 = 40$, donc $r = \sqrt{40}$ cm ≈ **6,3 cm**.

• Pour déterminer l'angle au centre, on utilise le fait qu'il y a proportionnalité entre la mesure de l'angle au centre et la longueur de l'arc de cercle correspondant.

360° correspond au périmètre du cercle.

Mesure de l'angle	360°	?
Longueur de l'arc	$2 \times \sqrt{40} \times \pi$	$2 \times 2 \times \pi$

La mesure de l'angle est donc de : $\dfrac{360 \times 2 \times 2 \times \pi}{2 \times \sqrt{40} \times \pi} = \dfrac{360 \times 2}{\sqrt{40}} \approx$ **114°**.

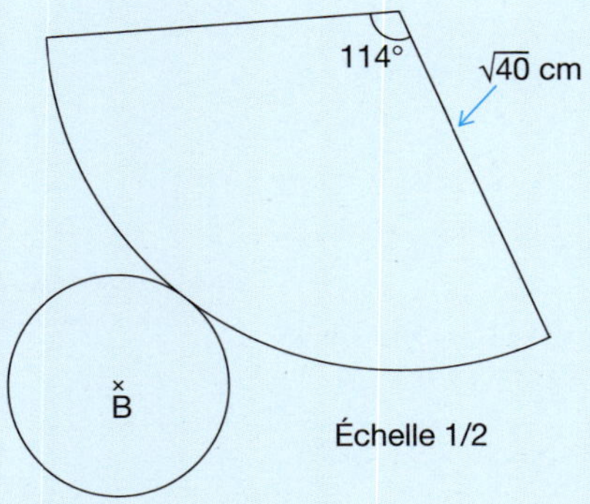

b. Comme pour la question **a**, il faut déterminer le rayon et l'angle au centre du secteur circulaire représentant la surface latérale. On obtient $r = 2\sqrt{5}$ **cm** et environ **161° pour la mesure de l'angle du secteur**.

Entrainement 19

Énoncé p. 533

Il y a 11 patrons possibles :

Entrainement 20

Énoncé p. 534

Non, elles peuvent ne pas être dans le même plan.
En reprenant la figure du § 4.1 p. 533, les droites (AD) et (BE) n'ont pas de point commun, mais comme elles ne sont pas dans le même plan, elles ne sont pas parallèles.

Entrainement 21

Énoncé p. 534

a. Vraie **b.** Vraie **c.** Fausse **d.** Fausse **e.** Vraie **f.** Vraie **g.** Fausse
h. Vraie **i.** Vraie **j.** Fausse : le triangle GFI est équilatéral, donc $\widehat{GFI} = 60°$.
k. Vraie : (EI) est parallèle à (FJ) et (FJ) est perpendiculaire à (GJ).

Entrainement 22

Énoncé p. 535

a. Vraie : (DH) est perpendiculaire à (DC) et (DE), donc au plan DCFE, donc à toutes droites du plan, donc à (CE).
b. Fausse **c.** Vraie **d.** Vraie.

Entrainement 23

Énoncé p. 535

D'après le théorème de Pythagore, la hauteur du cône en cm est : $\sqrt{135} \approx$ **11,6**.

Entrainement 24

Énoncé p. 536

La pyramide est régulière, donc (SO) est la hauteur de cette pyramide. Elle est donc orthogonale au plan (ABCD), donc elle est orthogonale à toutes les droites du plan, en particulier à (OB) et à (OH).

Il s'agit de calculer une longueur. On pense bien sûr au théorème de Thalès ou de Pythagore. L'absence de parallèles nous amène à pencher pour l'utilisation du théorème de Pythagore, mais pour cela il faut un triangle rectangle. La difficulté, en géométrie dans l'espace, c'est que les triangles rectangles ne sont pas toujours représentés. Sur le dessin, on ne voit pas de triangles rectangles, pourtant SOB est un triangle rectangle en O.

a. On connait SB, il faut calculer OB.

Or OB est égal à la moitié de la longueur de la diagonale du carré ABCD de côté 4 cm.

Donc en cm : $OB = 4\frac{\sqrt{2}}{2} = 2\sqrt{2}$.

Dans le triangle rectangle SOB, on a d'après le théorème de Pythagore :

$SB^2 = SO^2 + OB^2$.

Donc $SO^2 = 8^2 - (2\sqrt{2})^2 = 56$.

Donc $SO = \sqrt{56}$ cm.

b.

ATTENTION
Il ne faut pas confondre la hauteur de la pyramide et la hauteur d'une face triangulaire.
On va calculer SH en utilisant le théorème de Pythagore dans le triangle rectangle SOH.
On peut aussi utiliser le théorème de Pythagore dans le triangle SBH : cette méthode n'est pas donnée dans le corrigé mais vous pouvez l'utiliser et contrôler votre résultat avec le résultat ci-dessous.
Il faut calculer OH et se rappeler que, dans une pyramide régulière, toutes les faces latérales sont des triangles isocèles de sommet S.

SBC est un triangle isocèle en S (car la pyramide est régulière).

(SH) est la hauteur issue du sommet principal de ce triangle, donc c'est aussi une médiatrice. Donc H est le milieu de [BC].

De plus, O est le milieu de [AC].

Donc, dans le triangle ACB on a $OH = \frac{AB}{2} = 2$ cm (propriété T3).

Après calcul, on trouve **$SH = \sqrt{60}$ cm $= 2\sqrt{15}$ cm.**

Entrainement 25

Énoncé p. 537

Le triangle OO′A est un triangle rectangle en O′.

On peut donc appliquer le théorème de Pythagore, ce qui permet de déterminer **$r = \sqrt{7}$ cm.**

Entrainement 26

Énoncé p. 537

Dans le triangle OO′A′, on a (IA) qui est parallèle à (O′A′).

On peut donc appliquer le théorème de Thalès, ce qui permet de déterminer **$r = \frac{1}{3}$ cm.**

Entrainement 27

Énoncé p. 538

a. B (– 2 ; – 1) ; C (3 ; 0) et D (0 ; – 2)

b. L'abscisse de B est – 2 et l'ordonnée de C est 0.

c.

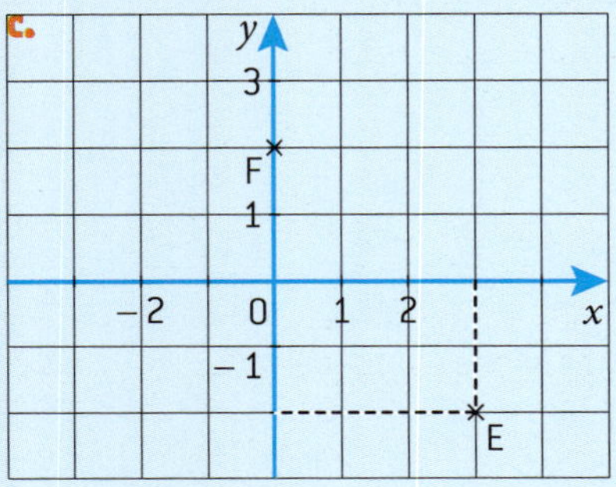

Entrainement 28

Énoncé p. 538

a. G (2 ; 0 ; 0) E (0 ; 6 ; 0) C (0 ; 0 ; 4) F (2 ; 6 ; 0) H (1 ; 3 ; 4) I (1 ; 6 ; 2)

b.

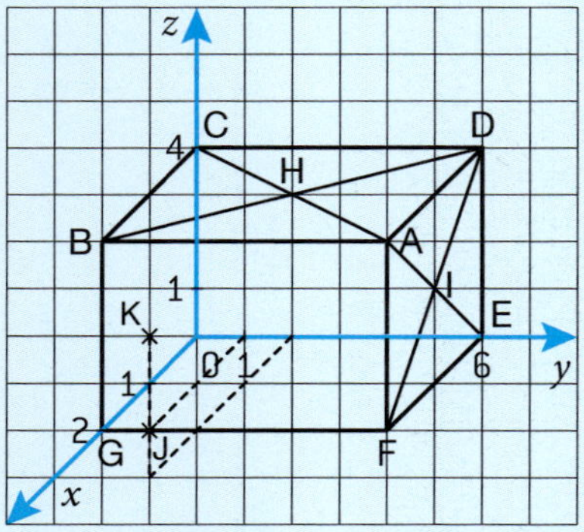

Entrainement 29

Énoncé p. 539

A : longitude 20° W ; latitude 60° N, que l'on peut noter (20° W ; 60° N)
B : longitude 80° E ; latitude 40° S
C : longitude 20° W ; latitude 40° S
D : longitude 20° W ; latitude 0°
F : longitude 80° E ; latitude 60° N
G : longitude 0° ; latitude 60° N

AU CONCOURS Géométrie dans l'espace

Exercice 1

Corrigé p. 549

En coupant le cube ci-contre suivant le plan (BED), on obtient deux polyèdres.

L'exercice ne concerne que le polyèdre ne contenant pas le sommet A.

Nommer chacune des faces de ce polyèdre en précisant sa nature géométrique particulière éventuelle. Justifier.

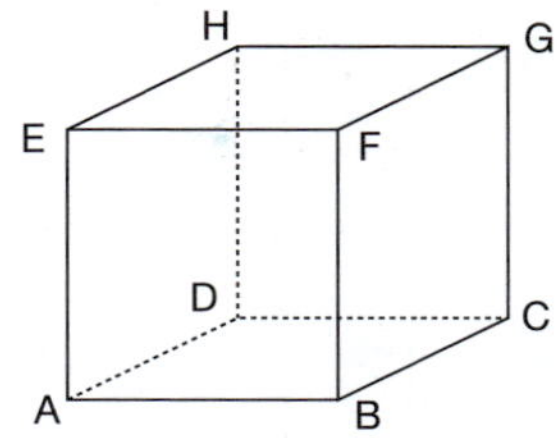

Exercice 2

Corrigé p. 549

On considère le pavé droit ABCDURST tel que : AB = 6 cm, AD = 12 cm et CS = 4 cm.

La figure n'est pas tracée à l'échelle.

Dessiner en vraie grandeur, un patron de la pyramide BUTR.

Indiquer les angles droits, les noms des points et laisser les traces de construction.

On ne calculera pas les longueurs BU, BT et RT.

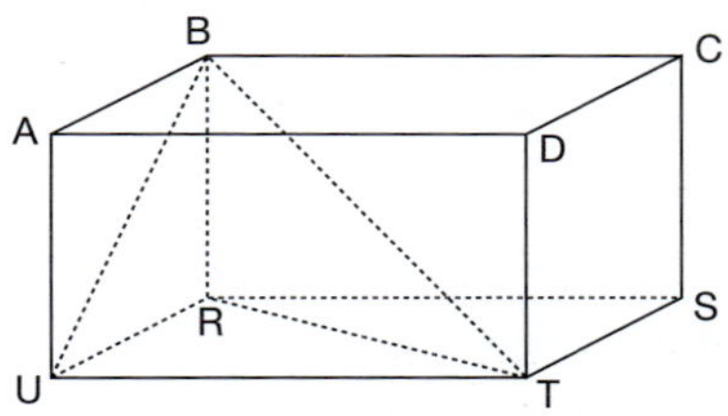

Exercice 3

Corrigé p. 550

On considère une sphère de centre O et de rayon OA.

Un octaèdre SABCDT est inscrit dans cette sphère.

Le quadrilatère ABCD est un carré de centre O.

Les sommets S et T des pyramides SABCD et TABCD sont situés sur la droite perpendiculaire en O au plan contenant le carré ABCD.

Vrai ou faux ? Toutes les arêtes de l'octaèdre sont de même longueur. Justifier.

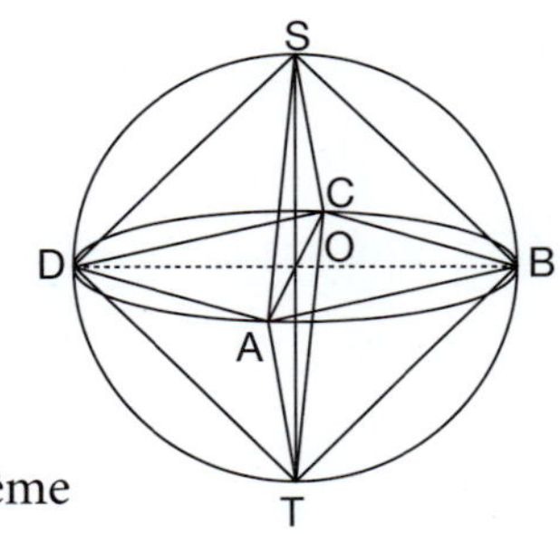

Exercice 4

Corrigé p. 550

Pour sensibiliser ses élèves à l'intérêt du vocabulaire « face », « sommet, » arête », une enseignante décide d'organiser un jeu du portrait avec un lot de solides qu'elle envisage de fabriquer.

Elle souhaite réaliser des solides qui ont une hauteur commune de 7 cm. Pour cela, elle trace leur patron et utilise du papier adhésif pour assembler les faces.

Parmi ce lot de solides, elle souhaite réaliser une pyramide à base carrée de côté 4 cm.

Dessiner avec précision le patron de cette pyramide de façon à ce qu'elle utilise le moins de papier adhésif possible pour assembler ses faces.

Exercice 5

Corrigé p. 551

On considère un solide constitué d'un empilement de cubes identiques.
On voit ci-contre les vues de droite, de face et de dessus.
Est-il possible de construire un tel solide à l'aide d'un empilement de 7 cubes ?

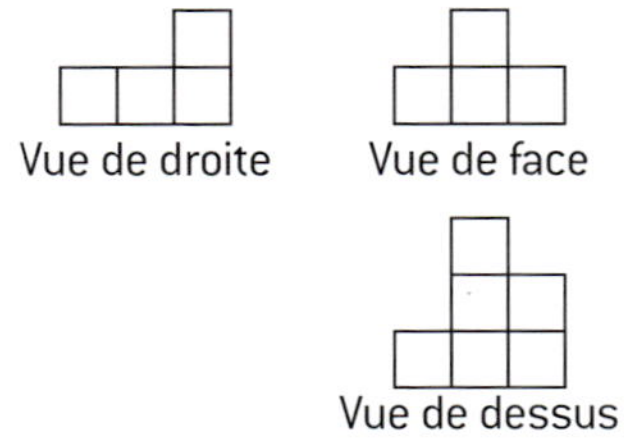

Exercice 6

Corrigé p. 552

La figure ci-contre représente un cube de 10 cm d'arête.

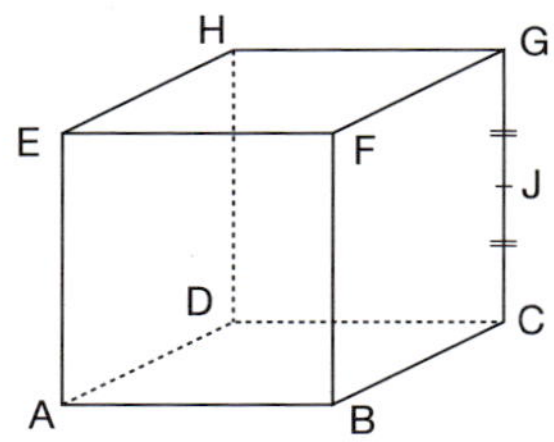

Partie A

Le point J est le milieu du segment [CG].

1. a. Reproduire sur votre copie le tableau ci-dessous et le compléter en répondant par oui ou par non. Pour la dernière ligne, on nommera un triangle autre que ceux qui figurent dans le tableau.

Le triangle	Est-il rectangle ?	Est-il isocèle ?	Est-il équilatéral ?
DJH			
ACG			
AFC			
EHG			
	oui	non	non

b. Justifier vos affirmations concernant la nature des triangles AFC et EHG.

Partie B

On considère que la figure précédente représente un cube en bois (de 10 cm d'arête). On le partage en deux morceaux à l'aide d'une scie, qu'on suppose sans épaisseur, réalisant une coupe plane passant par les trois points R, S et T :
- le point R est à 6 cm du sommet B, sur l'arête [BC] ;
- le point S est à 3 cm du sommet B, sur l'arête [BA] ;
- le point T est à 6 cm du sommet B, sur l'arête [BF].

On applique une des deux surfaces obtenues sur un tampon encreur et on imprime cette section RST sur une feuille.

2. a. Sans faire de calculs, construire en taille réelle à la règle et au compas le contour de la surface imprimée. On utilisera des constructions géométriques annexes (les faire figurer sur la copie). Expliquer succinctement la construction géométrique.
b. Calculer la dimension exacte de la longueur TR.

Corrigés

Exercice 1

Énoncé p. 547

Ce polyèdre a :

- trois faces carrées : **FGCB, CDHG** et **EFGH** ;
- quatre faces triangulaires :

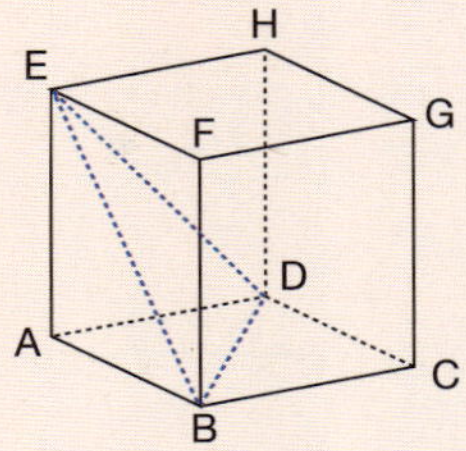

– les faces **DEH, EFB** et **BCD** sont des triangles rectangles et isocèles ; en effet, par exemple pour DEH, on a (HE) et (DH) qui sont perpendiculaires et EH = HD (car EHDA est un carré).

– la face **BDE** est un triangle équilatéral ;
en effet, [ED], [EB] et [BD] sont des diagonales de carrés superposables (faces du cube initial).

Exercice 2

Énoncé p. 547

La difficulté de cet exercice réside dans la construction des faces BRT et BRU sans calculer RT, BU, et BT. Par exemple, pour la face BRT, il suffit de construire le triangle URT que l'on sait tracer, puis d'utiliser la longueur RT ainsi dessinée.
Une autre difficulté peut apparaitre : comment nommer les points sur le patron (comme c'est demandé dans l'énoncé), alors que certains points apparaissent plusieurs fois ? On peut utiliser des indices.

BUTR est un tétraèdre.
Ses quatre faces sont :
– RUT qui est un triangle rectangle en U dont les côtés de l'angle droit mesurent 12 cm et 6 cm ;
– BRU qui est un triangle rectangle en R dont les côtés de l'angle droit mesurent 6 cm et 4 cm ;
– BRT qui est un triangle rectangle en R dont on connait la longueur du côté BR (4 cm) ;
– BUT qui est un triangle rectangle en U dont on connait la longueur du côté UT (12 cm).
On peut donc commencer par tracer la face RUT (on peut aussi commencer par la face BRU), puis tracer la demi-droite d'origine R et perpendiculaire à (RT) dans le demi-plan ne contenant pas U et placer le point B_1 sur cette demi-droite tel que $RB_1 = 4$ cm.
On trace ensuite la demi-droite d'origine R perpendiculaire à (UR), dans le demi-plan ne contenant pas T, en plaçant le point B_2 tel que $RB_2 = 4$ cm.
On termine en traçant le triangle BUT en plaçant le point B_3 à l'aide du compas tel que : $B_3U = B_2U$ et $B_3T = B_1T$.

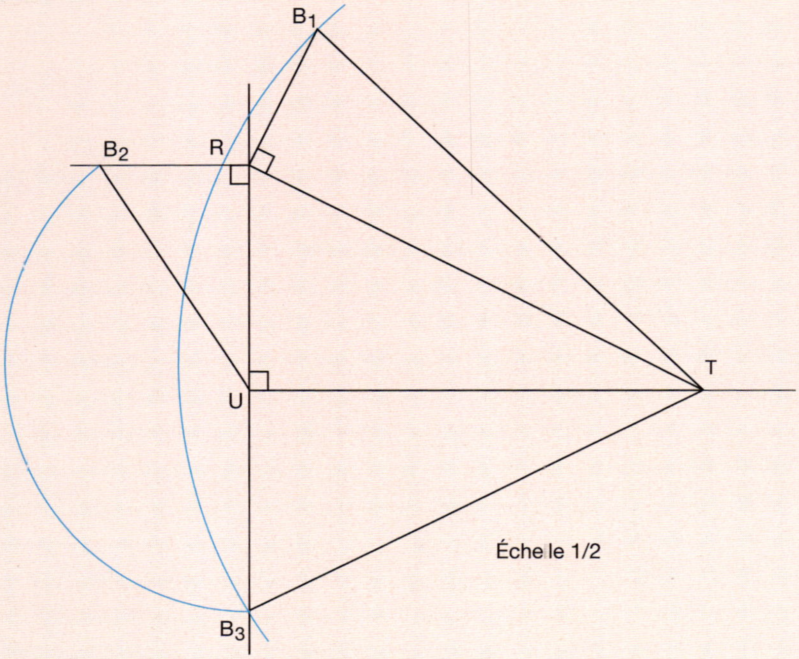

Exercice 3

Énoncé p. 547

ABCD est un carré (donnée) donc AB = BC = CD = DA.

Considérons le quadrilatère SBTD.

Les diagonales du quadrilatère SBTD ont le même milieu et la même longueur car ce sont des diamètres de la sphère. De plus elles sont perpendiculaires, donc SBTD est un carré.

Donc SB = BT = TD = DS.

Les carrés ABCD et SBTD ont en commun la diagonale [BD], donc ils sont superposables.

Donc AB = BC = CD = DA = SB = BT = TD = DS.

On démontre de la même façon que les quatre arêtes restantes ont également la même longueur en montrant que SATC est un carré.

Donc l'affirmation est vraie.

Exercice 4

Énoncé p. 547

Pour tracer ce patron, il faut calculer SB ou SI.
Dans l'entrainement 15, on a vu comment calculer la longueur des côtés d'une face latérale d'une pyramide.
Nous proposons ici de calculer SI. Pour cela, on pense à utiliser le théorème de Pythagore dans le triangle SHI.
Il faut donc calculer HI.

Si I est la hauteur, issue de S, du triangle isocèle SBC, elle passe donc par le milieu de [BC].

Dans le triangle ABC, on a donc I milieu de [BC] et H milieu de [AC] (point d'intersection des diagonales d'un carré). Donc, d'après la propriété T2, HI = AB/2 = 2 cm.

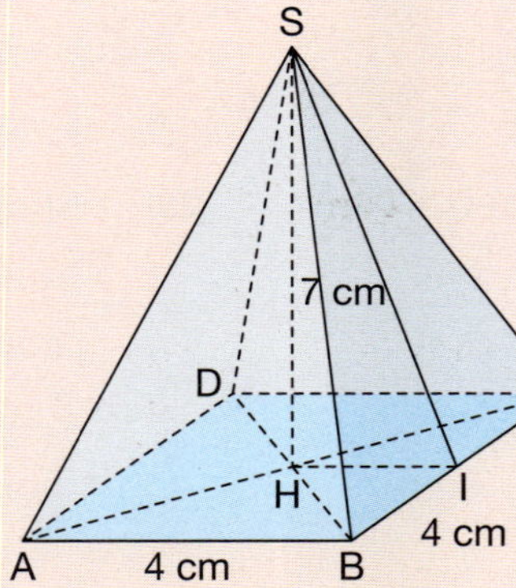

L'utilisation du théorème de Pythagore dans le triangle rectangle SHI permet de calculer $SI = \sqrt{7^2 + 2^2} = \sqrt{53} \approx 7{,}3$ cm.

Il faut maintenant tracer le patron de façon à utiliser le minimum de papier adhésif pour construire le solide. Le patron classique en étoile (voir Entrainement 15) n'est pas la bonne réponse. Il faut faire en sorte que les faces latérales soient le plus possible « solidaires », comme ci-dessous :

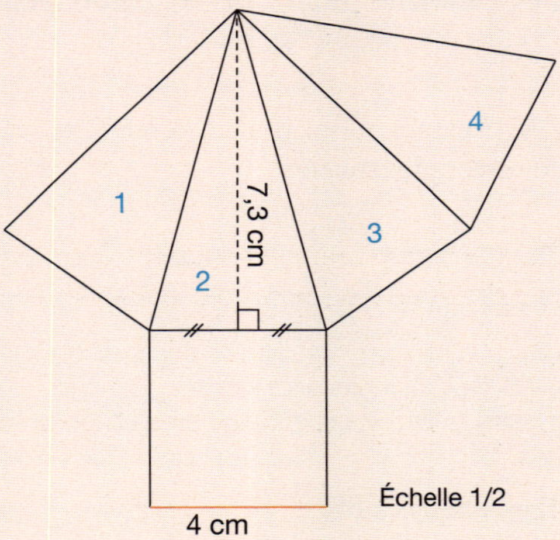

On peut aussi proposer le patron obtenu en plaçant la face 1 « solidaire » de la face 4 et les patrons qui se déduisent du patron ci-dessus par une symétrie axiale ou centrale.

Exercice 5

Énoncé p. 548

Pour construire ce solide avec 7 cubes, il suffit de placer 6 cubes sur le plan de base dans la disposition indiquée par la vue de dessus, puis de placer un 7e cube sur le cube bleu du schéma ci-dessous.

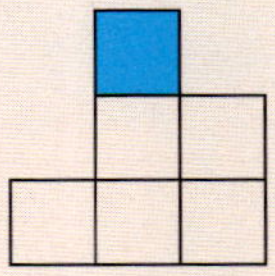

Exercice 6

Énoncé p. 548

Partie A

1. a.

Le triangle	Est-il rectangle ?	Est-il isocèle ?	Est-il équilatéral ?
DJH	non	oui	non
ACG	oui	non	non
AFC	non	oui	oui
EHG	oui	oui	non
Plusieurs choix possibles de type EAC, ACJ…	**oui**	**non**	**non**

b. Nature du triangle AFC

Ses côtés sont les diagonales de carrés superposables (faces du cube initial) et sont de même longueur. **AFC est donc équilatéral** (donc isocèle) **et non rectangle** (ses angles mesurent 60°).

Nature du triangle EHG

EHGF est un carré (puisque ABCDEFGH est un cube), donc EH = HG et $\widehat{EHG} = 90°$. **EHG est donc un triangle rectangle isocèle.**

Partie B

2. a. La surface imprimée correspond au triangle TRS.

Pour construire le triangle TRS, il faut connaitre les longueurs TR et RS = TS.
La difficulté ici, c'est qu'on ne peut pas calculer ces longueurs, il faut donc les construire.

Il faut d'abord construire les triangles rectangles TBS, TBR et SBR (TBS et SBR sont superposables), pour ensuite reporter les longueurs des hypoténuses de ces triangles rectangles avec un compas et ainsi construire le triangle TSR.

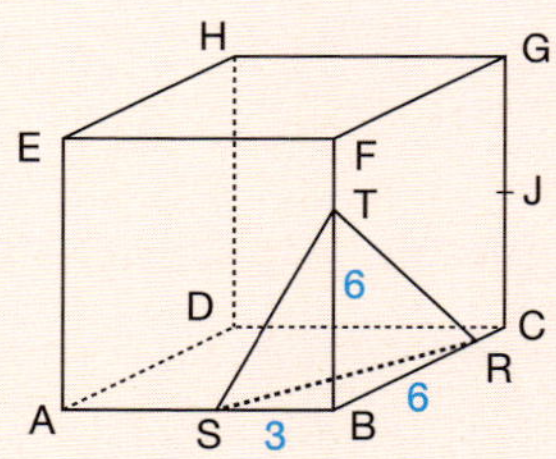

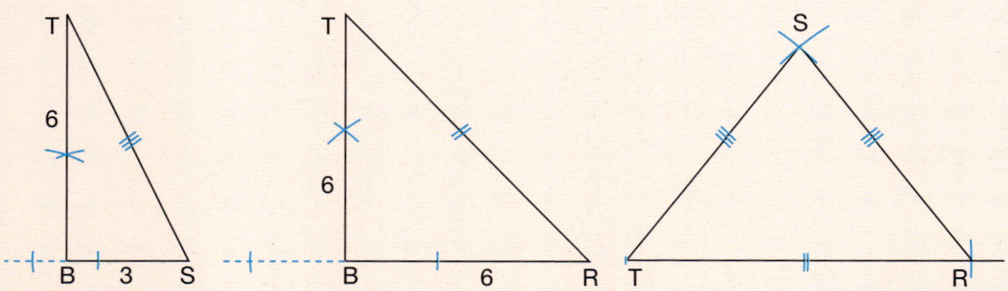

Échelle 1/2

b. TR peut être considéré comme la diagonale d'un carré de 6 cm de côté.
Donc **TR = $6\sqrt{2}$ cm.**

CHAPITRE 23

Algorithmique et programmation

Objectif

- Écrire, mettre au point et exécuter un programme simple en utilisant des instructions courantes dans un langage de programmation donné.

Pour effectuer cette initiation, nous avons choisi **de proposer** des activités avec le logiciel gratuit **Scratch**[1]. Ce logiciel est donné en exemple dans le document d'accompagnement *Initiation à la programmation aux cycles 2 et 3*, qui fait partie des ressources d'accompagnement des programmes de mathématiques.

1. Scratch est à la fois un logiciel qui permet de traiter des problèmes numériques et de réaliser des figures géométriques.

Les épreuves du concours relatives à la programmation prennent appui sur des programmes de ce logiciel.

Ces activités permettent d'élaborer un programme bien sûr, **mais aussi de le compléter** (par exemple, trouver les valeurs numériques associées à certaines instructions, ajouter une ou deux instructions), ainsi que d'imaginer ce qu'un programme permet d'accomplir. Toutes ces activités sont en lien avec ce qui peut être demandé au concours.

LE COURS

Avant d'aller plus loin dans ce chapitre, il est indispensable **d'installer le logiciel Scratch**. De nombreux sites permettent de télécharger ce logiciel.

1 Présentation du logiciel Scratch

1. Pour démarrer ou arrêter Scratch

- **Pour écrire un programme**, on encastre des blocs les uns dans les autres en les faisant glisser de la colonne de gauche à la colonne centrale à la page de droite (page de scripts).

- **Pour lancer un programme**, on double-clique sur le bloc d'instructions ou, si l'on a fait commencer le programme par le bloc évènement « drapeau vert » *(cf. ci-contre)*, il suffit de cliquer sur le drapeau vert situé au-dessus de la fenêtre d'action. On trouve cette instruction dans « Evènement ».

- **Pour arrêter un programme**, il suffit de cliquer sur l'octogone rouge situé dans le bandeau en haut.

❶ 2. Les principaux éléments de Scratch

• **Les lutins** (appelés aussi objets) : Ils agissent en fonction des instructions données. Par défaut, il s'agit d'un **chat**. Chaque lutin a un stylo qui peut, à la demande, laisser une trace. Cela permet de réaliser des figures *(cf. ci-contre)*. Il est possible de changer de lutin, de l'agrandir et de réduire. Nous ne traiterons pas cet aspect dans ce chapitre.

La position du lutin est repérée par des coordonnées par rapport à un système d'axes horizontal et vertical. L'origine de ce repère est au milieu de la page. Les coordonnées de l'objet figurent sur la page de scripts en haut à droite. Les abscisses sont comprises entre – 240 et + 240 et les ordonnées entre – 180 et + 180.

• **Les blocs aimantés** : Ils permettent de donner des instructions et d'établir ainsi des programmes appelés « Scripts ». Par exemple, le dessin ci-dessus a été obtenu à partir du programme ci-contre :

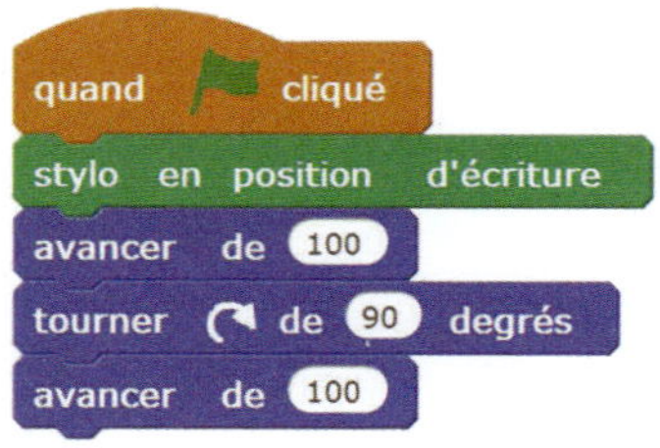

• **Les blocs ovales** : Ils représentent des valeurs sur lesquelles on peut effectuer des calculs.
Voici quelques exemples de ces blocs :

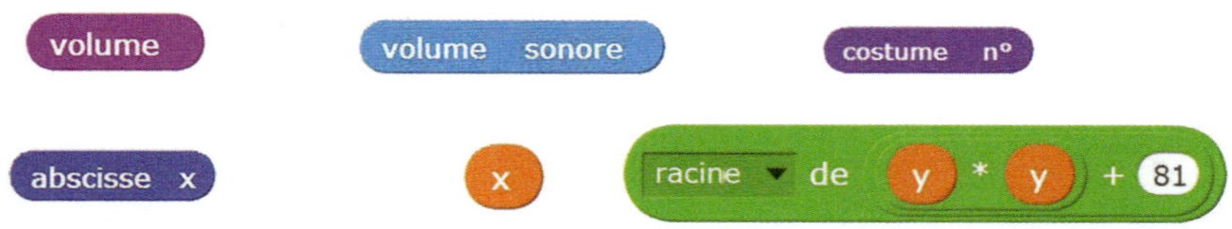

• **Les blocs pointus** : Ils représentent des expressions qui ne peuvent être égales qu'à deux valeurs : oui ou non. Ces valeurs sont utilisées pour réaliser des expressions conditionnelles ou des tests.
Voici quelques exemples de ces blocs :

Exemple : Avec l'instruction ci-dessous, si la valeur de la variable x est inférieure à 5, alors le lutin avance de 10.

❷ Programmer avec Scratch

Nous allons maintenant aborder deux éléments essentiels à la programmation : les boucles et la notion de variable.

2 1. Les boucles

Cahier des charges : On veut que le lutin (généralement le chat) avance à l'horizontal jusqu'à ce qu'il rencontre le bord de l'écran puis reparte, et ainsi de suite.

Testons ce programme 1. *Essayez d'imaginer ce qui va se passer.* 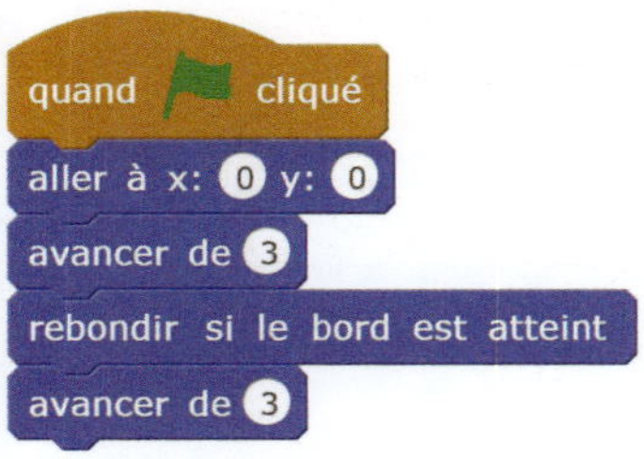 	L'objet va partir du point de coordonnées (0 ; 0) ; il va avancer de trois unités ; ne rencontrant pas le bord, il avance encore de 3 unités ; puis il s'arrête, étant arrivé au bout des instructions. Ce programme ne répond donc pas au cahier des charges car il faut répéter les instructions. On ne peut évidemment pas les recopier à l'infini d'où l'intérêt de l'instruction ci-dessous : 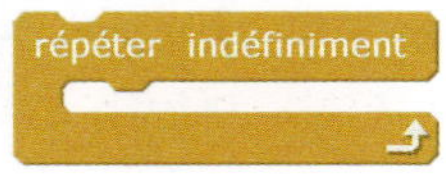
Testons le programme 2. *Imaginez ce qui va se passer.* 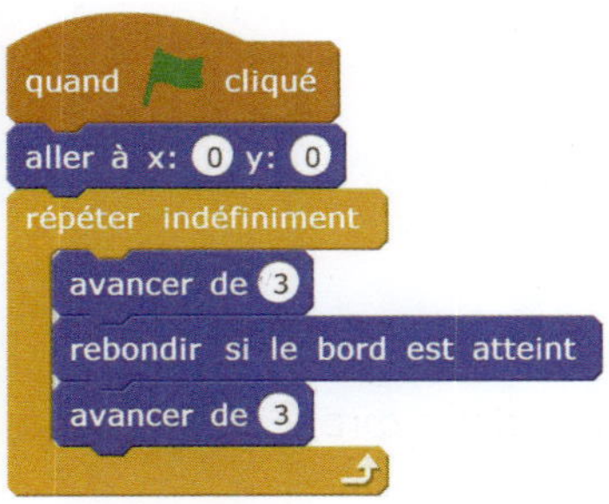 	L'objet va partir du point de coordonnées (0 ; 0) puis entrer dans la boucle infinie : l'objet avance de 3 unités ; s'il ne rencontre pas le bord, il avance de 3 ; puis il avance encore de 3 unités. On arrive au bout de la boucle, alors on repart à l'instruction qui est au début de la boucle : avancer de 3... Ce programme répond bien au cahier des charges. Peut-être qu'en faisant ce programme, vous avez constaté que, lorsque le lutin arrive au bord de l'écran, il revient avec la tête en bas ! Pour éviter cela, cliquez sur le « i » dans le coin gauche de l'étiquette du lutin et cliquez ensuite sur la double flèche.

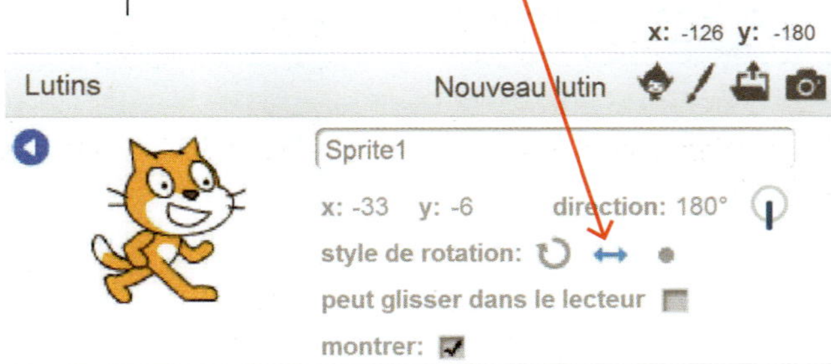

Entrainement 1

Dans le programme ci-dessus, peut-on supprimer la dernière instruction à l'intérieur de la boucle « avancer de 3 » ?

Corrigé p. 561

❷ 2. Les boucles conditionnelles

Certaines boucles ne se déroulent que si certaines conditions sont vérifiées.

On peut utiliser, pour cela, les instructions suivantes :

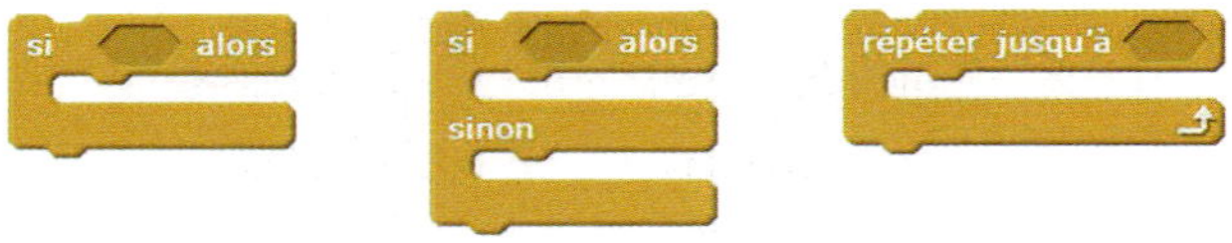

On note, pour chacune de ces instructions, le creux en forme d'hexagone qui est destiné à accueillir une expression à deux valeurs « oui » ou « non ».

Entrainement 2

Corrigé p. 561

Il faut tout d'abord construire un paysage avec deux murs verticaux verts.

Pour cela, aller dans « Scènes » à gauche de l'écran et cliquer sur le « Pinceau » (Dessiner un nouvel arrière plan).

Puis tracer deux rectangles verticaux identiques, comme ci-contre. Vous utiliserez le pot de peinture pour colorier les rectangles qui représentent les murs. Vous pouvez aussi tracer directement des rectangles pleins (icône en bas à gauche après avoir cliqué sur « Rectangle »).

Pensez à revenir sur votre lutin puis sur code, pour élaborer votre programme.

Élaborer ensuite un programme de telle sorte que votre lutin se déplace horizontalement et que, lorsqu'il arrive à un mur vert, il reparte dans l'autre direction.

On utilisera l'instruction :

Remarque : Pour avoir la bonne couleur dans l'instruction ci-contre, il suffit, après installation du script dans le programme, de cliquer sur le carré de couleur puis de cliquer sur la pipette et de la mettre au contact de la couleur du mur.

Entrainement 3

Corrigé p. 561

Le programme ci-contre répond-il au cahier des charges proposé dans l'exercice précédent ?

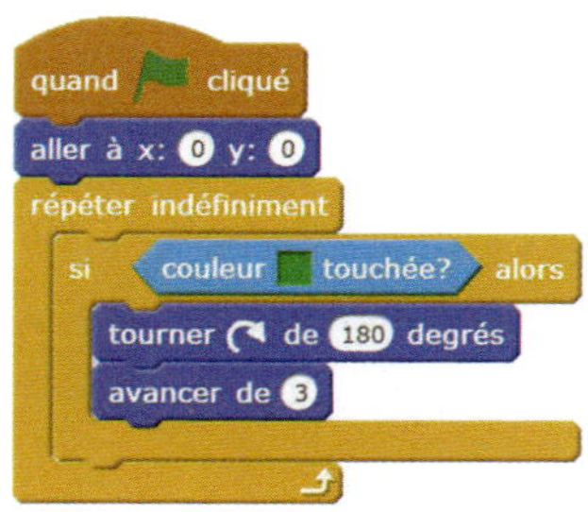

Entrainement 4

Corrigé p. 561

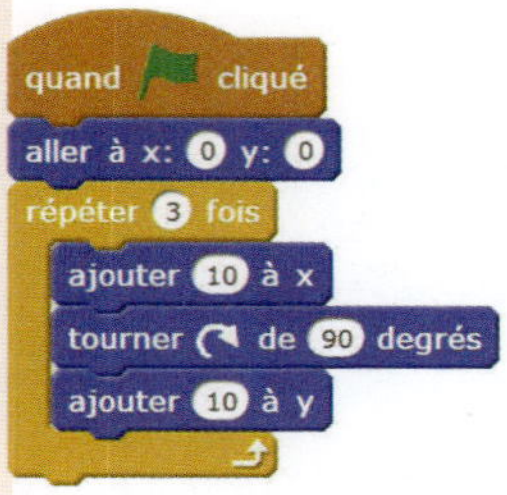

a. Prévoir les coordonnées du lutin à la fin de l'exécution des instructions, puis effectuer le programme pour vérifier.

b. Si l'on change la mesure de l'angle, est-ce que cela change les coordonnées finales ?

Entrainement 5

Corrigé p. 561

Trouver les valeurs a, b et c pour que le lutin, en fin de programme, se retrouve au point de coordonnées (10 ; 30) après l'exécution du programme.

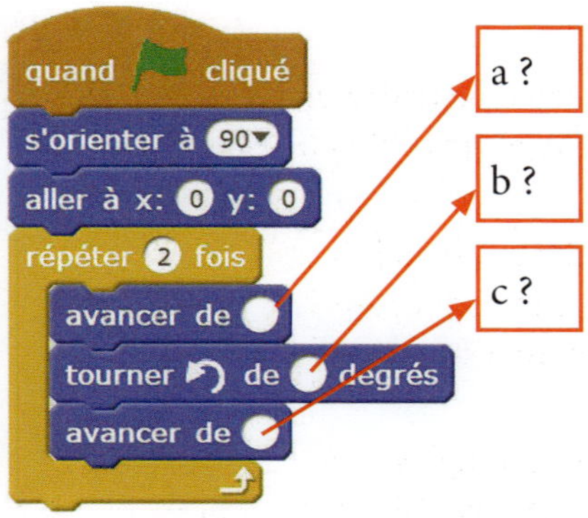

2 3. Les variables

La **notion de variable** a déjà été abordée au chapitre 7.

En informatique, la variable peut être considérée comme une étiquette collée sur une boite qui contient une valeur pouvant varier au fur et à mesure du déroulement du programme.

Pour créer une variable, il suffit d'aller dans « Variables », de cliquer sur « Créer une variable » et de la nommer (cela peut être x, y, a... ou un mot « rebond »...). Des instructions permettent de modifier la valeur de cette variable. Cette valeur apparait en haut à droite de l'écran *cf. ci-contre.*

Voici un **exemple de programme** qui, à la fin, attribue la valeur « 12 » à la variable :

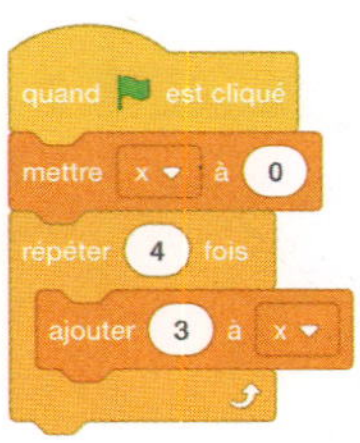

On peut, bien sûr, définir de nombreuses variables et lier certaines d'entre elles. Pour cela, on utilise les opérations qui figurent dans « Opérateurs ».

Voici un exemple de programme liant deux variables x et y :

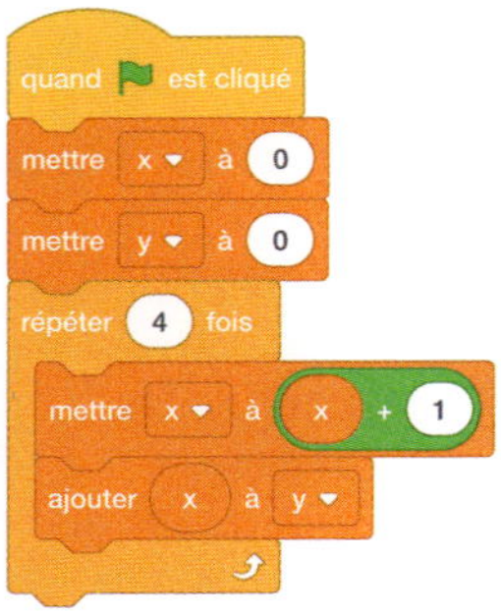

Entrainement 6

Corrigé p. 561

En appliquant le programme ci-dessus, quelle valeur va-t-on obtenir à la fin pour x et pour y ?

Entrainement 7

Corrigé p. 562

Choisir aléatoirement un nombre entier n compris entre 1 et 20.

Écrire la somme des nombres de 1 à n.

Afficher le résultat.

Remarque : Pour choisir un nombre aléatoire, il y a une instruction prévue dans « Opérateurs ». Pour afficher du texte, on utilise l'instruction « Dire » dans « Apparence ». Pour afficher à la fois un texte fixe et le résultat d'une variable, on peut insérer, dans « Dire », l'instruction qui se trouve dans « Apparences » : regroupe hello world

Entrainement 8

Corrigé p. 562

On souhaite choisir aléatoirement un nombre c compris entre 1 et 15 et afficher le produit $1 \times 2 \times ... \times (c-1) \times c$.

Quel(s) programme(s), parmi les trois programmes ci-dessous, permet(tent) d'obtenir le résultat cherché ?

Le nombre $1 \times 2 \times ... \times n$ est appelé « factoriel n » et noté $n\,!$
Exemple : $4\,! = 1 \times 2 \times 3 \times 4 = 24$.

Programme 1

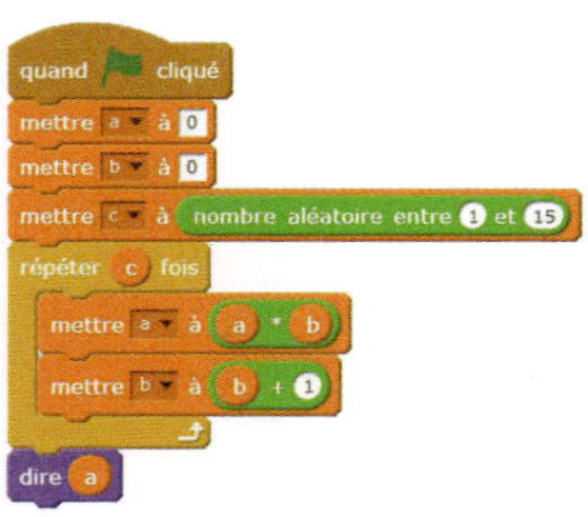

Programme 2

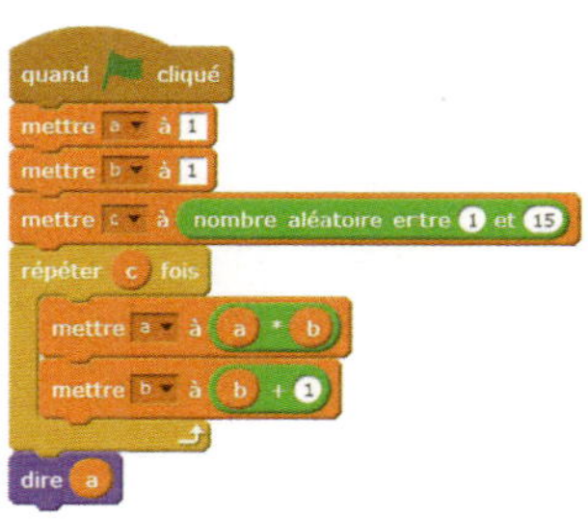

Programme 3

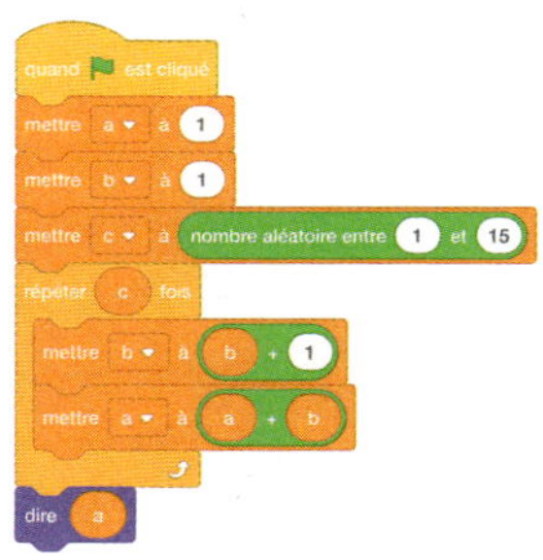

Corrigé p. 562

Entrainement 9

Voici un programme de calcul :

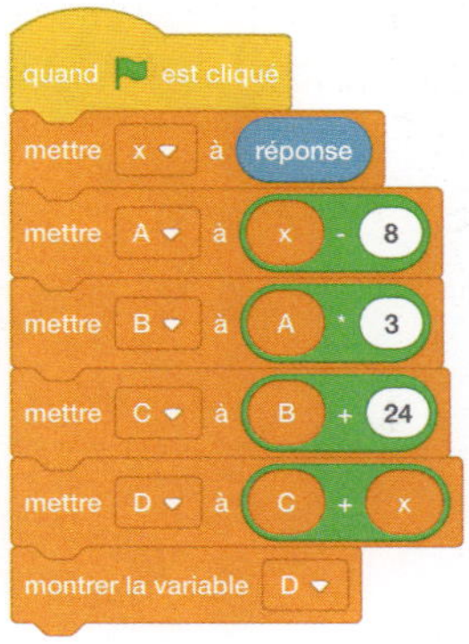

a. On applique ce programme de calcul au nombre 10. Montrer que le résultat affiché à la fin est 40.

b. On applique ce programme de calcul au nombre −2. Quel va être le résultat affiché à la fin ? Justifier

c. Une modification possible de l'algorithme est copiée ci-contre, mais il manque une instruction à la 4ᵉ ligne. Comment la compléter (là où il y a un ovale blanc) par l'expression la plus simple possible pour que cet algorithme affiche le même résultat que l'algorithme précédent, quel que soit le nombre entré ?

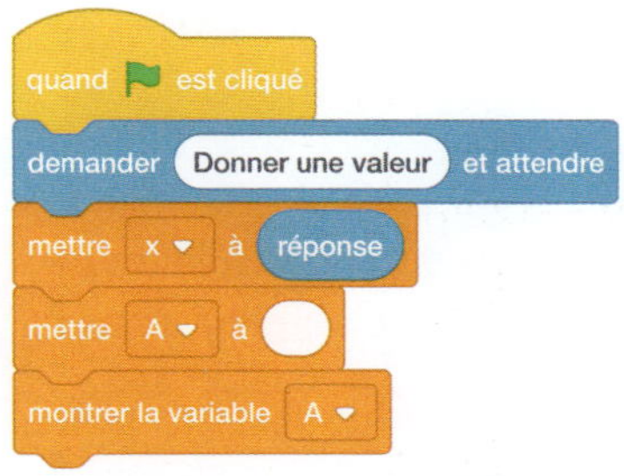

Remarque : Pour effectuer une demande à l'utilisateur et prendre en compte sa réponse, on utilise les instructions ci-dessous :

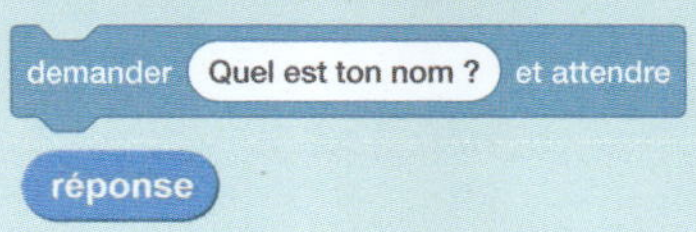

La première instruction permet d'envoyer un message à l'utilisateur du programme et lui ouvre en bas de l'écran de contrôle un espace dans lequel il peut répondre.

3 Dessiner avec Scratch

Grâce aux instructions présentes dans « Stylo », on peut effectuer des dessins. Il suffit de choisir « Stylo en position d'écriture » et de donner des instructions. Pour faire apparaitre les instructions de dessin avec Scratch 3.0 et suivant, il faut ajouter une extension en cliquant sur l'icone en bas à gauche, puis cliquer sur « Stylo ». Pour éviter que l'objet cache une partie du dessin, on peut le faire disparaitre en cliquant sur le « i » du logo de l'objet et en cochant le 3ᵉ volet à droite.

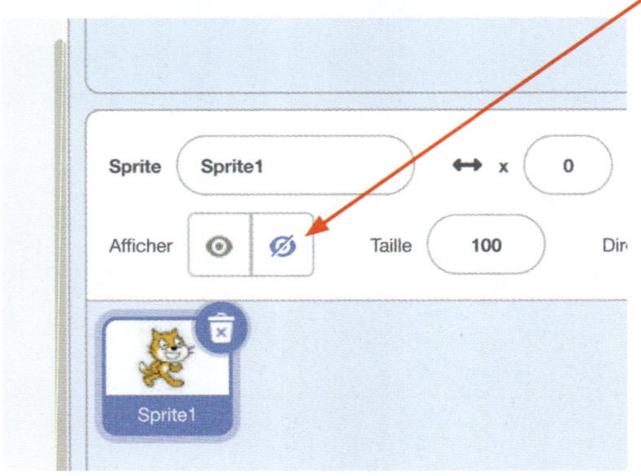

Entrainement 10

Corrigés p. 563

Voici un programme. Que permet-il de tracer ?

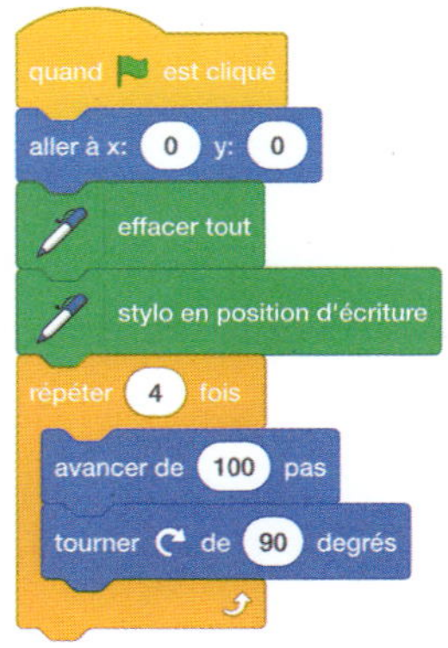

Entrainement 11

Corrigé p. 563

Effectuer les instructions suivantes à la main.
Pour 100, prendre 1,5 cm. Qu'obtenez-vous ?

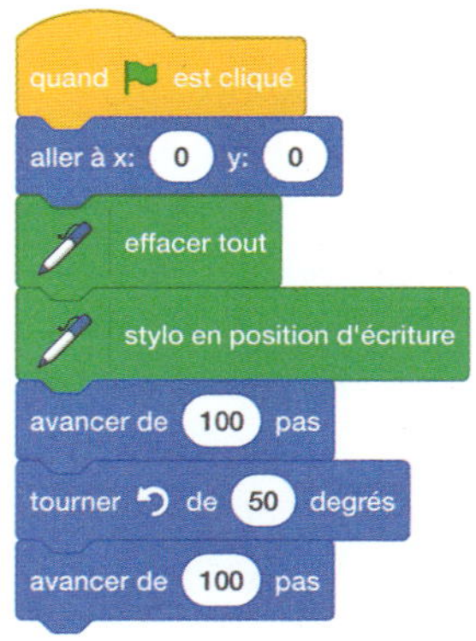

Entrainement 12

Corrigé p. 563

Rédiger un programme qui permette de tracer un triangle équilatéral (de 150 de côté).

Entrainement 13

Corrigé p. 564

Tracer à la main la figure qu'on obtient en appliquant le programme ci-contre.

On prendra 0,5 cm pour une longueur de 10 du logiciel.

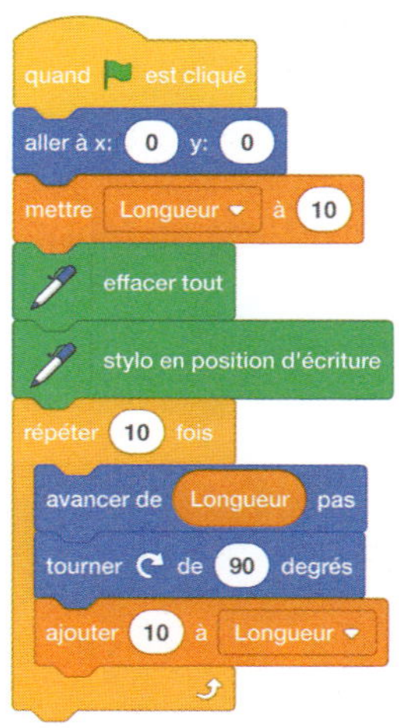

Nous avons présenté, dans ce chapitre, les principales instructions utiles à l'exécution de programmes classiques soit les programmes sur lesquels on peut vous questionner au concours. Le logiciel **Scratch** contient beaucoup d'autres instructions que nous vous invitons à découvrir à l'aide des très nombreux sites et tutoriels qui lui sont consacrés sur Internet.

Corrigés

Entrainement 1

Énoncé p. 555

Oui, simplement l'objet va un peu moins vite.

Remarque : On peut aussi déterminer le nombre de répétitions souhaitées avec l'instruction :

Entrainement 2

Énoncé p. 556

Voici un programme possible :

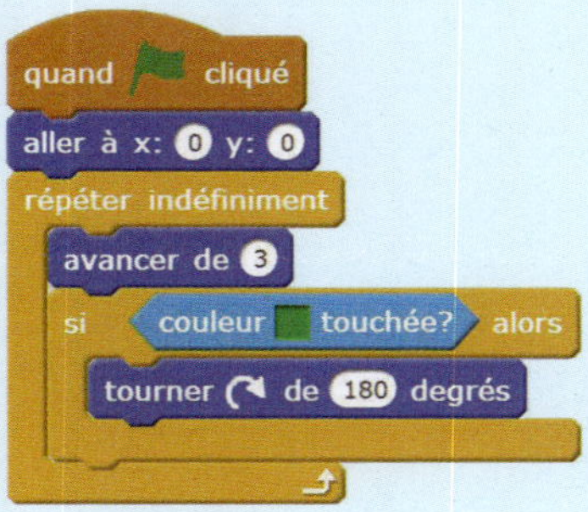

Entrainement 3

Énoncé p. 556

Une fois au point d'abscisse (0 ; 0), le lutin ne bouge plus. En effet, comme au départ le lutin ne rencontre pas de couleur verte alors il n'exécute pas les instructions suivantes. Donc il ne bouge pas !
Le programme ne répond donc pas au cahier des charges de l'exercice précédent.

Entrainement 4

Énoncé p. 557

a. (30 ; 30).
b. Cela ne change rien, car on ne demande pas au lutin d'avancer devant lui. Seule l'orientation du lutin est différente.

Entrainement 5

Énoncé p. 557

a = 20, b = 90 et c = 10.

Entrainement 6

Énoncé p. 558

Pour faciliter la découverte des valeurs des variables, on peut utiliser un tableau :

Répétition	Valeur de x	Valeur de y
1	1	1
2	$1 + 1 = 2$	$1 + 2 = 3$
3	$2 + 1 = 3$	$3 + 3 = 6$
4	$3 + 1 = 4$	$6 + 4 = 10$

Donc $x = 4$ et $y = 10$.

Ce type de tableau peut être utile pour trouver la valeur des variables d'un programme contenant des itérations.

Entrainement 7

Énoncé p. 558

Il faut définir une variable pour le nombre aléatoire qu'on appellera « *n* », une variable pour la somme qu'on appellera « Somme ».
Pour calculer cette somme, il faut ajouter 1 + 2 + … + *n*. Pour cela, on peut choisir une variable supplémentaire qu'on appellera « a » et qui permettra d'écrire les termes successifs de cette somme.
Bien penser à remettre les variables « a » et « Somme » à 0 au début du programme.

Voici un programme possible :

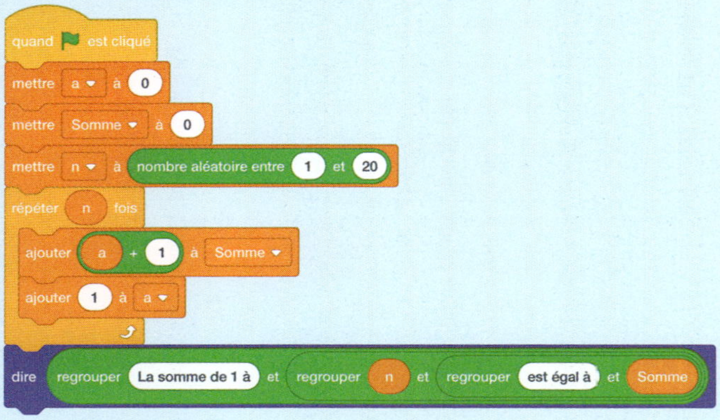

Entrainement 8

Énoncé p. 558

Le **programme 1** ne convient pas car *a* étant égal à 0, le produit de n'importe quel nombre par *a* donnera 0.

Le **programme 2** convient.

Le **programme 3** ne convient pas car l'augmentation de la variable *b* se fait avant le produit, donc cela permet d'obtenir $(c + 1)\,!$, et non $c\,!$

Entrainement 9

Énoncé p. 559

a. Pour faciliter à la fois la découverte de la réponse et sa justification, il est possible de suivre l'évolution des variables avec un tableau comme ci-dessous :

Instruction	x	A	B	C	D
mettre x à réponse	10				
mettre A à x - 8	10	2			
mettre B à A * 3	10	2	6		
mettre C à B + 24	10	2	6	30	
mettre D à C + x	10	2	6	30	40

On obtient donc 40.

b. En utilisant un tableau analogue, on obtient – 8.

c.

La question revient à calculer en fonction du nombre donné au départ (donc en fonction de x) ce qu'on obtient à la fin. On peut pour cela utiliser le tableau ci-dessous en gardant x.

Instruction	x	A	B	C	D
mettre x à réponse	x				
mettre A à x - 8	x	$x-8$			
mettre B à A * 3	x	$x-8$	$(x-8)\times3$		
mettre C à B + 24	x	$x-8$	$(x-8)\times3$	$(x-8)\times3+24$	
mettre D à C + x	x	$x-8$	$(x-8)\times3$	$(x-8)\times3+24$	$(x-8)\times3+24+x$

$(x-8)\times3+24+x=3x-24+24+x=4x$.
Il faut donc compléter la 4e ligne par 4 * x

Entrainement 10

Énoncé p. 560

Un carré.

Entrainement 11

Énoncé p. 560

Attention, on n'obtient pas un angle de 50° mais un angle de 130° :

Pour comprendre le principe de tracé, on peut imaginer une personne qui avance et à qui on demande d'effectuer un angle de 50° et d'avancer à nouveau.
On obtient bien un trajet correspondant au dessin.

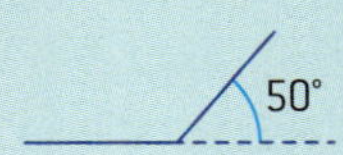

Entrainement 12

Énoncé p. 560

Un programme possible :

```
quand [drapeau] est cliqué
aller à x: 0 y: 0
effacer tout
stylo en position d'écriture
répéter 3 fois
    avancer de 150 pas
    tourner ↻ de 120 degrés
```

On a demandé à l'ordinateur de commencer le tracé au point de coordonnées (0 ; 0).
On a choisi un angle de 120° = 180° – 60°.
(cf. exercice précédent).

Entrainement 13

Énoncé p. 560

On obtient la figure suivante (à une rotation près) :

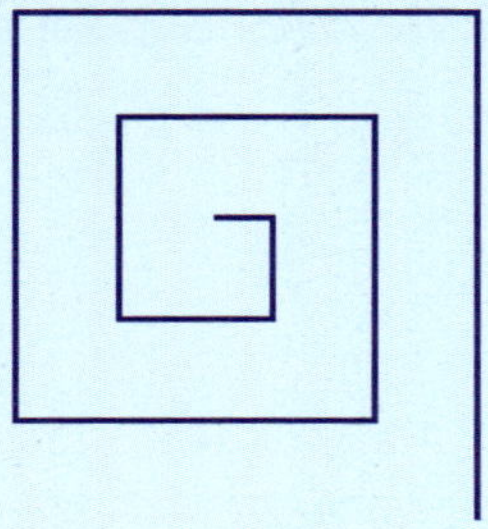

AU CONCOURS Algorithmique et programmation

Exercice 1

Corrigé p. 568

Un élève a écrit le programme suivant :

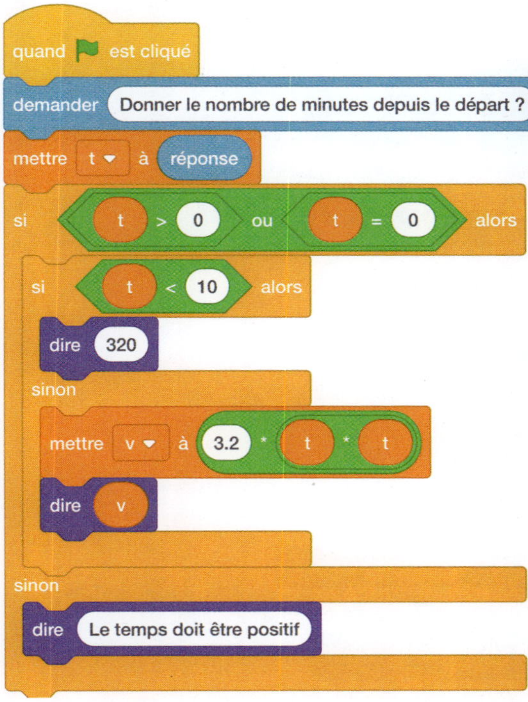

1. Si l'utilisateur du programme entre le nombre 6, quelle est la réponse donnée en retour ?

2. Si l'utilisateur du programme entre le nombre 15, quelle est la réponse donnée en retour ?

3. Un train a une vitesse en km/h qui varie en fonction du temps t (t est exprimé en minute) et qui est donnée par :
– si t varie entre 0 et 10 min, la vitesse $v = 3{,}2 \times t$.
– si $t > 10$, alors $v = 320$ km/h.
Avec le programme ci-dessus l'élève voulait calculer la vitesse du train en fonction du temps depuis le départ. Quelle est son erreur ?

4. Proposer une correction du programme pour qu'il donne la réponse attendue quel que soit le nombre entré.

Exercice 2

Corrigé p. 568

La figure ci-dessous a été réalisée à l'aide du logiciel de programmation Scratch.

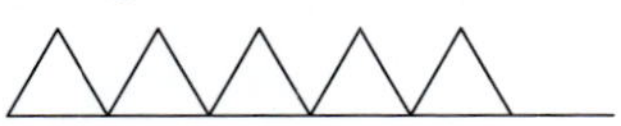

1. Parmi les programmes proposés ci-dessous, quel est celui qui permet de tracer ce dessin ? Aucune justification n'est demandée.

Programme A	Programme B
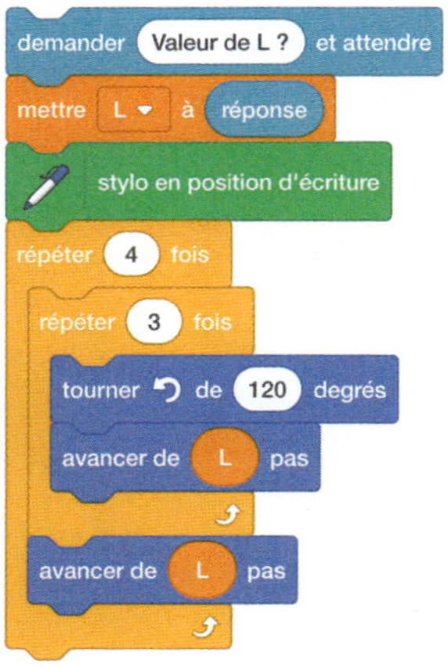	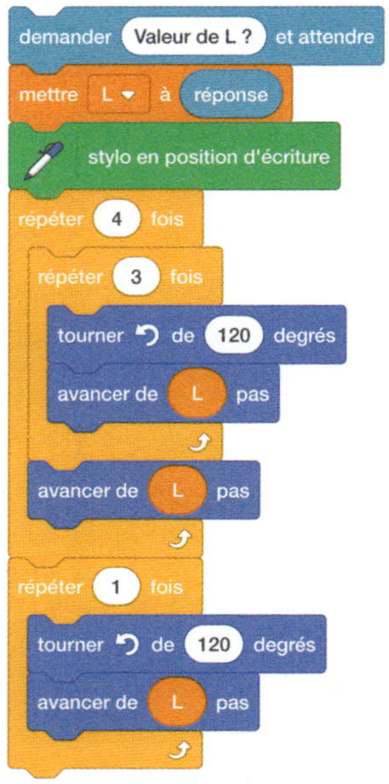

Programme C	Programme D
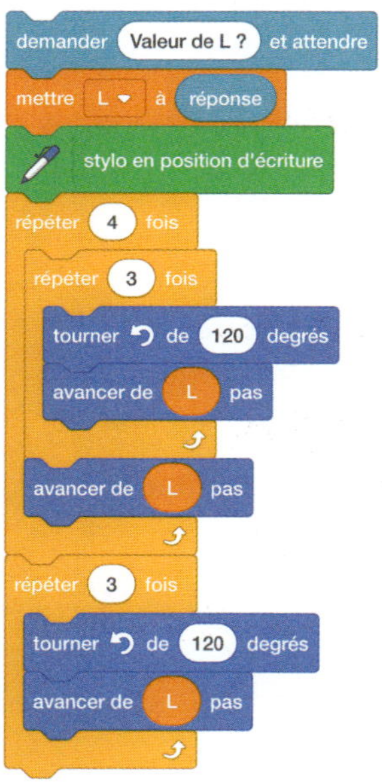	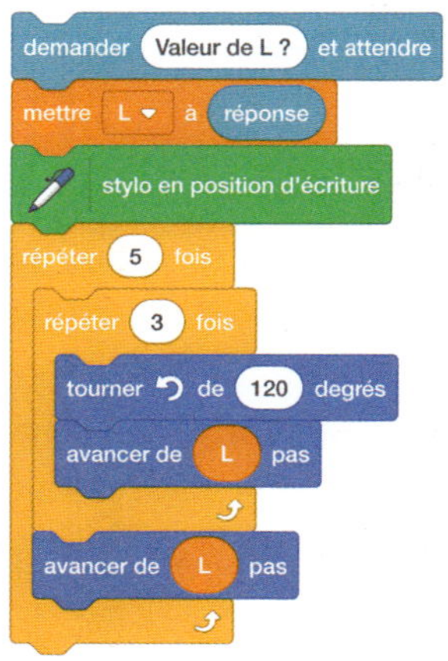

2. Dans ces programmes, l'angle de rotation est de 120°. Expliquer pourquoi.

3. Tracer à main levée les figures obtenues avec chacun des programmes non retenus à la question **a**.

Corrigé p. 568

Exercice 3

Le programme ci-dessous est utilisé.

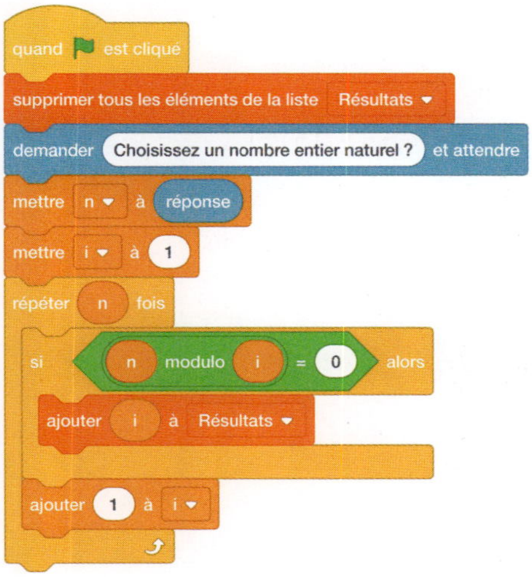

On rappelle qu'une « liste » est une suite d'éléments, ici une suite de nombres. Par exemple, (17 ; 245 ; 32) est une liste de trois nombres.

On rappelle également que la fonction (a modulo b) où a et b sont des entiers naturels, renvoie le reste de la division euclidienne de a par b.

Ainsi, (10 modulo 3) renvoie le nombre 1 car $10 = 3 \times 3 + 1$, et (35 modulo 7) renvoie le nombre 0 car $35 = 5 \times 7 + 0$.

1. Que va contenir la liste « résultats » une fois le programme exécuté, si l'utilisateur entre le nombre 4 ?

2. L'utilisateur entre un nombre entier naturel non nul.

a. Que va contenir la liste « résultats » une fois le programme exécuté ?

b. Que peut-on dire sur le nombre entré par l'utilisateur si la liste ne contient qu'un nombre une fois le programme exécuté ?

c. Que peut-on dire sur le nombre entré par l'utilisateur si la liste contient exactement deux nombres une fois le programme exécuté ?

Corrigés

Exercice 1

Énoncé p. 565

1. Si le nombre 6 est entré, alors le programme affiche 320 puisque $6 < 10$.

2. Si le nombre 15 est entré, alors le programme affiche 720 ($= 3{,}2 \times 15 \times 15$).

3. L'élève a interverti les instructions pour *t* compris entre 0 et 10 et pour *t* supérieur à 10.

4. Il suffit de remplacer

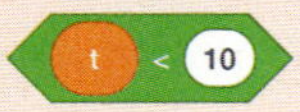

par

Exercice 2

Énoncé p. 565

1. Le programme D permet de tracer la figure souhaitée.

2. Voir le commentaire de l'entrainement 11.
Un dessin suffit comme explication :

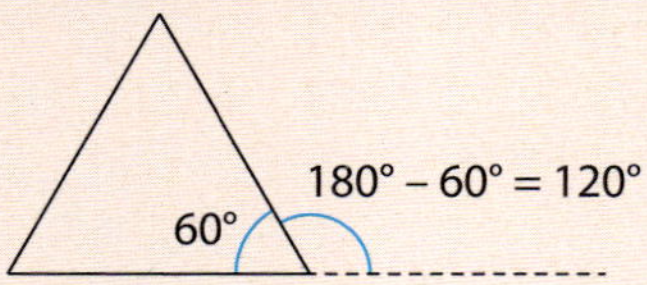

3.

Programme A
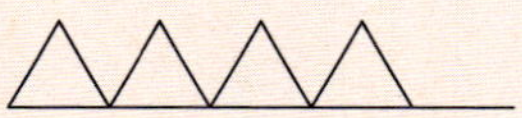

Programme B
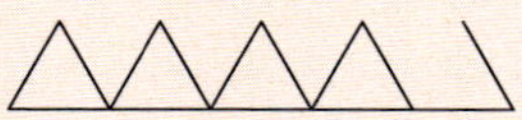

Programme C
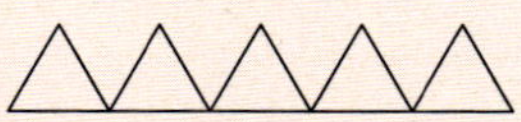

Exercice 3

Énoncé p. 565

1. Le programme calcule le reste de la division euclidienne du nombre choisi au départ par tous les entiers inférieurs à lui. Chaque fois que le reste est nul, le quotient correspondant est affecté à la liste.
On obtient donc tous les diviseurs du nombre choisi.
Donc, pour 4, on obtiendra la liste : 1 ; 2 ; 4.

2. a. La liste de tous les diviseurs du nombre choisi au départ.
b. Le seul nombre entier naturel qui a un seul diviseur est 1.
c. Les nombres qui n'ont que deux diviseurs sont les nombres premiers.

Annexes

Ensembles de nombres

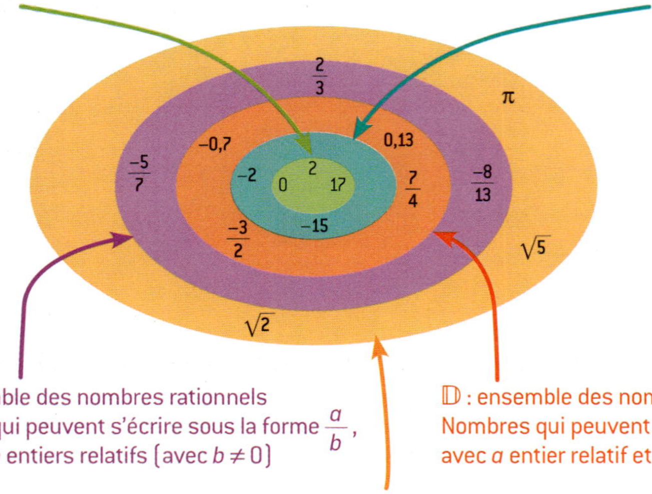

Numération en base *b* et numération décimale

- **Écriture d'un entier naturel en base b**

$\overline{pqrst}^{\,b} = (p \times b^4) + (q \times b^3) + (r \times b^2) + (s \times b^1) + (t \times b^0)$

EXEMPLE : $\overline{4203}^{\,six} = (4 \times 6^3) + (2 \times 6^2) + (0 \times 6^1) + (3 \times 6^0)$

Rappel : $b^1 = b$ et $b^0 = 1$ $(b \neq 0)$

- **Écriture d'un entier naturel en base 10**

$\overline{pqrst}^{\,dix} = (p \times 10^4) + (q \times 10^3) + (r \times 10^2) + (s \times 10) + t$

EXEMPLE : $4\,203 = (4 \times 10^3) + (2 \times 10^2) + (0 \times 10^1) + (3 \times 10^0)$

Division euclidienne

Division d'un nombre entier a par un nombre entier $b \neq 0$, donnant un quotient q et un reste r entiers, respectant les conditions suivantes :

$a = (b \times q) + r \qquad 0 \leq r < b$

Arithmétique (nombres entiers naturels)

- **Nombre premier** : nombre qui admet exactement 2 diviseurs (1 et lui-même)

EXEMPLE : 2, 7 et 23 sont des nombres premiers ; 1, 9 et 15 ne sont pas des nombres premiers.

- **PPCM** : plus petit commun multiple à deux ou plusieurs nombres

EXEMPLE : 12 est le ppcm de 4 et de 6.

- **PGCD** : plus grand commun diviseur à deux ou plusieurs nombres

EXEMPLE : 6 est le pgcd de 18 et de 30.

- **Nombres premiers entre eux** : nombres dont le pgcd est égal à 1

EXEMPLE : 8 et 15 sont premiers entre eux.

Critères de divisibilité

- PAR 2 : le chiffre des unités est pair.
- PAR 5 : le chiffre des unités est égal à 0 ou à 5.
- PAR 4 : le nombre formé par les deux derniers chiffres est divisible par 4.
- PAR 3 : la somme des chiffres est divisible par 3.
- PAR 9 : la somme des chiffres est divisible par 9.

Fractions

- SIMPLIFIER UNE FRACTION : diviser son numérateur et son dénominateur par un même nombre entier supérieur à 1.

EXEMPLE : $\frac{12}{9}$ est une fraction simplifiée égale à $\frac{36}{27}$.

- FRACTION IRRÉDUCTIBLE : fraction qui ne peut plus être simplifiée.

EXEMPLE : $\frac{4}{3}$ est la fraction irréductible égale à $\frac{12}{9}$ et $\frac{36}{27}$.

- ADDITION ET SOUSTRACTION DE FRACTIONS : il faut d'abord les remplacer par des fractions égales et de même dénominateur.

▸ $\frac{a}{d}+\frac{b}{d}=\frac{a+b}{d}$ (avec $d\neq 0$)

▸ $\frac{a}{d}-\frac{b}{d}=\frac{a-b}{d}$ (avec $d\neq 0$)

EXEMPLE : $\frac{3}{4}+\frac{5}{6}=\frac{9}{12}+\frac{10}{12}=\frac{19}{12}$

- MULTIPLICATION ET DIVISION DE DEUX FRACTIONS ($c\neq 0$ et $d\neq 0$, et pour la division $b\neq 0$)

▸ $\frac{a}{c}\times\frac{b}{d}=\frac{a\times b}{c\times d}$

▸ $\frac{a}{c}:\frac{b}{d}=\frac{a}{c}\times\frac{d}{b}=\frac{a\times d}{c\times b}$

EXEMPLE : $-\frac{4}{3}\times\frac{2}{5}=-\frac{8}{15}$ et $-\frac{4}{3}:\frac{2}{5}=-\frac{4}{3}\times\frac{5}{2}=-\frac{20}{6}=-\frac{10}{3}$

- MULTIPLICATION D'UNE FRACTION PAR UN NOMBRE

▸ $a\times\frac{b}{c}=\frac{a\times b}{c}$ (avec $c\neq 0$)

EXEMPLE : $6\times\frac{8}{9}=\frac{6\times 8}{9}=\frac{2\times 8}{3}=\frac{16}{3}$

Puissances

▸ $a^n=a\times a\times a\times\ldots\times a$ (a étant répété n fois)

▸ $a^0=1$ (avec $a\neq 0$)

▸ $a^{-n}=\frac{1}{a^n}$ (avec $a\neq 0$)

EXEMPLE : $5^{-2}=\frac{1}{5^2}=\frac{1}{25}$

▸ $a^n\times a^p=a^{n+p}$

▸ $(a^n)^p=a^{n\times p}$

▸ $\frac{a^n}{a^p}=a^{n-p}$ (avec $a\neq 0$)

Pour simplifier l'écriture et la lecture de mesures de grandeurs qui sont beaucoup plus grandes ou plus petites que l'unité, on utilise des préfixes qui désignent des multiples de puissances de 10. En voici quatre à connaitre.

Ces préfixes viennent en complément de ceux beaucoup plus connues comme « milli : 10^{-3} », « centi : 10^{-2} », … « hecto 10^2 », « kilo : 10^3 ».

Préfixe	Symbole	Puissance de 10 correspondante
Giga	G	10^9
Méga	M	10^6
micro	µ	10^{-6}
nano	η	10^{-9}

Radicaux

▸ a étant un nombre réel positif, $\sqrt{a}$ est le nombre positif tel que $(\sqrt{a})^2=a$

EXEMPLE : $\sqrt{36}=6$

▸ $\sqrt{a\times b}=\sqrt{a}\times\sqrt{b}$

▸ $\sqrt{\frac{a}{b}}=\frac{\sqrt{a}}{\sqrt{b}}$

(avec a et b nombres réels positifs et $b\neq 0$ pour la 2e égalité)

▸ $\sqrt{a^2}=|a|$ c'est-à-dire que

$\sqrt{a^2}=a$ si $a>0$

et $\sqrt{a^2}=-a$ si $a<0$ (a nombre réel)

EXEMPLE : $\sqrt{5^2}=5$ et $\sqrt{(-5)^2}=-(-5)=5$

Identités remarquables (*a* et *b* sont des nombres réels)

- $(a+b)^2 = a^2 + 2ab + b^2$
- $(a-b)^2 = a^2 - 2ab + b^2$
- $a^2 - b^2 = (a+b)(a-b)$

Proportionnalité

- SUITES DE NOMBRES PROPORTIONNELLES :

– on peut passer de chaque terme de la 1re suite au terme correspondant de la 2e suite par un même opérateur multiplicatif a (appelé coefficient de proportionnalité) ;

– les 2 suites peuvent être associées à une fonction linéaire $f : \mathbb{R} \to \mathbb{R}$

$$x \to ax$$

EXEMPLE :

SUITE A	2	−3	7	12	14
SUITE B	8	−12	28	48	56

- PROPRIÉTÉ ADDITIVE DE LA LINÉARITÉ :

x_1	x_2	$x_1 + x_2$
y_1	y_2	$y_1 + y_2$

ou $f(x_1 + x_2) = f(x_1) + f(x_2)$

EXEMPLE :

SUITE A $14 = 2 + 12$ SUITE B $56 = 8 + 48$

- PROPRIÉTÉ MULTIPLICATIVE DE LA LINÉARITÉ : $\times k$

$\times k$

x	kx
y	ky

$\times k$

ou $f(kx) = kf(x)$

EXEMPLE :

SUITE A $12 = 2 \times 6$ SUITE B $48 = 8 \times 6$

Pourcentage

- POURCENTAGE D'UNE QUANTITÉ : a % de $x \to x \times \dfrac{a}{100}$

EXEMPLE : 5 % de 24 $\to 24 \times \dfrac{5}{100} = \dfrac{120}{100} = 1{,}2$.

- a PAR RAPPORT À b TRADUIT EN POURCENTAGE : $\dfrac{a}{b}$ MIS SOUS LA FORME $\dfrac{c}{100}$

EXEMPLE : 12 par rapport à 60 $\to \dfrac{12}{60} = \dfrac{20}{100}$, donc 12 représente 20 % de 60.

- RÉSULTAT, POUR UNE QUANTITÉ INITIALE x, D'UNE DIMINUTION DE a % : $x \times \left(1 - \dfrac{a}{100}\right)$

EXEMPLE : Pour 24 €, une baisse de 5 % donne un prix final égal à 24 € × 0,95 = 22,80 €.

- RÉSULTAT, POUR UNE QUANTITÉ INITIALE x, D'UNE AUGMENTATION DE a % : $x \times \left(1 + \dfrac{a}{100}\right)$

EXEMPLE : Pour 24 €, une hausse de 5 % donne un prix final égal à 24 € × 1,05 = 25,20 €.

Vitesse

- RELATION ENTRE VITESSE (v), DISTANCE (d) ET TEMPS (t) : $v = \dfrac{d}{t}$

EXEMPLE : Une distance de 40 km parcourue en 15 min, correspond à une vitesse moyenne égale à 40 km/0,25 h = 160 km/h (Attention : 15 min = 0,25 h).

Des longueurs à connaitre

Diagonale d'un carré : $c\sqrt{2}$	Hauteur d'un triangle équilatéral : $h = \frac{a\sqrt{3}}{2}$
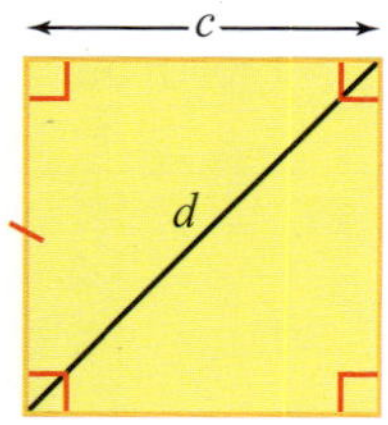	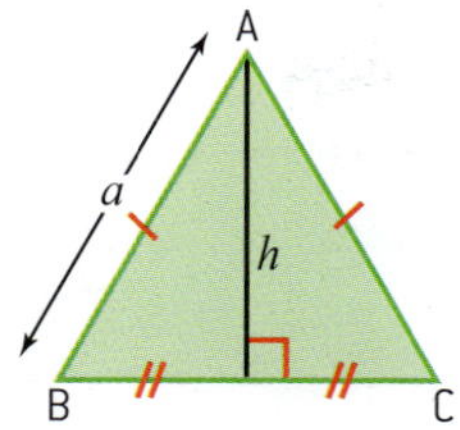

Aires de figures usuelles

Carré	Rectangle	Trapèze	Parallélogramme	Losange
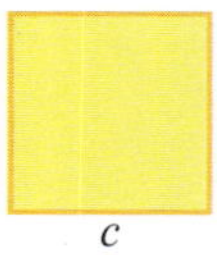	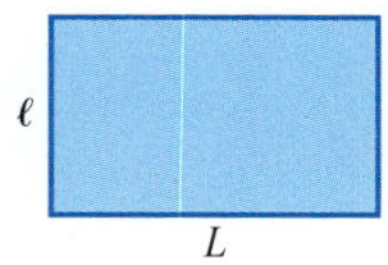	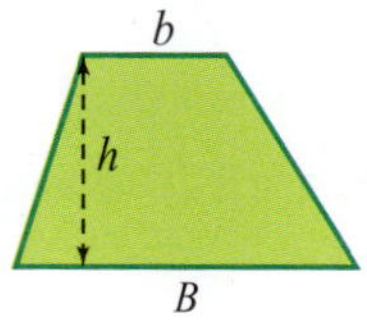	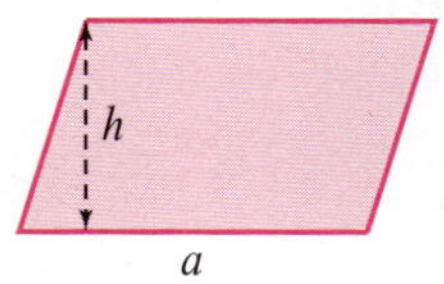	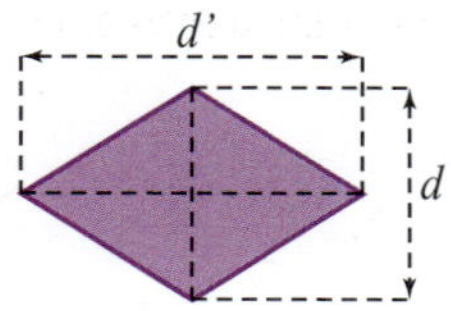
Aire : c^2	Aire : $L \times \ell$	Aire : $\frac{B+b}{2} \times h$	Aire : $a \times h$	Aire : $\frac{d \times d'}{2}$

Triangles	Cercle et disque	Sphère
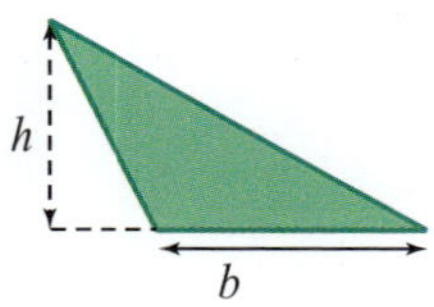 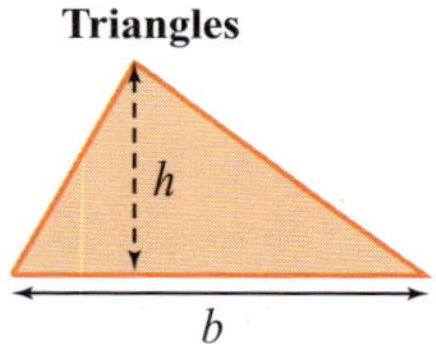 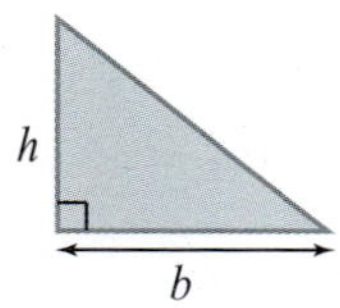	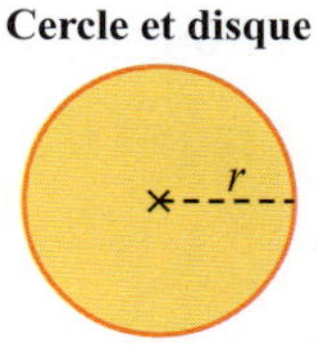	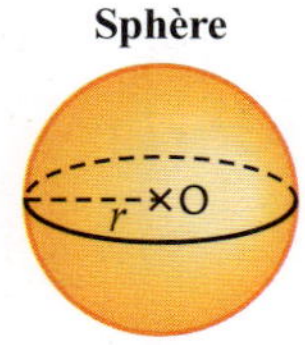
Aire : $\frac{b \times h}{2}$	Aire du disque : $\pi \times r^2$ Périmètre du cercle : $2\pi \times r$	Aire de la sphère : $4\pi r^2$

Volumes de solides usuels

Cube	Parallélépipède rectangle	Cylindre	Prisme droit
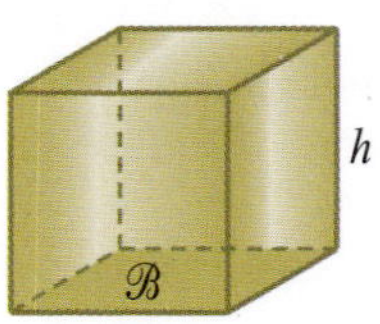	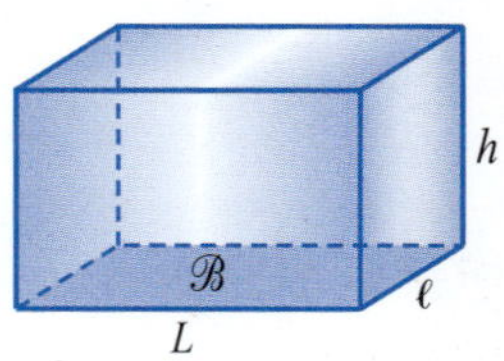	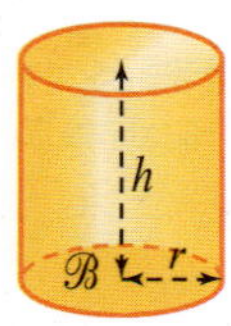	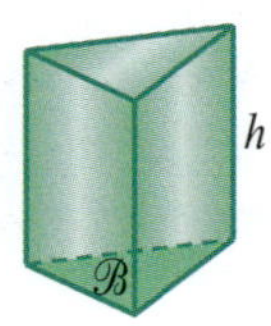
Volume : h^3 Volume : $\mathcal{B} \times h$	Volume : $L \times \ell \times h$ Volume : $\mathcal{B} \times h$	Volume : $\pi \times r^2 \times h$ Volume : $\mathcal{B} \times h$	Volume : $\mathcal{B} \times h$ $\mathcal{B}$: aire de la base ; h : hauteur du solide

Cône de révolution	Pyramide	Boule
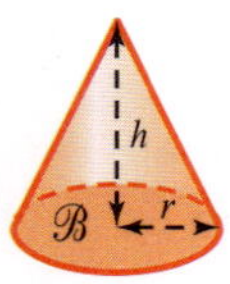	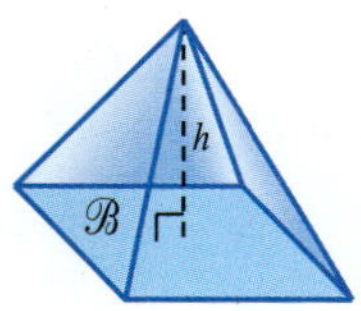	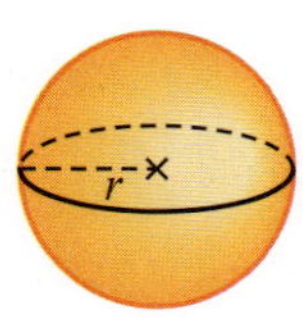
Volume : $\frac{\mathcal{B} \times h}{3}$ $\mathcal{B}$: aire de la base ; h : hauteur du solide	Volume : $\frac{\mathcal{B} \times h}{3}$ $\mathcal{B}$: aire de la base ; h : hauteur du solide	Volume : $\frac{4}{3}\pi r^3$

Quelques égalités à connaitre

1 cm = 10 mm 1 m = 10 dm 1 m = 100 cm 1 km = 1 000 m	1 cm^2 = 100 mm^2 1 m^2 = 100 dm^2 1 a = 100 m^2 1 ha = 10 000 m^2	1 m^3 = 1 000 dm^3 1 dm^3 = 1 L 1 L = 100 cL

Attention aux notations

- (AB) désigne une droite.
- [AB] désigne un segment.
- [AB) désigne la demi-droite d'origine A passant par B.
- AB désigne la longueur de [AB].
- On écrit : « I est le milieu de [AB] » et « (*d*) est la médiatrice de [AB] ».
- On n'écrit pas [AB] = [CD] mais AB = CD (pour indiquer que les segments [AB] et [CD] ont même longueur).

Propriétés de géométrie plane

Droites

D1 Si deux droites sont parallèles à une même troisième alors elles sont parallèles entre elles.

D2 Si deux droites sont perpendiculaires à une même troisième alors elles sont parallèles entre elles.

D3 Si deux droites sont parallèles et qu'une troisième droite est perpendiculaire à l'une alors elle est perpendiculaire à l'autre.

D4 Si AC + CB = AB alors A, C et B sont alignés.

D5 Si (AB) et (AC) sont parallèles alors les points A, B et C sont alignés.

Médiatrice

M1 Si une droite est perpendiculaire à un segment et passe par son milieu alors c'est la médiatrice de ce segment.

M2 Si une droite est la médiatrice d'un segment alors elle est perpendiculaire à ce segment et passe par son milieu.

M3 Si un point est sur la médiatrice d'un segment alors il est équidistant des extrémités de ce segment.

M4 Si un point est équidistant des extrémités d'un segment alors il est sur la médiatrice de ce segment.

M5 Si une droite passe par deux points équidistants des extrémités d'un segment alors c'est la médiatrice de ce segment.

M6 Si une droite passe par un point équidistant des extrémités d'un segment et est perpendiculaire à ce segment alors c'est la médiatrice de ce segment.

Triangle

T1 Si un triangle est rectangle alors le centre du cercle circonscrit au triangle est le milieu de l'hypoténuse.

T2 Si une droite passe par les milieux de deux côtés d'un triangle alors elle est parallèle au 3e côté du triangle.

T3 Si un segment joint les milieux de deux côtés d'un triangle alors sa longueur est égale à la moitié de la longueur du 3e côté du triangle.

T4 Si une droite passe par le milieu d'un côté d'un triangle et est parallèle à un 2e côté alors cette droite passe par le milieu du 3e côté du triangle.

T5 Si un triangle est isocèle alors la hauteur issue du sommet principal est aussi une médiatrice.

T6 Si un triangle est rectangle alors le carré de la longueur de son hypoténuse est égal à la somme des carrés des longueurs des côtés de l'angle droit. (Théorème de Pythagore).

T7 Si dans un triangle le carré de la longueur d'un côté (le plus grand) est égal à la somme des carrés des longueurs des deux autres côtés alors ce triangle est rectangle. (Réciproque du théorème de Pythagore)

T8 Théorème de Thalès (voir page 446).

T9 Réciproque du théorème de Thalès (voir page 449).
Propriétés des triangles isométriques (voir page 510).
Propriétés des triangles semblables (voir page 512).

Parallélogramme

P1 Si un quadrilatère a ses côtés parallèles deux à deux alors c'est un parallélogramme.

P2 Si un quadrilatère est un parallélogramme alors ses côtés sont parallèles deux à deux.

P3 Si les diagonales d'un quadrilatère ont le même milieu alors ce quadrilatère est un parallélogramme.

P4 Si un quadrilatère est un parallélogramme alors ses diagonales ont le même milieu.

P5 Si un quadrilatère est un parallélogramme alors ses côtés opposés sont de même longueur.

P6 Si un quadrilatère (non croisé) a deux côtés opposés parallèles et de même longueur alors c'est un parallélogramme.

P7 Si un quadrilatère (non croisé) a ses côtés opposés deux à deux de même longueur, alors c'est un parallélogramme.

Losange

L1 Si un quadrilatère a quatre côtés de même longueur alors c'est un losange.

L2 Si un quadrilatère est un losange alors ses côtés opposés sont parallèles deux à deux et ses quatre côtés sont de même longueur.

L3 Si un quadrilatère a des diagonales qui ont même milieu et qui sont perpendiculaires alors c'est un losange.

L4 Si un quadrilatère est un losange alors ses diagonales ont le même milieu et sont perpendiculaires.

L5 Si un quadrilatère est un parallélogramme qui a deux côtés consécutifs de même longueur alors c'est un losange.

L6 Si un quadrilatère est un parallélogramme qui a des diagonales perpendiculaires alors c'est un losange.

Rectangle

R1 Si un quadrilatère a trois angles droits alors c'est un rectangle.

R2 Si un quadrilatère est un rectangle alors ses côtés opposés sont parallèles deux à deux , sont de même longueur et ses quatre angles sont droits.

R3 Si un quadrilatère a ses diagonales qui ont le même milieu et sont de même longueur alors c'est un rectangle.

R4 Si un quadrilatère est un rectangle alors ses diagonales ont le même milieu et sont de même longueur.

R5 Si un quadrilatère est un parallélogramme qui a un angle droit alors c'est un rectangle.

R6 Si un quadrilatère est un parallélogramme qui a des diagonales de même longueur alors c'est un rectangle.

Carré

C1 Si un quadrilatère a quatre côtés de même longueur (est un losange) et un angle droit alors c'est un carré.

C2 Si un quadrilatère est un carré alors il a quatre côtés de même longueur, quatre angles droits et ses côtés opposés sont parallèles deux à deux.

C3 Si un quadrilatère a des diagonales qui ont le même milieu, sont perpendiculaires et sont de même longueur alors c'est un carré.

C4 Si un quadrilatère est un carré alors il a des diagonales qui ont le même milieu, sont perpendiculaires et sont de même longueur.

C5 Si un quadrilatère est un losange qui a un angle droit alors c'est un carré.

C6 Si un quadrilatère est un losange qui a deux diagonales de même longueur alors c'est un carré.

Cercle

C'1 Si deux points sont sur un cercle alors le centre de ce cercle est équidistant de ces deux points.

C'2 Si dans un cercle, un triangle a pour sommets les extrémités d'un diamètre et un point du cercle alors ce triangle est rectangle en ce point.

Angles

A1 Dans un triangle, la somme des angles est égale à 180°.

A2 Si un triangle est isocèle alors il a deux angles de même mesure.

A3 Si un triangle a deux angles de même mesure alors il est isocèle.

A4 Si un quadrilatère est un parallélogramme alors ses angles opposés ont même mesure et ses angles consécutifs sont supplémentaires (somme des angles qui fait 180°).

A5 Deux angles opposés par le sommet ont même mesure.

A6 Deux angles alternes-internes ou correspondants, opposés par le sommet et définis à partir de droites parallèles, ont même mesure.

A7 Si deux droites coupées par une sécante forment des angles alternes-internes ou correspondants égaux alors ces droites sont parallèles.

Maquette : Stéphanie Hamel
Édition : Anne Chauvellier
Mise en page : Stdi
Schémas : Domino, Stdi
Iconographie : Hatier Illustrations

PAPIER À BASE DE FIBRES CERTIFIÉES

Hatier s'engage pour l'environnement en réduisant l'empreinte carbone de ses livres. Celle de cet exemplaire est de :
2.5 kg éq. CO_2
Rendez-vous sur www.hatier-durable.fr

IMPRIM'VERT
Votre imprimeur agit pour l'environnement

Achevé d'imprimer en Italie par L.E.G.O. S.p.A. (TN)
Dépôt légal : 08243-4/01 - Juin 2021